Heinz Hagel, Hans Hahn, Claudia Kauenberg, Jörn Menne, Helge Meyer, Udo Müller-Stefer,
Ingo Schaub, Christian Schmidt

Herausgeber: Andreas Blank, Hans Hahn, Helge Meyer

Ausbildung im Einzelhandel

Band 2

8. Auflage

Bestellnummer 31022

Bildungsverlag EINS

Die in diesem Produkt gemachten Angaben zu Unternehmen (Namen, Internet- und E-Mail-Adressen, Handelsregistereintragungen, Bankverbindungen, Steuer-, Telefon- und Faxnummern und alle weiteren Angaben) sind i. d. R. fiktiv, d. h., sie stehen in keinem Zusammenhang mit einem real existierenden Unternehmen in der dargestellten oder einer ähnlichen Form. Dies gilt auch für alle Kunden, Lieferanten und sonstigen Geschäftspartner der Unternehmen wie z. B. Kreditinstitute, Versicherungsunternehmen und andere Dienstleistungsunternehmen. Ausschließlich zum Zwecke der Authentizität werden die Namen real existierender Unternehmen und z. B. im Fall von Kreditinstituten auch deren IBANs und BICs verwendet.

Die in diesem Werk aufgeführten Internetadressen sind auf dem Stand zum Zeitpunkt der Drucklegung. Die ständige Aktualität der Adressen kann vonseiten des Verlages nicht gewährleistet werden. Darüber hinaus übernimmt der Verlag keine Verantwortung für die Inhalte dieser Seiten.

service@bv-1.de
www.bildungsverlag1.de

Bildungsverlag EINS GmbH
Ettore-Bugatti-Straße 6-14, 51149 Köln

ISBN 978-3-427-**31022**-8

Vorwort

Dieses Buch erfüllt die Anforderungen der Ausbildungsordnung des lernfeldorientierten Rahmenlehrplans für den Ausbildungsberuf **„Verkäufer/Verkäuferin und Kaufmann/Kauffrau im Einzelhandel"**. Die Gliederung der Inhalte orientiert sich an den Richtlinien des Rahmenlehrplans, der die zu vermittelnden Kompetenzen und die Inhalte einzelnen Lernfeldern zuordnet. Die **Lernfelder** sind didaktisch reduzierte Handlungsfelder der betrieblichen Praxis und durch spezifische Zielformulierungen beschriebene thematische Einheiten. Sie orientieren sich an konkreten beruflichen Aufgabenstellungen und Handlungsabläufen, die mit dem Berufsbild umschrieben sind.

Um den Auszubildenden der verschiedenen Branchen die Lerninhalte zu veranschaulichen und wegen der Verschiedenheit der Ausbildungsbetriebe werden bei der Erarbeitung einzelner Lernfelder drei unterschiedliche **Modellunternehmen mit je einem Ausbildenden** zugrunde gelegt:

- **Center Warenhaus GmbH mit der Auszubildenden Sabine Freund**
- **Mars Elektrofachmarkt e. K. mit dem Auszubildenden Mehmet Aydin**
- **Lebensmitteldiscount Schlegel KG mit der Auszubildenden Kerstin Dahm**

Im Vergleich mit diesen Modellunternehmen erkennen die Auszubildenden die Besonderheiten ihres Ausbildungsbetriebs.

In diesem Buch „Ausbildung im Einzelhandel, Band 2" sind folgende berufsspezifischen Lernfelder zusammengefasst:

Lernfeld 6: **Waren beschaffen**
Lernfeld 7: **Waren annehmen, lagern und pflegen**
Lernfeld 8: **Geschäftsprozesse erfassen und kontrollieren**
Lernfeld 9: **Preispolitische Maßnahmen vorbereiten und durchführen**
Lernfeld 10: **Besondere Verkaufssituationen bewältigen**

Die **Kapitel innerhalb der Lernfelder** sind in sachlogisch strukturierte Unterrichtseinheiten gegliedert. Jede Unterrichtseinheit ist folgendermaßen aufgebaut:
1. Handlungssituation, 2. Sachinhalt, 3. Zusammenfassung, 4. Aufgaben

Jede Unterrichtseinheit (= Gliederungspunkt im Buch) wird mit einer **unternehmenstypischen Handlungssituation** eingeleitet. Über **Arbeitsaufträge** werden die Schüler zur eigenständigen Lösung der darin erkennbaren Problematik aufgefordert.

Betriebliche Probleme werden an Beispielen mit Lösungen veranschaulicht, Zusammenhänge in Schaubildern schematisiert, Lösungswege und wichtige Merkstoffe jeweils aus dem schülergemäßen Text hervorgehoben sowie in einer **Zusammenfassung** als Grundlage der Übung und Wiederholung strukturiert dargestellt. Zu jedem Lernfeld werden **Aufgaben** mit unterschiedlichem Schwierigkeitsgrad und Umfang, einerseits zur Sicherung und Anwendung betriebswirtschaftlicher Begriffe, Definitionen und Abläufe, andererseits zur Auswertung und entscheidungs- und handlungsorientierten Durchdringung der Ergebnisse gestellt. Jedes der Lernfelder wird mit fallbezogenen **Wiederholungs- und prüfungsvorbereitenden Aufgaben** abgeschlossen.

Verweise zu anderen Lernfeldern, bei denen die zu bearbeitenden Inhalte ebenfalls behandelt werden, sind an den entsprechenden Stellen mit der Unterlegung des Begriffes und einem Verweis auf das jeweilige Lernfeld gekennzeichnet.

Im **Lehrerhandbuch** sind alle Aufgaben ausführlich gelöst. Ferner werden zu jedem Lernfeld handlungsorientierte Unterrichtsskizzen vorgestellt. Darüber hinaus sind zahlreiche Kopiervorlagen enthalten, die die Arbeit der Lehrer und Schüler im Unterricht unterstützen.

Zum Lehrbuch gibt es eine CD-ROM für das interaktive Whiteboard (Bestell-Nr. 31923). Im **Arbeitsheft** (Bestellnr. 31042) werden die Einstiegssituationen des vorliegenden Lehrbuchs aufgegriffen und über zusätzliche Arbeitsaufträge und methodische Hinweise, die einen handlungsorientierten Unterricht steuern, in Lernsituationen überführt. Hinweise auf das Arbeitsheft sind an den entsprechenden Stellen durch das folgende Icon gekennzeichnet:

➔ AH

Das vorliegende Lehrbuch gibt es auch als Digitales Schulbuch sowie als angereichertes Digitales Schulbuch. Das angereicherte Digitale Schulbuch unterstützt die Unterrichtsvorbereitung und -durchführung mit interessanten Materialien zu den Buchseiten, z.B. in Form von Filmen, Audio-Dateien, Weblinks, Animationen, PowerPoint-Präsentationen sowie Word- und PDF-Dokumenten.

Die 8. Auflage wurde vollständig überarbeitet und alle Prüfungsaufgaben wurden der IHK-Prüfung angepasst.

Die Verfasser

Inhaltsverzeichnis

Verzeichnis der Gesetzesabkürzungen

AbfG	Abfallgesetz
AO	Abgabenordnung
ArbstättV	Arbeitsstättenverordnung
BGB	Bürgerliches Gesetzbuch
BImSchG	Bundes-Immissionsschutzgesetz
ElektroG	Elektro- und Elektronikgesetz
GefStoffV	Gefahrstoffverordnung
GewO	Gewerbeordnung
HGB	Handelsgesetzbuch
JuSchG	Jugendschutzgesetz
KrWG	Kreislaufwirtschaftsgesetz
LadSchlG	Ladenschlussgesetz
LMKV	Lebensmittelkennzeichnungsverordnung
MarkenG	Markengesetz
PAngV	Preisangabenverordnung
ProdSG	Produktsicherheitsgesetz
StGB	Strafgesetzbuch
StPo	Strafprozessordnung
TKG	Textilkennzeichnungsgesetz
UWG	Gesetz gegen den unlauteren Wettbewerb
VerpackV	Verpackungsverordnung
VVPG	Gesetz über die Umweltverträglichkeitsprüfung

Das Einkaufszentrum Rheinpark Köln stellt sich vor

Daten und Fakten

Knapp sechs Kilometer vom Stadtzentrum Kölns entfernt, im Mittelpunkt der Städte Köln, Frechen, Brühl und Hürth, befindet sich das Einkaufszentrum Rheinpark Köln.

Seit der **Eröffnung 1981** und den Erweiterungen 1986, 1995 und 2015 belegen über 160 **Fachgeschäfte** und **Dienstleistungsbetriebe** das Einkaufszentrum (EKZ), das als ein „Einkaufszentrum im Grünen" mehr Brunnen, Grünoasen und Verweilplätze als die City von Köln hat. Eine Auswahl der Unternehmen finden Sie auf den Seiten 12 und 13.

Mit der Fertigstellung des letzten Bauabschnitts vergrößerte sich die **Geschäftsfläche** von 61.000 m^2 auf 80.000 m^2. Es befinden sich 3.500 kostenlose **Parkplätze**, übersichtlich angeordnet und nach einer ADAC-Empfehlung angelegt, auf dem Gelände.

Ideale **U-Bahn- und Busverbindungen** ermöglichen den Einwohnern der umliegenden Städte und Gemeinden einen bequemen Zugang zum EKZ. Die guten Verkehrsverbindungen garantieren einen reibungslosen Verkehrsfluss.

Besucher des EKZ, die mit öffentlichen Nahverkehrsmitteln kommen, können bei Vorlage ihrer Fahrkarte einen besonderen **Service** in Anspruch nehmen. Wenn die Kunden für mindestens 500,00 EUR im EKZ eingekauft haben, bringt ihnen der Rheinpark-Servicewagen die Waren bis zur Haustür – zur vorher vereinbarten Uhrzeit.

Eine Vielzahl von **Serviceeinrichtungen**, die große Anzahl der Geschäfte, attraktive Unterhaltungsprogramme (Trödel-, Weihnachts-, Kunsthandwerkermarkt, Kulturfestivals, Ausstellungen, um nur einige zu nennen) und eine behindertengerechte Ausstattung tragen zum Erfolg des EKZ bei. Durch all diese Besonderheiten war es möglich, das **Einzugsgebiet** auf einen Radius von 30 km auszudehnen. In diesem Einzugsbereich leben etwa 1,8 Millionen Menschen.

Wie originell die **Aktionen im EKZ** sind, können Sie im Guinnesbuch der Rekorde nachlesen. Das EKZ hält 14 Weltrekorde, u. a. für den größten Apfelstrudel oder für die höchste Sektglaspyramide mit 7.000 Sektschalen.

Das **Motto des EKZ** lautet: „Bei uns trifft man sich zur Unterhaltung und Information, zum Mitmachen und Mitlachen."

Daten und Fakten auf einen Blick	
1. Eröffnung	27.09.1981
Erweiterung in den Jahren	1986, 1995, 2015
2. Bruttomietfläche	80.000 m^2
3. Zahl der Geschäfte/Dienstleister	168
4. Verkaufsfläche	59.000 m^2
Dienstleistungen und Freizeiteinrichtungen	16.000 m^2
5. Umsatzvolumen in Millionen EUR p. a.	etwa 200
6. Zahl der Kunden/Besucher pro Tag im Durchschnitt	etwa 40.000
7. Zahl der kostenlosen Parkplätze	3.500
8. Einzugsgebiet	30 km, etwa 1,8 Millionen Einwohner

Im EKZ finden über 2.000 Menschen Arbeit. In allen Geschäften des EKZ werden über 200 Auszubildende ausgebildet, u. a. in den Ausbildungsberufen Verkäufer/Verkäuferin, Kaufmann/Kauffrau im Einzelhandel, Kaufmann/Kauffrau für Büromanagement, Bankkaufmann/Bankkauffrau, Schauwerbegestalter/-in, IT-Kaufmann/Kauffrau.

Der Standort

Die Verkaufsräume der Center Warenhaus GmbH und der anderen Unternehmen befinden sich im Einkaufszentrum Rheinpark in der Aachener Straße 1250, 50859 Köln. Die Räume wurden jeweils von der Rheinpark Verwaltungs GmbH angemietet.

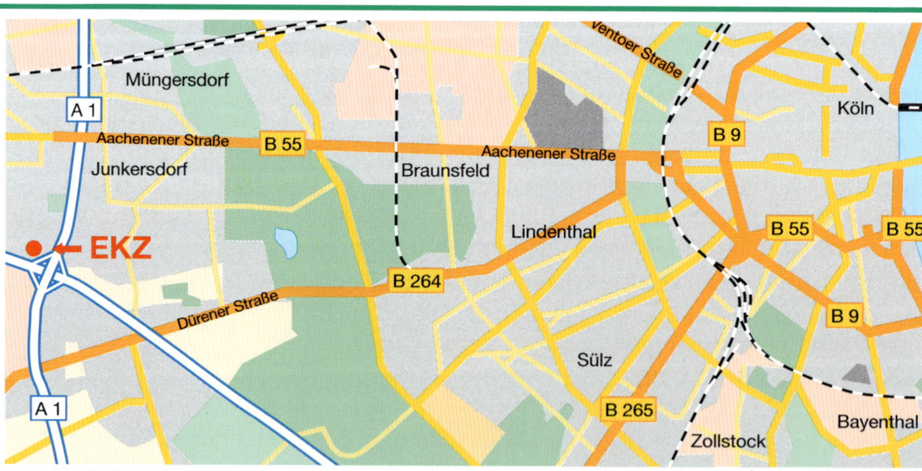

Über die Aachener Straße ist das Autobahndreieck Köln-West mit den Autobahnen A 61, A 1 und A 4 in wenigen Minuten zu erreichen.

Arbeitnehmerinnen und Arbeitnehmer können mit den Bus- und S-Bahnlinien 7, 8 und 20 bis zum Einkaufszentrum fahren.

Die Geschäftsleitungen der im EKZ ansässigen Unternehmen möchten über die Ausgabe von Jobtickets für die öffentlichen Verkehrsmittel ihre Mitarbeiter zu umweltbewusstem Verhalten anhalten.

Das erfolgreiche Konzept des Einkaufszentrums findet sich in 15 weiteren Städten in Deutschland wieder.

In all diesen Einkaufszentren finden Sie sowohl eine Filiale der Center Warenhaus GmbH, des Mars Elektrofachmarktes e. K. als auch des Lebensmitteldiscounts Schlegel KG.

Name des Einkaufszentrums	Stadt
EKZ Leinepark	Hannover
EKZ Weserpark	Bremen
EKZ Alsterpark	Hamburg
EKZ Eiderpark	Kiel
EKZ Warnowpark	Rostock
EKZ Spreepark	Berlin
EKZ Elbepark	Dresden
EKZ Gerapark	Erfurt
EKZ Saalepark	Magdeburg
EKZ Havelpark	Potsdam
EKZ Mainpark	Frankfurt
EKZ Moselpark	Koblenz
EKZ Neckarpark	Stuttgart
EKZ Isarpark	München
EKZ Saarpark	Saarbrücken

Einzelhandelsbetriebe im Einkaufszentrum Rheinpark Köln

Nr.	Betrieb	Typ	Verkaufsform	Sortiment	Mitarbeiter/Azubis	Fläche in m²
92	Abels Bau- und Hobbymarkt GmbH	Fachmarkt	SB	Werkzeuge, Teppichböden, Baubedarf, Gartenbedarf, Kleinmöbel, Tapeten	30/4	6.800
2	Willi Meyer e. K. Schreibwaren	Fachgeschäft	B	Schreibwaren und Bürobedarfsartikel, Geschenkartikel, Schulbedarf	2	60
71	Mars Elektrofachmarkt e. K.	Fachmarkt	B/V	Weiße Ware, Braune Ware, Tonträger, Software, Neue Medien	40/6	1.400
4	mod-shop GmbH Gisela Meyer	Boutique	B/V	Modische Damenbekleidung, Modeschmuck, Schuhe	3	50
5	Buchhandlung Tauber-OHG	Fachgeschäft	B/V	Kinderbücher, Reisebücher, Belletristik, EDV-Literatur, Hobby-Bücher	3	100
6	Champions-Sport Gerhard Blunk KG	Spezialgeschäft	B/V	Angelsportartikel	3/1	85
7	Juwelier Josef Kanter e. K.	Fachgeschäft	B	Uhren, Schmuck	2	75
11	ABO-Versandhandels AG, Verkaufsfiliale	Versandhandel	V	Auswahl des Gesamtkataloges, Bestellungen werden im Laden bearbeitet	9/3	560
20	Lebensmitteldiscount Schlegel KG	Discounter	SB	Lebensmittel, Aktionsangebote	16/3	680
8	Meeresfrüchte GmbH	Fachgeschäft	B	Fisch, Partyservice, Stehimbiss	5	180
22	Werl-Textilkaufhaus KG	Kaufhaus	V	Damen-, Herren-, Kinderbekleidung, Schuhe	45/8	4.000
9	Foto-Knirps, Inh. Gertrud Moll e. K.	Fachgeschäft	B	Fotoartikel, Bilderrahmen und -alben, Entwicklungslabor, Passfotos	5/1	100
12	Baby-Markt Verkaufs-GmbH	Fachgeschäft	SB	Bekleidung, Möbel, Nahrungsmittel, Spielsachen, Pflegeartikel für Kleinkinder	8/2	450
29	Autobedarf Herkenrath OHG	Fachgeschäft	V/B/SB	Autozubehör, -ersatzteile, Auto-Hi-Fi, Autotelefon, Einbauservice	22/4	900
1	Center Warenhaus GmbH	Warenhaus	V/B/SB	Textilien/Sport, Schuhe, Lederwaren, Schreibwaren, Haushalt, Spielwaren, Lebensmittel, Elektro	65/10	10.500

Nr.	Betrieb	Typ	Verkaufsform	Sortiment	Mitarbeiter/ Azubis	Fläche in m^2
90	Kaufland eG (Genossenschaft)	Supermarkt	B	Lebensmittel	8/2	1.400
14	Philatelie Werner Wurms e. K.	Spezialgeschäft	B	Briefmarken, Alben, Zubehör, Tauschbörse	2	40
17	Frischobst Günter Wilms	Ambulanter Handel	B	Obst	1	18
18	Self-Selling GmbH	Automatenhandel	SB	Süßwaren, Konserven, Spielwaren	1	20
21	Die Blumenwelt, Hanna Gerdes e. K.	Fachgeschäft	B	Blumen mit Fleurop-Dienst	3/1	30
67	Wolfgang Schwarztrauber	Kiosk	B	Tabak, Zeitschriften, Süßwaren	1	10
70	Der Käseladen, Wolfgang Wilke e. K.	Spezialgeschäft	B	Käse und Molkereiprodukte, Delikatessen	3/1	90
92	men-shop Bernd Kreitner GmbH	Fachgeschäft	B	Herrenkonfektion mit Änderungsschneiderei, Schuhe	3	120
28	Jeans-Moden Karla Möltgen KG	Boutique	V/B	Herren-, Damen-, Kinderbekleidung in Jeans	3	80
33	Geschenkeparadies Klara Klein GmbH	Boutique	V/S	Geschenkartikel aller Art, Grußkarten, T-Shirt-Druck	3	120
29	Getränkemarkt Gerhards KG	Fachmarkt	SB	Wasser, Bier, Spirituosen, Zustelldienst, Party-Service	12/1	700
3	Exklusives Wohnen Waltraud Schiffer GmbH	Fachgeschäft	VB	Möbel, Inneneinrichtungsgegenstände	12/3	150
38	Fahrrad-Center Mauel GmbH	Fachgeschäft	VB	Fahrräder und Zubehör, Reparatur-Service	6	300
89	Garten-Center Klein KG	Fachgeschäft	V/B/SB	Gartenbedarf	20/2	2.000

SB = Selbstbedienung, B = Bedienung, V = Vorwahl

Weitere Betriebe im EKZ

- Telekom-Laden
- Eiscafé
- 3 Imbiss-Stände
- China-Restaurant
- 2 Kneipen
- Videothek
- Notariat
- Ärztehaus
- Schuster
- Schlüsseldienst
- 2 Banken
- Reisebüro
- Optiker
- Tankstelle
- Rechtsanwalt
- Mietwagenagentur
- Apotheke
- Kopiercenter
- Reinigung
- Friseur
- 2 Bäckereien
- Schuhreparatur
- Steuerberater
- Übersetzungsbüro
- Metzgerei
- Versicherung
- Blumengeschäft
- Solarium
- Kinocenter
- Kindergarten
- Internetcafé
- Fitnesscenter

Sonstige Einrichtungen

- Taxi-Stand
- Verbraucherberatungsstelle
- Wickelraum für Säuglinge
- Städtische Seniorentagesstätte
- Sammelstelle für Sondermüll (Farben, Lacke, Batterien)
- Bushaltestellen
- Parkhaus mit bewachtem Fahrradabstellbereich
- Privater Sicherheitsdienst
- Städtische Bücherei
- Polizeiwache
- Erste-Hilfe-Station
- Postniederlassung

Das gesamte Einkaufszentrum wird von der **EKZ-Rheinpark-GmbH** geleitet. Hier sind acht Mitarbeiter beschäftigt. Ihre Aufgaben bestehen u. a. in

- der Anwerbung neuer Betriebe,
- der Beratung bei der Gestaltung der Geschäfte,
- der Veranstaltung gemeinsamer Aktionen (Weihnachtsmarkt, Sommerfest, Trödelmarkt usw.),
- der Verwaltung der gemeinsamen Einrichtungen (Parkhaus usw.),
- der Konzeption der Gemeinschaftswerbung.

Supermarkt Kaufland eG

Exklusives Wohnen Waltraud Schiffer GmbH

Bäckerei im Einkaufszentrum Rheinpark

Die Center Warenhaus GmbH

Die Center Warenhaus GmbH wurde vor 75 Jahren in Köln gegründet und hat sich seitdem bundesweit ausgedehnt.

Organigramm der Center Warenhaus GmbH

Assistent der GL	Geschäftsleitung	Umweltbeauftragter
Sven Braun	Kerstin Sommer, Thomas Becker	Hermann Hohn

Einkauf	Lager	Verkauf/Marketing			Verwaltung
Hanne Bauer Aln	Gerd Rubens Al	Oliver Lehnert Al			Claudia Ahlemann Aln
Textil, Sport Hanne Bauer **Schuhe, Lederwaren** Nicole Wiedemann Sn **Schreibwaren, Bücher, Spielwaren, Uhren, Schmuck** Eva Bilstein Sn **Lebensmittel** Renate Öztürk Sn **Haushaltswaren, Elektro** Klaus Berger S	**Zentrallager** Peter Baldus S – Warenannahme – Auszeichnung **Fuhrpark** Holger Hübner S	**Textil/Sport** Elena Gutowski Sn – HK – DOB – KiKo – Wäsche – Sport – Gardinen **Schuhe, Lederwaren** Helga Kowski Sn **Dekoration** Vera Hausberg	**Parfümerie** Yvonne Berg Sn **Elektro** Helmut Winkler S – Weiße Ware – Braune Ware – Lampen – Zubehör **Lebensmittel** Peter Pade S – Non-Food – Getränkemarkt – Spirituosen – Fleisch, Käse – Obst, Gemüse – Konserven – Tiefkühlkost **Reklamation** Otto Schaaf	**Schreibwaren, Bücher** Anna Monberg Sn **Haushaltswaren** Claudia Rosen Sn **Spielwaren** Edith Mauser Sn **Uhren, Schmuck** Edith Schiefen Sn **Hausdetektiv** Helmut Meyer	**Personal** Maria Meys Sn **Rechnungswesen** Werner Schmick S – Kassenabrechnung – Finanzbuchhaltung – Rechnungsprüfung – Kostenrechnung – Statistik **Organisation, Datenverarbeitung** Hartmut Groll S **Hausdienst** Dieter Nahnsen

Betriebsrat: sieben Mitglieder, Vorsitzender: Herr Peter Pade, Stellv.: Frau Helga Kowski
Jugendvertreter: Petra Jäger, Stellvertreter: Marc Cremer

Al = Abteilungsleiter	GL = Geschäftsleitung	S = Substitut
Aln = Abteilungsleiterin	HK = Herrenkonfektion	Sn = Substitutin
DOB = Damenoberbekleidung	KIKO = Kinderkonfektion	

Steuernummer: 223/5140/8546 USt-IdNr.: DE835872142

Liste der Auszubildenden der Center Warenhaus GmbH

Kaufmann/Kauffrau im Einzelhandel		Verkäufer/ Verkäuferin	Schauwerbegestalter/-in	Kaufmann/Kauffrau für Büromanagement
Petra Jäger	Ali Rezwani	Gaby Dohm	Birgit Moll	Nicole Höver
Sabine Freund	Petra Breuer	Silvia Meiser		
Marc Cremer	Bodo Stamm			

Wegweiser durch das Center Warenhaus (Erdgeschoss)

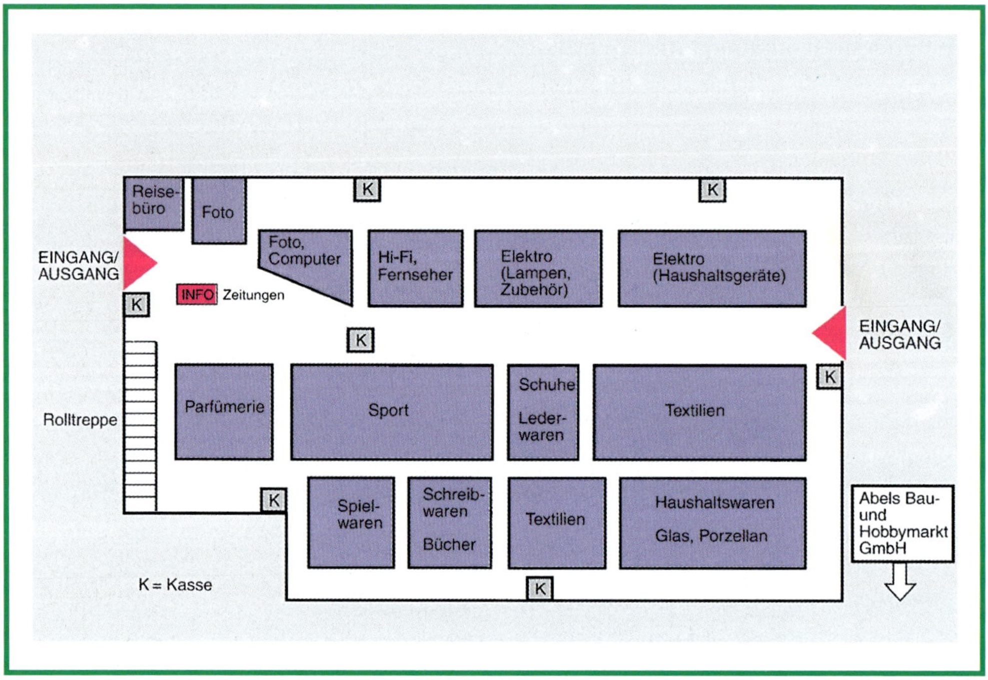

Wegweiser durch das Center Warenhaus (Basement)

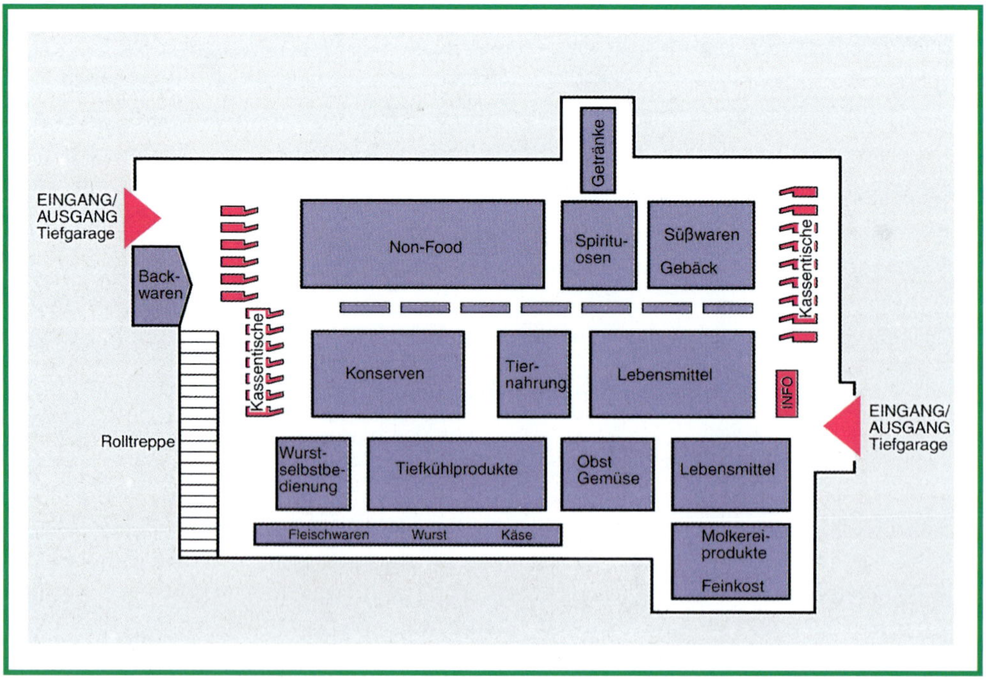

Verschiedene Abteilungen in der Center Warenhaus GmbH

Die Hauptlieferer

Liefererdatei der Center Warenhaus GmbH (Auszug)

Lieferer-/ Kreditor-Nr.	Name	Anschrift	Telefon/ Fax		Bank IBAN BIC
5681 K70001	Bürobedarfs-großhandel Schneider & Co. KG	Laarstraße 19 58636 Iserlohn Ansprechpartner: Herr Solf	02371 02371	342311 342315	Commerzbank Iserlohn DE49445400220871 112365 COBADEFF445
5677 K70002	Lederwarenfabrik Bernd Lüghausen e. K. Fabrikation von Lederbekleidung	Im Talacker 18 47829 Krefeld Ansprechpartner: Frau Sudhoff	02151 02151	417118 985410	Commerzbank Krefeld DE78320400240546 387657 COBADEFF320
5621 K70003	Porzellan-manufaktur Latschenreuther GmbH	Lessingstraße 44 01662 Meißen Ansprechpartner: Herr Lukas	03521 03521	511225 511289	Postbank Berlin DE09100100100223 421654 PBNKDEFF100
5641 K70004	Schuhfabrik Mata OHG	Dresdner Straße 116–124 66955 Pirmasens Ansprechpartner: Frau Sonius	06331 06331	866350 866401	VR-Bank Pirmasens DE54542900000231 987654 GENODE61PS1
5610 K70005	Lebensmittel-großhandel Westkauf KG	Quarzstraße 98 51371 Leverkusen Ansprechpartner: Herr Oswald	0214 0214	763499 763434	SEB Leverkusen DE72370101110354 824453 ESSEDE5F372
5666 K70006	Textil AG	Münzstraße 89–121 10178 Berlin Ansprechpartner: Frau Demming	030 030	445546 445548	Postbank Berlin DE09100100100543 399988 PBNKDEFF100
5620 K70007	Sportex GmbH & Co. KG Sportartikel-herstellung	Volksparkstraße 23–43 22525 Hamburg Ansprechpartner: Herr Inanci	040 040	1843467 1843154	Commerzbank Hamburg DE73200400000456 321675 COBADEHHXXX
5669 K70008	Elektro Bader KG Elektrogeräte	Fabrikstraße 10–34 04129 Leipzig Ansprechpartner: Herr Wiemann	0341 0341	554645 554849	Stadt- und Kreis-sparkasse Leipzig DE48860555920650 342344 WELADE8LXXX

Auszug aus dem Gesellschaftsvertrag

Gesellschaftsvertrag der Center Warenhaus GmbH

durch die Gesellschafterversammlung am 1. Januar 20.. in 50859 Köln, Aachener Straße 1250, festgelegt:

§ 1 Die Firma der Gesellschaft lautet Center Warenhaus GmbH.

§ 2 Der Geschäftssitz der Gesellschaft ist in 50859 Köln.

§ 3 Die Gesellschaft betreibt die Anschaffung und Weiterveräußerung von Waren aller Art an den Letztverbraucher. Nach Möglichkeit sollen umweltverträgliche Artikel angeboten werden.

§ 5 Das Stammkapital der Gesellschaft beträgt 300.000,00 EUR.

§ 6 Das Stammkapital wird aufgebracht:

1. Gesellschafterin Dipl.-Kauffrau Kerstin Sommer, Köln
   mit einem Nennbetrag der Geschäftsanteile in Höhe von 150.000,00 EUR.
2. Gesellschafter Dipl.-Betriebswirt Thomas Becker, Köln
   mit einem Nennbetrag der Geschäftsanteile in Höhe von 150.000,00 EUR.

Die Nennbeträge der Geschäftsanteile sind in bar oder in Sachwerten zu leisten. Sie sind sofort in voller Höhe fällig.

§ 7 Der Mindestbetrag eines Geschäftsanteils muss 500,00 EUR betragen. Jeder andere Nennbetrag muss durch 100,00 EUR teilbar sein.

§ 8 Die Gesellschafterversammlung beruft einstimmig die Geschäftsführung.

§ 10 Die Gesellschafter treten jährlich einmal zu einer ordentlichen Versammlung zusammen. Der Geschäftsführer lädt mit einwöchiger Frist unter Angabe von Tagungsort, Tagungszeit und Tagesordnung ein.

§ 11 Die Rechte der Gesellschafterversammlung werden bis auf Widerruf auf die Geschäftsführung übertragen. Für den Widerruf ist eine Mehrheit von 3/4 der Stimmen erforderlich. Abgestimmt wird nach Geschäftsanteilen. Je 50,00 EUR eines Geschäftsanteils gewähren eine Stimme.

§ 13 Jeder Gesellschafter kann aus wichtigem Grund seinen Austritt aus der Gesellschaft erklären. Der Austritt ist nur zum Ende eines Geschäftsjahres zulässig. Er hat durch Einschreibebrief mit einer Frist von 6 Monaten zu erfolgen. Bei Kündigung der Gesellschafter oder Austritt wird die Gesellschaft nicht aufgelöst.

§ 16 Bekanntmachungen der Gesellschaft nach den gesetzlichen Bestimmungen erfolgen ausschließlich im Unternehmensregister.

§ 20 Außerhalb des Gesellschaftsvertrages wurde folgender Beschluss gefasst: Als Geschäftsführer gemäß § 8 des Gesellschaftsvertrages werden bestimmt:

1. Frau Dipl.-Kauffrau Kerstin Sommer, Köln
2. Herr Dipl.-Betriebswirt Thomas Becker, Köln

§ 21 Vorstehendes Protokoll wurde den Gesellschaftern vom Notar vorgelesen, von ihnen genehmigt und eigenhändig wie folgt gegengezeichnet:

zu 1. Kerstin Sommer

zu 2. Thomas Becker

Köln, 2. Januar 20..

Die Verbände

Gemäß § 1 IHK-Gesetz ist die Center Warenhaus GmbH Mitglied in der Industrie- und Handelskammer. Die Geschäftsführerin, Frau Sommer, und die Substitute Pade, Gutowski, Kowski, Winkler und Berg sind Mitglieder in Prüfungsausschüssen der IHK. Das Unternehmen ist im Einzelhandelsverband Nordrhein e. V. organisiert, die organisierten Arbeitnehmer sind Mitglieder der Vereinten Dienstleistungsgewerkschaft (ver.di).

Der Betriebsrat und die Jugend- und Auszubildendenvertretung

Vorsitzender des Betriebsrates der Center Warenhaus GmbH ist Peter Pade, seine Stellvertreterin ist Helga Kowski. Jugend- und Auszubildendenvertreterin ist Petra Jäger, Stellvertreter ist Marc Cremer.

Die Bankverbindungen				Telefon und Telefax	
Kreditinstitut		BIC	IBAN	Telefon	Telefax
Deutsche Bank	Köln	DEUTDEDKXXX	DE08370700600252013800	0221 417118	0221 417120
Postbank	Köln	PBNKDEFF370	DE54370100500054666504	0221 417119	
Sparkasse	KölnBonn	COLSDE33XXX	DE11370501980085313948		

Sabine Freund
Auszubildende bei der Center Warenhaus GmbH
2. Ausbildungsjahr

Mehmet Aydin Auszubildender beim
Mars Elektrofachmarkt e. K. (vgl. Seite 22)
2. Ausbildungsjahr

Kerstin Dahm
Auszubildende bei der Lebensmitteldiscount Schlegel KG
(vgl. Seite 21)
2. Ausbildungsjahr

Die Lebensmitteldiscount Schlegel KG

Die Lebensmitteldiscount Schlegel KG

Steuernummer: 223/6891/2369
USt-IdNr.: DE986578960

Verwaltung
Gudrun Schlegel

Filialleiter
Oliver Schlegel

Stellvertr. Filialleiter
Tobias Hell

12 Mitarbeiter
(6 Vollzeit, 6 Teilzeit)

- Tina Klein
- Claudia Tiffels
- Dimitri Weimann
- Klaus Hinrichs
- Cornelia Hülder
- Sevil Mehmet
- Michael Felix
- Larissa Henze
- Tommy Krumm
- Lena Bogdanow
- Frederic Cahon
- Mandy Klein

Ausbilderin:
Angela Bergmeier

Azubis:
Verkäufer/-in:
Kerstin Dahm (2. Ausbildungsjahr)

Kaufmann im Einzelhandel:
Manfred Straub (1. Ausbildungsjahr)
Thomas Herre (3. Ausbildungsjahr)

Tel: 0221 476844
Fax: 0221 476845

Bank: Kreissparkasse Köln
IBAN: DE66370502990058723801
BIC: COKSDEXXX

135 Filialen in Deutschland
Verkaufsform: überwiegend Selbstbedienung, mit Bedienung bei Fleisch/Wurst und Käse
Verkaufsfläche: 680 m^2

Lieferungen erfolgen vom Zentrallager Porz

Der Mars Elektrofachmarkt e. K.

Steuernummer: 223/3137/2973
USt-IdNr.: DE583442583

Der Mars Elektrofachmarkt e. K.

Geschäftsführerin
Daniela Mars

Verwaltung
Heinz Tophoven

Logistik	Service	Kasse	Rechnungswesen
2 Mitarbeiter	2 Mitarbeiter	6 Mitarbeiter	3 Mitarbeiter
Nico Bonnet	Helga Dick	Irina Kopp	Vera Feld

Ausbildungsleiter

Marketing
Michaela Bauer

Verkaufsleiter	Verkaufsleiter	Verkaufsleiter	Verkaufsleiter
WW[1]	BW[2]	Tonträger/ Software	Neue Medien
4 Mitarbeiter	8 Mitarbeiter	7 Mitarbeiter	6 Mitarbeiter
Nicole Orth	Alex Kraft	Eray Ozyurt	Toyah Quirl

6 Azubis:

- Mehmet Aydin (2. Ausbildungsjahr)
- Murrat Canbahan (2. Ausbildungsjahr)
- Timo Beuth (3. Ausbildungsjahr)
- Marco Klaso (1. Ausbildungsjahr)
- Anna Klettke (1. Ausbildungsjahr)
- Sandra Por (1. Ausbildungsjahr)

Tel: 0221 1610705
Fax: 0221 1700088

Bank:	Deutsche Bank Köln	Kreissparkasse Köln
IBAN:	DE80370700600340731420	DE93370502990013600564
BIC:	DEUTDEDKXXX	COKSDEXXX

15 Filialen in Deutschland
Verkaufsform: überwiegend Vorwahl, bei Foto, Computer, Hi-Fi Bedienung
Verkaufsfläche: 1.400 m^2

[1] *WW = Weiße Ware (z. B. Haushaltsgeräte)*
[2] *BW = Braune Ware (z. B. Hi-Fi-Geräte)*

LERNFELD 6

Waren beschaffen

1 Beschaffungsprozesse planen

1.1 Aufgaben und Ziele des Beschaffungsprozesses und Organisation der Beschaffung

In der Center Warenhaus GmbH findet eine Konferenz aller Abteilungsleiter/-innen und Substituten/-innen mit der Geschäftsführung statt. Hierzu sind auch die Auszubildenden des zweiten Ausbildungsjahres eingeladen. Thema der Konferenz ist: „Beschaffung von Waren und Möglichkeiten der Kostenminimierung". Die Geschäftsführerin Kerstin Sommer eröffnet die Konferenz mit einem kleinen Vortrag über die Aufgaben und Ziele der Beschaffung. Sie beendet ihren Vortrag mit den Worten: *„Damit wir weiterhin konkurrenzfähig bleiben, müssen wir es schaffen, unsere Beschaffungskosten zu verringern, ohne dass unsere Verkaufsbereitschaft und die Qualität unserer Waren beeinträchtigt werden. Nur dann werden wir weiterhin auf dem Markt erfolgreich sein."* Thomas Becker, der zweite Geschäftsführer, ergänzt die Ausführungen von Frau Sommer: *„Zudem sollten wir unsere Verkaufsdatenanalyse dahingehend überprüfen, ob wir auf jede Veränderung der Kundenwünsche auch rechtzeitig reagieren. Wir sollten hierbei auch einmal grundsätzlich darüber diskutieren, ob die Organisationsstruktur unserer Beschaffungsabteilung noch zeitgemäß ist."*

ARBEITSAUFTRÄGE

- Erläutern Sie die Aufgaben und Ziele der Beschaffung.
- Beschreiben Sie, was man unter einer Verkaufsdatenanalyse versteht.
- Verschaffen Sie sich einen Überblick über die Möglichkeiten der Organisation von Beschaffungsabteilungen und erstellen Sie hierzu in Gruppen ein Lernplakat.

Aufgaben des Beschaffungsprozesses

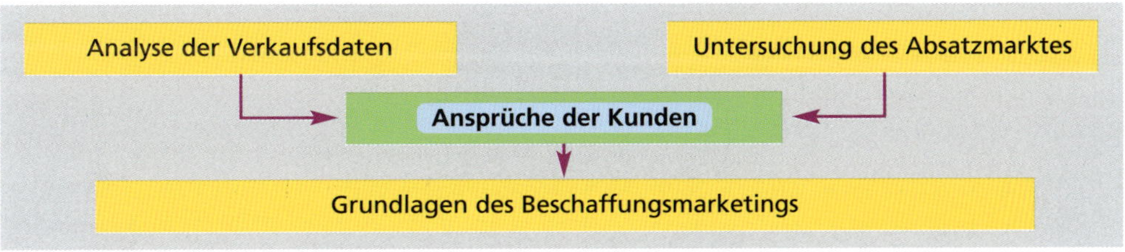

LF 2

Zum **Beschaffungsmarketing** gehören alle Tätigkeiten, die sich auf die Beschaffung von Waren beziehen. Es geht um die Erfüllung der Kundenwünsche bezüglich Warenauswahl, Qualität und Preis. Grundlage des Beschaffungsmarketings sind die Informationen über die Wünsche und Ansprüche der **Kunden**. Diese Informationen werden einerseits durch die Untersuchung des **Absatzmarktes** gewonnen – hierbei sind künftige Entwicklungen, Trends und Veränderungen zu berücksichtigen. Andererseits müssen die bisherigen **Verkaufszahlen** von Artikeln und Artikelgruppen eines Einzelhandelsbetriebs betrachtet werden, um das Kundenverhalten erkennen zu können.

LF 2

Das Beschaffungsmarketing umfasst alle Entscheidungen, die im Zusammenhang mit der Beschaffung (Einkauf) der Waren stehen. **Entscheidungen stützen sich auf Informationen**. Diese Informationen werden im Rahmen der Beschaffungsmarktforschung (vgl. Seite 48) gewonnen.

Die **Hauptaufgabe der Beschaffung** besteht in der Versorgung des Einzelhandelsbetriebs mit Waren

- zum günstigsten Preis,
- in der erforderlichen Art und Qualität,
- bei dem geeignetsten Lieferer,
- in der richtigen Menge,
- am richtigen Ort,
- in der richtigen Zeit.

Ziele des Beschaffungsprozesses

Zur ordnungsgemäßen Erfüllung ihrer Aufgaben verfolgt die Beschaffung folgende allgemeine Ziele:

- **Minimierung der Anschaffungskosten**

  Beispiele Minimierung der Bestellkosten und Bezugs-/Einstandspreise

- **Minimierung der Lagerhaltungskosten** (vgl. Seite 142)

  Beispiele Minimierung der Zinskosten für das in den Warenbeständen gebundene Kapital, Minimierung der Lagerpersonalkosten, Minimierung der Lagerrisiken und -raumkosten

- **Minimierung der Fehlmengenkosten**

  Beispiel Minimierung der Umsatzeinbußen aufgrund mangelnder Verkaufsbereitschaft

Diese allgemeinen Ziele stehen allerdings zueinander in Konkurrenz **(Zielkonflikte)**.

Beispiel In der Lebensmitteldiscount Schlegel KG konkurrieren folgende Ziele der Beschaffung:

Ziele der Beschaffung	
Minimierung der Anschaffungskosten durch – geringere Bezugskosten – niedrigere Bezugs-/Einstandspreise	**Minimierung der Lagerhaltungskosten** durch – niedrige Lagerhaltungskosten – niedrige Kapitalbindungskosten
Erreichbar durch große Bestellmengen Dies führt aber zu – hohen Lagerhaltungskosten – Kapitalbindungskosten – hohe Lieferbereitschaft	**Erreichbar durch kleine Bestellmengen** Dies führt aber zu – hohen Beschaffungskosten – hohen Bezugs-/Einstandspreisen wegen Nichtausnutzung von Mengenvorteilen (Mengenrabatte) – geringere Verkaufsbereitschaft

Die Beschaffung kann diesen Zielkonflikt dadurch lösen, dass die richtigen Bestellmengen gefunden werden, bei denen sowohl die Verkaufsbereitschaft gesichert ist als auch die Anschaffungskosten so niedrig wie möglich sind.

Verkaufsdatenanalyse und Ermittlung der Beschaffungsdaten

Entscheidungen im Beschaffungsbereich beziehen sich immer auf die Zukunft, basierend auf den vorliegenden Daten der Vergangenheit und unter Berücksichtigung neuer Entwicklungen und Trends.

Beispiele

- Im Spielwarenhandel werden fast acht Monate vor der Hauptumsatzzeit (Weihnachten) Waren geordert.
- Die Sommermode wird im Textileinzelhandel spätestens im Herbst des Vorjahres bestellt.

Warenbeschaffungen dienen dazu, den Kunden ein optimales Sortiment (vgl. Seite 30) zu präsentieren und dem Einzelhändler einen angemessenen Gewinn zu sichern. Um den Bedarf zu ermitteln, ist es notwendig, die Trends (Entwicklungen) des **Absatzmarktes** genau zu untersuchen. Diese **Marktdaten** beeinflussen die **Bedarfsermittlung**.

Beispiel Frau Gutowski, Substitutin der Textilabteilung der Center Warenhaus GmbH, erkennt durch Untersuchung des Absatzmarktes, dass die Kunden eine steigende Vorliebe für „Edel-Jeans" zeigen. Sie wird für ihre Abteilung prüfen, welchen Bedarf ihre Kunden für diese Ware haben.

Andererseits sind in einem Einzelhandelsbetrieb aber auch **die bisherigen Verkaufszahlen** eines Artikels oder einer Warengruppe wichtige Grundlagen für Beschaffungsentscheidungen. Eine systematische Auswertung dieser Daten nennt man **Verkaufsdatenanalyse**.

Beispiel In der Center Warenhaus GmbH wird der Artikel „Lederkoffer" untersucht. Hierzu werden die Verkaufszahlen der einzelnen Waren betrachtet. Diese Informationen sind durch ein computergestütztes Warenwirtschaftsprogramm (vgl. Seite 49) leicht und artikelgenau zu erhalten. Folgende Übersicht liegt vor:

Lederkoffer Preisgruppenanalyse nach Quartalen, Absatzzahlen

Preisgruppe	1. Quartal		2. Quartal		3. Quartal		4. Quartal	
	lfd. Jahr	Vorjahr	lfd. Jahr	Vorjahr	lfd. Jahr	Vorjahr	lfd. Jahr	Vorjahr
untere	154	165	112	151	82	139	74	150
mittlere	175	153	183	161	191	177	202	181
gehobene	67	45	88	56	101	65	112	69

Aus diesen Zahlen ist ersichtlich, dass die Kunden vermehrt Lederkoffer der gehobenen Preisklasse nachfragen, während preiswerte Lederkoffer eine sinkende Tendenz zeigen. Ein Trend ist also klar zu erkennen. Offensichtlich haben sich die Verbraucherwünsche gewandelt. Diese Information ist für die Sortimentsgestaltung und somit für die Beschaffung sehr wichtig. Wenn sich der Trend fortsetzt, sollten künftig mehr hochpreisige Lederkoffer geordert werden, um den Kunden in diesem Marktsegment mehr Auswahl zu bieten.

Der **Zeitraum**, auf den sich eine Verkaufsdatenanalyse beziehen kann, ist abhängig von der Ware. Gebrauchsgüter (Uhren, Elektrogeräte usw.) und Saisonware (z. B. Winterbekleidung, Osterdekoration) lassen für Beschaffungsentscheidungen einen längeren Zeitraum zu (Jahr, Vorjahr). Bei Artikeln des täglichen Bedarfs (Brot, Obst usw.) sind kürzere Zeiträume sinnvoller.

LF 2 Zu einer aussagefähigen Bedarfsermittlung gehört auch eine Analyse über „nicht getätigte Verkäufe“ (**Fehlverkaufskontrolle**, vgl. Seite 30). Hier wird untersucht, ob Ware von Kunden nachgefragt wurde, die entweder nicht im Sortiment geführt wird oder gerade nicht auf Lager war.

Aufbauorganisation der Beschaffung

Der Einkauf von Waren kann nach folgenden Gesichtspunkten organisiert werden:

Zentrale oder dezentrale Beschaffung

- Die **zentrale Beschaffung** wird von einer Organisationseinheit (Stelle, Abteilung) durchgeführt. Sie ist vorwiegend bei kleineren und mittleren Unternehmen vorzufinden.

  Beispiel Die Lebensmitteldiscount Schlegel KG unterhält für alle Filialen in Deutschland eine zentrale gemeinsame Einkaufsabteilung.

- Bei der **dezentralen Beschaffung** plant jeder Bedarfsträger eigenverantwortlich, d. h., die Aufgaben der Beschaffung werden von mehreren Organisationseinheiten (Stellen, Abteilungen) vorgenommen. Mit zunehmender Betriebsgröße gewinnt die dezentrale Beschaffung von Waren an Bedeutung.

  Beispiel Die Boutique mod-shop GmbH hat mehrere Filialen in Deutschland. Jede Filiale hat ihre eigene Beschaffungsabteilung.

Warenbeschaffung		
Zentrale Beschaffung	**Vorteile**	**Dezentrale Beschaffung**
– höhere Mengenrabatte und günstigere Lieferkonditionen – bessere Disposition der Lagerbestände – bessere Kontrolle der Beschaffung – Mindestbestand muss nur einmal vorrätig gehalten werden, somit geringerer durchschnittlicher Lagerbestand		– Senkung der Transportkosten bei weit voneinander entfernt liegenden Verkaufsniederlassungen – Beschaffung ist näher am Ort des Geschehens – kleinere Bestellmengen, somit geringere Kapitalbindung

Merke: Die Vorteile der zentralen Beschaffung sind die Nachteile der dezentralen Beschaffung und umgekehrt.

Beschaffung nach Warengruppen (Objektprinzip) oder nach Tätigkeiten (Verrichtungs- oder Funktionsprinzip)

- Beim **Objektprinzip** wird die Beschaffung nach Warengruppen gegliedert. Dies ist besonders bei Großunternehmen der Fall, die sehr viele Warengruppen benötigen. Hier werden Einkäufer mit spezifischen Waren- und Marktkenntnissen eingesetzt.

  Beispiel Die Center Warenhaus GmbH unterhält für die Warengruppen Textil/Sport, Schuhe/Lederwaren, Schreibwaren/Bücher/Spielwaren/Uhren/Schmuck, Lebensmittel und Haushaltswaren/Elektro jeweils eine eigene Einkaufsabteilung (vgl. Seite 15).

- Beim **Verrichtungs- oder Funktionsprinzip** wird die Beschaffung nach dem organisatorischen Aufbau gegliedert, d. h., an einer Stelle konzentrieren sich gleichartige Verrichtungen für verschiedene Waren.

Beispiel Die Lebensmitteldiscount Schlegel GmbH hat ihre Beschaffungsabteilung für regionale Sonderartikel folgendermaßen gegliedert:

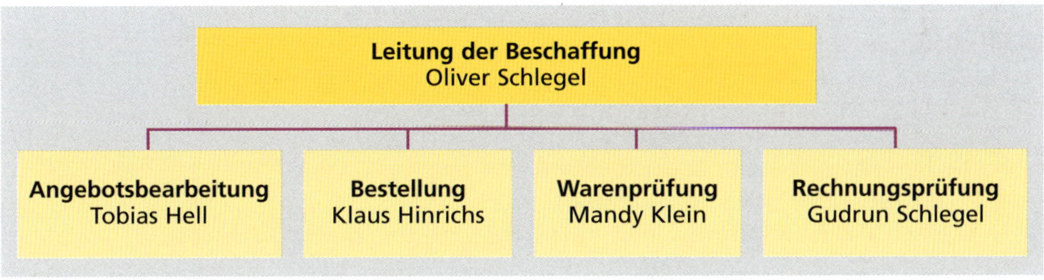

● Ablauforganisation der Beschaffung

In der Ablauforganisation wird der **Ablauf einer Arbeit** geregelt. Hier wird bestimmt, wie eine Tätigkeit ausgeführt werden muss.

Beispiele Wie soll bei Reklamationen verfahren werden? Wie werden eingetroffene Waren geprüft? Wie werden Waren bestellt?

Hierzu gibt es **Arbeits- und Verfahrensanweisungen**, in die die Mitarbeiter eingearbeitet werden müssen. Außerdem müssen die Mitarbeiter die Möglichkeit haben, nachzufragen oder selbst in den Anweisungen nachzulesen, wenn sie es wünschen. Die Ablauforganisation legt ferner fest, welche Arbeitsmittel bei bestimmten Tätigkeiten eingesetzt werden.

Beispiele Einsatz von bestimmten Vordrucken bei der Warenannahme, Warenbestellung usw.

In der Ablauforganisation werden auch die **Kontrollen der Arbeiten** festgelegt. Die betrieblichen Tätigkeiten müssen überwacht werden, damit bei Störungen sofort mit entsprechenden Maßnahmen reagiert werden kann und der Arbeitsablauf dadurch gesichert wird.

Beispiel Auszug aus der Arbeitsanweisung der Center Warenhaus GmbH für die Wareneingangskontrolle: „Der Mitarbeiter in der Warenannahme übernimmt vom Spediteur (Fahrer) die Waren und prüft die richtige Empfangsadresse aus den Begleitpapieren. Ist der Empfänger nicht korrekt (Irrläufer, falsche Lagerstätte o. Ä.), so wird der Leiter der Warennahme eingeschaltet, der dann zu entscheiden hat. Die Angaben auf den Warenbegleitpapieren (Lieferschein, Frachtbrief) werden mit der Sendung verglichen (Stückzahl usw.) …"

Aufgaben und Ziele des Beschaffungsprozesses und Organisation der Beschaffung

- Das **Beschaffungsmarketing** umfasst alle Tätigkeiten und Entscheidungen, die sich auf die Beschaffung von Waren beziehen.
- **Hauptaufgabe der Beschaffung** ist es, das Unternehmen mit Waren in der richtigen Art, Qualität, Menge, zum richtigen Preis, am richtigen Ort und zur richtigen Zeit unter Beachtung des Wirtschaftlichkeitsprinzips zu versorgen.
- Zu den **Zielen des Beschaffungsprozesses** zählen Minimierung der Anschaffungs-, der Lagerhaltungs- und Fehlmengenkosten. Diese Ziele stehen in einem permanenten Zielkonflikt zueinander.
- Die Bedarfsermittlung zur Beschaffung von Waren stützt sich u. a. auf die **Untersuchung der Verkaufsdaten** eines Einzelhandelsunternehmens.

- Durch eine Verkaufsdatenanalyse können **Trends** des Käuferverhaltens erkannt werden.
- Aus der Verkaufsdatenanalyse werden künftige **Absatzentwicklungen** abgeleitet, dadurch können Menge, Art, Qualität usw. der zu bestellenden Ware festgestellt werden.
- Die Beschaffung kann organisiert werden
  - als **zentraler oder dezentraler Einkauf**
  - nach **Warengruppen (Objektprinzip) oder nach Tätigkeiten (Verrichtungs- oder Funktionsprinzip)**.
- Die **Ablauforganisation** regelt die Ausführung der Arbeiten, den Einsatz von Arbeitsmitteln und die Überwachung der Arbeiten. Für die Mitarbeiter werden Arbeitsanweisungen erstellt.

1. Erstellen Sie zum Thema „Aufgaben und Ziele des Beschaffungsprozesses in einem Einzelhandelsunternehmen" ein Referat. Benutzen Sie zum Vortrag geeignete Medien, die Ihren Vortrag unterstützen.

2. Beschreiben Sie einige Zielkonflikte der Beschaffung.

3. Bearbeiten Sie anhand Ihres Ausbildungsbetriebs folgende Aufgaben:
a) Erläutern Sie, welche Abteilungen mit dem Wareneinkauf befasst sind.
b) Überprüfen Sie, ob es untergeordnete Abteilungen gibt, und welche Aufgaben diese haben.
c) Führen Sie eine Befragung von leitenden Mitarbeitern in der Beschaffung durch, welche Berührungspunkte es mit anderen Abteilungen gibt und welche Informationen ausgetauscht werden.
d) Erstellen Sie ein Organigramm (Schema) Ihres Ausbildungsbetriebs, in dem besonders die Beschaffungsabteilung dargestellt wird.

4. Die innere Organisation des Einkaufs kann funktionsbezogen (Verrichtungsprinzip) oder objektbezogen (Objektprinzip) gegliedert sein.
a) Erläutern Sie die beiden Organisationsformen des Einkaufs.
b) Begründen Sie, warum sich ein Einzelhandelsunternehmen für eine Kombination beider Organisationsformen entscheidet.

5. Eine alte Kaufmannsweisheit besagt: „Im Einkauf liegt der halbe Gewinn!" Erläutern Sie diese Aussage.

6. Begründen Sie, warum der Anbieter mit dem niedrigsten Preis nicht immer auch am besten geeignet ist.

7. Begründen Sie, inwiefern Verkaufsstatistiken von Mitbewerbern und von Verbänden nützlich für die Beschaffungsentscheidungen sein können.

8. Erläutern Sie anhand einer Warengruppe Ihres Ausbildungsbetriebs eine Verkaufsdatenanalyse.

1.2 Sortimentspolitik als Grundlage des Beschaffungsprozesses

Sabine Freund hat sich eine neue Bluse gekauft, ihre Freundin Kerstin Dahm fragt: *„Wo hast du denn dieses tolle Teil her, die Bluse ist ja super!“* Sabine: *„Die hab' ich in der ‚mod-shop‘-Boutique im EKZ Rheinpark zu einem Superpreis gekauft.“* Kerstin: *„In diesem Omaladen kaufst du ein? Da kriegen mich keine zehn Pferde hinein!“* Sabine: *„Tja, hab' ich zuerst auch gedacht, aber ich musste mit meiner Mutter dahin, die brauchte ein neues Kostüm. Als ich dort war, fand ich deren Angebot gar nicht mehr so schlimm, die haben nicht mehr die ollen Klamotten, sondern richtig gute Sachen, auch für uns! Meine Mutter hat zwar gemeckert, dass die nicht mehr die piekfeinen und altmodischen Fummel haben, aber sie hat sich dann doch ein schickes Kostüm gekauft, richtig top sieht sie aus. Wenn sie nicht zwei Nummern größer als ich hätte, dann würde ich es auch tragen!“* Kerstin: *„Wie kommt es, dass eine Boutique wie ‚mod-shop‘ plötzlich ein ganz anderes Warenangebot als früher hat?“*

ARBEITSAUFTRÄGE

- Erläutern Sie einige Grundsätze, die bei der Sortimentsgestaltung zu beachten sind.
- Führen Sie Gründe an, weshalb sich ein Sortiment verändern kann.
- Erstellen Sie eine Liste aller Entscheidungen, die mit der Zusammensetzung und Gestaltung eines Sortiments verbunden sind. Präsentieren Sie Ihre Ergebnisse anhand einer Mindmap.

→ AH

Ein **Sortiment** ist die Gesamtheit der in einem Einzelhandelsunternehmen zum Verkauf angebotenen Waren und Dienstleistungen.

Grundsätze der Sortimentsgestaltung (Sortimentskonzeptionen)

Die **Auswahl der Waren**, die in das Sortiment aufgenommen werden, richtet sich nach folgenden Grundsätzen: LF 1

- **Bedarfsorientierung, Verwendungsorientierung**: Hier werden Sortimente zusammengestellt, die ein bestimmtes Bedarfsbündel abdecken sollen. Merkmale sind der gleiche **Verwendungszweck, -bereich** oder **-anlass** der Waren.

Häufig wird auch ein Sortiment nach bestimmten **Bedarfsgruppen** zusammengestellt.

Beispiele aus dem EKZ Rheinpark: Alles für den Heimwerker in der Abels Bau- und Hobbymarkt GmbH, Alles für das Baby in der Baby-Markt Verkaufs-GmbH, Alles für den Zweiradfahrer im Fahrrad-Center Mauel GmbH

- **Preisorientierung**: Der Einzelhändler richtet hier sein Sortiment nach dem Preisniveau aus:

  hochpreisige Sortimente – mittelpreisige Sortimente – Niedrigpreissortimente

Viele Einzelhändler betreiben aber Mischformen. Sie führen in ihrem Sortiment häufig Waren aus verschiedenen **Preisklassen**.

Beispiel Die Center Warenhaus GmbH führt Damenschuhe in verschiedenen Preisklassen.

- **Herkunftsorientierung, Beschaffungsorientierung**: Hier werden die Sortimente anhand bestimmter **Materialien**, bestimmter **Herkunftsgebiete** oder **Herkunftszeiten** (Epochen) oder bestimmten **Bezugsquellen** (Hersteller) zusammengestellt.

Beispiele
- **Materialien:** Wollstube, Glas- und Porzellanfachgeschäft, Fachgeschäft für Lederbekleidung
- **Herkunftsgebiete:** Schwedisches Möbelhaus, italienisches Modehaus, Abteilung für französische Weine
- **Herkunftszeiten:** Antiquitätenhandlung
- **Bezugsquellen (Hersteller):** Adidas, Puma, Benetton, Esprit

LF 2
- **Verkaufsformorientierung**: Der Einzelhändler hat die Wahl, seine Waren in **Selbstbedienung, Vorwahl oder mit Bedienung** zu verkaufen. Häufig wird nach dem Grundsatz verfahren:

So viel Bedienung wie nötig, so viel Selbstbedienung wie möglich!

Typisch für **Bedienungssortimente** sind hochwertige und erklärungsbedürftige Waren.

Beispiele aus dem EKZ Rheinpark: Möbel (Exklusives Wohnen Waltraud Schiffer GmbH), Fotoartikel (Foto-Knirps), Herrenoberbekleidung (men-shop Bernd Kreitner GmbH), Textil-/Sport (Center Warenhaus GmbH)

Selbstbedienungssortimente bietet überwiegend der Lebensmitteleinzelhandel (Ausnahme Frischfleisch u. Ä.).

Beispiel Lebensmitteldiscount Schlegel KG

Vorwahlsortimente versuchen die Vorteile der Bedienungs- und Selbstbedienungssortimente zu vereinen. Hierzu eignen sich Waren, die nur geringen Erklärungsbedarf haben.

Beispiel Kaufland eG Supermarkt

Sortimentskontrolle

Mit der Sortimentskontrolle möchte ein Einzelhändler erreichen, dass er ein **optimales Sortiment** führt. Hierbei stimmt das Sortiment mit den Kundenansprüchen überein (**Normalsortiment, Idealsortiment**).

Folgende **Sortimentsgefahren** sollen vermieden werden:

LF 1
- **Untersortiment:** Es werden Waren von Kunden verlangt, die nicht geführt werden. Das Sortiment enthält Lücken. Dadurch werden Kundenwünsche nicht befriedigt, was letztlich zu Umsatzrückgang und Gewinneinbußen führt.
- **Übersortiment:** Das Sortiment enthält schwer verkäufliche Waren (Ladenhüter). Dies führt zu einer **zusätzlichen Kapitalbindung** und zu höheren Lagerkosten.

Kontrollmethoden, mit denen man ein Unter- oder Übersortiment feststellen kann, sind:

Fehl- und Nichtverkaufskontrolle: Ein Fehlverkauf liegt vor, wenn der gewünschte Artikel normalerweise im Sortiment geführt wird, im Augenblick jedoch nicht vorrätig ist. Nichtverkauf bedeutet, dass der gewünschte Artikel überhaupt nicht im Sortiment geführt wird. Die Fehl- und die Nichtverkäufe sollten täglich vom Verkaufspersonal in einer dafür vorgesehenen Liste im Warenwirtschaftsprogramm erfasst werden (Artikel, Artikel-Nr., Größe, Anzahl usw.). Werden sehr viele Nichtverkäufe ermittelt, ist zu prüfen, ob das Sortiment noch dem Kundenkreis (Zielgruppe) entspricht.

Renner-Penner-Liste: Sie gibt Auskunft über „Renner“ (gut verkaufbare Ware) und „Penner“ (schlecht verkaufbare Ware = Langsamdreher, Schleicher). Diese Liste, die regelmäßig erstellt werden sollte, gibt Aufschluss über tatsächliche Verkaufszahlen eines Artikels in einem bestimmten Zeitraum.

Beispiel

Lebensmitteldiscount Schlegel KG					
Rennerliste nach Absatz: 20. Woche					
Artikelnummer EAN-/GTIN-Code	Bezeichnung	Waren-gruppe	Verkaufspreis netto (EUR)	Absatz in Stück	Wochenumsatz netto (EUR)
4006272232121	Joghurt natur	20	0,38	2.100	798,00
4011600001058	fr. Vollmilch 2 l	21	1,02	1.430	1.458,60
4011600001270	fettarme Milch 2 l	21	0,98	925	906,50
4002676300503	Frischkäse 500 g	29	1,15	83	95,45
5000111001533	Parmesan 250 g	35	2,04	7	14,28

Lebensmitteldiscount Schlegel KG					
Rennerliste nach Umsatz: 20. Woche					
Artikelnummer EAN-/GTIN-Code	Bezeichnung	Waren-gruppe	Verkaufspreis netto (EUR)	Absatz in Stück	Wochenumsatz netto (EUR)
4011600001058	fr. Vollmilch 2 l	21	1,02	1.430	1.458,60
4011160001270	fettarme Milch 2 l	21	0,98	925	906,50
4006272232121	Joghurt natur	20	0,38	2.100	798,00
4002676300503	Frischkäse 500 g	29	1,15	83	95,45
5000111001533	Parmesan 250 g	35	2,04	7	14,28

Kennzahlenkontrolle: Hier werden mithilfe quantitativer Größen (z. B. Umsatz, Absatz, Umschlagshäufigkeit, Lagerdauer) Sortimentsvergleiche durchgeführt.

Beispiel Die Lebensmitteldiscount Schlegel KG vergleicht ihre 135 Lebensmittelmärkte, die alle zwischen 400 bis 700 m^2 Verkaufsfläche mit etwa 1.000 verschiedenen Artikeln aufweisen. Der durchschnittliche Monatsumsatz pro m^2 Fläche aller Filialen liegt bei 1.000,00 EUR. Die Filiale Nr. 9 weist nur 700,00 EUR Umsatz aus.

Sortimentspolitische Entscheidungen

Um sein Sortiment den veränderten Marktbedingungen anzupassen, stehen dem Einzelhändler folgende **Maßnahmen zur Sortimentsgestaltung** zur Verfügung:

Sortimentsbereinigung: Einige Warengruppen werden aus dem Sortiment entfernt.

Beispiel Die Sportabteilung der Center Warenhaus GmbH führt ab sofort keine Artikel mehr aus dem Bereich Tennisbekleidung.

Sortimentserweiterung: Bisher nicht geführte Warengruppen werden ins Sortiment aufgenommen (**Diversifikation**) bzw. bereits vorhandene Warengruppen und Warenarten werden um weitere Artikel/Sorten ergänzt (**Differenzierung**).

Beispiele
- Die Abels Bau- und Hobbymarkt GmbH nimmt Gartengeräte und -möbel in das bestehende Sortiment auf (Diversifikation).
- Die Center Warenhaus GmbH führte bisher nur Jeans von zwei Herstellern, jetzt soll Jeansware von sechs Herstellern geführt werden (Differenzierung).

Sortimentsvariation: Der Sortimentsumfang bleibt erhalten. Es findet lediglich ein Austausch von Warengruppen, der Warenarten oder einzelner Artikel statt. Dies gilt vor allem für modeorientierte Sortimente.

Beispiel Die Teesorten eines Herstellers werden durch die Teesorten eines anderen Herstellers ersetzt.

Bei sich wandelnden Kundenansprüchen erfolgt eine **Niveauanpassung**. Dieses kann qualitative Hebung oder Senkung des Sortiments bedeuten.

- **Qualitative Hebung (Trading-up)** des Sortiments durch erstmalige oder verstärkte Aufnahme folgender Produkte:
  - **Markenartikel** tragen die Marke des Herstellers und sind von stets gleichbleibender Qualität und einheitlicher Aufmachung. Sie haben einen hohen Bekanntheitsgrad, sprechen große Verbrauchergruppen an, garantieren gleichbleibende überregionale Versorgung und fachkundigen Händlerservice. Der Hersteller übernimmt die Aufgabe der Werbung für das Produkt.

    Beispiel Die Lebensmitteldiscount Schlegel KG hebt in Teilbereichen ihr Sortimentsniveau, sie führt nun neben ihren preiswerten Produkten auch Markenware.
  - **Handelsmarken** sind gesondert gefertigte Produkte für nur einen oder wenige Einzelhändler. Der Hersteller bleibt für den Kunden anonym. Dem Einzelhändler fällt die Aufgabe zu, für Handelsmarken zu werben. Aufgrund einer überwiegend regionalen Marktpräsenz der Handelsmarken wird die Marktbedeutung der Markenartikel selten erreicht.
  - **Eigenmarken** werden vom Einzelhandelsbetrieb selbst produziert.

    Beispiel Die Lebensmitteldiscount Schlegel KG bietet Kaffee an, der in einer eigenen Kaffeerösterei hergestellt wird.
  - Oft wird versucht, mit **„Me-too"-Artikeln** das Sortimentsniveau nach oben zu verändern. Dies sind Artikel, die andere erfolgreiche Produkte nachahmen sollen. Selten erreichen sie das Qualitätsniveau und den Bekanntheitsgrad von Markenartikeln.

    Beispiel Eine bekannte Marke im Textilbereich ist an einem ganz bestimmten Firmenzeichen (Symbol, Logo, Emblem) erkennbar. Die Center Warenhaus GmbH nimmt nun Waren in ihr Sortiment auf, die ebenfalls mit einem auffälligen Symbol versehen sind, jedoch preislich und qualitativ auf einem niedrigeren Niveau liegen.
- **Qualitative Senkung (Trading-down)** des Sortiments durch Aufnahme von **No-Name-Produkten**: Diese fordern kaum Verpackungsaufwand und werden nicht beworben. Der Verbraucher kennt sie als „Weiße Ware" mit unterschiedlichem Qualitätsniveau zu „Dauer-Niedrig-Preisen". Oft handelt es sich um Überschussproduktion, die günstig beim Hersteller bezogen werden kann.

  Beispiel Das Fachgeschäft für Herrenbekleidung men-shop Bernd Kreitner GmbH führte bisher nur exklusive Ware. In das Sortiment werden nun preiswerte und markenlose T-Shirts aufgenommen.

Berücksichtigung der Umweltverträglichkeit bei der Sortimentsgestaltung

Das **Umweltbewusstsein** in der Gesellschaft hat sich in den letzten zwei Jahrzehnten verändert. Die Verbraucher werden zunehmend kritischer und verlangen Waren, die umweltfreundlich sind und deren Verpackung die Umwelt nicht oder nur in geringem Maße belastet. Einzelhandelsbetriebe müssen auf diese Entwicklung reagieren, wenn sie langfristig erfolgreich sein wollen.

Lange galt, dass Ökologie und Ökonomie sich ausschließen. Dies ist heute nicht mehr der Fall. Nur wer unter Berücksichtigung der Umwelt produziert und anbietet, kann sich auf Dauer am Markt halten.

Wesentliche Einflussgrößen bei der Verbesserung der Umweltverträglichkeit von Produkten, die sowohl von der Industrie als auch vom Handel zu beobachten sind, sind:

EU-Öko-Audit: Seit rund 20 Jahren versucht man in Deutschland, Umweltbelastungen gezielt zu verringern. Nationale Alleingänge sind jedoch im Zeichen des zusammenwachsenden Europa nicht mehr gefragt. Die Europäische Gemeinschaft hat 1993 eine Öko-Audit-Verordnung erlassen, mit der der Wirtschaft ein ökologisches Programm auf freiwilliger Basis verordnet werden soll. Unternehmen, die sich beteiligen wollen, können ein **Öko-Audit-Zertifikat** erwerben und müssen dann permanent ihre Umweltschutz-Auflagen prüfen und verbessern. Die Einhaltung wird von unabhängigen Prüfern, z. B. vom TÜV, kontrolliert.

Umweltgesetze: Neben dem freiwilligen „EU-Öko-Audit" gibt es eine Reihe von Gesetzen, die den betrieblichen Umweltschutz garantieren sollen. Das **Kreislaufwirtschaftsgesetz** (vgl. Seite 132 f.) legt hierzu Rahmenbedingungen und Ziele für einen Übergang von der Abfall- bzw. Durchlaufwirtschaft zu einer Kreislaufwirtschaft fest – Ziel ist ein Kreislauf der Stoffe und damit ein sparsamer Verbrauch von Rohstoffen. Aber nicht nur Waren müssen ökologisch vertretbar sein, auch deren Verpackung muss recyclingfähig oder wiederverwendbar sein. Hierzu hat der Gesetzgeber durch Erlass der **Verpackungsverordnung** weitere Rahmenbedingungen geschaffen. LF 5

Weitere **Gesetze zur Umweltvorsorge** sind beispielsweise:

- Das **Gesetz über die Umweltverträglichkeitsprüfung (UVPG)**, das sicherzustellen versucht, dass Auswirkungen auf die Umwelt frühzeitig und umfassend ermittelt, bewertet und beschrieben werden können.
- Das **Bundes-Imissionsschutzgesetz (BImSchG)**, das Rechtsgrundlagen über die Vermeidung von Umweltbelastungen durch Abgase, Lärmbelästigung und Abwasserbelastung liefert.
- **Elektro- und Elektronikgesetz (ElektroG):** Produkte, die durch eine durchgestrichene Abfalltonne auf Rädern gekennzeichnet sind, müssen nach dem Elektro- und Elektronikgesetz getrennt entsorgt werden. Das Symbol befindet sich entweder auf dem Produkt, der Verpackung, dem Handbuch und/oder dem Garantieschein.

Nachfrageverhalten und Verantwortung des Unternehmens: Im Gegensatz zur gängigen Umweltpolitik, die durch Gesetze nur eine nachträgliche Umweltreparatur leisten kann, schließt das Verhalten vieler Nachfrager und das ökologische Verständnis einiger Unternehmungen bereits den Produktionsprozess mit ein. Eine solche Sichtweise umfasst den Ablauf von der Produktion über die Nutzung bis hin zur Entsorgung. Ökologisches Denken ist hier die Grundlage für Kauf und Verkauf. Ein derartiges Nachfrageverhalten und eine entsprechende unternehmerische Verantwortung beeinflussen alle Entscheidungen hinsichtlich des Sortiments, indem Einzelhandelsunternehmen solche Produkte bevorzugen, die umweltverträglich sind.

Umweltgerechtes Wirtschaften (Nachhaltigkeit) setzt ein ausgeprägtes Umweltbewusstsein bei allen am Wirtschaftsprozess Beteiligten voraus. Hierzu zählen u. a. LF 1

- der verantwortungsvolle und sparsame Umgang mit allen Rohstoffen, Materialien und der Energie,
- das Recycling (= Wiedergewinnung) von Rohstoffen,
- die Verringerung des Müllaufkommens und dessen fachgerechte Entsorgung,
- der Schutz der Gesundheit der Menschen und aller Tier- und Pflanzenarten,
- die Minimierung der Belastungen von Luft, Wasser und Böden.

Beispiel Die Center Warenhaus GmbH hat in ihrer Unternehmensphilosophie folgenden Grundsatz aufgeführt: „In diesem Jahrtausend werden nur die Unternehmen überleben, die zwei Voraussetzungen erfüllen: ökologische Produkte und damit eine besondere Zustimmung der Menschen."

Im Rahmen der Sortimentspolitik haben Einzelhandelsbetriebe eine Fülle von Möglichkeiten, um wirksam zum **Umweltschutz** beizutragen und dem Prinzip der **Umweltverträglichkeit** gerecht zu werden.

Beispiele
- Vermeidung von überflüssigem und aufwendigem Verpackungsmaterial bei Waren
- Verwendung umweltfreundlicher Verpackungsmaterialien bei Waren (Mehrweg- statt Einwegflaschen, rückstandsfrei vernichtbare Papier- oder Pappverpackungen statt Plastikverpackungen)
- Auslistungen von Waren, die umweltschädlich sind oder bei deren Produktion Umweltschäden entstehen (Spraydosen mit ozonschichtgefährdenden Treibgasen, Plastiktüten mit dioxinhaltigen Rückständen)
- Aufnahme von umweltfreundlichen Waren in das Sortiment
- Produkte aus ökologisch kontrolliertem Anbau
- Produkte aus ökologisch kontrollierter Tierhaltung
- Produkte aus regionaler Produktion, da durch kurze Transportwege geringerer Energieeinsatz erforderlich ist
- Produkte, die Wasser und Energie sparen
- Produkte, die wiederverwertbar bzw. leicht zu entsorgen sind
- Produkte, die nur einen geringen Schadstoffanteil aufweisen

Um dem Verbraucher **Produktinformationen** zu geben und den Einkauf zu erleichtern, gibt es in bestimmten Branchen besondere **Umweltzeichen**.

LF 4
- **Blauer Engel:** Produkte sollen gefördert werden, die umweltverträglicher, gebrauchstauglicher und gesundheitsschonender sind als vergleichbare Waren.
- **Europäisches Umweltzeichen (Euro-Blume):** Auf europäischer Ebene sollen umweltfreundliche Produkte gefördert werden. Die Vergabe erfolgt durch die RAL gGmbH (**ECO-Label**).
- **Textilkennzeichnung:** Mit dem **Oeko-tex-Kennzeichen** z. B. soll bescheinigt werden, dass die Ware keine gesundheitlich bedenklichen Schadstoffkonzentrationen enthält.
- **Kennzeichen über Materialeigenschaften:** Diese Zeichen werden von Herstellern auf ihren Waren angebracht, um zu verdeutlichen,
  - dass das Produkt aus wiederverwertbarem Kunststoff (Polypropylen) besteht.

  Beispiele Joghurtbecher, Milchdöschen, Süßwarenverpackungen

  - dass ein Produkt grundsätzlich wiederverwertbar ist.

  Beispiele Milchverpackungen, Kunststoffbehälter bei Klebern
- **Stiftung Warentest:** Hersteller verwenden dieses Zeichen, wenn sie mit ihrem Produkt im Test der Stiftung Warentest besonders gut abgeschnitten haben bzw. bewertet worden sind. Die Stiftung Warentest prüft in vergleichenden Untersuchungen Pro-

dukte u. a. auf Funktion, technische Kriterien, Haltbarkeit, Sicherheit und Umweltaspekte.

LF 4

- **Kennzeichen des ökologischen Ackerbaus:** Diese Zeichen werden von Anbauverbänden vergeben, um dem Verbraucher Hinweise auf Produkte aus ökologischem Anbau zu geben. So gibt es das **Bio-Siegel**, das vom Bundesminister für Verbraucherschutz eingeführt wurde, und das für Produkte vergeben wird, die nach gültigen EU-Rechtsvorschriften für den ökologischen Landbau erzeugt bzw. hergestellt und kontrolliert werden. Die **EU-Öko-Verordnung** mit dem EU-Bio-Siegel, das die gleichen Standards wie beim deutschen Bio-Siegel enthält, stellt in diesem Zusammenhang hohe Anforderungen:
  - Verbot der Bestrahlung von Öko-Lebensmitteln
  - Verzicht auf chemisch-synthetische Pflanzenschutzmittel
  - Verzicht auf leicht lösliche mineralische Dünger (= Kunstdünger)
  - abwechslungsreiche Fruchtfolge
  - Verpflichtung zur artgerechten Tierhaltung
  - Fütterung mit ökologisch produzierten Futtermitteln ohne Zusatz von Antibiotika
  - Verbot gentechnisch veränderter Organismen

- **Sozialsiegel:** Kennzeichen, die gesellschaftliches Engagement von Unternehmen und ihre Verantwortung für die Belange von Entwicklungsländern zum Ausdruck bringen.

Beispiele
- **Fairtrade:** Kennzeichnung für Produkte aus Entwicklungsländern, um den fairen Handel mit diesen Ländern zu fördern (Kaffee, Tee, Schokolade, Bananen, Honig) Kriterien: Zahlung fairer Löhne, Verbot von Kinderarbeit, umweltverträgliche Produktion
- Teppiche, bei deren Herstellung auf Kinderarbeit verzichtet wurde
- Kosmetika, zu deren Erprobung keine Tierversuche angewendet wurden

Das Siegel für Fairen Handel

Sortimentspolitik als Grundlage des Beschaffungsprozesses

- **Sortimentspolitik** umfasst sämtliche Entscheidungen, die mit der Zusammensetzung und Gestaltung des Warenangebots und der Dienstleistungen eines Einzelhandelsbetriebs verbunden sind.

Sortimentskonzeptionen

beschaffungs-/herkunfts-orientierte Sortimente	verwendungs-/bedarfs-orientierte Sortimente	preisorientierte Sortimente	verkaufsform-orientierte Sortimente
z. B. italienische Produkte	z. B. alles für das Bad	z. B. Niedrigpreis-sortimente	z. B. Verkauf erklärungsbedürftiger Waren in Bedienung

Sortimentsgefahren

Übersortiment	Untersortiment
Angebot > Nachfrage = Ladenhüter = hohe Lagerkosten	Angebot < Nachfrage = **Fehlverkauf** (mengenmäßig) oder = **Nichtverkauf** (auswahlmäßig)

- **Normalsortiment** (Idealsortiment) entspricht in der Zusammenstellung der Waren und Dienstleistungen den Ansprüchen der Zielgruppe: Angebot = Nachfrage = Idealsortiment.

Sortimentskontrolle

- Fehlverkaufs-, Nichtverkaufskontrolle
- Renner-Penner-Liste
- Kennzahlenkontrolle

Maßnahmen der Sortimentsgestaltung

Sortimentsbereinigung	Sortimentserweiterung	Sortimentsvariation
durch Entfernen von Sortimentsteilen	– Diversifikation – Differenzierung	durch Hebung (trading up) oder Senkung (trading down) des Sortimentsniveaus oder den Austausch von Waren

- **Umweltverträglichkeit:** Einzelhandelsbetriebe können durch ihre Sortimentspolitik einen wesentlichen Beitrag zum Umweltschutz leisten.

Bio ist nicht gleich Bio

Staatliches Bio-Siegel | EU-Ökosiegel

Seit 1993 dürfen nur Produkte, die nach den Richtlinien **der EG-Öko-Verordnung** erzeugt, verarbeitet und kontrolliert werden, mit **„Bio"** oder **„Öko"** gekennzeichnet werden. Das **staatliche Bio-Siegel** und das **EU-Ökosiegel** garantieren die Einhaltung der EG-Öko-Verordnung. Die **ökologischen Anbauverbände** garantieren die Einhaltung **strengerer Richtlinien**:

Die neun ökologischen Anbauverbände: Biokreis, Bioland, demeter, Naturland, BIOPARK Ökologischer Landbau, ECOLAND, Gäa e.V. Ökologischer Landbau, Verbund Ökohöfe, ECOVIN

Die wichtigsten Unterschiede bei der Erzeugung

Bio- und EU-Siegel	Verbands-Siegel
Teilumstellung der Bauernhöfe **auf „Bio"** erlaubt	**Umstellung** des gesamten **Betriebs** ist Pflicht
Konventionelles Futter anteilmäßig bis Ende 2011 erlaubt	Nur wenige eiweißreiche **konventionelle Futterzutaten** erlaubt
Je Hektar landwirtschaftlicher Fläche bis zu 14 **Mastschweine** oder 580 **Masthühner** oder 230 **Legehennen** erlaubt	Je Hektar bis zu 10 **Mastschweine** oder 280 **Masthühner** oder 140 **Legehennen** erlaubt
Einsatz **konventioneller Gülle und Geflügelmist** unter bestimmten Bedingungen erlaubt	Einsatz verboten
Maximale **Düngermenge**: 170 kg Stickstoff je Hektar und Jahr	112 kg Stickstoff je Hektar und Jahr
Für Pflanzenfresser müssen mind. 50 % des **Futters vom eigenen Betrieb** stammen	Für alle Tiere müssen mind. 50 % des **Futters vom eigenen Betrieb** stammen
Ganzjährige Fütterung mit **Silage** (konserviertes Grünfutter) ist möglich	Ganzjährige ausschließliche **Silagefütterung** ist verboten
Künftig mit einer allgemein gehaltenen **Herkunftsangabe** (EU-/Nicht-EU Landwirtschaft)	Alle oder zumindest der Großteil der Zutaten kommt von Verbandsmitgliedern; diese sind meistens in **Deutschland** zu Hause

Bei der Verarbeitung

Produkt	Bio- und EU-Siegel	Verbands-Siegel
Fruchtsaft	Herstellung aus **Konzentrat** erlaubt	Nur reine **Press-Säfte**
Milch	**Ultrahocherhitzen** (H-Milch) und **Sterilisieren** (Kondensmilch) erlaubt	**Ultrahocherhitzen** bei Demeter verboten, **Sterilisieren** bei allen Verbänden verboten
Brot und Backwaren	**Enzyme** wie Amylase sowie **Ascorbinsäure** im Mehl erlaubt	Verboten
Fleisch und Wurst	**Nitritpökelsalz** erlaubt, geringere Menge als konventionell	Verboten bzw. nur in geringen Mengen zugelassen für Produkte, die nicht gebraten werden

Quelle: www.aid.de 3698 © Globus

1. Bilden Sie je ein Beispiel für die folgenden Sortimentskonzeptionen:
a) Bedarfsorientierung
b) Preisorientierung
c) Herkunftsorientierung
d) Verkaufsformorientierung

2. Beschreiben Sie die Sortimentskonzeption Ihres Ausbildungsbetriebs.

3. Erläutern Sie, weshalb es sinnvoll ist, verschiedene Sortimentskonzeptionen miteinander zu mischen.

4. Erläutern Sie Markenartikel, Handelsmarke und Eigenmarke.

5. Beschreiben Sie einige Sortimentsmaßnahmen aus Ihrem Ausbildungsbetrieb, mit denen wirksam zum Umweltschutz beigetragen wird.

6. Überprüfen Sie anhand der Produkte aus Ihrem Ausbildungsbetrieb, welche Umweltzeichen diese haben. Stellen Sie diese Umweltzeichen in einem Vortrag vor.

7. Die Center Warenhaus GmbH erweitert ihr Sortiment durch eine zusätzliche Eigenmarke. Welche Zielsetzung verfolgt das Warenhaus mit dieser Sortimentsstrategie?
1. Eigenmarken lassen sich ohne Werbung verkaufen.
2. Eigenmarken sind geeignet, Stammkunden zu gewinnen.
3. Eigenmarken werden nur für Sonderverkäufe eingesetzt.
4. Eigenmarken müssen nicht ausgezeichnet werden.
5. Eigenmarken werden immer teurer verkauft als andere Markenware.

8. Eine Kaffeemaschine der Eigenmarke des Mars Elektrofachmarktes e. K. hat bei der Stiftung Warentest mit dem Prädikat „GUT" abgeschnitten. Wie setzen Sie dieses Ergebnis verkaufswirksam um?
1. Gar nicht, denn „GUT" ist nicht „SEHR GUT".
2. Sie verweisen auf die beiden Kaffeemaschinen des Tests, die „SEHR GUT" abgeschnitten haben, und bedauern, diese nicht im Sortiment zu haben.
3. Gar nicht. Sie beziehen sich nur auf das moderne Design der Kaffeemaschine.
4. Sie erklären, dass die beiden Testsieger wesentlich mehr für das sehr gute Testergebnis zahlen mussten und deshalb viel teurer sind.
5. Sie verweisen auf das eigene gute Testergebnis und argumentieren mit dem Preis-Leistungs-Verhältnis.

9. Wodurch wird die Sortimentsbildung eines Einzelhändlers beeinflusst?
1. Jeder Einzelhändler orientiert sich beim Aufbau seines Sortiments ausschließlich am Sortiment seines größten Mitbewerbers.
2. In das Sortiment eines Einzelhändlers werden in erster Linie Artikel mit einem hohen Wareneinsatz aufgenommen.
3. Ausschlaggebend für alle im Sortiment erfassten Artikel sind hauptsächlich die Bezugs-/Einstandspreise.
4. Entscheidend für die Sortimentszusammensetzung eines Einzelhändlers ist u. a. seine Verkaufs- und Betriebsform.
5. Der Einzelhändler beachtet bei seiner Sortimentsbildung u. a. seine Lagergröße und die Altersstruktur seines Verkaufspersonals.

1.3 Mengen-, Zeit-, Preisplanung und Beschaffungsstrategien

Sabine Freund, Auszubildende bei der Center Warenhaus GmbH, diskutiert mit ihrer Klassenkameradin Kerstin Dahm, Auszubildende bei der Lebensmitteldiscount Schlegel KG.
Kerstin: *„Jede Woche muss ich neue Bestellvordrucke ausfüllen. Wir sollten unseren gesamten Quartalsbedarf bei Non-Food-Artikeln am besten auf einmal bestellen, dann fielen alle Arbeiten nur einmal an, nämlich Waren annehmen, prüfen, einlagern usw. Wir brauchten dann auch nur eine einzige Bestellung pro Quartal zu bearbeiten, das würde Kosten sparen."* Sabine erwidert: *„Ich war erst gerade auf einem Seminar in unserem Unternehmen, in dem auf die Bedeutung der Verkaufsdatenanalyse hingewiesen wurde. Wie willst du denn auf eine Veränderung der Kundenwünsche reagieren, wenn du die Waren für eine so lange Zeit im Voraus kaufen willst? Zudem hätten wir riesige Lagerkosten. Deshalb ist es besser, wenn wir unseren Bedarf auf mehrere Bestellungen verteilen, mal ganz abgesehen von den modischen Überlegungen, die ich bei Textilien anstellen muss."*

ARBEITSAUFTRÄGE

- Überprüfen Sie, welche Informationen Einzelhändler über ihre Waren für die Zeit-, Mengen- und Preisplanung benötigen.
- Erläutern Sie das Bestellpunkt- und Bestellrhythmusverfahren. Erstellen Sie hierzu ein Lernplakat und präsentieren Sie Ihre Ergebnisse in einer geeigneten Weise.
- Erklären Sie den Zusammenhang zwischen Bestellmenge und Lagerkosten.

Informationsbedarf

In Einzelhandelsunternehmen spielt die Beschaffung von Waren eine große Rolle. Aus diesem Grund sollte der Bedarf an Waren für einen bestimmten Termin und eine bestimmte Periode möglichst genau ermittelt werden. Hierzu benötigt die Beschaffungsabteilung für ihre Planungen Informationen über die zu beschaffenden Waren **(Bedarfsinformationen)** und über die möglichen Lieferer **(Angebotsinformationen)**.

Angebotsinformationen		
Informationen über die Lieferer werden benötigt für	**Fragen**	**Erläuterungen**
Ermittlung der Bezugsquellen	Bei welchen Lieferern kann beschafft werden?	Im Rahmen der Beschaffungsmarktforschung sind geeignete Lieferer ausfindig zu machen.
Auswahl der Lieferer	Bei welchem Lieferer soll beschafft werden?	Hier sind u. a. Preise, Konditionen, Zuverlässigkeit der Lieferer zu vergleichen.

Bedarfsinformationen		
Informationen über die Waren werden benötigt für	**Fragen**	**Erläuterungen**
Bedarfsplanung	Was und wie viel wird benötigt?	Hierbei sind Qualität, Ausführung, Größe, Farbe, Mengen der Waren in einer Periode zu berücksichtigen.
Mengenplanung	Wie viel soll bestellt werden?	Hierzu muss der geplante Absatz bekannt sein. Die verfügbare Lagerkapazität muss berücksichtigt werden. Es wird auch geklärt, in welcher Abfolge (nach)bestellt werden soll.
Zeitplanung	Wann soll bestellt werden?	Entscheidend ist, wann die Waren im Verkauf benötigt werden. Hiervon hängt ab, wann bestellt wird. Zu beachten sind die Lagerfähigkeit der Waren, die Liefer- und Transportzeiten sowie Preisentwicklungen auf dem Beschaffungsmarkt.
Preisplanung	Wie hoch soll der Preis sein?	Nicht immer ist der Lieferer mit dem niedrigsten Preis auch der günstigste. Alle übrigen Gesichtspunkte (Konditionen, Zuverlässigkeit, Liefertermin usw.) müssen in die Entscheidung einbezogen werden.

Bedarfsplanung

Die Bedarfsplanung legt die für den Verkauf benötigten Waren nach Art, Qualität, Menge und Zeitraum fest. Die Menge an Waren, die zu einem bestimmten Zeitpunkt oder für eine bestimmte Periode benötigt wird, wird **Bedarf** genannt.

Die Planung der Beschaffung von Waren muss sich also am festzustellenden Bedarf des Absatzplanes orientieren. Hierbei sind drei Leitfragen zu berücksichtigen:

Planung der Beschaffung

- Welche Menge ist zu beschaffen **(Mengenplanung)**?
- Wann ist diese Menge zu beschaffen **(Zeitplanung)**?
- Zu welchem Preis ist diese Menge zu beschaffen **(Preisplanung)**?

Mengenplanung

Die genaue Ermittlung der zu beschaffenden Menge ist aus folgenden Gründen erforderlich:

- Wird eine zu **geringe Warenmenge** beschafft, kann die Verkaufsbereitschaft gestört werden.

- Wird eine zu **große Warenmenge** beschafft, wäre die Kapitalbindung (Zins- und Lagerkosten) unnötig hoch.

Die Mengenplanung für die zu beschaffenden Waren ist vom Absatzplan abhängig. Aus dem Absatzplan ist die Menge der zu beschaffenden Waren ersichtlich. Diese Gesamtmenge einer zu einem bestimmten Zeitpunkt oder innerhalb einer bestimmten Periode zu beschaffenden Ware ist die Bedarfsmenge, die bei einem Lieferer bestellt werden muss (**Bestellmenge**).

Bei jeder Bestellung muss entschieden werden, wie viel und wie oft bestellt werden soll. Je **größer die Bestellmengen** sind, desto mehr Kapital wird gebunden und desto höhere Lagerkosten werden verursacht. Andererseits ermöglichen große Bestellungen das Ausnutzen von Preis- und Kostenvorteilen.

Beispiele
- Bei größeren Bestellmengen sind oft Mengenrabatte zu erhalten.
- Größere Bestellmengen verringern Transportkosten, da nicht so häufig angeliefert werden muss (ökologischer Aspekt).

Kleinere Bestellmengen binden wenig Kapital und führen zu niedrigen Lagerkosten. Sie verursachen aber höhere Beschaffungskosten.

○ Beschaffungskosten

Unter **Bestellkosten** oder **Beschaffungskosten** werden alle Sach- und Personalkosten verstanden, die durch eine Bestellung (Beschaffung) von Waren verursacht werden. Hierzu zählen die Kosten für die Anfragen, Angebotsvergleiche, Vertragsverhandlungen usw. Diese Kosten können nicht immer genau einem Artikel oder einer Warengruppe zugerechnet werden. Hier sind Erfahrungs- und Schätzwerte die Basis.

Beispiel Bei der Center Warenhaus GmbH sind fünf Einkäufer beschäftigt. Sie bearbeiten in einem Jahr 7.500 Bestellungen (einschließlich der Nachbestellungen). Die fünf Mitarbeiter verursachen 175.000,00 EUR Personalkosten (einschließlich aller Nebenkosten). An Sachkosten (Büromaterial usw.) entstehen weitere 15.000,00 EUR. Die 7.500 Bestellungen verursachen also insgesamt 190.000,00 EUR Kosten in einem Jahr. Somit kostet eine Bestellung rund 25,00 EUR.

Diese Berechnung ist sehr grob und kann das Prinzip der **Kostenermittlung für Bestellungen** nur oberflächlich erklären, denn der Arbeitsaufwand bei der Warenprüfung im Lager muss ebenfalls berücksichtigt werden. Ferner entstehen im Rechnungswesen bei jeder Bestellung Arbeiten (Buchung der Verbindlichkeiten, Veranlassen der Bezahlung des Rechnungsbetrages usw.), die ebenfalls Kosten verursachen, jedoch nicht von dem Bestellwert abhängig sind (**bestellfixe Kosten**).

Beispiel Das Schreiben einer Bestellung, die Buchung einer Verbindlichkeit, die Überweisung des Rechnungsbetrages an den Lieferer kosten im Durchschnitt immer gleich viel, egal, ob eine Bestellung über 15.000,00 EUR oder 1,50 EUR ausgeführt wird.

○ Optimale Bestellmenge (Mengendisposition)

Beschaffungskosten und Lagerkosten (vgl. Seite 142) entwickeln sich gegenläufig: Je häufiger nachbestellt wird, desto geringer sind Lagerbestand und Lagerkosten. Je seltener nachbestellt wird, desto geringer sind die Beschaffungskosten. Die Bestellmenge, bei der die Summe beider Kostenarten (Beschaffungskosten und Lagerkosten) am geringsten ist (Minimum der Kosten), heißt **optimale Bestellmenge**.

Zeitplanung

Der **Zeitpunkt für eine Warenbestellung** hängt von vielen Faktoren ab. Grundlage für die Entscheidung über den **Bestellzeitpunkt** ist der Termin, zu dem die Ware im Verkaufsraum zur Verfügung stehen muss. Von diesem Termin aus muss rückwärts gerechnet werden. Zu berücksichtigen sind:

- **Bestelldauer innerhalb des Hauses** (die Zeit von der Bedarfsfeststellung, z. B. im Verkaufsraum oder Lager bei Standardartikeln, über die Bedarfsmeldung an die Beschaffungsabteilung, ggf. Angebotseinholung und -auswertung bei neuen Artikeln, bis zum Schreiben und Versand der Bestellung)
- **Bearbeitung der Bestellung beim Lieferer** (Zeit für den Postweg der Bestellung, Posteingang und -bearbeitung beim Lieferer, Auftragsprüfung, ggf. Produktionszeit, Verpacken der Ware usw.)
- **Lieferzeit** (Versand der Ware durch die Deutsche Post AG, die Deutsche Bahn AG, Spediteur usw.)
- **Warenannahme, -prüfung und -lagerung** (beim Einzelhändler)

Außerdem ist bei der Festlegung des Bestellzeitpunktes die **Lagerfähigkeit** von Waren zu berücksichtigen (Verderb, Schwund, Modewechsel usw.), ebenso die freie **Lagerkapazität** beim Eintreffen der Ware (wichtig bei Saisonware). Bei Waren, die auf dem Beschaffungsmarkt häufigen **Preisänderungen** unterliegen, ist es ratsam, zu Zeiten niedriger Preise zu bestellen und die Ware vorübergehend einzulagern. Allerdings müssen die Preisvorteile gegen die höheren Lagerkosten und die längere Kapitalbindung abgewogen werden.

Beschaffungsstrategien bei der Zeitplanung

Es lassen sich folgende Beschaffungsstrategien von Waren unterscheiden:

Beschaffungsstrategien	Merkmale	Vorteile
Einzelbeschaffung nach einem Kundenauftrag Beispiele Möbel, Küchen	Waren werden erst zum Zeitpunkt der Bestellung durch einen Kunden beschafft. Die Notwendigkeit der Beschaffung erfolgt durch den Absatz. Die Lagerung hat keine oder nur eine geringe Bedeutung.	– Lagerkosten werden minimiert. – Unternehmen hat eine bessere Übersicht sowie Kontrolle über die vorhandenen Waren. – Die Beschaffung ist flexibel. – Es befinden sich weniger Waren auf Lager.
Vorratsbeschaffung Beispiele Konserven, Hi-Fi-Geräte	Es besteht keine Übereinstimmung zwischen den Beschaffungsmengen und den Verkaufsmengen. Die beschafften Waren werden erst einmal auf das Lager genommen.	– Preisvorteile können ausgenutzt werden. – Die Transportkosten verringern sich. – Für den Verkauf sind immer genügend Waren vorrätig. – Bestellkosten vermindern sich, da nicht so oft bestellt wird.
Verkaufssynchrone Beschaffung Beispiel Waren bei einem Discounter	Die Beschaffung der Waren erfolgt im gleichen Rhythmus wie der Verkauf. Dies erfordert eine ständige Lieferbereitschaft des Lieferers.	– Lagerkosten verringern sich. – Beschaffung ist flexibel. – Kapitalbindungskosten verringern sich.

Bestellverfahren bei Vorratsbeschaffung

Wenn die Beschaffung der Waren zeitlich vor dem Verkauf erfolgt, liegt eine Vorratsbeschaffung (verkaufsorientierte Disposition) vor. Für die Festlegung des Bestellzeitpunktes stehen zwei Verfahren zur Verfügung:

Bestellpunktverfahren: Bei diesem Verfahren werden die Waren aufgrund einer **vorgegebenen Meldemenge** bestellt, d. h., der Lagerbestand wird automatisch nach jeder Entnahme überprüft und bei Erreichung eines festgelegten **Meldebestandes** gibt das Lager eine Bedarfsmeldung an den Einkauf. Durch den Einsatz des computergesteuerten Warenwirtschaftsprogramms wird der Bestellvorgang automatisch bei Erreichen des Meldebestandes ausgelöst. Der **Mindestbestand** (eiserner Bestand, eiserne Reserve) wird aus Sicherheitsgründen für die einzelnen Waren festgelegt und soll möglichst nie angegriffen werden. Er soll die Verkaufsbereitschaft sichern, wenn durch unvorhergesehene Ereignisse der Vorrat nicht ausreicht, um den Verkauf fortzuführen. Somit gilt für die Ermittlung des Meldebestandes folgende Formel:

Meldebestand = (Tagesabsatz · Beschaffungs- oder Lieferzeit) + Mindestbestand

Beispiel Von dem Artikel CD-Rohling werden im Mars Elektrofachmarkt e. K. täglich durchschnittlich 200 Stück verkauft. Die Beschaffungszeit beträgt acht Tage, der Mindestbestand 1.000 Stück. Wie viel Stück beträgt der Meldebestand?

Lösung: Meldebestand = (Tagesabsatz · Beschaffungs- oder Lieferzeit) + Mindestbestand
Meldebestand = (200 · 8) + 1.000 Meldebestand = **2.600 Stück**

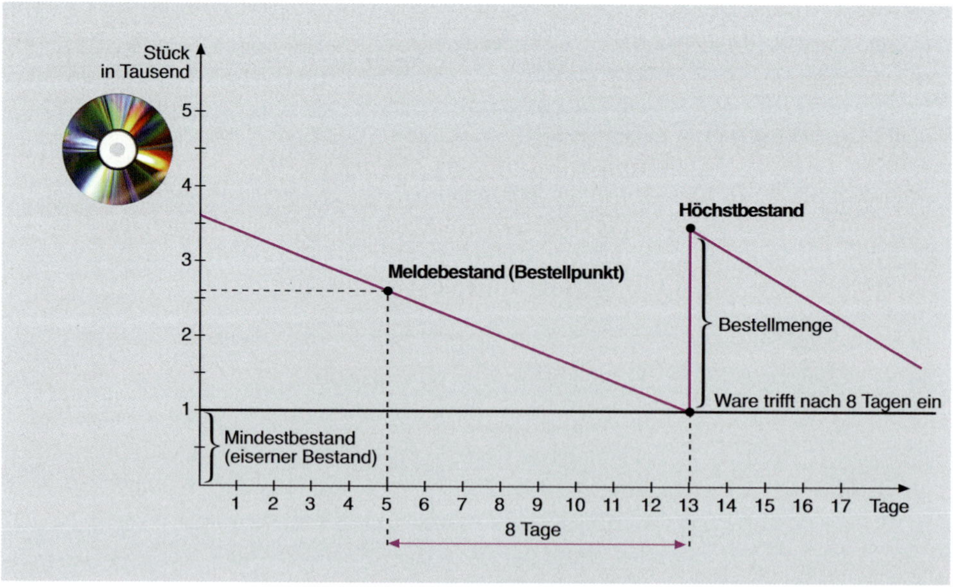

Der Meldebestand setzt sich aus dem Bedarf in der Beschaffungs-/Lieferzeit und dem Mindestbestand (eiserner Bestand) zusammen. Wird der Meldebestand von 2.600 Stück erreicht, wird die Ware bestellt. Die Ware trifft nach acht Tagen mit Erreichen des Mindestbestandes ein. An diesem Tag wird durch die Lieferung der Höchstbestand der Ware erreicht.

Der Bestellpunkt

wird erhöht, wenn	wird herabgesetzt, wenn
– der Bedarf steigt. – die Beschaffungs-/Lieferzeit sich verlängert.	– der Bedarf sinkt. – die Beschaffungs-/Lieferzeit sich verkürzt.

Neben den genannten Gründen können weitere Gründe für den Zeitpunkt der Bestellung von Bedeutung sein:

- Es werden kurzfristige Preiserhöhungen erwartet.
- Bestimmte Sondertermine müssen berücksichtigt werden.

Beispiele Messetermine, Erntezeitpunkte bei Obst, Gemüse, Wein

Vorteile des Bestellpunktverfahrens	Nachteile des Bestellpunktverfahrens
– Niedrigere Mindestbestände sind aufgrund ständiger Bestandskontrolle möglich. – Somit können niedrigere Lagerkosten erreicht werden.	– Rabatte können unter Umständen wegen zu geringer Bestellung nicht genutzt werden. – Es werden nur die Artikel mit Lagerbewegungen erfasst.

Bestellrhythmusverfahren: Bei diesem Verfahren (Bestellung zu bestimmten, vorher festgelegten Terminen) wiederholen sich die festen Liefertermine periodisch. Die periodische Festlegung der Termine kann mithilfe der vorher zu ermittelnden optimalen Bestellmenge vorgenommen werden. Dieses Verfahren ist dann besonders geeignet, wenn ein gleichbleibender Verkauf vorliegt.

Beispiel Für den Artikel „Fußball ‚France'" beträgt der Jahresbedarf in der Center Warenhaus GmbH 1.200 Stück, der Mindestbestand 50 Stück und die optimale Bestellmenge 300 Stück. Somit ergeben sich pro Jahr vier Bestellungen (1.200 : 300 = 4), der zeitliche Abstand zwischen den Bestellungen ist für diese Ware drei Monate.

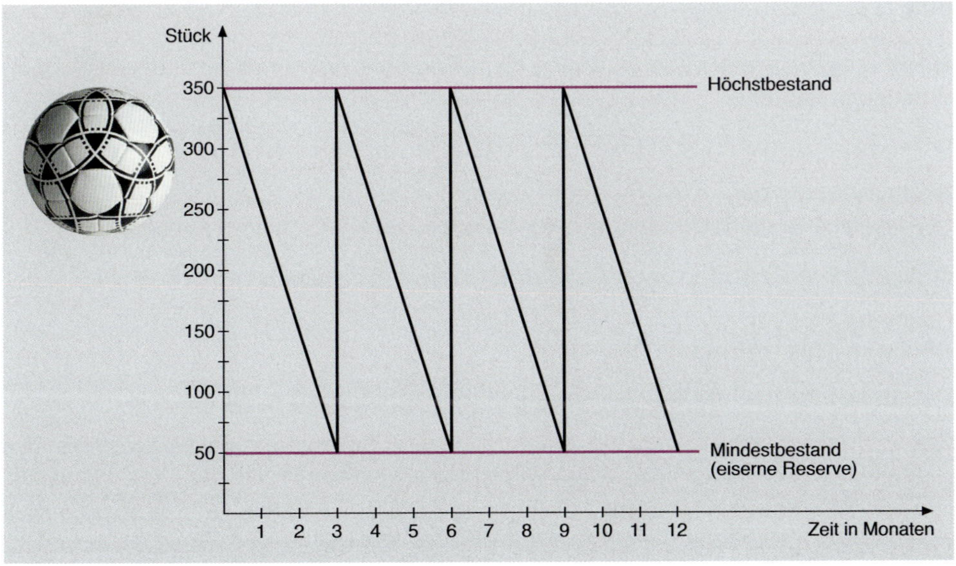

Vorteile des Bestellrhythmusverfahrens	Nachteile des Bestellrhythmusverfahrens
Vereinfachung des Bestell- und Bestandsüberwachungssystems	– Bei rückläufigem Verkauf entstehen Überbestände. – Bei steigendem Verkauf reichen die Vorratsmengen nicht aus. Folge: Absatzstörungen.

Verkaufssynchrone Beschaffung („Just-in-time-Lieferung", vgl. Seite 175)

Just in time (gerade zur rechten Zeit) bedeutet, dass alle Waren genau zu dem Zeitpunkt bereitgestellt werden sollen, an dem der Verkauf erfolgt. Die einzelnen Waren werden erst dann geliefert, wenn sie im Verkauf benötigt werden. Somit liegen zwischen der Lieferung und dem Verkauf der Waren nur wenige Tage. Dieses erfordert aber, genaue Lieferzeitpunkte mit dem Lieferer zu vereinbaren, die exakt eingehalten werden müssen. Somit können Waren täglich angeliefert werden. Für den Fall eines Lieferungsverzuges (vgl. Seite 118 ff.) werden i. d. R. hohe Konventionalstrafen vereinbart.

Der Käufer wälzt bei diesem Verfahren das Lagerrisiko (Zins-, Lagerkosten) auf den Lieferer ab. Die verkaufssynchrone Beschaffung setzt eine starke Marktstellung des Käufers und eine relative Abhängigkeit des Lieferers voraus.

Voraussetzungen der Just-in-time-Belieferung

Um die Just-in-time-Belieferung einführen zu können, sind folgende **Voraussetzungen** erforderlich:

- ständige Lieferbereitschaft der beteiligten Lieferanten
- eine genaue Abstimmung der Produktions- und Lieferpläne zwischen Lieferer, Spediteur (Frachtführer) und Einzelhändler

- der Einsatz moderner Kommunikationstechniken, der den überbetrieblichen Datenaustausch mittels Datenfernübertragung ermöglicht
- der permanente Informationsaustausch zwischen allen am Just-in-time-Konzept beteiligten Betrieben
- DV-gestützte Auftragsbearbeitung und Lagerorganisation (WWS, vgl. Seite 78)
- feste Kooperationsverträge zwischen allen Beteiligten, in denen die Mengen, die Termine, aber auch die Strafen (Konventionalstrafen) bei Vertragsbruch enthalten sind
- ein flexibles Transportsystem, das einen ununterbrochenen Warenfluss ermöglicht.

Ablauf der Just-in-time-Belieferung

Der **Ablauf** der Just-in-time-Belieferung könnte im Idealfall so erfolgen:

- Die Abverkaufsdaten werden nach Artikeln und Lieferanten an der Kasse des Einzelhandels erfasst und an das Warenwirtschaftsprogramm (vgl. Seite 49) weitergegeben. Voraussetzung hierfür ist die Kennzeichnung der Artikel mit dem EAN-/GTIN-Code und die Erfassung der Artikel an der Scanner-Kasse (vgl. Seite 108).

LF 3

- Die Scanner-Kasse gibt die Daten an den Zentralrechner des Einzelhandelsbetriebs weiter. Bei Erreichung der definierten Bestellmenge druckt der Rechner einen Bestellvorschlag aus oder nimmt mit dem Zentralrechner des Großhändlers oder Herstellers Kontakt auf, um die Bestellung direkt zu veranlassen.
- Der Zentralrechner des Großhändlers oder Herstellers veranlasst die Kommissionierung der Waren, arbeitet den Tourenplan aus und veranlasst die Lieferung.
- Der Hersteller oder Großhändler veranlasst die Lieferung an den Einzelhändler.

Folgen der Just-in-time-Belieferung

Durch die Einführung der Just-in-time-Belieferung werden die **betriebswirtschaftlichen Kosten der Lagerhaltung** für ein Einzelhandelsunternehmen durch die Reduzierung der Lagerbestände und der Lagerdauer von Waren deutlich verringert. Somit entfällt das Lagerrisiko des Verderbs und Schwunds. Diesen Vorteilen stehen als wesentliche **Nachteile** gegenüber: **Absatzstörungen** (bei Lieferungsverzug), eine starke Zunahme der Fahrten und Leerfahrten (rollende Lager) und eine damit verbundene **Belastung der Umwelt** durch Schadstoffemissionen, Energieverbrauch, Lärmbelästigung und Landschaftsverbrauch durch Straßenbau und somit eine **Zunahme der volkswirtschaftlichen Kosten** (= **externe Kosten**). Die Einrichtung von Güterverkehrszentren und die Verlagerung der Transporte auf Schienen- und Wasserwege können diese Nachteile nur zum Teil ausgleichen. LF 11

Preisplanung

Bezugskalkulation: Waren sollten so preisgünstig wie möglich eingekauft werden. Folglich hat die Beschaffungsabteilung die Aufgabe,

- den günstigsten Einkaufszeitpunkt zu ermitteln,
- die optimale Bestellmenge festzulegen,
- Skonto auszunutzen und
- auf günstige Lieferungs- und Zahlungsbedingungen zu achten.

Insbesondere bei festen **Einkaufsbudgets (Einkaufslimit)** sind für Waren **Preisobergrenzen** festzulegen. Diese Preisobergrenzen dienen als Orientierungshilfe für die Verhandlungen mit den Lieferern (vgl. Seite 57 ff.). Die Einkaufsabteilung ist daran gebunden und versucht, die gewünschten Preise bei den Lieferern durchzusetzen. Der für den Einkauf entscheidende Preis ist der **Bezugs- oder Einstandspreis**. Er wird durch die Bezugskalkulation ermittelt (vgl. Seite 82 ff.).

Beispiel Die Center Warenhaus GmbH ermittelt für einen Artikel folgenden Bezugs-/Einstandspreis:

Rechenweg:				**Erläuterungen:**
Listeneinkaufspreis		100 %	20,00 EUR	Ausgangspunkt der Bezugskalkulation
– Liefererrabatt		20 %	– 4,00 EUR	Preisabschlag, z. B. Mengenrabatt
= Zieleinkaufspreis	100 %	80 %	16,00 EUR	
– Skonto	2 %		– 0,32 EUR	Nachlass für vorzeitige Zahlung
= Bareinkaufspreis	98 %	100 %	15,68 EUR	
+ Bezugskosten			+ 0,12 EUR	z. B. Verpackungs-, Transportkosten
= Bezugs-/Einstandspreis			15,80 EUR	Preis beinhaltet alle Kosten der Ware bis zum Eingang im Betrieb

Mengen-, Zeit-, Preisplanung und Beschaffungsstrategien

- Die **Beschaffungsplanung** umfasst Art, Menge der Waren und Termine für die Bestellung von Waren.
- **Größere Bestellmengen** binden viel Kapital und verursachen hohe Lagerkosten, kleinere Bestellmengen verursachen höhere Beschaffungskosten. Beschaffungs- und Lagerkosten entwickeln sich gegenläufig.
- Die **optimale Bestellmenge** liegt dort, wo die Summe aus Beschaffungs- und Lagerkosten (Gesamtkosten) ein Minimum ergibt.
- Der **Bestellzeitpunkt** hängt davon ab, wann die bestellten Waren im Verkauf benötigt werden. Zu beachten sind:
  - Bestelldauer im Betrieb (= Zeit von der Bedarfsfeststellung bis zur Bestellung)
  - Bearbeitungs- und Produktionszeit beim Lieferer
  - Lieferzeit
  - Warenannahme, -prüfung und -lagerung
- Der Bestand, bei dessen Erreichen das Lager meldet, dass bestellt werden muss, wird **Meldebestand** genannt.
  Meldebestand = Mindestbestand + (Beschaffungszeit · Tagesabsatz)
- Wird die Bestellung bei Erreichen des Meldebestandes ausgelöst, spricht man vom **Bestellpunktverfahren (Vorratsbeschaffung)**.
- Wird die Bestellung in bestimmten Zeitabständen (d. h. unabhängig vom aktuellen Bestand) ausgelöst, spricht man vom **Bestellrhythmusverfahren (Vorratsbeschaffung)**.
- Bei der **verkaufssynchronen Beschaffung (Just-in-time-Belieferung)** erfolgt der Eingang der Waren zum Zeitpunkt des Bedarfs im Verkauf.
- Ursache des Ausbaus der Just-in-time-Belieferung ist die **Notwendigkeit der Reduzierung der Lagerkosten** (zunehmender **Kostendruck**) in Unternehmen.
- **Folgen der Just-in-time-Belieferung** sind eine Verlagerung der Lager auf die Straße und damit verbunden ökologische Belastungen.
- Waren sind unter Beachtung von **Preisobergrenzen** zu einem möglichst preisgünstigen Bezugs-/Einstandspreis einzukaufen.

1. Erläutern Sie die Aussage: „Beschaffungskosten und Lagerkosten entwickeln sich gegenläufig".

2. Der Listeneinkaufspreis eines Artikels beträgt 60,00 EUR. Der Lieferer gewährt bei Abnahme von 20 Stück 20 % Rabatt und 2 % Skonto. Die Bezugskosten betragen je Stück 0,30 EUR. Ermitteln Sie den Bezugs-/Einstandspreis je Stück und insgesamt, wenn von diesem Artikel 100 Stück bestellt werden.

3. In einem Einzelhandelsunternehmen beträgt der Tagesabsatz für einen Artikel 140 Stück, die Beschaffungs-/Lieferzeit beträgt 14 Werktage und der Mindestbestand 420 Stück.

a) Ermitteln Sie den Meldebestand. Der Höchstbestand beträgt 3.500 Stück.
b) Begründen Sie die Notwendigkeit eines Mindestbestandes.
c) Stellen Sie den Zusammenhang grafisch dar.
d) Erläutern Sie die Vor- und Nachteile des Bestellpunktverfahrens.

e) Begründen Sie die Veränderung des Meldebestandes, wenn
   1. der Tagesabsatz sich auf 200 Stück erhöht,
   2. die Beschaffungszeit sich bei einem Tagesabsatz von 140 Stück auf sieben Tage verkürzt.

4. Unterscheiden Sie Bestellpunkt-, Bestellrhythmusverfahren und verkaufssynchrone Beschaffung (Just-in-time-Belieferung) und stellen Sie deren Unterschiede in einer Übersicht dar.

5. Stellen Sie den Ablauf einer Just-in-time-Belieferung anhand eines Beispiels dar und erläutern Sie die Auswirkungen der Just-in-time-Belieferung für die Umwelt.

6. Von einem Artikel werden täglich 25 Stück verkauft. Der Mindestbestand beträgt 120 Stück, die Lieferzeit zwölf Tage. Um wie viel Stück kann der Meldebestand gesenkt werden, wenn die Lieferzeit nur noch acht Tage beträgt?

7. In einem Discountgeschäft werden täglich 240 Stück eines Artikels verkauft. Die Lieferzeit beträgt fünf Tage. Als Mindestbestand wurden 200 Stück festgelegt. Ermitteln Sie den Meldebestand.

8. In einem Warenhaus soll der Mindestlagerbestand eines Artikels das Fünffache des durchschnittlichen Tagesumsatzes betragen. Täglich werden von diesem Artikel durchschnittlich 25 Stück verkauft. Die Lieferzeit beträgt vier Tage.
a) Berechnen Sie den Mindestlagerbestand.
b) Berechnen Sie den Meldebestand.
c) Begründen Sie, warum der Mindestlagerbestand meistens das Vielfache eines Tagesumsatzes ist.

1.4 Bezugsquellenermittlung und Kooperationsformen im Einkauf

Kerstin Dahm, Auszubildende bei der Lebensmitteldiscount Schlegel KG, trifft ihre Freundin Sabine Freund. Sie erzählt ihr stolz, dass sie im Internet gesurft und nach Lieferern von Joghurt geforscht hat. Dabei ist sie auf den Lieferer Klein OHG gestoßen, der den Joghurtbecher 1 Cent günstiger als der bisherige Lieferer Dose & Söhne OHG anbietet. Außerdem hat sie bei ihrer Internetrecherche einen Einkaufsverband von Einzelhändlern entdeckt, dem der Lebensmitteldiscount Schlegel noch nicht angehört. Ihre Entdeckungen hat sie sofort dem Filialleiter Oliver Schlegel mitgeteilt und diesem vorgeschlagen, den Joghurt beim Lieferer Klein OHG zu kaufen.

Kerstin: *„Stell dir vor, jetzt kaufen wir den Joghurt tatsächlich aufgrund meiner Empfehlung bei diesem neuen Lieferer. Wozu das Internet doch nicht alles gut ist!"*

ARBEITSAUFTRÄGE

- Erläutern Sie die Informationsquellen der Bezugsquellenermittlung.
- Stellen Sie Kooperationsformen bei der Beschaffung von Waren im Einzelhandel vor.

Beschaffungsmarktforschung

Die Warenbeschaffung beginnt damit, den Beschaffungsmarkt für die erforderlichen Waren zu erkunden, mögliche Lieferer zu finden und Kontakt mit ihnen aufzunehmen. Hierzu werden Angebote eingeholt, geprüft und miteinander verglichen, um den günstigsten Lieferer auszuwählen (**Angebotsvergleich**, vgl. Seite 73 ff.). Alle Entscheidungen des Güterbeschaffungsmarketings stützen sich auf Informationen, die im Rahmen der Beschaffungsmarktforschung gewonnen werden müssen. Hierbei werden Daten des Beschaffungsmarktes erhoben und ausgewertet. Wenn ein Unternehmen mit der **Sekundärerhebung** (bereits vorhandene Daten) nicht die erforderlichen Daten erhält, kann es mit der **Primärerhebung** neue Daten beschaffen.

LF 5

Beispiele

- Erfassen von Preisentwicklungen bei verschiedenen Waren
- Beobachtung des Marktes, um Produktneuheiten zu erkennen
- Erfassen und Bewerten des Marktverhaltens von Lieferern

Untersuchungsobjekte der Beschaffungsmarktforschung

Es lassen sich folgende **Untersuchungsobjekte** der Beschaffungsmarktforschung unterscheiden:

Informationen			
über die Ware	**über den Beschaffungsmarkt**	**über die Lieferer**	**über die Preise der Waren**
– Warenzusammensetzung – Erfüllung gängiger Qualitätsanforderungen (Gütezeichen, Sicherheitskennzeichen bei Elektrogeräten usw.) – Produktionsverfahren, nach dem die Ware hergestellt wird – Vorhandensein von Substitutionswaren (Ersatzwaren) – ökologische Gesichtspunkte der Ware, z. B. Recyclingfähigkeit	– verfügbare Angebotsmengen – angebotene Qualität der einzelnen Anbieter – Preisentwicklung der Waren – Nachfragemengen nach der Ware – geographische Verteilung des Angebots (Inland, Ausland)	– allgemeine Unternehmensdaten (Standort, Unternehmensgröße, Produktionskapazität, Termintreue) – Lieferkonditionen (Lieferungs- und Zahlungsbedingungen, Garantie, Kulanz, Service) – Beschaffungspreise und Qualität der Waren	– Feststellung des momentanen Preises verschiedener Lieferer – Vorhersage zukünftiger Preise

Informationsquellen

Wie im Rahmen der **Absatzmarktforschung** werden interne und externe Informationsquellen genutzt. LF 5

Interne Quellen: Informationen über eigene Lieferer werden meist computergestützt gesammelt und ausgewertet. In einer **Liefererdatei** oder **Angebotsdatei** des Warenwirtschaftsprogramms werden Name, Anschrift, Liefersortiment, Preise und Konditionen von Lieferern und die Einhaltung ökologischer Vorgaben erfasst. Diese **Bezugsquelleninformationen** können bei Bedarf zur Entscheidungsfindung herangezogen werden.

Beispiel In der Elektroabteilung der Center Warenhaus GmbH fällt der Stammlieferant für Elektrokabel aus. Kurzfristig muss Ware bestellt werden, um die Kundennachfrage zu decken. Herr Berger ist Einkaufsdisponent. An seinem Computer-Terminal ruft er die Lieferer- und Angebotsdatei auf. Er gibt als Suchkriterium „Elektrozubehör" ein. Sofort erscheint eine Liste auf dem Bildschirm, die alle Kabellieferanten zeigt, bei denen bereits einmal Ware bestellt wurde. Zusätzlich erscheinen Daten von Lieferern, die bisher nur Angebote abgegeben haben. Nun kann Herr Berger kurzfristig (Telefon, Fax, E-Mail) nachfragen, ob und zu welchen Bedingungen geliefert werden kann.

Auszug aus der Artikeldatei der Center Warenhaus GmbH

Artikeldatei Elektrokabel								
Artikel-Nr.		**4022099013017**						
Artikelbezeichnung		**Elektrokabel weiß, 4-adrig**						
Lieferer Nr.	**Firma**	**Listeneinkaufspreis je 400 m in EUR**	**Rabatt in %**	**Zieleinkaufspreis in EUR**	**Skonto in %**	**Bareinkaufspreis in EUR**	**Lieferzeit in Tagen**	**Beanstandungen**
44003	Elektrowerke Bauer & Söhne OHG	40,00	5	38,00	2	37,24	4	Keine
44023	Elektro AG	37,00	7,5	34,23	2,5	33,37	2	Keine

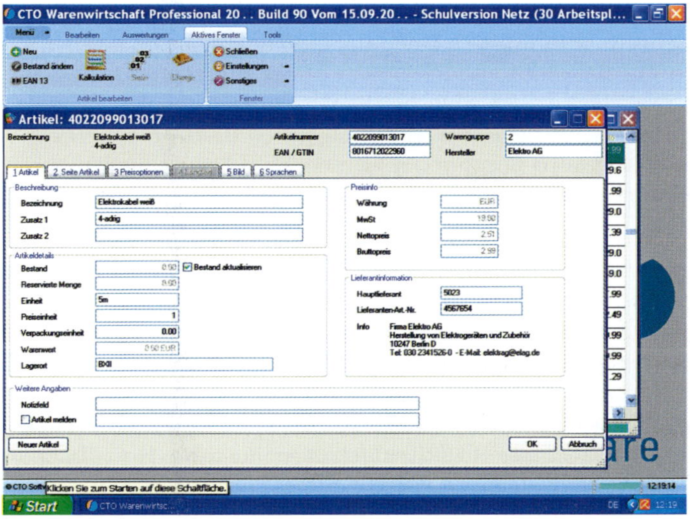

Die Lieferer- und Artikeldateien müssen ständig auf dem neuesten Stand sein. Diese Tätigkeit der ständigen Aktualisierung wird als **Datenpflege** bezeichnet.

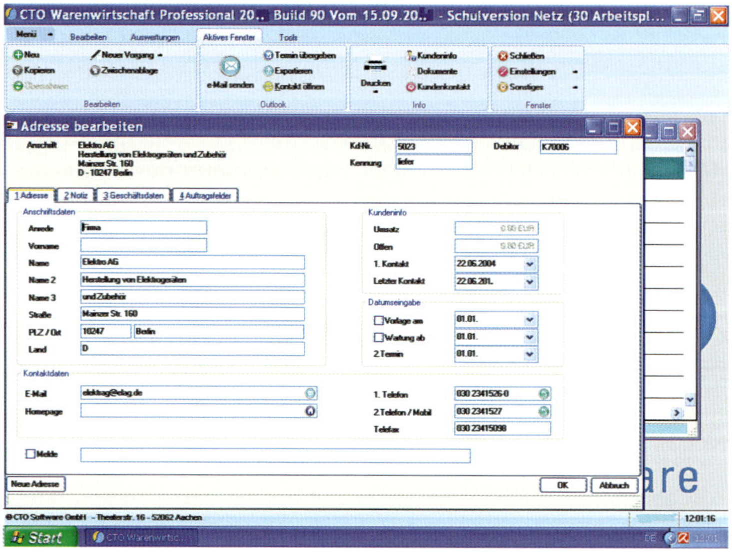

Externe Quellen: Liegen intern keine Informationen über Bezugsquellen vor, so muss man sich betriebsfremder Quellen bedienen, die aber nicht immer kostenlos sind. Wenn ein Einzelhändler ein Unternehmen gründet oder wenn er ein völlig neues Produkt in ein vorhandenes Sortiment aufnehmen möchte, kann er selten auf interne Informationsquellen zurückgreifen. Er bedient sich betriebsfremder Quellen. Hierzu gibt es viele Möglichkeiten.

Beispiele
- Auswerten von Anzeigen in Fachzeitschriften
- Besuch von Messen und Ausstellungen
- Gespräche mit Handelsvertretern oder Reisenden
- Informationen von Banken, Geschäftsfreunden, Fachverbänden, Industrie- und Handelskammern
- Branchenadressbücher, Messekataloge
- ABC der Deutschen Wirtschaft
- Gelbe Seiten der Telekom
- Datenbanken im Internet
- Konkurrenzbeobachtung

Eine besondere Stellung bei externen Informationsquellen nehmen **Datenbanken** im Internet ein. Zunehmend lösen sie herkömmliche Printmedien wie Adressbücher ab. Eine Datenbank besteht aus mehreren miteinander verknüpften Dateien (z. B. Kunden-, Lieferer-, Artikel-, Personaldatei), auf die mithilfe einer speziellen Abfragesprache zugegriffen werden kann. Ein Interessent für bestimmte Lieferer oder Produkte kann am eigenen Computer mit Datenleitungen auf diese Datensammlungen direkt zugreifen (**Onlinerecherche**). Er kann diese Datenrecherche aber auch bei Banken oder speziellen Datenbankbetreibern (Informationsbroker) gegen Honorar in Auftrag geben (**Offlinerecherche**). Alle Informationsquellen müssen sorgfältig ausgewertet werden. Sind Bezugsquellen bekannt, können gezielt Angebote, Warenproben, Muster usw. angefordert werden.

Ein **Intranet** hingegen verbindet die Computer eines Betriebs oder aller Filialen eines Unternehmens. Die Kommunikation zwischen den Unternehmen wird dadurch erheblich schneller, die Unternehmen werden flexibler, eine breitere Datenbasis steht zur Verfügung und es entstehen Zeit- und Kostenersparnisse. In Verbindung mit der Internettechnologie sind die angeschlossenen Computer selbstverständlich auch von außen ansprechbar.

Beispiel Die Lebensmitteldiscount Schlegel KG benötigt in allen Filialen in Deutschland täglich zwischen 10.000 und 15.000 1-Liter-Packungen H-Milch. Früher übermittelte der Einkaufsdisponent die Bestellung per Fax an den Lieferanten. Heute werden die Verkäufe über das Intranet in allen Filialen täglich erfasst und die Bestellungen erfolgen automatisch per E-Mail.

Zunehmende Bedeutung gewinnt im Rahmen des **E-Business** das **E-Procurement**, d. h. der Einkauf über das Internet mittels **Internetrecherche**. Der Onlineeinkauf wird interessant, wenn er zu Rationalisierungen und Kosteneinsparungen führt.

Beispiel Die Center Warenhaus GmbH sucht im Internet Lieferer für Elektrozubehör.

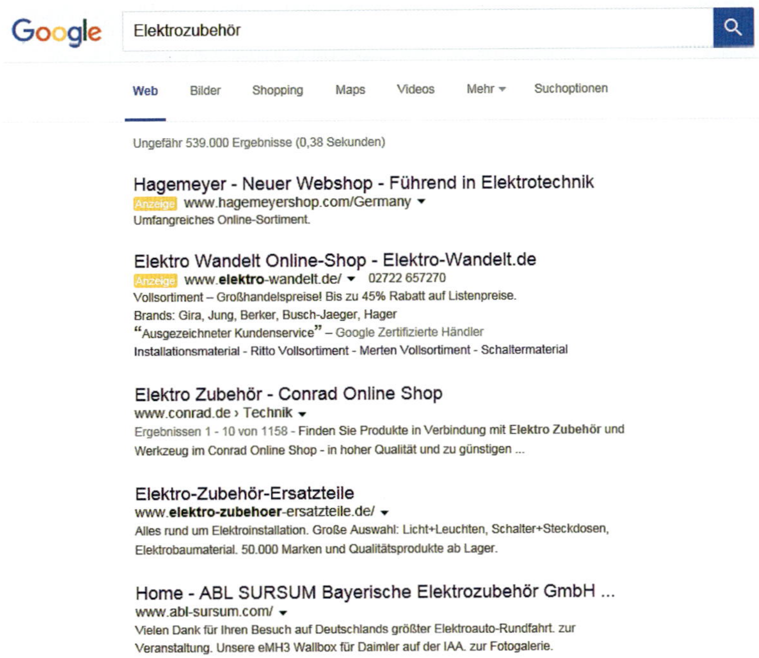

Kooperationsformen im Einkauf

Im Rahmen der Beschaffung ist es vor allem für kleine und mittelständische Unternehmen sinnvoll, mit anderen Einzelhandelsbetrieben eine Einkaufskooperation einzugehen. Wichtigstes **Ziel der Einkaufskooperation** ist es, durch den gemeinsamen Einkauf großer Mengen günstige Preise und Konditionen zu erwirken. In der Regel sind Einkaufsmengen des einzelnen Einzelhandelsbetriebs zu klein, um z. B. die Mengenrabatte der Lieferer ausnutzen zu können. Erst durch den Zusammenschluss beim Einkauf mit anderen Einzelhändlern können diese Vorteile genutzt werden. Bei den Kooperationen lassen sich horizontale und vertikale Kooperationen unterscheiden.

Horizontale Kooperation

Aus der Vielzahl der möglichen horizontalen Kooperationsformen im Rahmen der Beschaffung werden die Einkaufsgenossenschaft und der Einkaufsverband dargestellt.

Bei der **Einkaufsgenossenschaft gründen selbstständige Einzelhändler eine Genossenschaft**, um durch gemeinsame Warenbeschaffung günstigere Preise und Konditionen erzielen zu können. Darüber hinaus hat sich die Zusammenarbeit auf fast alle Funktionsbereiche des Einzelhandels ausgedehnt. Die einheitliche Gestaltung der Verkaufsstellen, die Entwicklung gemeinsamer Handelsmarken, eine zentral gesteuerte Werbung, eine gemeinsame Verwaltung im Bereich Rechnungs- und Personalwesen und die Gewährung von Krediten sind nur einige der Leistungsmerkmale solcher **Full-Service-Kooperationen**.

Beispiele Spielgut e. G., REWE e. G., Edeka e. G, Rheintextil e. G.

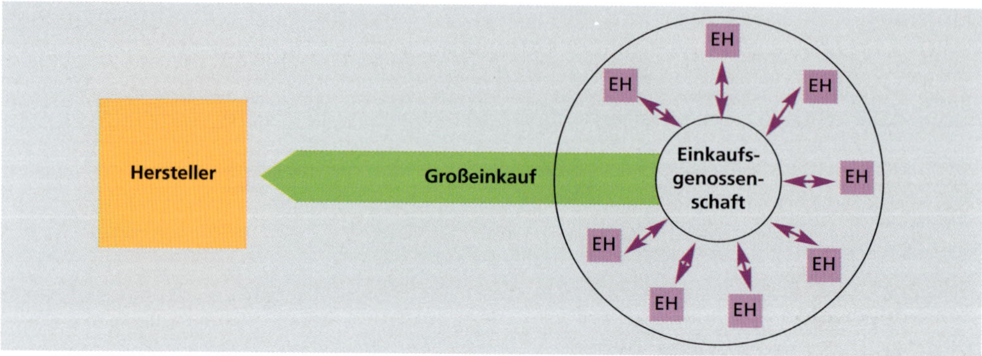

Die **Einkaufsverbände** verfolgen die gleichen Ziele wie die Einkaufsgenossenschaften.
LF 14 Sie unterscheiden sich von diesen lediglich durch die Rechtsform.

Beispiele Ringfoto, Intersport, Mustering, Kölner Mode- und Textileinkaufsverband (KMT), Garantschuh AG

○ Vertikale Kooperation

Als vertikale Kooperation bezeichnet man den Zusammenschluss aufeinander folgender Handelsstufen wie die sogenannten freiwilligen Ketten oder das Rack-Jobbing.

Bei den **freiwilligen Ketten** handelt es sich um einen **Zusammenschluss eines oder mehrerer Großhändler mit rechtlich und wirtschaftlich selbstständig bleibenden Einzelhandelsbetrieben.** Die Initiative geht dabei vom Großhandel aus, der mit einer Anzahl selbstständiger Einzelhändler zusammenarbeitet, die von ihm einen möglichst großen Teil ihrer Waren beziehen. Heute unterscheiden sich Aufgaben und Ziele kaum von den bereits dargestellten Einkaufsgenossenschaften und Einkaufsverbänden, die Zusammenarbeit hat sich auf alle Leistungsbereiche des Einzelhandels ausgedehnt.

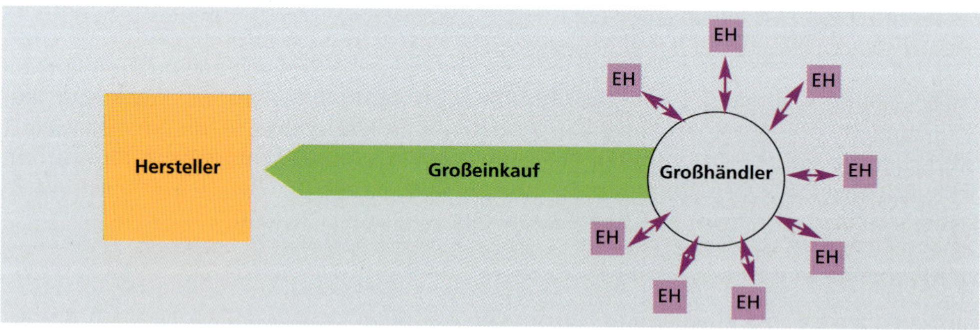

Beispiel Die freiwilligen Ketten (z. B. VIVO, SPAR, Rewe Group, Edeka) haben besonders im Lebensmittelsektor große Bedeutung erlangt und konnten ein gewisses Gegengewicht gegen die
LF 14 fortschreitende Konzentration im Handel schaffen. Weitere Beispiele: Expert, Sport 2000.

Beim **Rack-Jobbing** werden Großhändlern oder Herstellern Verkaufsräume oder Regalflächen von Einzelhändlern auf Mietbasis zur Verfügung gestellt.

Beim **Franchising** schließt ein Franchisegeber (ein Hersteller, gelegentlich auch ein Einzelhändler, der ein erfolgreiches Marketingkonzept vertreiben möchte) mit einem Franchisenehmer (Einzelhändler) einen Vertrag, der diesem erlaubt, gegen Bezahlung bestimmte Rechte des Franchisegebers zu nutzen.

Beispiele Fressnapf, Benetton

Bezugsquellenermittlung und Kooperationsformen im Einkauf

- **Untersuchungsobjekte** der Beschaffungsmarktforschung:
  - Waren
  - Beschaffungsmarkt
  - Lieferer
  - Preise der Waren
- Die Beschaffungsmarktforschung bedient sich **interner** (Lieferer-, Angebotsdatei) und **externer Informationsquellen** (Fachzeitschriften, Messen, Datenbanken im Internet).
- **Kooperationsformen im Einkauf**
  - **Horizontale Kooperation** liegt vor, wenn wirtschaftlich und rechtlich selbstständig bleibende Unternehmen **der gleichen Handelsstufe** sich durch Verträge zur Zusammenarbeit verpflichten.
    → **Einkaufsgenossenschaft, Einkaufsverband**: Durch gemeinsamen Einkauf sollen günstigere Preise und Konditionen erzielt werden.
  - **Vertikale Kooperation** liegt vor, wenn wirtschaftlich und rechtlich selbstständig bleibende Unternehmen **aufeinander folgender Handelsstufen** sich durch Verträge zur Zusammenarbeit verpflichten.
    → **Freiwillige Ketten**: Zusammenschluss von einem Großhändler mit selbstständig bleibenden Einzelhändlern.
    → **Rack-Jobbing**: Fremde Unternehmer bewirtschaften im Einzelhandelsunternehmen Teile des Verkaufsraumes oder Regalflächen.
    → **Franchising:** Franchisenehmer erhält vom Franchisegeber gegen Entgelt das Recht, Rechte des Franchisegebers zu nutzen.

1. Innerhalb der Warenwirtschaft hat die Beschaffungsabteilung in der Lebensmitteldiscount Schlegel KG einen hohen Stellenwert.
a) Erläutern Sie das Ziel der Beschaffungsmarktforschung.
b) Nennen Sie je zwei interne und externe Informationsquellen der direkten und indirekten Informationsgewinnung.
c) Erläutern Sie drei Inhaltspunkte, die ein Marktforschungsbericht enthalten sollte.
d) Erläutern Sie einen Grund, der die Lebensmitteldiscount Schlegel KG veranlassen könnte, die Beschaffungsmarktforschung selbst durchzuführen.

2. Begründen Sie, weshalb es nicht ausreicht, sich ausschließlich auf interne Bezugsquelleninformationen zu verlassen.

3. Geben Sie an, wann ein Einzelhändler gezwungen ist, extern Informationen über Bezugsquellen zu beschaffen.

4. Nennen Sie mögliche Ziele des Zusammenschlusses
a) eines Großhändlers mit einem Einzelhändler, b) zweier Einzelhändler.

5. „Die freiwilligen Ketten bieten dem selbstständigen Einzelhändler die Möglichkeit, dem Konkurrenzdruck der Konzerne standzuhalten." Erläutern und begründen Sie diese Aussage.

6. Beschreiben Sie, welche Kooperation Ihr Ausbildungsbetrieb mit anderen Unternehmen betreibt und stellen Sie diese Kooperationsform in einer geeigneten Weise vor.

7. Erläutern Sie die Aufgabe des Intranets.

2 Beschaffungsprozesse steuern und durchführen

2.1 Anfrage, Angebot und Verhandlungstechniken

Hanne Bauer, Abteilungsleiterin Einkauf der Center Warenhaus GmbH, hat von der Geschäftsleitung den Auftrag erhalten, modische Damenlederjacken in das Sortiment aufzunehmen. Aus diesem Grunde soll die Auszubildende Sabine Freund Anfragen an verschiedene Hersteller schreiben. Unter anderem wird auch nachfolgender Brief an Bernd Lüghausen e. K. versandt:

CENTER Warenhaus GmbH

Absender → Center Warenhaus GmbH, Aachener Straße 1250, 50859 Köln

USt-IdNr.: DE835872142
Steuernummer: 223/5140/8546

Empfänger →
Bernd Lüghausen e. K.
Lederwarenfabrik
Im Talacker 18
47829 Krefeld

Bezugszeichen Datum →

Ihr Zeichen, Ihre Nachricht vom	Unser Zeichen, unsere Nachricht vom	Telefon, Name	Datum
	ba-fr	186, Bauer	..-03-15

Betreff → Anfrage nach Lederjacken

Anrede → Sehr geehrte Damen und Herren,

Einleitung → bei unserem Besuch der Internationalen Modemesse (Igedo) in Düsseldorf sind wir auf Ihre Lederbekleidungswaren aufmerksam geworden.

Vortrag des Anliegens → Wir sind ein Warenhaus mit großer Textilabteilung und aufgrund verstärkter Kundennachfrage nach Lederjacken interessiert. Bitte senden Sie uns Ihr Angebot über modisch-aktuelle Lederjacken. Der Lieferumfang würde etwa 40 Lederjacken in den Größen 36 bis 42 umfassen. Der Liefertermin wäre die 18. Kalenderwoche.

Ausblick auf die Zukunft → Bitte schicken Sie außerdem in den nächsten Tagen einen Ihrer Handelsvertreter mit einigen Mustern vorbei.

Wir erwarten Ihr Angebot und hoffen auf eine erfolgreiche zukünftige Zusammenarbeit.

Grußformel → Mit freundlichen Grüßen

Center Warenhaus GmbH

i. A.

Bauer

Bauer

Geschäftsräume Aachener Straße 1250, 50859 Köln
Telefon 0221 4171-18 /19 **Telefax** 0221 4171-120
info@center-warenhaus.de www.center-warenhaus.de
Bankverbindungen
Deutsche Bank IBAN: DE08370700600252013800 BIC: DEUTDEDKXXX
Postbank Köln IBAN: DE54370100500054666504 BIC: PBNKDEFF370
Sparkasse KölnBonn IBAN: DE11370501980085313948 BIC: COLSDE33XXX
Geschäftsführer:Dipl.-Kauffrau Kerstin Sommer, Dipl.-Betriebswirt Thomas Becker · Amtsgericht Köln HRB 597

Nach einer Woche erscheint ein Handelsvertreter des Unternehmens Lüghausen und erklärt: *„Ich habe die angeforderten Lederjacken dabei, den Rechnungsbetrag muss ich aber sofort kassieren."* Frau Bauer ist empört: *„Wir denken überhaupt nicht daran, die Waren anzunehmen, und erst recht werden wir nicht bezahlen."*

ARBEITSAUFTRÄGE

- Überprüfen Sie, ob die Center Warenhaus GmbH die Waren abnehmen und bezahlen muss.
- Stellen Sie fest, ob sich die Rechtslage ändert, wenn die Center Warenhaus GmbH auf ein briefliches Angebot des Lieferers mit einem telefonischen Auftrag über 100 Lederjacken geantwortet hätte.
- Erläutern Sie, welche Vorbereitungen für eine Vertragsverhandlung mit einem Lieferer erforderlich sind.

→ AH

Die Anfrage

Bevor ein Einzelhändler einen Kaufvertrag mit einem Lieferer abschließt, sollte er sich über Produkte und ihre Einkaufsmöglichkeiten informieren. Durch eine Anfrage kann sich ein Einzelhändler **Informationsmaterial**, wie z. B. Warenmuster, Kataloge, Prospekte oder Warenverzeichnisse mit Preislisten, Lieferungs- und Zahlungsbedingungen verschaffen. Sie kann **schriftlich, mündlich, fernschriftlich (Telefax, Internet, E-Mail) oder telefonisch** abgegeben werden. Die Anfrage ist für den Einzelhändler **unverbindlich**, d. h., sie hat keine rechtliche Wirkung, da sich der Einzelhändler nur über die Leistungsfähigkeit der Lieferer informieren will.

LF 3

Beispiel Die schriftliche Anfrage der Center Warenhaus GmbH an die Lederwarenfabrik Lüghausen ist rechtlich unverbindlich. Infolgedessen muss sie die Waren nicht abnehmen und bezahlen.

Bittet der Einzelhändler den Lieferer nur um eine Preisliste, einen Katalog, ein Muster oder einen Vertreterbesuch, so handelt es sich um eine **unbestimmte oder allgemein gehaltene Anfrage**. Werden aber über ganz bestimmte Waren Informationen vom Lieferer verlangt, wie z. B. eine Anfrage nach Güte, Preis, Lieferungs- und Zahlungsbedingungen, dann liegt eine **bestimmte Anfrage** vor.

Durch den **elektronischen Datenaustausch (EDI = Electronic Data Interchange)** von Computer zu Computer können Anfragen, Angebote, Bestellungen, Lieferscheine oder Rechnungen zwischen Kunden, Lieferanten, Geldinstituten usw. über Onlinenetze schnell und rationell abgewickelt werden.

Das Angebot

Ein Angebot **ist eine Willenserklärung, die an ein bestimmtes Einzelhandelsunternehmen gerichtet ist**, mit der der Lieferer dem Einzelhändler verbindlich erklärt, bestimmte Waren zu bestimmten Bedingungen zu verkaufen. Wenn ein Lieferer einem Einzelhändler Kataloge, Preislisten und Prospekte zusendet, handelt es sich nicht um ein verbindliches Angebot. Es handelt sich um eine **Anpreisung**, da z. B. Kataloge oder Preislisten für die Allgemeinheit und nicht für ein bestimmtes Unternehmen erstellt worden sind. Die Abgabe des Angebots durch den Lieferer ist an **keine Formvorschrift** gebunden, sie kann **schriftlich, mündlich, fernschriftlich (Telefax, E-Mail) oder telefonisch** erfolgen.

LF 3

Bindungsfristen: Der Lieferer ist grundsätzlich an sein Angebot gebunden, wenn er keine vertraglichen Einschränkungen gemacht hat.

Mündliche und telefonische Angebote (Angebote unter Anwesenden) gelten nur für die **Dauer des Gesprächs. Schriftliche Angebote** (Angebote unter Abwesenden), z. B. Brief, Telefax, werden in dem Moment verbindlich, wenn sie dem Kunden zugehen. Der Lieferer ist so lange an sein Angebot gebunden, wie er **unter verkehrsüblichen Umständen mit einer Antwort rechnen kann.** Zu berücksichtigen sind hierbei die Beförderungsdauer des Angebots, eine angemessene Überlegungsfrist des Kunden und die Beförderungsdauer der Bestellung. Die **Bestellung** des Kunden muss auf jeden Fall **auf dem gleich schnellen oder einem schnelleren Weg wie das Angebot** des Lieferers erfolgen, d. h., ein Angebot per E-Mail muss vom Kunden auch mit E-Mail oder einer schnelleren Möglichkeit angenommen werden.

Beispiel Die Center Warenhaus GmbH erhält von einem Lieferer ein briefliches Angebot. Man geht davon aus, dass ein Brief bis zum Empfänger ein bis zwei Tage unterwegs ist. Zusätzlich hat der Einzelhändler einen Tag Bedenkzeit, ein bis zwei Tage werden für den Postweg der brieflichen Antwort des Einzelhändlers veranschlagt. Somit hat ein briefliches Angebot eine Gültigkeitsdauer von ca. fünf Tagen.

Der Lieferer kann die Verbindlichkeit seines Angebots **durch Freizeichnungsklauseln oder ein zeitlich befristetes Angebot** einschränken. Folgende **Freizeichnungsklauseln** können unterschieden werden:

Freizeichnungsklauseln	verbindlich	unverbindlich
so lange Vorrat reicht	Preis, Lieferzeit	Menge
freibleibend	nichts	alles
ohne Gewähr, ohne Obligo	nichts	alles
Preise freibleibend	Lieferzeit, Menge	Preis
Lieferzeit freibleibend	Preis, Menge	Lieferzeit

Enthält ein Angebot des Lieferers eine **Frist** (z. B. gültig bis 20. Juni ..), so muss die **Bestellung des Einzelhändlers bis zu diesem Zeitpunkt beim Lieferer eingegangen sein.**

Der **Lieferer ist nicht mehr an sein Angebot gebunden**, wenn

- der Einzelhändler das Angebot ablehnt,
- die Bestellung des Einzelhändlers zu spät beim Lieferer eingeht,

  Beispiel Die Abels Bau- und Hobbymarkt GmbH bestellt nach einem brieflichen Angebot ohne Fristsetzung erst nach drei Wochen.

- die Bestellung des Einzelhändlers vom Angebot abweicht,

  Beispiel Der Großhändler Schmalohr bietet dem Mars Elektrofachmarkt e. K. einen bestimmten Artikel zu 3,50 EUR/Stück an, der Mars Elektrofachmarkt e. K. bestellt 100 Stück dieses Artikels zu 3,30 EUR/Stück.

- der Lieferer das Angebot rechtzeitig widerruft, wobei der Widerruf aber vor oder spätestens gleichzeitig mit dem Angebot beim Kunden eingehen muss.

  Beispiel Der Großhändler Schmalohr hat dem Mars Elektrofachmarkt e. K. einen bestimmten Artikel zu 4,00 EUR per Brief angeboten. Aufgrund unerwarteter Preissteigerungen des Herstellers widerruft der Großhändler dieses Angebot am gleichen Tage telefonisch.

Zusendung unbestellter Ware

Erhält ein Einzelhändler **unbestellte Waren des Lieferers**, dann liegt ein **Angebot des Lieferers** vor. Hierbei ist zu unterscheiden:

Stillschweigen gilt als Annahme des Angebots: Sendet ein Lieferer einem Einzelhändler, mit dem er **bereits Geschäftsbeziehungen pflegt**, unbestellt Waren zu, dann gilt das

Stillschweigen des Einzelhändlers als **Annahme des Angebots**. Will der Einzelhändler das Angebot nicht annehmen, so ist er verpflichtet, **unverzüglich** dem Lieferer darüber eine Nachricht zukommen zu lassen (§ 362 HGB).

Beispiel Die Lederwarenfabrik Schneider e. K. sendet der Center Warenhaus GmbH, die sie bereits seit Jahren beliefert, einen Sonderposten Lederjacken zu, ohne dass die Center Warenhaus GmbH diese bestellt hat. Unterlässt es die GmbH, der Lederwarenfabrik unverzüglich Nachricht darüber zu geben, dass sie die Warenlieferung nicht haben möchte, muss die Center Warenhaus GmbH die Waren behalten.

Stillschweigen gilt als Ablehnung des Angebots: Unterhält ein Einzelhändler mit einem Lieferer bisher noch keine Geschäftsbeziehungen, dann gilt sein **Schweigen bei Zusendung unbestellter Ware als Ablehnung des Angebots**. Der Einzelhändler ist nur verpflichtet, die unbestellte Ware aufzubewahren, aber nicht zurückzuschicken.

Wenn ein Einzelhandelsbetrieb einem **Privatmann unbestellte Ware zusendet**, dann gilt das Schweigen des Privatmanns als Ablehnung. Der Privatmann ist weder zur Aufbewahrung der Waren noch zur Rücksendung der Waren verpflichtet. Wurde die unbestellte Ware als Nachnahme versandt und nimmt der Käufer diese an, kommt ein Kaufvertrag zustande.

PRAXISTIPP **Die Zusendung unbestellter Ware an einen Privatmann verstößt gegen das Gesetz gegen den unlauteren Wettbewerb** (UWG).

Beispiel Eine Buchversandhandlung sendet der Auszubildenden Kerstin Dahm unbestellt ein Buch zum Vorzugspreis von 29,00 EUR zu. Kerstin ist nicht verpflichtet, das Buch zu bezahlen. Sie muss das Buch auch nicht zurücksenden und sie ist nicht zur Aufbewahrung des Buches verpflichtet.

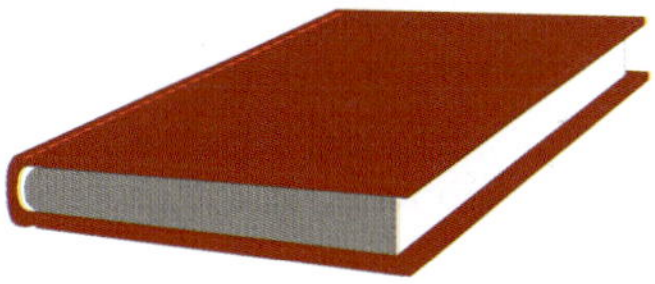

Verhandlungstechniken

LF 2

„Das ganze Leben ist eine Kette von Verhandlungen. Eine Verhandlung war dann erfolgreich, wenn beide Partner für die Dauer das Gefühl haben, dass das Ergebnis ihrem Interesse dient. Einseitige Triumphe sind daher ebenso wie kurzfristige Scheinübereinkommen keine erfolgreiche Verhandlung."

Goosens, Franz: Erfolgreiche Konferenzen und Verhandlungen. München 1964, S. 155

Verhandeln bedeutet kommunizieren. Im Rahmen der Beschaffung sollen Verhandlungen zu Vertragsabschlüssen oder anderen bindenden Vereinbarungen führen. Voraussetzung für jede Kommunikation im Rahmen des Einkaufs ist, dass sich **Sender und Empfänger** verstehen. Neben der **verbalen Kommunikation (Sprache)** spielt die **nonverbale Kommunikation durch Körpersprache**, Kleidung und Umgangsformen eine wichtige Rolle für den Erfolg einer Verhandlung.

Die Sprache ist bei der Verhandlung ein wichtiges Werkzeug. Gesprächsfördernd wirken aktives Zuhören, Zustimmen, Nachfragen und Denkanstöße. Reizworte, Befehle, Vorwürfe oder das Dämpfen von Erwartungen des Gesprächspartners sind dagegen eher gesprächsstörend.

Verhandlungsgespräche sollten störungsfrei, im Dialog und gesprächspartnerorientiert durchgeführt werden. Da alle Menschen nicht nur mit Worten kommunizieren, spricht die nonverbale Kommunikation oft eine ebenso wichtige Rolle für den Ausgang eines Gesprächs wie die gesprochenen bzw. geschriebenen Worte.

Beispiel Klaus Berger, Einkäufer für Haushaltswaren und Elektro bei der Center Warenhaus GmbH, erzählt Sabine Freund von seinem Besuch bei einem Hersteller für Elektrogeräte: „Der Verkäufer wirkt am Telefon ja ganz nett. Seine Stimme wirkte durch Sprechtempo, Lautstärke und Stimmhöhe sehr sympathisch und angenehm. Aber als ich bei diesem Unternehmen ankam, begrüßte mich ein ungepflegter Mann mit starrem Gesichtsausdruck, der mich von oben herab ansah. Ich glaube, der hat mich während des gesamten Gesprächs nicht einmal richtig angeschaut. Ständig hat er seinen Kopf hin- und herbewegt oder er saß in sich zusammengefallen auf seinem Stuhl. Insgesamt hatte ich nicht den Eindruck, dass er an einer Geschäftsbeziehung interessiert war."

○ Verhandlungsvorbereitungen

Verhandlungen werden in sehr unterschiedlichen Formen geführt, je nachdem, in welchem Kontext sie stattfinden. Entscheidend für die Verhandlungsvorbereitungen sind die thematische und personelle Vorbereitung sowie die Vorbereitung der äußeren Bedingungen.

Thematische Vorbereitung: Sie bedeutet, dass sich die Verhandlungspartner mit der Sachlage (Waren, die gekauft werden sollen, Vertragsinhalt) auseinandersetzen. Die Verhandlungspartner müssen die Probleme kennen, die Argumente des anderen gedanklich einbeziehen, eigene Argumente sammeln und sich über die eigene Zielsetzung im Klaren sein. Weiterhin sind die erforderlichen Unterlagen bereitzuhalten.

Beispiele Warenbeschreibungen, Vertragsinhalte, DIN-Normen

Je nach Gespräch können Verhandlungen für die **Vorbereitungsphase** (Erst-, Folgegespräche) und nach dem **Inhalt** (Abschluss-, Kontaktgespräche) unterschieden werden.

Personelle Vorbereitung: Hier ist zu klären, wer die Verhandlungspartner sind. Insbesondere Gesichtspunkte wie Namen, Anzahl der Verhandlungspartner, Stellung und Vollmacht in der Organisation (Kompetenz), Branchenkenntnisse, Charakter und Verhandlungsgeschick sind hierbei von Bedeutung.

Beispiel In der Regel verhandelt ein Einkäufer der Center Warenhaus GmbH mit einer Person oder mehreren Personen aus einem Lieferunternehmen (= Einkäufer-Verkäufer-Gespräche).

Vorbereitung der äußeren Bedingungen: Hierzu zählen die Festlegung von Zeitpunkt und Dauer sowie von Ort und Raum der Verhandlung. Um größtmögliche Belastbarkeit und geistige Frische zu gewährleisten, sollte der Zeitpunkt einer Verhandlung besser im Laufe des Vormittags liegen. Die Dauer der Verhandlung sollte bekannt sein und nicht länger als zwei Stunden betragen. Die Verhandlungen können bei einem der Vertragspartner oder an einem neutralen Ort (Hotel, Restaurant) stattfinden.

Beispiel Persönliche Verhandlungen werden von der Center Warenhaus GmbH überwiegend im eigenen Unternehmen und auf Messen durchgeführt. Je nach Ort ergeben sich unterschiedliche Ausgangssituationen für eine Verhandlung.

Verhandlungsablauf: Zur Vorbereitung auf Verhandlungen empfiehlt es sich, den Verhandlungsprozess in verschiedene Phasen zu unterteilen:

Phase der Verhandlung	Inhalt der Phase	Beispiele
Eröffnungsphase	Sie besteht aus der **Aufwärmphase** und der **Verhandlungseinleitung.** Die Aufwärmphase hat den Zweck, eine freundliche Atmosphäre zu schaffen.[1] Die Verhandlungseinleitung kann auf verschiedene Weise erfolgen.	[1] „Hatten Sie eine problemlose Fahrt?“ „Hätten Sie gerne Kaffee, Tee oder ein anderes Getränk?“ Frau Bauer, die Einkäuferin für Textil- und Sportwaren bei der Center Warenhaus GmbH, versucht durch Kleidung, Gesten, den Gesichtsausdruck und ihr Sprechverhalten einen positiven ersten Eindruck zu vermitteln und zu erhalten.
	– Eine Frage steht am Anfang.[2]	[2] „Haben Sie unsere Anfrage erhalten?“
	– Es folgt zuerst eine Information.[3]	[3] „Wir benötigen für unser Textilsortiment Damenlederjacken.“
	– Den Anfang bildet eine Demonstration.[4] Selbstverständlich sind noch weitere Verhandlungseinleitungen möglich und denkbar.	[4] „Wir haben Prospekte von der letzten Modemesse mitgebracht, auf der verschiedene Jacken angeboten wurden.“
Verhandlungsphase	Sie besteht aus der **Grundlagenbearbeitung** und **Argumenten. Grundlagenbearbeitung**[5]**:** Sie hat die Aufgabe, dem Verhandlungspartner das Anliegen vorzustellen und zu erläutern, wobei Details nach und nach erläutert werden können. **Argumente**[6]**:** Mit Argumenten versucht man den Verhandlungspartner von der Vorteilhaftigkeit eines Vertragsabschlusses zu überzeugen. Je nach Lieferer kann man eher taktisch, plausibel, rational oder moralisch argumentieren.	[5] „Wir sind auf der Suche nach topmodischen Lederjacken, wobei wir von unserem Lieferer erwarten, dass er ausschließlich unbelastete Lederwaren bei der Herstellung verwendet.“ [6] „Langfristig würde Ihnen ein Vertragsabschluss enorme Umsatzsteigerungen bringen, zudem kommen wir unserer ökologischen Verpflichtung gegenüber der Umwelt als Unternehmer nach.“
Abschlussphase	Der Idealfall bei einer Abschlussphase ist dann erreicht, wenn sich beide Verhandlungspartner als Gewinner fühlen. Es ist empfehlenswert, alle Punkte, über die man sich verständigt hat, schriftlich festzuhalten. Dieses kann am besten in Form eines Protokolls erfolgen, das von beiden Seiten unterschrieben wird. Somit kann es nachträglich nicht zu Unstimmigkeiten kommen.	In der Regel arbeitet Frau Bauer mit der Zusammenfassungstechnik, d. h., sie fasst nochmals alle Gesprächspunkte, die ihr wichtig erscheinen, zusammen und „bringt sie auf den Punkt“. Der Lieferer muss nur noch zustimmen.

Erfolg versprechende Verhandlungsstrategien

Einige Vorgehensweisen haben sich als Erfolg versprechend erwiesen.

PRAXISTIPP

- Am Anfang einer Verhandlung sollten nur unstrittige Punkte vorgetragen werden, somit entsteht eine positive Gesprächsatmosphäre.
- Jeder Vorschlag, der gemacht wird, sollte gut begründet sein. Insbesondere sind die Vorteile, die dem Vertragspartner aus einem möglichen Vertragsabschluss entstehen, herauszustellen.
- Jeder Vorschlag und jede Idee des Verhandlungspartners ist ernst zu nehmen. Insbesondere direkt abgelehnte Vorschläge des Verhandlungspartners können eine negative Stimmung erzeugen.
- Sobald es um Preise, Zahlungs- und Lieferungsbedingungen geht, kann die Taktik der **Maximal-** oder der **Minimalforderung** angewandt werden. Mit der Maximalforderung hat man einen großen Spielraum, da man bei dem einen oder anderen Sachinhalt nachgeben kann, sodass sich der Verhandlungspartner auch als Gewinner fühlen kann. Mit der Minimalforderung wird deutlich gemacht, dass nach unten kein Spielraum mehr besteht.

  Beispiel Herr Berger besteht darauf, dass die zu liefernden Waren zu 100 % recycelbar sein müssen, über Preise, Lieferbedingungen und andere Sachverhalte kann noch verhandelt werden.

- Macht ein Verhandlungspartner einen Rückzug, ist der Verhandlungspartner sehr umsichtig zu behandeln, damit er keinen Gesichtsverlust erleidet.
- Werden Zwischenergebnisse formuliert, ist der Gesamtabschluss leichter zu formulieren.

Anfrage, Angebot und Verhandlungstechniken

Die Anfrage

- Bei der **unbestimmten Anfrage** bittet der Kunde um einen Katalog, einen Vertreterbesuch, eine Preisliste oder ein Muster.
- Bei der **bestimmten Anfrage** will der Kunde konkrete Informationen zu bestimmten Artikeln wie z. B. Farbe, Qualität, Beschaffenheit, Menge, Preise, Liefer- und Zahlungsbedingungen, Lieferzeit usw.
- Jede **Anfrage** ist **formfrei und rechtlich unverbindlich.**

Das Angebot

- Ein Angebot des Lieferers ist eine **an einen bestimmten Kunden gerichtete Willenserklärung**, bestimmte Waren unter bestimmten Bedingungen zu liefern.
- Ein Angebot ist grundsätzlich **rechtlich bindend**; es ist formfrei.
- Sogenannte „Angebote“, die an die Allgemeinheit gerichtet sind, sind unverbindlich (**Anpreisungen**), z. B. Prospekte, Kataloge, Schaufensterauslagen, Waren im Verkaufsraum.

Mündliche Angebote	Schriftliche Angebote
... sind verbindlich, solange das Gespräch dauert (Angebote unter Anwesenden).	... sind so lange verbindlich, wie der Anbieter unter verkehrsüblichen Umständen mit einer Antwort rechnen kann, z. B. Brief ca. fünf Tage, Telefax/E-Mail einen Tag (Angebote unter Abwesenden).

- Die Bindung an ein Angebot kann durch **zeitliche Fristsetzung** oder durch **Freizeichnungsklauseln** eingeschränkt werden.
- Der **Lieferer ist nicht mehr an sein Angebot gebunden** bei
  - Ablehnung des Angebots,
  - verspäteter Bestellung,
  - vom Angebot abweichender Bestellung des Kunden,
  - rechtzeitigem Widerruf des Angebots.
- **Stillschweigen des Einzelhändlers bei Zusendung unbestellter Ware** vom Lieferer bedeutet
  - bei Bestehen von Geschäftsbeziehungen Annahme,
  - ohne bisherige Geschäftsbeziehung Ablehnung des Angebots.
- **Zusendung unbestellter Ware an einen Privatmann** ist verboten.
- **Zusendung unbestellter Ware an einen Kaufmann** durch einen anderen Kaufmann ist zulässig, Stillschweigen gilt bei nicht vorhandenen Geschäftsbeziehungen als Ablehnung des Angebots, bei vorhandenen Geschäftsbeziehungen als Zustimmung.

Vertragsverhandlungen

- **Verhandlungen** zwischen einem Verkäufer und einem Käufer verlaufen je nach Ware bzw. Leistung, Anzahl und Stellung der Verhandlungspartner sowie Ort und Situation der Verhandlung völlig unterschiedlich.
- Grundsätzlich können bei Verhandlungen die **Eröffnungs-, Verhandlungs- und Abschlussphase** unterschieden werden.

1. Geben Sie an, wie sich die unbestimmte und die bestimmte Anfrage unterscheiden.

2. Erläutern Sie jeweils an einem Beispiel, wie lange „Angebote unter Anwesenden" und „Angebote unter Abwesenden" verbindlich sind.

3. Beschreiben Sie die Möglichkeiten eines Lieferers, die Verbindlichkeit seines Angebots einzuschränken.

4. Rollenspiel: a) Erstellen Sie ein Rollenspiel, indem Sie Rollen für einen Einkäufer und einen Verkäufer für einen bestimmten Artikel entwerfen. Nehmen Sie das Rollenspiel mithilfe einer Videokamera auf. Werten Sie das Rollenspiel aus.
b) Entwerfen Sie einen Beobachtungsbogen einer erfolgreichen Gesprächsführung.

5. Schriftverkehr: Schreiben Sie unter Berücksichtigung der nachfolgenden Angaben einen unterschriftsreifen Brief.

Absender: Center Warenhaus GmbH, Aachener Str. 1250, 50859 Köln

Empfänger: Sportgeräte-Vertriebsgesellschaft mbH, Ludolfstr. 15, 54290 Trier

Vorgang: Die Center Warenhaus GmbH möchte ihre Sportabteilung um Fitnessgeräte erweitern. Hierzu fordert sie einen Katalog mit Preisliste, die Lieferungs- und Zahlungsbedingungen von der Sportgeräte-Vertriebsgesellschaft mbH an.

6. Der Baumarkt Peter Hammer KG erhält von seinem langjährigen Lieferer Heinz Armbrust e. K. eine Lieferung nicht bestellter neuartiger Betonmischmaschinen. Aufgrund von Arbeitsüberlastung bemerkt der zuständige Mitarbeiter des Einzelhändlers erst nach fünf Tagen, dass die Betonmischmaschinen nicht bestellt worden waren. Bei telefonischer Rückfrage beim Lieferer stellt sich heraus, dass der Lieferant unterstellt hatte, der Baumarkt habe Interesse an der Lieferung. Der Baumarkt sieht aber keine Möglichkeit, die Betonmischmaschinen schnell zu verkaufen, daher fordert er vom Lieferanten die Rücknahme der gelieferten Ware. Beurteilen Sie die Rechtslage.

2.2 Inhalte des Angebots

Die Center Warenhaus GmbH hat von verschiedenen Lieferern Angebote über Damenlederjacken erhalten. Teilweise haben die Lieferer in ihren Angeboten Bedingungen über Beförderungsentgelte und Verpackungskosten zugrunde gelegt. Nachdem Sabine Freund die unterschiedlichen Angebote überprüft hat, sagt sie zu Hanne Bauer, der Abteilungsleiterin Einkauf: *„Wenn ein Lieferer in seinem Angebot keine Angaben über seine Fracht- und Verpackungskosten macht, muss der Lieferer sie selbst tragen. Daher können wir doch diese Kosten unberücksichtigt lassen, da …“* – *„Sie machen es sich ein bisschen einfach, Frau Freund, es gibt schließlich Gesetze, die so etwas regeln“*, unterbricht sie Frau Bauer lächelnd.

ARBEITSAUFTRÄGE

- Finden Sie heraus, wer bei einer Lieferung von Waren die Beförderungs- und Verpackungskosten tragen muss.
- Stellen Sie fest, wann eine Rechnung bezahlt werden muss, wenn im Kaufvertrag keine Regelung darüber getroffen wurde und in der Rechnung hierzu kein Vermerk enthalten ist.
- Überprüfen Sie, welches Gericht bei etwaigen Streitigkeiten zwischen den Vertragspartnern zuständig ist, wenn im Kaufvertrag keine Regelung darüber getroffen wurde.
- Stellen Sie die gesetzlichen und vertraglichen Regelungen zu den Inhalten des Angebots in Partnerarbeit in einer Übersicht dar und präsentieren Sie Ihre Ergebnisse.

Es gibt keine gesetzlichen Vorschriften über die Inhalte des Angebots eines Lieferers. Die Lieferer verwenden oft vorgedruckte **„Allgemeine Geschäftsbedingungen"**. Ein Angebot des Lieferers enthält meistens alle wesentlichen Bestimmungen, die zur reibungslosen Erfüllung des Kaufvertrages erforderlich sind.

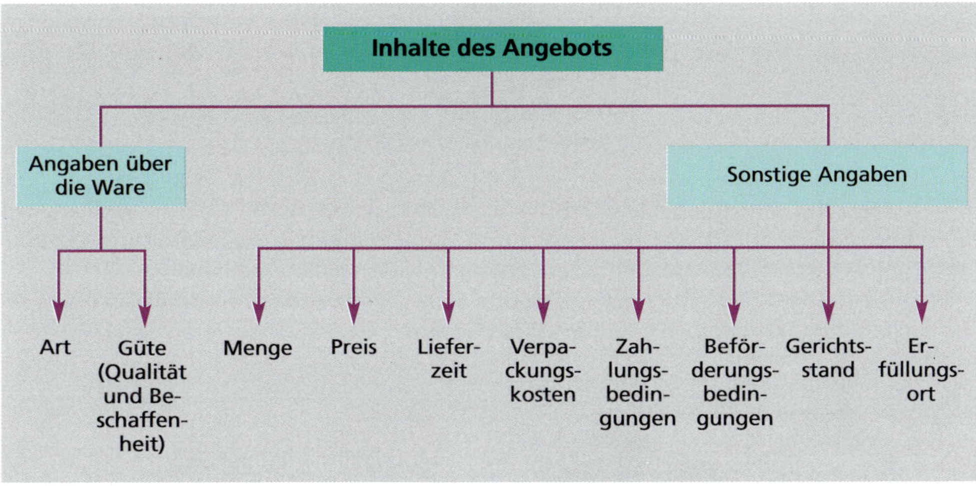

Wenn weder in den AGB noch im Angebot Regelungen zu bestimmten Einzelheiten getroffen worden sind, gelten die Bestimmungen des BGB und HGB.

● Angaben über die Ware

○ Art der Ware

Die **Art der Ware** wird durch **handelsübliche Bezeichnungen** festgelegt.

Beispiele Bundhose, Bermudahose, Herren-/Damenfahrrad, Weiß-/Rotwein, Erbsenkonserven, Hi-Fi-Receiver.

○ Güte der Ware

Gesetzliche Regelung: Sind **im Angebot des Lieferers keine Angaben** über die Güte der Ware gemacht worden, so ist bei Lieferung die **Ware in mittlerer Güte** zu liefern (§ 243 BGB).

Die **Güte (Qualität und Beschaffenheit)** einer Ware wird bestimmt durch:

- **Muster und Proben**

  Beispiele Tapeten, Papier, Parfum, Textilien

- **Güteklassen zur Angabe von Warenqualitäten**
  - **Handelsklassen**

    Beispiele Eier, Kartoffeln, Obst
  - **Typen** bei Kraftfahrzeugen, Mehl

- **Marken (Markenzeichen) und Güte-/Prüf- und Sicherheitszeichen**
  - **Marken** (§ 1 Markengesetz) werden von Herstellern und großen Handelsunternehmen verwendet in Wort und Bild, um sich von anderen Herstellern zu unterscheiden.

Beispiele

– **Prüfzeichen, Gütezeichen oder Qualitätssiegel** in Form von Wort-Bild-Marken (grafische oder schriftliche Markierungen an Produkten) werden von verschiedenen diversen Verbänden, Organisationen und Institutionen als Nachweis für die Einhaltung bestimmter Mindestanforderungen an die Hersteller vergeben.
  Die Vergabe des GS-Zeichens („Geprüfte Sicherheit“) erfolgt auf der Basis des deutschen Produktsicherheitsgesetzes (ProdSG) durch eine GS-Stelle wie z. B. TÜV SÜD.

  Beispiele

- **Herkunft der Ware**, die durch das Anbaugebiet oder Herstellungsland gekennzeichnet ist (§ 1 Markengesetz) und ebenfalls durch das Markengesetz geschützt ist

  Beispiele Kaffee, Tabak, Wein, Obst

- **Jahrgang der Ware**

  Beispiele Antiquitäten, Whiskey, Wein

- **Zusammensetzung der Ware**

  Beispiele Fettanteile in Käse und Wurst, Silbergehalt bei Essbesteck

Sonstige Angaben

Menge der Ware

Gesetzliche Regelung: Enthält das Angebot keine Mengenangabe, dann gilt es für jede handelsübliche Menge.

Die Menge einer Ware wird **in gesetzlichen Maßeinheiten (m, m^2, l, hl, kg), in Stückzahlen (Stück, Dutzend) oder in handelsüblichen Mengeneinheiten (Sack, Fass, Kiste, Karton, Ballen)** angegeben. Bei Abnahme größerer Mengen kann der Einzelhändler einen Mengenrabatt erhalten, während bei Unterschreiten einer Mindestmenge oft vom Lieferer ein **Mindermengenzuschlag** erhoben wird, z. B. bei Gardinenstoff.

Preis der Ware

Der Preis einer Ware bezieht sich entweder auf **eine handelsübliche Mengeneinheit oder eine bestimmte Gesamtmenge**. Von entscheidender Bedeutung für die Beurteilung eines Liefererpreises ist die Berücksichtigung der Preisnachlässe (= Rabatte). Folgende **Preisnachlässe** (vgl. Seiten 74, 345) können unterschieden werden:

Mengenrabatt	Bei Abnahme von großen Mengen einer Ware erhält der Einzelhändler einen prozentualen Nachlass auf den Listeneinkaufspreis, der Einzelhändler soll damit zum Kauf größerer Mengen veranlasst werden.
Naturalrabatt	Der Rabatt wird **in Form von Waren** gewährt; man unterscheidet zwei Arten von Naturalrabatten: a) **Draufgabe:** Beispiel Der Einzelhändler erhält statt zehn Artikeln einen Artikel zusätzlich ohne Berechnung. b) **Dreingabe:** Beispiel Der Einzelhändler erhält zehn Artikel, es werden ihm aber nur neun Artikel in Rechnung gestellt.
Treuerabatt	Dieser Rabatt wird **von Großhändlern bei bestimmten Anlässen für langjährige Kunden** gewährt, damit sollen Stammkunden an einen Lieferer gebunden werden.
Einführungsrabatt	Dieser Rabatt wird insbesondere Einzelhändlern von Herstellern gewährt, um die **Einführungsphase eines neuen Produktes** zu verkürzen.
Bonus	Er stellt einen **nachträglich gewährten Rabatt** dar, bei dem Einzelhändlern innerhalb einer bestimmten Periode (z. B. Quartal, Halbjahr, Jahr) **bei Erreichung eines bestimmten Mindestumsatzes** ein Nachlass auf den Gesamtbetrag, z. B. in Höhe von 2 %, gewährt wird.
Personalrabatt	Dieser Rabatt wird **Betriebsangehörigen** von Einzelhändlern gewährt.
Wiederverkäuferrabatt	**Hersteller von Markenwaren,** z. B. Elektrogeräten, gewähren Einzelhändlern (= Wiederverkäufer) einen Nachlass, insbesondere bei Produkten mit Preisempfehlungen.

Skonto: Der Skonto stellt einen **Preisnachlass für die Bezahlung innerhalb einer bestimmten Frist** dar, z. B. darf der Kunde bei Zahlung innerhalb von 14 Tagen 3 % Skonto vom Rechnungsbetrag abziehen.

Der Einzelhändler sollte immer bemüht sein, einen Skonto auszunutzen, da die Inanspruchnahme des Skontos selbst bei Überziehung des Bankkontos günstiger ist, als das Zahlungsziel in Anspruch zu nehmen.

Beispiel Die Center Warenhaus GmbH erhält von ihrem Lieferer am 30. September eine Rechnung über 13.600,00 EUR. Als Zahlungsbedingung ist vermerkt: „Zahlbar in 30 Tagen nach Rechnungserhalt netto Kasse oder innerhalb von zehn Tagen abzüglich 2 % Skonto." Die Center Warenhaus GmbH überlegt, ob sie aufgrund fehlender Barmittel den notwendigen Betrag bei ihrer Bank als Kredit aufnehmen soll. Die Bank verlangt 9 % Zinsen.

a) Wie hoch ist der effektive Zinssatz für diesen Liefererkredit?
b) Ermitteln Sie den Finanzierungsgewinn aus der Inanspruchnahme von Skonto.

Lösung: Die Center Warenhaus GmbH braucht erst am 10. Oktober zu zahlen, um den Skonto auszunutzen. Also nimmt sie erst am 10. Tag den erforderlichen Bankkredit auf, wenn sie nicht über genügend flüssige Mittel verfügt.

a) 20 Tage = 2 % $\underline{\underline{x = 36\ \%}}$ Der effektive Zinssatz für den Liefererkredit beträgt 36 %.
360 Tage = x %

b) Wenn die Center Warenhaus GmbH bei vorzeitiger Zahlung 2 % Skonto von 13.600,00 EUR abzieht, braucht sie bei ihrer Bank nur noch 13.328,00 EUR als Kredit aufzunehmen.

$$\text{Zinsen} = \frac{\text{Kapital} \cdot \text{Zeit} \cdot \text{Zinssatz}}{100 \cdot 360} = \frac{13.328 \cdot 20 \cdot 9}{100 \cdot 360} = 66{,}64 \text{ EUR}$$

Die Kosten des Bankkredits betragen 66,64 EUR. Somit ergibt sich folgende Ersparnis:

Skonto	272,00 EUR
– Kosten des Bankkredits	66,64 EUR
= Finanzierungsgewinn	205,36 EUR

○ Lieferzeit

Gesetzliche Regelung: Ist im Angebot keine Regelung über den Zeitpunkt der Lieferung vereinbart worden, so **kann der Käufer sofortige Lieferung** verlangen und der Verkäufer sofort liefern (§ 271 BGB). Diese gesetzliche Regelung wird als **Tages- oder Sofortkauf** bezeichnet.

Vertragliche Regelung: Bei der vertraglichen Regelung der Lieferzeit hat der Einzelhändler zwei Möglichkeiten:

- **Terminkauf: Lieferung innerhalb einer bestimmten Frist** oder **zu einem bestimmten Zeitpunkt** (Termin)

  Beispiele Lieferung am 15. März .., Lieferung bis 30. Juni .., Lieferung innerhalb von 30 Tagen

- **Fixkauf: Lieferung zu einem genau festgelegten Zeitpunkt**, wobei die Klauseln „fest“, „fix“, „genau“, „exakt“ mit angegeben werden müssen (vgl. Seite 121 f.)

  Beispiel Lieferung am 15. März 20.. **fix**

○ Verpackungskosten

Gesetzliche Regelung: Ist über die Berechnung der Verpackungskosten zwischen dem Lieferer und dem Einzelhändler nichts vereinbart worden, dann **trägt der Einzelhändler die Kosten der Versandverpackung** (§ 380 HGB, § 448 BGB).

Beispiel Hat die Center Warenhaus GmbH mit einem Lieferer keine Vereinbarung über die Verpackungskosten getroffen, muss sie diese zahlen.

Viele Waren lassen sich ohne Verpackung nicht verkaufen, so z. B. Zucker in Tüten, Pralinen in Schachteln, Honig im Glas. Die Kosten dieser **Verkaufs- oder Schutzpackung** werden vom Lieferer getragen. Der Lieferer hat sie i. d. R. schon im Verkaufspreis einkalkuliert.

Das **Gewicht der Versandverpackung** wird als **Tara** (= Verpackungsgewicht) bezeichnet. Man unterscheidet zwischen **tatsächlicher Tara** (wirkliches Gewicht der Verpackung) und **handelsüblicher Tara**. Als handelsübliche Tara wird je nach Ware ein bestimmter Prozentsatz des Bruttogewichts festgesetzt. Zieht man vom Bruttogewicht Tara ab, dann erhält man das Nettogewicht:

Bruttogewicht (Ware und Verpackung = Rohgewicht oder Gesamtgewicht)
– **Tara** (Verpackungsgewicht)
= **Nettogewicht** (Reingewicht der Ware)

Vertraglich kann zwischen Lieferer und Einzelhändler auch Folgendes vereinbart werden:

- **Reingewicht (netto) einschließlich Verpackung**: Die Verpackungskosten sind im Preis enthalten, die **Verpackung wird nicht berechnet**. Der Verkäufer trägt die Verpackungskosten.

  Beispiele Verpackung von Hi-Fi-Anlagen, Haushaltsgeräten

- **Reingewicht (netto) ausschließlich Verpackung**: Die **Verpackungskosten werden zusätzlich berechnet (gesetzliche Regelung)**, der Einzelhändler trägt die Verpackungskosten. Die Verpackung kann
  - **Eigentum des Einzelhändlers** werden oder
  - dem Einzelhändler vom Lieferer **leihweise** überlassen werden, bei Rückgabe schreibt der Lieferer die Verpackungskosten ganz oder teilweise gut (Leihverpackung).

  Beispiele Holzpaletten, faltbare Alubehälter (Collico), Getränkekisten

- **Rohgewicht (brutto) einschließlich Verpackung (brutto für netto = bfn = b/n)**. Die Verpackung wird wie Ware berechnet, die Verpackung geht in das Eigentum des Einzelhändlers über, der Einzelhändler zahlt die Verpackung.

  Beispiele Obst und Gemüse in Kisten und Kartons, Kartoffeln in Säcken

○ Zahlungsbedingungen

Gesetzliche Regelung: Geldschulden sind Bringschulden (§ 272 f. BGB), d. h., der Einzelhändler ist verpflichtet, das Geld auf seine Kosten an den Lieferer zu schicken. Nach einem Urteil des Europäischen Gerichtshofs hat die Zahlung des Schuldners so zu erfolgen, dass sie spätestens am Fälligkeitstag auf dem Konto des Gläubigers erfolgt ist. Folglich muss der Einzelhändler die Kosten der Zahlung (z. B. Überweisungsentgelte) tragen. Ferner sieht die gesetzliche Regelung eine **sofortige Bezahlung der Ware bei Lieferung** vor (§ 433 Abs. 2, § 871 BGB, Zug-um-Zug-Geschäft).

Beispiele
- Ware gegen Geld, Zug um Zug, netto Kasse, gegen bar, sofort, Zahlung durch Nachnahme
- Die Center Warenhaus GmbH hat mit der Textil AG keine Zahlungsbedingung vereinbart. Infolgedessen kann die Textil AG auf sofortiger Bezahlung bestehen.

Folgende **vertragliche Zahlungsbedingungen** können vereinbart werden:

- **Vorauszahlung**: Der Lieferer verlangt bei neuen und schlecht zahlenden Kunden einen Teil des Rechnungsbetrages oder den gesamten Rechnungsbetrag im Voraus.

  Beispiele Zahlung im Voraus, Zahlung gegen Vorkasse, Zahlung bei Vertragsabschluss/Bestellung

- **Zahlung mit Zahlungsziel** (Ziel- oder Kreditkauf): Der Lieferer gewährt dem Einzelhändler einen kurzfristigen Kredit. Insbesondere Einkaufsgenossenschaften und freiwillige Ketten (vgl. Seite 52) gewähren den Einzelhändlern großzügige Zahlungsziele. Hierdurch kann der Einzelhändler die gelieferte Ware vor Bezahlung des Rechnungsbetrages verkaufen. Somit steht dem Einzelhändler ein Teil des Rechnungsbetrages durch bereits vor dem Zahlungsziel getätigte Warenverkäufe zur Verfügung.

  Beispiele Zahlung innerhalb von zehn Tagen mit 3 % Skonto oder in 40 Tagen netto Kasse, Zahlung in einem Monat

○ Lieferbedingungen

Gesetzliche Regelung: Warenschulden sind Holschulden (§ 448 Abs. 1 BGB), d. h., der Käufer trägt beim Versendungskauf alle entstehenden Beförderungskosten ab der Versandstation. Die Kosten bis zur Versandstation (z. B. der Bahnhof oder die Vertriebsfilialen der Deutschen Post AG am Ort des Verkäufers) und die Kosten des **Messens und Wiegens** trägt der Verkäufer. Diese Regelung gilt immer, wenn es sich um einen **Versendungskauf** handelt, d. h., wenn Käufer und Verkäufer ihren Geschäftssitz an unterschiedlichen Orten haben.

Beispiel Hat die Center Warenhaus GmbH mit einem Lieferer keine Vereinbarung über die Beförderungskosten getroffen, muss sie diese ab der Versandstation zahlen.

Je nach Versandart können unterschiedliche Versandkosten anfallen, z. B. für einen Bahntransport von Hamburg (Geschäftssitz des Lieferers) nach Köln (Geschäftssitz des Einzelhändlers):

- **Rollgeld für die Anfuhr**, d. h. Transportkosten der Ware vom Betrieb des Verkäufers bis zur Versandstation (Bahnhof des Verkäufers in Hamburg)
- **Frachtkosten** für den Transport von der Versandstation (Hamburg) bis zur Empfangsstation (Bahnhof am Ort des Käufers in Köln)
- **Rollgeld für die Zufuhr** (Abfuhr), d. h. Transportkosten der Ware von der Empfangsstation (Bahnhof am Ort des Käufers in Köln) bis zum Geschäfts-/Wohnsitz des Käufers (Köln)
- **Wiege-, Mess- und Verladekosten**

  Beispiel Die Center Warenhaus GmbH kauft für eine Sonderverkaufsaktion bei einem Großhändler auf dem Großmarkt eine Palette Apfelsinen. Die Wiegegebühren betragen 20,00 EUR. Sie sind vom Verkäufer zu tragen.

Vertragliche Regelung: Die Vertragspartner können die gesetzliche Regelung durch eine vertragliche Regelung abändern, sie muss aber im Kaufvertrag vereinbart werden.

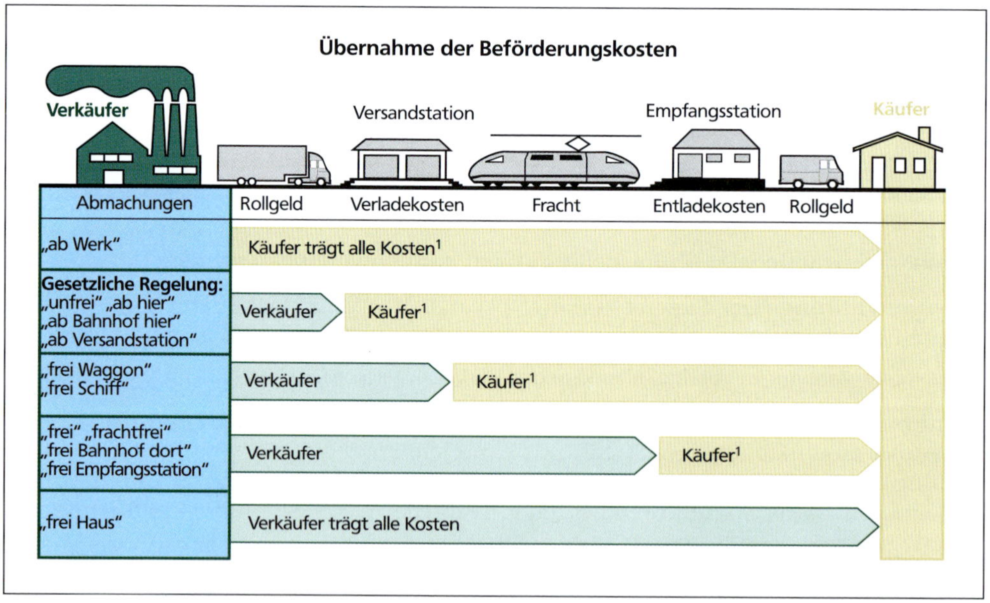

Der Verkäufer hat i. d. R. die anteiligen Beförderungskosten, die er übernimmt, in seinen Verkaufspreisen einkalkuliert, sodass der Käufer über den Listeneinkaufspreis die vom Verkäufer übernommenen Beförderungskosten tragen muss. Beim **Platzkauf** (vgl. Seite 69), d. h., Lieferer und Käufer haben ihren Geschäftssitz am selben Ort, muss der Käufer alle Versandkosten ab der Geschäftsniederlassung des Lieferers bezahlen.

[1] *Diese Bezugskosten sind nicht im Nettoverkaufspreis des Lieferers einkalkuliert.*

○ Erfüllungsort

Gesetzliche Regelung: Der **Erfüllungsort** ist der Ort, an dem die Vertragspartner ihre Leistungen zu erfüllen haben. Bei der Erfüllung des Kaufvertrages haben beide Vertragspartner eine Leistung zu erbringen, der Verkäufer muss die Ware rechtzeitig und einwandfrei liefern, der Käufer muss die Ware annehmen und rechtzeitig bezahlen.

Der **Erfüllungsort für die Warenlieferung** ist der **Wohn- oder Geschäftssitz des Verkäufers**. Die Gefahr, dass Ware durch Beschädigung, Verderb, Verlust oder Vernichtung beeinträchtigt wird, geht am Erfüllungsort auf den Käufer über. Somit bestimmt der Erfüllungsort den **Gefahrenübergang**.

Beispiel Bei der Auslieferung einer Möbelgarnitur an einen Kunden verunglückt der Lkw des Spediteurs ohne Verschulden des Lkw-Fahrers, wobei die Möbelgarnitur des Kunden zerstört wird. Der Einzelhändler kann vom Kunden trotzdem die Zahlung des Kaufpreises verlangen. Normalerweise ist aber das Transportrisiko durch eine Versicherung abgedeckt.

Liegt bei der Warenlieferung an den Käufer eine Beschädigung oder ein Verlust einer Ware durch das Verschulden des Verkäufers oder eines Frachtführers vor, so hat der Schuldige den Schaden zu tragen (**Verschuldungsprinzip**).

Beispiele
- Eine Warenlieferung wird wegen mangelhafter Verpackung beschädigt.
- Eine Warenlieferung wird durch unsachgemäße Behandlung eines Frachtführers (Deutsche Bahn AG, Deutsche Post AG, Spediteur) beschädigt.

Wohnen Verkäufer und Käufer an verschiedenen Orten, so spricht man von einem **Versendungskauf**, wohnen sie am selben Ort, so ist es ein **Platzkauf**.

Wird die Ware **zufällig beschädigt oder vernichtet**, gelten folgende Bestimmungen:

- **Der Käufer holt die Ware ab**: Mit der Übergabe der Ware an den Käufer oder seinen Erfüllungsgehilfen geht die Gefahr auf den Käufer über.
- **Die Ware wird auf Verlangen des Käufers übersandt**: Die Gefahr geht mit der Auslieferung an den Frachtführer auf den Käufer über.
- **Die Ware wird mit Transportmitteln des Verkäufers gebracht**: Der Gefahrenübergang findet bei der Übergabe an den Käufer statt.

Beim **Platzkauf** geht die Gefahr mit der Übergabe der verkauften Waren an den Käufer über.

Der **Erfüllungsort für die Zahlung** ist der **Wohnsitz des Käufers. Geldschulden sind Bringschulden**, der Käufer hat auf seine Gefahr und Kosten das Geld an den Wohn- oder Geschäftssitz des Verkäufers zu schicken.

Beispiel Der Einzelhändler lässt dem Großhändler das Geld durch die Bank überweisen, dem Großhändler geht das Geld aber nicht zu. Der Großhändler kann weiterhin auf Zahlung bestehen, der Einzelhändler kann aber die Bank haftbar machen.

Vertraglicher Erfüllungsort: Oft wird im Kaufvertrag zwischen dem Käufer und dem Lieferer für beide Teile ein Erfüllungsort vereinbart. Dieser kann der Ort des Käufers, des Verkäufers oder ein anderer Ort sein.

Beispiele
- Die Elektro Bader AG in Leipzig liefert der Center Warenhaus GmbH in Köln zehn Kühlschränke, im Kaufvertrag ist vereinbart: „Erfüllungsort für beide Teile Leipzig".
- Eine Versandhandlung hat ihren Sitz in Dresden, als Erfüllungsort wird der Ort des Verkaufslagers in Berlin festgesetzt.

○ Gerichtsstand

Gesetzliche Regelung: Bei Streitigkeiten zwischen dem Käufer und dem Lieferer wegen nicht ordnungsgemäßer Lieferung bzw. Zahlung und wegen Nichtzahlung und Nichtlieferung ist das Gericht zuständig, in dessen Bereich der Erfüllungsort liegt, d. h., **der Gerichtsstand ist grundsätzlich am Wohn- bzw. Geschäftssitz des für den jeweiligen Schuldner zuständigen Amts- bzw. Landgerichts** (Amtsgericht bis zu 5.000,00 EUR Streitwert, Landgericht bei über 5.000,00 EUR Streitwert).

- **Der Sitz des Verkäufers** ist der Gerichtsstand für Streitigkeiten aus der Lieferung (**Warenschuld**).
- **Der Sitz des Käufers** ist der Gerichtsstand für Streitigkeiten um die Bezahlung (**Geldschuld**).

Beispiel Die Center Warenhaus GmbH erhält von der Textil AG, Berlin, eine Warenlieferung. Der gesetzliche Gerichtsstand für Streitigkeiten aus der Lieferung ist in Berlin, für die Streitigkeiten um die Zahlung in Köln.

Vertragliche Regelung: Abweichungen von der gesetzlichen Regelung können beim zweiseitigen Handelskauf **vertraglich** geregelt werden, in der Praxis wird meistens der Geschäftssitz des Lieferers als Gerichtsstand für beide Vertragspartner vereinbart.

Bei Kaufverträgen zwischen einem Einzelhändler und seinem Kunden (= **einseitiger Handelskauf**) ist eine vertragliche Abänderung des Gerichtsstandes nicht möglich.

LF 3 Bei **Abzahlungs- und Haustürgeschäften** ist grundsätzlich der Sitz des Schuldners Gerichtsstand.

Inhalte des Angebots

- Es gibt **keine konkreten gesetzlichen Vorschriften über den Inhalt** eines Angebots.
- Ist im Angebot eine bestimmte Einzelheit nicht angegeben, dann gelten die **Vorschriften des BGB und des HGB**.
- Enthält das Angebot keine Angaben über die Art und Güte der Ware, muss der Verkäufer **Waren mittlerer Art und Güte liefern**.

Angaben über die Ware		Sonstige Angaben	
Art	**Güte**	**Menge**	**Preis**
wird bestimmt durch handelsübliche Bezeichnungen	wird bestimmt durch Muster und Proben, Güteklassen, Marken und Gütezeichen sowie durch Herkunft, Zusammensetzung und Jahrgang der Ware	wird angegeben in gesetzlichen Maßeinheiten, in Stückzahlen oder in handelsüblichen Bezeichnungen	bezieht sich auf eine handelsübliche Mengeneinheit oder auf eine bestimmte Gesamtmenge

- Vertraglich kann im Angebot ein **Terminkauf** (Lieferung innerhalb einer bestimmten Frist oder zu einem bestimmten Zeitpunkt) oder ein **Fixkauf** (Lieferung zu einem genau festgelegten Zeitpunkt mit dem Zusatz „fest“, „fix“) vereinbart werden.

Geldschulden	Warenschulden
... sind **Bringschulden,** d. h., der Käufer muss auf seine Kosten das Geld an den Lieferer schicken.	... sind **Holschulden,** d. h., der Käufer trägt alle entstehenden Beförderungskosten ab der Versandstation (Klauseln: unfrei, ab hier, ab Bahnhof hier = **gesetzliche Regelung**).

- Bei den **vertraglichen Lieferklauseln** sind zu unterscheiden
  - **Klauseln, nach denen der Verkäufer alle Beförderungskosten trägt** (Klauseln: frei Haus, frei Keller, frei Lager), da er sie bereits einkalkuliert hat,
  - **Klauseln, nach denen der Käufer alle Beförderungskosten trägt** (ab Werk, ab Lager, ab Fabrik),
  - **Klauseln, bei denen der Käufer das 2. Rollgeld**, der Verkäufer das 1. Rollgeld und die Fracht (Klauseln: frei dort, frei Bahnhof dort, frachtfrei) **zahlt.**

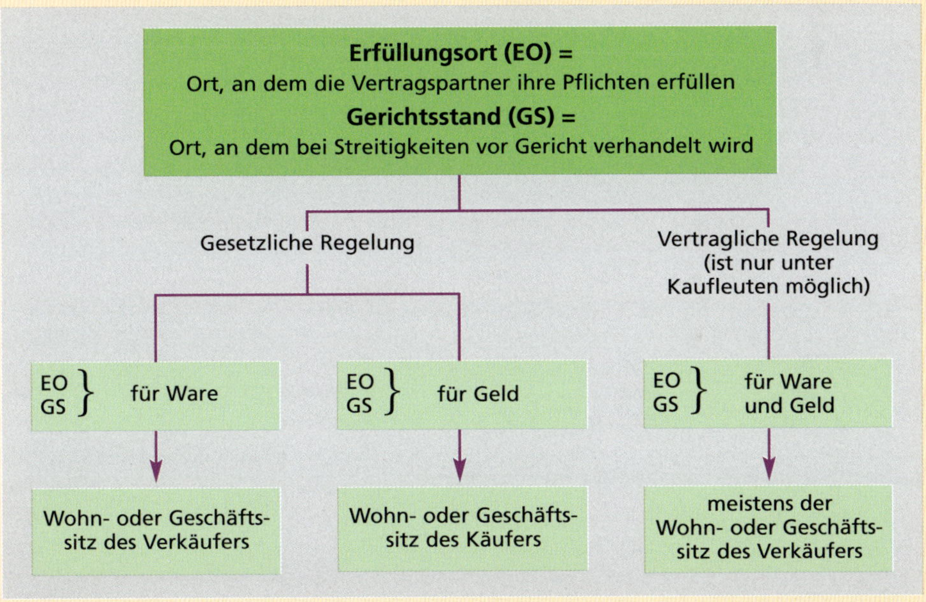

Enthält das Angebot keine Aussage über ...	... dann gilt die gesetzliche Regelung
– Lieferzeit	– Verkäufer muss unverzüglich liefern.
– Verpackungskosten	– Käufer trägt die Verpackungskosten.
– Zahlungsbedingungen	– Käufer muss unverzüglich bei Lieferung zahlen.
– Beförderungsbedingungen	– Käufer trägt Kosten der Ver- und Entladung, der Fracht und das Rollgeld für die Abfuhr.
– Erfüllungsort	– für die Warenlieferung der Geschäftssitz des Lieferers – für die Bezahlung der Geschäftssitz des Einzelhändlers
– Gerichtsstand	– wie Erfüllungsort

1. Beschreiben Sie den Unterschied zwischen Rabatt, Bonus und Skonto.

2. Der Lieferer kann aus unterschiedlichen Gründen dem Einzelhändler Nachlässe (Rabatte) gewähren. Unterscheiden Sie die verschiedenen Rabattarten.

3. Erläutern Sie an Beispielen den Unterschied zwischen Gütezeichen und Marken.

4. Erklären Sie, wodurch die Güte einer Ware beschrieben werden kann.

5. Die Rechnung eines Großhändlers lautet über 15.200,00 EUR. Zahlungsbedingungen: 30 Tage netto, bei Zahlung innerhalb von acht Tagen 2 % Skonto. Der Einzelhändler nimmt einen Kredit zum Zinssatz von 12 % auf, um den Skonto auszunutzen.
a) Wie viel Euro beträgt der Überweisungsbetrag bei Ausnutzung des Skontos?
b) Wie viel Euro betragen die Kreditkosten?
c) Wie viel Euro spart der Einzelhändler, wenn er den Skonto ausnutzt und den Kredit aufnimmt?

6. Beschreiben Sie, worin der Unterschied zwischen einem Fix- und einem Terminkauf besteht.

7. Erläutern Sie die Aussage: „Geldschulden sind Bringschulden".

8. Geben Sie Gründe an, warum Lieferer von Einzelhändlern eine Anzahlung verlangen.

9. Geben Sie an, wer die Versandverpackung zahlt, wenn im Angebot darüber keine Angabe enthalten ist.

10. Erläutern Sie die Klausel: „Zug um Zug".

11. Geben Sie an, was „brutto für netto" bedeutet.

12. Erklären Sie „Tara".

13. Erläutern Sie die Möglichkeiten der vertraglichen Regelung der Verpackungskosten.

14. Erläutern Sie die Klausel: „Warenschulden sind Holschulden".

15. Welche Kosten muss der Einzelhändler tragen, wenn die Klausel „frei Haus", „unfrei" oder „frei Lager" lautet?

16. Die Lieferung einer Ware an einen Einzelhändler erfolgt durch die Deutsche Bahn AG. An Kosten entstehen:

Hausfracht (2. Rollgeld) am Ort des Einzelhändlers	20,00 EUR
Entladekosten	10,00 EUR
Hausfracht (1. Rollgeld) am Ort des Lieferers	20,00 EUR
Verladekosten	10,00 EUR
Fracht	180,00 EUR

Welchen Kostenanteil hat der Einzelhändler bei Vereinbarung nachfolgender Lieferungsbedingungen jeweils zu übernehmen?

a) frei Waggon
b) frachtfrei
c) frei Bahnhof dort
d) ab hier
e) ab Bahnhof hier

17. Erläutern Sie, welche Bedeutung der Erfüllungsort hat.

18. Der Auszubildende Theo Baldus, Schwerin, kauft bei der Onlinehandlung „2002", Hamburg, zehn CDs.

a) Stellen Sie fest, wo der gesetzliche Erfüllungsort und Gerichtsstand
   - für die Warenlieferung,
   - für die Zahlung ist.
b) Wo könnte der vertragliche Erfüllungsort und Gerichtsstand festgelegt werden?

19. Erläutern Sie, was man unter dem Gerichtsstand versteht und wo sich der Gerichtsstand

a) für Warenschulden,
b) für Geldschulden,
c) bei Abzahlungsgeschäften mit Kunden befindet.

20. Im Kaufvertrag der Center Warenhaus GmbH mit der Textil AG über die Lieferung von Textilien wurde nichts über die Versandkosten vereinbart. Wer muss gemäß den gesetzlichen Regelungen die Kosten ab Versandbahnhof bezahlen?

1. Die Textil AG in voller Höhe
2. Die Center Warenhaus GmbH in voller Höhe
3. Das Speditionsunternehmen, das die Textilien anliefert
4. Die Textil AG trägt 2/3 der Kosten, die Center Warenhaus GmbH trägt 1/3 der Kosten
5. Die Textil AG und die Center Warenhaus GmbH je zur Hälfte

2.3 Angebotsvergleich und Bestellung

Sabine Freund hat für Frau Bauer eine Übersicht der Lieferer für Damenlederjacken erstellt. Diese legt sie Frau Bauer vor:

Lieferer	Lederwaren GmbH	Bernd Lüghausen e. K.	Textil AG	Vivandi KG
Listeneinkaufspreis in EUR	120,00	120,00	150,00	180,00
Rabatt in %	5	10	28	20
Skonto in %	–	2	3	2
Lieferfristen	20 Tage	10 Tage	3 Tage	30 Tage
Lieferbedingung (Bezugskosten für 40 Stück)	ab Werk	frei Haus	frachtfrei	unfrei
Zahlungsbedingung	30 Tage netto Kasse	14 Tage 2 %, 60 Tage	10 Tage 3 %, 20 Tage	12 Tage
Mindestabnahme in Stück	30	keine	keine	100
Verpackungsentsorgung	nein	ja	nein	nein
eco-tex-Kennzeichen	nein	ja	nein	nein

Das Rollgeld beträgt für die An- und Zufuhr je 20,00 EUR, die Fracht 100,00 EUR. Sabine Freund schlägt Frau Bauer vor, die Waren beim Lieferer Textil AG zu bestellen. Frau Bauer widerspricht Sabine energisch mit der Begründung, der Preis alleine sei nicht ausschlaggebend für die Wahl eines Lieferers.

ARBEITSAUFTRÄGE

→ AH

- Überprüfen Sie, warum Frau Bauer Sabine widerspricht.
- Erläutern Sie einige Entscheidungskriterien, die bei der Liefererbewertung berücksichtigt werden sollten.
- Stellen Sie fest, welche Kriterien in Ihrem Ausbildungsbetrieb für eine Einkaufsentscheidung von Bedeutung sind, und stellen Sie diese Ihren Mitschülern in einem Vortrag mit geeigneten Visualisierungsmitteln vor.

Angebotsvergleich und Liefererbewertung

Entscheidungskriterien

Bei der Auswahl der Lieferer sind Kriterien festzulegen, nach denen die einzelnen Lieferer zu beurteilen sind. Die Informationen hierzu entstammen eigenen **Erfahrungen und Recherchen** sowie **Auskünften der Lieferer** selbst. Alle Informationen über Lieferer sollten in einer betriebsinternen **Liefererdatenbank** gespeichert und aktualisiert werden, damit sie für spätere Beschaffungsentscheidungen zur Verfügung stehen.

- **Listeneinkaufs- bzw. Katalogpreis** der Waren: Er wird meist je Einheit der Ware angegeben (Stück, kg, Meter, Dutzend usw.).

  Beispiel 1 Damenlederjacke „Ibiza", Größe 36, Listeneinkaufspreis 120,00 EUR

- **Bezugskosten**
  - Kosten des **Transportes** vom Lieferer zum Abnehmer

    Beispiele Bahn- oder Postfracht, Entgelt für Speditionen, private Beförderungsdienste, Porto

  - **Transportversicherung**: Häufig werden bei Transporten von Waren Versicherungen gegen Diebstahl, Bruch, Beschädigung usw. abgeschlossen.
  - **Verpackung**: Für den Transport der Waren werden z. T. besondere Verpackungen zum Schutz gegen äußere Einwirkungen benötigt.

- **Preisnachlässe** (Rabatte, vgl. Seite 65)
  - **Mengenrabatte**: Bei Bestellungen ab einer bestimmte Menge oder ab einem bestimmten Wert gewähren Lieferer Rabatte.
  - **Sonstige Rabatte**: Natural-, Treue-, Einführungs-, Wiederverkäuferrabatt, Bonus

- **Skonto**: Dies ist ein Nachlass auf den Rechnungsbetrag für vorzeitige Bezahlung.

Die aufgezählten Kriterien fließen in einen **Bezugspreisvergleich** (Angebotsvergleich, vgl. Seite 82) ein.

Beispiel Für Damenlederjacken liegen der Center Warenhaus GmbH Angebote von vier Lieferern vor:

Kalkulationsschema 	Lederwaren GmbH		Bernd Lüghausen e. K.		Textil AG		Vivandi KG	
	%	EUR	%	EUR	%	EUR	%	EUR
Listeneinkaufspreis je Stück		120,00		120,00		150,00		180,00
– Rabatt	5,00	6,00	10,00	12,00	28,00	42,00	20,00	36,00
= Zieleinkaufspreis		114,00		108,00		108,00		144,00
– Skonto	0	–	2,00	2,16	3,00	3,24	2,00	2,88
= Bareinkaufspreis		114,00		105,84		104,76		141,12
+ Bezugskosten je Stück		3,50		–		0,50		3,00
= Bezugs-/Einstandspreis		117,50		105,84		105,26		144,12

Den niedrigsten Bezugspreis für Damenlederjacken bietet die Textil AG mit 105,26 EUR je Stück/Jacke.

- **Mindestbestellmengen**: Manche Lieferer fordern die Abnahme von Mindestbestellmengen bzw. Mengen in bestimmten Einheiten.

  Beispiele Abnahme mindestens 20 Stück; Abnahme nur in Einheiten zu 100 kg

- **Zahlungsbedingungen** (vgl. Seite 67) und Kreditgewährung des Lieferers

  Beispiele netto Kasse, Zielkauf, Ratenkauf, Hilfen bei der Finanzierung

- **Lieferfristen, Bestellfristen**

  Beispiele Lieferung sofort; Lieferung drei Monate nach Auftragseingang; Bestellungen nur zum Monatsende möglich.

- **Qualität und Ausstattung der Ware**: Hierbei geht es um die Beurteilung des Lieferers hinsichtlich der Einhaltung vorgegebener Qualitätsstandards und hinsichtlich seiner Möglichkeiten, Produkte mit bestimmten Ausstattungsmerkmalen zu liefern.

  Beispiel Die Center Warenhaus GmbH verlangt bei Textilien grundsätzlich, dass die Waren mit dem eco-tex-Kennzeichen versehen sind, damit die Waren keine gesundheitlich bedenklichen Schadstoffkonzentrationen enthalten.

- **Zuverlässigkeit des Lieferers**: Hier sind die Anzahl und Art der bisherigen Reklamationen beim Lieferer und die Einhaltung der vereinbarten Lieferfristen zu berücksichtigen und sein Verhalten beim Abwickeln der Reklamationen ist zu beurteilen.

- **Lieferbedingungen**

  Beispiele Lieferung in Teilmengen, Lieferung auf Abruf

- **Service des Lieferers**

  Beispiele Ersatzteilgarantie, Beratungen, Rücknahme von Verpackungsmaterial

- **Flexibilität des Lieferers**: Die Fähigkeit eines Lieferers, flexibel auf die Wünsche seiner Kunden einzugehen, ist ein entscheidendes Auswahlkriterium. Hier ist zu beurteilen, ob er bereit ist, Sonderausstattungen für Waren zu liefern, Sonderkonditionen zu bieten bzw. auf spezielle Bedürfnisse seiner Kunden einzugehen.

  Beispiel Einbauküchen werden in genormten Größen produziert. Ein Möbeleinzelhändler benötigt für einen Kunden eine davon abweichende Größe. Nur ein Lieferer ist in der Lage, diese abweichende Größe zu liefern.

- **Ökologische und nachhaltige Gesichtspunkte**: Sie treten in zunehmendem Maße in den Vordergrund. Transport-, Verpackungsgesichtspunkte und die sich aus der bei der Herstellung oder Verwendung von Produkten ergebenden Umweltbelastungen sollten bei der Aufnahme von Artikeln in das Sortiment berücksichtigt werden. Zudem spielt der Aspekt der sozialen Verantwortung eine große Rolle.

Beispiel Die Center Warenhaus GmbH bezieht einen Großteil ihrer Waren per Bahntransport, um die umweltschädigenden Belastungen des Güterkraftverkehrs zu vermeiden. Ebenfalls vereinbart sie mit allen Lieferern eine recyclinggerechte Entsorgung der Verpackungen. Bei der Auswahl von Lieferern werden solche bevorzugt, die umweltverträgliche Produktionsverfahren einsetzen, oder solche, die landwirtschaftliche Produkte nach biologischen Methoden anbauen.

- **Gewichtung der Kriterien**: Sämtliche Entscheidungskriterien müssen für jeden Lieferer erfasst und in eine Übersicht gebracht werden.

Beispiel

Kriterien	Lederwaren GmbH	Bernd Lüghausen e. K.	Textil AG	Vivandi KG
Bezugs-/Einstandspreis (EUR)	117,50	105,90	105,26	144,12
Zahlungsbedingungen	30 Tage Ziel	60 Tage Ziel	20 Tage Ziel	12 Tage Ziel
Lieferfristen	20 Tage	10 Tage	3 Tage	30 Tage
Qualität und ökologische Gesichtspunkte	befriedigend	gut	gut	gut
Zuverlässigkeit	befriedigend	sehr gut	gut	befriedigend
Service	gut	befriedigend	gut	gut
Mindestabnahmemenge (St.)	30	keine	keine	100
Übernahme Lieferrisiko	Besteller	Lieferer	Lieferer	Besteller
Verpackungsentsorgung	Besteller	Lieferer	Besteller	Besteller

Auf Grundlage einer solchen Aufstellung ist noch keine endgültige Beschaffungsentscheidung zu treffen, da die Kriterien für eine Auswahlentscheidung nicht gleich wichtig sind.

Die einzelnen **Bewertungskriterien** sind gemäß ihrer Bedeutung im Einzelfall zu **gewichten**. So kann es in einigen Fällen sein, dass der Bezugs-/Einstandspreis im Vergleich zu der Qualität weniger wichtig ist, in anderen Fällen kann der Bezugs-/Einstandspreis das wichtigste Kriterium sein. Eine Gewichtung kann dadurch erfolgen, dass jedem Kriterium ein bestimmter prozentualer Anteil an der Gesamtbedeutung zugeordnet wird. Dieser Anteil gibt die Punktzahl an, die je Kriterium auf die einzelnen Lieferer zu verteilen ist. Durch diese Punktvergabe können die Leistungen der Lieferer gemessen und verglichen werden.

Beispiel

Kriterien	Bedeutung in Prozent	Lederwaren GmbH	Bernd Lüghausen e. K.	Textil AG	Vivandi AG
Bezugs-/Einstandspreis	20	2	9	9	0
Zahlungsbedingungen	10	3	3	2	2
Lieferfristen	10	2	3	5	0
Qualität und ökologische Gesichtspunkte	25	4	7	7	7
Zuverlässigkeit	10	1	5	3	1
Service	5	1,5	0,5	1,5	1,5
Mindestabnahmemenge	5	1	2	2	0
Übernahme Lieferrisiko	5	0	2,5	2,5	0
Verpackungsentsorgung	10	0	10	0	0
Summe	**100**	**14,5**	**42**	**32**	**11,5**

Die höchste Punktzahl erreicht der Lieferer Bernd Lüghausen e. K., die niedrigste die Vivandi KG. Folglich ist Bernd Lüghausen e. K. als Lieferer auszuwählen.

Durch das Zusammenwachsen der internationalen Märkte kann heutzutage aus einer Vielzahl von Lieferern ausgewählt werden. Durch das Internet ist es möglich, Waren aus der ganzen Welt innerhalb kurzer Zeit zu beziehen (**Global Sourcing**).

○ Bestellung, Bestellvorschlag und Bestellungsannahme

Bestellung

Die Bestellung ist eine **Willenserklärung eines Käufers, eine bestimmte Ware zu den angegebenen Bedingungen zu kaufen**. Die Bestellung kann schriftlich, fernschriftlich (Telefax, Internet/E-Mail), mündlich oder telefonisch abgegeben werden. Sie ist an keine Formvorschriften gebunden. Eine Bestellung ist für einen Käufer immer verbindlich.

Beispiel

CENTER
Warenhaus GmbH

Absender

Center Warenhaus GmbH, Aachener Straße 1250, 50859 Köln

USt-IdNr.: DE835872142
Steuernummer: 223/5140/8546

Empfänger

Bernd Lüghausen e. K.
Lederwarenfabrik
Im Talacker 18
47829 Krefeld

Bezugszeichen, Datum

Ihr Zeichen, Ihre Nachricht vom	Unser Zeichen, unsere Nachricht vom	Telefon, Name	Datum
lu-ge 20..-03-30	ba-fr 20..-03-10	186, Bauer	20..-04-20

Betreff

Bestellung von Lederjacken

Anrede

Sehr geehrte Damen und Herren,

Vortrag des Anliegens (Bestellung)
– Artikel
– Größe
– Preis
– Anzahl

aufgrund Ihres Angebots vom 30. März 20.. bestellen wir hiermit

* 4 Lederjacken „Ibiza“, Größe 36, Listenpreis 120,00 EUR
* 4 Lederjacken „Ibiza“, Größe 38, Listenpreis 120,00 EUR
* 8 Lederjacken „Ibiza“, Größe 40, Listenpreis 120,00 EUR
* 4 Lederjacken „Ibiza“, Größe 42, Listenpreis 120,00 EUR
* 4 Lederjacken „Granada“, Größe 36, Listenpreis 130,00 EUR
* 8 Lederjacken „Granada“, Größe 38, Listenpreis 130,00 EUR
* 4 Lederjacken „Granada“, Größe 40, Listenpreis 130,00 EUR
* 4 Lederjacken „Granada“, Größe 42, Listenpreis 130,00 EUR

Verpackungskosten

einschließlich Verpackung, abzüglich 10 % Rabatt. Von jedem Muster sind jeweils eine (bei 4 Lederjacken) bzw. zwei (bei 8 Lederjacken) in den Farben Braun, Beige und Blau zu liefern.

Lieferzeit

Lieferung: Innerhalb von 2 Wochen frei Haus.

Zahlungsbedingungen

Zahlung: Innerhalb von 60 Tagen ab Rechnungserhalt ohne Abzug oder innerhalb von 14 Tagen mit 2 % Skonto.

Ausblick auf die Zukunft

Wir erwarten Ihre termingerechte Lieferung.

Grußformel

Mit freundlichen Grüßen

Center Warenhaus GmbH
i. A.

Bauer

Bauer

Geschäftsräume
Aachener Straße 1250
50859 Köln

Telefon
0221 4171-18 /19
Telefax
0221 4171-120

info@center-warenhaus.de
www.center-warenhaus.de

Bankverbindungen
Deutsche Bank IBAN: 08370700600252013800 BIC: DEUTDEDKXXX
Postbank Köln IBAN: 54370100050054666504 BIC: PBNKDEFF370
Sparkasse KölnBonn IBAN: DE11370501980085313948 BIC: COLSDE33XXX

Geschäftsführer: Dipl.-Kauffrau Kerstin Sommer, Dipl.-Betriebswirt Thomas Becker · Amtsgericht Köln HRB 597

Bei einer Bestellung muss unterschieden werden zwischen

- der **Nachbestellung** (Artikel wird bereits im Sortiment geführt) und
- der **erstmaligen Beschaffung** von neu ins Sortiment aufgenommener Ware.

Computergestützter Bestellvorschlag

Computergestütztes Bestellwesen: Computergestützte Warenwirtschaftsprogramme haben für Nachbestellungen in ihren Programmen **automatische Bestellsysteme** eingearbeitet. Sobald der Meldebestand (vgl. Seite 42) einer Ware unterschritten wird, veranlasst das Programm aufgrund vorgegebener Dispositionsanweisungen und bestehender Onlineverbindungen automatisch die Bestellung beim entsprechenden Lieferer. Da bestimmte Sortimente starken saisonalen Schwankungen unterliegen können, werden automatische Bestellsysteme im Rahmen der computergestützten Warenwirtschaftssysteme (WWS)/-programme relativ selten angewandt.

Beispiel Die Center Warenhaus GmbH hat für die Warengruppe „Büroeinrichtung" in ihrem WWS ein automatisches Bestellsystem eingearbeitet. Sobald der Meldebestand für einen Artikel unterschritten ist, wird vom WWS automatisch ein Bestellvorschlag ausgedruckt, der dem entsprechenden Lieferer nach Überprüfung durch den zuständigen Einkäufer per Datenfernübertragung zugesandt wird.

Die meisten Warenwirtschaftsprogramme bieten **Bestellvorschlagssysteme** an. Bei diesen Programmen wird bei Unterschreitung des Meldebestandes eines Artikels nicht automatisch eine Bestellung ausgelöst, sondern die Bestellung wird in einer **Bestellvorschlagsliste** erfasst, die jeden Tag ausgewertet werden kann. Nach der Disposition durch den Einkaufssachbearbeiter erfolgt die Bestellung beim entsprechenden Lieferer.

Warenwirtschaftsprogramme bieten die Möglichkeit, **automatische Bestellvorschläge** unter Angabe der Artikel, Mengen, Lieferer usw. zu erstellen. Das Programm greift dabei auf alle verfügbaren Daten der Artikel-, Lager- und Liefererdatei zurück.

Beispiel Automatischer Bestellvorschlag bei der Center Warenhaus GmbH

Errechneter Bestellvorschlag | Mindestbestand: 20 | Höchstbestand: 50

Bestellvorschlag-Nr. 125 | Datum ..-09-20

Artikel-Nr. Bestell-Nr.	Artikelbezeichnung	Lieferer-Nr. Lieferer	Bestellmenge	Rabatt	Listeneinkaufspreis	Bestellwert
4333099709520 100201	Tennisschläger „Boris"	5620 Sportex GmbH & Co. KG	30	20 %	96,59 EUR	2.318,16 EUR

Vor der erstmaligen Beschaffung von neu ins Sortiment aufzunehmenden Waren müssen zuerst geeignete Lieferer gefunden werden (vgl. Seite 48).

PRAXISTIPP Ihre Bestellung sollte Angaben über Art und Güte (Qualität und Beschaffenheit) der Waren, Menge, Preisnachlässe, Lieferungs- und Zahlungsbedingungen und Lieferzeit enthalten.

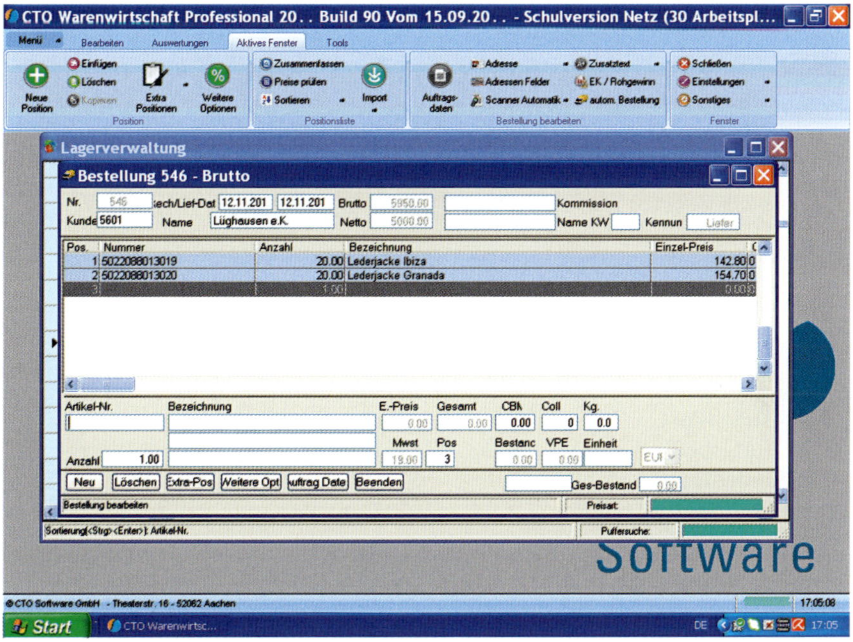

Ein Käufer kann eine Bestellung widerrufen, wenn er dem Lieferer eine entsprechende Nachricht **vor oder spätestens zusammen mit der Bestellung** zukommen lässt.

Beispiel Die Center Warenhaus GmbH hat irrtümlich in ihrer brieflichen Bestellung 100 Stück statt zehn Stück angegeben. Am nächsten Tag bemerkt der zuständige Einkäufer seinen Irrtum und ruft den Lieferer sofort an, um die Bestellung zu widerrufen. In der Regel dauert die Zustellung eines Briefes etwa ein bis zwei Tage, somit hat er rechtzeitig vor dem Eintreffen der Bestellung widerrufen.

Bestellungsannahme

Ein Lieferer kann die Bestellung des Käufers **mündlich oder schriftlich bestätigen** (Bestellungsannahme, Auftragsbestätigung). Die **Bestellungsannahme** ist eine Willenserklärung des Lieferers, mit der er sich bereiterklärt, die bestellte Ware zu den angegebenen Bedingungen zu liefern. Aus folgenden Gründen kann ein Lieferer an den Käufer eine Bestellungsannahme (Auftragsbestätigung) senden:

- Bestätigung des Eingangs der Bestellung von neuen Kunden
- Bestätigung einer mündlichen oder telefonischen Bestellung, um Übermittlungs- oder Hörfehler auszuschließen
- Bestätigung von großen Bestellungen

Die Bestellungsannahme kann auch für das **Zustandekommen eines Kaufvertrages erforderlich** sein, wenn

- **der Bestellung kein Angebot vorausgegangen ist.**

Beispiel Die Center Warenhaus GmbH bestellt bei einem Lieferer zehn Lautsprecherboxen zu 75,00 EUR/Stück (Antrag), ohne dass der Lieferer ein Angebot gemacht hat. Mit der Bestellungsannahme kommt der Kaufvertrag erst zustande (Annahme).

Bei sofortiger Lieferung kann auf eine Bestellungsannahme verzichtet werden, in diesem Fall gilt die Lieferung als Annahme der Bestellung.

- **die Bestellung vom Angebot abweicht.**

Beispiel Die Center Warenhaus GmbH bestellt 20 Paar Langlaufskier zu 70,00 EUR/Stück, das Angebot des Lieferers lautete über 72,00 EUR/Stück. Durch die Bestellungsannahme über 70,00 EUR kommt der Kaufvertrag zustande.

- **das Angebot des Lieferers freibleibend war.**

Beispiel Die Center Warenhaus GmbH bestellt aufgrund eines Angebots, in dem die Klausel „Preise freibleibend" vermerkt war. Durch die Bestellungsannahme kommt der Kaufvertrag erst zustande.

Angebotsvergleich und Bestellung

- Bei der **Auswahl von Lieferern** sind folgende **Kriterien** zu untersuchen:
  - Listeneinkaufspreis
  - Preisnachlässe
  - Zahlungsbedingungen
  - Lieferbedingungen
  - Flexibilität des Lieferers
  - Bezugskosten
  - Mindestbestellmengen
  - Qualität, Ausstattung der Ware
  - Zuverlässigkeit des Lieferers
  - ökologische Gesichtspunkte
- Der Beschaffungs- oder **Bezugs-/Einstandspreis** einer Ware ergibt sich aus folgendem Schema:

  Listeneinkaufspreis
  – Rabatt
  = Zieleinkaufspreis
  – Skonto
  = Bareinkaufspreis
  \+ Bezugskosten
  = **Bezugs-/Einstandspreis**

- Eine **Bewertung der Lieferer** erfolgt über ein Schema, in dem alle Beschaffungskriterien aufgelistet und in ihrer Bedeutung gewichtet sind. Bei jedem Lieferer und jedem Kriterium werden entsprechende Punkte vergeben.
- Bestellung ist die **verbindliche Willenserklärung des Käufers, bestimmte Waren zu bestimmten Bedingungen zu kaufen**.
- Die Bestellung ist an **keine Formvorschrift** gebunden und kann **schriftlich, fernschriftlich, mündlich oder telefonisch** erteilt werden.
- Der **Widerruf der Bestellung** muss **spätestens gleichzeitig mit der Bestellung** beim Lieferer eintreffen.
- Für das Zustandekommen eines Kaufvertrages ist eine **Bestellungsannahme notwendig**, wenn
  - der Bestellung kein Angebot vorausging,
  - die Bestellung vom Angebot abweicht,
  - die Bestellung aufgrund eines freibleibenden Angebots erfolgte.

1. Ein Einzelhändler will von einem bestimmten Artikel 400 Stück kaufen. Hierzu liegen ihm drei Angebote vor. Geben Sie an, für welchen Lieferer sich der Einzelhändler entscheiden soll, und begründen Sie Ihre Antwort.
Rollgeld für die An- und Abfuhr je 30,00 EUR und für die Fracht 180,00 EUR.
1. Angebot: 3,00 EUR/Stück einschließlich Verpackung, unfrei, 15 % Rabatt bei Abnahme von mindestens 300 Stück, Lieferung sofort, Zahlung innerhalb von zehn Tagen mit 2 % Skonto oder in 30 Tagen netto Kasse.
2. Angebot: 2,80 EUR/Stück zuzüglich 0,10 EUR/Stück für Verpackung, frachtfrei, 10 % Mengenrabatt, Lieferung in 14 Tagen, Zahlung innerhalb von 14 Tagen mit 3 % Skonto oder in 40 Tagen netto Kasse.
3. Angebot: 2,70 EUR/Stück einschließlich Verpackung, ab Werk, 5 % Wiederverkäuferrabatt, Lieferung in acht Tagen, Zahlung sofort netto Kasse.

2. Ein Einzelhändler benötigt 120 Stück eines Artikels. Ihm liegen drei Angebote verschiedener Lieferer vor:
Angebot Lieferer Klein: Karton mit zwölf Stück zu 78,00 EUR einschließlich Verpackung, Mengenrabatt ab fünf Kartons 4 %, ab zehn Kartons 10 %, ab 20 Kartons 15 %, Beförderungskosten 2 % vom Warenwert (Zieleinkaufspreis), Lieferzeit acht Tage, Zahlungsbedingung: 2 % Skonto bei Zahlung innerhalb von acht Tagen oder 30 Tage netto Kasse.
Angebot Lieferer Stefer: Karton mit sechs Stück zu 36,00 EUR, Verpackung 0,20 EUR je Karton, Mengenrabatt 10 %, frei Haus, Lieferzeit drei Tage, Zahlungsbedingung: 3 % Skonto bei Zahlung innerhalb von zehn Tagen oder 40 Tage netto Kasse.
Angebot Lieferer Schmitt-Blass: Stück 5,50 EUR, Verpackungskosten 0,40 EUR je Stück, ab Werk (Rollgeld für An- und Abfuhr je 30,00 EUR, Fracht 80,00 EUR), Lieferzeit: ein Tag, Zahlungsbedingung: 2 % Skonto bei Zahlung innerhalb von acht Tagen oder 20 Tage netto Kasse.
Ermitteln Sie den günstigsten Lieferer.

3. Begründen Sie, warum unter Umständen ein Einzelhändler einen Lieferer bevorzugt, der höhere Bezugs-/Einstandspreise als andere Lieferer hat.

4. Ein Einzelhändler hat irrtümlich eine falsche Bestellung per Brief aufgegeben. Erläutern Sie, wie der Einzelhändler sich verhalten soll, um die falsche Bestellung zu widerrufen.

5. Schreiben Sie unter Berücksichtigung der folgenden Angaben einen unterschriftsreifen Brief für den Einzelhandelsbetrieb.

Absender:	Center Warenhaus GmbH
Empfänger:	Carl Kähne KG, Herstellung von Feinkost, Hauptstr. 66–80, 12159 Berlin
Vorgang:	Renate Öztürk, Einkäuferin der Center Warenhaus GmbH, hat von der ANUGA-Messe in Köln einen Katalog der Carl Kähne KG mitgenommen. Anhand des Kataloges und der beiliegenden Preisliste bestellt die Center Warenhaus GmbH folgende Waren:

60 Karton à 12 × 670 g Dillschnitten	zu 25,20 EUR/Karton
30 Karton à 12 × 320 g Silberzwiebeln	zu 10,60 EUR/Karton
70 Karton à 12 × 520 g Gläser Rote Bete	zu 22,80 EUR/Karton
80 Karton à 12 × 650 g Salz-Dill-Gurken	zu 32,40 EUR/Karton

Die Lieferungs- und Zahlungsbedingungen werden der Preisliste entnommen. Lieferzeit: 14 Tage

6. Erläutern Sie, wann die Bestellungsannahme für das Zustandekommen eines Kaufvertrages erforderlich ist.

2.4 Bezugskalkulation

2.4.1 Einfache Bezugskalkulation

Die Center Warenhaus GmbH hat von der Lederwarenfabrik Bernd Lüghausen e. K. folgende Rechnung erhalten:

Lederwarenfabrik Bernd Lüghausen e.K.

Fabrikation von Lederbekleidung • Im Talacker 18, 47829 Krefeld

Bernd Lüghausen e.K., Im Talacker 18, 47829 Krefeld

Center Warenhaus GmbH
Aachener Str. 1250
50859 Köln

Telefon: 02151 417118
Fax: 02151 985410

Bankverbindung
Commerzbank Krefeld
IBAN: DE78320400240546387657
BIC: COBADEFF320

Ihre Bestellung/Datum	Unser Zeichen Rechnungsdatum	Kundennummer	Lieferdatum
20.04.20..	lü-er ..-05-03	64526	02.05.20..

Rechnung Nr.154367

Artikel-Nr.	Artikelbezeichnung	Menge in St.	Einzelpreis EUR	Rabatt in %	Gesamtpreis EUR
1672451	Lederjacken Ibiza	20	120,00	10	2.160,00

Warenwert	Verpackung	Nettoentgelt	19 % USt	Bruttoentgelt
2.160,00	34,40	2.194,40	416,94	2.611,34

Zahlungsziel: 14 Tage 2 % Skonto oder innerhalb 60 Tagen netto
Steuernummer: 117/8462/8832 USt-IdNr.: DE956437826

Frau Bauer, Abteilungsleiterin Einkauf, beauftragt Sabine Freund damit, festzustellen, wie viel eine Lederjacke die Center Warenhaus GmbH ohne Umsatzsteuer tatsächlich gekostet hat. Sabine denkt: *„Was soll ich denn noch rechnen, es steht doch auf der Rechnung, was ein Stück gekostet hat!"*

ARBEITSAUFTRÄGE

- Überprüfen Sie, ob Sabine mit ihrer Ansicht recht hat.
- Ermitteln Sie den Zieleinkaufs- und Bezugs-/Einstandspreis für eine Lederjacke.

Kalkulieren heißt Preise berechnen. Unternehmen müssen wissen, zu welchem **Bezugspreis (Einstandspreis)** sie ihre Waren einkaufen (**Bezugskalkulation**) und zu welchem Preis die Waren an die Kunden verkauft werden sollen (**Verkaufskalkulation**, vgl. Seite 271).

Zur Ermittlung des **Bruttoverkaufspreises** von Handelswaren benutzt man folgendes **Kalkulationsschema**.

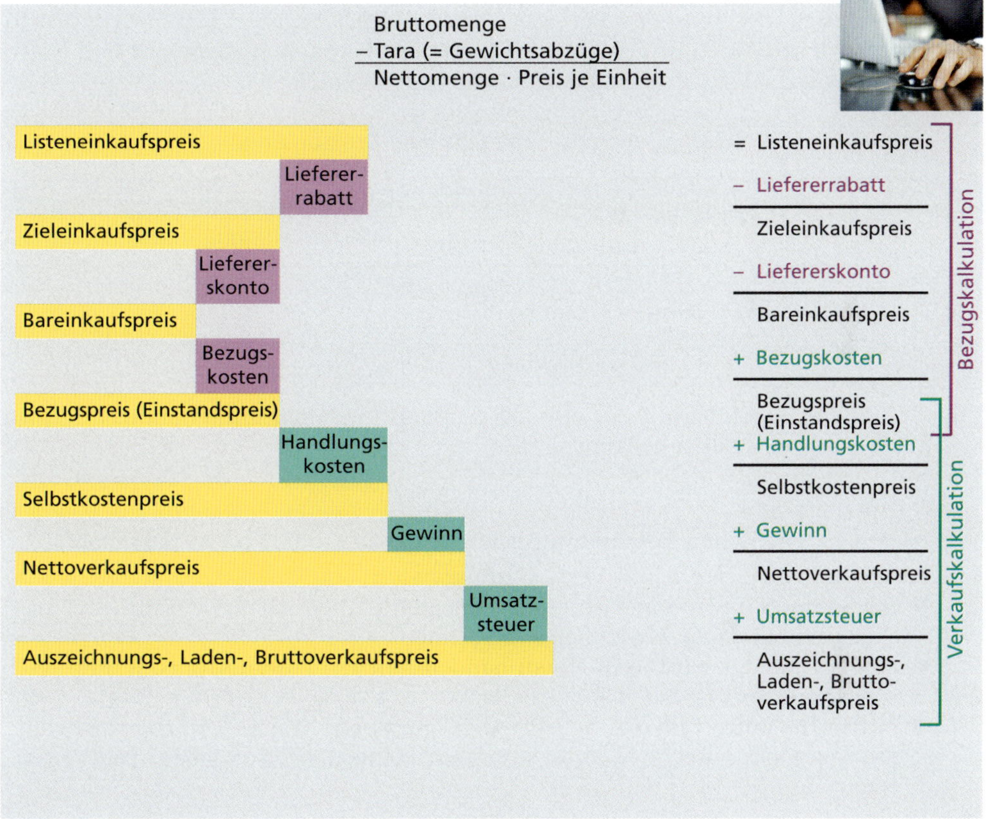

Die für den Bezug von Ware infrage kommenden Lieferer haben i. d. R. unterschiedliche Preise. Um Angebote miteinander vergleichen zu können, müssen ihre Preise vergleichbar gemacht werden. Es muss der Bezugs- oder Einstandspreis für jede Ware ermittelt werden.

In der **Bezugskalkulation** (vgl. Seite 84) geht man vom **Listeneinkaufspreis** (= Preis, den der Lieferer lt. Preisliste verlangt) aus. Bei der Bezugskalkulation werden die einzelnen Mengen- und Wertabzüge (Rabatt, Skonto) stufenweise berechnet.

Merke: Bei der einfachen Bezugskalkulation wird nur eine Ware bezogen. Die Bezugskosten (Gewichtsspesen, Wertspesen, vgl. Seite 92) fallen nur für diese Ware an.

Kalkulation des Bareinkaufspreises

Um den Bareinkaufspreis ermitteln zu können, muss ein Unternehmen die Nettomenge (Bruttomenge – Tara) und den Listeneinkaufspreis errechnen, aus dem man durch Abzug von Liefererrabatt und Liefererskonto den Bareinkaufspreis ermittelt. Zur Ermittlung des Bareinkaufspreises sind je nach Vereinbarung mit dem Lieferer **Gewichts-** und **Preisabzüge** (Nachlässe) zu berücksichtigen.

Gewichtsabzüge (vgl. Seite 66): Bei der Gewichtsermittlung ist zwischen dem **Brutto-** oder **Rohgewicht** (Ware mit Verpackung), **Tara** oder **Verpackungsgewicht** und **Netto-** oder **Reingewicht** (Ware ohne Verpackung) zu unterscheiden.

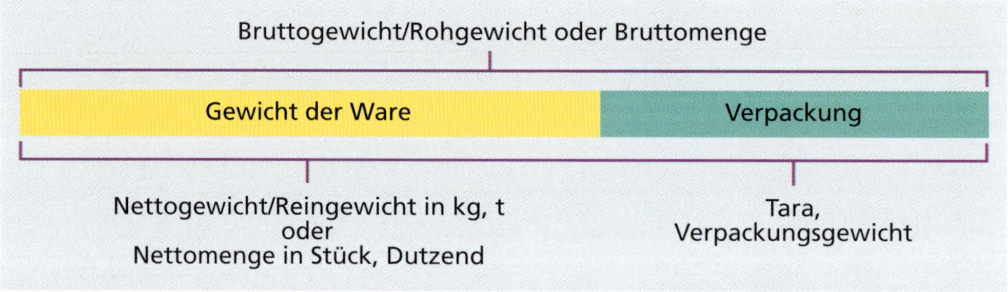

Ohne besondere Vereinbarung bezieht sich der Preis je Einheit immer auf das Nettogewicht. Die **Tara** muss daher bekannt sein.

Tara wird berechnet:

1. nach dem **wirklichen Verpackungsgewicht** (wirkliche Tara oder Effektivtara)
2. nach dem **handelsüblichen Verpackungsgewicht**
   - **Stücktara**: Sie wird nach einem festgelegten einheitlichen Gewicht je Verpackungseinheit (Sack, Korb, Steige) berechnet.
   - **Prozenttara**: Sie wird nach einem handelsüblichen Prozentsatz vom Bruttogewicht berechnet (z. B. 2 %).
   - **brutto für netto** (Abkürzung **bfn**), d. h., für einige Waren wird der Preis vom Bruttogewicht berechnet, es ist also kein Mengenabzug möglich. Die Verpackung wird wie Ware berechnet.

Das Gewicht, das der Berechnung des Listeneinkaufspreises zugrunde liegt, wird vielfach noch um Mengenabzüge gekürzt.

Beispiele

Gutgewicht	Einwiegeverluste als Prozentabzug vom Nettogewicht **Beispiele** Wurstwaren, Käse
Leckage	Schwund bei Flüssigkeiten, während des Transportes als Prozentabzug von der Bruttomenge **Beispiele** Weinfässer, Frischmilch
Bruch	Für Schwund durch Bruch wird oft bei Waren in Gläsern oder Flaschen ein bestimmter Prozentabzug vorgenommen.

Nachlässe: Bei den Nachlässen unterscheidet man zwischen **Rabatt (Preisnachlass)** und **Skonto (Nachlass auf den Rechnungsbetrag für vorzeitige Zahlung**, vgl. Seite 65).

Ermittlung des Bareinkaufspreises: Ziel dieser Einkaufskalkulation ist die Ermittlung des Bareinkaufspreises, den der Käufer am Ort des Verkäufers tatsächlich zu zahlen hat.

Der Bareinkaufspreis ergibt sich aus dem Listeneinkaufspreis, vermindert um Rabatt und Skonto.

Bei der Ermittlung des Bareinkaufspreises ist zuerst der Rabatt vom Listeneinkaufspreis zu subtrahieren, denn der vom Lieferer gewährte Rabatt beeinflusst den Einkaufspreis. Danach wird vom Zieleinkaufspreis der Skonto berechnet, den das Unternehmen dann abziehen kann, wenn es den Rechnungsbetrag vorzeitig ausgleicht.

Damit ergibt sich folgendes **Kalkulationsschema:**

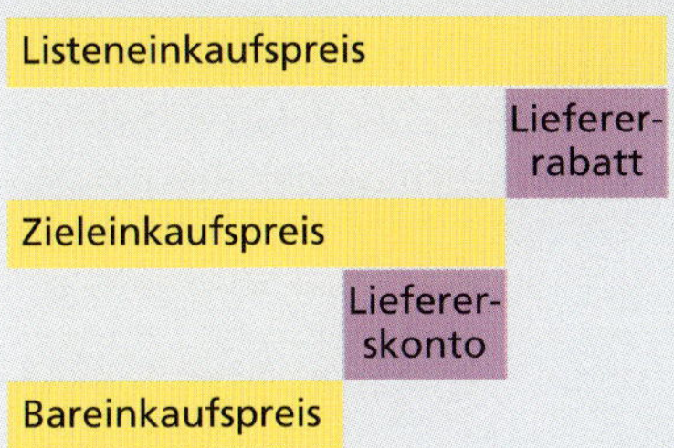

Bruttomenge
– Mengenabzüge (z. B. Tara, Gutgewicht)
Nettomenge · Preis je Einheit = Listeneinkaufspreis
– Liefererrabatt
Zieleinkaufspreis
– Liefererskonto
Bareinkaufspreis

Beispiel Der Lebensmitteldiscount Schlegel KG erhält von der Molkerei GmbH 100 kg Käse in Kartons zu 7,20 EUR je kg netto, Tara 2 %, Gutgewicht 2 %, Liefererrabatt 20 %, Liefererskonto 2 %. Berechnen Sie den Bareinkaufspreis je kg vom Rechnungsgewicht.

Lösung

①	Bruttogewicht		100 kg		
	– Tara	2 %	2 kg		
②	Nettogewicht		98 kg		
	– Gutgewicht	2 %	1,96 kg		
③	Rechnungsgewicht		96,04 kg	· 7,20 EUR/kg	
④	= Listeneinkaufspreis	100 %			691,49 EUR
	– Liefererrabatt	20 %			138,30 EUR
⑤	Zieleinkaufspreis	80 %	100 %		553,19 EUR
	– Liefererskonto		2 %		11,06 EUR
⑥	Bareinkaufspreis der Lieferung		98 %		542,13 EUR
⑦	542,13 : 96,04 = 5,64 EUR				

Der Preis für 1 kg beträgt 5,64 EUR.

Lösungsweg

① Stellen Sie das Kalkulationsschema auf.
Berechnen Sie
② das Nettogewicht, indem Sie vom Bruttogewicht die Tara abziehen,
③ das Rechnungsgewicht, indem Sie vom Nettogewicht das Gutgewicht abziehen,
④ den Listeneinkaufspreis: Rechnungsgewicht · Preis je Einheit,
⑤ den Zieleinkaufspreis, indem Sie den Liefererrabatt vom Listeneinkaufspreis abziehen,
⑥ den Bareinkaufspreis der Lieferung, indem Sie den Liefererskonto vom Zieleinkaufspreis abziehen,
⑦ den Bareinkaufspreis je Einheit, indem Sie den Bareinkaufspreis der Lieferung durch das Rechnungsgewicht dividieren.

● Kalkulation des Bezugspreises (Einstandspreis)

Grundsätzlich sind Warenschulden **Holschulden** (vgl. Seite 67), d. h., der Käufer hat neben dem Transportrisiko auch noch die Kosten des Transports zu tragen. Daher entstehen dem Einzelhändler beim Einkauf der meisten Waren Bezugskosten (Gewichts-, Wertspesen).

Die zu tragenden Bezugskosten sind aus den Rechnungs- und Versandpapieren zu ersehen. Vielfach sind jedoch die Bezugskosten vom Lieferer in den Verkaufspreis einkalkuliert, dann bekommt der Käufer die Ware frei Haus angeboten.

Bezugskosten	
Gewichtsspesen	**Wertspesen**
– Verpackung	– Transportversicherung
– Verlade-, Entladekosten	– Zoll
– Wiegekosten	– Einkaufsprovision
– Rollgeld	
– Fracht	

Der Bezugspreis wird berechnet, indem man zum Bareinkaufspreis die Bezugskosten addiert. Hieraus ergibt sich folgendes Kalkulationsschema zur Ermittlung des Bezugs-/Einstandspreises:

Bruttomenge
– Tara (= Gewichtsabzüge)
Nettomenge · Preis je Einheit

= Listeneinkaufspreis (100 %)
– Liefererrabatt
Zieleinkaufspreis (100 %)
– Liefererskonto
Bareinkaufspreis (100 %)
+ Bezugskosten
Bezugspreis (Einstandspreis)

Beispiel Der Lebensmitteldiscount Schlegel KG bezieht eine Warensendung im Rohgewicht von 320 kg. Die Tara beträgt 2,5 %, der Listeneinkaufspreis 7,32 EUR je kg. Der Lieferer gewährt 5 % Rabatt und 2 % Skonto. Die Fracht beträgt 91,20 EUR, das Rollgeld 11,20 EUR. Für Verpackung werden 26,74 EUR berechnet.

Berechnen Sie den Bezugspreis (Einstandspreis) für die gesamte Lieferung und je kg.

Lösung

①	Bruttogewicht	320 kg			
	– Tara 2,5 %	8 kg			
②	Nettogewicht	312 kg · 7,32 EUR			
③	Listeneinkaufspreis	100 %		2.283,84 EUR	
	– Liefererrabatt	5 %		114,19 EUR	
④	Zieleinkaufspreis	95 %		2.169,65 EUR	100 %
	– Liefererskonto 2 %			43,39 EUR	2 %
⑤	Bareinkaufspreis			2.126,26 EUR	98 %
	+ Bezugskosten				
	Fracht		91,20 EUR		
	Rollgeld		11,20 EUR		
	Verpackung		26,74 EUR	129,14 EUR	
⑥	Bezugspreis (Einstandspreis) der Lieferung			2.255,40 EUR	

⑦ 2.255,40 EUR : 312 kg = 7,23 EUR

Der Bezugspreis (Einstandspreis) beträgt 7,23 EUR je kg.

Lösungsweg

① Stellen Sie das Kalkulationsschema auf!
Berechnen Sie
② das Nettogewicht, indem Sie vom Bruttogewicht die Tara abziehen,
③ den Listeneinkaufspreis: Nettogewicht · Preis je Einheit,
④ den Zieleinkaufspreis, indem Sie den Liefererrabatt vom Listeneinkaufspreis abziehen,
⑤ den Bareinkaufspreis der Lieferung, indem Sie den Liefererskonto vom Zieleinkaufspreis abziehen,
⑥ den Bezugspreis (Einstandspreis) der Lieferung, indem Sie die Bezugskosten ermitteln und zum Bareinkaufspreis addieren,
⑦ den Bezugspreis (Einstandspreis) je Einheit, indem Sie den Bezugspreis (Einstandspreis) der Lieferung durch die Nettomenge dividieren.

Beispiel für die Ermittlung des Bezugs-/Einstandspreises mit einem Tabellenkalkulationsprogramm

	A	B	C	D	E	F	G
1	**Bezugskalkulation (Angebotsvergleich)**						
2	Beim Angebotsvergleich werden die Daten verschiedener Lieferer verglichen, um das preisgünstigste						
3	Angebot zu ermitteln.						
4		Lederwaren GmbH		Bernd Lüghausen e. K.		Textil AG	
5	Kalkulationsschema						
6		%	EUR	%	EUR	%	EUR
7	Listenpreis		200,00		194,00		215,00
8	- Liefererrabatt	15,0	30,00	10,0	19,40	25,0	53,75
9	= Zieleinkaufspreis		170,00		174,60		161,25
10	- Liefererskonto	2,0	3,40	2,0	3,49	0,0	0,00
11	= Bareinkaufspreis		166,60		171,11		161,25
12	+ Bezugskosten		2,00		0,00		5,00
13	= Bezugspreis		168,60		171,11		166,25
14							
15	Der Block B7:C13 wurde mit Eingaben und Formeln erstellt und anschließend auf die Blocks D7:E13 bzw.						
16	F7:G13 kopiert. Bei Bedarf sind weitere Lieferer durch Kopieren in zusätzlichen Spalten zu berücksichtigen.						
17	Eingaben in C7, E7, G7, B8, D8, F8, B10, D10, F10, C12, E12, G12.						
18	Ausgabe in C8 durch die Formel =C7*B8/100, in C9 durch die Formel =C7-C8, in C10 durch die Formel =C9*B10/100						
19	Ausgabe in C11 durch die Formel =C9-C10, in C13 durch die Formel =C11+C12						

Einfache Bezugskalkulation

- Bezugskosten entfallen auf einen Artikel.
- **Bezugskosten:** Verpackungs-, Verlade-, Wiegekosten, Rollgeld, Fracht, Transportversicherung, Zölle
- **Schema zur Ermittlung des Bezugs- oder Einkaufspreises:**

	Listeneinkaufspreis	= 100 % ↓
–	Rabatt	
	Zieleinkaufspreis	= 100 % ↓
–	Skonto	
	Bareinkaufspreis	= 100 % ↓
+	Bezugskosten	
	Bezugs-/Einstandspreis	

1. Ermitteln Sie den Zieleinkaufs- und den Bareinkaufspreis:

Artikel	I	II	III	IV
Bruttogewicht in kg	125	230	1.350	2.600
Tara in %	20	5	10	2
Listeneinkaufspreis in EUR/kg	5,50	8,80	15,00	9,00
Rabatt in %	10	20	15	25
Skonto in %	2	3	1,5	2

2. Für einen Artikel mit gleichem Listeneinkaufspreis liegen drei Angebote vor:
Lieferer A gewährt 25 % Rabatt und 2 % Skonto,
Lieferer B gewährt 20 % Rabatt und 3 % Skonto,
Lieferer C gewährt 15 % Rabatt und 10 % Sondernachlass vom Restbetrag.
Wie viel % Nachlass erhält man insgesamt, bezogen auf den Listeneinkaufspreis,
a) wenn man bei A kauft,
b) wenn man bei B kauft,
c) wenn man bei C kauft?

3. Auf den Listeneinkaufspreis einer Ware werden 12,5 % Rabatt gewährt. Beim Ausgleich der Rechnung zieht der Einzelhändler außerdem 3 % Skonto, und zwar 15,75 EUR (ohne Umsatzsteuer), ab.
a) Wie viel Euro beträgt der Zieleinkaufspreis?
b) Wie viel Euro beträgt der Listeneinkaufspreis?
c) Wie viel Euro beträgt der Bareinkaufspreis?

4. Auf den Listeneinkaufspreis einer Ware von 800,00 EUR erhält ein Einzelhändler 15 % Rabatt.
Wie viel Euro beträgt der Rabatt?

5. Beim Kauf eines Gerätes aus der Vorjahresproduktion erhält ein Einzelhändler 20 % Rabatt, und zwar 280,00 EUR.
Berechnen Sie a) den Listeneinkaufspreis, b) den Zieleinkaufspreis.

6. Ein Großhändler bietet einem Einzelhändler einen Artikel zu 800,00 EUR an. Bei Abnahme von mindestens zehn Stück räumt er dem Einzelhändler 15 % Rabatt und 2 % Skonto bei Zahlung innerhalb von acht Tagen ein.
Wie viel Euro muss der Einzelhändler pro Stück (ohne Umsatzsteuer) zahlen, wenn der Einzelhändler 15 Stück bestellt und Skonto in Anspruch genommen wird?

7. Der Listeneinkaufspreis eines Artikels betrug 1.100,00 EUR. Der in der Kalkulation ermittelte Zieleinkaufspreis betrug 825,00 EUR. Außerdem erhielt der Einzelhändler 2 % Skonto.
a) Wie viel Prozent Rabatt wurden gewährt?
b) Wie viel Euro betrug der Bareinkaufspreis?

8. Der Bareinkaufspreis einer Ware beträgt nach Abzug von $16\,^{2}/_{3}$ % Rabatt und $2\,^{1}/_{2}$ % Skonto 487,50 EUR.
a) Wie viel Euro betrug der Zieleinkaufspreis?
b) Wie viel Euro betrug der Listeneinkaufspreis?

9. Ein Einzelhändler benötigt zehn Fernsehgeräte des Typs „Seoul". Ihm liegen folgende Angebote vor:
Lieferer Elektro-AG, München: Listeneinkaufspreis je Gerät 1.595,00 EUR, Rabatt 15 % bei Abnahme von zehn Stück, Skonto 2 % bei Zahlung innerhalb von zehn Tagen, Bezugskosten 410,98 EUR netto für zehn Geräte bei Lieferung „Ab Werk".
Lieferer Audio-AG, Hannover: Listeneinkaufspreis je Gerät 1.558,00 EUR, Skonto 2,5 % bei Zahlung innerhalb von zehn Tagen, Bezugskosten 199,20 EUR netto für zehn Geräte bei Lieferung „unfrei".
Wie viel Euro beträgt bei Ausnutzung aller Preisvergünstigungen der Bezugs-/Einstandspreis je Gerät, wenn der Einzelhändler a) bei der Elektro-AG kauft, b) bei der Audio-AG kauft?

10. Die Bedingungen beim Einkauf einer Ware lauten:
Listeneinkaufspreis: bei Abnahme von 1 bis 9 Stück 12,00 EUR je Stück,
bei Abnahme von 10 bis 99 Stück 11,50 EUR je Stück,
bei Abnahme von 100 und mehr Stück 11,00 EUR je Stück.
Skonto bei Zahlung innerhalb von zehn Tagen 2 %, Kosten für Verpackung und Versand 0,20 EUR je Stück. Der Einzelhändler bezieht 200 Stück.
a) Wie viel Euro beträgt der Listeneinkaufspreis für die Gesamtmenge?
b) Wie viel Euro beträgt der Bareinkaufspreis für die Gesamtmenge, wenn der Einzelhändler innerhalb von zehn Tagen zahlt?
c) Wie viel Euro beträgt der Bezugspreis (Einstandspreis) für die Gesamtmenge?
d) Wie viel Euro beträgt der Bezugspreis (Einstandspreis) für ein Stück?

11. Ein Einzelhändler kauft einen Artikel nach Abzug von 20 % Rabatt und 3 % Skonto für 77,60 EUR netto. Die Bezugskosten betragen 7,40 EUR netto.
a) Wie viel Euro beträgt der Zieleinkaufspreis?
b) Wie viel Euro beträgt der Listeneinkaufspreis?
c) Wie viel Euro beträgt der Bezugspreis (Einstandspreis)?

12. Der Listeneinkaufspreis einer Ware beträgt 700,00 EUR, der Zieleinkaufspreis 560,00 EUR, der Bezugs-/Einstandspreis einschließlich 30,00 EUR Bezugskosten 578,80 EUR.
Berechnen Sie
a) den Rabatt in Prozent,
b) den Bareinkaufspreis in Euro,
c) den Skonto in Prozent.

13. Der Zieleinkaufspreis einer Ware beträgt nach Abzug von 5 % Rabatt 133,00 EUR. Außerdem werden dem Einzelhändler 2 % Skonto gewährt und 17,66 EUR Bezugskosten berechnet. Berechnen Sie
a) den Listeneinkaufspreis,
b) den Bareinkaufspreis,
c) den Bezugspreis (Einstandspreis).

14. Beim Einkauf einer Ware erhielt ein Einzelhändler 12,5 % Mengenrabatt; das entsprach 17,50 EUR. Darüber hinaus zog der Einzelhändler 2,5 % Skonto ab. Ermitteln Sie
a) den Listeneinkaufspreis,
b) den Zieleinkaufspreis,
c) den Bareinkaufspreis.

15. Der Bezugs-/Einstandspreis einer Ware beträgt 765,00 EUR. Der Einzelhändler zahlte 5,44 EUR Bezugskosten. Er erhielt 2 % Skonto und 10 % Rabatt. Ermitteln Sie
a) den Bareinkaufspreis,
b) den Zieleinkaufspreis,
c) den Listeneinkaufspreis.

16. Beim Einkauf eines Artikels wurden auf den Listeneinkaufspreis 25 % Rabatt gewährt. Beim Ausgleich der Rechnung zog der Einzelhändler 3 % Skonto, und zwar 38,25 EUR, ab.
a) Wie viel Euro betrug der Zieleinkaufspreis?
b) Wie viel Euro betrug der Listeneinkaufspreis?
c) Wie viel Euro betrug der Bareinkaufspreis?

17. Der Listeneinkaufspreis für eine Ware beträgt 450,00 EUR. Der Einzelhändler erhält $16^2/_3$ % Rabatt und 2 % Skonto. Außerdem entstehen 37,50 EUR Bezugskosten. Wie viel Euro beträgt
a) der Zieleinkaufspreis,
b) der Bareinkaufspreis,
c) der Bezugs-/Einstandspreis?

18. Ein Einzelhändler bezieht 320 Stück einer Ware zum Listeneinkaufspreis von 5,00 EUR je Stück. Der Lieferer gewährt 20 % Rabatt. Da der Einzelhändler innerhalb von zehn Tagen zahlt, zieht er $2^1/_2$ % Skonto ab. Der Bezugspreis (Einstandspreis) für die gesamte Sendung beträgt 1.300,00 EUR.
a) Wie viel Euro beträgt der Zieleinkaufspreis für die Sendung?
b) Wie viel Euro beträgt der Bareinkaufspreis für die Sendung?
c) Wie viel Cent Bezugskosten entfallen auf ein Stück der Ware?

19. Ein Einzelhändler erhält von seinem Lieferer 200,00 EUR Rabatt und außerdem für vorzeitige Zahlung 3 % Skonto, und zwar 18,00 EUR. Die Bezugskosten betragen 18,60 EUR. Ermitteln Sie
a) den Zieleinkaufspreis,
b) den Listeneinkaufspreis,
c) den Rabatt des Lieferers in Prozent,
d) den Bezugs-/Einstandspreis.

20. Ein Einzelhändler will 150 Stück eines Artikels einkaufen. Er erhält folgende Angebote:

Angebot	Preis je Stück	Zahlungsbedingungen	Rabatt	Frachtkosten
1	260,00 EUR	2 % Skonto bei Zahlung innerhalb von 10 Tagen, 30 Tage ohne Abzug	–	frei Haus
2	268,00 EUR	30 Tage Ziel	4 % bei Abnahme von mindestens 100 Stück	frei Haus
3	256,00 EUR	2,5 % Skonto bei Zahlung innerhalb von 10 Tagen, 30 Tage ohne Abzug	–	2,00 EUR je Stück

Ermitteln Sie den Bezugs-/Einstandspreis je Stück netto unter Ausnutzung des Skontos für diese drei Angebote.

21. Einer Einkaufsabteilung liegen mehrere Angebote für einen Artikel gleicher Qualität vor. Gegebenenfalls sind zu berücksichtigen: Anfuhrkosten (Rollgeld) 10,00 EUR, Frachtkosten 20,00 EUR, Zufuhrkosten (Rollgeld) 15,00 EUR.

Angebot A: Listeneinkaufspreis 92,50 EUR, Lieferung frei dort, bei Zahlung innerhalb von zehn Tagen 2 % Skonto, 5 % Rabatt.

Angebot B: Listeneinkaufspreis 84,00 EUR, Lieferung ab Werk, zahlbar innerhalb von zehn Tagen.

Angebot C: Listeneinkaufspreis 75,00 EUR, Lieferung ab hier, Zahlung innerhalb von zehn Tagen.

Ermitteln Sie den jeweiligen Bezugspreis (Einstandspreis) unter Berücksichtigung der angegebenen Konditionen.

22. Einem Einzelhändler wird eine Ware für 225,00 EUR angeboten. Versandkosten: Hausfracht (Rollgeld für die Anfuhr) 8,00 EUR, Frachtkosten 15,00 EUR, Hausfracht (Rollgeld für die Zufuhr) 11,00 EUR.
Die Lieferbedingung lautet „unfrei". Errechnen Sie den Bezugspreis (Einstandspreis).

23. Ein Einzelhändler bezieht eine Ware im Bruttogewicht von 1.060 kg. Die Verpackung wiegt 75 kg. Der Lieferer berechnet 2,85 EUR je kg Nettogewicht und gewährt 10 % Rabatt und 3 % Skonto. Die Fracht beträgt 5,20 EUR für 100 kg.
Berechnen Sie den Bezugspreis für die Warensendung und je kg.

2.4.2 Zusammengesetzte Bezugskalkulation

Die Center Warenhaus GmbH erhält in einer Warensendung der Textil AG drei verschiedene Artikel. Einen Tag später erhält sie nachfolgende Rechnung:

Rechnung

Kunden-Nr.	Rechnungs-Nr.	Datum	Blatt
53427	6781/..	..-08-20	1

Pos.	Artikel Nr.	Artikelbezeichnung	Menge	Bruttogew. in kg	Einzelpreis EUR	Gesamtpreis EUR
1	420115	Damenröcke	60	15	37,40	2.244,00
2	420108	Herrenhemden	280	27	11,50	3.220,00
3	420100	Herrenpullover	400	21	13,80	5.520,00
						10.984,00
		–10 % Rabatt				–1.098,40

Warenwert netto	Verpackung	Fracht	Versicherung	Entgelt netto	USt-%	USt-EUR	**Gesamtbetrag**
9.885,60	21,00	84,00	494,28	10.484,88	19	1.992,13	12.477,01

Zahlung: 7 Tage mit 2% Skonto vom Warenwert oder in 20 Tagen netto Kasse
Lieferung: ab Werk Berlin per Bahn

Frau Bauer beauftragt wiederum die Auszubildende Sabine Freund, den Bezugs-/Einstandspreis je Artikel zu ermitteln.

ARBEITSAUFTRÄGE

- Ermitteln Sie den Zieleinkaufspreis für die gesamte Warenlieferung.
- Ermitteln Sie den Zieleinkaufspreis je Stück eines Artikels.
- Ermitteln Sie den Bezugs-/Einstandspreis unter Berücksichtigung von 2 % Skonto für jeden einzelnen Artikel.

Bei der zusammengesetzten Bezugskalkulation werden mehrere Waren in einer Sendung bezogen.

Beim Bezug mehrerer Waren in einer Sendung werden dem Unternehmen **Bezugskosten** in Rechnung gestellt, die dann auf die einzelnen Waren zu verteilen sind, um den Bezugs-/Einstandspreis je Ware zu ermitteln.

Die Bezugskosten unterteilt man hierbei in **Gewichtsspesen (Fracht, Verladekosten, Rollgeld)** und **Wertspesen** (Versicherungen, Bankspesen, Wertzölle, Provisionen).

Unter den **Gewichtsspesen** versteht man alle Bezugskosten, die nach dem Bruttogewicht der einzelnen Waren aufgeteilt werden.

Zu den **Wertspesen** zählt man solche Bezugskosten, die nach dem Wert (= Zieleinkaufspreis) der einzelnen Waren verteilt werden.

Grundlage für die **Verteilung der Gewichtsspesen** ist das **Bruttogewicht**, während die **Wertspesen nach dem Wert der einzelnen Waren verteilt** werden.

Beispiel Die Center Warenhaus GmbH bezieht in einer Lieferung verschiedene Warensorten:

Ware I: Bruttogewicht 160 kg, 5 % Tara, Listeneinkaufspreis 420,00 EUR

Ware II: Bruttogewicht 140 kg, 5 % Tara, Listeneinkaufspreis 360,00 EUR

Der Lieferer gewährt 10 % Rabatt und 3 % Skonto. An Bezugskosten für diese Warenlieferung entstehen für Fracht 22,00 EUR, Rollgeld 8,00 EUR und Transportversicherung 13,00 EUR.

Berechnen Sie den Bezugs-/Einstandspreis für jede Warenart und je kg.

a) Wie viel Bezugsspesen entfallen auf jede Ware?

b) Wie viel Euro kostet 1 kg jeder Ware einschließlich Bezugsspesen?

Lösung a): Verteilung der Wert- und Gewichtsspesen

①	Gewichtsspesen				Wertspesen			
WARE	Bruttogewicht in kg	Anteile (Verteilungsschlüssel) ②	Wert je Anteil in EUR	Anteil insgesamt in EUR ⑤	Zieleinkaufspreis in EUR ⑤	Anteile (Verteilungsschlüssel) ②	Wert je Anteil in EUR	Anteil insgesamt in EUR ⑤
I	160	8	2,00	16,00	378,00	7	1,00	7,00
II	140	7	2,00	14,00	324,00	6	1,00	6,00
		③ 15	=	⑥ 30,00		③ 13	=	⑥ 13,00
		1	=	x		1	=	x
		④ x	=	2,00 EUR		④ x	=	1,00 EUR

Lösungsweg

Gewichtsspesen	Lösungsweg	Wertspesen
Verteilungsgrundlage bilden die Gesamtgewichte (Bruttogewichte) der Warengruppen	① Stellen Sie die Verteilungstabelle auf.	Verteilungsgrundlage bilden die Zieleinkaufspreise der Warengruppen (Listeneinkaufspreis-Rabatt)
Weitestgehende Kürzung der Gewichte, z. B. 160 : 20 = 8 bzw. 140 : 20 = 7	② Ermitteln Sie den Verteilungsschlüssel.	Weitestgehende Kürzung der Zieleinkaufspreise der Warengruppen, z. B. 378 : 54 = 7 bzw. 324 : 54 = 6

Danach stimmen der Lösungsweg für Gewichts- und Wertspesen überein.

③ Ermitteln Sie die Summe der Anteile.

④ Ermitteln Sie den Wert je Anteil, indem Sie die Verteilungssumme durch die Summe der Anteile dividieren.

⑤ Ermitteln Sie den Spesenanteil jeder Warengruppe, indem Sie die Anteile mit dem Wert je Anteil multiplizieren.

⑥ Führen Sie die Kontrolle durch, indem Sie die Spesenanteile jeder Warengruppe addieren.

Lösung b): Berechnung der Bezugspreise (Einstandspreise)

⑤

		Ware I	Ware II
	Listeneinkaufspreis – Rabatt 10 %	420,00 EUR 42,00 EUR	360,00 EUR 36,00 EUR
	Zieleinkaufspreis – 3 % Skonto	378,00 EUR 11,34 EUR	324,00 EUR 9,72 EUR
②	Bareinkaufspreis + Gewichtsspesen + Wertspesen	366,66 EUR 16,00 EUR 7,00 EUR	314,28 EUR 14,00 EUR 6,00 EUR
④	Bezugs-/Einstandspreis der Ware insgesamt	389,66 EUR	334,28 EUR
④	Bezugs-/Einstandspreis je kg	389,66 : 152 = 2,56 EUR	334,28 : 133 = 2,51 EUR

Der Bezugspreis (Einstandspreis) je kg der Ware I beträgt 2,56 EUR und der Ware II 2,51 EUR.

Lösungsweg

① Stellen Sie das Kalkulationsschema auf.

② Berechnen Sie den Bareinkaufspreis mit den angegebenen Prozentsätzen.

③ Berechnen Sie den Bezugspreis (Einstandspreis) der Lieferung, indem Sie die Bezugskosten ermitteln und zum Bareinkaufspreis addieren.

④ Berechnen Sie den Bezugspreis (Einstandspreis) je Einheit, indem Sie den Bezugs-/Einstandspreis der Lieferung durch die Nettomenge dividieren.

Zusammengesetzte Bezugskalkulation

- Bezugskosten entfallen auf **mehrere** Artikel.
- **Nach der Kostenverursachung** sind die Bezugskosten in Wertspesen und Gewichtsspesen zu unterteilen.
- **Wertspesen** werden entsprechend dem **Wert der Ware** verteilt.
- **Gewichtsspesen** werden nach dem **Gewicht der Ware** verteilt.
- **Schema zur Ermittlung des Bezugs- oder Einkaufspreises** (vgl. Seite 87, 93).

1. Ein Einzelhandelsgeschäft bezieht zwei verschiedene Sorten Schuhe in einer Sendung.
Sorte I: 85 Paar Herrenlederschuhe im Werte von 5.100,00 EUR, Gewicht 84 kg
Sorte II: 110 Paar Damenschuhe im Werte von 9.900,00 EUR, Gewicht 66 kg
Die Gewichtsspesen betragen 150,00 EUR, die Wertspesen 337,00 EUR. Der Lieferer gewährt 20 % Mengenrabatt und 2 % Skonto.
Berechnen Sie den Bezugs-/Einstandspreis der beiden Sorten insgesamt und je Paar jeder Sorte.

2. Die Abels Bau- und Hobbymarkt GmbH bezieht in einer Warensendung:
Ware I: brutto 3.500 kg, Tara 4 %, zu 7,00 EUR je kg netto
Ware II: brutto 1.500 kg, Tara 4 %, zu 9,00 EUR je kg netto
Der Lieferer gewährt 25 % Sonderrabatt und 2,5 % Skonto. Die Gewichtsspesen betragen 250,00 EUR und die Wertspesen 266,00 EUR.
Über wie viel Euro lautet der Bezugs-/Einstandspreis für 1 kg jeder Ware?

3. Der Einzelhändler Günter Wilms e. K. erhält in einer Warenlieferung zwei Sorten Obst:
Sorte I: 300 kg, Kilopreis 1,50 EUR Sorte II: 225 kg, Kilopreis 1,20 EUR
Die Frachtkosten betragen 300,00 EUR, das Rollgeld 109,50 EUR, die Einkaufsprovision 57,60 EUR. Der Lieferer gewährt 2 % Skonto.
Berechnen Sie den Bezugs-/Einstandspreis jeder Sorte insgesamt und je kg.

4. Ein Verbrauchermarkt erhält drei Sorten Waren in einer Warenlieferung:
Sorte I: 250 Stück zu 13,00 EUR/Stück, brutto 600 kg
Sorte II: 400 Stück zu 22,00 EUR/Stück, brutto 1.500 kg
Sorte III: 600 Stück zu 30,00 EUR/Stück, brutto 5.400 kg
Der Lieferer gewährt 20 % Treuerabatt und 2,5 % Skonto. Die Transportversicherung beträgt 404,00 EUR, die Maklerprovision 197,00 EUR, die Frachtkosten belaufen sich auf 225,00 EUR. Berechnen Sie den Bezugs-/Einstandspreis für jede Sorte insgesamt und je Stück.

5. Eine Rechnung enthält folgende Posten: 150 kg der Ware I, 2,00 EUR je kg; 240 kg der Ware II, 2,50 EUR je kg; 360 kg der Ware III, 3,00 EUR je kg.
Die Frachtkosten betragen 75,00 EUR und sollen gewichtsbezogen auf die drei Warensorten aufgeteilt werden. Wie viel Euro betragen die anteiligen Frachtkosten für die Ware III?

6. Eine Spedition hat Ware für vier Abteilungen der Center Warenhaus GmbH geliefert, die Bezugskosten dafür betragen 4.625,00 EUR. Die Kosten sollen anteilig nach Gewicht verteilt werden. Wie viel Euro Bezugskosten entfallen auf die Abteilung Leder?

Abteilung	Gewicht	Abteilung	Gewicht
Textil	420 kg	Sport	350 kg
Spielwaren	490 kg	Leder	490 kg

2.5 Besondere Arten des Kaufvertrages

Die Center Warenhaus GmbH erhält von der Lederwarenfabrik Bernd Lüghausen e. K. im Sommer ein interessantes Sonderangebot für die nächste Frühjahrskollektion. Momentan sind die Lagerräume weitgehend mit der Winterware gefüllt. Zudem ist sich die Einkäuferin Hanne Bauer unsicher, in welchen Farben sie die Ware ordern soll. Zu diesem Zweck findet eine Besprechung mit der Geschäftsleitung statt, an der auch die Auszubildende Sabine Freund teilnimmt. Frau Bauer sagt: *„Ich habe hier einige Muster aus der Kollektion. Ich würde vorschlagen, einige dieser Artikel aus dem Sonderangebot in unser Sortiment aufzunehmen. Um bei den Modefarben für das kommende Frühjahr auf der sicheren Seite zu sein, schlage ich vor, dass wir mit dem Lieferer einen Spezifikationskauf vereinbaren. Um unsere Lagerkapazitäten zu schonen, können wir außerdem einen Kauf auf Abruf vereinbaren."* Die Geschäftsführer Sommer und Becker nicken zustimmend. Frau Becker: *„Eventuell können wir mit dem Lieferer einen Kommissionskauf vereinbaren."*

ARBEITSAUFTRÄGE

- Erläutern Sie, welche Kaufverträge nach der Art und Güte der Waren unterschieden werden können.
- Beschreiben Sie die Merkmale des Kaufs auf Abruf und des Spezifikationskaufs.
- Erläutern Sie die Vorteile des Kommissionskaufs.

Durch unterschiedliche Vereinbarungen zwischen Einzelhändlern und Kunden oder Lieferern und unterschiedliche Liefer- und Zahlungsbedingungen lassen sich verschiedene Arten von Kaufverträgen unterscheiden.

Kaufverträge nach Art und Güte der Ware

Kauf auf Probe: Der Kunde hat bei Nichtgefallen der Waren ein **Rückgaberecht** innerhalb einer vereinbarten Frist. Überschreitet der Käufer diese Frist, ist ein Kaufvertrag zwischen dem Verkäufer und dem Käufer zustande gekommen.

Beispiele Teppiche, Auswahlsendung an Kleidern, Buchversandhandel

Kauf zur Probe: Der Kunde kauft eine kleine Menge, um die Ware zu testen. Sagt die Ware dem Kunden zu, wird er eine größere Menge kaufen. Der **Kunde muss die Probe bezahlen**.

Beispiele Wein, Lebensmittel, Haushaltswaren

Kauf nach Probe (Muster): Der Kunde kann die Ware anhand eines Musters oder einer Probe begutachten. Die Probe oder das Muster sind **kostenlos**. Wenn dem Kunden die Probe oder das Muster gefallen, bestellt der Kunde. Die dann vom Verkäufer gelieferte Ware muss mit dem Muster oder der Probe übereinstimmen, da Eigenschaften der Probe oder des Musters zugesichert sind.

Beispiele Tapeten, textile Stoffe, Lebensmittel, Teppichboden, Baustoffe

Stückkauf: Die Kaufgegenstände sind genau bestimmte = **nicht vertretbare Waren**. Die Ware kann nicht durch eine andere Ware ersetzt werden, da sie entweder ein Einzelstück ist oder durch Gebrauch bestimmte Eigenschaften bekommen hat (z. B. ein Gebrauchtwagen).

Beispiele Originalgemälde, Kunstwerke, Modellkleid, Maßanfertigung eines Anzuges, gebrauchte Gegenstände, Rennpferd

Gattungskauf: Die Kaufgegenstände sind nach allgemeinen Gattungsmerkmalen bestimmt (z. B. Art, Klasse, Größe, Farbe, Zahl, Gewicht usw.), d. h., es handelt sich um eine gleichartige = **vertretbare Ware**, die durch andere gleichartige Waren ersetzt werden kann.

Beispiele fabrikneue Fernseher, DVD-Player, Textilien, Lebensmittel usw.

● Kaufverträge nach Liefer- und Zahlungsbedingungen

Kauf auf Abruf: Der Zeitpunkt der Lieferung wird bei Abschluss des Kaufvertrages nicht festgelegt, er liegt im Ermessen des Einzelhändlers. Bei Bedarf ruft der Einzelhändler die Ware ab, die als Ganzes oder in Teilmengen geliefert werden kann. Hieraus ergeben sich für den Einzelhändler folgende Vorteile:

- geringere Lagerkosten
- Lieferung frischer Waren
- Ausnutzung von Rabatt durch den Kauf einer großen Menge

Beispiel Die Lebensmitteldiscount Schlegel KG bestellt bei einer Molkerei einen großen Posten Joghurt, den sie in Teilmengen auf Abruf nach und nach liefern lässt.

Kommissionskauf: Beim Kommissionsgeschäft schließt der Einzelhändler mit seinem Lieferer einen **Kommissionsvertrag** ab, wobei der **Lieferer (Kommittent)** Eigentümer der Ware bleibt. Der **Einzelhändler (Kommissionär)** wird Besitzer der gelieferten Ware. Er verkauft die Kommissionsware in seinem Namen, d. h., der Kunde weiß nicht, dass dem Einzelhändler die Ware nicht gehört. Die verkaufte Ware rechnet der Einzelhändler mit dem Lieferer ab (**Verkauf in eigenem Namen für fremde Rechnung**). Nicht verkaufte Ware gibt der Einzelhändler an den Lieferer zurück. Für die verkauften Waren erhält der Einzelhändler eine **Provision**.

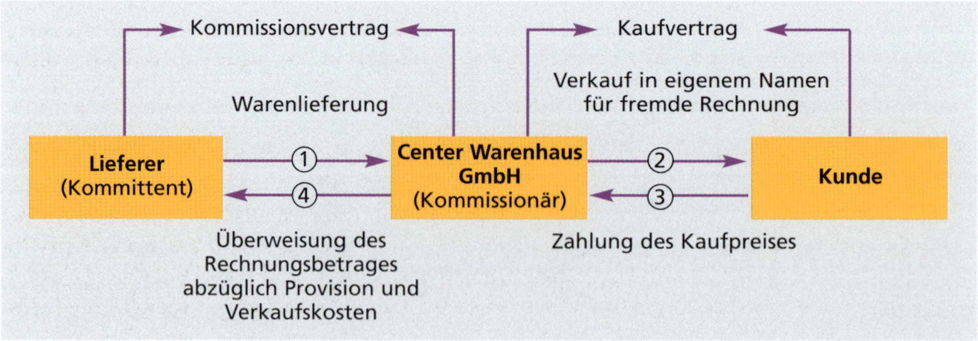

Der Einzelhändler hat beim Kommissionskauf die Rolle eines **Vermittlers zwischen dem Lieferer und dem Kunden**. Im Einzelhandel spielt das Kommissionsgeschäft heute eine wesentliche Rolle. Insbesondere in Verbrauchermärkten und SB-Warenhäusern werden bis zu 70 % der Ware als Kommissionsware verkauft.

Beispiele für typische Kommissionsware im Einzelhandel: Gewürze, Feinkost-, Tiefkühlwaren, Kurzwaren, Batterien, Grußkarten, Elektrogeräte, Möbel, Schmuck, Parfümerie- und Drogerieartikel, Pelze, Textilien.

Folgende **Vorteile ergeben sich für den Einzelhändler**:
- risikolose Einführung von neuen Waren
- Lieferer trägt das Absatzrisiko allein
- Kapitalbedarf ist für den Einzelhändler geringer

Spezifikationskauf (Bestimmungskauf): Bei Vertragsabschluss legen der Lieferer und der Käufer nur die Menge und die Warenart der Gattungsware fest. **Der Käufer hat das Recht, innerhalb einer festgelegten Frist die zu liefernden Waren nach Farbe, Form oder Maß zu bestimmen.** Versäumt der Käufer eine Bestimmung der Ware innerhalb der Frist, dann kann der Verkäufer ihm eine Nachfrist setzen und nach Ablauf dieser Frist die genaue Bestimmung der Ware selbst vornehmen, wenn der Käufer sich nicht gemeldet hat. Für den Einzelhändler hat der Bestimmungskauf den **Vorteil**, dass er zukünftige Entwicklungen (z. B. Mode, Nachfrageveränderungen) abwarten kann.

Beispiele
- Die Center Warenhaus GmbH behält sich bei der Bestellung von Röcken vor, die Farbe später zu bestimmen.
- Als Mitglied einer E-Book-Onlinegemeinschaft verpflichtet man sich, innerhalb eines bestimmten Zeitraumes E-Books, CDs usw. über einen bestimmten Mindestbetrag abzunehmen. Versäumt das Mitglied es, einen bestimmten Artikel der Buchgemeinschaft mitzuteilen, erhält das Mitglied i. d. R. einen von der E-Book-Gemeinschaft vorgeschlagenen Titel.

Ramschkauf (Kauf in Bausch und Bogen oder Kauf en bloc)

Der Einzelhändler kauft einen bestimmten Warenposten zu einem Pauschalbetrag, **ohne dass für die einzelnen Waren eine bestimmte Qualität zugesichert wird**. Ein **Umtausch** ist grundsätzlich **ausgeschlossen** (vgl. Seite 114).

Beispiele
- Aufgrund der Auflösung eines Elektrofachgeschäftes wird dessen gesamter Warenbestand zum Pauschalpreis von 70.000,00 EUR vom Mars Elektrofachmarkt e. K. ersteigert.
- Kauf einer Briefmarkensammlung

Kauf nach Sicht

Der Käufer kann die Waren vor Vertragsabschluss besichtigen und mögliche Mängel feststellen. Nach Kaufvertragsabschluss können keine Mängel mehr geltend gemacht werden.

Beispiele
- Vor einer Versteigerung können alle Gegenstände, die versteigert werden sollen, besichtigt werden. Wenn sich nach der Versteigerung ein Mangel herausstellt, kann der Käufer diesen nicht mehr geltend machen.
- Obst, Fleisch auf Großmärkten

Besondere Arten des Kaufvertrages

- Kaufverträge **nach Art und Güte der Ware**

Kauf auf Probe	Kauf zur Probe	Kauf nach Probe	Stückkauf	Gattungskauf
Kaufvertrag wird abgeschlossen, Kunde hat innerhalb Frist **Rückgaberecht**	Kunde **kauft** kleine Menge	Kunde erhält **kostenlose** Probe und kauft Ware aufgrund der vorliegenden Probe	nicht vertretbare Waren	vertretbare Waren

- Beim **Kauf auf Abruf** wird die Ware auf Anweisung des Einzelhändlers ganz oder in Teilmengen später geliefert.

- Beim **Kommissionskauf** wird der Einzelhändler nur Besitzer der Ware. Er verkauft sie im Auftrag des Lieferers und kann die nicht verkaufte Ware an den Lieferer zurückgeben. Die Bezahlung der Ware erfolgt erst nach ihrem Verkauf an die Kunden.
- Beim **Spezifikationskauf (Bestimmungskauf)** kauft der Einzelhändler eine bestimmte Menge eines Artikels. Die genaue Spezifikation (Bestimmung), z. B. Farbe, Form, Größe usw., teilt er dem Lieferer innerhalb einer bestimmten Frist mit.
- Beim **Ramschkauf (Kauf in Bausch und Bogen oder Kauf en bloc)** kauft der Einzelhändler einen gesamten Warenposten, ohne dass für die einzelnen Stücke eine bestimmte Qualität zugesichert ist.
- Beim **Kauf nach Sicht** kann der Käufer die Ware vorher besichtigen und etwaige Mängel feststellen.

1. Um welche Kaufarten handelt es sich in den folgenden Fällen?
a) Um einen Mengenrabatt auszunutzen, kauft ein Einzelhändler 300 Stück eines Artikels, die Lieferung erfolgt später in Teilmengen.
b) Ein Einzelhändler ist sich noch nicht sicher, welche Modefarben im kommenden Jahr aktuell sein werden. Er bestellt 100 Blusen und teilt dem Hersteller die Farbe später mit.
c) Ein Hersteller bietet einem Möbeleinzelhändler an, Ware zu liefern, die der Einzelhändler erst dann abzurechnen braucht, wenn er sie an Kunden verkauft hat.
d) Ein Einzelhändler ersteigert bei einer Versteigerung einen gebrauchten PC, den er sich vor der Versteigerung genau angesehen hat.
e) Inga Breuer erhält von einer Buchgemeinschaft jedes Quartal ein bestimmtes Auswahlbuch zugesandt, wenn sie nicht von sich aus ein anderes Buch bestellt.

2. Erläutern Sie die Vorteile des Kaufs auf Probe für den Kunden und den Einzelhändler.

3. Erläutern Sie, wodurch sich Stück- und Gattungskauf unterscheiden.

4. Erläutern Sie die Vorteile eines Einzelhändlers aus dem
a) Kauf auf Abruf b) Kommissionskauf c) Spezifikationskauf.

5. Erläutern Sie den Ramschkauf.

6. Stellen Sie bei nachfolgenden Sachverhalten fest, um welche der folgenden Kaufarten es sich handelt.
1. Kauf auf Probe
2. Kauf nach Probe
3. Kauf zur Probe
4. Stückkauf
5. Gattungskauf

a) Ein Kunde kauft einen Artikel aufgrund einer ihm vorliegenden kostenlosen Probe.
b) Der Kunde kauft eine kleine Menge, um die Ware zu testen.
c) Ein Kunde kauft einen Artikel, den er innerhalb von 4 Tagen zurückgeben kann, falls dieser nicht seinen Erwartungen entspricht.
d) Kaufgegenstand ist eine nicht vertretbare Sache.
e) Kaufgegenstand ist eine vertretbare Sache.

7. Die Textil AG bietet Ihnen telefonisch bei Abnahme von 800 Hemden einen Spezifikationskauf an. Was ist unter dieser Art des Kaufs zu verstehen?
1. Sie kaufen 800 Hemden und vereinbaren mit dem Hersteller einen Pauschalpreis.
2. Der Hersteller muss die bestellten Hemden unmittelbar nach Vertragsabschluss liefern.
3. Der Hersteller beginnt erst dann mit der Auslieferung der Hemden, wenn Sie als Käufer Teilmengen abrufen.

4. Sie legen bei Vertragsabschluss die Warenart, die Menge und den Preis fest, die genaue Bestimmung der Farben und der Größen erfolgt innerhalb der vereinbarten Frist.
5. Der Käufer kann die Qualität der Hemden innerhalb einer vereinbarten Frist prüfen.

Übungsaufgaben

1. Die Inhaberin der Parfümerie „Beauty Chic", Christel Schmick, möchte ihr Sortiment um Damen-Badebekleidung (Bademäntel und -anzüge, Badetücher usw.) erweitern. Beschreiben Sie, welche internen und externen Informationsquellen sie nutzen kann, um geeignete Bezugsquellen zu ermitteln.

2. Marita Nettekoven ist im Garten-Center Klein KG Auszubildende. Sie schlägt ihrem Abteilungsleiter vor, Dekorationen für Gartenfeste (Lampions, Girlanden usw.) in das Sortiment aufzunehmen. Der Abteilungsleiter sagt: „Das ist eine gute Idee, ich werde gleich mal die Verkaufsdaten für Gartenmöbel untersuchen." Marita Nettekoven ist erstaunt. „Wie können denn alte Verkaufszahlen für diese Entscheidung wichtig sein?" Erläutern Sie anhand dieses Beispiels die Notwendigkeit der Verkaufsdatenanalyse für Sortimentsentscheidungen.

3. Michael Hohn besitzt ein Fachgeschäft für Sportartikel in Bonn. In der Fachzeitschrift „Der Tennis-Experte" findet er eine Anzeige der „Sportex GmbH" in Hamburg. Diese bietet Sporttaschen aus Nylon an, auf denen der Schriftzug eines Einzelhändlers aufgedruckt werden kann. Herr Hohn ist begeistert. Diese Taschen will er haben, denn jede Tasche wird so zu einem Werbeträger seines Betriebs. Entwerfen Sie für Herrn Hohn einen Brief an die Sportex GmbH. Er möchte über Preise, Lieferungs- und Zahlungsbedingungen informiert werden. Ferner möchte er gerne eine Mustertasche haben.

4. Ein Großhändler sendet einer Einzelhandelsunternehmung, mit der er seit Langem gute Geschäftsbeziehungen pflegt, unaufgefordert einen günstigen Posten Waren zu. Der Einzelhändler reagiert nicht auf diese Warenlieferung.
a) Beurteilen Sie, ob ein Kaufvertrag zustande gekommen ist.
b) Stellen Sie fest, ob sich die Sachlage ändert, wenn bisher keine Geschäftsbeziehungen zwischen Groß- und Einzelhändler vorgelegen haben.

5. Ein Einzelhändler hat bei einem Großhändler schriftlich Ware bestellt. Der Großhändler sendet nach zwei Tagen eine Auftragsbestätigung. Nach einer Woche bemerkt der Einzelhändler, dass die Nachfrage nach der bestellten, aber noch nicht gelieferten Ware nachlässt. Daher widerruft er per E-Mail die Bestellung beim Großhändler. Der Großhändler reagiert aber auf diesen Widerruf nicht. Nach drei weiteren Tagen liefert der Großhändler die Ware.
a) Begründen Sie, ob ein Kaufvertrag zwischen dem Einzel- und dem Großhändler zustande gekommen ist.
b) Welche Auswirkung hat der Widerruf des Einzelhändlers auf den Kaufvertrag?
c) Beurteilen Sie, wie die Rechtslage wäre, wenn der Einzelhändler einen Tag nach der brieflichen Bestellung per E-Mail widerrufen hätte.

6. Das Warenhaus „Mezzo GmbH" kauft beim Büromöbelhersteller Schneiders OHG zehn Drehsessel zum Stückpreis von 390,00 EUR. Nach Erhalt der Rechnung stellt der zuständige Abteilungsleiter fest, dass vom Büromöbelhersteller 160,00 EUR Fracht und 80,00 EUR Verpackung in Rechnung gestellt worden sind. Im Kaufvertrag wurde keine Regelung darüber getroffen.

a) Begründen Sie, wer die Kosten der Fracht und der Verpackung zu tragen hat.
b) Erläutern Sie, wie sich ein Einzelhändler davor schützen kann, dass ein Lieferer ihm Kosten in Rechnung stellt, über die keine vertragliche Vereinbarung getroffen wurde und welche vertraglichen Regelungen möglich sind.

7. Thomas Brück hat für acht Tage vom Radio- und Fernsehgeschäft Meis e. K. einen DVD-Player kostenlos zum Ausprobieren bekommen. Nach acht Tagen ruft Thomas Brück beim Radio- und Fernsehgeschäft an und erklärt, dass er das Gerät behalten wolle. Einen Tag später bezahlt er das Gerät beim Einzelhandelsgeschäft.
a) Stellen Sie fest, welche Kaufart vorliegt.
b) Geben Sie an, wer vor dem Telefongespräch Besitzer und Eigentümer des Gerätes ist.
c) Ändert sich hinsichtlich der Besitz- und Eigentumsverhältnisse etwas nach dem Telefongespräch?
d) Angenommen, Thomas Brück meldet sich erst nach 14 Tagen beim Radio- und Fernsehgeschäft und will den DVD-Player zurückgeben. Ist der Einzelhandelsbetrieb dann noch zur Rücknahme des DVD-Player verpflichtet?

8. Die Porzellanwarengroßhandlung Valley & Co. KG in Tübingen liefert an den Einzelhändler Singer in Cottbus Waren im Werte von 20.000,00 EUR. Unterwegs verunglückt der mit der Lieferung beauftragte Spediteur ohne Verschulden. Die Ware wird vollständig zerstört. Erläutern Sie die Rechtslage, wenn
a) über den Erfüllungsort keine Vereinbarung getroffen wurde,
b) der Geschäftssitz des Einzelhändlers als Erfüllungsort vertraglich festgelegt wurde,
c) über den Gerichtsstand keine Vereinbarung getroffen wurde.

9. Ein Lieferer gewährt dem Schuheinzelhändler Pade ein Zahlungsziel von 60 Tagen. Bei Zahlung innerhalb von 14 Tagen räumt der Lieferer 3 % Skonto ein.
a) Begründen Sie, warum es für den Einzelhändler Pade vorteilhaft ist, unter Inanspruchnahme eines Bankkredites die Liefererrechnung über 22.800,00 EUR mit Skontoausnutzung zu bezahlen (Bankzinssatz 14 %).
b) Ermitteln Sie den Effektivzinssatz für diesen Liefererkredit.
c) Wie viel Euro beträgt der Überweisungsbetrag bei Ausnutzung des Skontos?
d) Wie viel Euro betragen die Kreditkosten bei der Bank?
e) Ermitteln Sie den Finanzierungsgewinn aus der Inanspruchnahme von Skonto.

10. Einem Einzelhändler liegen zwei Angebote von unterschiedlichen Großhändlern vor, die benötigte Menge beträgt 200 Stück.
Angebot Lieferer Haase: Kaufpreis je Stück 20,00 EUR, 10 % Mengenrabatt bei Abnahme von 80 Stück, 20 % bei Abnahme von 150 Stück, 3 % Skonto bei Zahlung innerhalb von 14 Tagen oder 30 Tage netto Kasse, Lieferzeit 20 Tage, unfrei (Rollgeld jeweils 20,00 EUR, Fracht 180,00 EUR), Verpackungskosten keine.
Angebot Lieferer Duffner: Kaufpreis je Stück 19,00 EUR, 15 % Mengenrabatt, 2 % Skonto bei Zahlung innerhalb von acht Tagen oder 40 Tage netto Kasse, Lieferzeit 40 Tage, frachtfrei (Rollgeld jeweils 15,00 EUR, Fracht 150,00 EUR), 30,00 EUR Verpackungskosten.
a) Ermitteln Sie den preisgünstigeren Großhändler.
b) Erläutern Sie, welche Gesichtspunkte bei dem Angebotsvergleich außer dem Preis noch zu berücksichtigen sind.

11. Das Möbeleinzelhandelsgeschäft Hans Kruse e. K., Steinachstr. 17, 90765 Fürth, hat von Willibald Holzwurm, Lausenhof 16–24, 95032 Hof, Hersteller von rustikalen Holzmöbeln, ein Angebot erhalten:

5 altdeutsche Schränke	Nr. 660005392 zu je	3.600,00 EUR
5 Bauernschränke	Nr. 360004765 zu je	1.290,00 EUR
6 Wohnzimmertische Rembrandt	Nr. 560006453 zu je	1.590,00 EUR
4 Küchentische Gent	Nr. 330006512 zu je	830,00 EUR

Lieferzeit sieben Wochen; frachtfrei; Zahlungsbedingung: innerhalb von zwei Wochen nach Rechnungserhalt mit 2 % Skonto oder innerhalb von 30 Tagen netto Kasse.
Schreiben Sie die Bestellung des Einzelhändlers.

12. Willibald Kluge erhält von einer Versandhandlung unbestellt zwei Bücher zugesandt. In einem Begleitschreiben ist Folgendes zu lesen: „Sie haben 14 Tage Zeit, sich die Bücher anzusehen. Nach Ablauf von 14 Tagen müssen die Bücher bezahlt werden." Da Willibald Kluge eine Woche später für drei Wochen in Urlaub fährt, vergisst er die Bücher, die er unbenutzt ins Bücherregal gelegt hat. Bei seiner Rückkehr aus dem Urlaub findet er zu Hause eine Mahnung der Versandhandlung vor, in der er aufgefordert wird, unverzüglich 96,00 EUR zu bezahlen.
a) Beurteilen Sie, ob ein Kaufvertrag zustande gekommen ist.
b) Beschreiben Sie, ob sich die Sachlage ändert, wenn Willibald Kluge die Bücher per Nachnahme erhalten hätte.
c) Willibald Kluge hat die Bücher in einer gewöhnlichen Postsendung erhalten. Er hat kein Interesse an den Büchern. Ist er verpflichtet, die Bücher an die Versandhandlung zurückzuschicken?
d) Beurteilen Sie, wie sich der Sachverhalt ändert, wenn Willibald Kluge Mitglied eines Bücherbundes wäre und der Bücherbund ihm die Bücher als Quartalsvorschlag zugesandt hätte.

13. Der Listeneinkaufspreis einer Ware beträgt 600,00 EUR. Der Lieferer gewährt 5 % Rabatt und 3 % Skonto. Berechnen Sie a) den Zieleinkaufspreis, b) den Bareinkaufspreis.

14. Ein Einzelhändler bezieht 240 kg einer Ware zu 4,00 EUR je kg. Für Fracht sind 9,60 EUR je angefangene 100 kg zu zahlen, an Versicherungsprämie 1,80 EUR je angefangene 100,00 EUR Warenwert. Ermitteln Sie
a) die Frachtkosten,
b) die Versicherungsprämie,
c) den Bezugspreis (Einstandspreis) der Ware,
d) den Bezugspreis (Einstandspreis) je kg.

15. Aufgrund einer fehlerhaften Lieferung erhält ein Einzelhändler auf eine Rechnung über 750,00 EUR einen Preisnachlass von 20 %. Für sofortige Zahlung zieht er außerdem noch 2 % Skonto ab.
a) Wie viel Euro Preisnachlass erhält der Einzelhändler dadurch insgesamt?
b) Wie viel Euro werden überwiesen?

16. Ein Einzelhändler kauft 400 kg einer Ware zu 10,00 EUR je kg. Die Verpackung wiegt 5 kg. Der Käufer wird Eigentümer dieser Verpackung. Bezüglich der Übernahme der Transportkosten wurde „ab Werk" vereinbart. Hausfracht (Rollgeld) und Fracht betragen zusammen 500,00 EUR. Ermitteln Sie den Bezugspreis (Einstandspreis), wenn „brutto für netto" vereinbart wurde.

17. Einem Einzelhändler liegen drei Angebote vor:
Angebot A: Listeneinkaufspreis 450,00 EUR, Rabatt 5 %, Skonto 2 %, Lieferung frei Haus
Angebot B: Listeneinkaufspreis 420,00 EUR, Skonto 2 %, Bezugskosten 15,00 Euro
Angebot C: Listeneinkaufspreis 440,00 EUR, Rabatt 5 %, Lieferung frei Haus
Ermitteln Sie
a) den Bezugs-/Einstandspreis für Angebot A,
b) den Unterschied zwischen dem teuersten und günstigsten Angebot in EUR.

18. Ermitteln Sie aus der nachstehenden Kalkulation eines Markenartikels
a) den Zieleinkaufspreis,
b) den Listeneinkaufspreis,
c) den Rabattsatz,
d) den Bezugspreis (Einstandspreis).

		EUR
	Listeneinkaufspreis	?
–	... % Rabatt	107,20
	Zieleinkaufspreis	?
–	2,5 % Skonto	18,76
	Bareinkaufspreis	?
+	Bezugskosten	9,36
	Bezugspreis (Einstandspreis)	?

Gebundene Aufgaben zur Prüfungsvorbereitung

1. Stellen Sie fest, ob folgende Klauseln die Verbindlichkeit eines Angebots
1. einschränken, 2. ausschließen, 3. nicht beeinflussen.
a) Preise gelten bis 31. Dezember d. J.
b) so lange der Vorrat reicht
c) freibleibend
d) Lieferung frei Haus
e) Lieferzeit freibleibend
f) Lieferung gegen Vorauszahlung

2. Stellen Sie fest, welche der folgenden Kaufvertragsarten auf unten stehende Aussagen zutreffen.
1. Zielkauf
2. Terminkauf
3. Kauf auf Abruf
4. Bestimmungskauf
5. Kauf auf Probe
6. Stückkauf

a) Innerhalb einer bestimmten Frist ist der Zeitpunkt der Lieferung in das Ermessen des Käufers gestellt.
b) Es besteht Rückgaberecht, wenn die Ware nicht den Erwartungen entspricht.
c) Die Lieferung hat zu einem vereinbarten Zeitpunkt zu erfolgen.
d) Kaufgegenstand ist eine nicht vertretbare Sache.
e) Die Zahlung hat innerhalb einer vereinbarten Frist nach der Lieferung zu erfolgen.
f) Es handelt sich um den Kauf einer bestimmten Menge, wobei innerhalb einer bestimmten Frist Maße, Formen und Farben vom Käufer erst später festgelegt werden.

3. Ein Großhändler bietet einem Einzelhändler Taschenkalender zum Preis von 7,80 EUR je Stück an. Das Angebot erfolgt schriftlich und geht am 15. Oktober beim Einzelhändler ein. Bei welcher der folgenden Bestellungen ist ein Kaufvertrag zustande gekommen?
1. Der Einzelhändler bestellt am 20. Oktober schriftlich 60 Taschenkalender zum Angebotspreis.
2. Der Einzelhändler bestellt am 16. Oktober schriftlich 100 Taschenkalender zum Preis von 7,02 EUR je Stück. Er gibt bei der Bestellung an, dass er in Anbetracht der großen Bestellmenge 10 % Mengenrabatt verlangt.
3. Der Einzelhändler bestellt am 16. Oktober telefonisch 60 Taschenkalender zum Angebotspreis und bestätigt das Telefonat am 28. Oktober schriftlich.
4. Der Einzelhändler bestellt am 20. Oktober telefonisch 50 Taschenkalender zum Angebotspreis. Eine schriftliche Bestätigung erfolgt nicht.
5. Der Einzelhändler bestellt am 16. Oktober schriftlich 50 Taschenkalender zum Angebotspreis. Der Lieferer hatte sein Angebot jedoch widerrufen, bevor es beim Kunden eintraf.

4. Sie finden in einem Angebot eines Großhändlers die Angabe „brutto für netto“. Wie werden die Kosten für die Verpackung berechnet?
1. Die Verpackung bleibt unberechnet.
2. Die Verpackung wird wie Ware berechnet.

3. Die Verpackung muss zurückgesandt werden, ein Abnutzungsentgelt wird berechnet.
4. Die Verpackung wird leihweise überlassen.
5. Der Großhändler zahlt die Kosten der Verpackung.

5. Welche der unten stehenden Lieferbedingungen zwischen einem Lieferer und einem Einzelhändler treffen auf die Aussagen a) bis c) zu?

1. ab Lager
2. frachtfrei
3. ab Bahnhof hier
4. frei Haus
5. frei Waggon

a) Der Einzelhändler trägt alle Versandkosten, die Versandkosten sind nicht im Angebotspreis enthalten.
b) Der Lieferer trägt alle Versandkosten, die Versandkosten sind im Angebotspreis enthalten.
c) Im Angebotspreis sind die Kosten für die Anfuhr und für Verladung auf das Transportmittel enthalten. Der Einzelhändler trägt alle übrigen Transportkosten.

6. Ein Einzelhändler erhält am 14. November ein schriftliches Angebot von seinem Großhändler. Am 15. November ruft der Großhändler an und teilt mit, dass er das Angebot zu den genannten Preisen nicht mehr aufrecht erhalten kann. Welche der folgenden Aussagen ist richtig? Das Angebot des Großhändlers

1. gilt weiterhin, aber zu neuen Preisen.
2. wird mit dem Zeitpunkt des Anrufes nichtig.
3. erlischt durch den Anruf, da es auf schnellstem Wege widerrufen wurde.
4. gilt zu den alten Preisen.
5. erlischt durch den Anruf, wenn der Einzelhändler nicht schriftlich neu bestellt.

7. Geben Sie die Fälle an, in denen ein Kaufvertrag zustande gekommen ist.

1. Ein Lieferer unterbreitet ein Angebot, der Einzelhändler bestellt sofort ohne Änderungen.
2. Ein Lieferer macht ein freibleibendes Angebot, der Einzelhändler bestellt sofort ohne Änderungen.
3. Ein Einzelhändler bestellt ohne vorhergehendes Angebot.
4. Ein Einzelhändler erhält vom Lieferer ein telefonisches Angebot und bestellt nach acht Tagen.
5. Der Lieferer sendet unbestellte Ware, die der vorherigen Lieferung entspricht. Der Einzelhändler äußert sich nicht.

8. Fehlen in der Bestellung oder im Angebot einzelne Punkte, so gelten die gesetzlichen Bestimmungen. Ergänzen Sie nachfolgende Satzteile zu einer richtigen Aussage.

a) Enthält das Angebot keine Mengenangabe, so gilt es …
   1. für jede handelsübliche Menge. 2. nur für die lieferbare Menge.
b) Ist bezüglich der Versandverpackung nichts vereinbart, so gehen diese Kosten zulasten …
   1. des Verkäufers. 2. des Käufers.
c) Ist bezüglich der Versandkosten nichts vereinbart, so sind diese …
   1. vom Käufer zu tragen. 2. vom Verkäufer zu tragen.
d) Ist bei der Bestellung keine Vereinbarung über die Qualität getroffen worden, hat der Lieferer …
   1. nur Ware erster Qualität zu liefern. 2. Waren mittlerer Güte zu liefern.

9. Von einem Lieferer in Essen wurde Ware im Werte von 18.000,00 EUR an einen Einzelhändler in Bochum geliefert. Im Kaufvertrag fehlte eine Vereinbarung über Erfüllungsort und Gerichtsstand. Trotz wiederholter Mahnung zahlt der Einzelhändler nicht. Bei wel-

chem der nachfolgend genannten Gerichte muss der Lieferer gegen den Einzelhändler auf Zahlung klagen?
1. Amtsgericht Essen
2. Landgericht Essen
3. Amtsgericht Bochum
4. Landgericht Bochum
5. Verwaltungsgericht Essen
6. Verwaltungsgericht Bochum

10. Ein Großhändler, mit dem ein Einzelhändler keine Geschäftsbeziehung unterhält, sendet dem Einzelhändler unbestellt eine Ware zu einem besonders günstigen Einführungspreis zu. Trotz der günstigen Konditionen beabsichtigt der Einzelhändler nach Prüfung der Sendung nicht, die Ware in sein Sortiment aufzunehmen. Welche Verpflichtung hat der Einzelhändler in dieser Situation?
1. Er muss die Ware sofort zurücksenden.
2. Er muss sich nicht äußern; er muss die Ware aber auf Kosten und Gefahr des Großhändlers sorgfältig aufbewahren.
3. Er muss dem Lieferer sofort schriftlich mitteilen, dass er die Ware nicht behalten will.
4. Er muss die Ware behalten und bezahlen, weil durch die Warenannahme ein Kaufvertrag zustande gekommen ist.
5. Er kann die Ware behalten und muss sie nicht bezahlen.

11. Die Center Warenhaus GmbH beabsichtigt im Textilbereich exklusive Kleidungsstücke als Kommissionsware ins Sortiment zu nehmen. Welcher Vorteil wird damit vorrangig angestrebt?
1. Der Center Warenhaus GmbH werden kürzere Lieferzeiten gewährt.
2. Die Center Warenhaus GmbH hat geringere Werbekosten, da diese vom Lieferer übernommen werden.
3. Die Center Warenhaus GmbH erspart sich die Regalpflege.
4. Die Center Warenhaus GmbH kann nicht verkaufte Ware nach einem bestimmten Zeitraum zurückgeben.
5. Die Center Warenhaus GmbH erhält auf alle bezogenen Waren einen Bonus.

12. Die Center Warenhaus GmbH richtet eine Anfrage an die Textil AG. Welche Bedeutung hat diese Anfrage für den Abschluss eines Kaufvertrages?
1. Diese Anfrage ist unverbindlich.
2. Die Textil AG ist nach HGB verpflichtet, ein Angebot abzugeben.
3. Die Anfrage gilt als Bestellung, wenn die Ware vorrätig ist.
4. Bestimmt die Center Warenhaus GmbH in der Anfrage Art und Menge der Ware genau, muss die Textil AG sofort liefern.
5. Die Center Warenhaus GmbH verpflichtet sich dadurch, zu einem späteren Zeitpunkt zu bestellen.

13. Beim Abschluss eines Kaufvertrages mit der Textil AG am 14. Juni vereinbarte die Center Warenhaus GmbH als Liefertermin den „14. Juli" fest. Wie wird diese Art des Kaufs bezeichnet?
1. Bestimmungskauf
2. Kauf auf Abruf
3. Fixkauf
4. Kauf auf Ziel
5. Spezifikationskauf

Waren annehmen, lagern und pflegen

1 Aufgaben bei der Warenannahme wahrnehmen

Der Auszubildende Mehmet Aydin wird im Mars Elektrofachmarkt e. K. seit einer Woche in der Warenannahme im Lager eingesetzt. Kurz vor Ladenschluss kommt ein Frachtführer des Lieferers Elektro Bader KG und liefert drei Paletten mit Fernsehgeräten, Hi-Fi-Anlagen und verschiedenen Haushaltsgeräten. Damit Mehmet rechtzeitig nach Hause kommt, lässt er die drei Paletten in einer Ecke des Lagers stehen. Am nächsten Morgen hat er die Warenlieferung schon vergessen. Zwei Tage später sieht Nicole Orth, die Verkaufsleiterin „Weiße Ware", die Kartons. Sie fordert Mehmet auf, die Waren unverzüglich auszupacken und zu überprüfen. Bei der Überprüfung der Waren stellt sich heraus, dass in drei Kartons mehrere Artikel beschädigt sind und sich in einem Karton nicht bestellte Artikel befinden. Frau Orth ist wütend auf Mehmet: *„Einem zukünftigen Kaufmann im Einzelhandel darf so etwas nicht passieren."* Mehmet entschuldigt sich damit, dass er wegen Arbeitsbelastung noch nicht dazu gekommen sei, die Kartons zu prüfen. Außerdem könnten die festgestellten Mängel jetzt auch noch beim Lieferer gerügt werden.

ARBEITSAUFTRÄGE

- Stellen Sie fest, innerhalb welcher Frist eingehende Waren geprüft werden müssen.
- Erstellen Sie einen Ablaufplan aller Aufgaben bei der Warenannahme.
- Beschreiben Sie Möglichkeiten, wie die Waren ausgezeichnet werden können.

→ AH

Bestellte Waren werden dem Einzelhändler meist durch die Deutsche Post AG, die Deutsche Bahn AG, Paketzustelldienste oder Speditionen zugestellt. Damit der Einzelhändler nicht seine **Rechte aus Reklamationen** (Mängelrüge) beim Lieferer verliert, müssen bei der Warenannahme **Prüfungen** vorgenommen werden. LF 5

Äußere Prüfung der Warensendung

In Anwesenheit des Frachtführers muss vom Käufer **sofort,** d. h. ohne jede Verzögerung, geprüft werden, ob

- die Anschriften des Absenders und des Empfängers auf dem Lieferschein zutreffend sind,

- die Waren bestellt waren (Vergleich von Lieferschein und Bestellung),
- die Verpackung Beschädigungen aufweist und
- die Anzahl und das Gewicht der Versandstücke (Colli) mit dem **Lieferschein und der Bestellung** übereinstimmen.

Absender **Elektro Bader KG** Elektrogeräte

Elektro Bader KG
Fabrik Str. 10–34, 04129 Leipzig

Empfänger
Mars Elektrofachmarkt e. K.
Aachener Str. 1250
50859 Köln

Ihre Bestellung vom 20.01.20..
Ihre Bestell-Nr./-Abtlg. 1760
Versandart Spedition
Frei/Unfrei Unfrei
Gepackt am 22.01... von Wolf
Kontrolle Müller

Lieferschein Nr. 486 Datum 23.01.20..

100	Tischventilator V 34	1831169
30	Sany Micro-Musikanlage D2	1821026
20	Ruby Fernsehgerät	1849990
	Waren angenommen Mehmet Aydin	

Vermerke des Absenders (bitte nicht durchschreiben)

Steuernummer: 230/947/4646
USt-IdNr.: DE856508569

Die gelieferte Ware bleibt bis zur vollständigen Bezahlung Eigentum des Lieferanten.

Falls sich bei der sofortigen Prüfung Beanstandungen ergeben, erstellt der Käufer eine **Tatbestandsaufnahme (Schadensprotokoll)** in Gegenwart des Frachtführers. Hierin werden die Mängel schriftlich erfasst und vom Frachtführer durch seine Unterschrift bestätigt. Der Käufer erklärt, dass er die Waren nur „unter Vorbehalt" annimmt, d. h., er behält sich weitere rechtliche Schritte gegen den Lieferer vor (vgl. Seite 113 f.). Der **Empfang** der Ware wird auf den **Warenbegleitpapieren** (z. B. Lieferschein, Frachtbrief) bestätigt. LF 5

MARS
ELEKTROFACHMARKT E.K.
Steuernummer: 223/3137/2973
USt-IdNr.: DE583442585

Schadensprotokoll

Wareneingang:

Lieferer:
Elektro Bader KG, Elektrogeräte
Fabrikstr. 10–34
04129 Leipzig

Fehlermeldung

Ware	Best.-Nr.	gelieferte Anzahl	bestellte Anzahl	fehlerhafte Anzahl	Beanstandung
Tischventilator V34	1831169	97	100	33	Drei Stück wurden zu wenig geliefert.
Sany Micro-Musikanlage D2	1821026	30	30	3	Drei Kartons sind eingedrückt.
Ruby Fernsehgerät TX-32M	1849990	20	30	20	Statt Ruby TX-32 wurde Ruby TX-40 geliefert.

erstellt: Aydin
geprüft: Bonnet

Unterschrift Frachtführer: Schneider

Datum: 23.01.20..

Beispiel Bei der Warenannahme im Mars Elektrofachmarkt e. K. werden beschädigte oder fehlende Kartons sofort beim Frachtführer reklamiert. Durch die Überprüfung der Lieferanschrift wird vermieden, dass Irrläufer (Empfänger ist z. B. eine andere Filiale) angenommen werden.

Innere (inhaltliche) Prüfung der Warensendung

Bei der Überprüfung des Inhaltes der Sendung geht es darum, festzustellen, ob Artikel, Mengen, Art und Güte der Warensendung in Ordnung sind. Hierzu ist es erforderlich, verpackte Waren auszupacken. Die Prüfung kann bei umfangreichen Lieferungen **auch stichprobenartig** erfolgen. Sie ist **unverzüglich** vorzunehmen, d. h., der Käufer darf die Warenprüfung nicht schuldhaft verzögern, sondern er muss die Ware zum nächstmöglichen Zeitpunkt auf mögliche Mängel prüfen, sonst verliert er seine Rechte aus der Mängelrüge (vgl. Seite 113 ff.).

Beispiel Beim Mars Elektrofachmarkt e. K. wird eine Lieferung von vier Kartons Elektrogeräte am Dienstag um 17:15 Uhr angeliefert. Die sofortige Warenprüfung in Gegenwart des Frachtführers ergibt keine Beanstandungen. Aufgrund eines Versehens eines Mitarbeiters werden die Waren erst vier Tage später ausgepackt und im Einzelnen geprüft. Die Prüfung der Ware wurde vom Mars Elektrofachmarkt e. K. mit schuldhafter Verzögerung durchgeführt, sie handelte somit nicht unverzüglich.

Wareneingangsbuch

In vielen Einzelhandelsunternehmen wird ein **Wareneingangsbuch** (vgl. Seite 263) geführt, das im Rahmen des WWS elektronisch geführt wird. Hierin werden alle Wareneingänge mit Datum, Lieferer, Transporteur, Warenart, -menge usw. festgehalten. Außerdem wird die Einkaufsabteilung über den Wareneingang informiert, die dann die Begleichung der Rechnung (betriebliches Rechnungswesen) einleitet. Wurde die Ware ordnungsgemäß ohne Mängel geliefert, so ist sie nach einem **Lagerplan**, in dem jedem Artikel ein bestimmter Lagerplatz zugeordnet wird, im Lager einzuräumen.

Preisauszeichnung

Laut der **Preisangabenverordnung (PAngV**, vgl. Seite 263 f.) ist jeder Einzelhändler, der seinen Kunden Waren und Dienstleistungen anbietet, zur Preisauszeichnung verpflichtet. Gesetzlich vorgeschrieben ist dem Einzelhändler, dass der **Verkaufspreis einschließlich Umsatzsteuer** (= Laden-, Bruttoverkaufs-, Auszeichnungspreis), die **Gütebezeichnung** (z. B. Handelsklasse A) und die **Verkaufseinheit** (Stück, kg, l usw.), auf die sich der Preis bezieht, angegeben werden müssen. Die Preisauszeichnung der Waren kann mithilfe von Etiketten oder einer Code-Etikettierung (vgl. Seite 109) durchgeführt werden.

Etiketten (vgl. Seite 109) sind kleine Zettel, die der Preis- und Warenauszeichnung dienen. Sie lassen sich folgendermaßen unterscheiden:

Auszeichnungsetiketten

Nach der Befestigung der Etiketten

- **Ansteck- oder Nadeletikett**
  Beispiele: Strickwaren, Trikotagen
- **Hänge- oder Fadenetikett**
  Beispiele: Hosen, Möbel
- **Klebeetikett**
  Beispiel: Konserven
- **Netzetikett**
  Beispiele: Obst, Gemüse
- **Heißsiegeletikett**
  Beispiele: Tiefkühlkost, Frischwaren in Klarsichtfolie
- **Regaletikett**
- LF 3, 4 **RFID-Etikett**
  Ein an den Etiketten angebrachter Chip meldet den aktuellen Lagerplatz und die Lagermenge.

Nach der betrieblichen Verwendung der Etiketten

- **Einfachetikett**
  enthält Artikel-Nr., Menge, Preis
- **Mehrfachetikett**
  als Abrissetikett besteht aus bis zu drei Teilen:
  – für den Packtisch
  – für den Kunden
  – für die Kasse
  Kunde zahlt an der Kasse und erhält am Packtisch gegen Kassenquittung die Ware (vgl. Seite 109)
- **Sicherungsetiketten gegen Diebstahl**

Nach den Auszeichnungsgeräten

- **Handdrucker**
  bedruckt das Produkt oder die Verpackung
- **Handauszeichner**
  für Haftetiketten
  Beispiel: Massenartikel
- **Mechanische Tischauszeichner**
  Artikel wird zum Gerät gebracht
- **Computer mit Etikettendrucker**
  druckt Balkencode und Ziffern (vgl. Seite 109)

Aus innerbetrieblichen Gründen kann ein Etikett noch folgende **Angaben** enthalten:

- Artikelnummer
- Lagernummer
- Einkaufspreis
- Größe
- Lieferant
- Eingangsdatum usw.

Allerdings sollten diese Angaben teilweise verschlüsselt sein, damit ein Kunde keinen Einblick in betriebsinterne Angelegenheiten bekommt.

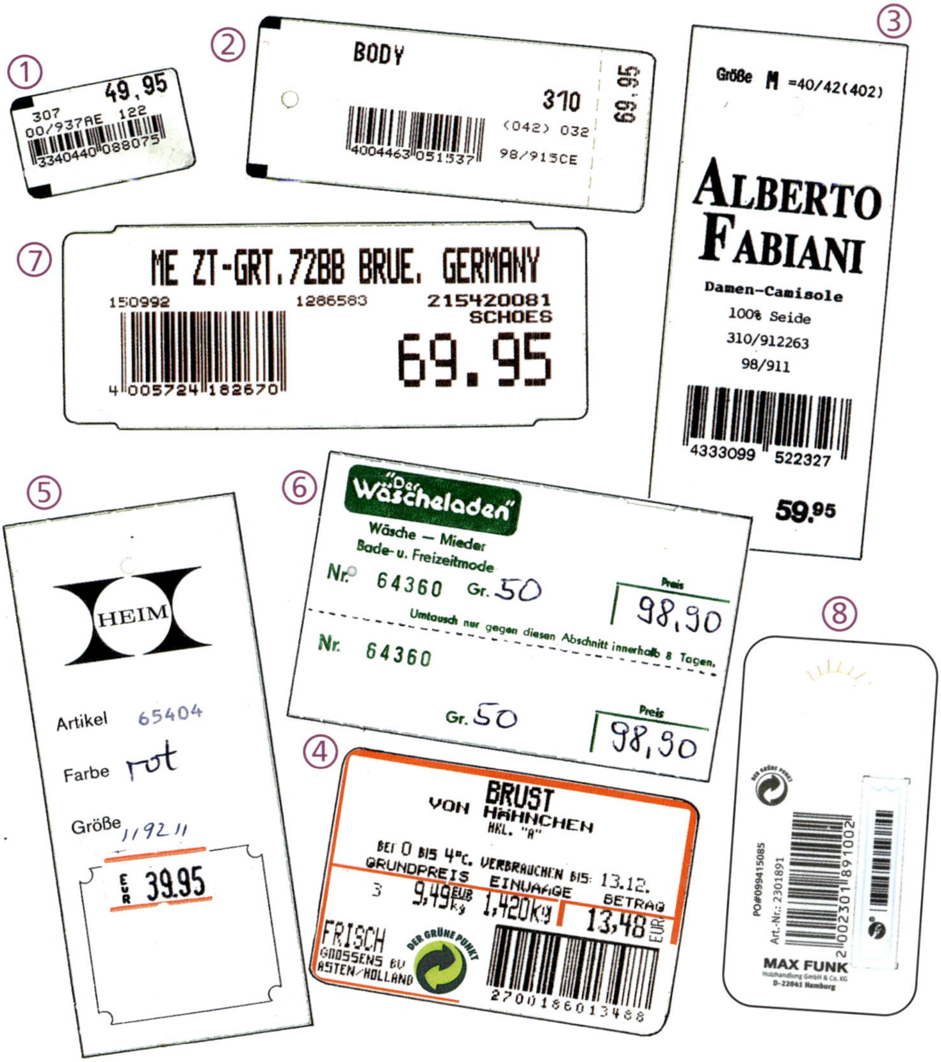

① Klebeetikett
② Ansteck- oder Nadeletikett
③ Hänge- oder Fadenetikett
④ Heißsiegeletikett
⑤ Einfachetikett
⑥ Mehrfachetikett
⑦ Regaletikett
⑧ Funketikett

Aus dem Etikett können nicht nur Informationen für den Warenverkauf abgelesen werden, sondern es enthält auch Angaben, die die kaufmännische Verwaltung eines Betriebs vereinfachen.

Beispiele

- Die **betriebsindividuelle Artikelnummer** erleichtert die Bestandspflege (Warenein- und -ausgänge) und die Inventur (vgl. Seite 149 ff.), weil die Ware durch Einscannen erfasst werden kann.
- Aus dem Wareneingangsdatum kann das **Alter der Ware** festgestellt werden.
- Durch die Angabe des verschlüsselten Bezugs-/Einstandspreises wird der **Preisspielraum bei Reklamationen** sichtbar.
- Die Nummer und der Name des Lieferanten sowie eine Ordernummer erleichtern die **Nachbestellung einer Ware** beim Lieferer.

Gestaltung des Etiketts: Es müssen zwei Gesichtspunkte beachtet werden:

- Die angestrebte Informationstiefe bestimmt den Aufbau des Etiketts, d. h. je mehr Informationen ein Etikett aufnehmen soll, desto größer wird ein Etikett.
- Als Nummerierungssystem verwenden Einzelhandelsbetriebe oft **Identitätsnummern (Identnummern)**, um das Etikett zu vereinfachen. Hinter der Identnummer verstecken sich weitere Daten, die nicht auf dem Etikett stehen, z. B. Einkaufspreis, Lieferer usw. Diese zusätzlichen Daten sind im EDV-System gespeichert und können nach Bedarf abgerufen werden (PLU-Verfahren). Das Etikett enthält neben der Identnummer z. B. nur noch den Verkaufspreis und die Artikelbezeichnung.

LF 3

Code-Etikettierung: Die einzelne Ware erhält bereits vom Hersteller ein Streifenetikett mit einem **Balkencode.** Die Preisauszeichnung erfolgt nur noch am Verkaufsregal (z. B. durch Plakate), somit wird der einzelne Artikel nicht ausgezeichnet. Für den Einzelhändler entfällt die zeitaufwendige Einzelpreisauszeichnung.

PRAXISTIPP Nutzen Sie das Etikett als Informationsquelle.
☞ Ein Etikett enthält die wichtigsten Daten des zu ihm gehörenden Artikels, es begleitet die Ware vom Wareneingang bis zum Verkauf wie ein Steckbrief.

Aufgaben bei der Warenannahme wahrnehmen

- Bei der Warenannahme muss die gelieferte Ware geprüft werden, damit der Einzelhändler nicht die **Rechte aus Reklamationen (Mängelrüge)** beim Lieferer verliert. Es wird geprüft:

sofort in Anwesenheit des Transporteurs	unverzüglich
• Berechtigung der Lieferung • Zustand der Verpackung • Zahl der Versandstücke	• Art • Qualität • Beschaffenheit der Ware.
Bei Beanstandungen: **Tatbestandsaufnahme** (Schadensprotokoll)	Bei Beanstandungen: **Mängelrüge**

- Falls die gelieferte Ware nicht bereits vom Hersteller ausgezeichnet wurde, muss die Ware mithilfe von Preisetiketten mit dem **Laden-, Auszeichnungs-, Bruttoverkaufspreis** ausgezeichnet werden.

1. Das Center Warenhaus erhält per Lkw eine Lieferung mit 20 Tonnen Ware, verpackt in 2.500 Kartons. Reicht es aus, wenn bei der Warenannahme stichprobenartig die Verpackung untersucht wird? Begründen Sie Ihre Antwort.

2. Begründen Sie, weshalb bei Warenlieferung auf Verpackungsschäden geachtet werden muss.

3. Erstellen Sie eine Tatbestandsaufnahme mit Angaben aus Ihrem Ausbildungsbetrieb.

4. Erklären Sie den Begriff „unverzüglich" anhand eines Beispiels.

5. Erläutern Sie, welche Kontrollen beim Wareneingang in Anwesenheit des Transporteurs durchgeführt werden müssen.

6. Erläutern Sie, wie sich ein Einzelhändler verhalten soll, der bei der Warenannahme Beanstandungen hat.

7. Beschreiben Sie Etiketten, die in Ihrem Ausbildungsbetrieb verwendet werden.

8. Sie versehen im Elektrobereich alle DVDs mit Sicherungsetiketten. Was bezweckt Ihr Unternehmen damit?

1. Durch das Anbringen der Etiketten erfolgt eine gleichzeitige Kontrolle der Bestandsführung.
2. Es ist die kostengünstigste Maßnahme zum Schutz vor Kassendifferenzen.
3. Durch Anbringen der Sicherungsetiketten lässt sich die Warenausgangskontrolle optimieren und dadurch die Umschlagshäufigkeit erhöhen.
4. Dadurch wird der Diebstahl dieser DVDs unmöglich.
5. Die dadurch entstehende Senkung der Diebstahlquote verringert die Inventurdifferenz.

2 Störungen bei der Erfüllung des Kaufvertrages bei der Warenbeschaffung bearbeiten

2.1 Die Schlechtleistung (mangelhafte Lieferung)

Der Mars Elektrofachmarkt e. K. erhält am Mittwochnachmittag gegen 17:00 Uhr vom Elektrogerätehersteller Elektro Bader KG eine Lieferung von bestellten Waren. Mehmet Aydin, zuständig für die Warenannahme, überprüft in Anwesenheit des Frachtführers die Anschrift, die Anzahl der Versandstücke und die äußerliche Unversehrtheit der Pakete. Da keine Mängel festgestellt werden, quittiert er dem Frachtführer die ordnungsgemäße Warenlieferung. Bei der Überprüfung der Paketinhalte am nächsten Morgen gegen 11:00 Uhr stellt sich heraus, dass statt 50 Kaffeeautomaten „Brasilia" 50 Kaffee-/Teeautomaten „Friesin" geliefert worden sind. Ferner sind drei Wasserkocher „Hot" infolge schlechter Verpackung zerbeult. Mehmet Aydin ruft sofort nach Entdeckung der Mängel beim Hersteller an und rügt die fehlerhafte Lieferung. Der Hersteller lehnt die Rücknahme der falsch gelieferten Waren und den Ersatz der zerbeulten Wasserkocher mit der Begründung ab, der Elektrofachmarkt hätte die gesamte Warenlieferung sofort in Anwesenheit des Frachtführers überprüfen müssen.

ARBEITSAUFTRÄGE

- Überprüfen Sie, welche Mängel bei der Warenlieferung vorliegen.
- Stellen Sie fest, ob der Mars Elektrofachmarkt noch einen Anspruch gegen den Hersteller hat.

Prüfungs- und Rügepflicht des Käufers und Mängelarten

LF 3 Der **Verkäufer** ist verpflichtet, die bestellte **Ware mangelfrei zu liefern.** Die eingegangene Ware muss vom Käufer beim zweiseitigen Handelskauf **unverzüglich (ohne schuldhafte Verzögerung)** auf Mängel untersucht werden (vgl. Seite 105). Beim einseitigen Handelskauf ist der Käufer nicht zur unverzüglichen Überprüfung der Warenlieferung verpflichtet (§ 377 HGB, § 433 ff. BGB).

Mängelrüge

Bei Feststellung von Mängeln muss der Einzelhändler dem Lieferer **unverzüglich eine Mängelrüge** zukommen lassen. Für die Mängelrüge gibt es keine **bestimmte Formvorschrift**, sie kann schriftlich, fernschriftlich, mündlich oder telefonisch erteilt werden. Aus **Beweissicherungsgründen** sollte sie aber **schriftlich** erteilt werden. In der Mängelrüge sollten die festgestellten Mängel so genau wie möglich beschrieben werden.

Mängelarten

Eine Warenlieferung kann Sach- oder Rechtsmängel aufweisen.

Sachmängel

Mangel in der Menge (Quantitätsmangel): Es wird zu viel oder zu wenig Ware geliefert.

Beispiel Statt der bestellten 100 Jeans „Bass" Primo liefert die Textil AG 90 Jeans **(Zuweniglieferung).**

Mangel in der Art (Falschlieferung): Es wird eine andere Ware als die bestellte geliefert.

Beispiele Statt Jeans „Bass" werden Jeans „Classic" geliefert; statt Kopierpapier in Weiß wird Kopierpapier in Grau liefert. Statt Kaffeeautomaten werden Kaffee-/Teeautomaten geliefert.

Mangel durch fehlerhafte Ware, Montagefehler oder mangelhafte Montageanleitungen: Die Ware kann möglicherweise zwar verwendet werden, ihr fehlt aber eine bestimmte oder zugesicherte Eigenschaft, die vertraglich vereinbart war. Hierzu zählen auch fehlerhafte Bedienungsanleitungen (sog. **IKEA-Klausel**, da in der Vergangenheit gelegentlich bei IKEA-Waren mit unverständlicher Montageanleitung verkauft wurden) oder die unsachgemäß ausgeführte Montage des Verkäufers **(Montagefehler).**

Beispiele
- Gelieferte Bürostühle haben defekte Rollen; gelieferte Jeans haben Webfehler.
- Gelieferter Joghurt ist verdorben; gelieferte Hi-Fi-Lautsprecher haben Kratzer am Gehäuse.
- Der Verkäufer liefert ein Holzregal, das beim Kunden aufgebaut wird. Der Monteur bohrt zusätzliche Löcher in das Regal mit dem Ergebnis, dass das Regal schief steht.

Mangel durch falsche Werbeversprechungen oder durch falsche Kennzeichnungen: Es fehlen der Ware Eigenschaften, die in einer Werbeaussage oder durch Kennzeichnung versprochen wurden.

Beispiel Ein Kunde kauft beim Mars Elektrofachmarkt aufgrund einer Werbebroschüre eine Spülmaschine, die lt. Prospekt nur 10 l Wasser pro Spülgang verbrauchen soll. In Wirklichkeit braucht die Spülmaschine aber 30 l pro Spülgang.

Rechtsmangel

Von einem Rechtsmangel spricht man, wenn die zu verkaufende Sache durch Rechte anderer belastet ist.

Beispiel Auf dem Flohmarkt verkauft ein Händler neue Bürostühle, die gestohlen worden sind. Dadurch kann ein Käufer kein Eigentum an dem Bürostuhl erwerben.

○ Erkennbarkeit der Mängel

Hinsichtlich der **Erkennbarkeit der Mängel** kann folgende Einteilung vorgenommen werden:

	Erkennbarkeit der Mängel		
Mängelart	**Offener Mangel** Er ist bei der Prüfung der Ware sofort erkennbar.	**Versteckter Mangel** Er ist nicht gleich erkennbar, sondern zeigt sich erst später.	**Arglistig verschwiegener Mangel** Dieser Mangel ist dem Verkäufer bekannt, wird aber bewusst von ihm verschwiegen.
Beispiele	Porzellanteller sind zerbrochen; Obst fault; statt brauner Ledersessel werden schwarze geliefert, CD-Hüllen sind zerbrochen	Konserven sind verdorben; in als Möhrenkonserven etikettierten Dosen befinden sich Erbsen	Ein Gartengerät wird als garantiert rostfrei verkauft, bereits nach 2 Wochen rostet es.

○ Einseitiger und zweiseitiger Handelskauf

Während beim zweiseitigen Handelskauf (Kaufvertrag zwischen zwei Kaufleuten) **offene Mängel unverzüglich** gerügt werden müssen, sind **versteckte Mängel** vom Einzelhändler **unverzüglich nach Entdecken, spätestens vor Ablauf von zwei Jahren** zu rügen (§ 377 HGB, § 474 BGB).

Arglistig verschwiegene Mängel müssen **unverzüglich nach Entdecken innerhalb von drei Jahren** gerügt werden, wobei die Frist der Verjährung am Ende des Jahres beginnt, in dem der Mangel entdeckt wurde.

Beim **einseitigen Handelskauf**, also bei einem Kaufvertrag zwischen dem Einzelhändler und seinem Kunden, ist der Kunde **nicht verpflichtet, unverzüglich eine Mängelrüge** zu erteilen. Für den Kunden gilt sowohl bei offenen wie auch bei versteckten Mängeln die **zweijährige Sachmängelhaftungsfrist**, d. h., der Kunde hat zwei Jahre Zeit, seine Mängelrüge zu erteilen. Für gebrauchte Produkte beläuft sich die Sachmängelhaftungsfrist zwischen einem Kaufmann und einem Privatmann auf ein Jahr. Bei **arglistig verschwiegenen Mängeln** hat auch der Kunde eine Frist von **drei Jahren.**

Bei Mängeln, die nach mehr als sechs Monaten zum ersten Mal auftauchen, muss der Käufer bei einem **Verbrauchsgüterkauf** (vgl. Seite 380) ggf. mithilfe von Sachverständigen belegen, dass die Mängel schon bei der Warenübergabe vorhanden waren **(Beweislastumkehr).** Der Verkäufer haftet ebenfalls dafür, wenn eine Sache nicht hält, was die Werbung verspricht: Die Ware gilt dann als mangelhaft. Zudem haftet der Verkäufer für Angaben des Herstellers und für falsche oder fehlerhafte Montage- oder Gebrauchsanleitungen (IKEA-Klausel). LF 3

Kommt der Einzelhändler beim zweiseitigen Handelskauf seinen Rügepflichten nicht termingerecht nach, **verliert er alle Rechte** aus der mangelhaften Warenlieferung gegen den Lieferer. Deswegen sollte jeder Einzelhändler bestrebt sein, gelieferte Ware unverzüglich zu prüfen und dem Lieferer festgestellte Mängel unverzüglich mitzuteilen. Der Einzelhändler ist **verpflichtet,** die **mangelhafte Ware auf Kosten des Lieferers sorgfältig aufzubewahren** (im eigenen oder in einem gemieteten Lagerraum). Verderbliche Ware kann der Einzelhändler öffentlich versteigern oder durch einen Handelsmakler verkaufen lassen, um den Schaden zu begrenzen.

Beispiel Wenn der Mars Elektrofachmarkt seinen unverzüglichen Prüf- und Rügepflichten nicht nachkommt, hat er keinen Anspruch mehr gegen den Elektrogerätehersteller.

Rechte des Käufers aus der Mängelrüge (gesetzliche Sachmängelhaftungsansprüche)

Der Käufer kann aus der Mängelrüge zuerst nur das Recht auf Nacherfüllung geltend machen.

Nacherfüllung (wahlweise Ersatzlieferung oder Nachbesserung): Der Kaufvertrag bleibt bestehen, der Käufer besteht auf der Lieferung mangelfreier Ware. Das Recht auf Ersatzlieferung ist nur beim Gattungskauf (vertretbare Ware) möglich. Der Käufer wird dieses Recht wählen, wenn der Kauf besonders günstig oder der Verkäufer bisher besonders zuverlässig war. Eine Nacherfüllung gilt nach dem **erfolglosen zweiten Versuch** als fehlgeschlagen. Der Nacherfüllungsanspruch besteht auch bei geringfügigen Mängeln und ist verschuldensunabhängig.

Beispiel Die Center Warenhaus GmbH hat von einem Schuhhersteller eine Lieferung Schuhe erhalten. Aufgrund eines Produktionsfehlers hat ein Teil der Schuhe Farbfehler. Die Center Warenhaus GmbH verlangt Ersatzlieferung der mit Farbfehlern versehenen Schuhe.

Falls die vom Käufer gewählte Art der Nacherfüllung mit unverhältnismäßig hohen Kosten verbunden ist, kann der Verkäufer sie ablehnen. Die Ersatzlieferung ist nicht zu verwechseln mit dem Umtausch, den ein Einzelhändler seinen Kunden aus Kulanzgründen gewährt (vgl. Seite 382). Im Einzelhandel versteht man unter Umtausch den sogenannten **Gefälligkeitsumtausch.** Hierbei besteht **keine rechtliche Verpflichtung des Einzelhändlers, eine mangelfreie Ware umzutauschen.**

Beispiel für Umtausch: Eine Kundin will einen Pullover umtauschen, weil ihrem Ehemann die Farbe nicht gefällt.

Erst nach Fehlschlagen des zweiten Nacherfüllungsversuchs hat der Käufer wahlweise folgende Rechte, wobei dem Verkäufer vorher eine angemessene Frist zur Leistung oder Nacherfüllung einzuräumen ist:

Rechte des Käufers nach Fehlschlagen des zweiten Nachbesserungsversuchs

Rücktritt vom Kaufvertrag (§§ 437, 440 BGB)	Minderung des Kaufpreises = Preisnachlass (§ 441 BGB)	Schadenersatz statt der Leistung
Der Kaufvertrag wird aufgelöst, d. h., der Käufer tritt vom Vertrag zurück und verlangt sein Geld zurück. Der Käufer wird insbesondere dann vom Vertag zurücktreten, wenn er die gleiche Ware bei einem anderen Lieferer preiswerter bekommen kann. **Beispiel** Ein Einzelhändler erhält von einem Textilhersteller eine Lieferung Herrenhemden. Ein großer Teil der gelieferten Hemden weist erhebliche Webfehler auf. Da der Hersteller nicht in der Lage ist, mangelfreie Hemden zu liefern, tritt der Einzelhändler vom Vertrag zurück.	Der Kaufvertrag bleibt bestehen. Der Verkäufer mindert den ursprünglichen Verkaufspreis um einen angemessenen Betrag. Allerdings ist eine Einigung zwischen Verkäufer und Käufer über die Minderung erforderlich. Der Käufer wird dieses Recht in Anspruch nehmen, wenn die Gebrauchsfähigkeit der Ware nicht wesentlich beeinträchtigt ist. **Beispiel** Der Mars Elektro Fachmarkt e. K. erhält von einem Großhändler zehn Fernsehgeräte, wobei ein Gerät einen Kratzer am Kunststoffgehäuse aufweist.	Schadenersatz kann verlangt werden, wenn ein Schaden nachgewiesen werden kann. Der Käufer kann Schadenersatz statt der Leistung verlangen, wenn der Verkäufer die Leistung nicht erbringt und ein Verschulden des Verkäufers vorliegt. Dieses Recht kann zusätzlich zum Rücktritt vom Vertrag verlangt werden. Anstelle des Schadenersatzes statt der Leistung kann der Käufer den Ersatz vergeblicher Aufwendungen nach § 284 BGB verlangen. Hierzu zählen solche Aufwendungen, die der Käufer im Vertrauen darauf gemacht hatte, die Kaufsache tatsächlich zu erhalten. **Beispiel** Ein Käufer hat für die Fianzierung es beim Lieferer bestellten Kaufgegenstands einen Kredit bei seiner Bank aufgenommen. Da er den bestellten Gegenstand vom Lieferer nicht erhält, sind die entstandenen Finanzierungskosten vergeblich gewesen. Der Käufer kann vom Verkäufer den Ersatz seiner vergeblichen Aufwendungen verlangen.

Beispiel Der Mars Elektrofachmarkt e. K. sendet der Elektro Bader KG eine Mängelrüge:

Absender	Mars Elektrofachmarkt e.K., Aachener Straße 1250, 50859 Köln — USt-IdNr.: DE583442583, Steuernummer: 223/3137/2973
Empfänger	Einschreiben Elektrogeräte Elektro Bader KG Fabrikstraße 10–34 04129 Leipzig
Bezugszeichen, Datum	Ihr Zeichen, Ihre Nachricht vom: la-hu 08.06.20.. Unser Zeichen, unsere Nachricht vom: be-de 29.05.20.. Telefon, Name: 164, Orth Datum: 11.06.20..
Betreff	Schlechtleistung
Anrede	Sehr geehrte Damen und Herren,
Einleitung	wir haben Ihre Lieferung fristgerecht am 10. Juni 20.. erhalten.
Vortrag des Anliegens (Feststellung von Mängeln, Beschreibung der Mängel)	Bei der unverzüglichen Überprüfung der Sendung stellten wir allerdings folgende Mängel fest: 1. Statt der 50 Kaffeeautomaten „Brasilia“ haben Sie uns den Kaffee-/Teeautomaten „Friesin“ geliefert. 2. Drei Wasserkocher „Hot“ sind infolge unzureichender Verpackung zerbeult. Zum Beiweis hebe ich die unzureichende Verpackung auf.
Anspruch des Käufers und Begründung	Zur Regelung dieser Mängel schlagen wir vor: 1. Liefern Sie uns bitte umgehend 50 Kaffeeautomaten „Brasilia“. Für die falsch gelieferten Kaffee-/Teeautomaten haben wir keine Verwendung, deshalb werden wir sie Ihrem Auslieferungsfahrer bei der nächsten Lieferung mitgeben. 2. Liefern Sie bitte die drei Wasserkocher „Hot“ umgehend nach.
Ausblick auf die Zukunft	Trotz dieser mangelhaften Lieferung hoffen wir weiterhin auf gute und korrekte Geschäftsbeziehungen.
Grußformel	Mit freundlichem Gruß Mars Elektrofachmarkt e.K. i. A. Orth Orth

Geschäftsräume: Aachener Straße 1250, 50859 Köln
Telefon: 0221 161070-5
Telefax: 0221 1700088
info@mars-elektrofachmarkt.de
www.mars-elektrofachmarkt.de
Bankverbindung: Kreissparkasse Köln IBAN: DE93370502990013600564 BIC: COKSDE33XXX

Geschäftsführerin: Dipl.-Kauffrau Daniela Mars · Amtsgericht Köln HRB 6851

Anstelle des Schadenersatzes statt der Leistung kann der Käufer den Ersatz vergeblicher Aufwendungen nach § 284 BGB verlangen. Hierzu zählen solche Aufwendungen, die der Käufer im Vertrauen darauf gemacht hatte, die Kaufsache tatsächlich zu erhalten.

Beispiel Ein Käufer hat für die Finanzierung des beim Lieferer bestellten Kaufgegenstandes einen Kredit bei seiner Bank aufgenommen. Da er den bestellten Gegenstand vom Lieferer nicht erhält, sind die entstandenen Finanzierungskosten vergeblich gewesen. Der Käufer kann vom Verkäufer den Ersatz seiner vergeblichen Aufwendungen verlangen.

Besonderheiten bei den Rechtsansprüchen

Bei **unerheblichen Mängeln** hat der Käufer nur das Recht auf Nacherfüllung oder Minderung, nicht jedoch auf Rücktritt oder Schadenersatz statt der Leistung.

LF 3 Bei **Stückkäufen** ist eine Ersatzlieferung für die mangelhafte Kaufsache nicht möglich **(Unmöglichkeit der Leistung**, § 275 BGB). In diesem Fall kann der Verkäufer nicht liefern. Der Käufer kann das Recht auf Rücktritt vom Kaufvertrag und – bei Verschulden des Verkäufers – das Recht auf Schadenersatz statt der Leistung durchsetzen.

Der Unternehmer, der eine neu hergestellte mangelhafte Sache von einem Verbraucher zurücknehmen oder eine Preisminderung gewähren musste, kann die Rechte gegen seinen eigenen Lieferer geltend machen **(Unternehmerrückgriff**, § 437 BGB). Er muss allerdings eine Nachfrist setzen. Zudem kann er den Ersatz der Aufwendungen für eine Nichterfüllung verlangen (§ 478 BGB). Entsprechendes gilt auch für die anderen Lieferer in der Lieferkette.

Ein **Käufer hat keine Ansprüche** gegen den Lieferer, wenn der Käufer von dem Mangel beim Abschluss des Kaufvertrages gewusst hat oder die Ware auf einer öffentlichen Versteigerung oder in Bausch und Bogen (Ramschkauf) gekauft wurde (vgl. Seite 97).

Die Schlechtleistung (mangelhafte Lieferung)

Pflichten des Käufers	beim zweiseitigen Handelskauf	beim einseitigen Handelskauf
● Prüfpflicht	unverzüglich	keine gesetzliche Regelung
● Rügepflicht bei Feststellung von		
– offenen,	unverzüglich	innerhalb von 2 Jahren
– versteckten,	unverzüglich nach Entdeckung innerhalb von 2 Jahren	innerhalb von 2 Jahren
– arglistig verschwiegenen Mängeln	unverzüglich nach Entdeckung innerhalb von 3 Jahren	innerhalb von 3 Jahren

- **Mängelarten:** Man unterscheidet Sach- und Rechtsmängel
- **Sachmängel:**
  - Mangel in der Menge (Quantitätsmangel)
  - Mangel in der Art (Falschlieferung)
  - Mangel durch fehlerhafte Ware, Montagefehler oder mangelhafte Montageanleitungen
  - Mangel durch falsche Werbeversprechungen und falsche Kennzeichnungen
- **Rechtsmängel** (Sache ist durch Rechte anderer belastet)

Rechte des Käufers

Kaufvertrag bleibt bestehen	Kaufvertrag wird aufgelöst
Wahlweise Ersatzlieferung oder Nachbesserung (Nacherfüllung). Gelingt die Nacherfüllung nicht, hat der Käufer wahlweise folgende Rechte: 1. Minderung (Preisnachlass)	2. Rücktritt vom Kaufvertrag oder/und 3. Schadenersatz statt der Leistung oder Anspruch auf Ersatz vergeblicher Aufwendungen

- Bei einer **Garantie** übernimmt der Hersteller oder der Verkäufer die Haftung für die Beschaffenheit und die Eigenschaften einer Ware bis zu einem bestimmten Zeitpunkt, die Garantie ist normalerweise länger als die gesetzliche Sachmängelhaftungsfrist von zwei Jahren.
- Eine über die gesetzliche Sachmängelhaftungspflicht hinausgehende Garantie berechtigt nach Ablauf der gesetzlichen Sachmängelhaftungsfrist grundsätzlich nur zur Reparatur.
- Im Rahmen der **Kulanz** gewähren Verkäufer dem Käufer Rechte, ohne dazu gesetzlich verpflichtet zu sein.
- **Unternehmerrückgriff:** Jedes Unternehmen in der Lieferkette kann die Rechte gegen seinen eigenen Lieferer geltend machen.

1. Bei der Überprüfung einer eingehenden Warenlieferung stellen Sie folgende Mängel fest:
a) Statt 20 Herrenjeans wurden 32 geliefert.
b) Fünf Herrenhemden weisen Verschmutzungen im Kragenbereich auf.
c) Drei Herrenhosen weisen Webfehler auf.
d) Anstatt blauer Jogginghosen wurden rote geliefert.
e) Anstatt Herrenpullovern aus Mohairwolle wurden Pullover aus Baumwolle geliefert.
Welche Mängelarten liegen vor?

2. Erläutern Sie anhand von Beispielen offene, versteckte und arglistig verschwiegene Mängel.

3. Nennen Sie die Prüf- und Rügepflichten beim ein- und zweiseitigen Handelskauf bei
a) offenen, b) versteckten und c) arglistig verschwiegenen Mängeln.

4. Erläutern Sie anhand von Beispielen, welche Sachmängelhaftungsansprüche der Käufer einer Ware bei mangelhafter Warenlieferung hat.

5. Manfred Fust kauft in einem Warenhaus eine Armbanduhr. Ein Garantieschein mit der Zusicherung einer Garantiefrist von drei Jahren wird ihm vom Verkäufer ausgehändigt. Trotz sachgerechter Behandlung durch Herrn Fust bleibt die Armbanduhr nach einem Monat stehen. Daraufhin verlangt Herr Fust vom Warenhaus den Umtausch der Armbanduhr. Der Verkäufer bietet ihm allerdings nur die Reparatur der Uhr an. Beurteilen Sie die rechtliche Situation.

6. Natalie van den Driesche hat im Center Warenhaus ihrer Tochter einen Pullover gekauft. Nach zwei Tagen erscheint Natalie van den Driesche und verlangt die Rücknahme des Pullovers, da dieser ihrer Tochter nicht gefalle. Beurteilen Sie die rechtliche Situation und erläutern Sie, wie Sie sich als Verkäufer verhalten würden.

7. Ein Kunde kauft an einem Freitag eine Kaffeemaschine mit Zeitschaltuhr. Der Einzelhändler weist ihn auf die Garantie von drei Jahren hin. Am Wochenende will der Kunde das Gerät benutzen und stellt dabei fest, dass die Zeitschaltuhr defekt ist. Aufgebracht reklamiert er das Gerät am folgenden Montag.
a) Nennen Sie die Sachmängelhaftungsansprüche, die der Kunde unter Beachtung der gesetzlichen Bestimmungen geltend machen kann.
b) Welche Lösung schlagen Sie dem Kunden in der oben geschilderten Situation vor? Begründen Sie Ihre Entscheidung.

8. Ein Kassenzettel trägt den Vermerk „Umtausch nur innerhalb von 14 Tagen". Beeinflusst dieser Vermerk die gesetzlichen Sachmängelhaftungsansprüche des Kunden? Begründen Sie Ihre Entscheidung.

9. Beim Auspacken von T-Shirts wundern Sie sich über die nicht modegerechten Designs. Sie vermuten eine Falschlieferung. Welche Unterlage benötigen Sie, um zu überprüfen, ob die Warenlieferung mit der Bestellung übereinstimmt?

1. die Versandanzeige
2. den Bestellungsdurchschlag
3. den Rechnungsdurchschlag
4. den Durchschlag des Speditionsauftrags
5. die Wareneingangsmeldung

2.2 Die Nicht-rechtzeitig-Lieferung (Lieferungsverzug)

Der Mars Elektrofachmarkt e. K. hat für eine geplante Werbeaktion beim Lieferer Elektro Bader KG einige Waren bestellt, u. a. neu entwickelte Blu-Ray-Player, die bisher von keinem anderen Lieferer bezogen werden können, Fernsehgeräte, Hi-Fi-Anlagen und Haushaltselektrogeräte. Als Liefertermin wurde ab Mitte „Februar" vereinbart. Die Werbeaktion ist für die Verkaufswoche vom 23. Februar bis zum 28. Februar geplant. Am 16. Februar stellt der Mars Elektrofachmarkt fest, dass die bestellten Waren noch nicht eingetroffen sind. Mehmet Aydin wird damit beauftragt, beim Lieferer den Grund für die Lieferverzögerung zu erfragen. Bei der telefonischen Rückfrage erfährt Mehmet, dass die Waren aufgrund einer produktionsbedingten Störung teilweise erst in zwei Wochen geliefert werden sollen. Mehmet besteht auf sofortiger Lieferung und teilt dieses dem Lieferer per E-Mail mit.

ARBEITSAUFTRÄGE

→ AH

- Überprüfen Sie, ob sich der Lieferer in Verzug befindet.
- Stellen Sie fest, ob der Mars Elektrofachmarkt e. K. einen Anspruch auf sofortige Lieferung der Waren hat.
- Machen Sie einen Vorschlag, wie sich der Elektrofachmarkt verhalten soll.

Voraussetzungen der Nicht-rechtzeitig-Lieferung

Der Lieferer hat sich im Kaufvertrag dazu verpflichtet, bestellte Waren mangelfrei und termingerecht zu liefern. Kommt er seiner Lieferverpflichtung nicht nach, dann befindet er sich im Lieferungsverzug.

Um zu überprüfen, ob sich der Lieferer im Verzug befindet, müssen **zwei Voraussetzungen** gegeben sein: die Fälligkeit der Lieferung und das Verschulden des Lieferers.

○ Fälligkeit der Lieferung (§ 286 BGB)

Ist der Liefertermin **kalendermäßig nicht genau festgelegt**, dann muss die Lieferung beim Verkäufer **durch den Käufer angemahnt** werden.

Beispiele Lieferung ab Mitte Februar, Lieferung ab Anfang August, Lieferung frühestens 20. März. Die Bader Elektro KG befindet sich nicht im Lieferungsverzug, da der Liefertermin nicht kalendermäßig genau festgelegt ist. Der Mars Elektrofachmarkt e. K. hat keinen Anspruch auf sofortige Lieferung und muss der Bader Elektro KG erst eine Mahnung mit Fristsetzung schicken.

Erst durch die **Mahnung** des Käufers gerät der Lieferer in Verzug. Aus Beweissicherungsgründen sollte sie aber schriftlich erteilt werden.

Ist der Liefertermin **kalendermäßig genau vereinbart** worden (Terminkauf), ist keine Mahnung des Käufers mehr erforderlich.

Beispiele Lieferung am 12. Juni 20.., Lieferung zwischen dem 5. und 8. Januar 20.., Lieferung 30. März 20.. 14:00 Uhr

Eine **Mahnung ist auch nicht erforderlich,**

- wenn der Verkäufer ausdrücklich erklärt, dass er nicht liefern kann oder nicht liefern will (= **Selbstinverzugsetzung).**
- wenn ein Fixgeschäft vorliegt (vgl. Seite 66, 121).
- bei eilbedürftigen Pflichten.

Beispiel Reparatur Wasserrohrbruch

Bei einem **Zweckkauf**, d. h., wenn die verzögerte oder unterlassene Lieferung für den Käufer wegen der Verzögerung keinen Sinn mehr hat, entfällt die Nachfristsetzung.

Beispiel Die Center Warenhaus GmbH bestellt für das Ostergeschäft Schokoladenosterhasen und bemalte Ostereier, Lieferungsbedingung: Etwa drei Wochen vor Ostern. Wenn die Waren nicht rechtzeitig vor Ostern geliefert worden sind, entfällt der Zweck der Warenlieferung.

○ Verschulden des Lieferers (§ 276 ff. BGB)

Ein Verschulden des Lieferers liegt vor, wenn der Lieferer oder sein Erfüllungsgehilfe (Mitarbeiter) **vorsätzlich oder fahrlässig** gehandelt haben.

Beispiel Ein Lieferer hat die Bestellung eines Einzelhändlers erhalten. Durch die Unachtsamkeit eines Angestellten des Lieferers fällt die Bestellung in den Papierkorb, der Lieferer versäumt den vereinbarten Liefertermin **(Fahrlässigkeit).**

Ist die Ursache für die verspätete Lieferung auf **höhere Gewalt** zurückzuführen, dann gerät der Lieferer nicht in Lieferungsverzug.

Beispiele Brand, Sturm, Krieg, Erdbeben, Hochwasser, Streik

Befindet sich der Verkäufer jedoch im Lieferungsverzug, haftet er auch für Schäden, die auf höhere Gewalt zurückzuführen sind (§ 287 BGB).

Beispiel Die Textil AG befindet sich mit einer Lieferung Textilien bei der Center Warenhaus GmbH in Verzug. Infolge eines Hochwassers werden die bei der Textil AG bereitgestellten Waren zerstört. Die Textil AG haftet z. B. für die bei der Center Warenhaus GmbH vergeblich entstandenen Kosten für eine Zeitungsanzeige.

Bei Gattungsgütern ist kein Verschulden erforderlich.

● Rechte des Käufers bei der Nicht-rechtzeitig-Lieferung

Welches Recht der Käufer in Anspruch nehmen kann, hängt davon ab, ob er dem Lieferer eine **angemessene Nachfrist** gesetzt hat oder nicht. Unter einer Nachfrist versteht man das Hinausschieben des Liefertermins.

Beispiel Der ursprünglich vereinbarte Liefertermin wird um acht Tage verlängert.

Eine Nachfrist ist dann angemessen, wenn der Lieferer die Möglichkeit hat, die Lieferung nachzuholen, ohne die Ware selbst beschaffen oder anfertigen zu müssen.

○ Ohne Nachfristsetzung

Der Käufer kann **ohne Nachfristsetzung** entweder

- **Lieferung verlangen** (§ 286 BGB) oder

  Beispiel Der Mars Elektrofachmarkt e. K. sollte auf Lieferung der bestellten Blu-Ray-Player bestehen, da es schwierig sein dürfte, kurzfristig bei einem anderen Hersteller Blu-Ray-Player zu beziehen.

- **Lieferung und Schadenersatz wegen verspäteter Lieferung (= Verzögerungsschaden) verlangen** (§ 280 BGB).

  Beispiel Die Mauel GmbH, Fahrrad-Center im Einkaufszentrum Rheinpark Köln, hat für einen Umbau ihr Geschäft sechs Wochen geschlossen. Für die Eröffnung hat die Mauel GmbH 500 Fahrräder und Zubehör bei ihrem Fahrradlieferanten, der Velo AG, mit vereinbartem Liefertermin 20. Februar bestellt. Die Velo AG versäumt den Liefertermin und kann die bestellten Waren frühestens am 1. März liefern. Die Mauel GmbH muss ihre Neueröffnung vom 22. Februar auf den 2. März verschieben. Sie verlangt von der Velo AG die Lieferung der Waren und Schadenersatz (Kosten für neue Werbeanzeigen, Flugblätter, entgangenen Gewinn).

Gründe für das Bestehen auf Lieferung können sein:

- Der Lieferer ist die einzige Bezugsquelle.
- Andere Lieferer sind teurer.
- Die Ware ist eine Sonderanfertigung.
- Andere Lieferer haben längere Lieferfristen.

○ Mit Nachfristsetzung

Der Käufer setzt dem Lieferer eine **angemessene Nachfrist** für die Lieferung und erklärt, dass er **nach Ablauf der Frist die Annahme der Lieferung verweigert.** Der Käufer kann nach Ablauf der Fristsetzung die Lieferung ablehnen und vom Vertrag zurücktreten und/oder Schadenersatz statt der Leistung verlangen.

- **Lieferung ablehnen und vom Vertrag zurücktreten** (§ 323 Abs. 1 BGB)

  Der Käufer wird dieses Recht in Anspruch nehmen, wenn die gleiche Ware bei anderen Lieferern inzwischen preisgünstiger angeboten wird.

  Beispiel Trotz einer Mahnung mit Nachfristsetzung von sechs Tagen hat die Elektro Bader KG die bestellten DVD-Player an den Mars Elektrofachmarkt e. K. nicht geliefert. Nach Ablauf der sechs Tage, in denen die Ware nicht geliefert wurde, kann der Elektrofachmarkt vom Vertrag zurücktreten.

- **und/oder Schadenersatz statt der Leistung** (= Nichterfüllungsschaden) verlangen (§ 286 Abs. 2 BGB)

  Für die Inanspruchnahme dieses Rechts muss ein Verschulden des Lieferers vorliegen.

  Beispiel Nach Ablauf einer Nachfrist von sechs Tagen hat der Mars Elektrofachmarkt e. K. die bei der Elektro Bader KG bestellten Waren noch nicht erhalten. Um die Kundenwünsche nach den Sonderangeboten in der Werbewoche befriedigen zu können, kauft der Elektrofachmarkt die von der Elektro Bader KG nicht gelieferten Waren bei einem Elektrogroßhändler, der die Waren kurzfristig liefern kann, zu einem um 500,00 EUR höheren Preis ein **(Deckungskauf).** Die Differenz in Höhe von 500,00 EUR zwischen dem vereinbarten Preis mit der Elektro Bader KG und dem Verkaufspreis des Großhändlers kann der Elektrofachmarkt als Schadenersatz gegen die Elektro Bader KG geltend machen.

Wenn ein Verschulden des Verkäufers vorliegt, kann der Käufer auch den Ersatz vergeblicher Aufwendungen verlangen (vgl. Seite 114).

Die **Nachfristsetzung entfällt** beim Selbstinverzugsetzen des Lieferers (vgl. Seite 119), Zweckkauf (vgl. Seite 119) und Fixkauf.

Beispiel Der Mars Elektrofachmarkt e. K. schreibt der Elektro Bader KG aufgrund einer Nicht-rechtzeitig-Lieferung einen Brief:

MARS
ELEKTROFACHMARKT E. K.

Absender

Mars Elektrofachmarkt e. K., Aachener Straße 1250, 50859 Köln

USt-IdNr.: DE583442583
Steuernummer: 223/3137/2973

Empfänger

Einschreiben
Elektrogeräte
Elektro Bader KG
Fabrikstr. 10 – 34
04129 Leipzig

Bezugszeichen, Datum

Ihr Zeichen, Ihre Nachricht vom	Unser Zeichen, unsere Nachricht vom	Telefon, Name	Datum
pa-do 23.01.20..	wi-ha 29.01.20..	164, Orth	16.02.20..

Betreff

Nicht-rechtzeitig-Lieferung

Anrede

Sehr geehrte Damen und Herren,

Einleitung

am 20. Januar 20.. haben wir bei Ihnen Waren für unsere Frühjahrswerbeaktion bestellt.

Vortrag des Anliegens (Nicht-rechtzeitig-Lieferung)

In Ihrer Auftragsbestätigung vom 23. Januar 20.. hatten Sie uns eine Lieferung ab Mitte Februar 20.. zugesagt. Leider haben wir bisher keine Lieferung von Ihnen erhalten.

Anspruch des Käufers

Da unsere Werbeaktion am 23. Februar beginnt, benötigen wir dringend die bestellte Ware. Wir fordern Sie daher auf, uns die bestellten Waren bis zum 22. Februar 20.. zu liefern.

Hinweis auf Konsequenzen

Sollten Sie unserer Forderung nicht nachkommen, sehen wir uns gezwungen, den Auftrag an ein Konkurrenzunternehmen zu vergeben.

Ausblick auf die Zukunft

Wir hoffen, dass Sie Ihrer Lieferverpflichtung rechtzeitig nachkommen werden.

Grußformel

Mit freundlichem Gruß

Mars Elektrofachmarkt e. K.

i. A.

Orth
Orth

Geschäftsräume
Aachener Straße 1250
50859 Köln

Telefon
0221 161070-5
Telefax
0221 1700088

info@mars-elektrofachmarkt.de
www.mars-elektrofachmarkt.de

Bankverbindung
Kreissparkasse Köln IBAN: DE93370502990013600564
BIC: COKSDE33XXX

Geschäftsführerin: Dipl.-Kauffrau Daniela Mars · Amtsgericht Köln HRB 6851

Beim **Fixkauf** (Klauseln: Lieferung am 7. April 20.. fest, fix, genau, exakt, vgl. Seite 66) gerät der Lieferer mit Überschreiten des Liefertermins in Verzug, auch wenn kein Verschulden vorliegt.

Der Käufer hat beim **Fixkauf** (vgl. Seite 66) **ohne Nachfristsetzung die Rechte** (§ 376 HGB),

- vom Vertrag zurückzutreten oder
- auf der Lieferung zu bestehen (der Käufer muss dieses aber dem Lieferer unverzüglich mitteilen) oder
- Schadenersatz statt der Leistung zu verlangen (Verschulden des Verkäufers ist aber erforderlich).

Die Ermittlung eines Schadens bereitet in der Praxis oft Schwierigkeiten. Ein Käufer muss dem Lieferer den Schaden durch eine **Schadensberechnung** nachweisen. Hierbei werden zwei Formen der Schadensberechnung unterschieden (§ 249 BGB):

1. **Tatsächlicher (konkreter) Schaden:** Der Käufer nimmt für die nicht gelieferte Ware einen Deckungskauf vor, d. h., er kauft die Ware bei einem anderen Lieferer. Hierbei ergibt sich der Schaden aus dem Mehrpreis für die beim Deckungskauf gekauften Waren zuzüglich der Kosten.

   Beispiel Der Mars Elektrofachmarkt hat die bestellten Waren von der Elektro Bader KG trotz Nachfristsetzung nicht erhalten. Der Mars Elektrofachmarkt bestellt die Waren beim Elektrogroßhändler Mennix GmbH, wobei er allerdings 500,00 EUR mehr bezahlen muss als bei der Elektro Bader KG. An Kosten für die nachträgliche Bestellung sind 160,00 EUR angefallen. Der Schaden beträgt somit 660,00 EUR.

2. **Angenommener (abstrakter) Schaden:** Der zu ersetzende Schaden umfasst auch den entgangenen Gewinn, der unter normalen Umständen erwartet werden konnte. Er lässt sich nicht ohne Weiteres ermitteln. Um die meist problematische Schadensermittlung zu vermeiden, werden zwischen dem Einzelhändler und dem Lieferer **Konventionalstrafen (Vertragsstrafen)** vereinbart, die der Lieferer in jedem Fall bezahlen muss, auch wenn der Schaden geringer wäre.

   Beispiel Das Werl Textilkaufhaus KG hat die bestellte Ware von dem Hersteller Gorex GmbH trotz Nachfristsetzung nicht termingerecht erhalten. Auch andere Lieferer waren nicht in der Lage, die gewünschten Waren zu liefern, da aufgrund des bevorstehenden Weihnachtsgeschäftes die gewünschten Artikel weitgehend verkauft sind. Das Kaufhaus muss jetzt nachweisen, wie viele der bestellten Artikel es aller Wahrscheinlichkeit nach verkauft hätte. Hätte man mit dem Lieferer eine Konventionalstrafe (Vertragsstrafe, z. B. 10.000.00 EUR) vereinbart, müsste der Lieferer diese auf jeden Fall bezahlen.

Die Nicht-rechtzeitig-Lieferung (Lieferungsverzug)

- **Voraussetzungen** des Lieferungsverzuges:
  - **Fälligkeit der Lieferung** (Liefertermin ist kalendermäßig bestimmt = Terminkauf).
  - oder **Mahnung** (erforderlich, wenn Liefertermin nicht kalendermäßig genau bestimmt ist; nicht erforderlich beim Zweckkauf, Fixkauf und bei Selbstinverzugsetzung des Lieferers).
  - **Verschulden des Lieferers** durch Vorsatz oder Fahrlässigkeit. Bei höherer Gewalt trifft Lieferer kein Verschulden.
- Beim **Fixkauf** hat der Käufer die Rechte,
  - ohne Nachfristsetzung vom Vertrag zurückzutreten oder
  - auf Lieferung zu bestehen, was dem Lieferer unverzüglich mitzuteilen ist, und/oder
  - Schadenersatz statt der Leistung zu verlangen, wobei Verschulden des Lieferers erforderlich ist.

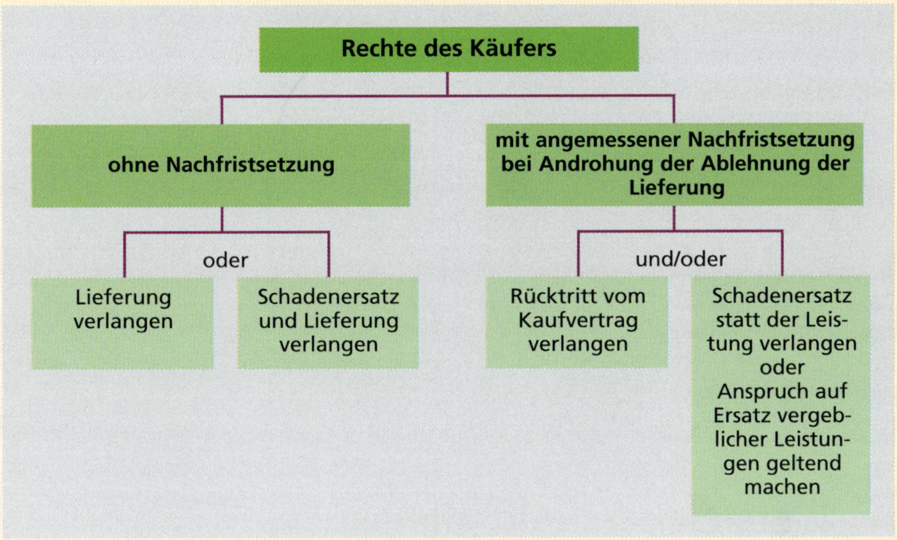

1. Als Liefertermin wurde in einem Kaufvertrag über Gattungsware der 14. Juni 20.. vereinbart. Die Lieferung trifft aber zu diesem Termin nicht ein.
a) Erläutern Sie, wann der Lieferungsverzug eingetreten ist.
b) Beschreiben Sie, welche Rechte der Käufer in Anspruch nehmen kann.

2. Erläutern Sie
a) „Selbstinverzugsetzung“,
b) „Zweckkauf“.

3. Stellen Sie die Unterschiede der rechtlichen Folgen aus dem Terminkauf und dem Fixkauf bei Vorliegen der Nicht-rechtzeitig-Lieferung dar.

4. Geben Sie an, wann der Verkäufer bei folgenden Lieferterminen in Verzug kommt:
a) bis 10. Januar 20..
b) 13. Juni 20.. fix
c) lieferbar ab Mai
d) am 16. Dezember 20..
e) in ca. vier Wochen
f) heute in drei Wochen

5. Der Supermarkt Harald Boese e. K. in 08527 Plauen, Hauffstr. 16, hat bei einer Marmeladenfabrik 50 Kartons zu je 12 Gläsern verschiedener Marmeladensorten bestellt. Als Liefertermin wurde Mitte Juni zugesagt. Durch ein Versehen bei der Marmeladenfabrik ist die Bestellung abhanden gekommen, es erfolgt keine Lieferung bis zum 28. Juni 20..
a) Prüfen Sie, ob sich der Lieferer im Verzug befindet.
b) Schreiben Sie am 29. Juni 20.. an die Marmeladenfabrik und setzen Sie dem Lieferer eine Frist von 14 Tagen. Drohen Sie dem Lieferer an, bei Überschreiten dieser Frist vom Vertrag zurückzutreten. (Daten nach eigener Wahl)
c) Begründen Sie, welches Recht der Supermarkt bei einer Nicht-rechtzeitig-Lieferung geltend machen wird, wenn
- die Preise inzwischen gefallen sind,
- die Preise inzwischen gestiegen sind,
- nachweisbar ein Schaden entstanden ist.

6. Ein Lieferer befindet sich in Lieferungsverzug. Welches Recht machen Sie zweckmäßig geltend, wenn die Ware bei einem anderen Lieferer sofort preiswerter bezogen werden kann?

1. Sie treten vom Vertrag zurück.
2. Sie bestehen auf Lieferung und Schadenersatz für den entgangenen Gewinn.
3. Sie bestehen auf Lieferung zu dem von anderer Stelle angebotenen Preis.
4. Sie lehnen die Lieferung ab und fordern Schadenersatz für den entgangenen Gewinn.
5. Sie bestehen auf Lieferung und setzen eine weitere Nachfrist.

7. Unterscheiden Sie anhand je eines Beispiels „konkreter Schaden", „abstrakter Schaden" und „Konventionalstrafe" beim Lieferungsverzug.

3 Waren lagern und pflegen

3.1 Aufgaben eines Lagers und Lagerarten

Im Mars Elektrofachmarkt e. K. wurde ein größerer Teil des Vorratslagers zu einer Cafeteria für Kunden ausgebaut. Viele Kunden finden es angenehm, beim Einkauf eine kleine Erfrischung zu sich nehmen zu können. Die Umsätze nehmen zunächst sichtbar zu. Frau Mars freut sich, denn ihre Konkurrenz bietet keinen solchen Service. Nach etwa einem halben Jahr gehen aber die Umsätze deutlich zurück und sinken noch unter den Stand vor dem Umbau. Die Verkäufer beklagen, dass sie viele Kunden nicht bedienen können, weil Waren nicht vorrätig sind.

ARBEITSAUFTRÄGE

- Erläutern Sie mögliche Ursachen für den Umsatzrückgang.
- Beschreiben Sie die Aufgaben eines Lagers und die verschiedenen Lagerarten.

Aufgaben eines Lagers

Ein Einzelhändler will mit seiner Lagerhaltung zwei **Ziele** erreichen:

- Er muss seinen Kunden die gewünschten Waren möglichst schnell und in ausreichender Menge liefern können.
- Er muss bei der Lagerhaltung die Lagerhaltungskosten möglichst gering halten.

Ein Einzelhändler kann auf ein Vorratslager i. d. R. nicht verzichten, denn er weiß niemals genau, welche Waren in welcher Menge seine Kunden nachfragen. Seine Lieferanten bringen die Waren nicht mehrmals täglich in genau der Menge, Ausführung und Art, in der sie nachgefragt werden. Das Lager in einem Einzelhandelsunternehmen gleicht also Unterschiede zwischen Warenbeschaffung und Warenverkauf aus. Dabei erfüllt es verschiedene Aufgaben:

Sicherung der Verkaufsbereitschaft: Die Lagerhaltung sichert dem Einzelhändler einen gleichmäßigen und kundengerechten Warenverkauf, wenn die Lieferung der Ware Schwankungen oder Verzögerungen ausgesetzt ist, z. B. durch Ernten, lange Liefer- und Produktionszeiten, Streiks, Verkehrsstörungen usw. Schwankungen des Verkaufs und der Beschaffung von Waren können aus modischen oder saisonbedingten Gründen auftreten.

Beispiel Modische Sommertextilien werden von der Center Warenhaus GmbH bereits im Herbst des Vorjahres bestellt. Sie werden meist am Anfang des Jahres geliefert und können bereits im Frühjahr angeboten werden, wenn die Nachfrage einsetzt.

Ferner ist der Einzelhändler bei einigen Artikeln verpflichtet (z. T. durch Vertrag mit dem Lieferer), einen bestimmten Vorrat bereitzuhalten, um Ersatz- und Verbrauchsteile anbieten zu können.

Beispiele Im Elektrohandel Batterien, Staubsaugertüten, Kabel; im Fotohandel Filme, Speichermedien (SD-Karten)

Ausnutzung von Preisvorteilen: Häufig gewähren Lieferer dem Einzelhändler Mengenrabatte, wenn größere Mengen bestellt werden. Außerdem können sich die Bezugskosten (Transport usw.) je Stück/Gewichtseinheit verringern.

Beispiel Der Mars Elektrofachmarkt e. K. verkauft täglich rund 20 Glühbirnen zu 60 Watt. Der Elektrofachmarkt kann sie zu folgenden Bedingungen einkaufen: Bis 16 Stück 0,34 EUR, bis 128 Stück 0,33 EUR, bis 256 Stück 0,32 EUR, größere Mengen 0,31 EUR, ab 256 Stück erfolgt die Lieferung frei Haus, für kleinere Mengen werden je Lieferung 6,00 EUR Versandkosten berechnet.

Umformung, Veredelung: Im Lager eines Einzelhändlers wird die Ware häufig erst verkaufsfähig gemacht. Hier wird umgepackt, sortiert, gemischt usw. Außerdem wird die Ware für den Kunden in bedarfsgerechte Mengen portioniert **(Umformung).** Einige Waren benötigen eine bestimmte Reifezeit, um in den Verkauf zu kommen. Die Reifung erfolgt im Lager **(Veredelung).**

Beispiele
- Die Frischfleischabteilung der Center Warenhaus GmbH erhält am Donnerstag u. a. 45 Schweinehälften, hieraus müssen kundengerechte Portionen erstellt werden.
- Im Lebensmittelhandel wird durch die Lagerung die Qualität der Ware verbessert, insbesondere Wein, Käse, Obst (Warenmanipulation).

Zeitliche Überbrückung: Zwischen der Produktion der Waren beim Hersteller und dem Kauf dieser Waren durch den Kunden liegt i. d. R. eine zeitliche Differenz. Diese Zeitspanne muss überbrückt werden.

Beispiel Lautsprecherkabel aus Kupfer werden vom Hersteller aufgrund stark schwankender Kupferpreise zu stark schwankenden Preisen angeboten. Der Mars Elektrofachmarkt e. K. kauft größere Mengen bei niedrigen Herstellerpreisen ein.

Lagerarten

Im Einzelhandel gibt es verschiedene Lagerarten. Sie unterscheiden sich nach Branche, Größe, Betriebs-, Vertriebs- und Verkaufsform. Die Lagerarten können hinsichtlich der gelagerten Güter in **Warenlager** (für die Verkaufswaren) und **Zusatzlager** (für Verpackung usw.) eingeteilt werden.

Warenlager

Verkaufslager: Hier wird der **Verkaufsraum** gleichzeitig **als Vorratslager** genutzt. Die Waren werden nach kundengerechten Gesichtspunkten präsentiert und werbewirksam ausgestellt. Insbesondere bei der Selbstbedienung und im Vorwahlsystem wird den Kunden dadurch ein unmittelbarer Kontakt zur Ware ermöglicht. Gleichzeitig wird eine große Menge von Waren verkaufsbereit gehalten. Beim Verkaufslager ist es erforderlich, dass Verpackungsmaterial sofort nach der Warenlieferung entfernt und die Ware in die Regale, Ständer usw. eingeräumt wird. Im Verkaufsraum werden oft auch alle Lagerarbeiten erledigt (Warenannahme, -prüfung, -auszeichnung usw.).

Verkaufslager

Die Einrichtung und Dekoration ist je nach Betriebsform aufwendig gestaltet oder einfacher gehalten. Sie soll insbesondere in Geschäften mit einer höherwertigen Ausstattung den Kunden zum Kauf anregen.

Reservelager: Das Reservelager dient dem schnellen Auffüllen der Bestände im Verkaufsraum. Häufig befindet es sich unmittelbar neben dem Verkaufsraum, um Transportwege und -zeiten zu sparen. Hier wird auch die Warenannahme abgewickelt, die Ware ausgepackt, ausgezeichnet usw. Die Kunden haben zum Reservelager keinen Zutritt.

Außenlager

Große Einzelhandelsunternehmen mit mehreren Filialen (Warenhäuser, Supermarktketten) haben neben ihrem meist kleinen Reservelager in der Nähe der Verkaufsräume noch großflächige **Außenlager**, die aus Kostengründen in verkehrsgünstigen Stadtrandlagen angelegt werden. Hier lagern oft Waren für mehrere Filialen. Die Filialen fordern vom Außenlager die Waren an und halten nur kleine Bestände im eigenen Reservelager. Die Außenlager sind häufig **Zentrallager** (vgl. unten), von denen die Filialen eines Gebietes beliefert werden. Die Lieferanten bringen die Waren zum Zentrallager, wo sie dann umgepackt werden und an die einzelnen Filialen in den angeforderten Mengen versandt werden.

Zusatzlager

Neben dem Reservelager benötigen einige Einzelhandelsunternehmen noch besondere Räume und Flächen für die **Lagerung von Verpackungsmaterial**, das bei der Warenanlieferung anfällt und nicht sofort entsorgt werden kann, z. B. Lager für Euro-Paletten, Kisten, Kartons u. Ä. Ebenso muss das Verpackungsmaterial, das Kunden beim Einkauf zurücklassen oder zurückbringen, bis zur Entsorgung gelagert werden. Lebensmittelbetriebe mit Mehrwegflaschen für Getränke benötigen darüber hinaus noch **Stellflächen für das Leergut.**

Darüber hinaus benötigt jeder Einzelhändler **Lagerfläche für Warenträger** (Ständer, Gondeln), für Displays, Werbematerial, Dekorationen sowie für Verpackungsmaterial (Tragetaschen, Tüten usw.).

○ Zentrale und dezentrale Lager

Bei der zentralen Lagerung werden alle Waren an einem betriebszentral gelegenen Ort untergebracht (typisch für Klein- und Mittelbetriebe). Bei der dezentralen Lagerung wird der gesamte Warenbestand auf mehrere Lager verteilt. Aufgrund der Beschaffenheit von Waren oder aufgrund gesetzlicher Vorschriften ist häufig eine Trennung der Waren erforderlich.

Beispiele
- Lagerung im Freien von Bauholz, Sand usw.
- Lagerung in Speziallagern von brennbaren oder explosiven Stoffen.

Vorteile der zentralen Lagerung	Vorteile der dezentralen Lagerung
– gute Übersicht über alle Lagergüter – einfachere Verwaltung und bessere Kontrolle – geringere Raumkosten durch bessere Nutzung des Lagerraums – niedrigere Personalkosten – geringere Lagermengen, da Mindestbestand nur einmal vorhanden ist	– kürzere Transportwege bei der Warenein- und -auslagerung – schnellere Warenausgabe – Einsatz von besonders ausgebildetem Fachpersonal für gefährliche Materialien (Chemikalien, explosive Stoffe) – größere räumliche Nähe zu den Verkaufsstellen

○ Eigen- und Fremdlager

Einige Einzelhandelsunternehmen benötigen nur kurzfristig ein größeres Reservelager. Sie können bei Bedarf geeignete Lagerfläche anmieten. Man nennt solche Lager **Fremdlager**, im Gegensatz zu den **Eigenlagern.** Fremdlager sind zweckmäßig, wenn die eigene Lagerkapazität nicht ausreicht oder Waren bis zur Schaffung eigener Lagerräume zwischengelagert werden müssen.

Aufgaben eines Lagers und Lagerarten

- Ein Lager ist der Ort, an dem Ware auf Vorrat aufbewahrt wird, es hat folgende **Aufgaben:**
  - Ausnutzung von Preis- und Kostenvorteilen
  - Sicherung der Verkaufsbereitschaft bei Lieferstörungen
  - Umformung (bedarfsgerechte Verkaufsmengen, -packungen)
  - Veredlung (Reifezeit bei Lebensmitteln)
  - zeitliche Überbrückung

Lagerarten:

- **Warenlager:** Waren werden für den Verkauf gelagert.
  - **Verkaufslager:** Waren werden im Verkaufsraum gelagert.
  - **Reservelager:** Zusätzliches Lager zum Auffüllen des Verkaufslagers.
- **Zusatzlager:** Lager für Verpackung, Dekorationen, Leergut usw.
- **Zentrallager:** Waren werden an einem Ort gelagert.
- **Dezentrale Lager:** Warenbestand wird auf mehrere Lager verteilt.
- **Eigenlager:** Lager gehört dem Einzelhändler.
- **Fremdlager:** Lagerraum ist angemietet (z. T. nur kurzfristig).

1. Erläutern Sie die Aufgaben des Lagers in Ihrem Ausbildungsbetrieb.

2. Nennen Sie Beispiele, bei denen ein Lager es ermöglicht, Preis- und Kostenvorteile bei der Warenbeschaffung auszunutzen.

3. Überprüfen Sie, warum einige Einzelhändler trotz hoher Mengenrabatte und ausreichender Lagerfläche kleinere Bestellmengen bevorzugen. Beantworten Sie die Frage für ein Lebensmittelgeschäft und ein Bekleidungsgeschäft.

4. Erklären Sie die Unterschiede zwischen
a) Verkaufs- und Reservelager,
b) Eigen- und Fremdlager.

5. Das Sportfachgeschäft „Sporting" in der City einer Großstadt möchte ein Außenlager errichten. Erläutern Sie einige Gründe, die für diese Entscheidung vorliegen können.

6. Erklären Sie, was man unter einem Zentrallager versteht.

7. Beschreiben Sie die Lagerarten in Ihrem Ausbildungsbetrieb.

3.2 Lagergrundsätze, Sicherheit und Umweltschutz im Lager

Daniela Mars betreibt den Mars Elektrofachmarkt e. K. im Einkaufszentrum Rheinpark Köln. Sie plant eine Zweigstelle in der Nachbarstadt Bonn zu errichten. Diese soll selbstständig von ihrem Sohn geleitet werden. Für die Filiale wird ein Neubau erforderlich. Zu diesem Zweck findet eine Besprechung mit dem Architekten Herrn Heuber statt, an der auch der Auszubildende Mehmet Aydin teilnehmen darf. Herr Heuber fragt Frau Mars: *„Frau Mars, welche Anforderungen stellen Sie an Ihr Lager? Ich muss das wissen, um die Räume zu planen. Ich benötige hierzu Angaben über Lage, die erforderliche Fläche und Höhe Ihrer Lagerräume."* Mehmet redet etwas vorschnell dazwischen: *„Das Thema Lager behandeln wir gerade in der Berufsschule."* Frau Mars bittet aus diesem Grunde Mehmet, am Beispiel des Lagers im jetzigen Elektrofachmarkt zu überprüfen, welche Gesichtspunkte bei der Gestaltung der Lagerräume zu beachten sind.

ARBEITSAUFTRÄGE

- Überlegen Sie, welche Lagergrundsätze für einen Elektrofachmarkt gelten und stellen Sie diese in einer Tabelle zusammen.
- Erläutern Sie, welche Gesichtspunkte bei der Sicherheit und beim Umweltschutz im Lager zu beachten sind.

Lagergrundsätze

Damit die Aufgaben des Lagers im Einzelhandel erfüllt werden können, muss ein Lager bestimmten Anforderungen genügen. Diese Anforderungen sind zwar von Branche, Betriebsform und -größe abhängig, doch lassen sich auch allgemeine Grundsätze festlegen.

Warengerechte Lagerung

Einige Waren haben bestimmte Eigenschaften, auf die bei ihrer Lagerung besonders Rücksicht genommen werden muss. Die Lagerbedingungen müssen den Erfordernissen der Ware angepasst werden, sonst kann es zu kostspieligen Lagerverlusten kommen.

Jede Ware muss entsprechend ihren Eigenarten im Lager geschützt werden, um Verderb und Beschädigungen zu vermeiden.

Gesichtspunkte bei der warengerechten Lagerung	Beispiele
Belüftung	Holz, Bücher, Papierwaren, Textilien, Tabakwaren u. a. bedürfen gut durchlüfteter Lagerräume.
Licht	Bestimmte Nahrungsmittel und einige Textilien sind lichtempfindlich, sie dürfen keinen starken Lichtquellen ausgesetzt sein.
Temperatur	Einige Lebensmittel müssen kühl gelagert werden, bei Tiefkühlkost darf auf keinen Fall die Kühlkette unterbrochen werden; einige Waren (Farben, Lacke, USB-Sticks, DVDs usw.) dürfen nicht zu kalt gelagert werden.
Luftfeuchtigkeit	Papierwaren, Metallwaren, Holz- und Lederwaren benötigen eine bestimmte Luftfeuchtigkeit.
Staubschutz	Unverpackte Ware muss vor Staub geschützt werden (Bekleidung, einige Lebensmittel).
Schädlingsbefall	Schutz der Ware vor Schädlingen wie Motten bei Textilien, Schimmel bei Lebensmitteln, Holzwurm bei Möbeln usw.

Geräumigkeit

Im Einzelhandel werden im Lager häufig noch zusätzliche Arbeiten erledigt. Die Ware wird angenommen, aus- und umgepackt, ausgezeichnet, abgewogen usw. Hierzu muss genügend Platz vorhanden sein, damit durch Umräumarbeiten nicht zusätzlich Zeit benötigt wird und zusätzliche Kosten verursacht werden. Die Artikel müssen mühelos aus den Regalen entnommen und transportiert werden können. Es muss auch genügend Platz für unvorhergesehene Warenlagerungen vorhanden sein, z. B. für einen günstigen Großeinkauf. Ist ein Lager nicht groß genug, so können keine maschinellen Hilfen wie Gabelstapler, Hubwagen usw. eingesetzt werden. Nicht nur die Fläche, sondern auch die Höhe eines Lagers ist wichtig. So können bei geeigneten Regalsystemen (Hochlager, vgl. Seite 138) Lagerflächen vergrößert werden.

Übersichtlichkeit

Ein Lager muss so gestaltet sein, dass benötigte Ware schnell und ohne Verwechslung gefunden werden kann. Das Lager wird in übersichtliche Zonen gegliedert, jede Warengruppe erhält einen eigenen Bereich. Dies ermöglicht auch eine zügige Bestandskontrolle und die Inventurarbeiten. Es gilt meist der Grundsatz **first in – first out (fifo)**, d. h.,

neue Ware wird hinter der alten einsortiert. Damit wird vermieden, dass alte Ware noch mehr veraltet und unverkäuflich wird.

○ Sachgerechte Einrichtung von Lagern

Art und Umfang der Lagerausstattung müssen zweckmäßig und wirtschaftlich sein. Die Lagerarbeiten müssen reibungslos ablaufen. Hierzu ist eine sinnvolle Lagerausstattung erforderlich. Sie hängt wesentlich von Art und Menge der Ware ab. Zur Lagerausstattung gehören alle Hilfsmittel, die der Aufbewahrung, Pflege, dem Auffinden und dem Transport der Ware dienen. Hierzu gehören Regale, Ständer, Leitern, Transportkörbe, Hebemaschinen (z. B. Gabelstapler) usw.

○ Grundsätze zur Warenpflege

Die gelagerten Güter sind Vermögenswerte. Um Beschädigungen und Verderb der Waren zu vermeiden, müssen sie gepflegt werden. Die Warenpflege umfasst neben der warengerechten Lagerung (vgl. Seite 129) alle Arbeiten, die Waren in einen verkaufsfähigen Zustand versetzen und diesen erhalten.

Beispiele Bügeln von Kleidungsstücken; Aussortieren verdorbener Ware (bei Obst, Gemüse usw.); Aussortieren von Lebensmitteln, deren Verfallsdatum überschritten ist; Reinigen, Entstauben von unverpackter Ware; Polieren von Bestecken, Schmuck, Glasware usw.

● Sicherheit im Lager

Die Sicherheit bei der Lagerhaltung umfasst den Unfall-, Brand-, Gefahren- und den Diebstahlschutz.

○ Unfallschutz im Lager

LF 1 Nach § 120a der Gewerbeordnung (GewO) sind Arbeitsräume, Betriebsvorrichtungen, Maschinen und Gerätschaften so einzurichten, dass die Arbeitnehmer gegen Gefahren für Leben und Gesundheit geschützt sind. Jeder Arbeitnehmer ist verpflichtet, die Vorschriften zur Verhütung von Unfällen und die Sicherheitsanweisungen zu befolgen. Zudem muss der Arbeitgeber jeden Arbeitnehmer gegen die Folgen eines Arbeitsunfalles
LF 1 versichern **(gesetzliche Unfallversicherung)**.

Für die Überwachung der Betriebssicherheit sind **das Gewerbeaufsichtsamt (Amt für Gewerbeschutz, Staatliches Umweltamt)** und die Träger der Unfallversicherung **(Berufsgenossenschaften)** zuständig. Unternehmen mit mehr als 20 Beschäftigten müssen einen **Sicherheitsbeauftragten** benennen. Er ist für die Einhaltung und Überwachung der Sicherheitsmaßnahmen zuständig.

Beispiel Der Mars Elektrofachmarkt e. K. hat Alex Kraft, Mitarbeiter im Lager/Versand, zum Sicherheitsbeauftragten ernannt. Er führt ständig Kontrollgänge zur Überwachung der Sicherheitsmaßnahmen durch.

Unfälle sollen durch **sicherheitstechnische und sicherheitsorganisatorische Maßnahmen** und die Verwendung von **Sicherheitszeichen** verhütet werden (Arbeitsstättenverordnung, ArbstättV).

Beispiele
- **Sicherheitstechnische Maßnahmen:** Verwendung von Leitern, technischen Geräten mit dem GS- oder CE-Zeichen (= geprüfte Sicherheit).
- **Sicherheitsorganisatorische Maßnahmen:** Verwendung von Sicherheitsschuhen beim Umgang mit schweren Lasten.
- Beim Mars Elektrofachmarkt e. K. verwendete **Sicherheitskennzeichnung** im Lager:

Verbotszeichen | Gebotszeichen | Warnzeichen | Rettungszeichen

Feuer, offenes Licht und Rauchen verboten | Sicherheitshelm tragen | Warnung vor gefährlicher elektrischer Spannung | Richtungsangabe zur ersten Hilfe

Da heutzutage Lagerarbeiten häufig computergestützt abgewickelt werden, sind für diese Mitarbeiter durch eine besondere EU-Richtlinie **Mindeststandards zum Gesundheitsschutz für die Gestaltung von Bildschirmarbeitsplätzen** einzuhalten. Diese Richtlinie beinhaltet Vorschriften, um die mögliche Gefährdung des Sehvermögens sowie die körperliche und psychische Belastung der Arbeitnehmer am Bildschirm zu vermeiden. Die Arbeitnehmer müssen auf diese Belastungen hingewiesen werden und sie sollten im Zweifelsfall durch eine qualifizierte Person (Arzt) untersucht werden. Ebenfalls muss der Arbeitgeber den Arbeitnehmern für die manuelle Handhabung von Lasten (Ziehen, Heben, Schieben, Tragen und Bewegen einer Last) geeignete **mechanische Ausrüstungen** bereitstellen, um die Gesundheitsgefährdung der Mitarbeiter möglichst gering zu halten. LF 1

Beispiel Der Mars Elektrofachmarkt e. K. hat für die Mitarbeiter im Lager einen Laufkran (beweglicher Kran) und zwei Stapler installiert, um das Herunterheben aus den oberen Regalzonen zu vereinfachen. Zudem sind fünf Hubwagen vorhanden.

○ Brandschutz im Lager

Um einem Brand in einem Lager vorbeugen zu können, müssen die möglichen Gefahrenquellen bekannt sein.

Beispiele Heizung, brennbare Flüssigkeiten, Papier

Folgende vorbeugenden **Brandschutzmaßnahmen** zur Verhinderung von Bränden im Lager können getroffen werden:

Maßnahmen	Beispiele
Bauliche Einrichtungen	Der Mars Elektrofachmarkt e. K. hat für den Bereich, in dem leicht entzündliche Waren wie Kopierpapier lagern, Brandschutztüren und -wände eingebaut, ferner wurden Notausgänge und Rettungswege für Mitarbeiter eingerichtet. Im gesamten Lager gilt Rauchverbot.
Brandmeldeanlagen	Der Mars Elektrofachmarkt e. K. hat im gesamten Lager vollautomatische Brand-/Rauchmelder eingebaut.
Feuerlöscheinrichtungen	Der Mars Elektrofachmarkt e. K. hat im gesamten Lager vollautomatische Sprinkleranlagen eingebaut und Feuerlöscher installiert.
Organisatorische Maßnahmen	Der Mars Elektrofachmarkt e. K. unterweist das Personal im betrieblichen Brandschutz und führt einmal im Jahr eine Brandschutzübung mit den Mitarbeitern durch, um richtige Verhaltensweisen bei Bränden einzuüben; so dürfen z. B. bestimmte brennende Materialien nicht mit Wasser gelöscht werden, da es sonst zu Verpuffungen kommen kann. Ferner sind an den vorgeschriebenen Stellen Vorschriften und Regeln zur Brandverhütung und Brandbekämpfung ausgehängt.

○ Gefahrenschutz im Lager

Waren, von denen besondere Gefahren für Mitarbeiter oder für andere Waren ausgehen, sind besonders zu behandeln. Die **GHS-Verordnung** (Globally Harmonised System of Classifikation and Labelling of Chemicals) schreibt hierzu eine Kennzeichnung der Waren vor. Dies muss auch im Reservelager erkennbar sein.

Beispiele Gefahrenpiktogramme nach der GHS-Verordnung

Kennzeichnung der Gebinde nach der GHS-Verordnung

○ Diebstahlschutz im Lager

In den meisten Einzelhandelsbetrieben haben die Kunden keinen Zutritt zum Lager. Folglich werden die meisten Diebstähle von Mitarbeitern oder Lieferanten begangen. Um dies zu vermeiden, sollten nur berechtigte Mitarbeiter die Lagerräume aufsuchen. Besonders hochwertige Waren können in besonders gesicherten Lagern **(Verschlusslager)** aufbewahrt werden.

Beispiel Der Mars Elektrofachmarkt e. K. bewahrt die hochwertigen Hi-Fi-Anlagen, Tischkopierer, Digitalkameras und die Laserdrucker in abgeschlossenen Lagerbereichen auf.

Zur Verhinderung des Diebstahls von Waren bei der Ein- und Auslagerung sollte eine strikte Trennung von Anlieferungs- und Auslieferungsrampe vorgenommen werden. Zurückgegebene Waren (Retouren) sollten lückenlos erfasst und in das Warenwirtschaftsprogramm eingegeben werden. Unordnung bei der An- und Auslieferung sowie fehlende oder ungenügende Kontrollen begünstigt Diebstahl und Unterschlagung.

● Umweltschutz im Lager

Sicherheit der Menschen, Schutz der Umwelt, verantwortungsvoller Umgang mit den Energie- und Rohstoffressourcen, Herstellung qualitativ hochwertiger umweltschonender Produkte, Entsorgung von Materialien – dies alles sind Aufforderungen an Einzelhandelsunternehmen, denen verantwortungsbewusste Unternehmer nachkommen. Die **Entsorgungslogistik beginnt bereits bei der Beschaffung** und umfasst die Planung, Steuerung und Überwachung aller Maßnahmen zur Behandlung von Rückständen, die aus Abfall, Emissionen und Abwasser bestehen können.

Abfall: Unter Abfall versteht man eine Vielzahl von Materialien, wobei der Abfall eines Unternehmens der Rohstoff eines anderen Unternehmens sein kann.

LF 1 Nach dem **Kreislaufwirtschaftsgesetz** sind „Abfälle alle beweglichen Sachen, deren sich ihr Besitzer entledigt, entledigen will oder entledigen muss.“ (§ 3 KrWG)

§

§1 Kreislaufwirtschaftsgesetz (KrWG)
Zweck des Gesetzes ist es, die Kreislaufwirtschaft zur Schonung der natürlichen Ressourcen zu fördern und den Schutz von Mensch und Umwelt bei der Erzeugung und Bewirtschaftung von Abfällen sicherzustellen.

Zum Abfall wird der **Haus- und der Sondermüll** gezählt. Während der Hausmüll auf Deponien oder in Müllverbrennungsanlagen entsorgt werden kann, stellt der Sondermüll ein großes Problem dar. Seine Entsorgung ist mit hohen Kosten verbunden.

Beispiele Batterien, Lackreste, Giftstoffe, radioaktiver Abfall

Emissionen: Dies sind die von Anlagen (Maschinen, Fahrzeuge usw.) ausgehenden Luftverunreinigungen, Geräusche, Erschütterungen, Strahlen. Auswirkungen auf Menschen und Umwelt werden durch das **Bundes-Imissionsschutzgesetz** geregelt (BImSchG).

Abwasser: Hierunter versteht man das durch Schadstoffe veränderte Wasser.

PRAXISTIPP Gerade im Lager sind vielfältige Maßnahmen zum Schutz der Umwelt möglich und notwendig. Ein Einzelhändler sollte sich dabei an folgende ökologische Grundsätze halten:

- Das **Vermeiden von Abfällen** (Rückständen) hat Vorrang vor der Verwertung von Abfällen.
- Das **Verwerten von Abfällen** (Rückständen) hat Vorrang vor dem Entsorgen von Abfällen.

Abfallbehandlung

Bei der Abfallbehandlung bieten sich folgende Möglichkeiten an:

- **Abfallvermeidung durch Wiederverwendung**

  Beispiele Mehrwegverpackung zum Schutz (Flaschen und Gläser) und zum Transport (Paletten, Collicos, Kleincontainer), Nutzung von wiederverwendbaren Containern statt Pappe oder Folie als Verpackung

- **Abfallverminderung**

  Beispiel Sparsamer Verbrauch von Verpackung

- **Abfallumwandlung**
  (Recycling = Wiederverwertung)

  Beispiel Altpapier, Glas, Kork

- **Abfallbeseitigung**

  Beispiel Schadlose Beseitigung von nicht wiederverwertbarem Altöl

Energienutzung

Für die **bessere Nutzung der Energie** gibt es eine ganze Reihe von Möglichkeiten.

Beispiele Der Mars Elektrofachmarkt e. K. nutzt folgende Möglichkeiten der Energieeinsparung: Wärmedämmung der Lagerräume, verbrauchsarme Fahrzeuge, Heizungsanlagen mit einem hohen Wirkungsgrad, Gewinnung von Wind- und Solarenergie

Kreislaufstrategie

Bereits bei der Beschaffung von Materialien muss über deren ökologische Bedeutung nachgedacht werden. Statt einer „Durchlaufstrategie" wird eine „Kreislaufstrategie" verfolgt. LF 1

Das **Kreislaufwirtschaftsgesetz (KrWG)** schreibt den Einstieg in die Kreislaufwirtschaft vor. Die Wirtschaft soll lernen, künftig „vom Abfall her zu denken". Abfälle sind in erster Linie zu vermeiden und erst in zweiter Linie zu verwerten. Nicht wiederverwertbare Abfälle müssen zur Energieerzeugung verwendbar oder umweltverträglich zu entsorgen sein.

Viele Betriebe gehen dazu über, Mitarbeiter als **Umweltbeauftragte** zu ernennen, die dann die Mitarbeiter schulen; außerdem ist es ihre Aufgabe, den Entsorgungsmarkt hinsichtlich möglicher Kostensenkungen genau zu beobachten.

Beispiel Der Mars Elektrofachmarkt e. K. hat Nico Bonnet als Umweltbeauftragten ernannt. Er führt regelmäßig für alle Mitarbeiter Fortbildungsveranstaltungen zum Thema „betrieblicher Umweltschutz" durch.

Lagergrundsätze, Sicherheit und Umweltschutz im Lager

- **Lagergrundsätze**

Warengerechte Lagerung	Berücksichtigung der Wirkungen von Licht, Temperatur, Feuchtigkeit, Staubbildung usw.
Geräumigkeit	Transportwege und Arbeitsflächen berücksichtigen
Übersichtlichkeit	Lagerplan einhalten, kurze Lagerwege, alte Ware vor neuer Ware lagern (first in first out = fifo)
Lagerausstattung	Regale, Ständer, Leitern, Körbe, Hubwagen, Gabelstapler
Sicherheit	Einbruch-, Diebstahl-, Brand-, Unfallschutz
Warenpflege	Waren verkaufsfähig erhalten, Beschädigungen, Verderb usw. vermeiden

- **Sicherheit im Lager**

Unfallschutz	Brand- und Gefahrenschutz	Diebstahlschutz
Gesetzlich geregelt durch Gewerbeordnung, Arbeitsstättenverordnung	Verhinderung von Bränden durch bauliche Maßnahmen, Brandmeldeanlagen, Feuerlöscheinrichtungen; Umgang mit Gefahrstoffen nach den Regelungen der Gefahrstoffverordnung	Sicherung teurer Waren im Verschlusslager, übersichtliche Anordnung der An- und Auslieferung

- **Umweltschutz im Lager:** Berücksichtigung der Prinzipien „Vermeiden geht vor Verwerten" und „Verwerten geht vor Entsorgen", bessere Nutzung der Energie, Ernennung von **Umweltbeauftragten** im Unternehmen

1. Lagerräume und -flächen sind teuer. Erläutern Sie, warum ein Lager trotzdem geräumig sein sollte.

2. Stellen Sie fest, welche besonderen Anforderungen an die Lagerung folgender Waren gestellt werden:

a) Konserven
b) Frischfleisch
c) Korbwaren
d) Metallwaren
e) Backwaren
f) Tuche
g) Anzüge, Mäntel, Kleider
h) Fotoartikel
i) Holz
j) Papierwaren
k) Lederwaren
l) Hi-Fi-Anlagen

3. Erstellen Sie für das Lager Ihres Ausbildungsbetriebs einen Lagerplan und beschreiben Sie die Organisation Ihres Lagers.

4. Ein Lagergut kann nach verschiedenen Gesichtspunkten eingelagert werden. Erläutern Sie beispielhaft vier Möglichkeiten.

5. Beschaffen Sie von der Berufsgenossenschaft Informationen zum Unfallschutz und stellen Sie die wesentlichen Aussagen der Klasse vor.

6. Beschreiben Sie anhand Ihres Ausbildungsbetriebs
a) Maßnahmen zum Unfallschutz,
b) Maßnahmen zum Brandschutz,
c) Maßnahmen zum Diebstahlschutz,
d) Maßnahmen zum Umweltschutz.

7. Führen Sie Gründe auf für die Notwendigkeit der Grundsätze „Vermeiden geht vor Verwerten" und „Verwerten geht vor Entsorgung".

3.3 Lagerorganisation und Arbeitsabläufe im Lager

Mehmet Aydin ist gerade bei seinem Rundgang durch das Lager, um die von Frau Mars gestellte Aufgabe zur Gestaltung der Lagerräume zu bearbeiten, als eine Sendung der Sano AG von 100 Hi-Fi-Anlagen eintrifft. Mehmet ist der Ansicht, dass die Sendung nach der Wareneingangskontrolle so schnell wie möglich auf einen freien Lagerplatz abgestellt werden sollte. *„Wenn wir unsere gesamte Ware so unsystematisch lagern würden, dann würden wir sehr schnell nichts mehr wiederfinden"*, sagt Abteilungsleiter Logistik Nico Bonnet zu Mehmet. *„Vor der Einlagerung müssen wir uns erst einmal Gedanken über die warengerechte Lagerung, über Einlagerungsgesichtspunkte bis hin zur Entsorgung der Verpackung machen, denken Sie darüber mal nach. Machen Sie einen Rundgang im Lager und überprüfen Sie, nach welchem System wir die Waren einlagern"*, schlägt Nico Bonnet Mehmet vor.

ARBEITSAUFTRÄGE
- Stellen Sie fest, welche Einlagerungsgesichtspunkte bei einem Lager zu beachten sind.
- Beschreiben Sie die systematische und die chaotische Lagerplatzanordnung.

Da die Lagerhaltung in einem Einzelhandelsbetrieb hohe Kosten verursacht, sollten alle anfallenden Arbeiten möglichst kostengünstig ausgeführt werden. Die Lagerhaltung erfordert folgende Lagerarbeiten:

Beispiel Lagerarbeiten beim Mars Elektrofachmarkt e. K.

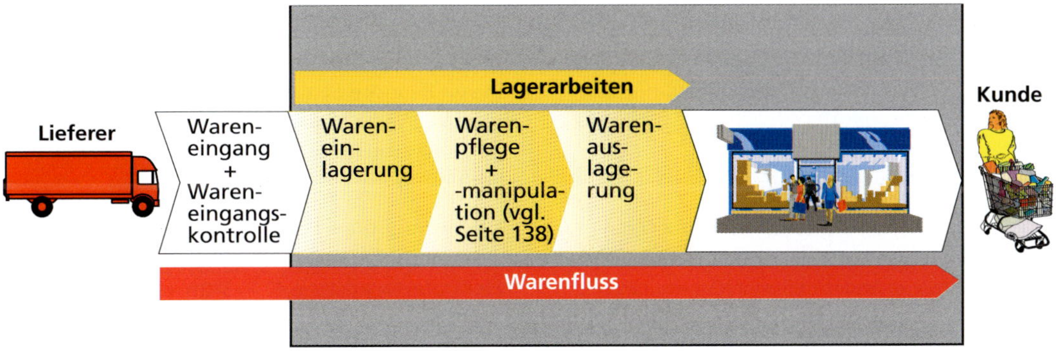

Lagerorganisation

Ein Lager muss so organisiert sein, dass alle notwendigen Arbeiten schnell und reibungslos erledigt werden können. Sehr häufig benötigte Artikel sollten in der Nähe des Verkaufsraumes gelagert werden, um die Auffüllarbeit in den Verkaufsregalen zu beschleunigen. Es gilt der Grundsatz, dass **Transportwege und -zeiten möglichst gering** bleiben sollen. Die Mitarbeiter, die Zugang zum Lager haben und im Lager arbeiten, müssen über die einzelnen Lagerarbeiten entsprechend informiert sein.

Arbeitsabläufe im Lager

Wareneinlagerung

Nach der **Wareneingangskontrolle** (vgl. Seite 105) wird grundsätzlich nur **mangelfreie Ware** je nach Bedarf in das Verkaufs- oder Reservelager eingelagert. Die Waren können nach verschiedenen Gesichtspunkten eingelagert werden, wobei sich die einzelnen Gesichtspunkte überschneiden können.

Beispiel Einlagerung beim Mars Elektrofachmarkt e. K.

Einlagerungsgesichtspunkte	Beispiele
Art des Lagergutes, d. h. Waren einer Warengruppe lagern zusammen (Ordnung nach Warengruppen).	Beim Mars Elektrofachmarkt e. K. ist das Lager in vier Bereiche eingeteilt, für jede Warengruppe (Weiße Ware, Braune Ware, Tonträger/Software, Neue Medien) steht ein Bereich zur Verfügung.
Wert des Lagergutes, d. h., hochpreisige Waren lagern an übersichtlichen Stellen, preiswertere in anderen Bereichen des Lagers.	Die Warengruppe Braune Ware, die viele teure Artikel enthält, liegt im Lager des Mars Elektrofachmarktes e. K. in Sichtweite des Lagerbüros.

Einlagerungsgesichtspunkte	Beispiele
Zugriffshäufigkeit des Lagergutes, d. h., die Artikel, die am häufigsten verlangt werden, lagern in Griffnähe, die Artikel, die am wenigsten verlangt werden, lagern weiter hinten oder in den oberen Regalzonen (Ordnung nach Gängigkeit der Waren).	Der Mars Elektrofachmarkt e. K. lagert den Artikel „Elektrorasierer" im oberen Bereich des Lagerregals, da dieser Artikel umsatzschwach (C-Artikel) ist. Der Artikel Wasserkocher, der umsatzstark ist (A-Artikel), wird zentral an einem Hauptgang gelagert.
Transportiereigenschaften des Lagergutes, d. h., schwere Waren sollten unten und leichte Waren oben im Regal gelagert werden (Ordnung nach Gewicht und Volumen).	Der Mars Elektrofachmarkt e. K. lagert alle Waschmaschinen auf dem Boden, während die kleinen und leichten Fernsehgeräte im oberen Bereich der Regale gelagert werden.
Reihenfolge der Warenausgabe **Fifo-Methode** (first in – first out), d. h., die neue Ware wird hinter der alten einsortiert. **Lifo-Methode** (last in – first out), d. h., die zuletzt eingelagerte Ware wird zuerst wieder ausgelagert.	Der Mars Elektrofachmarkt e. K. benutzt für alle Waren die Fifo-Methode, da z. B. die Warengruppe der ‚Neuen Medien' sonst zu schnell veralten würden. Die Lifo-Methode wird bei Baustoffeinzelhandlungen, z. B. für Schüttgüter wie Sand, Kies usw. oder bei Geschäften mit Schüttwaren wie Nüsse, Strümpfe usw. angewandt.

Die Einlagerung der Ware in das Reservelager erfolgt auf der Grundlage eines **Lagerplanes,** der eine Übersicht über die Anordnung der Lagerstellen und der Lagerwege enthält.

- **Bei der systematischen Lagerplatzanordnung (Festplatzsystem)** werden die Waren nach einem vorgegebenen System an bestimmten gleichbleibenden Plätzen (Plätze mit fester Lagernummer) eingeordnet. Für jeden Lagerplatz wird eine Nummer **(Lageradresse)** vergeben. Zur schnelleren Erfassung mit **Barcodeleser (Scanner)** sowie zur sofortigen Kontrolle können zusätzlich Barcodes (Balkencodes) an den jeweiligen Lagerplätzen verwendet werden. Hierdurch wird das Finden der Waren erleichtert. LF 3

Beispiel Das Lager des Mars Elektrofachmarktes e. K. hat 6 Hauptgänge (A–F), die durch Nebengänge in zwölf Zonen (I–XII) unterteilt sind. Jede Zone hat bis zu 50 Regalfächer.

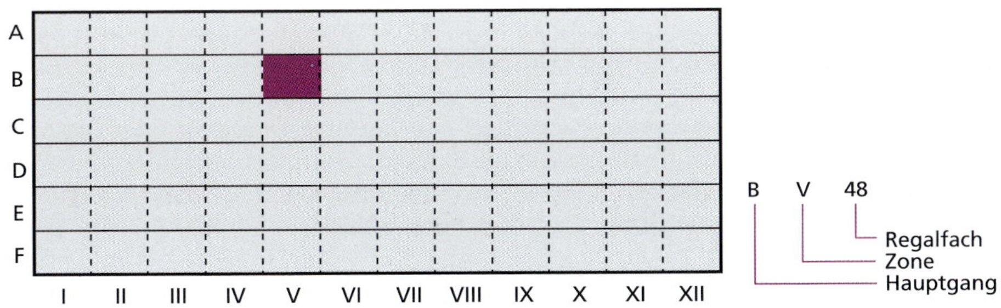

Zusätzlich ist an jedem Regalfach ein Aufkleber **(Markierungsetikett)** mit Angabe der Warenart, der Artikel- und der Bestellnummer als zusätzliche Kontrolle und Orientierungshilfe angebracht.

Gang: B	Zone: V	Fach: 48
Glühlampe hell E27 Artikelnummer: 5056694201006 Bestellnummer: 4201006		

- Bei der **chaotischen Lagerplatzanordnung (Freiplatzsystem)**, die insbesondere in Hochregallagern Anwendung findet, werden die Regale dort belegt, wo gerade ein freier Lagerplatz ist. Feste Lagerplätze gibt es bei dieser Lageranordnung nicht. Dieses setzt allerdings eine **Steuerung des Lagers per EDV** voraus, um die Waren wieder zu finden. **Hauptvorteil** der chaotischen Lagerhaltung ist wegen der optimalen Ausnutzung der vorhandenen Lagerfläche die **Kostenersparnis.** Der genutzte Anteil des Lagerraumes im Verhältnis zum verfügbaren Lagerraum ist bei dieser Lagerorganisation erheblich höher als bei der systematischen Lagerung von Waren. Allerdings setzt die chaotische Lagerplatzordnung eine perfekte Handhabung der vorhandenen Datenverarbeitung und eine aufwendige Lagersteuerungsanlage voraus. Eine falsche Eingabe in dieses System verhindert i. d. R. das Wiederfinden der Waren, da nur der Computer den jeweiligen Lagerort kennt und ein manuelles Ein- und Auslagern aufgrund der vollautomatischen Transportsysteme nicht mehr möglich ist.

Beipiel Hochregallagerung bei der Lebensmitteldiscount Schlegel KG (Zentrallager Porz)

○ Warenpflege und -manipulation

Die gelagerten Waren sind große kapitalbindende Vermögenswerte. Zu ihrer Erhaltung und zum Schutz der Waren vor Beschädigungen und Verderb müssen sie gepflegt werden. Die **Warenpflege** umfasst neben der warengerechten Lagerung (vgl. Seite 130) alle Arbeiten, die die Waren in einen verkaufsfertigen Zustand versetzen oder diesen erhalten. Zur Warenpflege gehört insbesondere die Sauberhaltung der Lagerräume und des Lagergutes. Zur **Warenmanipulation** zählt man alle Tätigkeiten an den Lagergütern, die die Verwendungsreife herbeiführen, erhöhen oder erhalten.

Beispiele Reifelagerung (Bananen, Cognac), Ablagerung zur Trocknung (Holz, Tabak, Gewürze), Sortieren (Obst, Eier), Mischen (Farben).

Zusätzlich zählt man zur Warenmanipulation auch die verkaufsvorbereitenden Tätigkeiten und verkaufsbegleitenden Arbeiten.

Beispiele
- **Verkaufsvorbereitende Tätigkeiten:** Im Lager des Mars Elektrofachmarktes e. K. werden alle Waren mit Preisetiketten versehen, falls die Waren nicht mit einem Balkencode versehen sind.
- **Verkaufsbegleitende Arbeiten:** Der Mars Elektrofachmarkt e. K. vermittelt für seine Kunden die Installation der Waren der Warengruppe „Weiße Ware" wie Kühlschrank, Waschmaschinen usw.

○ Warenauslagerung

Die im Reservelager gelagerten Waren werden in das Verkaufslager befördert, wenn dort die Waren nicht mehr in ausreichender Menge vorhanden sind. Die einzelnen Waren dürfen das Reservelager erst dann verlassen, wenn die Warenentnahme durch die Bestätigung auf Warenentnahmebelegen festgehalten worden ist. Diese Belege sind dann im Warenwirtschaftsprogramm einzugeben, damit die Lagerbestände im Reservelager aktualisiert werden.

Warenentnahmen im Verkaufslager entstehen durch den Verkaufsvorgang. Der Kunde erhält die Ware, der Verkauf wird durch die Eingabe des Verkaufsvorgangs in der Kasse erfasst und ist somit im Warenwirtschaftsprogramm berücksichtigt.

Lagerorganisation und Arbeitsabläufe im Lager

- Bei der **Wareneinlagerung** sollten die Gesichtspunkte Art, Wert, Zugriffshäufigkeit, Transporteigenschaften des Lagergutes für die Reihenfolge der Warenausgabe berücksichtigt werden.
- **Fifo-Methode:** Neue Ware wird hinter der alten einsortiert.
- **Lifo-Methode:** Neue Ware wird zuerst wieder ausgelagert.

Lagerplatzanordnung

systematische (Festplatzsystem)	**chaotische (Steuerung des Lagers per EDV)**
Waren werden an bestimmten gleichbleibenden Plätzen einsortiert.	Regale werden dort belegt, wo gerade ein freier Platz ist.

- Die **Warenpflege** umfasst alle Arbeiten, um die Waren in einem verkaufsfertigen Zustand zu erhalten.
- Die **Warenmanipulation** umfasst zusätzlich die verkaufsvorbereitenden und die verkaufsbegleitenden Tätigkeiten.
- **Warenauslagerung:** Waren dürfen das Reservelager erst verlassen, wenn die Warenentnahme auf Warenentnahmebelegen quittiert worden ist.
- Die Erfassung der Warenauslagerung im Verkaufsraum erfolgt an der Kasse.

1. Erläutern Sie, welche Lagerarbeiten in einem Einzelhandelsunternehmen anfallen können.

2. Schildern Sie die Vorgänge der Wareneinlagerung und Warenauslagerung in Ihrem Ausbildungsbetrieb.

3. Beschreiben Sie anhand der Waren Ihres Ausbildungsbetriebs, wie die einzelnen Waren warengerecht gelagert werden können.

4. Erklären Sie die Grundsätze „First in – first out (Fifo)“ und „Last in – first out (Lifo)“ anhand von Beispielen.

5. Erläutern Sie, was man unter einer systematischen Lagerhaltung und einem chaotischen Lager versteht und welche Vorteile und Nachteile sich aus der jeweiligen Lagerorganisation ergeben.

6. Was ist unter chaotischer Warenlagerung zu verstehen?
1. Bei der EDV-gestützten Warenlagerung erfolgt die Belegung des nächsten freien Regalplatzes durch das Warenwirtschaftsprogramm.
2. Wareneingänge können wegen geringer Lagerfläche nicht ordentlich erfasst werden.
3. Das Warenvolumen ist so groß, dass keine systematische Lagerung mehr erfolgen kann.
4. Die Warenlagerung erfolgt nur in Sortimentsgruppen.
5. Warenlagerung erfolgt nach der Umschlagshäufigkeit der einzelnen Warengruppen.

3.4 Risiken der Lagerhaltung und Lagerkosten

Bei seinem Rundgang durch das Lager kommt Mehmet Aydin an einem Lagerplatz vorbei, auf dem einige Hi-Fi-Anlagen zu finden sind, die bereits vor einem halben Jahr dort gestanden haben. Des Weiteren wird er Zeuge eines Gesprächs zwischen Herrn Bonnet, dem Logistikleiter, und Herrn Kraft, dem Verkaufsleiter „Braune Ware“. Herr Kraft: *„Aufgrund der zu erwartenden verstärkten Nachfrage nach digitalen Breitwandfernsehern wegen der Fußballweltmeisterschaft habe ich diesmal erheblich mehr Fernseher bestellt. Schließlich wollen wir doch jeden möglichen Gewinn mitnehmen.“* Herr Bonnet antwortet: *„Mensch, Herr Kraft, wir haben keinen Platz mehr im Lager. Wo soll ich denn diese Ware noch unterbringen?“* Herr Kraft: *„Wir könnten doch kurzfristig ein Lager anmieten, wenn wir keinen Platz mehr haben.“* Etwas ärgerlich erwidert Herr Bonnet: *„Das bedeutet aber erhebliche zusätzliche Kosten für unser Unternehmen, dann ist Ihr schöner Gewinn wieder weg.“*

ARBEITSAUFTRÄGE
- Erläutern Sie die Risiken, die mit der Lagerhaltung verbunden sind.
- Beschreiben Sie mögliche Kosten, die durch eine Lagerhaltung entstehen können.

Optimaler Lagerbestand

Das Hauptproblem im Rahmen der Lagerhaltung ist die Ermittlung des optimalen Lagerbestandes (vgl. Seite 167 ff.). Hierunter versteht man den für ein Einzelhandelsunternehmen günstigsten Lagervorrat. Dieser sollte einerseits aus Kostengründen so klein wie möglich gehalten werden, andererseits muss er aber auch groß genug sein, um die Verkaufsbereitschaft aufrechterhalten zu können. Als optimal gilt ein Lagerbestand, wenn die Nachteile eines zu großen sowie die eines zu kleinen Lagerbestandes vermieden werden können. Ein zu großer Lagerbestand würde z. B. zu unnötig hohen Lagerkosten führen, insbesondere wenn zusätzlicher Lagerraum angemietet werden muss. Durch einen zu kleinen Lagerbestand kann die Verkaufsbereitschaft gefährdet werden, weil Kunden, die die gewünschte Ware nicht kaufen können, zur Konkurrenz abwandern. Da das Verhalten der Kunden und damit der Abverkauf nicht genau vorherbestimmt werden können, kann der optimale Lagerbestand nicht genau berechnet werden.

Risiken der Lagerhaltung

Jedes Warenlager birgt Risiken, die keine Versicherung abdeckt. Deshalb muss der Einzelhändler mit seinen Mitarbeitern darauf achten, diese Risiken möglichst gering zu halten. Die Risiken der Lagerhaltung bestehen u. a. in Modeänderungen, im Saisonwechsel, im technischen Fortschritt, in Preisschwankungen oder im Schwund.

Modeänderungen

Von Änderungen der Mode sind besonders Textilien betroffen. Der Geschmack der Kunden verändert sich. Bestimmte Farben, Muster, Designs usw. von Textilien können plötzlich nicht mehr aktuell sein. Diese Textilien werden deshalb nicht mehr gekauft. Es nutzt meist nichts, sie einzulagern und im nächsten Jahr wieder anzubieten. Ladenhüter können meist nur noch mit erheblicher Preisreduzierung oder im Rahmen von Sondermaßnahmen verkauft werden. Zu hohe Lagerbestände binden auch Kapital (vgl. Seite 142 f.). Ist aber nicht genügend Kapital vorhanden, wird es schwierig, aktuelle Ware oder Trendartikel einzukaufen. Somit kann nicht auf die veränderten Wünsche der Kunden eingegangen werden, was zu Umsatzeinbußen führt.

Saisonwechsel

Der Kauf von vielen Artikeln ist abhängig von bestimmten Saisonschwankungen. Besonders der Kauf von Oberbekleidung, Schuhen und Gartenbedarf ist von der jeweiligen Jahreszeit abhängig. Überbestände von Waren sind nur mit erheblichen Kosten bis zur nächsten Saison zu lagern und dann sind sie meist nicht mehr modern. Einen Ausweg bieten die Sonderverkäufe. Doch auch hier müssen die Bestände mit Preisabschlägen verkauft werden.

Technischer Fortschritt

Neue Funktionen, neue Materialien, verbesserte Qualität, bequemere Handhabung usw. lassen bisherige Produkte rasch veralten, sie sind nur noch schwer verkäuflich.

Beispiele Elektroartikel (Kühlschränke, Herde, Waschmaschinen), Geräte der Unterhaltungselektronik (Fernseher, Hi-Fi-Anlagen usw.), Autozubehör, Werkzeuge, Computer, Fotoapparate usw.

Preisschwankungen

Die Preise einiger Rohstoffe und Warenbestandteile schwanken z. T. erheblich (Edelmetalle, Erdöl, Getreide, Kakao, Kaffee usw.). Die Hersteller von Waren geben Preiserhöhungen möglichst an die Einzelhändler weiter. So kann ein großer Einkauf in einer Zeit mit hohen Preisen sehr viel Kapital binden. Da der Verkauf der Ware zeitlich später liegt, kann der Listenverkaufspreis des Lieferers bereits wieder gefallen sein. Da das Lager aber gefüllt ist und die finanziellen Mittel erschöpft sind, ist ein Einkauf in Zeiten geringer Preise nun nicht mehr möglich. Da diese Probleme durch den Einzelhändler nicht beeinflussbar sind, muss er hier besonders umsichtig handeln.

Beispiele Zu Produkten, die Preisschwankungen ausgesetzt sind, gehören etwa Kaffee, Frischobst und -gemüse, Holzwaren, Schmuck, Fleisch, Fisch.

Schwund

Schwund (Mengenverlust) kann entstehen durch Verderb, Verdunsten, Vertrocknen, Bruch usw.). Dies gilt insbesondere für Lebensmittel (Brot, Obst, Gemüse, Fleisch), die mit einem Verfallsdatum gekennzeichnet sind. Hier muss der Einzelhändler geschickt planen (disponieren), damit er einerseits keine Überbestände aufbaut (zusätzliche Kosten), andererseits aber seine Verkaufsbereitschaft nicht beeinträchtigt (Gefahr von Umsatzeinbußen). Schwund kann auch durch Ladendiebstahl entstehen (vgl. Seite 380). Hiergegen müssen entsprechende Schutzmaßnahmen getroffen werden.

Wirtschaftliche Gesichtspunkte der Lagerhaltung (Lagerkosten)

LF 11

Jedes Lager verursacht Kosten. Einige Kosten, z. B. Miete für den Lagerraum, sind von der Menge und dem Wert der gelagerten Ware unabhängig. Man bezeichnet sie als **fixe Kosten,** sie sind über einen bestimmten Zeitraum unveränderlich. Die Lagerkosten zählen zu den Handlungskosten. Diese entstehen beim Bezug, bei der Lagerung und beim Verkauf von Waren (vgl. Seite 273).

Die Kosten der Lagervorräte sind vom Einzelhändler beeinflussbar, denn er kann entscheiden, wie viel Ware er auf Lager hält. Diese Kosten nennt man **variable Kosten.** Fixe und variable Lagerkosten müssen in die Preiskalkulation des Einzelhandels einfließen. Über den Ladenverkaufspreis/Auszeichnungspreis der einzelnen Artikel, d. h. über den Umsatz, müssen die Kosten erwirtschaftet werden.

Sachkosten des Lagers: Hierzu zählen

- **Reparaturen, Instandhaltung** der Lagereinrichtung (Regale, Ständer usw.), der Hilfsmittel (Hubwagen, Gabelstapler usw.)
- **Wartung** (Transportmittel, Heizung, Klimaanlage, Sprinkleranlage, Kühltruhen usw.)
- **Energiekosten** (Heizung, Beleuchtung, Kühlung usw.)
- **Versicherungsprämien** (für die Lagereinrichtung und den Warenbestand)
- **Reinigungskosten**
- **Miete** (für Räume und Geräte)
- **Kosten der Warenpflege** (Abdeckhüllen, Staubsicherungen usw.)
- **Kosten der Lagerverwaltung und -organisation** (Lagerdatei, Entnahmescheine usw.)

Personalkosten: Alle Mitarbeiter des Lagers und anteilig auch die Mitarbeiter des Verkaufs, die nur zeitweise mit Lagerarbeiten beschäftigt sind, verursachen Personalkosten. Bei diesen Kosten müssen sämtliche Arbeiten berücksichtigt werden, angefangen mit der Warenannahme, Warenprüfung usw. bis zum Transport der Ware in den Verkaufsraum.

Kosten des Lagerrisikos: Schwund, Verderb, Ladenhüter durch Modellwechsel usw. können auch bei sorgfältiger Arbeit nicht immer vermieden werden. Die so entstandenen Kosten sind meist nicht exakt planbar, hier können aber Erfahrungswerte und Schätzungen helfen.

Kosten der Kapitalbindung: Die Lagereinrichtung, die gelagerte Ware und sonstige Kosten der Lagerräume binden Kapital, d. h., die finanziellen Mittel, die hierfür aufgewendet werden, stehen für andere betriebliche Zwecke nicht zur Verfügung. Die Kosten der Kapitalbindung sind die entgangenen Zinsen für das Kapital.

- **Kosten der gelagerten Ware:** Verzinsung des eingesetzten Kapitals

  Beispiel Im Geschenkparadies Klara Klein GmbH im EKZ Rheinpark lagern im Durchschnitt pro Jahr für 300.000,00 EUR Waren. Würde Frau Klein diese Mittel für 3 % Zinsen pro Jahr bei einer Bank anlegen, so erhielte sie hierfür 9.000,00 EUR Zinsen.

LF 11

- **Kosten der Lagereinrichtung:** Verzinsung des eingesetzten Kapitals, Abschreibung

  Beispiel Der Mars Elektrofachmarkt e. K. im EKZ Rheinpark kauft einen Gabelstapler für sein Lager. Das Gerät kostet 42.000,00 EUR. Bei einem Zinssatz von 5 % entstehen 2.100,00 EUR

Kapitalbindungskosten im ersten Jahr. Der Gabelstapler hat eine geschätzte Lebensdauer von sechs Jahren, über diesen Zeitraum sind die Anschaffungskosten zu verteilen, es entstehen somit jährlich Abschreibungen in Höhe von 7.000,00 EUR.

- **Kosten der Lagerräume:** Baukosten für ein neues Lager, Erweiterungsbauten usw.

PRAXISTIPP Die exakte Ermittlung der Lagerkosten ist nur mit einem gut funktionierenden betrieblichen Rechnungswesen möglich. Die Laden-/Auszeichnungspreise der einzelnen Waren müssen so kalkuliert werden, dass die Kosten langfristig gedeckt sind.

LF 8,11

Risiken der Lagerhaltung und Lagerkosten

- Jede Lagerhaltung birgt **Risiken:**

Risiken

Modeänderungen	Saisonwechsel	technischer Fortschritt	Preisschwankungen	Schwund
Geschmack der Kunden ändert sich	Wechsel der Jahreszeiten	Veralterung von vorhandenen Geräten durch technische Verbesserung neuer Geräte	Häufige Änderungen der Einkaufspreise	Mengenverluste durch Ablauf des Verfallsdatums, Diebstahl

- **Lagerkosten**

Sachkosten	Alle Kosten zum Betrieb des Lagers, insbesondere Mieten, Energie, Reparaturen usw.
Personalkosten	Kosten der Mitarbeiter, die Lagerarbeiten erledigen
Kosten des Lagerrisikos	Kosten durch Verderb, Diebstahl, Schwund
Kosten der Kapitalbindung	Zinsen für das eingesetzte Kapital – gelagerte Ware – Anschaffung der Lagereinrichtung – Anschaffung (Bau) der Lagerräume

1. Erläutern Sie bei folgenden Waren, welchen Lagerrisiken sie ausgesetzt sein können: Frischmilch, Campingartikel, Blu-Ray-Player, Sonnencreme, Damenblusen, Weihnachtsgebäck, Schuhe, Importkäse, Farben, Blumen, Hosen, Damenstrümpfe, DVDs.

2. Ein Lebensmittel-Einzelhändler möchte das Risiko des Verderbs von Waren verringern. Überprüfen Sie, welche Möglichkeiten er hat.

3. Beschreiben Sie, wie sich die Sachkosten des Lagers in Ihrem Ausbildungsbetrieb zusammensetzen.

4. Erläutern Sie, wieso bei den Personalkosten des Lagers auch die Mitarbeiter des Verkaufs anteilig berücksichtigt werden.

5. Ein Einzelhändler rechnet für seine Artikel mit Lagerkosten in Höhe von 2,8 % vom Umsatz. Wie viel Euro Lagerkosten entstanden ihm, wenn er in einem Jahr 1.345.000,00 EUR Umsatz hatte?

6. Erläutern Sie an einem Artikel Ihrer Wahl, warum der technische Fortschritt zu einem Risiko der Lagerhaltung werden kann.

3.5 Nutzung eines Warenwirtschaftsprogramms beim Wareneingang, bei der Lagerplatzverwaltung, Lagerbestandsführung und beim Warenausgang

Mehmet Aydin hat veranlasst, dass die Hi-Fi-Anlagen auf dem vorgesehenen Lagerplatz abgestellt werden. Danach legt er den Lieferschein des Spediteurs in den Ablagekorb auf seinen Schreibtisch. Zwei Stunden später erscheint Herr Bonnet und fragt: *„Warum haben Sie noch nicht veranlasst, dass die Daten des Lieferscheins in den Rechner eingegeben werden?"* Mehmet, der aufgrund der letzten Kritik von Herrn Bonnet noch ein bisschen verunsichert ist, antwortet: *„Das hat mir keiner gesagt, aber ich werde es gleich nachholen."* Gleichzeitig denkt er: *„Woher weiß der Bonnet, dass ich das noch nicht gemacht habe?"*

ARBEITSAUFTRÄGE

- Erläuten Sie, welche Arbeiten bei einem Warenwirtschaftsprogramm beim Eingang von Waren erledigt werden müssen.
- Beschreiben Sie die computergestützte Lagerbestandsführung.
- Erläutern Sie den computergestützten Warenausgang.

Neben den Warenbewegungen im Lager laufen ständig Informations- und Entscheidungsvorgänge im **Warenwirtschaftsprogramm** ab. Hierzu zählen computergestützte(r) Wareneingang und Lagerplatzverwaltung, Lagerbestandsführung und Warenausgang aus dem Reservelager.

● Wareneingang und Lagerplatzverwaltung

○ Wareneingang

Im Warenwirtschaftsprogramm werden beim Wareneingang nach der Wareneingangsprüfung alle anfallenden Informationen (Daten) erfasst.

Beispiele Art und Menge der Ware, Lieferer, Differenzen zwischen Bestellung und Lieferschein

Durch die Erfassung der Wareneingangsdaten wird zudem die gesetzliche Vorschrift erfüllt, ein Wareneingangsbuch (vgl. Seite 145) zu führen. Ferner gibt das Warenwirtschaftsprogramm Auskunft darüber, ob die vereinbarten Liefertermine eingehalten und die Waren mangelfrei geliefert wurden. Die Warenwirtschaftsprogramme bieten oft eine zweistufige Erfassung an:

- Der Wareneingang wird **anhand der Lieferung und des Lieferscheins erfasst.**
- Der Wareneingang wird **anhand der Eingangsrechnung erfasst.**

Beispiel Vollautomatisierte Steuerung des Hochregallagers bei der Center Warenhaus GmbH

Beispiel Wareneingangsbuch des Mars Elektrofachmarktes e. K.

Wareneingangsbuch

Mars Elektrofachmarkt e. K. — Monat September — Seite 34

Lfd. Nr.	Liefertag	Namen und Ort des Lieferanten	Warenart	Rechnungsbetrag (einschl. Vorsteuer)	Warenwert (ohne Vorsteuer)	Nebenkosten: Verpackung, Fracht (ohne Vorsteuer)	Vorsteuer lt. Rechnung	Vorsteuer Berichtigung	Abzüge: Skonto, Nachlässe, Rücksendungen	Rechnung bezahlt EUR	Rechnung bezahlt am
1	2	3	4	5	6	7	8		9	10	
1	1.	Computec GmbH & Co KG	Taschenrechner	43.226,75	36.325,00	54,00	6.912,01	–	–	4.3226,75	15. 09.
2	3.	Flamingowerke AG	Kaffeemaschinen	2.606,10	2.190,00	15,00	418,95	–	–	2.606,10	17. 09.
3	6.	Elektro Bader KG	Hi-Fi-Anlagen	2.298,84	1.931,80	80,00	382,24	–	–	–	–
4	7.	Bürotec GmbH	Faxgeräte	9.906,75	8.325,00	333,00	1.645,02	–	–	–	–
5											
6											
7											
8											
9											

Im Warenwirtschaftsprogramm wird der Wareneingang nach Vorliegen des Lieferscheins oder der Eingangsrechnung durch die Eingabe des Artikelcodes (EAN-/GTIN-Nummer, betriebsspezifische Artikelnummer) erfasst. Nur Abweichungen zwischen Bestellung und Lieferung werden dabei gesondert erfasst. Die Erfassung des Wareneingangs im WWS hat folgende Auswirkungen:

- Der Lagerbestand des Artikels wird in der Artikelstammdatei und in der Bestandsliste automatisch erhöht.
- Die Warenveränderung wird im **Wareneingangserfassungsprotokoll** (vgl. Seite 107) aufgeführt und anschließend wird ein **Wareneingangsschein** ausgedruckt.
- Nach Erfassung und Kontrolle der Eingangsrechnung werden die Daten ins **Wareneingangsbuch** übernommen und an die Finanzbuchhaltung übergeben. Anschließend wird die noch offene Bestellung gelöscht.

Eine laufende **Terminüberwachung** der offenen Bestellungen sichert einen geordneten Betriebsablauf beim Wareneingang und beim Warenabsatz. Das Warenwirtschaftsprogramm überwacht hierbei mithilfe der **Bestellrückstandsliste** die erteilten Bestellungen terminlich. Diese Liste enthält eine nach Lieferanten geordnete Übersicht aller Bestellungen sowie alle wichtigen Bestelldaten. In bestimmten Abständen werden Listen ausgedruckt, die alle überfälligen Lieferungen ausweisen. Der zuständige Sachbearbeiter kann sofort veranlassen, dass an die entsprechenden Lieferanten Rückstandsmeldungen zur Erinnerung versandt werden.

Beispiel Im Mars Elektrofachmarkt e. K. wird einmal pro Woche eine Liste aller überfälligen Lieferungen ausgedruckt. Per E-Mail werden anschließend die Lieferer durch die Verkaufsleiter (Nicole Orth, Alex Kraft, Eray Ozyurt, Toyah Quirl) auf die ausstehenden Lieferungen hingewiesen.

Bestellrückstandsliste Mars Elektrofachmarkt e. K.					Datum 20.09.20..	Seite 1
Liefe-rung	Lieferer Bestell-Nr. Bestell-Dat.	Artikel-Nr.	Artikelbe-zeichnung/ Zusatz	Bestell-menge	Liefer-termin	Zuständiger Sachbear-beiter
1	5670 0182104 05.09.	6005670 182104	CD Rohlinge	5.000	15.09.	Frau Quirl
2	5670 0184993 07.09.	6005670 184993	Computerspiele	200	15.09.	Herr Ozyurt

○ Lagerplatzverwaltung

In den meisten Warenwirtschaftsprogrammen ist das **Modul „Lagerplatzverwaltung"** enthalten. Dieses Modul steuert die Lagerplatzänderungen und gibt Auskunft über die aktuelle Lagerbewegung sowie die Kapazitätsauslastung des Lagers. Bei der Festlegung der **Lagerplätze (Lagerplatzanordnung)** werden artikelbezogene Einlagerungsgesichtspunkte (Art, Wert, Zugriffshäufigkeit des Artikels usw., vgl. Seite 136 f.) berücksichtigt. Aus den **Lagerplatzdaten** (vorhandene Lagerfläche) und der **Lagerbewegungsdatei** (freie bzw. belegte Lagerplätze) kann der **optimale Lagerplatz** ermittelt und zugewiesen werden.

Bei der Einlagerung in das Reservelager sind die Warenbewegungen abhängig von der **Lagerplatzanordnung** (systematische oder chaotische Lagerplatzanordnung).

Systematische Lagerplatzanordnung

Bei der systematischen Lagerplatzanordnung (vgl. Seite 137) richtet sich das Warenwirtschaftsprogramm nach dem im System gespeicherten Lagerplan für die einzulagernde Ware.

Chaotische Lagerplatzanordnung

Bei der chaotischen Lagerplatzanordnung (vgl. Seite 138) weist das Warenwirtschaftsprogramm für die einzulagernde Ware einen freien Lagerplatz zu. Akzeptiert der Mitarbeiter den vom Warenwirtschaftsprogramm vorgeschlagenen Lagerplatz, muss der Lagermitarbeiter nur noch das Barcode- oder Markierungsetikett an der Ware oder den Behälter anbringen und die Einlagerungsmenge bestätigen. Das Förderfahrzeug transportiert dann vollautomatisch die Waren an die vorgesehene Stelle. Die Information, an welchem Lagerplatz sich welcher Artikel in welcher Menge befindet, kann nur über die Datenbank des Warenwirtschaftsprogramms abgefragt werden.

Lagerbestandsführung

Durch die artikelgenaue Erfassung aller Ein- und Ausgangsdaten im Warenwirtschaftsprogramm (vgl. Seite 137 ff.) erfolgt im Einzelhandel eine **artikelgenaue Bestandsführung.** Zur Lagerbestandsführung zählen

- die Erfassung der Warenzugänge (Lagerbestand erhöht sich, Bestellbestand verringert sich),
- die Erfassung der Warenabgänge durch Warenverkäufe,
- die Erfassung der Retouren (Warenrückgaben von Kunden),
- die permanente Inventur und die Stichtagsinventur (vgl. Seite 151 f.) zum Vergleich der Soll- und Ist-Bestände im Lager.

Warenausgang aus dem Reservelager

Beim computergestützten Warenausgang ist zu unterscheiden, ob die Ware aus dem Reservelager direkt an den Kunden geliefert oder übergeben wird oder ob die Ware in den Verkaufsraum gebracht wird.

- **Wird die Ware direkt an den Kunden ausgeliefert**, erfolgt die Abwicklung des Kundenauftrags im Reservelager und die erforderliche Erstellung der Lieferscheine wird über das Warenwirtschaftsprogramm gesteuert und kontrolliert.

Beispiel Der Mars Elektrofachmarkt e. K. liefert eine bestellte Waschmaschine direkt an den Kunden. Bei der Auslagerung der Waschmaschine werden durch das Warenwirtschaftsprogramm alle erforderlichen Daten für den Lieferschein (Art und Menge der Ware, Name und Adresse des Kunden, Liefertermin), die Rechnung, die erforderliche Verpackung und das Verladen vorgegeben.

- **Wird die Ware im Reservelager an den Kunden direkt übergeben**, muss der Kunde den Kassenbeleg vorlegen. Kunden sollten grundsätzlich keinen Zugang zum Reservelager haben, daher sollte die Übergabe der Waren an einer Warenausgabestelle getätigt werden. Der Kunde quittiert den Empfang der Ware.

Beispiel Große und sperrige Waren werden im Mars Elektrofachmarkt e. K. immer an der Laderampe an einer speziell für Kunden gekennzeichneten Stelle ausgegeben.

- **Wird die Ware aus dem Reservelager in den Verkaufsraum gebracht**, um die Verkaufsregale wieder aufzufüllen, muss der zuständige Verkäufer einen Warenentnahmeschein ausfüllen und quittieren; diese Daten müssen im Warenwirtschaftsprogramm erfasst werden, damit der Bestand im Reservelager aktualisiert wird.

Einige Waren erfordern im Einzelhandel aufgrund ihrer Größe, ihres Gewichtes oder ihrer Menge die Zustellung dieser Waren zum Kunden.

Beispiele Möbel, Waschmaschinen, Wäschetrockner, Fernsehgeräte

Dabei sind die **Verladung und der Transportvorgang** wichtige Leistungsvorgänge im Einzelhandel. Insbesondere die **Tourenplanung** und die **Erstellung des Lieferscheins** können computergestützt vorgenommen werden. Anhand der Auftragsnummer wird eine Bildschirmmaske aufgerufen, in der die einzelnen Positionen der Lieferung erfasst werden können. Die wesentlichen Informationen wie Kundendaten, Liefermengen usw. können automatisch aus der Auftragsdatei in den Lieferschein übernommen werden. Der Lieferschein begleitet die Ware bis zum Kunden. Auf dem **Empfangsschein** (Doppel/Kopie des Lieferscheins) bestätigt der Kunde den richtigen Empfang der Ware.

Es können auch direkt Lieferscheine über eine **Erfassungsmarke** erstellt werden, ohne dass bereits ein Auftrag erfasst wurde. In diesem Fall wird vom System selbstständig ein entsprechender Auftrag angelegt, wobei nach der Erfassung eines Artikels der entsprechende Lagerbestand sofort korrigiert wird.

Nutzung eines Warenwirtschaftsprogramms beim Wareneingang, bei der Lagerplatzverwaltung, Lagerbestandsführung und beim Warenausgang

- **Wareneingang und Lagerplatzverwaltung** steuern die Erfassung des Wareneingangs, die Lagerplatzänderungen und geben Auskunft über die aktuelle Lagerbewegung.
- Mithilfe der Lagerplatzdaten, der Lagerbelegungsdatei und der Verkaufsdaten wird **der optimale Lagerplatz** für einen Artikel bestimmt.
- Mithilfe der **Lagerbestandsführung** werden alle Warenbewegungen vollständig erfasst und fortgeschrieben.
- Mithilfe des Warenwirtschaftsprogramms können alle **Arbeiten bei einer Inventur** vom Druck der Inventuraufnahmelisten über das Erfassen der Bestände durch den Einsatz von Barcodelesern und die Korrektur der buchmäßigen Bestände (Soll-Bestände) bis zum Druck einer Inventurliste erledigt werden.
- Mithilfe des Warenwirtschaftsprogramms kann die **Transportabwicklung** (Warenausgang) mit der **Erstellung des Lieferscheins** gesteuert werden.

1. Erläutern Sie, welche Aufgaben das Warenwirtschaftsprogramm beim Wareneingang und bei der Lagerplatzverwaltung erfüllen kann.

2. Geben Sie an, woran sich das Warenwirtschaftsprogramm bei der systematischen und der chaotischen Lagerplatzanordnung orientiert.

3. Erklären Sie die Vorteile eines Warenwirtschaftsprogramms bei der Lagerbestandsführung
   a) bei der Dokumentation der Warenbewegungen,
   b) bei der Durchführung der Inventur.

4. Beschreiben Sie die Möglichkeiten, mithilfe des Warenwirtschaftsprogramms die Verladung und den Transportvorgang zu steuern.

5. Stellen Sie Ihren Mitschülern das Lagerverwaltungssystem Ihres Ausbildungsbetriebs in einem Vortrag vor.

3.6 Ermittlung von Beständen und Auswertung von Lagerkennzahlen

3.6.1 Eine Inventur planen und durchführen

Am 28.11.20.. finden die Mitarbeiter des Mars Elektrofachmarkts e. K. folgende Mitteilung am schwarzen Brett:

Betriebsvereinbarung zur diesjährigen Inventur

Unsere diesjährige Inventur findet am **Samstag, dem 21. Dezember ab 19:00 Uhr** und am **Sonntag, dem 22. Dezember ab 09:00 Uhr** statt.

Wir bitten Sie, sich für diese Zeit bereitzuhalten, so wie wir es mit dem Betriebsrat vereinbart haben.

Geschäftsleitung
Daniela Mars

Betriebsrat
Nico Bonnet

ARBEITSAUFTRÄGE

- Nennen Sie Gründe für die Durchführung der Inventur im oben genannten Zeitraum.
- Tauschen Sie Ihre Erfahrungen mit der Organisation und Durchführung von Inventurarbeiten in Ihrem Ausbildungsbetrieb aus.
- Erstellen Sie gemeinsam mit Ihrem Sitznachbarn eine Checkliste, die Ihnen hilft, an alle notwendigen Vorarbeiten zu denken, wenn Sie eine Inventur planen.

→ AH

Grundlagen der Inventur

Im Rahmen der Inventur muss der Kaufmann mindestens einmal jährlich seine Vermögenswerte nach Art, Menge und Wert aufnehmen sowie seine Schulden erfassen. Dazu muss er Zahlungsmittel und Waren zählen und noch nicht bezahlte Rechnungen zusammenstellen. Neben der mengenmäßigen **Erfassung des Vermögens und der Schulden** müssen auch deren **Werte** nach gesetzlichen Vorschriften ermittelt werden. Erst dann kann ein vollständiges Bestandsverzeichnis, **das Inventar**, erstellt werden.
Die Inventur dient zur Ermittlung der **Ist-Bestände** (tatsächlicher Bestand) und liefert somit eine Kontrolle der **Soll-Bestände** (Buchbestand).

Die Durchführung der Inventur ist für Kaufleute gesetzlich vorgeschrieben (§ 240 HGB) und muss zu **bestimmten Anlässen und Zeiten** erfolgen:

- zu **Beginn der Betriebstätigkeit** (Neugründung oder Übernahme)
- am **Ende eines jeden Geschäftsjahres** (zwölf Monate, die nicht mit dem Kalenderjahr übereinstimmen müssen)
- bei **Aufgabe der Betriebstätigkeit** (Verkauf oder Auflösung)

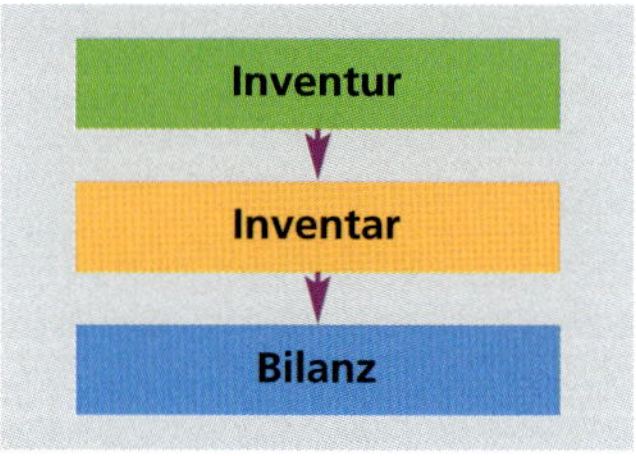

§

§ 240 HGB
(1) Jeder Kaufmann hat zu Beginn seines Handelsgewerbes seine Grundstücke, seine Forderungen und Schulden, den Betrag seines baren Geldes sowie seine sonstigen Vermögensgegenstände genau zu verzeichnen und dabei den Wert der einzelnen Vermögensgegenstände und Schulden anzugeben.
(2) Er hat [...] für den Schluss eines jeden Geschäftsjahres ein solches Inventar aufzustellen.

Arten der Inventur

Bei der Inventur ist zwischen der körperlichen Inventur und der Buchinventur zu unterscheiden – beide ergänzen sich.

Körperliche Inventur

Die Inventur der Vermögenswerte, die greifbar, also **körperlich** sind, erfolgt durch **Zählen, Messen, Wiegen** oder in Ausnahmen auch durch **Schätzen**. Die erfassten Bestände werden in Inventurlisten eingetragen und anschließend in Euro bewertet.

Beispiele
- Im Lager des Mars Elektrofachmarktes e. K. werden am Aufnahmetag 24 Stück des Artikels „TV-Smart-82" gezählt und mit einem Bezugspreis von 190,00 EUR bewertet. Somit ergibt sich ein Inventurbestand von 4.560,00 EUR .

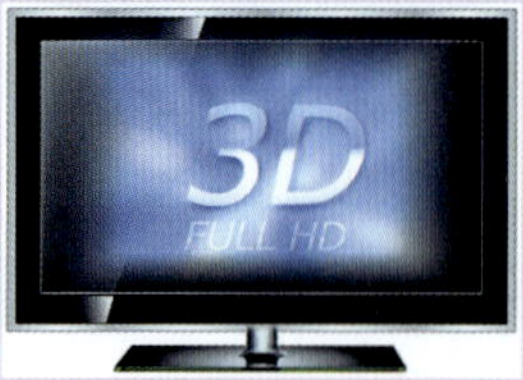

- Beim Zählen des Bargeldes ergibt sich am Aufnahmestichtag ein Bestand von 15.480,00 EUR.

Buchinventur

Hier erfolgt die Bestandsaufnahme der Wirtschaftsgüter durch die Überprüfung von **Aufzeichnungen der Buchhaltung, Dokumenten und Belegen**. Voraussetzung dafür ist jedoch, dass aufgrund von Aufzeichnungen eine ordnungsgemäße Erfassung möglich ist.

Beispiele
- Die Forderungen an Kunden werden durch Addieren der Ausgangsrechnungen ermittelt. Das Kundenkonto (Debitorenkonto) weist zum 31.12.20.. einen offenen Posten von 37.200,00 EUR aus.

D24045 Privatklinik am Stadtwald GmbH, 50733 Köln

Datum	Beleg	Text	Soll EUR	Haben EUR
02.01.20..		Saldovortrag AR 2902	10.440,00	
10.01.20..	BA 0009	Überweisung AR 2902		10.440,00
12.03.20..	AR 0310	Zielverkauf von Waren	17.980,00	
30.03.20..	BA 0119	Überweisung AR 0310		17.980,00
15.10.20..	AR 1664	Zielverkauf von Waren	37.200,00	
31.12.20..		Saldo AR 1664		37.200,00

Körperliche Inventur	Buchinventur
	– Das Bankguthaben wird mithilfe von Kontoauszügen ermittelt und hat zum 31.12.20.. ein Guthaben von 176.900,00 EUR.

SEPA-Girokonto	IBAN: CD93370502990011360056 4 BIC: COKSDE33XXX		Kontoauszug 612 Blatt 1
Kreissparkasse Köln			
Datum	Erläuterung		Betrag
Kontostand in EUR am 27.12.20.., Auszug Nr. 611			146.400,00+
28.12.20.	Bareinzahlung KASSENEINNAHMEN 21.12.20..	Wert: 28.12.20..	31.600,00+
29.12.20.	Überweisung ELEKTRO BADER KG Rechnungsnr.: 2803 v. 15.12.20..	Wert: 29.12.20..	1.100,00-
Kontostand in EUR am 31.12.20.., 17:34 Uhr			176.900,00+
Ihr Dispositionskredit 200.000,00 EUR			**Mars Elektrofachmarkt e. K.** Aachener Straße 1250, 50859 Köln

Zeitpunkt der Inventur

Der Gesetzgeber fordert die Inventur für den Schluss des Geschäftsjahres, zum Beispiel zum 31.12.20.. (**Inventurstichtag**). Wegen des Arbeitsumfangs, der kaum an einem Tag zu bewältigen ist, räumt die Finanzverwaltung den Unternehmen Freiräume in Form von verschiedenen Inventurmethoden ein, um den Zeitraum der Inventur flexibler und eigenständiger zu gestalten.

<table>
<tr><td>Stichtags-inventur</td><td>Eine ordnungsgemäße Bestandsaufnahme ist grundsätzlich am Bilanzstichtag oder innerhalb von zehn Tagen vor oder nach dem Stichtag durchzuführen. Bestandsveränderungen zwischen dem Tag der Bestandsaufnahme und dem Stichtag sind mengen- und wertmäßig zu berücksichtigen.</td><td>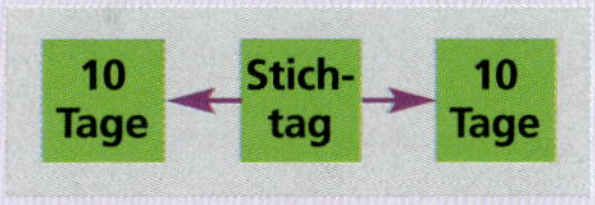
</td></tr>
<tr><td>Zeitlich verlegte Inventur</td><td>Die körperliche Bestandsaufnahme kann auch an einem Tag innerhalb der letzten drei Monate vor oder der ersten zwei Monate nach dem Bilanzstichtag durchgeführt werden. In diesem Fall ist sicherzustellen, dass alle Bestandsveränderungen, die zwischen dem Bilanzstichtag und der tatsächlichen Bestandsaufnahme liegen, anhand von Fortschreibungs- oder Rückrechnungsverfahren wertmäßig berücksichtigt werden.</td><td>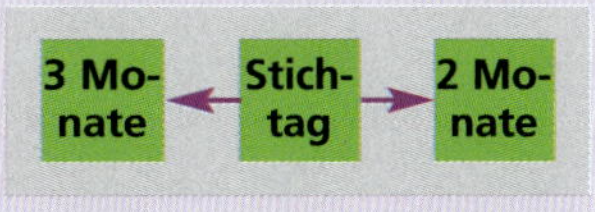
</td></tr>
</table>

Fällt die Inventur nicht auf den Inventurstichtag, so müssen die **Bestandsveränderungen** zwischen dem Bilanzstichtag und dem früher oder später liegenden Aufnahmetag anhand von Belegen ordnungsgemäß **mengen- und wertmäßig berücksichtigt werden**.

Beispiel

Wertfortschreibung	Wertrückrechnung
Wert am Tag der Inventur (z. B. 15. Nov.) + Wert der Zugänge vom 15. Nov. bis 31. Dez. – Wert der Abgänge vom 15. Nov. bis 31. Dez.	Wert am Tag der Inventur (z. B. 15. Jan.) – Wert der Zugänge vom 1. Jan. bis 15. Jan. + Wert der Abgänge vom 1. Jan. bis 15. Jan.
= Wert am Abschlussstichtag (31.12.)	**= Wert am Abschlussstichtag (31.12.)**

Permanente Inventur

Die Einzelhandelsunternehmung erfasst alle Wareneingänge und Warenausgänge artikelgenau mittels Warenwirtschaftsprogramm bzw. Computerkassen. Dadurch ist sie in der Lage, den Warenbestand jederzeit ausdrucken zu lassen. Dies ist eine Voraussetzung der permanenten Inventur, bei der unterstellt wird, dass der aus den Bestandsdateien übernommene Soll-Bestand mit dem Ist-Bestand übereinstimmt. Dabei ist zu beachten, dass zu einem beliebigen Zeitpunkt, **mindestens einmal im Geschäftsjahr**, der Buchbestand durch **körperliche Bestandsaufnahme** zu überprüfen ist.

Beispiel

Warenlagerdatei Mars Elektrofachmarkt e. K., Aachener Str. 1250, 50859 Köln — Nr. 1

Lagerstelle:	Warengruppe 2:	Verpackungseinheit:	Art-Nr.:	Anschaffungswert (Bezugs-/Einstandspreis):
D XII	Braune Ware	1 Stück	0056201003104	16,25 EUR/St.

Bezeichnung:	Meldebestand:	Höchstbestand:	Mindestbestand:
Datenbank Taschenrechner	20	40	15

Datum	Vorgang	Zugang	Abgang	Bestand	Anmerkung
01.01.20..	Inventurbestand			36	
05.04.20..	Abgang lt. AR 294		13	23	
06.06.20..	Zugang lt. ER der Computec GmbH & Co KG	17		40	
16.07.20..	Abgang lt. AR 1 380		9	31	
25.09.20..	Abgang lt. Kassenbons		16	15	
01.10.20..	Körperliche Inventur			15	Gez.: Feld
06.10.20..	Zugang lt. ER der Computec GmbH & Co KG	25		40	
25.10.20..	Abgang lt. Kassenbons		19	21	
23.11.20..	Zugang lt. ER der Computec GmbH & Co KG	17		38	
21.12.20..	Abgang lt. Kassenbons		20	18	
31.12.20..	Soll-Bestand			18	

PRAXISTIPP Die permanente Inventur ist eine enge Kombination von Buchinventur und körperlicher Inventur. Sie empfiehlt sich besonders bei der Bestandsaufnahme von Waren, um Arbeitsspitzen und die Schließung des Geschäftes während der Inventur zu vermeiden. Die Bestände sollten aufgenommen werden, wenn sie gegen Null gehen, zum Beispiel beim Erreichen des Meldebestandes.

Planung einer Inventur

Die Inventur ist u. a. die Grundlage für die korrekte Vermögens- und Schuldenermittlung des Unternehmens. Deshalb sollten die Planungen und **Vorbereitungen einer Inventur** mit großer Gewissenhaftigkeit erfolgen. Als wesentliche Planungsbausteine einer Inventur gelten:

Zeitplanung	Personalplanung	Hilfsmittelplanung

Zeitplanung

Jede Inventur benötigt eine gewisse Vorlaufzeit. Steht der Inventurtermin erst einmal fest, dann müssen die notwendigen **Vorarbeiten zur Inventur** so geplant werden, dass die Inventur auch tatsächlich zum geplanten Stichtag bzw. im vorgesehenen Zeitraum durchgeführt werden kann.

Beispiel Nachdem Frau Feld erfahren hat, dass die Inventur des Mars Elektrofachmarktes e. K. in diesem Jahr am 21. und 22. Dezember stattfindet, hat sie den folgenden Zeitplan aufgestellt

Bis 15. Dezember Vorbereitung I	**Bis 20. Dezember** Vorbereitung II	**21./22. Dezember** Aufnahme	**Bis 31. Dezember** Nachbereitung
– Checklisten erstellen – Organisationsanweisung schreiben – Aushilfen organisieren – Aufnahmeteams zusammenstellen – Mittagessen bestellen – Mitarbeiter/Aushilfen einteilen – Kunden und Lieferanten benachrichtigen – …	– Offene Ein- und Ausgangsrechnungen zusammenstellen – Lager aufräumen – Kennzeichnung der Regale und Fächer – Regal- und Fachnummern anbringen – Inventurlisten erstellen – …	– Aushändigen der Inventurlisten an die Schreiber – Einweisung in die Aufnahmebezirke – …	– Alle offenen Bewertungen abschließen – Inventurberechnungen zusammenfassen – Aufstellung des Inventars – Verbesserungsvorschläge für die kommende Inventur dokumentieren – …

Personalplanung

Je mehr gut eingewiesene Personen am Aufnahmetag zur Verfügung stehen, desto schneller kann der normale Geschäftsbetrieb wieder aufgenommen werden. Deshalb stellen viele Unternehmen für die Inventurarbeiten **Aushilfen** ein. Wichtig ist die Zusammenstellung der Aufnahmeteams. Dabei hat es sich bewährt, jeweils zwei Personen zu einem **Aufnahmeteam** zusammenzustellen und ihnen einen klar begrenzten Aufnahmebereich zuzuweisen. Ein Teammitglied diktiert, während das andere schreibt. Für jeden größeren Aufnahmebereich ist zudem ein **Prüfer** zu bestimmen, der die Aufnahmeteams stichprobenartig überprüft und die Inventurlisten mitzeichnet.

Beispiel Beim Mars Elektrofachmarkt e. K. hat es sich seit Jahren bewährt, Aufnahmeteams zusammenzustellen, die jeweils aus einer Aushilfe und einem fest angestellten Mitarbeiter bestehen. Frau Feld hat zu diesem Zweck den folgenden Personaleinsatzplan aufgestellt:

Name	Pers.-Nr.	Ort	Gang	Fächer	Aufnahmetag
Aydin, Mehmet Feld, Vera	15 17	Tonträger/Software	01-02	B I–IV	21.12.20..
Klettke, Anna Kopp, Irina	24 28	Tonträger/Software	01-02	B VI–IX	21.12.20..
…	…	…	…	…	…

PRAXISTIPP Wenn mit vielen Aushilfen gearbeitet wird, lohnt sich eine kurze Mitarbeiterschulung vor der Bestandsaufnahme. Dies reduziert die Fehlerquote und erspart aufwendige Nacharbeiten.

○ Hilfsmittelplanung

Zu den sachlichen Vorbereitungen gehört das Bereitstellen von geeigneten Hilfsmitteln, wie **Wiege- und Messwerkzeugen**, einer Schreibmappe und **radierfestem Schreibzeug** für die Aufnahmeteams. Zentrales Hilfsmittel für die ordnungsgemäße Erfassung sind die **Inventuraufnahmeblätter (Inventurlisten)**. Diese sollten die folgenden Angaben enthalten:

- genaue Angabe nach Zahl, Maßen, Volumen und Gewichten
- fachgerechte (handelsübliche) Bezeichnung der Gegenstände nach Art und Größe
- Wert je Einheit und Gesamtwert des jeweiligen Postens
- Datum der Bestandsaufnahme und Unterschriften des Aufnahmeteams sowie des Prüfers

Beispiel Frau Feld greift auch dieses Jahr wieder auf die bewährten Inventurlisten der vergangenen Jahre zurück. Diese werden durchnummeriert und an die Aufnahmeteams ausgegeben.

Inventurliste Mars Elektrofachmarkt e. K.									
Abteilung/Lagerort/Fach: Kaffeemaschinen Gang 03					Aufnahmetag: 22.12.20..				
Waren-Nr.	Gegenstand		Festgestellte		Bezugs-/Einstandspreis EUR		Minus		
	Handelsübliche Bezeichnung	Beschaffenheit	Menge Anzahl	Stück, kg, m		Nettoverkaufspreis EUR	%	Wertabschlag EUR	Inventurwert EUR
1	Kaffeeautomat Brasilia	1	15	Stk.	39,99	57,99	-	-	599,85
2	Kaffeemaschine Friesin	1	10	Stk.	49,99	72,49	-	-	499,90
3	Kaffeemaschine Friesin	2	2	Stk.	49,99	72,49	30	29,99	69,99
Datum 22.12.20..				aufgenommen Irina Kopp				geprüft V. Feld	
Beschaffenheit: 1 = einwandfrei 2 = Wertabschlag 30 % – verschmutzt oder leicht defekt 3 = Wertabschlag 100 % – Ware ist unverkäuflich									

● Durchführung einer Inventur

Um die Inventur ohne wesentliche Störungen durchführen zu können, sind die Planungen zur Vorbereitung der Inventur umzusetzen.

Im Handelsgesetzbuch und der Abgabenordnung sind die wesentlichen Vorschriften für eine ordnungsgemäße Inventurdurchführung festgelegt.

- Belege und/oder sonstige Unterlagen sind durchzunummerieren.
- Aufzeichnungen sind in einer lebenden Sprache vorzunehmen.
- Die Aufzeichnung darf nicht verändert werden, sodass der ursprüngliche Inhalt nicht mehr feststellbar ist, d.h. Kugelschreiber oder Drucker sind zu verwenden, aber keine Bleistifte.
- Es darf nicht radiert oder Tipp-Ex verwendet werden.
- Korrekturen sind abzuzeichnen.

Nachbereitung einer Inventur

Wurden das Vermögen und die Schulden eines Unternehmens erfasst, so sind in der Folge noch etliche Nacharbeiten nötig. Hauptaufgaben in dieser Phase sind:

- Bewertung von Vermögensgegenständen und Schulden
- Addition der erfassten Werte in den Inventurlisten
- Erstellen des Inventars

Weitaus schwieriger als die mengenmäßige Erfassung von Vermögen und Schulden ist deren **korrekte Bewertung** – insbesondere bei Vermögensgegenständen.
Das Handelsgesetzbuch (HGB) gibt hierfür einen Rahmen vor. Nach dem **§ 252 HGB** stellen die **Anschaffungskosten** die **Wertobergrenze der Vermögensgegenstände** dar. Dies bedeutet, im Inventar darf niemals ein höherer Wert ausgewiesen werden als die **Anschaffungskosten. Es muss jedoch ein niedrigerer Wert angesetzt werden**, wenn der Vermögensgegenstand seit der Anschaffung an Wert verloren hat. Man spricht vom **Niederstwertprinzip**.

Beispiele Während der Inventur des Mars Elektrofachmarktes wurden die folgenden Vermögensgegenstände erfasst:

Vermögensgegenstand	Bewertungsansatz
Grundstücke 	**Nicht abnutzbare Gegenstände des Anlagevermögens** wie Grundstücke sind **höchstens (Wertobergrenze)** mit ihren **Anschaffungskosten** anzusetzen. Nur wenn der Verkehrswert langfristig darunterfällt, ist der niedrigere Tageswert anzusetzen. **Beispiel** Das Geschäftsgrundstück wurde vor fünf Jahren vom Mars Elektrofachmarkt e. K. für 120.000,00 EUR gekauft. Sein Verkehrswert ist seitdem auf 180.000,00 EUR gestiegen. Bewertung im Inventar: 120.000,00 EUR.
Fuhrpark 	**Abnutzbare Gegenstände des Anlagevermögens** wie Fahrzeuge, Schreibtische, Computer, Kassen, Regale, Kühltheken u. Ä. sind bei ihrer Anschaffung mit ihren **Anschaffungskosten** und dann zum Inventurstichtag neu zu bewerten. Ihr Wert ist jährlich um einen **Abschreibungsbetrag** zu korrigieren. **Beispiel** Der Kleintransporter wurde zu einem Nettopreis von 30.000,00 EUR angeschafft. Seine Nutzungsdauer beträgt sechs Jahre. Er verliert somit jedes Jahr 1/6 seines Wertes – 5.000,00 EUR. Sein Inventurwert beträgt nach zwei Jahren Nutzung demnach nur noch **20.000,00 EUR**.

LF 11

<table>
<tr><th>Vermögensgegenstand</th><th>Bewertungsansatz</th></tr>
<tr><td>Waren – Beispiel
20 Bügeleisen Sprint
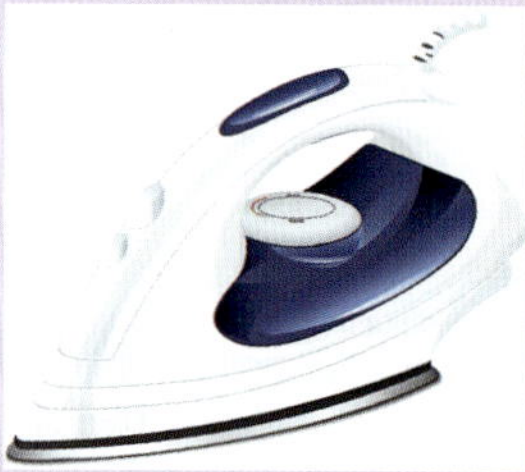</td><td>Die Bügeleisen haben einen Bezugs-/Einstandspreis von 14,70 EUR pro Stück. Zwischenzeitlich ist der Bezugs-/Einstandspreis auf 15,00 EUR gestiegen. In einem solchen Fall sind Waren höchstens mit ihren Anschaffungs- oder Bezugs-/Einstandspreisen anzusetzen (Niederstwertprinzip). Dies bedeutet, dass sich für die 20 Bügeleisen ein Inventurwert von 294,00 EUR ergibt.</td></tr>
<tr><td>Forderungen aus Lieferungen und Leistungen
<table>
<tr><th colspan="5">D24045 Privatklinik am Stadtwald GmbH, 50733 Köln</th></tr>
<tr><th>Datum</th><th>Beleg</th><th>Text</th><th>Soll EUR</th><th>Haben EUR</th></tr>
<tr><td>02.01.20..</td><td></td><td>Saldovertrag AR 2902</td><td>10.440,00</td><td></td></tr>
<tr><td>10.01.20..</td><td>BA 0009</td><td>Überweisung AR 2902</td><td></td><td>10.440,00</td></tr>
<tr><td>12.03.20..</td><td>AR 0310</td><td>Zielverkauf von Waren</td><td>17.980,00</td><td></td></tr>
<tr><td>30.03.20..</td><td>BA 0119</td><td>Überweisung AR 0310</td><td></td><td>17.980,00</td></tr>
<tr><td>15.10.20..</td><td>AR 1664</td><td>Zielverkauf von Waren</td><td>37.200,00</td><td></td></tr>
<tr><td>31.12.20..</td><td></td><td>Saldo AR 1664</td><td></td><td>37.200,00</td></tr>
</table></td><td>Forderungen aus Lieferungen und Leistungen gegenüber Kunden sind zum Inventurstichtag einzeln zu bewerten und grundsätzlich mit dem Nennbetrag lt. Ausgangsrechnung anzusetzen. Dieser ist in der Kunden- oder Debitorendatei festgehalten.</td></tr>
<tr><td>Bank oder Kreditvertrag

</td><td>Schulden wie Verbindlichkeiten aus Lieferungen und Leistungen und Verbindlichkeiten gegenüber Banken aufgrund von Kreditverträgen sind grundsätzlich mit ihrem Nennwert lt. Eingangsrechnung bzw. lt. Kreditvertrag zu bewerten; Tilgungen sind dabei zu berücksichtigen.</td></tr>
</table>

Inventurdifferenzen

Bei der körperlichen Inventur werden oft Abweichungen zwischen dem **Ist**- und dem **Soll-Bestand** festgestellt. Diese Abweichung wird **Inventurdifferenz** genannt. In den meisten Fällen sind die Ist-Bestände kleiner als die Soll-Bestände. Deshalb muss den jeweiligen Ursachen im Rahmen der Inventurnachbereitung nachgegangen werden.

Mögliche **Ursachen** für Inventurdifferenzen können sein:

- Aufnahmefehler bei der Inventur
- LF 10 Fehler bei der Eingabe von Zugängen und Abgängen im Warenwirtschaftsprogramm
- Verderb und Diebstahl
- nicht gemeldeter und nicht erfasster Verderb oder Bruch von Waren

Vermeidungsmöglichkeiten von Inventurdifferenzen: Schulung des Personals, Maßnahmen zur Vermeidung von Diebstahl (Videokameras, Ladendetektive).

Eine Inventur planen und durchführen

- **Inventur:** Aufnahme aller Vermögensteile nach Art, Menge und Einzelwerten und aller Schulden zu einem bestimmten Zeitpunkt.
- **Ziele der Inventur:**
  - Kontrolle der Soll-Bestände durch Aufnahme der Ist-Bestände
  - Feststellung, Klärung und Erfassung von Bestandsdifferenzen
  - vorsichtige Bewertung der Vermögensteile und Schulden zur Darstellung der tatsächlichen Vermögenslage für alle Interessierten

Inventur

- **Zeitpunkte**
  - **Beginn** oder **Übernahme des Betriebes**
  - Zum **Schluss jedes Geschäftsjahres**
  - **Auflösung** oder **Veräußerung des Betriebes**
- **Gegenstand**
  - **Erfassung aller Vermögensteile und Schulden** nach **Art, Menge, Einzelwert und Gesamtwert gleichartiger Vermögensteile** und **Schulden**
- **Verfahren**
  - **nach der Art der Bestandsaufnahme**
    - körperliche Inventur
    - Buchinventur
  - **nach dem Zeitpunkt der Bestandsaufnahme**
    - Stichtaginventur
    - zeitnahe Inventur
    - permanente Inventur

- **Inventurplanung**
  - Sie umfasst die Zeitplanung, die Personalplanung und die Hilfsmittelplanung, wie vorbereitete Inventurlisten und Aufnahmegeräte.
  - **Zeitplanung:** Jede Inventur benötigt eine intensive Vor- und Nachbereitung.
  - **Personalplanung:** Die Bestandsaufnahme erfolgt durch Aufnahmeteams.
  - **Hilfsmittelplanung:** Wiege- und Messwerkzeuge, radierfestes Schreibzeug und Inventurlisten sowie Lesegeräte sind für den Inventurtag bereitzustellen.
- Bei der **Bewertung** der Vermögensgegenstände sind
  - das Anschaffungskostenprinzip (Wertobergrenze),
  - das Niederstwertprinzip

  zu beachten.
- **Auswertung der Inventurergebnisse:** Differenzen von Soll- und Ist-Werten werden festgestellt und in Kasse und Warenwirtschaftsprogramm angepasst.

1. Viele Einzelhandelsgeschäfte werden am Ende des Jahres wegen Inventur geschlossen.

a) Begründen Sie, warum Einzelhandelsgeschäfte wegen Inventur am Ende des Jahres geschlossen werden.

b) Stellen Sie Nachteile der Schließung des Geschäftes während der Inventur fest.

c) Erarbeiten Sie zwei Vorschläge, wie die Schließung während der Inventur vermieden werden kann.

2. Erstellen Sie ein Kurzreferat über Vorbereitungsarbeiten der Inventur
a) in einem Textileinzelhandelsgeschäft, b) in einem Lebensmittelgeschäft.

3. Nach der Art der Inventurdurchführung sind „Buchinventur" und „körperliche Inventur" zu unterscheiden. Nennen Sie die jeweils zweckmäßige Inventurart für folgende Wirtschaftsgüter: Kassenbestand, Bankguthaben, Forderungen aus Lieferung und Leistung, Warenbestand, Verbindlichkeiten aus Lieferung und Leistung

4. Führen Sie nach dem Muster Seite 154 eine Inventurliste einer Textileinzelhandlung, deren Geschäftsjahr mit dem Kalenderjahr übereinstimmt.
1. Aufnahmedatum: 21. Dezember 20..
2. Lagerort: Stoffe
3. Handelsübliche Bezeichnung: Velours grau
4. Bezugs-/Einstandspreis mit Fracht und Bezugskosten 19,00 EUR
5. Beschaffenheit: keine Mängel
6. Menge/Anzahl: 15 m
7. Stichtag: 31.12.20..
8. Aufgenommen durch Karl Fischer

a) Tragen Sie diese Daten in die Inventurliste ein, und berechnen Sie den Inventurpreis.
b) Überprüfen Sie, um welche Inventurart es sich handeln könnte.
c) Welcher Bestand ergibt sich zum 31.12., wenn noch folgende Vorgänge zu berücksichtigen sind:

22.12.: Eingangsrechnung über Stofflieferung:	1 Ballen mit 28 m zu je 19,00 EUR
22.12.: Kassenzettel über Stoffverkauf:	4,50 m zu je 34,20 EUR
28.12.: Kassenzettel über Stoffverkauf:	3,50 m zu je 34,20 EUR

5. Herr Peter Klein, Textileinzelhändler, will bei seinen Warenbeständen (Herrenanzüge, Herrenmäntel, Damenkleider, Kinderbekleidung) die Inventur so gestalten, dass der Arbeitsaufwand möglichst gering ist und Betriebsstörungen sich nicht so stark auswirken. Machen Sie einen Vorschlag zur Inventur, indem Sie die Inventurart nennen, die dazu erforderlichen Voraussetzungen angeben und die sich ergebenden Vorteile erläutern.

6. Auf welche dieser Inventurverfahren treffen folgende Aussagen zu?
(1) zeitnahe Inventur (2) Stichtaginventur (3) permanente Inventur

Aussagen

a) Die körperliche Bestandsaufnahme kann bis zu zehn Tagen vor oder nach dem Inventurstichtag erfolgen.
b) Bestände sind jederzeit während des Geschäftsjahres aus den Büchern abrufbar.
c) Körperliche Bestandsaufnahmen erfolgen über das ganze Geschäftsjahr verteilt.
d) Sie ist eine vereinfachte Stichtaginventur.
e) Soll- und Ist-Bestand aller Vermögensgegenstände werden wenigstens einmal im Geschäftsjahr verglichen, Abweichungen werden festgehalten.
f) Sie setzt eine laufende Erfassung der Zu- und Abgänge voraus.
g) Sie macht eine mengen- und wertmäßige Fortschreibung oder Rückrechnung erforderlich.

7. Welche der folgenden Angaben betrifft die permanente Inventur?
1. Bestandsaufnahme am Inventurstichtag
2. Entnahme des Inventurbestandes aus der Lagerdatei
3. Schätzen des Bestandes am Jahresende
4. laufende Bestandsaufnahme während des Geschäftsjahres und Fortschreibung der aufgenommenen Bestände bis zum Geschäftsjahresende
5. Die Waren werden jeden Tag gezählt.

8. Welche der folgenden Aussagen über die Inventur sind richtig und welche sind falsch?
1. Die Inventur ist vom Gesetzgeber vorgeschrieben.
2. Sie wird i.d.R. am Ende des Geschäftsjahres durchgeführt.
3. Sie dient der Aufnahme der Soll-Bestände.
4. Sie dient der regelmäßigen Ermittlung aller Vermögensteile und Schulden.
5. Ein Einzelhändler muss für die Inventur sein Geschäft schließen.

3.6.2 Ein Inventar erstellen

Frau Feld, die Leiterin der Abteilung Rechnungswesen im Mars Elektrofachmarkt e. K., hat nach Durchführung der Inventur sämtliche Inventurlisten eingesammelt. In vielen Fällen enthalten sie handelsübliche Artikel- und Mengenangaben.
„Jetzt geht die Arbeit erst richtig los", meint sie, *„denn jetzt müssen wir Ordnung reinbringen, die noch nicht bewerteten Vermögensteile und Schulden bewerten, und dann die Gesamtsummen der einzelnen Positionen des Inventars ermitteln."*

ARBEITSAUFTRÄGE
- Erarbeiten Sie in Gruppen einen Vorschlag zur Gliederung und Bewertung der Vermögensteile und der Schulden.
- Stellen Sie Ihre Vorschläge in der Klasse vor und erarbeiten Sie ein gemeinsames Gliederungsschema des Inventars für alle Branchen des Einzelhandels.

● Gliederung des Inventars

Die Ergebnisse der Inventur werden im **Inventar** gegliedert dargestellt. Das Inventar ist ein **Bestandsverzeichnis**, in dem die Vermögensteile und Schulden zum Abschlussstichtag nach Art, Menge und Wert aufgeführt sind. Das Inventar besteht in seiner Grundstruktur aus drei Teilen:

A. Vermögen **I Anlagevermögen** **II Umlaufvermögen**	Zieht man vom Gesamtwert der Vermögensteile die Summe der betrieblichen Schulden ab, erhält man das Eigenkapital (Reinvermögen):
B. Schulden **I Langfristige Schulden** **II Kurzfristige Schulden**	A. Vermögen – B. Schulden = C. Eigenkapital
C. Errechnung des Eigenkapitals (= Reinvermögen)	Das Eigenkapital zeigt somit den Wert der Vermögensteile an, die mit eigenen Mitteln (Eigenkapital) finanziert worden sind.

○ Vermögen

Im Inventar ist das Vermögen in **Anlage- und Umlaufvermögen** zu gliedern.

Anlagevermögen
Zum **Anlagevermögen** zählen die Vermögensgegenstände, die dauernd dem Geschäftsbetrieb dienen. Das Anlagevermögen bildet daher die **Grundlage der Betriebstätigkeit**.

Beispiel Der Mars Elektrofachmarkt e. K. unterhält in der Aachener Straße 1248 ein eigenes Verwaltungsgebäude mit Grundstück. Die Geschäftsräume im Einkaufszentrum Rheinpark Köln sind angemietet. Zudem gehören zum Anlagevermögen des Mars Elektrofachmarkts e. K. Transporteinrichtungen, Geschäftsausstattung (Einrichtung des Ladens und Lagers wie Regale, Scannerkassen usw.).

Umlaufvermögen

Zum Umlaufvermögen rechnen die Vermögensgegenstände, die am Abschlussstichtag dazu bestimmt sind,

- veräußert (Waren) oder
- nur einmalig genutzt (Bargeld, Bankguthaben, Forderungen)

zu werden.

Das Umlaufvermögen wird i. d. R. in einem einmaligen Vorgang verbraucht (z. B. Zahlung einer Rechnung mit Bargeld oder Verkauf einer Ware). Es wird folgendermaßen gegliedert:

Vorräte	Forderungen	Liquide Mittel
Waren 	Forderungen aus Lieferungen und Leistungen 	Kassenbestand, Bankguthaben 

Bei den **Waren** handelt es sich um Handelsartikel, die von fremden Unternehmen (Lieferer) bezogen und ohne wesentliche Veränderung verkauft werden.

Forderungen aus Lieferungen und Leistungen entstehen, wenn der Einzelhändler Waren gegen Ausgangsrechnung an einen Kunden verkauft und diesem ein **Zahlungsziel** (Bezahlung der Ware zu einem späteren Zeitpunkt – zum Beispiel 14 Tage) gewährt. In der Regel handelt es sich um Großkunden wie Stadtverwaltungen, Krankenhäuser, Schulen, Kindergärten u. a., denen ein Zahlungsziel gewährt wird. Nach Ablauf des Zahlungsziels hat der Kunde die Ausgangsrechnung zu bezahlen.

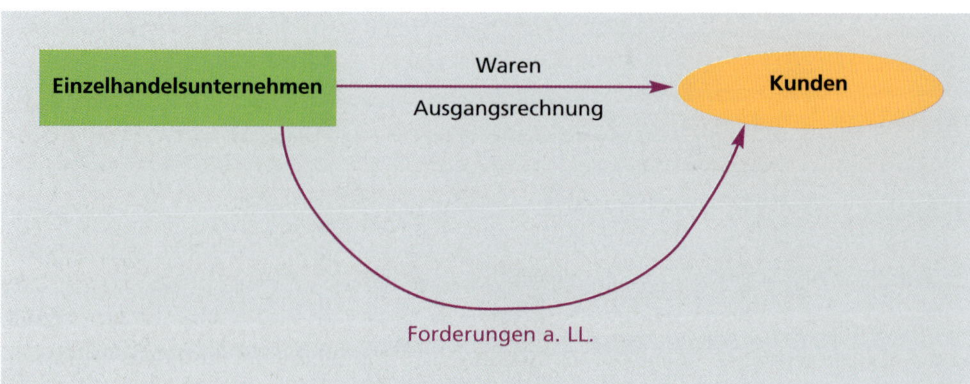

Zu den **liquiden (flüssigen) Mitteln** zählen das Bankguthaben und die Bargeldbestände in der Kasse. Sie können jederzeit zum Einkauf von Waren oder Anlagen (Investitionen) oder zur Tilgung von Schulden eingesetzt werden.

Im Gegensatz zum Anlagevermögen wird das **Umlaufvermögen** durch die betrieblichen Tätigkeiten **ständig verändert und umgewandelt.** Das Umlaufvermögen bildet mit den Waren den eigentlichen **Gewinnträger.**

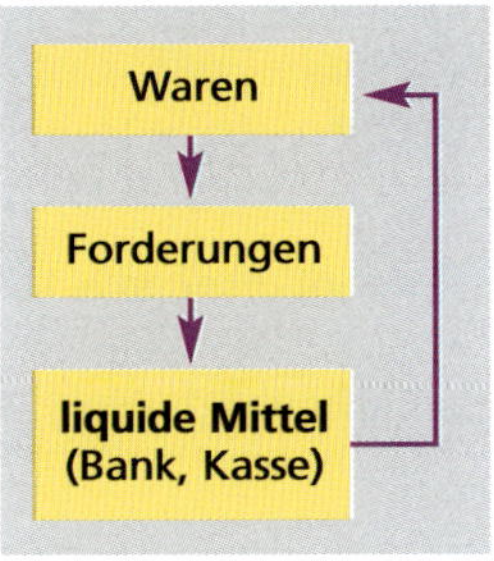

Anordnung der Vermögensteile

Die Gegenstände des Vermögens werden nach **zunehmender Geldnähe (Liquidität)** geordnet:

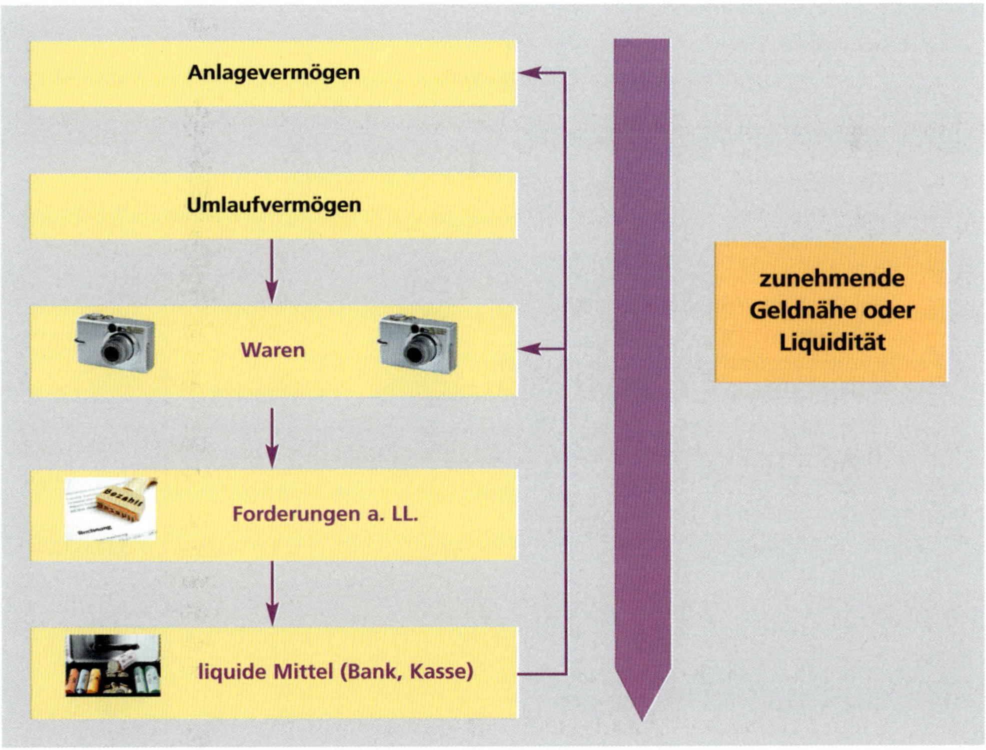

○ Schulden

Schulden sind Zahlungsverpflichtungen aufgrund von **Darlehensverträgen** (Verbindlichkeiten gegenüber Banken) oder aufgrund von **Kaufverträgen** (Verbindlichkeiten aus Lieferungen und Leistungen), die der Vertragspartner bereits erfüllt hat. Die verschiedenen Verbindlichkeiten unterscheiden sich durch ihre **Fälligkeit** oder **Restlaufzeit** und die gegebene Sicherheit.

Schulden	Fälligkeit	Restlaufzeit von ...
Hypothekenschulden Darlehensschulden	langfristig	mehr als fünf Jahren
Verbindlichkeiten a. LL. Sonstige Verbindlichkeiten (z. B. Steuerschulden)	mittelfristig	ein bis fünf Jahren
	kurzfristig	bis zu einem Jahr

Beispiel Inventar des Mars Elektrofachmarktes e. K. zum 31. Dezember 20..

Art, Menge, Einzelwert	EUR	EUR
A. Vermögen		
I. Anlagevermögen		
1. Bebautes Grundstück, Aachener Straße 1248		120.000,00
2. Verwaltungsgebäude, Aachener Straße 1248		650.000,00
3. Fuhrpark (Anlage 1)		240.500,00
4. Geschäftsausstattung (Anlage 2)		160.840,00
II. Umlaufvermögen		
1. Warenbestand		
1.1. Weiße Ware (Anlage 3)	340.680,00	
1.2. Braune Ware (Anlage 4)	280.955,00	
1.3. Tonträger/Software (Anlage 5)	16.218,00	
1.4. Neue Medien (Anlage 6)	22.775,00	660.628,00
2. Forderungen aus Lieferungen und Leistungen		
Stadtverwaltung Köln, Am Hof 5, 50667 Köln	15.312,00	
Seniorenheim Monika GmbH, Richterstr. 15, 50933 Köln	4.408,00	
Hotel Rheinischer Hof KG, Marzellenstr. 10, 50667 Köln	3.306,00	23.026,00
3. Kassenbestand		2.140,00
4. Bankguthaben bei der Kreissparkasse Köln lt. Kontoauszug (Anlage 7)		314.600,00
Summe des Vermögens		2.171.734,00
B. Schulden		
I. Langfristige Schulden		
1. Darlehen bei der Deutsche Bank Köln lt. Kontoauszug und Darlehensvertrag (Anlage 8)		400.000,00
II. Kurzfristige Schulden		
1. Verbindlichkeiten aus Lieferungen und Leistungen (Anlage 9)		
1.1. Elektro Bader KG, Fabrikstr. 10-34, 04129 Leipzig	266.800,00	
1.2. Computec GmbH, Volksparkstr. 12-20, 22525 Hamburg	17.632,00	284.432,00
Summe der Schulden		684.432,00
C. Errechnen des Reinvermögens (Eigenkapital)		
Summe des Vermögens		2.171.734,00
Summe der Schulden		684.432,00
Reinvermögen (Eigenkapital)		**1.487.302,00**

○ Errechnung des Reinvermögens (Eigenkapital)

Die Differenz zwischen Vermögenswerten und Schulden ergibt das **Reinvermögen (Eigenkapital):**

	Summe der Vermögensteile	2.171.734,00 EUR
–	Summe der Schulden	– 684.432,00 EUR
=	**Reinvermögen (Eigenkapital)**	**= 1.487.302,00 EUR**

Das Reinvermögen zeigt den Wert der Vermögensteile, die mit eigenen Mitteln **(Eigenkapital)** und nicht mit fremden Mitteln **(Schulden** oder **Fremdkapital)** beschafft worden sind.

● Erfolgsermittlung durch Eigenkapitalvergleich

Das Inventar gibt dem Kaufmann einen Überblick über den **Stand seines Vermögens und seiner Schulden zu einem bestimmten Stichtag.**

Durch Vergleich der Inventare zweier aufeinander folgender Jahre wird die Entwicklung der Bestände an Vermögen und Schulden erkennbar. Die Veränderung des Eigenkapitalbestands (Verminderung oder Vermehrung) verdeutlicht, mit welchem Erfolg ein Unternehmen gearbeitet hat.

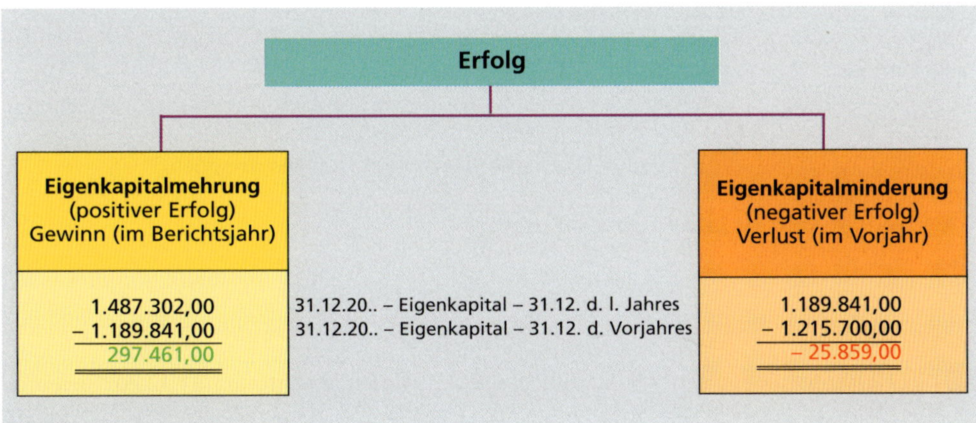

● Aufbewahrung des Inventars

Das Inventar und die zu seinem Verständnis notwendigen Unterlagen (beigefügte Anlagen) sind **zehn Jahre aufzubewahren**. Die Aufbewahrung kann auch auf elektronischen Datenträgern erfolgen, wenn sichergestellt ist, dass sie bei Bedarf innerhalb angemessener Frist lesbar gemacht werden können.

Inventar

- Verzeichnis aller **Vermögensteile** (Art, Menge, Einzel-, Gesamtwerte) und **Schulden** zum Abschlussstichtag
- Errechnung des **Reinvermögens**

- **Erfolgsermittlung** durch Vergleich des Eigenkapitals zweier Jahre

A. Vermögen	Ordnung nach zunehmender Liquidität
I. Anlagevermögen	● Vermögensgegenstände, die dazu bestimmt sind, dauernd dem Geschäftsbetrieb zu dienen ● Grundlage der Betriebs- und Absatzbereitschaft
II. Umlaufvermögen	● Vermögensgegenstände, die veräußert und nur einmalig genutzt werden ● Gewinnträger des Unternehmens
B. Schulden	**Ordnung nach abnehmenden Restlaufzeiten**
1. Verbindlichkeiten gegenüber Kreditinstituten (Darlehensschulden) 2. Verbindlichkeiten aus Lieferungen und Leistungen	● Fremdkapital ● nach Restlaufzeiten zu gliedern: – langfristige Schulden mit mehr als fünf Jahren – mittelfristige von einem bis fünf Jahre – kurzfristige bis zu einem Jahr
C. Errechnung des Reinvermögens	
Vermögen – Schulden = **Reinvermögen**	● Gegenüberstellung von Vermögen und Schulden ● Differenz ist das Reinvermögen, das dem Unternehmen nach Abzug aller Schulden verbleibt (Betriebsvermögen)

- Inventare sind **10 Jahre** aufzubewahren.

1. Das Herrentextilgeschäft Martin Huber e. K., Stuttgart, machte am 31.12.20.. Inventur und stellte folgende Werte fest:

Warenbestände	EUR
Herrenoberbekleidung lt. Verzeichnis	35.000,00
Herrenunterwäsche lt. Verzeichnis	6.000,00
Anzugstoffe lt. Verzeichnis	8.000,00
Sonstige Waren lt. Verzeichnis	11.000,00
Geschäftsausstattung lt. Verzeichnis	15.000,00
Bankguthaben	4.000,00
Bargeld	1.500,00
Verbindlichkeiten a. LL.	
A. Missel & Co. KG, Heidenheim	6.000,00
P. Schulze e. K., Berlin	4.000,00
F. Schmitz e. K., Krefeld	3.200,00
H. Meyer e. K., Augsburg	1.800,00

Stellen Sie das Inventar auf. Beachten Sie die Gliederung Seite 162.

2. Das Warenhaus Ludwig & Co. KG, Hannover, stellte bei der Inventur am 31.12.20.. (Vorjahr) und am 31.12. des folgenden Jahres (Berichtsjahr) folgende Werte fest:

	Vorjahr	Berichtsjahr
Warenbestände	EUR	EUR
• Textilien lt. Verzeichnis	90.000,00	90.000,00
• Nahrungs- und Genussmittel	60.000,00	65.000,00
• Haushaltswaren lt. Verzeichnis	45.000,00	40.000,00
• Elektrogeräte lt. Verzeichnis	38.000,00	60.000,00
• Möbel lt. Verzeichnis	60.000,00	70.000,00
• Sonstige Waren lt. Verzeichnis	80.000,00	100.000,00
Bargeld	6.000,00	8.000,00
Guthaben bei der Stadtsparkasse	25.000,00	40.000,00
Forderungen lt. Verzeichnis	4.000,00	6.000,00
Verbindlichkeiten a. LL.		
• F. Grosser Import OHG, Hamburg	15.000,00	20.000,00
• Möbel König e. K., Mainz	10.000,00	8.000,00
• Elektro AG, Berlin	17.000,00	12.000,00
• Lebensmittelimport KG, Bremen	14.000,00	11.000,00
Geschäftsausstattung lt. Verzeichnis	65.000,00	58.000,00
Darlehensschulden bei der Niedersachsen-Bank	50.000,00	35.000,00
Gebäude, Ring 18-20	180.000,00	175.000,00
Fuhrpark lt. Verzeichnis	25.000,00	20.000,00

a) Erstellen Sie die Inventare der beiden Jahre und vergleichen Sie die Inventare der beiden Jahre.

b) Untersuchen Sie, worauf die Veränderungen des Anlage- und Umlaufvermögens und der Schulden zurückzuführen sind.

c) Berechnen Sie, um welchen Betrag das Eigenkapital sich verändert hat.

3. Das Lebensmittelgeschäft Rudolf Lindner e. K., Düsseldorf, stellte bei der Inventur am 31.12.20.. (Vorjahr) und am 31.12. (Berichtsjahr) des folgenden Jahres folgende Werte fest:

	Vorjahr	Berichtsjahr
	EUR	EUR
Geschäftsausstattung lt. Verzeichnis	40.000,00	30.000,00
Warenbestände lt. Verzeichnis	20.000,00	22.000,00
Bargeld	780,00	860,00
Forderungen a. LL.		
• Restaurant zur Krone, Düsseldorf	1.210,00	880,00
• Seniorenheim Sommer GmbH Düsseldorf	2.195,00	1.375,00
• Privatklinik am Hofgarten GmbH	823,00	1.150,00
Guthaben bei der Stadtsparkasse Düsseldorf	2.600,00	3.000,00
Lieferwagen Kombi LTK	30.000,00	24.000,00
Verbindlichkeiten a. LL.		
• Schmitz & Co. KG, Aachen	4.600,00	3.000,00
• König AG, Stuttgart	1.200,00	2.000,00
• Werner Lind e. K., Köln	900,00	1.470,00
Darlehensschulden bei der Bank für Handel und Gewerbe	3.000,00	2.000,00

a) Stellen Sie die Inventare für beide Jahre in der bekannten Ordnung auf.

b) Vergleichen Sie die Bestände der beiden Jahre.

c) Wie erklären Sie die Änderungen des Vermögens?

d) Vergleichen Sie das Eigenkapital der beiden Jahre.

4. Ordnen Sie die unten angegebenen Posten eines Lebensmittelgeschäftes in eine Tabelle mit folgender Gliederung ein:

Anlage-vermögen	Umlauf-vermögen	Eigenkapital	Langfristige Schulden	Kurzfristige Schulden

Posten

1. Vorräte an Konserven
2. Computerkassen
3. Verbindlichkeiten gegenüber einem Lieferer
4. Bankguthaben
5. Darlehen mit fünfjähriger Laufzeit
6. Kühltruhen
7. Geschäftsräume
8. Guthaben bei einem Kunden
9. Handwagen
10. Vorräte an Teigwaren
11. Kassenbestand
12. Regale
13. Waagen
14. Reinvermögen
15. Überziehung des Bankkontos
16. Geschäfts-Pkw
17. Geschäfts-Parkplatz
18. PC

5. Welche der folgenden Aussagen treffen auf das Inventar zu?

1. Es ist die Aufnahmetätigkeit aller Vermögens- und Schuldenteile durch Zählen, Messen und Wiegen.
2. Es ist das Verzeichnis der Warenbestände zum Inventurstichtag.
3. Die Waren werden grundsätzlich mit ihren Verkaufspreisen bewertet.
4. Reinvermögen = Vermögen – Schulden.
5. Es ist zehn Jahre aufzubewahren.

6. Welche der folgenden Begriffe ergänzen unten stehende Satzteile zu einer richtigen Aussage?

(1) das Anlagevermögen
(2) das Umlaufvermögen
(3) das Gesamtvermögen
(4) die Schulden
(5) das Reinvermögen

Aussagen

a) Grundlage der Betriebsbereitschaft bildet ....
b) Der eigentliche Gewinnträger der Einzelhandelsunternehmung ist ....
c) .... ist der verbleibende Teil des Vermögens, nachdem .... abgezogen sind.
d) Kapital, das der Unternehmung nur befristet zur Verfügung steht, bezeichnet man als .... der Unternehmung.
e) .... können als Fremdkapital bezeichnet werden.
f) .... ist dazu bestimmt, dem Unternehmen dauernd zu dienen.
g) .... wird nach zunehmender Liquidität geordnet.

7. a) Erläutern Sie den Zusammenhang von Inventur und Inventar.
b) Erklären Sie die Begriffe „körperliche" und „buchmäßige" Bestandsaufnahme.
c) Grenzen Sie Anlage- und Umlaufvermögen voneinander ab.
d) Stellen Sie gegenüber:
   1. Forderungen a. LL. und Verbindlichkeiten a. LL.
   2. Eigenkapital und Schulden

3.6.3 Lagerbestandskennzahlen

Mehmet Aydin liest einen Bericht seines Abteilungsleiters über Lagerbestände des Sortiments. Hierin ist u. a. folgende Aufstellung enthalten:

Artikelgruppen	Höchstbestand (Stück)	prozentualer Anteil an der Lagerfläche	Mindest-bestand (Stück)	Melde-bestand (Stück)
Hi-Fi-Kompaktanlage X 2000	50	2 %	10	20
Fernsehgerät „Seoul"	30	4 %	8	16
DVD-Player „Star"	60	3 %	12	18
MP3-Player „Michael"	80	2 %	15	23
Sonstige	...	...	...	...

Mehmet Aydin überlegt, warum wohl für die einzelnen Artikelgruppen Höchst-, Mindest- und Meldebestände festgelegt werden, obwohl doch im Lager noch genug Platz wäre, um größere Mengen zu lagern.

ARBEITSAUFTRÄGE

- Nennen Sie Gründe, weshalb für gelagerte Waren Höchst-, Mindest- und Meldebestände im Lager festgelegt werden.
- Stellen Sie die verschiedenen Formeln zur Ermittlung von Lagerbestandsdaten in einer Übersicht dar.
- Erstellen Sie für jede Formel eine Karte für die Lernkartei.

Die Lagervorräte in einem Einzelhandelsunternehmen müssen systematisch kontrolliert werden. Um die Lagerkosten zu senken ist es notwendig,

- die **Lagerbestände so klein wie möglich zu halten**, das führt zu geringeren Kapital-, Sach- und Personalkosten und zu einem geringeren Lagerisiko, sowie
- die **Lagerbestände möglichst schnell zu verkaufen**, damit gebundenes Kapital freigesetzt wird.

Allerdings sind auch die **Nachteile eines zu kleinen Lagerbestandes** zu beachten. Durch einen zu kleinen Lagerbestand ergibt sich eine verringerte Verkaufsbereitschaft und dadurch kommt es zu einem eventuellen Verlust von Kunden.

Die Kontrolle des Lagerbestandes kann durch Stichtaginventur (vgl. Seite 150) erfolgen oder durch Fortschreibung in Listen. Sehr häufig werden auch Computersysteme eingesetzt, um die Lagerbestände zu überwachen (vgl. Seite 144 ff.).

Die Lagerkontrolle hat die Aufgabe, für jeden einzelnen Artikel den aktuellen Bestand festzustellen, um Nachbestellungen rechtzeitig durchzuführen, die Verkaufsbereitschaft zu gewährleisten und Überbestände zu erkennen. Für Waren, die hohe Bestände aufweisen, müssen Maßnahmen ergriffen werden, um die Vorräte zu senken. Zur Bestandsüberwachung werden im Lagerwesen sogenannte **Lagerkennziffern (-zahlen)** verwendet. Diese Zahlen ermöglichen für jeden Artikel genaue Aussagen über eine wirtschaftliche Vorratshaltung (optimaler Lagerbestand, vgl. Seite 140).

In einem Einzelhandelsunternehmen sollte für jeden einzelnen Artikel und für jede Warengruppe mithilfe der Daten des Warenwirtschaftsprogramms die Wirtschaftlichkeit der Vorratshaltung laufend kontrolliert werden. Mithilfe der Lagerkennzahlen können **artikel- oder warengruppenbezogene Aussagen zur Wirtschaftlichkeit** eines Artikels oder einer Warengruppe gemacht werden.

● Höchstbestand

Jedes Lager hat eine begrenzte Lagerkapazität, die nicht beliebig veränderbar ist. Somit kann in einem Lager nur eine begrenzte Anzahl von Gütern gelagert werden **(technischer Höchstbestand).** Ebenso beschränkt das Kapital, das maximal zur Vorratshaltung zur Verfügung steht, die Menge der Lagergüter **(wirtschaftlicher Höchstbestand).**

● Mindestbestand

Der Mindestbestand (vgl. Seite 42) wird häufig auch **„eiserne Reserve“** oder **„eiserner Bestand“** genannt. Er soll die Verkaufsbereitschaft sichern und damit die Nachfrage der Kunden decken, wenn durch unvorhersehbare Ereignisse der Vorrat nicht ausreicht. Dies ist z. B. der Fall, wenn die Beschaffung und Lieferung der Ware länger dauert als geplant (Streiks, schlechte Witterungs- und Verkehrsverhältnisse usw.). Auch kann der Warenabsatz höher sein als geplant. In diesem Fall muss aus Erfahrungswerten eine Reserve gebildet werden.

Optimaler Lagerbestand: Er ermöglicht die größte Wirtschaftlichkeit in der Lagerhaltung, da er sowohl die Nachteile eines zu großen als auch eines zu kleinen Lagerbestandes vermeidet.

● Meldebestand (Warenbestand, der eine Nachbestellung auslöst)

● Durchschnittlicher Lagerbestand

Während eines Jahres ergeben sich für die Artikel meist täglich oder stündlich verschiedene Lagerbestände durch Verkauf und Einkauf (Lagerab- und -zugänge). Zur Übersicht und zur leichteren Kontrolle werden deshalb Mittelwerte (Durchschnittswerte) berechnet. Der durchschnittliche Lagerbestand **(DLB)** eines Artikels gibt an, wie hoch im Durchschnitt der Vorratsbestand in Stück oder in Euro in einem bestimmten Zeitraum ist. Die Kenntnis des durchschnittlichen Lagerbestandes kann z. B. beim Abschluss einer Versicherung der Lagerwaren gegen Feuer, Diebstahl usw. von Bedeutung sein. Da die Lagerbestände aufgrund ständiger Einlagerungen und Warenkäufe schwanken, ist es sinnvoll, beim Abschluss einer Versicherung den durchschnittlichen Lagerwert anzusetzen.

Beispiel In der Elektroabteilung der Center Warenhaus GmbH soll der DLB für Fernseher ermittelt werden. Herr Winkler ist mit dieser Aufgabe betraut. Der Jahresanfangsbestand an Fernsehern beträgt 84, der Jahresendbestand (lt. Inventur) beträgt 122.

$$\text{DLB} = \frac{84 + 122}{2} = \frac{206}{2} = \underline{\underline{103\ \text{Stück}}}$$

$$\text{Durchschnittlicher Lagerbestand bei Jahresinventur} = \frac{\text{Jahresanfangsbestand} + \text{Jahresendbestand}}{2}$$

Der durchschnittliche Lagerbestand kann auch als Wertkennziffer in Euro ausgerechnet werden, indem die Mengen mit ihren Bezugs- oder Einstandspreisen multipliziert werden. Die Genauigkeit der Kennziffer „DLB“ hängt bei schwankenden Beständen davon ab, wie viel Bestände in die Berechnung einbezogen werden. Einen genaueren DLB erhält man, wenn zusätzlich zum Jahresanfangsbestand die Quartalsendbestände berücksichtigt werden.

Beispiel Herr Winkler möchte den DLB genauer berechnen. Er nimmt zusätzlich zu dem Jahresanfangsbestand noch vier Quartalsbestände (Vierteljahreswerte) in seine Berechnung auf.

Jahresanfangsbestand:	84	Bestand am Ende des 3. Quartals:	74
Bestand am Ende des 1. Quartals:	72	Bestand am Ende des 4. Quartals:	122
Bestand am Ende des 2. Quartals:	63	(= Jahresendbestand)	

$$\text{DLB} = \frac{84 + 72 + 63 + 74 + 122}{5} = \frac{415}{5} = \underline{\underline{83 \text{ Stück}}}$$

$$\frac{\text{Durchschnittlicher Lagerbestand}}{\text{mit Quartalsendbeständen}} \quad = \frac{\text{Jahresanfangsbestand + 4 Quartalsendbestände}}{5}$$

PRAXISTIPP Die gleiche Berechnung kann ebenfalls mit EUR-Beträgen gemacht werden, dann wird der durchschnittliche Lagerwert eines Artikels ermittelt.

Einen noch genaueren DLB erhält man, wenn zusätzlich zu dem Jahresanfangsbestand noch die zwölf Monatsendbestände hinzugenommen werden. So stehen 13 Werte zur Verfügung.

Beispiel Jahresanfangsbestand: 84 Monatsendbestände:

Januar:	92	Mai:	71	September:	74
Februar:	85	Juni:	63	Oktober:	107
März:	72	Juli:	62	November:	127
April:	70	August:	63	Dezember:	122

$$\text{DLB} = \frac{84 + 92 + 85 + 72 + 70 + 71 + 63 + 62 + 63 + 74 + 107 + 127 + 122}{13} = \frac{1.092}{13} = \underline{\underline{84 \text{ Stück}}}$$

Durchschnittlich befanden sich also 84 Fernseher auf Lager. Wenn jeder Fernseher durchschnittlich einen Bezugs-/Einstandspreis von 500,00 EUR hat, so waren durchschnittlich 42.000,00 EUR Kapital gebunden.

$$\frac{\text{Durchschnittlicher Lagerbestand}}{\text{mit Monatsendbeständen}} \quad = \frac{\text{Jahresanfangsbestand + 12 Monatsendbestände}}{13}$$

Durch den Einsatz moderner Warenwirtschaftsprogramme (vgl. Seite 144) ist es möglich, zu jedem beliebigen Zeitpunkt den aktuellen Lagerbestand zu ermitteln. Diese genauen Zahlenwerte ermöglichen ein gezieltes Steuern der Bestände, um Lagerkosten zu senken.

In vielen Einzelhandelsbetrieben wird neben der Ermittlung des DLB für einen einzelnen Artikel noch der **DLB für Artikelgruppen**, **Abteilungen**, **Filialen** und der **DLB des gesamten Warenbestandes** berechnet.

Lagerbestandskennzahlen

Lagerbestandsdaten werden benötigt, um eine **wirtschaftliche Lagerführung** zu sichern.

- **Mindestbestand:** Reserve, um Verkaufsbereitschaft zu sichern
- **Höchstbestand:** **Technischer HB** = absolute Obergrenze, Lager ist vollständig gefüllt
  Wirtschaftlicher HB = Bestand, bis zu dem ein Artikel unter wirtschaftlichen Gesichtspunkten höchstens gelagert wird
- **Meldebestand:** Bestand, bei dem Ware nachbestellt werden muss, um die Lieferzeit zu überbrücken.
  MB = (Tagesabsatz · Lieferzeit) + Mindestbestand

● **Durchschnittlicher Lagerbestand (DLB):**

$$\text{DLB bei \textbf{Jahresinventur}} = \frac{\text{Jahresanfangsbestand} + \text{Jahresendbestand}}{2}$$

$$\text{DLB mit \textbf{Quartalsendbeständen}} = \frac{\text{Jahresanfangsbestand} + 4\ \text{Quartalsendbestände}}{5}$$

$$\text{DLB mit \textbf{Monatsendbeständen}} = \frac{\text{Jahresanfangsbestand} + 12\ \text{Monatsendbestände}}{13}$$

1. Unterscheiden Sie technischen und wirtschaftlichen Höchstbestand im Lagerwesen.

2. Erläutern Sie, wovon der wirtschaftliche Höchstbestand abhängig ist.

3. Geben Sie an, wozu ein Mindestbestand (eiserne Reserve) dient.

4. Von einer Ware werden täglich im Durchschnitt 15 Stück verkauft. Die Lieferzeit beträgt sechs Verkaufstage, der Mindestbestand beträgt 85 Stück. Wie hoch ist der Meldebestand?

5. In einem Einzelhandelsbetrieb werden für einen Artikel folgende Inventurbestände ausgewiesen:

Anfangsbestand 1. Januar:	220		
Endbestand 31. Januar:	185	Endbestand 31. Juli:	275
Endbestand 28. Februar:	270	Endbestand 31. August:	280
Endbestand 31. März:	315	Endbestand 30. September:	265
Endbestand 30. April:	295	Endbestand 31. Oktober:	295
Endbestand 31. Mai:	290	Endbestand 30. November:	310
Endbestand 30. Juni:	315	Endbestand 31. Dezember:	220

a) Berechnen Sie den durchschnittlichen Lagerbestand nur mit Anfangs- und Endbestand.
b) Berechnen Sie den durchschnittlichen Lagerbestand mit den Quartals- und Monatsbeständen.
c) Erläutern Sie, weshalb sich unterschiedliche Ergebnisse je nach Berechnung für den durchschnittlichen Lagerbestand ergeben.

6. Lösen Sie die folgenden Aufgaben unter Berücksichtigung der nachfolgenden Angaben.

Datum	Bezugs-/Einstandspreis in EUR	Bestand in Stück
01.01.	19,00	420
31.01.		355
28.02.		269
31.03.		226
30.04.	19,00	631
31.05.		406
30.06.	19,00	544

Datum	Bezugs-/Einstandspreis in EUR	Bestand in Stück
31.07.		377
31.08.	19,00	419
30.09.		321
31.10.		254
30.11.	19,00	440
31.12.		265

a) Wie viel Stück beträgt der durchschnittliche Lagerbestand?
b) Wie viel Euro beträgt der Lagerbestand am 31.12.?
c) Bei der Inventur am 31.12. wurden 316 Stück gezählt.

Welche der folgenden Aussagen über den Soll-Bestand trifft zu?
Der Soll-Bestand ist ...
(1) kleiner als der Ist-Bestand,
(2) größer als der Ist-Bestand,
(3) genau so groß wie der Ist-Bestand.

7. Beschreiben Sie, wie mithilfe des durchschnittlichen Lagerbestandes die Kapitalbindung festgestellt werden kann.

8. Der Mars Elektrofachmarkt e. K. erhält von der Jansen Bürotechnik GmbH ein Sonderangebot des Artikels Faxgerät TA InkJet, Art.-Nr. 335B927, wobei allerdings eine Mindestmenge abzunehmen ist, die den Bedarf des Fachmarktes für ca. zehn Monate decken würde. Entscheiden und begründen Sie, ob es sinnvoll ist, dieses Angebot anzunehmen.

3.6.4 Lagerbewegungskennzahlen

Daniela Mars, die Inhaberin des Mars Elektrofachmarktes e. K., besucht eine Fachmesse in Köln. Aus diesem Anlass hat sie ihren Auszubildenden Mehmet Aydin mitgenommen. Auf der Fachmesse trifft Frau Mars auf ihren Kollegen Herrn Winter vom Elektrofachmarkt Winter e. K. Frau Mars: *„Im letzten Jahr hatte ich einen Wareneinsatz von 3.000.000,00 EUR, dabei habe ich immer Skonto ausgenutzt, ich bin recht zufrieden mit meinem Geschäft."* Herr Winter: *„Ich habe den gleichen Wareneinsatz, unsere Geschäfte sind also vom Wareneinsatz her vergleichbar. Allerdings habe ich regelmäßig Probleme mit der Bezahlung meiner Verbindlichkeiten, Skonto kann ich nie ausnutzen, häufig gerate ich in Zahlungsverzug. Mir fehlt einfach zusätzliches Kapital."* Frau Mars fragt daraufhin: *„Wie hoch ist denn Ihr durchschnittlicher Lagerbestand?"* Mehmet, der dieser Unterhaltung interessiert zugehört hatte, fragt: *„Was hat denn mein Lagerbestand mit meiner Liquidität zu tun?"* Frau Mars weiß es besser, sie denkt sich ihren Teil und lädt Mehmet zu einer Tasse Kaffee ein, um ihm den Sachverhalt zu erklären.

ARBEITSAUFTRÄGE

- Erläutern Sie, wie Lagerbestände die Liquidität eines Einzelhandelsunternehmens beeinflussen.
- Stellen Sie die verschiedenen Formeln zu den Lagerbewegungsdaten in einer Übersicht und in Karten für die Lernkartei dar.
- Erläutern Sie die Lagerbewegungskennzahlen und zeigen Sie Konsequenzen auf, wenn die Umschlagshäufigkeit eines Artikels sinkt.

Es ist wichtig, den Lagerbestand so gering wie möglich zu halten, damit nicht zu viel Kapital durch lagernde Waren gebunden wird. Lagerbewegungen und Lagerkosten werden mit verschiedenen Kennzahlen kontrolliert.

● Umschlagshäufigkeit

Im Einzelhandel wird eine Ware „umgeschlagen", d. h., wie oft ein bestimmter Lagerbestand in einem Jahr umgesetzt wurde.

Beispiel Im Mars Elektrofachmarkt e. K., der sich im Einkaufszentrum Rheinpark Köln befindet, wurden in einem Jahr Waren, die zu einem Bezugs-/Einstandspreis von 3.000.000,00 EUR eingekauft worden waren, verkauft **(= Wareneinsatz).** Der durchschnittliche Lagerbestand betrug 200.000,00 EUR. Hieraus kann abgeleitet werden, dass in einem Jahr der Lagerbestand 15-mal umgeschlagen wurde, d. h., der durchschnittliche Lagerbestand von 200.000,00 EUR wurde 15-mal verkauft.

$$\text{Umschlagshäufigkeit (UH)} = \frac{3.000.000,00}{200.000,00} = \underline{\underline{15}}$$

Im Elektrofachmarkt Winter e. K., der sich in der Kölner Innenstadt befindet, betrug der Wareneinsatz ebenfalls 3.000.000,00 EUR. Der durchschnittliche Lagerbestand betrug aber 500.000,00 EUR, er wurde nur sechsmal umgeschlagen.

$$\text{Umschlagshäufigkeit (UH)} = \frac{3.000.000,00}{500.000,00} = \underline{\underline{6}}$$

Beim Mars Elektrofachmarkt e. K. waren im Durchschnitt nur 200.000,00 EUR Kapital gebunden, beim Elektrofachmarkt Winter e. K. 500.000,00 EUR, obwohl beide die gleiche Warenmenge verkauft haben. Dem Mars Elektrofachmarkt e. K. standen also regelmäßig 300.000,00 EUR mehr zur Verfügung.

Die Kennziffern „15" bzw. „6" geben also an, wie häufig ein durchschnittlicher Lagerbestand (DLB) umgeschlagen wurde.

Hieraus lässt sich folgende Formel ableiten:

$$\text{Umschlagshäufigkeit (Umsatz)} = \frac{\text{Wareneinsatz}}{\text{DLB zu Bezugs-/Einstandspreisen}}$$

Der **Wareneinsatz** entspricht dem Umsatz zu Einstandspreisen (Bezugspreisen). Da zum Jahresanfang und -ende bei fast allen Artikeln Lagerbestände vorhanden sind, müssen sie bei der Berechnung des Wareneinsatzes berücksichtigt werden. Der Wareneinsatz ergibt sich, wenn zu dem Jahresanfangsbestand die Jahreseinkaufssumme (= alle Zugänge) addiert und der Jahresendbestand abgezogen wird.

Wareneinsatz = Anfangsbestand + Zugänge – Endbestand

Beispiel Im Mars Elektrofachmarkt e. K. ergeben sich für 25 Artikel der Warengruppe „Weiße Ware" folgende Werte:

Jahresanfangsbestand zu Bezugs-/Einstandspreisen:	84.000,00 EUR
Jahresendbestand zu Bezugs-/Einstandspreisen:	92.000,00 EUR

Während des gesamten Jahres wurden Einkäufe für 320.000,00 EUR getätigt.

Anfangsbestand	84.000,00 EUR
+ Zugänge	320.000,00 EUR
– Endbestand	92.000,00 EUR
= Wareneinsatz	312.000,00 EUR

Die Umschlagshäufigkeit kann auch auf den **Absatz** eines Artikels bezogen werden, d. h., die Umschlagshäufigkeit bezieht sich auf die verkauften und gelagerten Stückzahlen einer Ware. Dies bietet sich an, wenn die Ware zu unterschiedlichen Bezugspreisen beschafft wurde.

Beispiel In der Sportabteilung des Center Warenhauses wurden in einem Jahr 24.000 Paar Laufschuhe verkauft. Im Durchschnitt waren 1.000 Paar Laufschuhe auf Lager.

$$\text{UH} = \frac{24.000}{1.000} = \underline{\underline{24}}$$

Hieraus ergibt sich folgende Formel:

$$\text{Umschlagshäufigkeit (Absatz)} = \frac{\text{Jahresabsatz (Stück)}}{\text{DLB (Stück)}}$$

Wenn zwei beliebige Werte der Formel bekannt sind, kann der dritte Wert durch **Umstellen der Formel** berechnet werden. So ergibt sich:

$$\text{DLB} = \frac{\text{Jahresabsatz (Stück)}}{\text{Umschlagshäufigkeit}}$$

$$\text{Jahresabsatz} = \text{Umschlagshäufigkeit} \cdot \text{DLB}$$

$$\text{DLB} = \frac{\text{Wareneinsatz (EUR)}}{\text{Umschlagshäufigkeit}}$$

$$\text{Wareneinsatz} = \text{Umschlagshäufigkeit} \cdot \text{DLB}$$

Beispiele für die Umschlagshäufigkeit in einigen Branchen:

Uhren, Schmuck usw.	1	Elektro	5	Haushaltswaren	3	Discounter	52
Möbel	2,5	Textil	2	Lebensmittel	16		

Durchschnittliche Lagerdauer

Wenn die Umschlagshäufigkeit einer Ware bekannt ist, so kann daraus ihre durchschnittliche Lagerdauer berechnet werden. Hieraus erkennt man den Zeitraum vom Eintreffen der Ware im Lager bis zum Verkauf an den Kunden, also wie lange die Ware durchschnittlich gelagert wurde.

Beispiel DVD-Player haben beim Mars Elektrofachmarkt e. K. eine Umschlagshäufigkeit von 9. Das (kaufmännische) Jahr zählt 360 Tage, 360 : 9 = 40. Das bedeutet, dass der Artikel durchschnittlich 40 Tage auf Lager war.

Hieraus lässt sich folgende Formel ableiten:

$$\text{Durchschnittliche Lagerdauer} = \frac{\text{360 (Tage)}}{\text{Umschlagshäufigkeit}}$$

Beispiel

$$\varnothing\ \text{LD} = \frac{360}{9} = \underline{\underline{40\ \text{Tage}}}$$

Ein Artikel wird neunmal in 360 Tagen umgeschlagen, d. h., seine durchschnittliche Lagerdauer liegt bei 40 Tagen.

Ist die durchschnittliche Lagerdauer bekannt, so kann durch Formelumstellung auf die Umschlagshäufigkeit geschlossen werden.

$$\text{Umschlagshäufigkeit} = \frac{\text{360 (Tage)}}{\text{durchschnittliche Lagerdauer (Tage)}}$$

Beispiel

$$\text{UH} = \frac{360}{30} = \underline{\underline{12}}$$

Ein Artikel liegt durchschnittlich 30 Tage auf Lager. In 360 Tagen wird er also zwölfmal umgeschlagen.

Mithilfe der Umschlagshäufigkeit und der durchschnittlichen Lagerdauer können Aussagen zur **Wirtschaftlichkeit eines Artikels oder einer Warengruppe** gemacht werden. Je höher die Umschlagshäufigkeit oder je geringer die durchschnittliche Lagerdauer eines Artikels oder einer Warengruppe, desto niedriger ist der Kapitaleinsatz im Lager. Zudem gilt, je höher die Umschlagshäufigkeit oder je geringer die durchschnittliche Lagerdauer eines Artikels oder einer Warengruppe, desto niedriger ist der Kostenanteil je Artikel oder je Warengruppe.

Lagerzinssatz

In Lagervorräte investiertes Kapital verursacht Kosten. In der Kalkulation des Verkaufspreises einer Ware sind diese Kapitalkosten zu berücksichtigen. Es ist sinnvoll, diese Kosten mit einem Prozentsatz in die Preiskalkulation einzubeziehen. Die Zinskosten sind abhängig von der durchschnittlichen Lagerdauer und von dem Zinssatz, der für ein angelegtes Kapital von einer Bank gezahlt würde. Somit ergibt sich:

$$\textbf{Lagerzinssatz} = \frac{\text{Jahreszinssatz} \cdot \text{durchschnittliche Lagerdauer}}{360} \quad \text{oder} \quad \frac{\text{Jahreszinssatz}}{\text{Umschlagshäufigkeit}}$$

Beispiel Die Center Warenhaus GmbH hat für ihren Lagerbestand eine durchschnittliche Lagerdauer von 40 Tagen errechnet. Für Geldeinlagen wird der Center Warenhaus GmbH von der Deutschen Bank in Köln ein Zinssatz von 5 % geboten.

$$\text{Lagerzinssatz} = \frac{5 \cdot 40 \text{ Tage}}{360 \text{ Tage}} = \underline{\underline{0{,}55}}$$

Der Lagerzinssatz beträgt somit etwa 0,55 %.

Lagerzinsen

Der Wert des durchschnittlichen Lagerbestandes ist als Kapital gebunden. Für diesen Betrag müssen somit Zinsen (Kapitalbindungskosten) berechnet werden. Hierzu werden die Lagerzinsen verwendet.

$$\textbf{Lagerzinsen} = \frac{\text{Lagerzinssatz} \cdot \text{durchschnittlicher Lagerbestand}}{100}$$

Beispiel Die Center Warenhaus GmbH hat einen durchschnittlichen Lagerbestand von 900.000,00 EUR. In der Center Warenhaus GmbH wird ein Lagerzinssatz von 0,55 % ermittelt.

$$\text{Lagerzinsen} = \frac{0{,}55 \cdot 900.000}{100} = \underline{\underline{4.950{,}00 \text{ EUR}}}$$

Für diesen Lagerbestand fallen 4.950,00 EUR Lagerzinsen an.

Lagerreichweite

Mit dieser Kennziffer wird ausgedrückt, wie lange der durchschnittliche Lagerbestand bei einem durchschnittlichen Verbrauch ausreicht.

$$\textbf{Lagerreichweite} = \frac{\text{Ø Lagerbestand}}{\text{Ø Absatz (Verbrauch) pro Tag}}$$

Beispiel Der Mars Elektrofachmarkt e. K. hat beim Artikel Tischgrill „Feuer" einen durchschnittlichen Lagerbestand von 50 Stück und einen durchschnittlichen Absatz pro Tag von 5 Stück.

$$\text{Lagerreichweite} = \frac{50}{5} = \underline{\underline{10 \text{ Tage}}}$$

Der Mars Elektrofachmarkt e. K. hat beim Tischgrill „Feuer" eine Lagerreichweite von zehn Tagen.

Lagerfüllgrad (Flächennutzungsgrad)

Die Nutzung der vorhandenen Lagerkapazität wird durch den Lagerfüllgrad gemessen.

$$\textbf{Lagerfüllgrad} = \frac{\text{Genutzter Teil des Lagerraums}}{\text{Verfügbarer Lagerraum}} \cdot 100$$

Beispiel Der Mars Elektrofachmarkt e. K. hat einen Lagerraum mit einer Fläche von 3.000 m^2. Davon werden im Durchschnitt 2.700 m^2 regelmäßig genutzt.

$$\text{Lagerfüllgrad} = \frac{2.700}{3.000} \cdot 100 = \underline{\underline{90\ \%}}$$

Der Mars Elektrofachmarkt e. K. hat einen Lagerfüllgrad von 90 %.

Auswertung der Lagerkennzahlen

Die Erhöhung der Umschlagshäufigkeit hat eine Verkürzung der Lagerdauer zur Folge. Dadurch vermindern sich die Kosten für die Warenpflege sowie das Risiko der Veralterung und des Verderbs. Die Lagerkosten werden aber wesentlich vom Lagerumschlag beeinflusst. Je höher die Umschlagshäufigkeit für einen Artikel, desto niedriger ist der Kostenanteil, der auf diesen Artikel entfällt. **Durch eine Erhöhung der Umschlagshäufigkeit werden Lagerzinsen (vgl. Seite 174) gespart, der Kapitalbedarf wird verringert, die Wirtschaftlichkeit wird erhöht.** Die Lagerumschlagshäufigkeit kann durch folgende **Maßnahmen** erhöht werden:

- Durch die Verringerung der Bestellmengen und des Mindestbestandes, durch Just-in-Time-Lieferungen (vgl. Seite 44 ff.) oder durch den Kauf auf Abruf (vgl. Seite 96) können im Beschaffungsbereich die Voraussetzungen für eine Erhöhung der Umschlagshäufigkeit erreicht werden. Dies ist besonders bei Discountern der Fall.

- Durch verstärkte Werbung zur Absatzsteigerung oder Sonderverkaufsaktionen für „Penner-Artikel“ (Artikel mit geringer Umschlagshäufigkeit, vgl. Seite 31) kann der Warenumschlag im **Absatzbereich** erhöht werden.

Beispiel Der Mars Elektrofachmarkt e. K. hatte bei dem Artikel Blu-Ray-Player „Relax“ einen durchschnittlichen Lagerbestand von 12.000,00 EUR. Durch verstärkte Werbemaßnahmen kann die Lagerumschlagshäufigkeit von 12 auf 15 erhöht und somit 2.400,00 EUR Kapital freigesetzt werden.

Lösung: Durchschnittlicher Lagerbestand · Umschlagshäufigkeit = Wareneinsatz
12.000,00 EUR · 12 = 144.000,00 EUR
144.000,00 EUR : 15 = 9.600,00 EUR (Kapitalbindung/neuer durchschnittlicher Lagerbestand)
12.000,00 EUR – 9.600,00 EUR = 2.400,00 EUR (Kapitalfreisetzung)

Bei einem Zinssatz von 5 % spart der Mars Elektrofachmarkt e. K. 120,00 EUR im Jahr (5 % von 2.400,00 EUR).

Die Lagerkennzahlen sind für jeden Einzelhandelsbetrieb von besonderer Bedeutung, da sie im Zeitvergleich die Entwicklungstendenzen eines Artikels, einer Warengruppe und des gesamten Betriebs aufzeigen. Zudem können im Betriebsvergleich interessante Erkenntnisse gewonnen werden, wenn die eigenen betrieblichen Lagerkennzahlen mit denen der Branche verglichen werden. Die Branchenkennzahlen können über Verbände oder das Internet abgerufen werden.

Lagerbewegungskennzahlen

Im Lagerwesen werden folgende **Kennzahlen zur Kontrolle der Lagerbestände und der Kapitalbindung** eingesetzt:

- **Umschlagshäufigkeit** $= \frac{\text{Wareneinsatz}}{\text{DLB zu Bezugs-/Einstandspreisen}}$ oder $\frac{\text{Jahresabsatz (Stück)}}{\text{DLB in Stück}}$

- **Durchschnittliche Lagerdauer** $= \frac{\text{360 (Tage)}}{\text{Umschlagshäufigkeit}}$

- **Lagerzinssatz** $= \frac{\text{Jahreszinssatz} \cdot \text{durchschnittliche Lagerdauer}}{360}$ oder $\frac{\text{Jahreszinssatz}}{\text{Umschlagshäufigkeit}}$

- **Lagerzinsen** $= \frac{\text{Lagerzinssatz} \cdot \text{durchschnittlicher Lagerbestand}}{100}$

- **Lagerreichweite** $= \frac{\text{Ø Lagerbestand}}{\text{Ø Absatz (Verbrauch) pro Tag}}$

- **Lagerfüllgrad** $= \frac{\text{Genutzter Teil des Lagerraums}}{\text{Verfügbarer Lagerraum}} \cdot 100$

Auswertung der Lagerkennzahlen

- Mithilfe der Lagerkennzahlen wird die **Beurteilung der Wirtschaftlichkeit des Lagers** ermöglicht. Zudem sind die Lagerkennzahlen die Grundlage für Betriebsvergleiche mit Durchschnittszahlen der Branche.
- Je höher die Umschlagshäufigkeit oder je geringer die durchschnittliche Lagerdauer eines Artikels oder einer Warenguppe, desto niedriger ist der Kapitaleinsatz für diesen Artikel oder diese Warengruppe im Lager.
- Je höher die Umschlagshäufigkeit oder je geringer die durchschnittliche Lagerdauer eines Artikels oder einer Warengruppe, desto niedriger ist der Lagerkostenanteil je Artikel oder je Warengruppe.

1. Ein Einzelhändler behauptet, für seinen Warenbestand habe er eine Umschlagshäufigkeit von 15 berechnet. Erläutern Sie, was diese Kennziffer aussagt.

2. In einem Einzelhandelsunternehmen liegen folgende Angaben vor:
Wareneinsatz: 600.000,00 EUR, durchschnittlicher Lagerbestand 50.000,00 EUR. Berechnen Sie die Umschlagshäufigkeit.

3. Die Umschlagshäufigkeit für Fernseher im Fachgeschäft „Müller-TV" beträgt 8. Der Jahresabsatz beträgt 320 Stück. Wie viel Geräte befanden sich im Durchschnitt auf Lager?

4. Von einem Artikel sind bekannt: Durchschnittlicher Lagerbestand 4.000,00 EUR, Umschlagshäufigkeit 20. Ermitteln Sie den Wareneinsatz.

5. Die Lagerdatei eines Einzelhändlers weist folgende Daten aus:
Anfangsbestand 200.000,00 EUR, Endbestand 280.000,00 EUR. Die Wareneinkäufe betrugen 1.280.000,00 EUR. Berechnen Sie
a) den Wareneinsatz,
b) den durchschnittlichen Lagerbestand,
c) die Umschlagshäufigkeit,
d) die durchschnittliche Lagerdauer.

6. Ermitteln Sie für die Abteilung „Unterhaltungselektronik" der Center Warenhaus GmbH anhand der unten stehenden Inventurdaten des Artikels „Hi-Fi-Kompaktanlage"

Quartalsendbestände (Stück):

31. März	35	30. September	22
30. Juni	40	31. Dezember	15

Jahresanfangsbestand (Stück): 48
Verkäufe (Stück): insgesamt 72
Bezugs-/Einstandpreis einer Hi-Fi-Kompaktanlage: 370,00 EUR

a) den durchschnittlichen Lagerbestand in Stück,
b) den durchschnittlichen Lagerbestand in Euro,
c) den Wareneinsatz in Euro,
d) die Umschlagshäufigkeit,
e) die durchschnittliche Lagerdauer

Übungs- und ungebundene Prüfungsaufgaben

1. Ein Einzelhändler hatte in einem Jahr 3.567.200,00 EUR Wareneinsatz, er rechnete mit 1,85 % Lagerkosten vom Warenumsatz. Im folgenden Jahr reduzierte er durch organisatorische Maßnahmen seine Lagerkosten auf 1,75 % vom Wareneinsatz. Seine Lagerkosten betrugen im folgenden Jahr 62.000,00 EUR.

a) Wie hoch war sein Wareneinsatz im folgenden Jahr?

b) Überprüfen Sie, welche Maßnahmen zu seinen Kostensenkungen geführt haben könnten.

2. Uwe Reinders berechnet für die Artikelgruppe „Skianzüge" den durchschnittlichen Lagerbestand mit dem Jahresanfangs- und -endbestand und erhält als Ergebnis 12.700,00 EUR. Wenn er aber die Monatsbestände als Berechnungsgrundlage nimmt, erhält er 3.500,00 EUR. Erläutern Sie, wie diese Abweichung zu erklären ist.

3. Ein Einzelhändler behauptet, er habe bei einer Warengruppe eine Verdoppelung seiner Umschlagshäufigkeit festgestellt. Ist das für ihn eine gute oder schlechte Feststellung? Begründen Sie Ihre Antwort.

4. Die Lagerdatei eines Einzelhandelsunternehmens weist folgende Daten aus: Anfangsbestand 180.000,00 EUR, Endbestand 210.000,00 EUR, Wareneinkäufe 920.000,00 EUR. Berechnen Sie

a) den Wareneinsatz,

b) den durchschnittlichen Lagerbestand,

c) die Umschlagshäufigkeit,

d) die durchschnittliche Lagerdauer.

5. In der Center Warenhaus GmbH werden täglich von vielen Lieferern Waren angeliefert. Manchmal stauen sich die Lkw an der Laderampe.

a) Erläutern Sie, weshalb trotzdem jede Lieferung bei der Warenannahme geprüft werden muss.

b) Geben Sie an, wie die folgenden Waren geprüft werden können: Obst, Schreibwaren, Konserven, Frischfleisch.

6. In der Parfümerie „Beauty Chic" hat die Filialleiterin Geburtstag. Während der Mittagspause feiert sie mit ihren Mitarbeiterinnen. Während der Feier wird Ware angeliefert. Die Filialleiterin sagt: „Die Warenprüfung hat bis übermorgen Zeit, jetzt wird gefeiert!"

a) Begründen Sie, ob es reicht, wenn eine Warenprüfung erst in den Folgetagen ihrer Lieferung geprüft wird.

b) Erläutern Sie, welche Konsequenzen sich für den Einzelhändler ergeben, wenn er es schuldhaft versäumt, die angelieferte Ware ordnungsgemäß zu prüfen.

7. Das SB-Center „Marktkauf" möchte das gebundene Kapital durch Warenvorräte verringern. Nennen Sie Maßnahmen, wie dieses Ziel zu verwirklichen ist.

8. Der Verbrauchermarkt „Waldi", Klein & Bauer KG, Essener Str. 72, 38108 Braunschweig, hat am 3. März 20.. entsprechend einem Angebot bei der Fensterbau-GmbH, Damaschkestr. 148-152, 44141 Dortmund, Metallfensterrahmen für sein Verwaltungsgebäude bestellt. Die Fensterbau-GmbH hatte sich vertraglich verpflichtet, die Fenster zwischen dem 1. Juni und 10. Juni des Jahres zu liefern. Für die verspätete Lieferung wurde eine Konventionalstrafe über 5.000,00 EUR vereinbart. Am 20. Juni d.J. sind die Fenster immer noch nicht geliefert.

a) Verfassen Sie einen Brief für den Verbrauchermarkt und setzen Sie der Fensterbau-GmbH eine Nachfrist.
b) Begründen Sie, ob sich die Fensterbau-GmbH im Lieferungsverzug befindet.
c) Erläutern Sie, welche Rechte dem Verbrauchermarkt gesetzlich zustehen.

9. Die Boutiqueinhaberin Tanja Klung, Marienbader Str. 24, 91058 Erlangen, hat von der Textilfabrik Igeba GmbH, Lübecker Str. 4, 22087 Hamburg, 200 Damenpullover erhalten. Bei der unverzüglichen Prüfung der angekommenen Warensendung werden bei zehn Pullovern erhebliche und bei drei Pullovern leichte Wirkfehler festgestellt.
a) Schreiben Sie für die Boutiqueinhaberin einen Brief an die Textilfabrik und verlangen Sie Ersatzlieferung und Minderung.
b) Erläutern Sie die Rechte, die einem Käufer aus der Schlechtleistung zustehen.
c) Erklären Sie an obigem Fall, worin der Unterschied zwischen einem offenen und einem versteckten Mangel besteht.

10. Der Einzelhändler August Radke bestellt bei einer Baumschule für die am 21. Dezember stattfindende betriebliche Weihnachtsfeier einen Tannenbaum, Liefertermin 20. Dezember 20.. Am 23. Dezember liefert die Baumschule den Tannenbaum an. Der Einzelhändler weigert sich, den Tannenbaum noch anzunehmen.
a) Die Baumschule argumentiert, der Einzelhändler müsse den Tannenbaum annehmen. Beurteilen Sie die Rechtslage.
b) Der Einzelhändler argumentiert, die Baumschule befände sich im Lieferungsverzug, worauf die Baumschule behauptet, um in Lieferungsverzug zu geraten, hätte der Einzelhändler eine Nachfrist setzen müssen. Beurteilen Sie die Rechtslage.

11. Der Mars Elektrofachmarkt e.K. hat sich in der Branche den Ruf erworben, stets lieferbereit zu sein. Als Folge für den Mars Elektrofachmarkt ergibt sich bei vielen Artikeln ein hoher Mindestbestand.
a) Erläutern Sie, welcher Zielkonflikt sich daraus für den Mars Elektrofachmarkt e. K. ergibt.
b) Beschreiben Sie die Konsequenzen, die sich für den Mars Elektrofachmarkt e.K. aus einer Verringerung des Mindestbestandes ergeben können.
c) Machen Sie begründete Vorschläge anhand der Sortimentsliste Ihres Ausbildungsbetriebs, für welche Artikel ein hoher oder ein geringer Mindestbestand erforderlich sein könnte.

12. Ein Einzelhändler hat bei der Inventur folgende Bestände festgestellt:

	TEUR		TEUR
Grundstücke und Bauten	270	Geschäftsausstattung	82
Kasse	8	Forderungen	16
Fuhrpark	51	Bankguthaben	72
Darlehensschulden	100	Verbindlichkeiten	122
Waren	325		

a) Ermitteln Sie in TEUR das
- Anlagevermögen,
- Umlaufvermögen,
- Fremdkapital,
- Reinvermögen (Eigenkapital).

b) Ermitteln Sie den Anteil des Fremdkapitals am Gesamtkapital in Prozent (auf zwei Stellen nach dem Komma runden).

13. Zu den vorbereitenden Maßnahmen zur Erstellung des Inventars gehört die Inventur. Was ist unter dem Begriff „permanente Inventur" zu verstehen?
1. eine Inventur, bei der nur Saisonartikel erfasst werden
2. die Inventur am Ende des Geschäftsjahres
3. eine unvermutete Inventur durch den Geschäftsleiter
4. die Vermögensaufstellung bei Geschäftsgründung
5. die laufende Bestandsermittlung, z. B. durch Bestandsfortschreibung

Gebundene Aufgaben zur Prüfungsvorbereitung

1. Bei einem Betriebsvergleich wurden folgende Werte ermittelt:

	Betrieb A	Betrieb B
Durchschnittlicher Lagerbestand in EUR	45.000,00	42.000,00
Umschlagshäufigkeit	4	
Wareneinsatz in EUR	180.000,00	
Lagerdauer in Tagen	90	72

a) Berechnen Sie für den Betrieb B Umschlagshäufigkeit und Wareneinsatz.
b) Ermitteln Sie, welchen Wareneinsatz Betrieb A haben muss, wenn er den gleichen Lagerumschlag wie Betrieb B erreichen und seinen durchschnittlichen Lagerbestand beibehalten möchte.

2. Statt der bestellten 50 Mäntel erhält ein Einzelhändler 50 Jacken. Wie verhält sich der Einzelhändler richtig?
1. Er sendet die 50 Jacken unverzüglich zurück und macht Schadenersatz statt der Leistung geltend.
2. Er lagert die 50 Jacken unverzüglich in sein Reservelager ein und reklamiert drei Wochen später beim Handelsvertreter.
3. Er tritt vom Kaufvertrag zurück und sendet die 50 Jacken unverzüglich an den Lieferer.
4. Er reklamiert unverzüglich, setzt eine angemessene Nachfrist für die Lieferung der bestellten 50 Mäntel und hält die 50 Jacken zur Verfügung des Lieferers.
5. Er wartet, bis der Frachtführer wiederkommt und gibt diesem die falsch gelieferten Waren mit.

3. In welchem der folgenden Fälle liegt kein Lieferungsverzug vor?
Eine Ware trifft beim Einzelhändler nicht rechtzeitig ein, weil der Lieferer
1. … vorsätzlich nicht lieferte.
2. … grob fahrlässig handelte.
3. … sich leicht fahrlässig verhalten hat.
4. … aufgrund eines Streiks nicht liefern konnte.
5. … aufgrund der Erkrankung mehrerer Mitarbeiter nicht rechtzeitig liefern konnte.

4. Prüfen Sie nachstehende Aussagen über die Erteilung der Mängelrüge bei einem zweiseitigen Handelskauf bei gesetzlicher Regelung. Geben Sie an, welche der folgenden Aussagen richtig sind.
1. Versteckte Mängel müssen unverzüglich nach ihrer Entdeckung, jedoch innerhalb von 2 Jahren, gerügt werden.
2. Versteckte Mängel können nur innerhalb von sechs Wochen nach ihrer Entdeckung gerügt werden.
3. Arglistig verschwiegene Mängel können innerhalb von 30 Monaten gerügt werden.
4. Offene Mängel müssen unverzüglich nach Prüfung der Ware gerügt werden.
5. Offene Mängel können innerhalb von zwei Wochen gerügt werden.

5. Ein Einzelhändler ersteigert einen Warenposten. Nach Anlieferung wird die Ware unverzüglich kontrolliert, dabei wird ein Mangel festgestellt. Welche der nachfolgenden Aussagen ist richtig? Der Einzelhändler kann
1. … Rücktritt vom Kaufvertrag verlangen.
2. … Minderung verlangen.
3. … Schadenersatz statt der Leistung fordern.
4. … Neulieferung verlangen.
5. … kein Recht geltend machen.

6. Bei der Center Warenhaus GmbH hat sich die Umschlagshäufigkeit erhöht. Welcher betriebswirtschaftliche Zusammenhang führte dazu?
1. Der Wareneinsatz nahm zu, der durchschnittliche Lagerbestand blieb gleich.
2. Der Wareneinsatz nahm im gleichen Verhältnis wie der durchschnittliche Lagerbestand zu.
3. Der Wareneinsatz nahm ab, der durchschnittliche Lagerbestand nahm zu.
4. Der Wareneinsatz blieb gleich, der durchschnittliche Lagerbestand nahm zu.
5. Der Wareneinsatz nahm ab, der durchschnittliche Lagerbestand blieb gleich.

7. In Ihrem Unternehmen werden häufig größere Geschenkkartons benötigt. Von einem Lieferer erhalten Sie ein günstiges Angebot über 500 Geschenkkartons. Die übliche Bestellmenge Ihres Unternehmens beträgt 100 Stück solcher Kartons. Welche Folge kann durch die Abnahme des Sonderangebots eintreten?
1. Der Mindestbestand kann gesenkt werden.
2. Die Annahme der Ware muss verweigert werden.
3. Die Kapitalbindung wird sich vermindern.
4. Die Umschlagshäufigkeit wird sich erhöhen.
5. Die Lagerkapazität reicht nicht aus.

8. Die Geschäftsleitung der Center Warenhaus GmbH verringert aufgrund gesunkener Nachfrage nach Heimtextilien den Lagerbestand.
Welche betriebswirtschaftliche Überlegung liegt dieser Entscheidung zugrunde?
1. Es sollen bei Lieferschwierigkeiten keine Engpässe mehr auftreten.
2. Die Auswahl der Heimtextilien soll dadurch im Verkaufsraum erhöht werden.
3. Inventurdifferenzen sollen damit künftig gesenkt werden.
4. Der Aufwand für gebundenes Kapital soll gesenkt werden.
5. Die Umschlagshäufigkeit soll verringert werden.

9. Sie sollen betriebliche Kennzahlen vergleichen. Hierzu liegen folgende Zahlen vor:

	Warengruppe I	Warengruppe II	Warengruppe III
Lagerbestand	100.000,00 EUR	100.000,00 EUR	100.000,00 EUR
Wareneinsatz	700.000,00 EUR	900.000,00 EUR	1.000.000,00 EUR
Handlungskosten	490.000,00 EUR	540.000,00 EUR	500.000,00 EUR
Handlungskostensatz	?	?	?

Wie viel Prozent beträgt der niedrigste Handlungskostensatz im Vergleich der drei Warengruppen? 1. 20 % 2. 30 % 3. 50 % 4. 60 % 5. 70 %

10. Die Lagerdatei für einen Artikel enthält u. a. folgende Eintragungen:

Bestand am 31.12. des Vorjahres	96 Stück	Bestand am 30.09. des Jahres	344 Stück
Bestand am 31.03. des Jahres	272 Stück	Bestand am 31.12. des Jahres	6 Stück
Bestand am 30.06. des Jahres	248 Stück	Bezugs-/Einstandspreis p. Stück:	45,00 EUR

Welche Kennzahl können Sie unmittelbar aus den oben stehenden Angaben ermitteln?
1. die durchschnittliche Lagerdauer
2. die durchschnittlichen Lagerkosten
3. den durchschnittlichen Lagerbestand
4. die durchschnittlichen Verkaufserlöse
5. den durchschnittlichen Bruttoumsatz pro Quartal

11. Sie errechnen die Umschlagshäufigkeit Ihres Betriebs mit „3“. In der Branche ist jedoch eine Umschlagshäufigkeit von „5“ üblich.
Welche Folgerung aus dem Betriebsvergleich ist richtig?

1. Sie versuchen, die Lagerdauer zu erhöhen, da der Wert schlechter als branchenüblich ist.
2. Sie sollten Ihren Lagerbestand erhöhen, da der Wert besser als branchenüblich ist.
3. Sie können auf zusätzliche Maßnahmen verzichten, da der Wert besser als branchenüblich ist.
4. Sie sehen sich bei so geringfügigen Abweichungen in Ihrer Sortimentspolitik bestätigt.
5. Sie sollten Ihr Sortiment bereinigen, da der Wert schlechter als branchenüblich ist.

12. Sie helfen beim Einräumen neu angelieferter Waren in die Verkaufsregale. Dabei geht Ihnen ein Artikel zu Bruch. Sie vergessen diesen Schaden zu erfassen. Welche Auswirkung hat dieser Fehler auf den buchhalterischen Bestand?
1. Der Meldebestand wird dadurch schneller erreicht.
2. Der Soll-Bestand ist zu hoch.
3. Der Ist-Bestand stimmt mit dem Soll-Bestand überein.
4. Der Soll-Bestand wird niedriger ausgewiesen als er ist.
5. Der Ist-Bestand ist zu hoch.

13. Bei der Stichtagsinventur ermitteln Sie einen Ist-Bestand bei Laufschuhen von 50 Stück. Das Warenwirtschaftsprogramm weist einen Soll-Bestand von 55 Stück aus. Was könnte der Grund dafür sein, dass der tatsächliche Bestand niedriger ist als der durch das Warenwirtschaftsprogramm ausgewiesene Bestand?
1. Versehentlich wurde ein Wareneingang von Laufschuhen bei Sandalen erfasst.
2. Fehlerhafte Laufschuhe wurden an den Lieferer zurückgesandt. Dieser Vorgang wurde nicht erfasst.
3. Der Meldebestand bei Laufschuhen wurde durch die Einkaufsabteilung heraufgesetzt.
4. Die durchschnittliche Lagerdauer der Laufschuhe hat sich verlängert.
5. Durch einen Fehler beim Kassieren wurden verkaufte Laufschuhe doppelt als Abgang durch das Warenwirtschaftsprogramm erfasst.

14. Ein Einzelhändler hat in seinem Inventar die unten stehenden Posten aufgeführt. Sind diese Posten
1. Posten des Anlagevermögens
2. Posten des Umlaufvermögens
3. Schulden?

Inventarposten

a) Forderungen aus Lieferungen
b) Darlehensschulden
c) Warenbestände
d) Geschäftsausstattung
e) Bankguthaben
f) Grundstücke
g) Verbindlichkeiten aus Lieferungen
h) Fuhrpark

15. Welche der folgenden Tätigkeiten erfolgt bei der Vorbereitung der Inventur?
1. Waren messen, zählen, wiegen oder schätzen
2. Menge und Einzelpreise der aufgenommenen Waren in Inventurlisten eintragen
3. die ausgefüllten Inventurlisten ordnen und für jede Warengruppe zusammenfassen
4. die Inventurlisten den zuständigen Mitarbeiterinnen/Mitarbeitern aushändigen
5. Mengen und Einzelpreise der Waren prüfen

16. Auf welche Weise wird im Inventar das Reinvermögen ermittelt?
1. Die Summe des Vermögens und der Schulden werden addiert.
2. Die Summe der Schulden wird von der Summe des Vermögens subtrahiert.
3. Die Summe des Vermögens wird von der Summe der Schulden subtrahiert.
4. Das Anlagevermögen und das Umlaufvermögen werden addiert.
5. Das Umlaufvermögen wird vom Anlagevermögen subtrahiert.

17. Welche der unten stehenden Erklärungen trifft auf das Inventar zu?
1. die Bestandsaufnahme aller Vermögensteile und Schulden nach Art, Menge und Wert
2. eine genaue Aufstellung aller Vermögensteile und Schulden nach Art, Menge und Wert sowie des Reinvermögens
3. die Geschäftsausstattung wie Regale, Verkaufstheken, Büroeinrichtungen, Kassen
4. die Bestandsaufnahme aller Vermögensteile nach Art, Menge und Wert
5. die Aufzählung aller Schulden eines Unternehmens

18. Im Bereich des Computer-Zubehörs ist es wichtig, regelmäßig Lagerkontrollen durchzuführen. Weshalb sind diese Kontrollen nötig?
1. Weil dadurch der Gewinn bzw. Verlust ermittelt wird.
2. Weil dadurch die Lagerkostenberechnung genauer wird.
3. Weil dadurch Ladenhüter festgestellt werden können.
4. Weil dadurch Diebstähle verhindert werden.
5. Weil dadurch Reparaturen schneller durchgeführt werden.

19. Bei der Inventurauswertung ergaben sich Differenzen. Welcher der aufgeführten Gründe verursacht keine Inventurdifferenz?
1. Ware steht nach der Inventur an einem anderen Platz im Regal.
2. Ware ist während der Lagerung verdorben und wurde nicht erfasst.
3. Ware wurde bei der Inventur nicht richtig gezählt.
4. Ware wurde gestohlen.
5. Ware wurde bei der Eingabe in das Warenwirtschaftsprogramm nicht richtig erfasst.

20. Welche Aussagen zum Anlagevermögen sind falsch?
1. Es ist der eigentliche Gewinnträger.
2. Es bildet die Grundlage der Betriebstätigkeit.
3. Es setzt sich aus Betriebsmitteln und Waren zusammen.
4. Es ist das Haftungskapital der Unternehmung.
5. Es bindet Kapital langfristig.

21. Welche Aussagen zum Umlaufvermögen sind falsch?
1. Durch Beschaffung und Absatz unterliegt es laufend Änderungen.
2. Es sollte möglichst mit Eigenkapital finanziert werden.
3. Typische Bestandteile des Umlaufvermögens eines Handelsbetriebs sind Waren und Forderungen.
4. Es ist der eigentliche Gewinnträger.
5. Es wird nach zunehmender Liquidität geordnet.
6. Aus ihm stammen i. d. R. die Mittel zur Tilgung der Schulden.

22. Welche Aussagen zum Eigenkapital sind falsch?
1. Es verkörpert das Betriebsvermögen des Unternehmens.
2. Es belastet die Unternehmung nur langfristig mit Rückzahlungen und Zinsen.
3. Es wird durch Gegenüberstellung von Vermögen und Schulden ermittelt.
4. Es stimmt grundsätzlich mit dem Anlagevermögen überein.
5. Je höher sein Anteil am Gesamtkapital ist, desto unabhängiger ist das Unternehmen.
6. Es ist das Haftungskapital der Unternehmung.

23. Für die Höhe der Lagerkosten ist u. a. die Lagerdauer der einzelnen Artikel von Bedeutung. Was ist unter der Lagerdauer zu verstehen?

1. Die Zeitdauer, die ein Artikel längstens gelagert werden darf
2. Die Zeitdauer bis zum Erreichen des Mindestbestandes
3. Die Zeitdauer von der Bestellung bis zum Verkauf eines Artikels
4. Die Zeitdauer vom Eingang eines Artikels bis zu seinem Verkauf
5. Die Zeitdauer, während der ein Artikel im Lager liegt, bis er in den Verkauf genommen wird

24. Sie sollen im Reservelager den Rettungsweg prüfen und sichern. Entscheiden Sie, welches Schild Sie hierfür anbringen müssen.

1. 
2. 
3. 
4. 
5. 

25. Sie haben festgestellt, dass die Lagerkosten in Ihrem Unternehmen gestiegen sind. Was kann hierfür der Grund sein?

1. Durch Kauf auf Abruf einiger Waren ist der Lagerbestand geringer geworden.
2. Die durchschnittliche Lagerdauer ist geringer geworden.
3. Der Lagerzinssatz ist mit 3 % im Vergleich zu vorher 4 % niedriger.
4. Die Umschlagshäufigkeit hat sich erhöht.
5. Der durchschnittliche Lagerbestand hat sich erhöht.

26. Ihnen liegen folgende Zahlen vor:

Wareneinsatz	400.000,00 EUR	Summe der 12 Monatsendbestände	450.000,00 EUR
Jahresanfangsbestand	70.000,00 EUR		

Errechnen Sie den durchschnittlichen Lagerbestand in Euro.

27. Sie stellen neun Monate nach Lieferung einen versteckten Mangel bei einigen Waren fest und rügen diesen Mangel unverzüglich beim Lieferer. Prüfen und begründen Sie, ob Sie die gesetzliche Rügefrist eingehalten haben.

1. Ja, denn Sie haben innerhalb der gesetzlichen Frist den Mangel gerügt.
2. Ja, denn Sie können einen Mangel jederzeit rügen.
3. Nein, denn Sie hätten innerhalb von acht Monaten nach Erhalt der Ware rügen müssen.
4. Ja, denn die Rügefrist beträgt zwei Jahre ab Auftragserteilung.
5. Nein, denn Sie hätten die Ware sofort bei Lieferung prüfen müssen.

28. Die Textil AG hat ihr Vertriebsnetz modernisiert und teilt der Center Warenhaus GmbH mit, dass sich dadurch die Lieferzeit eines Artikels auf fünf Tage verringert. Welche Auswirkungen hat dies für die Center Warenhaus GmbH?

1. Der Meldebestand muss erhöht werden. Dadurch verringert sich die Kapitalbindung.
2. Der Lagerbestand kann verringert werden. Dadurch erhöht sich das Lagerrisiko.
3. Der Meldebestand muss erhöht werden. Dadurch erhöht sich die Kapitalbindung.
4. Der Meldebestand kann herabgesetzt werden. Dadurch verringert sich die Kapitalbindung.
5. Der Lagerbestand kann verringert werden. Dadurch verringert sich auch die Umschlagshäufigkeit.

Geschäftsprozesse erfassen und kontrollieren

1 Die Aufgaben und Aufgabenbereiche des betrieblichen Rechnungswesens im Einzelhandelsbetrieb erfassen

Zu Beginn des zweiten Ausbildungsjahres hat sich Mehmet Aydin, Auszubildender zum Kaufmann im Einzelhandel, bei Frau Feld, der Finanz- und Lohnbuchhalterin des Mars Elektrofachmarktes e. K., gemeldet. Laut Ausbildungsplan soll er in der Abteilung drei Monate bleiben. Frau Feld stellt ihn Frau Braun, zuständig für die Statistik und das Controlling, und Herrn Zimmer vor, der für die Kosten- und Leistungsrechnung verantwortlich ist.

Frau Feld: *„Wir erledigen zusammen das betriebliche Rechnungswesen und sind sozusagen das Nachrichtenzentrum für alle anderen Bereiche des Betriebs. Noch vor einer halben Stunde wollte etwa Frau Orth, Verkaufsleiterin ‚Weiße Ware', die Umsatzentwicklung eines vor drei Monaten eingeführten Spülautomaten erfahren. Oder aktuell will Herr Kraft, Verkaufsleiter ‚Braune Ware', anlässlich eines Auftrages der Stadtverwaltung Köln den Kontenstand eines Kunden wissen. Außerdem fordert Frau Mars regelmäßig Kurzberichte über die Erfolgsentwicklung (Gewinn/Verlust) an oder sie möchte Informationen über die liquiden Mittel in der Kasse oder auf dem Bankkonto haben. Wir sind eigentlich das große Gedächtnis der Unternehmung, eine Art Datenbank."*

ARBEITSAUFTRÄGE

→ AH

Arbeiten Sie in Gruppen. Halten Sie Ihre Arbeitsergebnisse schriftlich fest.

- Sammeln Sie Ihre betrieblichen Erfahrungen mit dem Rechnungswesen. Vervollständigen Sie dazu nacheinander den Satz: „Rechnungswesen ist für mich ..."
- Beschreiben Sie Aufgaben des Rechnungswesens mit der „Kopfstandmethode", indem Sie gemeinsam den Satz vervollständigen: „Wenn der Elektrofachmarkt e. K. das Rechnungswesen abschafft, dann ..."

Die Erfassung von Güter- und Geldströmen im Rechnungswesen zur betrieblichen Steuerung und Kontrolle in einem Einzelhandelsunternehmen

Einzelhandelbetriebe kaufen über den **Beschaffungsmarkt Waren** und **Betriebsmittel** (Ladenausstattung, Firmenfahrzeuge, Verpackungsmaterial usw.) ein und besorgen sich auf dem Arbeitsmarkt **Arbeitskräfte.** Vom **Beschaffungsmarkt** fließt also ein **Strom von Gütern und Dienstleistungen** in den Einzelhandelsbetrieb.

Auf dem **Absatzmarkt** verkauft ein Einzelhandelsbetrieb die eingekauften Waren an seine Kunden. Neben Waren bieten Einzelhandelsbetriebe oftmals auch **Dienstleistungen**, wie z. B. Montage- und Reparaturleistungen gegen Entgelt an.

Die Beschaffung der für den Verkauf notwendigen Güter und Dienstleistungen führt zu **Ausgaben.** Über die Erlöse aus dem Verkauf der Waren und Dienstleistungen an die Kunden werden **Einnahmen** erzielt. Damit fließen die für die Beschaffung ausgegebenen finanziellen Mittel wieder in die Unternehmung zurück. Dem **Güterstrom** steht also ein **Geldstrom** gegenüber.

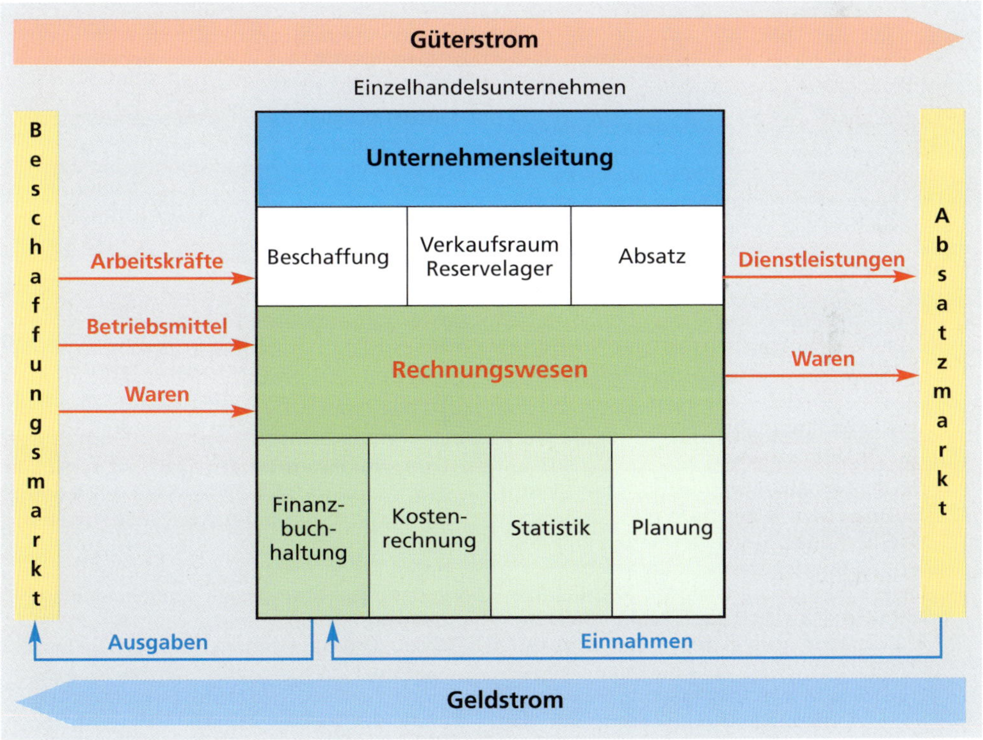

Um Geschäftsgebäude, Geschäftsausstattung, Firmenfahrzeuge usw. beschaffen und nutzen zu können, muss der Einzelhändler **Kapital** einsetzen. Dies kann eigenes Kapital (**Eigenkapital**) oder aber geliehenes Kapital (**Fremdkapital**) sein.

Die **Beschaffung** aller notwendigen Güter und der Einsatz der Arbeitskraft der Mitarbeiter und Mitarbeiterinnen führen zu **Ausgaben.** Durch den **Verkauf** der Waren und Dienstleistungen (**Umsatzerlöse**) werden **Einnahmen** erzielt. Damit fließen finanzielle Mittel wieder in den Einzelhandelsbetrieb zurück. Es ist das Ziel eines jeden Unternehmens, einen **Überschuss** der Einnahmen gegenüber den Ausgaben zu erzielen: Dies ist eine wesentliche Voraussetzung, damit ein **Gewinn** erwirtschaftet werden kann. Der Einzelhändler setzt sich jedoch auch dem Risiko aus, einen **Verlust**, zu erleiden.

In Einzelhandelsbetrieben werden die Einzelaufgaben wie Einkauf, Lagerung, Verkauf und das Rechnungswesen in den meisten Fällen von einzelnen Abteilungen **arbeitsteilig** ausgeführt, die sich auf die Erledigung der jeweiligen Arbeiten spezialisiert haben.

Die zentrale Aufgabe des betrieblichen Rechnungswesens ist es, alle **Geschäftsprozesse** zu **erfassen, abzubilden** und zu **dokumentieren.** Über die Ursachen sowie über die Art und den Umfang der Veränderungen des Vermögens und der Schulden müssen alle Entscheidungsträger im Unternehmen zuverlässige **Informationen** erhalten. Erst dann können sinnvolle Entscheidungen getroffen werden, die das Unternehmen steuern **(Steuerung).** Ebenso wichtig ist es, ständig zu kontrollieren, ob das Unternehmen wirtschaftlich arbeitet und die Liquidität (Zahlungsbereitschaft) des Unternehmens gesichert ist **(Kontrolle).**

Zentrale Aufgaben des betrieblichen Rechnungswesens

- Chronologisch, zeitlich und sachlich geordnete Aufzeichnung aller Geschäftsfälle anhand von Belegen
- Ermittlung des Unternehmenserfolges und Erstellung des Jahresabschlusses
- Aufbereitung und Auswertung des vorhandenen Zahlenmaterials
- Überwachung der Zahlungsfähigkeit aufgrund von Zahlungseingängen und Zahlungsverpflichtungen

↓

Steuerung und Kontrolle sämtlicher Unternehmensentscheidungen

Beispiele

Bereich der Kontrolle	Bereich der Steuerung
– Die Unternehmensleitung des Mars Elektrofachmarktes e. K. benötigt einen ständigen Überblick über dessen **Vermögen** und dessen **Schulden.** Diese verändern sich im Laufe eines Geschäftsjahres z. B. durch die Aufnahme von Darlehen, Zahlungen von Kunden zum Ausgleich von Ausgangsrechnungen oder durch Zahlungen an Lieferer zum Ausgleich von Eingangsrechnungen. – In der Abteilung Rechnungswesen des Mars Elektrofachmarktes e. K. wird der **Erfolg des Unternehmens ermittelt**. So wurden im Oktober Waren für 1.150.000,00 EUR verkauft. Im selben Monat entstanden Aufwendungen für Wareneinkäufe, Gehälter, Büromaterial u. a. in Höhe von 800.000,00 EUR. Der ermittelte Erfolg, in diesem Fall ein Gewinn, beträgt 350.000,00 EUR.	– Dem Mars Elektrofachmarkt e. K. wird von seinem Lieferanten Sano ein Sonderposten Flachbildschirme besonders günstig angeboten. Der Abteilungsleiter erkundigt sich in der Buchhaltung nach dem **Bestand an Zahlungsmitteln**. – Das Rechnungswesen liefert wichtige Informationen zur **Kalkulation der Preise**. Ausgaben für Wareneinkäufe, Gehälter, Miete, Strom u. a. müssen über die Verkaufspreise der Waren wieder hereingeholt werden. Deshalb müssen alle Ausgaben dokumentiert und bei der Kalkulation berücksichtigt werden. – Die **Verkaufszahlen** für die einzelnen Artikel des Sortiments werden genau erfasst. Je nach Entwicklung lösen sie **unternehmerische Entscheidungen** aus: Werbemaßnahmen, Herausnahme aus dem Sortiment u. a.

Die Finanzbuchhaltung als Informationsquelle für unterschiedliche Anspruchsgruppen

Damit ein Einzelhandelsunternehmen seine Ziele erreichen kann, muss es Kontakte mit anderen Unternehmen, staatlichen Institutionen und der Öffentlichkeit aufbauen und pflegen. Dabei ist es selbstverständlich, dass **Geschäftspartner, der Staat** und die **Öffentlichkeit** aus unterschiedlichen Gründen einen Einblick in die wirtschaftliche Lage eines Unternehmens erhalten möchten.

Die wichtigsten Außenbeziehungen des Mars Elektrofachmarkts e. K.

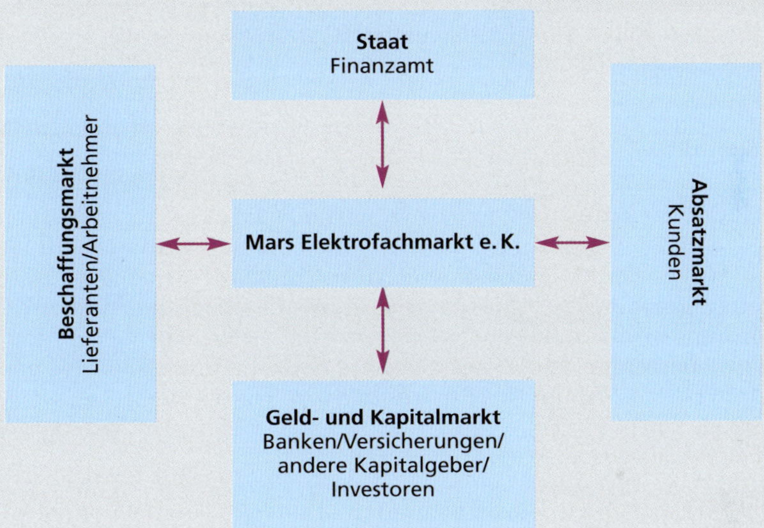

Beispiele

- Das Finanzamt fordert genaue Informationen bezüglich der Umsätze und der Gewinnsituation des Mars Elektrofachmarktes e. K., weil davon die zu zahlenden Steuern abhängen.
- Die Banken und Lieferanten möchten als Kreditgeber etwas über die Kreditwürdigkeit des Mars Elektrofachmarktes e. K erfahren.

Wegen der vielfältigen Aufgaben ist das betriebliche Rechnungswesen der meisten Einzelhandelsbetriebe in weitere Teilgebiete – **Finanzbuchhaltung, Kosten- und Leistungsrechnung (KLR), Statistik und Planung** – aufgegliedert. Alle diese Teilgebiete des betrieblichen Rechnungswesens sind eng miteinander verknüpft und stehen in einem regen Datenaustausch.

Funktionsbereiche des betrieblichen Rechnungswesens

Finanzbuchhaltung (Fibu) / Buchführung

- erfasst die Geld- und Wertströme zwischen dem Unternehmen und der Außenwelt
- erfasst die Bestände und Veränderungen von Vermögen und Schulden
- ermittelt den Gewinn oder Verlust.

Statistik

- sammelt betriebliche und außerbetriebliche Daten zur Entscheidungsvorbereitung
- bereitet diese anschaulich in Tabellen und Grafiken auf

Planung

- wertet Daten der Fibu, Statistik und KLR für künftige Entscheidungen aus
- stellt die Daten für Einzelpläne (z. B. Absatzplan, Beschaffungsplan, Werbeplan) zur Verfügung

Kosten- und Leistungsrechnung (KLR)

- erhält ihre Daten aus der Finanzbuchhaltung und der Statistik
- ermittelt den Erfolg einzelner Artikel und Warengruppen
- kalkuliert die Verkaufspreise

Dieses Lernfeld beschäftigt sich im Schwerpunkt mit der **Finanzbuchhaltung. Werte und Wertströme** werden in diesem Lernfeld dargestellt und ausgewertet.

Die Aufgaben und Aufgabenbereiche des betrieblichen Rechnungswesens im Einzelhandelsbetrieb erfassen

- Das Rechnungswesen
  - erfasst **die Güter- und Geldströme** zwischen dem Unternehmen, dem Beschaffungs- und Absatzmarkt und bildet so die **betriebliche Realität** anhand von **Belegen** ab.
  - ermittelt regelmäßig den **Stand an Vermögen und Schulden** und erfasst laufend deren Veränderungen.
  - stellt den **Erfolg** (Gewinn und Verlust) des Geschäftsjahres fest.
  - stellt **Daten für die Preisberechnung** und für zahlreiche **betriebliche Entscheidungen** bereit.
- Das Rechnungswesen ist ein **Informations-, Kontroll- und Steuerungssystem.**
- Das Rechnungswesen liefert **Informationen für verschiedene Anspruchsgruppen.**
- Das Rechnungswesen ist in die **Aufgabenbereiche** Finanzbuchhaltung, Kosten- und Leistungsrechnung, Statistik und Planung gegliedert.

1. Erläutern Sie den Güter- und den Geldstrom zwischen einem Einzelhandelsbetrieb und dem Beschaffungs- und Absatzmarkt.

2. Erstellen Sie eine Mindmap zu den Aufgaben des Rechnungswesens. Aus der Mindmap soll hervorgehen, dass das Rechnungswesen ein Informationssystem für die Geschäftsleitung, die Abteilungsleiter, die Kreditgeber und die Behörden werden kann.

3. Erläutern Sie die Bedeutung des betrieblichen Rechnungswesens als Informations-, Kontroll- und Steuerungssystem.

4. Begründen Sie, warum sich
a) die Kreissparkasse Köln
b) das Finanzamt Köln am Geschäftssitz des Mars Elektrofachmarktes e. K.
für die Buchführung des Mars Elektrofachmarktes e. K. interessieren?

5. Die Einzelhandelsunternehmung hat Beziehungen zum Beschaffungs- und Absatzmarkt. Erläutern Sie je zwei Tätigkeiten, die
a) sich auf den Beschaffungsmarkt beziehen,
b) im Unternehmen mit eingekauften Waren durchzuführen sind,
c) sich auf den Absatzmarkt beziehen.

6. Ordnen Sie die folgenden Tätigkeiten einer Textileinzelhandlung den Aufgabenbereichen des Rechnungswesens zu. Kennzeichnen Sie die jeweilige Aussage mit
(1) wenn sie der Finanzbuchhaltung,
(2) wenn sie der Kostenrechnung,
(3) wenn sie der Statistik,
(4) wenn sie der Planung und
(5) wenn sie keinem der Aufgabenbereiche
zugeordnet werden kann.

Tätigkeiten

a) Die Kassenleiterin der Textileinzelhandlung ermittelt am Abend eines Arbeitstages den Kassenbestand an Bargeld.
b) Der Geschäftsführer lässt sich von dem Handelsvertreter seines Stofflieferers Informationen über die mögliche Marktentwicklung für das kommende Halbjahr geben.
c) Ein Angestellter ermittelt aufgrund zahlreicher Unterlagen den Verkaufspreis für Herrenjeans der Größe 50.
d) Eine Angestellte erstellt ein Kreisdiagramm, aus dem sich die Anteile der verschiedenen Warengruppen am Gesamtumsatz ergeben.
e) Der Geschäftsführer will in 3 Monaten eine Filiale in Dresden eröffnen. Daher stellt er in einer Übersicht alle zu erwartenden einmaligen Ausgaben (Investitionen) zusammen.
f) Der Geschäftsführer verlangt vom Buchhalter die Unterlagen zur Erstellung der Steuererklärung.

7. Untersuchen Sie, in welche Aufgabenbereiche das Rechnungswesen in Ihrem Ausbildungsbetrieb gegliedert ist und welche Aufgaben die einzelnen Bereiche dort übernehmen.
Stellen Sie Ihre Ergebnisse auf einer Folie zusammen und präsentieren Sie diese in einem kurzen Vortrag vor der Klasse.

2 Die Bilanz aus dem Inventar ableiten

Frau Feld, die Buchhalterin des Mars Elektrofachmarktes e. K., erzählt Mehmet Aydin, dass der Mars Elektrofachmarkt e. K. den Aufbau eines Filialbetriebs in Leipzig plant und dazu zusätzliche Finanzmittel benötigt. Frau Feld: *„Frau Mars hat deshalb schon die Deutsche Bank wegen eines Kredits in Höhe von 300.000,00 EUR angesprochen.*

LF 7

Inventar Mars Elektrofachmarkt e. K. zum 31. Dezember 20.. (ohne Anlagen)

Art, Menge, Einzelwert	EUR	EUR
A. Vermögen		
I. Anlagevermögen		
1. Bebautes Grundstück, Aachener Straße 1248		120.000,00
2. Verwaltungsgebäude, Aachener Straße 1248		650.000,00
3. Fuhrpark (Anlage 1)		240.500,00
4. Geschäftsausstattung (Anlage 2)		160.840,00
II. Umlaufvermögen		
1. Warenbestand		
1.1. Weiße Ware (Anlage 3)	340.680,00	
1.2. Braune Ware (Anlage 4)	280.955,00	
1.3. Tonträger (Anlage 5)	16.218,00	
1.4. Neue Medien (Anlage 6)	22.775,00	660.628,00
2. Forderungen aus Lieferungen und Leistungen		
Stadtverwaltung Köln, Am Hof 5, 50667 Köln	15.312,00	
Seniorenheim Monika GmbH, Richterstr. 15, 50933 Köln	4.408,00	
Hotel Rheinischer Hof KG, Marzellenstr. 10, 50667 Köln	3.306,00	23.026,00
3. Kassenbestand		2.140,00
4. Bankguthaben bei der Deutschen Bank Köln lt. Kontoauszug (Anlage 7)		314.600,00
Summe des Vermögens		**2.171.734,00**
B. Schulden		
I. Langfristige Schulden		
1. Darlehen bei der Deutsche Bank Köln lt. Kontoauszug und Darlehensvertrag (Anlage 8)		400.000,00
II. Kurzfristige Schulden		
1. Verbindlichkeiten aus Lieferungen und Leistungen (Anlage 9)		
1.1. Elektro Bader KG, Fabrikstr. 10-34, 04129 Leipzig	266.800,00	
1.2. Computec GmbH & Co. KG, Volksparkstr. 12-20, 22525 Hamburg	17.632,00	284.432,00
Summe der Schulden		**684.432,00**
C. Errechnen des Reinvermögens (Eigenkapital)		
Summe des Vermögens		2.171.734,00
Summe der Schulden		684.432,00
Reinvermögen (Eigenkapital)		**1.487.302,00**

Der Kreditsachbearbeiter der Bank verlangt zur Überprüfung der Kreditwürdigkeit eine Aufstellung des Vermögens und der Schulden."
Mehmet: *„Dafür können wir ihm doch unser hundertseitiges Inventar mit allen Anlagen überlassen."*
Frau Feld: *„Nein, der Sachbearbeiter der Bank hat keine Zeit, dieses Inventar auszuwerten, er verlangt eine zusammenfassende Übersicht und Gegenüberstellung von Vermögen und Schulden in Form einer Bilanz."*

ARBEITSAUFTRÄGE

- Begründen Sie das Interesse der Bank an der Bilanz des Mars Elektrofachmarktes e. K.
- Stellen Sie in einer Gruppenarbeit zusammen, welche Informationen aus dem Inventar für eine Kreditgewährung durch die Bank wichtig sind.
- Erläutern Sie aus der Sicht des Kreditsachbearbeiters besondere Vorzüge der Bilanz gegenüber dem Inventar.

→ AH

Inhalt und Struktur der Bilanz

Eine bessere Übersicht als das Inventar vermittelt die **Bilanz.** Nach § 242 HGB ist sie regelmäßig neben dem Inventar zu erstellen.

§ 242 Abs. 1 Satz 1 HGB
Der Kaufmann hat zu Beginn seines Handelsgewerbes und für den Schluss eines jeden Geschäftsjahres einen das Verhältnis seines Vermögens und seiner Schulden darstellenden Abschluss (Eröffnungsbilanz, Bilanz) aufzustellen.

Die Bilanz wird aus dem Inventar abgeleitet

Inventur → Inventar → Bilanz

- In der Bilanz wird auf jede **mengenmäßige Darstellung** des Vermögens und der Schulden **verzichtet**.
- Sie enthält lediglich die **Gesamtwerte gleichartiger Posten** (z. B. den Gesamtwert der Waren).
- **Vermögen und Kapital** werden in einem **T-Konto** gegenübergestellt.
- Die **Gliederung der Aktiva** in der Bilanz erfolgt von oben nach unten in **steigender Liquidität**. Die Mittel mit der größten Geldnähe stehen ganz unten.
- Bei der **Gliederung der Passiva** in der Bilanz wird die **Laufzeit der Verbindlichkeiten** (Schulden) in den Blick genommen. **Je kurzfristiger** die jeweilige Schuld ist, **desto weiter steht sie unten.**
- Die Bilanz ist unter **Angabe des Datum** und des **Ortes vom Kaufmann zu unterschreiben.**

Beispiel Gegenüberstellung von Vermögen und Kapital in der Bilanz zum Inventar des Mars Elektrofachmarktes e. K. (vgl. Seite 190)

Aktiva	Bilanz Mars Elektrofachmarkt e. K. zum 31. Dezember 20.. in EUR		Passiva
I. Anlagevermögen		I. Eigenkapital	1.487.302,00
1. Grundstück mit Bauten	770.000,00	II. Verbindlichkeiten (Schulden)	
2. Fuhrpark	240.500,00	1. langfristige Darlehensschulden	400.000,00
3. Geschäftsausstattung	160.840,00	2. kurzfristige Verbindlichkeiten a. LL.	284.432,00
II. Umlaufvermögen			
1. Warenbestand	660.628,00		
2. Forderungen a. LL.	23.026,00		
3. Kasse	2.140,00		
4. Bankguthaben	314.600,00		
	2.171.734,00		2.171.734,00

Köln, 14. Januar 20.. *Daniela Mars*

Die Bilanz einer Unternehmung zeigt in übersichtlicher Form, **woher** das **Kapital** stammt bzw. wie das Vermögen finanziert wurde (Eigen- und Fremdkapital) und **wie** es **angelegt** oder **investiert** wurde (Anlage- und Umlaufvermögen):

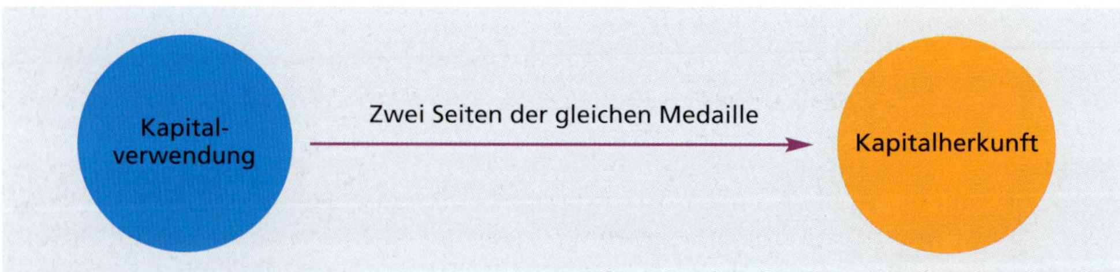

Vermögen oder Aktiva	Bilanz — Kapital oder Passiva
Anlagevermögen + Umlaufvermögen = Vermögen der Unternehmung	Eigenkapital + Schulden (Fremdkapital) = Kapital der Unternehmung
Diese Seite erfasst die **Formen des Vermögens**, d. h. die Mittelverwendung **(Investierung)**	Diese Seite erfasst die **Quellen des Kapitals**, d. h. die Mittelherkunft **(Finanzierung)**

Die Summe des Vermögens ist gleich der Summe des Kapitals **(Bilanzgleichung)**.

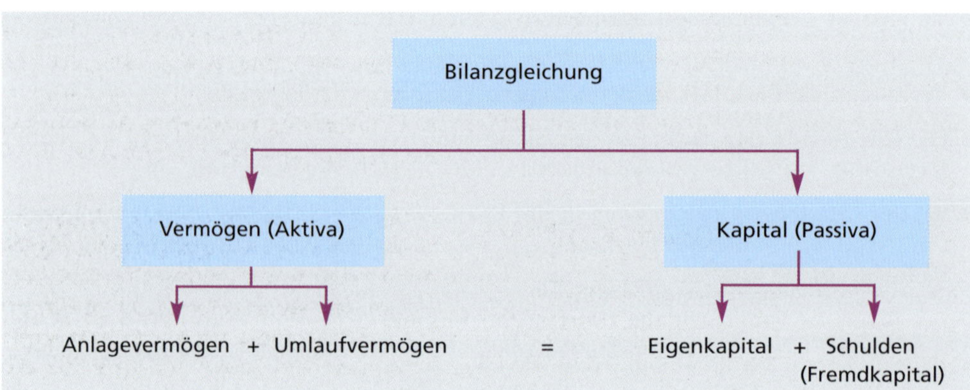

Informationen aus der Bilanz

- Arbeitet das Unternehmen überwiegend mit eigenen oder fremden Mitteln **(Passivseite)**?
- Wurde das Kapital überwiegend im Anlagevermögen oder im Umlaufvermögen angelegt **(Aktivseite)**?
- Verfügt das Unternehmen über genügend **flüssige (liquide) Mittel,** um die kurzfristigen Verbindlichkeiten auszugleichen?

Inventar und Bilanz – ein Vergleich

Das Inventar und die Bilanz sind Übersichten über das Vermögen und das Kapital einer Unternehmung. Sie unterscheiden sich nur in der Art der Darstellung. Die Unterschiede zeigt folgende Übersicht:

Inventar

- ausführlich, aber unübersichtlich
- Angabe der Art, der Mengen, der Einzel- und Gesamtwerte
- Vermögen, Schulden und Reinvermögen untereinander (Staffelform)
- dient der innerbetrieblichen Kontrolle (Soll-Ist-Vergleich)
- keine gesetzlichen Gliederungsvorschriften

→ Das Inventar ist die Grundlage zur Aufstellung der Bilanz →

Bilanz

- kurz, aber übersichtlich
- nur Angabe der Gesamtwerte
- Vermögen und Kapital in Kontenform nebeneinander
- vom Inhaber einer Einzelunternehmung und den Geschäftsführern einer GmbH, zu unterschreiben
- bietet Einblick in die Vermögens- und Finanzlage
- unterliegt gesetzlichen Gliederungsvorschriften (§§ 243, 247 und 266 HGB)

Bilanzauswertung

Durch den Vergleich von Bilanzen verschiedener Rechnungsperioden **(Zeitvergleich)** oder durch den Vergleich mit den Bilanzen anderer Betriebe **(Betriebsvergleich)** werden Unterschiede der Vermögens- und Kapitalstruktur sichtbar und **Veränderungs-** und **Entwicklungstendenzen** werden erkennbar.
Ziel der Vergleiche ist es, negative Entwicklungen bzw. Verschlechterungen rechtzeitig zu erkennen und Verbesserungen einzuleiten. In der Praxis bedient man sich sogenannter **Bilanzkennzahlen** zur **Vermögens-** und **Finanzlage.**

Beispiel

Vermögen (Aktiva) — Bilanz in TEUR — **Kapital** (Passiva)

Vermögen (Aktiva)	Berichtsjahr	Vorjahr	Kapital (Passiva)	Berichtsjahr	Vorjahr
I. Anlagevermögen	1.170	880	I. Eigenkapital	1.490	1.240
II. Umlaufvermögen[1]	1.000	1.120	II. Schulden (Fremdkapital)[2]	680	760
	2.170	2.000		2.170	2.000
[1] davon liquide Mittel	315	260	[2] davon kurzfristig fällig	285	320

○ Kennzahlen zur Vermögenslage (Aktivseite)

Die Kennzahlen zur Vermögenslage bezeichnen den Anteil des Anlagevermögens bzw. des Umlaufvermögens am Gesamtvermögen:

			Berichtsjahr	Vorjahr
Anteil des Anlagevermögens	=	$\frac{\text{AV} \cdot 100}{\text{Gesamtvermögen}}$	$\frac{1.170 \cdot 100}{2.170} = 53{,}9\ \%$	$\frac{880 \cdot 100}{2.000} = 44\ \%$
Anteil des Umlaufvermögens	=	$\frac{\text{UV} \cdot 100}{\text{Gesamtvermögen}}$	$\frac{1.000 \cdot 100}{2.170} = 46{,}1\ \%$	$\frac{1.120 \cdot 100}{2.000} = 56\ \%$

Anlagevermögen (AV)	Umlaufvermögen (UV)
● bildet die Grundlage der Betriebsbereitschaft ● bindet Kapital langfristig ● verursacht fixe Kosten (Instandhaltung, Versicherungen, Zinsen) ● kommt zur Sicherung aufgenommener Kredite infrage	● ist mit den Waren der eigentliche Gewinnträger ● bindet Kapital überwiegend nur kurzfristig ● Durch Verkauf der Waren fließen einkalkulierte Aufwendungen und Gewinne zurück, die zum Zwecke der Wiederbeschaffung, Reinvestition und Schuldentilgung eingesetzt werden können.

Auswertung

Anteil des Anlagevermögens	Anteil des Umlaufvermögens
● Der Anteil des AV am Vermögen ist um 9,9 Prozentpunkte gestiegen. ● Es wurde in AV investiert.	● Der Anteil des UV ist um 9,9 Prozentpunkte gefallen. ● Abnahme der Warenvorräte
Ursachen/Folgen	**Ursachen/Folgen**
– verstärkte Kapitalbindung – Zunahme fixer Kosten – Verbesserung des technischen Standes der Betriebsmittel – Kapazitätserweiterung	– verminderte Kapitalbindung in Waren und Forderungen – Sortimentsbereinigung, Abbau des Lagerrisikos – Verbesserung des Lagerumschlags

○ Kennzahlen zur Finanzlage: Eigenkapital- und Fremdkapitalquote

Durch den getrennten Ausweis von Eigenkapital und Schulden (Fremdkapital) gibt die Passivseite der Bilanz Auskunft über die Herkunft des Kapitals. Entsprechend dieser Gliederung können für die Passivseite der Bilanz die Eigenkapital- und die Fremdkapitalquote berechnet werden.

Beispiel

			Berichtsjahr	Vorjahr
Eigenkapitalquote	=	$\frac{\text{Eigenkapital} \cdot 100}{\text{Gesamtkapital}}$	$\frac{1.490 \cdot 100}{2.170} = 68{,}7\ \%$	$\frac{1.240 \cdot 100}{2.000} = 62\ \%$
Fremdkapitalquote	=	$\frac{\text{Fremdkapital} \cdot 100}{\text{Gesamtkapital}}$	$\frac{680 \cdot 100}{2.170} = 31{,}3\ \%$	$\frac{760 \cdot 100}{2.000} = 38\ \%$

Eigenkapital	Fremdkapital (Schulden)
● ist vom Unternehmer oder von Gesellschaftern eingebrachtes bzw. erwirtschaftetes Kapital oder einbehaltenes Kapital aus Gewinnen. ● unbegrenzte Überlassungsfristen ● keine Zinsen, keine Tilgung ● erhöht die Kreditwürdigkeit. ● stärkt die Unabhängigkeit vom Kapitalmarkt.	● ist Kapital, das Dritte (Banken und Kreditinstitute) befristet gegen Entgelt (Zinsen) bereitstellen. ● Zinszahlungen und Tilgungen bedingen ständige Kontrolle und Bevorratung liquider Mittel.

Auswertung

Eigenkapitalquote	Fremdkapitalquote
● Zunahme um 6,7 Prozentpunkte ● Zunahme des Haftungskapitals	● Abnahme um 6,7 Prozentpunkte ● Abnahme des Verpflichtungskapitals
Ursachen/Folgen	**Ursachen/Folgen**
– Zunahme der finanziellen Stabilität • unbegrenzte Kapitalüberlassungsfristen • Verringerung der Abhängigkeit von Gläubigern – Verbesserung der Kreditwürdigkeit	– Verringerung der Liquiditätsbelastung durch Zinsen und Tilgungen – Verbesserung der Kreditwürdigkeit

○ Kennzahl zur Liquidität – Barliquidität

Die **Liquidität** ist die Fähigkeit und Bereitschaft eines Unternehmens, seinen bestehenden Zahlungsverpflichtungen termingerecht und betragsgenau nachzukommen. Eine unpünktliche Erfüllung von Zahlungsverpflichtungen kann zur Verschlechterung oder gar zum Verlust der **Kreditwürdigkeit** führen. Anhaltende Zahlungsunfähigkeit führt sogar zur **Insolvenz.** Daher sollte ein Unternehmen regelmäßig überprüfen, ob und wie weit der Bestand an liquiden Mitteln in der Kasse und auf dem Bankkonto reicht, um kurzfristige Schulden zurückzuzahlen. Dazu berechnet das Unternehmen die **Barliquidität.** Diese Kennzahl gibt an, mit wie viel Prozent die liquiden Mittel die kurzfristigen Verbindlichkeiten decken:

Beispiel

		Berichtsjahr	Vorjahr
Liquidität (Barliquidität)	$= \frac{\text{liquide Mittel} \cdot 100}{\text{kurzfristige Verbindlichkeiten}}$	$\frac{315 \cdot 100}{285} = 110{,}5\ \%$	$\frac{260 \cdot 100}{320} = 81{,}3\ \%$

Auswertung
- wesentliche Verbesserung um 19,2 Prozentpunkte,
- finanzielle Beweglichkeit,
- kurzfristige Verbindlichkeiten könnten momentan getilgt werden,
- Notwendige Investitionen können mit vorhandenen Mitteln finanziert werden.

Die Bilanz aus dem Inventar ableiten

Inventar Mars Elektrofachmarkt e. K. zum 31. Dezember 20.. (ohne Anlagen)

Art, Menge, Einzelwert	EUR	EUR
A. Vermögen		
I. Anlagevermögen		
1. Bebautes Grundstück, Aachener Straße 1248		120.000,00
2. Verwaltungsgebäude, Aachener Straße 1248		650.000,00
3. Fuhrpark (Anlage 1)		240.500,00
4. Geschäftsausstattung (Anlage 2)		160.840,00
II. Umlaufvermögen		
1. Warenbestand		
1.1. Weiße Ware (Anlage 3)	340.680,00	
1.2. Braune Ware (Anlage 4)	280.955,00	
1.3. Tonträger (Anlage 5)	16.218,00	
1.4. Neue Medien (Anlage 6)	22.775,00	660.628,00
2. Forderungen aus Lieferungen und Leistungen		
Stadtverwaltung Köln, Am Hof 5, 50667 Köln	15.312,00	
Seniorenheim Monika GmbH, Richterstr. 15, 50933 Köln	4.408,00	
Hotel Rheinischer Hof KG, Marzellenstr. 10, 50667 Köln	3.306,00	23.026,00
3. Kassenbestand		2.140,00
4. Bankguthaben bei der Deutschen Bank Köln lt. Kontoauszug (Anlage 7)		314.600,00
Summe des Vermögens		**2.171.734,00**
B. Schulden		
I. Langfristige Schulden		
1. Darlehen bei der Deutsche Bank Köln lt. Kontoauszug und Darlehensvertrag (Anlage 8)		400.000,00
II. Kurzfristige Schulden		
1. Verbindlichkeiten aus Lieferungen und Leistungen (Anlage 9)		
1.1. Elektro Bader KG, Fabrikstr. 10-34, 04129 Leipzig	266.800,00	
1.2. Computec GmbH & Co. KG, Volksparkstr. 12-20, 22525 Hamburg	17.632,00	284.432,00
Summe der Schulden		**684.432,00**
C. Errechnen des Reinvermögens (Eigenkapital)		
Summe des Vermögens		2.171.734,00
Summe der Schulden		684.432,00
Reinvermögen (Eigenkapital)		**1.487.302,00**

Aktiva — Bilanz Mars Elektrofachmarkt e. K. zum 31. Dezember 20.. in EUR — Passiva

Aktiva	EUR	Passiva	EUR
I. Anlagevermögen		I. Eigenkapital	1.487.302,00
1. Grundstück mit Bauten	770.000,00	II. Verbindlichkeiten (Schulden)	
2. Fuhrpark	240.500,00	1. langfristige Darlehensschulden	400.000,00
3. Geschäftsausstattung	160.840,00	2. kurzfristige Verbindlichkeiten a. LL.	284.432,00
II. Umlaufvermögen			
1. Warenbestand	660.628,00		
2. Forderungen a. LL.	23.026,00		
3. Kasse	2.140,00		
4. Bankguthaben	314.600,00		
	2.171.734,00		2.171.734,00

Köln, 14. Januar 20..

Daniela Mars

- Die Bilanz ist eine **Gegenüberstellung von Vermögen und Kapital** in Kontenform.
- Die Bilanz wird durch **Übernahme der Gesamtwerte gleichartiger Vermögens- und Kapitalteile** aus dem Inventar abgeleitet.
- Die Bilanz zeigt **Kapitalquellen** und **Kapitalverwendung** auf und erteilt Auskunft über das Verhältnis einzelner Vermögens- und Schuldenteile zueinander.
- Inventare und Bilanzen müssen **zehn Jahre** aufbewahrt werden.

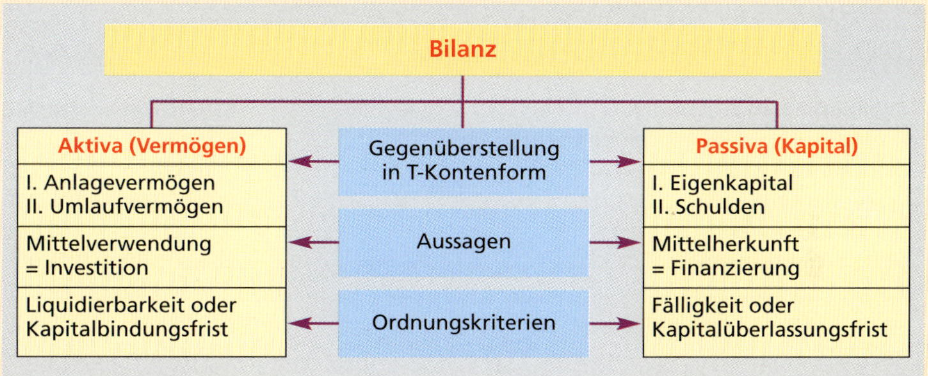

- Zu der Bilanz eines jeden Geschäftsjahres können Kennziffern zur **Vermögens-** und **Finanzlage** und zur **Liquidität** berechnet werden.
- Mit diesen Kennziffern können **Unternehmensleitung**, **Kapitalgeber** und **Investoren Zeit-**, **Betriebs-** und **Soll-Ist-Vergleiche** durchführen.

1. **2.** Stellen Sie nach folgenden Angaben die Bilanz der Firma Monz e. K., Stuttgart, zum 31. Dezember 20.. auf. Tag der Fertigstellung: 15. Januar 20..

	1 EUR	2 EUR
Geschäftsausstattung	186.000,00	318.000,00
Warenbestand	117.000,00	132.000,00
Forderungen a. LL	81.800,00	75.500,00
Bankguthaben	92.000,00	104.400,00
Kassenbestand	1.800,00	4.600,00
Verbindlichkeiten gegenüber Banken	–	143.000,00
Verbindlichkeiten a. LL.	92.100,00	96.400,00

3. **4.** Die Möbelgroßhandlung Hans Lewen e. K., Mainz, machte am 31. Dezember 20.. (Aufgabe 3) und am 31. Dezember des folgenden Jahres (Aufgabe 4) Inventur.

Sie stellte folgende Werte fest:	3 EUR	4 EUR
Geschäftsausstattung lt. Verzeichnis	188.500,00	167.650,00
Warenbestand lt. Verzeichnis	119.360,00	117.920,00
Forderungen a. LL.		
– Stadtverwaltung, Wiesbaden	11.850,00	11.970,00
– Seniorenheim Kurpark, Bingen	12.370,00	–
– Kolpinghaus, Mainz	13.640,00	13.640,00
– Stadtverwaltung, Mainz	–	21.760,00

Bankguthaben	76.060,00	96.230,00
Kassenbestand	1.750,00	2.810,00
Verbindlichkeiten a. LL.		
– Karl Huber AG, Stuttgart	22.670,00	30.720,00
– Ernst Klein GmbH, Berlin	33.620,00	20.100,00
– F. Merz OHG, Frankfurt	14.100,00	8.530,00

a) Stellen Sie Inventar und Bilanz für beide Zeitpunkte auf. Tag der Fertigstellung: Aufgabe 3 – 15. Februar 20.. Aufgabe 4 – 28. Februar 20.. des folgenden Jahres

b) Ermitteln Sie den Erfolg durch Eigenkapitalvergleich.

5.
6. Aus dem Inventar zum 31. Dezember 20.. der Möbeleinzelhandlung Franz Klein e. K., Siegburg, gehen folgende Gesamtwerte hervor:

	5 EUR	6 EUR
Bankguthaben	570.000,00	434.280,00
Darlehensschulden, Restlaufzeit acht Jahre	500.000,00	720.000,00
Forderungen a. LL.	90.000,00	253.800,00
Warenbestand	1.600.000,00	1.126.220,00
Verbindlichkeiten a. LL.	570.000,00	680.000,00
Geschäftsausstattung	60.000,00	141.000,00
Kasse	7.000,00	42.300,00
Grundstücke mit Gebäuden	1.670.000,00	338.400,00
Fuhrpark	700.000,00	564.000,00
Eigenkapital	?	?

a) Stellen Sie eine ordnungsgemäße Bilanz zum 31. Dezember 20.. auf. Tag der Fertigstellung: Aufgabe 5 – 14. Januar 20.. Aufgabe 6 – 15. Februar 20..

b) Berechnen Sie
   ba) den Anteil des Anlagevermögens am Gesamtkapitel,
   bb) den Anteil des Umlaufvermögens am Gesamtkapitel,
   bc) die Eigenkapitalquote,
   bd) die Fremdkapitalquote,
   be) die Barliquidität.

7. Die Bilanz einer Unternehmung weist am Ende des Geschäftsjahres folgende Werte aus:

Anlagevermögen	4.800.000,00 EUR
Umlaufvermögen	3.200.000,00 EUR
Eigenkapital	5.600.000,00 EUR
Schulden	2.400.000,00 EUR

Wie viel Prozent der Bilanzsumme beträgt

a) das Anlagevermögen,
b) das Umlaufvermögen,
c) das Eigenkapital,
d) das Fremdkapital (Schulden)?

8. Prüfen Sie die nachstehenden Aussagen über das Inventar und über die Bilanz auf ihre Richtigkeit:

a) Das Inventar enthält Mengen- und Wertangaben, die Bilanz dagegen nur Wertangaben.
b) Inventar und Bilanz einer Unternehmung können wertmäßig voneinander abweichen.
c) Die Bilanz ist eine kurz gefasste Gegenüberstellung von Kapitalquellen und Kapitalverwendung.
d) Die Bilanz eines Geschäftsjahres ergibt die Grundlage für die Buchführung des folgenden Geschäftsjahres.
e) Inventar und Bilanz können nur vom Prokuristen oder vom Inhaber unterschrieben werden.

9. Das Gesamtkapital einer Unternehmung beträgt 45.000.000,00 EUR. Davon beträgt das Eigenkapital 40 %. Das Umlaufvermögen beträgt 55 % des Gesamtvermögens.
Ermitteln Sie
a) das Anlagevermögen,
b) das Umlaufvermögen,
c) das Eigenkapital,
d) die Schulden.

10. Aufgrund der Inventur zum 31. Dezember 20.. werden folgende Vermögens- und Schuldenwerte ermittelt:

	EUR		EUR
Waren	860.000,00	Grundstücke mit Gebäuden	720.000,00
Kassenbestand	3.600,00	Betriebs- und Geschäftsausstattung	360.000,00
Bankguthaben	321.400,00	Fuhrpark	120.000,00
Darlehensschulden	1.500.000,00	Forderungen a. LL.	115.000,00
Verbindlichkeiten a. LL.	350.000,00		

Ermitteln Sie
a) die Bilanzsumme,
b) das Eigenkapital,
c) den Anteil des Umlaufvermögens am Gesamtvermögen,
d) die Barliquidität (Ergebnis auf vollen Prozentsatz kaufmännisch runden),
e) den Anteil des Fremdkapitals am Gesamtkapital.

3 Belege als Grundlage einer ordnungsgemäßen Buchführung

Frau Feld, die Buchhalterin des Mars Elektrofachmarktes e. K., kommt am Montagmorgen zu Mehmet Aydin ins Büro.
„Guten Morgen, Herr Aydin, nun haben Sie ja bereits die ersten Tage bei mir hinter sich, was nehmen Sie denn bislang aus der Arbeit in der Buchhaltung mit?“ Mehmet antwortet: *„Den Zusammenhang zwischen Inventur, Inventar und Bilanz habe ich jetzt verstanden. Und ich weiß, dass man aus der Bilanz einige wichtige Information herauslesen kann.“ „Das ist ja schon einiges“*, lobt Frau Feld. *„Was hat Ihnen denn bislang Schwierigkeiten bereitet?“ „Na ja“*, meint Mehmet nachdenklich, *„bei der Inventur gab es ja schon einiges an rechtlichen Vorschriften zu beachten und ich kann mir vorstellen, da gibt es noch einiges mehr…“*
„In der Tat“, lacht Frau Feld, *„der Gesetzgeber regelt in der Finanzbuchhaltung einiges. Das geht ja auch kaum anders. Über die wesentlichen Dinge sollten Sie sich einen Überblick verschaffen – aber bevor Sie das tun, bitte ich Sie, diesen Stapel von Belegen zu sortieren.“*

ARBEITSAUFTRÄGE

- **Erarbeiten Sie einen Vorschlag, wie Mehmet die Belege am sinnvollsten sortiert.**
- **Erläutern Sie den Sinn gesetzlicher Vorschriften in der Finanzbuchhaltung. Gehen Sie dabei besonders auf die Grundsätze ordnungsgemäßer Buchführung (GoB) ein.**

Buchführungspflicht

Nach Handelsrecht ist ein Kaufmann zur Buchführung verpflichtet. Kaufmann ist, wer ein Handelsgewerbe betreibt (§ 1 Abs. 1 HGB).

§

§ 238 Abs. 1 Satz 1 HGB:
Jeder Kaufmann ist verpflichtet, Bücher zu führen und in diesen seine Handelsgeschäfte und die Lage des Vermögens nach den Grundsätzen ordnungsgemäßer Buchführung ersichtlich zu machen.

Der Kaufmann ist grundsätzlich verpflichtet, seine Vermögenslage jeweils zum Ende eines Geschäftsjahres darzustellen. Dafür muss er einen **Jahresabschluss** erstellen (§ 242 HGB).
Das **Geschäftsjahr** darf gemäß § 240 Abs. 2 Satz 2 HGB 12 Monate nicht überschreiten. Es muss jedoch nicht mit dem Kalender übereinstimmen, wenn wichtige Gründe vorliegen.

Grundsätze ordnungsgemäßer Buchführung (GoB)

Für die Ordnungsmäßigkeit der Buchführung gilt folgender **grundlegender Beurteilungsmaßstab:** Die Buchführung muss so gestaltet und geordnet sein, dass **sowohl der Unternehmer** als auch ein **sachverständiger Dritter** sich ohne große Schwierigkeiten und in angemessener Zeit einen Überblick über die Geschäftsfälle und über die Vermögenslage und die Schulden des Unternehmens verschaffen können (§ 238 Abs. 1 HGB).

Beispiel Bei einer Betriebsprüfung muss ein Mitarbeiter des Finanzamtes sich problemlos in die Buchführung des Mars Elektrofachmarktes e. K. einarbeiten können und alle Inhalte verstehen können.

Weitere **wichtige Grundsätze**, die bei der Führung der Handelsbücher und bei der Aufstellung des Jahresabschlusses beachtet werden müssen, zeigt die folgende Übersicht.

Grundsätze	Erklärung
● Die Buchführung muss **wahr** und **vollständig** sein.	**Alle Geschäftsfälle** müssen erfasst werden. Die **Beleginhalte** und **Buchungen** müssen die **tatsächlichen Vorgänge** widerspiegeln.
● Buchungen müssen **zeitnah** durchgeführt werden.	**Kasseneinnahmen** und **-ausgaben** sollen **täglich** aufgeschrieben werden. **Kreditgeschäfte** eines Monats sollen bis zum Ablauf des folgenden Monats erfasst werden. Die dazu vorliegenden **Belege** sollten **fortlaufend nummeriert** werden.
● **Sprache** und **Schriftzeichen**	Die **Bücher** können **in jeder lebenden Sprache,** die ins Deutsche übertragen werden kann, geführt werden. Die Verwendung von Abkürzungen, Ziffern, Buchstaben oder Symbolen ist statthaft, wenn deren Bedeutung festgelegt worden ist.

Grundsätze	Erklärung
● **Änderungen, Berichtigungen**	**Änderungen** und **Berichtigungen** sind so durchzuführen, dass der **ursprüngliche Inhalt** und die **späteren Änderungen erkennbar** bleiben. Das gilt auch für die computerunterstützte Buchführung. Das **Radieren** geschriebener bzw. das **Löschen** oder **Überschreiben aufgezeichneter Daten** ist daher nicht zulässig.

PRAXISTIPP Achten Sie selbst darauf, dass Sie auch in der Schule von Beginn an in diesem Lernfeld sauber und genau arbeiten. Beachten Sie z. B. die Formvorschriften zum Inventar und zur Bilanz.

● Belege als Grundlage der Buchführung

Ausgelöst durch die zahlreichen **Güter- und Geldströme** in einem Einzelhandelsunternehmen entsteht eine große Anzahl an Belegen. Aus jedem Beleg lassen sich zahlreiche Informationen ableiten. Besonders wichtige Belege in einem Einzelhandelsunternehmen sind z. B. **Eingangsrechnungen, Ausgangsrechnungen, Kassenbons, Quittungen und Bankbelege.**

Durch Belege wird der gesamte Geschäftsverkehr in einem Unternehmen abgebildet und dokumentiert. **Belege** bilden die **Grundlage** für die Arbeit in der Finanzbuchhaltung.

Alle **Buchungen müssen nachgewiesen werden** können (z. B. gegenüber dem Finanzamt). Dies ist nur mithilfe von Belegen möglich. Aus ihnen gehen sowohl der Zeitpunkt als auch die Art, die **Ursache** und die **Höhe** der Wertveränderungen hervor.

↓ **Keine Buchung ohne Beleg (Belegzwang)**

↓ **Nachweis einer ordnungsgemäßen Buchführung nur mithilfe von Belegen**

Belege können nach ihrer **Herkunft** in Eigen- und Fremdbelege unterschieden werden. **Eigenbelege** entstehen im Unternehmen selbst, während **Fremdbelege** von anderen Unternehmen kommen.

Eigenbelege	Fremdbelege
– Ausgangrechnung (AR) – Kassenbon, Quittung (KA) – Inventurlisten – …	– Eingangsrechnungen (ER) – Bankauszug (BA) – Kreditvertrag – …

○ Bedeutende Belege im Einzelhandel

Kassenbon

Der **Kassenbon** wird von den Kassen automatisch erstellt. Er dokumentiert die Einkäufe des jeweiligen Kunden und dient zudem als Beleg, dass der Kunde die Waren ordnungsgemäß bezahlt hat.

Neben dem **Firmenkopf** mit Adresse und Anschrift muss der Verkäufer seine **Steuernummer und** seine **Umsatzsteueridentnummer (USt-IdNr.)** auf dem Kassenbon angeben.

Zusätzlich enthält der Kassenbon

- Angaben zu **Art und Menge** der verkauften Ware,
- den **Einzelpreis** und **Gesamtbetrag**,
- die **Form der Bezahlung** (Bar- oder Kartenzahlung),
- **Datum und Uhrzeit** der Verkaufs.

Beispiel eines Kassenbons bei Barzahlung

Mars Elektrofachmarkt e. K.
Aachener Straße 1250
50859 Köln
0221 1618705
0221 1700088

QUITTUNG

CD Best of Reggae			6,99 EUR
DVD Harry Potter			8,99 EUR
SUMME			15,98 EUR
Bar:			20,00 EUR
Zurück:			4,02 EUR
Umsatzsteuer		ohne USt	mit USt
19 %	2,55	13,43	15,98
7 %			

29.03.20.. 14:03:52 327-4-305
Steuernummer: 223/3137/2973
USt-IdNr.: DE583442583

Terminal-ID 85742344 Bon-Nr. 070006

Vielen Dank für Ihren Besuch!
Auf Wiedersehen!

LF 3

Quittung

Während Warenverkäufe im Einzelhandel eigentlich immer durch einen Kassenbon dokumentiert werden, bietet es sich z. B. bei Abgängen aus dem Anlagevermögen an, dem jeweiligen Käufer eine Quittung auszustellen.

Eine richtig ausgefüllte Quittung muss neben dem **Kaufbetrag in Zahlen** diesen auch immer **in Worten ausschreiben**. Zudem sind der **Zahler (Kunde)**, der **Kaufgegenstand** sowie der **Ort und das Datum** des Verkaufs auf der Quittung zu vermerken.

Beispiel Der Mars-Elektrofachmarkt e. K. veräußert einen alten Kleintransporter aus seinem Fuhrpark.

MARS
ELEKTROFACHMARKT E. K.
Aachener Str. 1250
50859 Köln
Steuernummer: 223/3137/2973 **USt-IdNr.:** DE583442583

Quittung

EUR	4.400	00
EUR in Worten	viertausendvierhundert	Cent wie oben
von	LKW-Gebrauchthandel Lindemann	
für	Kleintransporter Fiat F 70	
Köln, 17.12.20..	Betrag dankend in bar erhalten	
Ort/Datum		

Buchungsvermerke

Stempel/Unterschrift des Empfängers
MARS ELEKTROFACHMARKT E. K.
i. V. Heinz Tophoven

Die so ausgefüllte Quittung ist letztendlich vom Verkäufer zu **unterschreiben** und wird dann dem Käufer ausgehändigt. Eine Kopie verbleibt im Unternehmen.

Ausgangsrechnung

Beispiel Der Mars Elektrofachmarkt e. K. verkaufte 100 Energiesparlampen und zehn Smartphones an die Stadtverwaltung Köln.

MARS
ELEKTROFACHMARKT E. K.

Mars Elektrofachmarkt e. K., Aachener Str. 1250, 50859 Köln

Stadtverwaltung Köln
Am Hof 5
50667 Köln

Aachener Str. 1250
50859 Köln
Telefon: 0221 1610705
Telefax: 0221 1700088
info@mars-elektrofachmarkt.de
www.mars-elektrofachmarkt.de

Kopie

RECHNUNG/AUFTRAGSBESTÄTIGUNG

Bei Zahlung/Rücksendung/Gutschrift unbedingt angeben

Ihre Bestellung 05.08.20..

Kundennummer	Rechnungs-Nr.	Datum
24001	13997	20.08.20..

Artikel-Nr.	Artikelbezeichnung	Menge EUR	Einzelpreis EUR	Gesamtpreis
5056694201006	Energiesparlampe 10 Watt	100	1,29	129,00
3557002899226	Smartphone LTE 3	10	149,00	1.490,00
				1.619,00

In diesem Betrag sind 19 % Umsatzsteuer = 258,50 EUR enthalten.

Zahlbar innerhalb 30 Tagen netto

Bankverbindung:
Kreissparkasse Köln **IBAN:** DE38370502990013600564 **BIC:** COKSDE33XXX
Steuernummer: 223/3137/2973 **USt-IdNr.:** DE583442583

Bei besonders großen Verkäufen oder aber bei Verkäufen an gewerbliche Kunden wird anstelle eines Kassenbons oftmals eine **Ausgangsrechnung (AR)** ausgestellt. Diese wird dem Kunden zugestellt – eine Kopie der Ausgangrechnung verbleibt im Unternehmen des Verkäufers. Die Kunden müssen die Ware innerhalb einer angegebenen Frist bezahlen. Somit entsteht eine **Forderung** des Verkäufers an den Käufer der Waren.

PRAXISTIPP Ausgangsrechnungen werden organisatorisch getrennt von Kassenbelegen aufbewahrt, weil Fälligkeit und Zahlungseingang überwacht werden müssen. Im Unterschied zu den Barverkäufen werden Verkäufe auf Rechnung nicht immer sofort beglichen.

Eingangsrechnung

Beispiel Der Mars Elektrofachmarkt e.K. hat von seinem Lieferanten, der Elektro Bader KG, fünf Fernsehgeräte eingekauft.

Elektro Bader KG
Elektrogeräte

Elektro Bader KG, Fabrikstraße 10-34, 04129 Leipzig

Mars Elektrofachmarkt e. K.
Aachener Straße 1250
50859 Köln

Geschäftsräume:
Fabrikstraße 10-34
04129 Leipzig
Tel.: 0341 554645
Fax: 0341 554849
info@elektro-bader-leipzig.de
www.elektro-bader-leipzig.de

Ihre Bestellung/Datum	Unser Zeichen	Kundennummer	Lieferdatum	Rechnungsdatum
223 07.09.20..	ir-33	20344	10.09.20..	10.09.20..

Rechnung Nr. 26.344

ER 358

Artikel-Nr.	Artikel-bezeichnung	Menge in St.	Einzelpreis EUR	Nettogesamtpreis EUR
1849990	Ruby Fernsehgerät Seoul	5	249,44	1.247,20
			19 % USt.	236,97
			Bruttogesamtbetrag	1.454,17

Bankverbindung: Stadt- und Kreissparkasse Leipzig
IBAN: DE48860555920650342344 **BIC:** WELADE8LXXX

Steuernummer: 230/9471/4646 **USt-IdNr.:** DE856508569

Zahlung binnen 10 Tagen nach Rechnungsdatum netto

Täglich kauft das Einzelhandelsgeschäft bei verschiedenen Lieferanten Waren, Dienstleistungen und Anlagegüter ein. Über die erhaltenen Waren und Dienstleistungen erhält das Einzelhandelsgeschäft Rechnungen. Sie werden als **Eingangsrechnungen (ER)** gekennzeichnet und mit einer Nummer versehen. Die so entstanden **Verbindlichkeiten** sind innerhalb der angegebenen Zahlungszeiträume zu bezahlen.

Beispiel Der Mars Elektrofachmarkt e.K. erhält von den Stadtwerken 1.619,00 EUR (siehe Ausgangsrechnung). Außerdem begleicht der Mars Elektrofachmarkt e. K. eine Verbindlichkeit gegenüber des Elektro Bader KG in Höhe von 1.484,17 EUR.

Bankauszug

Kunden erhalten von ihren Banken regelmäßig **Bankauszüge (BA).** Auf diesen sind alle Kontobewegungen (Zahlungseingänge = + und Zahlungsabgänge = -) ausgewiesen und der aktuelle Kontostand angegeben.

SEPA-Girokonto IBAN: CD93370502990011360564 **Kontoauszug 435**
BIC: COKSDE33XXX **Blatt 1**
Kreissparkasse Köln

Datum	Erläuterung		Betrag
Kontostand in EUR am 17.09.20.., Auszug Nr. 434			220.000,00+
18.09.20.	Zahlungseingang STADTVERWALTUNG KÖLN Rechnungsnr.: 13997 v. 20.08.20..	Wert: 18.09.20..	1.619,00+
19.09.20.	Überweisung ELEKTO BADER KG Rechnungsnr.: 26.344 v. 10.09.20..	Wert: 19.09.20..	1.484,17-
Kontostand in EUR am 20.09.20.., 11:34 Uhr			220.134,83+

Ihr Dispositionskredit 200.000,00 EUR **Mars Elektrofachmarkt e. K.**
Aachener Straße 1250, 50859 Köln

○ Arbeitsschritte bei der Belegbearbeitung

Im Umgang mit Belegen haben sich im betrieblichen Alltag klare Bearbeitungsschritte ergeben, die oftmals eingehalten werden müssen, um den gesetzlichen Vorschriften im Umgang mit Belegen zu genügen.

Arbeitsschritte	Erläuterungen und Beispiele
1. Prüfung der Belege auf sachliche und rechnerische Richtigkeit	**Geht ein Beleg ein, so ist er immer zu prüfen!** Dies gilt ganz besonders für Eingangsrechnungen und Bankbelege. **Beispiel** Der Mars Elektrofachmarkt e. K. prüft seine Eingangsrechnungen im Rahmen der sachlichen Prüfung, ob die dort berechneten Artikel auch tatsächlich in der angegebenen Ausführung und Menge bestellt worden sind. Bei der rechnerischen Prüfung werden die einzelnen Rechenschritte nachgerechnet, die zum Rechnungsendbetrag führen.
2. Vorsortieren der Belege	Die Belege werden nach Belegart sortiert. **Beispiel** Im Mars Elektrofachmarkt e. K. werden in der Finanzbuchführung die Belege nach Eingangsrechnungen (ER), Ausgangsrechnungen (AR), Kassenbons und Quittungen (KA) und Bankauszügen (BA) vorsortiert.
3. Nummerierung der Belege	Jeder Beleg erhält fortlaufend eine Belegnummer. Diese wird zusammen mit der Abkürzung der Belegart auf dem Beleg vermerkt. Dieses Vorgehen soll es erleichtern, Belege wiederzufinden, und verhindern, dass Belege verloren gehen. **Beispiel** Im Mars Elektrofachmarkt e. K. erfasst Mehmet eine neue Eingangsrechnung. Da es die 358. Eingangsrechnung im laufenden Geschäftsjahr ist, wird diese Eingangsrechnung mit dem Kürzel ER 358 versehen.

Arbeitsschritte	Erläuterungen und Beispiele
4. Buchhalterische Erfassung des Belege	In der Finanzbuchhaltung werden die Belege vorkontiert und schließlich im Grund- und Hauptbuch gebucht (vgl. Seite 228 ff.).
5. Belegablage	Die Belege eines jeden Rechnungsjahres sind zehn Jahre aufzubewahren (§§ 257 HGB, 147 AO). Die Aufbewahrungsfrist beginnt mit dem Schluss des Kalenderjahres, in dem der Beleg anfiel. Die Belegablage muss nach einheitlichen Kriterien in der Unternehmung durchgeführt werden, sodass eine übersichtliche Belegregistratur entsteht. Mit Ausnahme der Eröffnungsbilanz und der Jahresabschlüsse können alle Belege auch digital gespeichert werden. **Beispiel** Im Mars Elektrofachmarkt e. K. werden Eingangsrechnungen nach fortlaufender Nummer sortiert in einem Ordner abgelegt. Nach einem Jahr werden diese eingescannt und in der Folge digital bis zum Ablauf des 10. Jahres archiviert.

PRAXISTIPP Die Praxis zeigt, dass es immer wieder vorkommt, dass Eingangsrechnungen rechnerisch fehlerhaft sind. Eine Prüfung ist daher lohnend. Bei einer vertrauensvollen und auf Dauer angelegten Geschäftsbeziehung sollten Fehler in einer Eingangsrechnung dem Lieferanten auch dann angezeigt werden, wenn sie nicht zum eigenen Nachteil sind.

Belege als Grundlage einer ordnungsgemäßen Buchführung

Buchführungspflicht

Handelsrecht

- Vorschriften für alle Kaufleute gem. §§ 238–261 HGB
- Geschäftsjahr
  - grundsätzlich zwölf Monate
  - muss nicht mit dem Kalenderjahr übereinstimmen

Steuerrecht

- Buchführungspflicht nach Handelsrecht gilt auch für Zwecke der Besteuerung.
- Verpflichtung zur Gewinnermittlung mit einer Einnahmen-Überschussrechnung:
  - Kleingewerbetreibende ohne kaufmännische Organisation
  - von der Buchführungspflicht befreite Einzelkaufleute nach § 241 a HGB
  - Freiberufler ohne Rücksicht auf die Höhe ihres Umsatzes und Gewinns

- Die Buchführung muss so gestaltet und geordnet sein, dass sich ein sachverständiger Dritter in angemessener Zeit einen Einblick in die tatsächliche Vermögenslage verschaffen kann. Die **Grundsätze ordnungsgemäßer Buchführung** sind zu beachten:
  - Wahrheit und Vollständigkeit
  - Zeitnähe
  - lebende Sprache
  - Erklärung von Symbolen und Abkürzungen
  - Änderungen und Berichtigungen müssen erkennbar bleiben

- **Keine Buchung ohne Beleg** (Belegzwang)!
- Wichtige **Belege des Einzelhandels** sind Eingangsrechnungen, Kassenbons, Quittungen und Ausgangsrechnungen.
- Alle Belege sind zu ordnen und in einer übersichtlichen Registratur **zehn Jahre** aufzubewahren.
- **Ordnungskriterien** sind: Belegarten, Ausstellungs- und Eingangsdaten, Belegnummer, Lieferer, Kunden.

1. Erläutern Sie, wer lt. Gesetzgeber alles zur Buchführung verpflichtet ist.

2. Erläutern Sie die folgenden Grundsätze einer ordnungsgemäßen Buchführung.
a) Wahrheit
b) Vollständigkeit
c) Zeitnähe
d) Belegzwang
e) Aufbewahrungspflicht
f) Klarheit

3. Begründen Sie die Verpflichtung zur ordnungsmäßigen Buchführung aus der Sicht
a) des Unternehmers, b) des Gläubigers, c) des Staates.

4. In der Finanzbuchführung des Mars Elektrofachmarktes e. K. liegt der folgende Bankbeleg vor.

SEPA-Girokonto IBAN: CD93370502990011 3600564 **Kontoauszug 441**
BIC: COKSDE33XXX **Blatt 1**
Kreissparkasse Köln

Datum	Erläuterung		Betrag
Kontostand in EUR am 20.09.20.., Auszug Nr. 440			185.000,00+
21.09.20.	Zahlungseingang STADTVERWALTUNG LEVERKUSEN Rechnungsnr.: 13997 v. 27.08.20..	Wert: 21.09.20..	2.300,00+
22.09.20.	Überweisung ELEKTO BADER KG Rechnungsnr.: 26.368 v. 14.09.20..	Wert: 22.09.20..	1.400,00-
Kontostand in EUR am 23.09.20.., 11:50 Uhr			185.900,00+

Ihr Dispositionskredit 200.000,00 EUR

Mars Elektrofachmarkt e. K.
Aachener Straße 1250, 50859 Köln

Beschreiben Sie
a) die Prüfschritte, die im Rahmen der Belegbearbeitung im Mars Elektrofachmarkt e. K. durchzuführen sind,
b) die weiteren Arbeitsschritte, die dieser Beleg in der Buchhaltung des Mars Elektrofachmarktes e. K auslöst,
c) wie Sie als Privatperson mit der Prüfung Ihrer privaten Bankbelege verfahren sollten.

4 Geschäftsfälle in einer ordnungsgemäßen Buchführung erfassen

4.1 Aufzeichnungen und Gewinnermittlung in einer Einnahmen-Überschuss-Rechnung

Während der Mittagspause stehen die Auszubildenden Mehmet Aydin und Murrat Canbahan, die im zweiten Ausbildungsjahr in der Schule das Fach Rechnungswesen (kaufmännische Steuerung und Kontrolle) erteilt bekommen, am Imbiss von Klaus Klein. Sie unterhalten sich angeregt über Möglichkeiten der Gewinnermittlung im Ausbildungsbetrieb – eine Aufgabe, die ihnen der Lehrer des Faches Steuerung und Kontrolle für die nächste Stunde aufgegeben hat. Herr Klein hört dem Gespräch interessiert zu und mischt sich ein: *„Ich mach' das in Form einer Einnahmen-Überschuss-Rechnung."*

ARBEITSAUFTRÄGE

- Klären Sie, was er damit wohl meint.
- Bilden Sie eine Arbeitsgruppe und überlegen Sie, wie diese Einnahmen-Überschuss-Rechnung funktionieren soll. Präsentieren Sie Ihre Gedanken auf einem Plakat.

→ AH

Freiberufler (z. B. Ärzte und Rechtsanwälte) und **kleingewerbebetreibende Einzelhandelskaufleute** benutzen zur Bestimmung des Gewinnes aus ihrer Geschäftstätigkeit die Einnahmen-Überschuss-Rechnung (vgl. Seite 209).

Kleingewerbetreibende Einzelkaufleute sind nach § 241a HGB Gewerbetreibende mit

- einem **Umsatz bis 600.000,00 EUR** und
- einem **Gewinn bis 60.000,00 EUR**

im Jahr.

Beispiele Zeitungskioske, Wurst- und Brathähnchenverkauf, Fotokopiershops u. Ä.

Freiberufler – ohne Rücksicht auf die Höhe ihres Umsatzes und ihres Gewinnes – und kleingewerbetreibende Einzelhandelskaufleute sind von der Verpflichtung einer **doppelten Buchführung** (siehe unten) ausgenommen.
Sie sind befreit von

- der Führung von Handelsbüchern,
- der jährlichen Inventur
- sowie der jährlichen Erstellung einer Bilanz.

Sie erfüllen ihre Buchführungspflicht, indem sie den Gewinn mit einer **Einnahmen-Überschuss-Rechnung** ermitteln (vgl. § 4 Abs. 3 EStG).

Gewinn ist der **Überschuss** der **Betriebseinnahmen über** die **Betriebsausgaben**. Grundsätzlich gilt das **Zuflussprinzip** im Zeitpunkt der Zahlung, wonach

- **Geldzuflüsse** als **Betriebseinnahmen**,
- **Geldabflüsse** als **Betriebsausgaben**

gelten. Auf den Zeitpunkt der Lieferung oder Rechnungserstellung kommt es also nicht an.

Beispiel Vereinfachte Einnahmen-Überschuss-Rechnung

Monat: *Dezember* Jahr: *20..*		Inhaber: *Klaus Klein, Fritten-Wurst-Hendlverkauf*		
Tag	**Geschäftsfall**	**Beleg-Nr.**	**Betriebseinnahmen in EUR**	**Betriebsausgaben in EUR**
27.	Übertrag		210.704,00	185.519,00
	Warenverkäufe	Kassenbericht 285	759,00	
	Warenkäufe: Schlachthof GmbH	Kassenquittung 312		295,00
	Bäcker Reinig e. K.	Kassenquittung 313		88,00
28.	Gas	Eingangsrechnung 283		47,00
	Warenverkäufe	Kassenbericht 286	682,20	
	Benzin	Kassenquittung 315		46,20
29.	Warenverkäufe	Kassenbericht 287	725,60	
	Warenkäufe: Schlachthof GmbH	Eingangsrechnung 284		304,00
	Inspektion Pkw	Kassenquittung 317		204,80
30.	Warenkäufe: Speiseöl	Eingangsrechnung 285		74,50
	Warenverkäufe	Kassenbericht 288	809,70	
31.	Verpackungen	Eingangsrechnung 286		102,00
	Warenkäufe: Schlachthof GmbH	Eingangsrechnung 287		275,00
	Warenverkäufe	Kassenbericht 289	927,10	
			214.607,60	**186.955,50**

Betriebseinnahmen 20..	214.607,60
Betriebsausgaben 20..	186.955,50
Einnahmenüberschuss (Gewinn) 20..	27.652,10

In der Einnahmen-Überschuss-Rechnung werden also die **Betriebseinnahmen** (**Kassenzufluss**) und **Betriebsausgaben** (**Kassenabfluss**) gegenübergestellt: Ein **Einnahmenüberschuss** ist ein **Gewinn**, ein **Ausgabenüberschuss** ein **Verlust**.

Aussagen über die Quellen (Ursachen) des Erfolges (Gewinn oder Verlust) können aus der Einnahmen-Überschuss-Rechnung nicht abgeleitet werden. Daher lässt sie der Gesetzgeber auch nur für solche Unternehmen zu, deren Kontrolle und Steuerung auf detaillierte Informationen verzichten können; wie Unternehmen, die nur wenige Artikel oder Dienstleistungen anbieten.

Aufzeichnungen und Gewinnermittlung in einer Einnahmen-Überschuss-Rechnung

- **Kleingewerbetreibende Einzelkaufleute** mit
  - einem Umsatz bis 600.000,00 EUR
  - und einem Gewinn bis 60.000,00 EUR

  im Jahr und **Freiberufler** ermitteln ihren Gewinn mit einer Einnahmen-Überschuss-Rechnung.

- In der Einnahmen-Überschuss-Rechnung werden Geldzuflüsse als **Betriebseinnahmen** und Geldabflüsse als **Betriebsausgaben** erfasst und in zwei Spalten gegenübergestellt.
- Ein **Einnahmenüberschuss** ist ein **Gewinn**, ein **Ausgabenüberschuss** ist ein **Verlust**.
- Die Einnahmen-Überschuss-Rechnung gibt **keine detaillierten Informationen** über die Quellen des Erfolges (Gewinn/Verlust).
- Sie ist somit nicht als Informations-, Kontroll- und Steuerungsinstrument in Einzelhandelsbetrieben mit großem Warensortiment (Warenbeständen), großem Kundenkreis und einer Vielzahl von Mitarbeitern (offene Rechnungen von Kunden und Lieferern) geeignet. Dort ist die **doppelte Buchführung** vorgeschrieben.

1. a) Erstellen Sie aus folgenden Angaben des Fotokopiergeschäftes Irma Leyer die Einnahmen-Überschuss-Rechnung und ermitteln Sie den Erfolg (Gewinn oder Verlust):

			EUR
28.12.	Übertrag: Einnahmen		310.604,50
	Übertrag: Ausgaben		288.217,20
	Kassenbericht 245:	Einnahmen Fotokopien	507,60
	Eingangsrechnung 132:	Einkauf Kopierpapier	208,20
	Eingangsrechnung 133:	Toner	132,40
29.12.	Kassenbericht 246:	Einnahmen Fotokopien	844,70
	Eingangsrechnung 134:	Kopierpapier – umweltschonend	106,30
	Kassenquittung 235:	Gehalt Dezember: Angela Pesch	400,00
30.12.	Kassenbericht 247:	Einnahmen Fotokopien	802,90
	Kassenquittung 236:	Regelwartung Fotokopierer	126,50
	Kassenquittung 237:	Ausgaben für Geschenkkarten	36,25
31.12.	Kassenbericht 248:	Einnahmen Fotokopien	1.266,02

b) Überprüfen Sie, ob Irma Leyer zu den Kleingewerbetreibenden zählt.

2. a) Führen Sie während der kommenden Woche für Ihre persönlichen Einkünfte und Ausgaben eine Einnahmen-Überschuss-Rechnung.
b) Reflexion: Welche Auswirkungen hatte das Führen Ihrer privaten Einnahmen-Überschuss-Rechnung auf Ihr Konsum- und Ausgabeverhalten?

3. Nennen Sie den Personenkreis, der den Gewinn in einer Einnahmen-Überschuss-Rechnung ermitteln darf.

4. Erläutern Sie den Aufbau der Einnahmen-Überschuss-Rechnung.

5. Stellen Sie Vorteile und Nachteile der Einnahmen-Überschuss-Rechnung für den Unternehmer gegenüber.

4.2 Geschäftsprozesse anhand von Belegen auf Bestandskonten erfassen

4.2.1 Veränderungen des Vermögens und der Schulden erfassen

Als Mehmet gerade an seinem Schreibtisch Platz genommen hat, kommt Frau Feld zu ihm und hält einen Beleg in der Hand.

„Sehen Sie, dieser Beleg kam eben auf meinen Schreibtisch und den müssen wir heute in der Buchführung erfassen. Sie müssen nun allmählich an die richtige Buchführung ran und lernen, wie Belege in der Buchhaltung erfasst werden. Die Bilanz haben Sie ja bereits kennengelernt. Im Prinzip ist jede Bilanz mit einem Foto vergleichbar, das man am Bilanzstichtag vom Unternehmen schießt. Wie Sie aber täglich sehen, ist in unserem Unternehmen durch die unterschiedlichen Geschäftsprozesse überaus viel Bewegung, sodass die Bilanz sich eigentlich immer wieder verändert. Und Belege, wie z. B. Rechnungen, bilden Geschäftsprozesse ab, die wir hier nun gemeinsam erfassen werden."

BÜRODESIGN GMBH

Ein ökologisch orientiertes Unternehmen mit Zukunft

Bürodesign GmbH, Stolberger Str. 188, 50933 Köln

Mars Elektrofachmarkt e. K.
Aachener Straße 1250
50859 Köln

Anschrift: Stolberger Str. 188
50933 Köln
Telefon: 0221 6683550
Telefax: 0221 668357
kontakt@buerodesign-online.de
www.buerodesign-online.de

Kunden-Nr.	Rechnungs-Nr.	Datum
L-5600	369699	22.03.20..
Bei Zahlung bitte angeben		

Rechnung

Pos.	Artikel-Nr.	Artikelbezeichnung	Menge	Mengenrabatt	Einzelpreis	Gesamtpreis
1	640/1	Büroschrankwand Office Black	5		1.000,00	5.000,00

Zahlungsbedingung:
Wie vereinbart wird der Rechnungsbetrag von Ihrem Konto abgebucht.

Bankverbindung:
Sparkasse KölnBonn
IBAN DE11370501980085313948 BIC: COLSDE33XXX

Aktiva	Bilanz zu Beginn des Geschäftsjahres		Passiva
I. Anlagevermögen		**I. Eigenkapital**	90.000,00
Geschäftsausstattung	118.000,00	**II. Schulden**	
II. Umlaufvermögen		Darlehensschulden	20.000,00
Bank	22.000,00	Verbindlichkeiten a. LL.	40.000,00
Kasse	10.000,00		
	150.000,00		150.000,00

→ AH

ARBEITSAUFTRÄGE

- Listen Sie sämtliche Informationen auf, die Sie diesem Beleg entnehmen können, und beschreiben Sie, welchen Nutzen die einzelnen Informationen haben.
- Beschreiben Sie mit maximal zwei Sätzen, welcher Geschäftsprozess diesem Beleg zugrunde liegt.
- Erläutern Sie, wie Vermögen und Kapital des Mars Elektrofachmarktes e. K. durch den Geschäftsprozess verändert werden.
- Erläutern Sie, welchen Aussagewert die Bilanz nach mehreren solcher Geschäftsfälle noch hat.

Geschäftsfälle und Belege

Durch die **Geschäftsprozesse**, die fortlaufend in einem Unternehmen anfallen, werden das Vermögen und die Schulden des Unternehmens immer wieder verändert. Alle Geschäftsprozesse, die zu einer Änderung einzelner Vermögensposten und/oder Kapitalposten führen, werden in der Buchführungssprache als **Geschäftsfälle** bezeichnet. Belege **dokumentieren** Geschäftsfälle, d. h., sie beschreiben den geschäftlichen Vorgang und dienen gleichzeitig als Beweis.

Beispiele

Geschäftsfall	Beleg
Einkauf von Waren oder Geschäftsausstattung	→ **Eingangsrechnung (ER)**
Verkauf von Waren	→ **Ausgangsrechnung (AR)**
Bezahlung einer Eingangsrechnung durch eine Banküberweisung	→ **Bankauszug**
Ein Kunde bezahlt seinen Einkauf mit Bargeld	→ **Kassenbon/Quittung**

Doppelte Buchführung – doppelte Kontrolle

Die Bilanz ist eine Aufstellung des Vermögens und der Schulden zu **einem bestimmten Zeitpunkt**. Durch die Geschäftstätigkeit werden die Vermögens- und Kapitalbestände jedoch laufend verändert. Damit ändern sich die Bestände einzelner Positionen. Alle Änderungen werden durch Belege **angezeigt und nachgewiesen**.

Die Buchhaltung muss alle in den Belegen aufgezeigt **Vermögensänderungen** lückenlos und zeitnah erfassen. Umgekehrt sind die Belege lückenlos und geordnet zum Nachweis der ordnungsgemäßen Buchführung aufzubewahren.

Aus der Buchführung können dann zu jeder Zeit während des Geschäftsjahres die **Buchbestände (Soll-Bestände)** an Vermögen und Kapital abgerufen werden. Ob diese Soll-Bestände wirklich vorhanden sind, wird i. d. R. jährlich über die Inventur festgestellt.

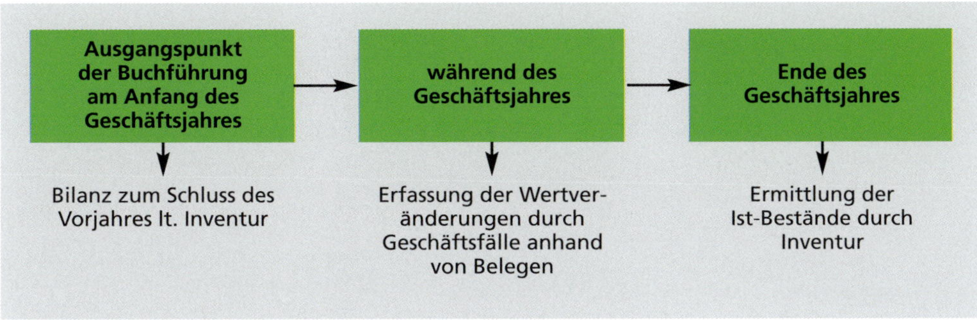

Das Besondere an der **doppelten Buchführung** ist die **doppelte Kontrolle der Bestände** und der alljährliche **Abgleich** der **Soll-** und **Ist-Bestände**.

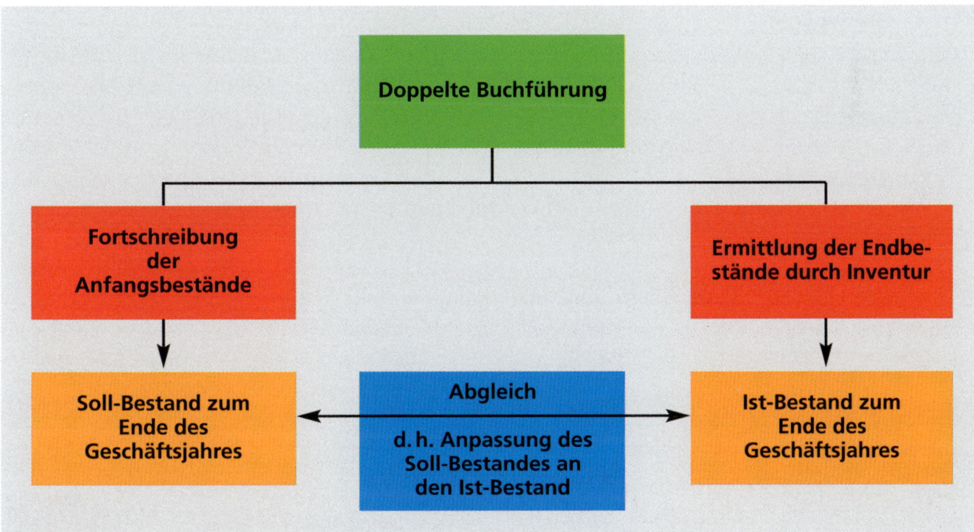

● Auswirkungen der Geschäftsfälle auf die Bilanz: Bilanzveränderungen

Grundsätzlich gibt es **vier strukturell unterschiedliche Wertbewegungen** in der Bilanz, die in der Folge genauer erläutert werden:

○ 1. Aktivtausch

Ein solcher Geschäftsfall betrifft **nur** die **Aktivseite** der Bilanz. Die Bilanzsumme bleibt unverändert.

Beispiel Einkauf von acht Bürodrehstühlen für die Geschäftsausstattung des Mars Elektrofachmarktes e. K. Bezahlung durch Abbuchung vom Kundenkonto: Dies führt zu einer Veränderung der Posten Geschäftsausstattung und Bank auf der Aktivseite der Bilanz.

- Geschäftsausstattung wird größer
  + 2.000,00 EUR
- Bank wird kleiner
  – 2.000,00 EUR

BÜRODESIGN GMBH

Ein ökologisch orientiertes Unternehmen mit Zukunft

Bürodesign GmbH, Stolberger Str. 188, 50933 Köln

Mars Elektrofachmarkt e. K.
Aachener Straße 1250
50859 Köln

Anschrift: Stolberger Str. 188, 50933 Köln
Telefon: 0221 6683550
Telefax: 0221 668357
kontakt@buerodesign-online.de
www.buerodesign-online.de

Kunden-Nr.	Rechnungs-Nr.	Datum
L-5600	36895	18.03.20..
Bei Zahlung bitte angeben		

Rechnung

Pos.	Artikel-Nr.	Artikelbezeichnung	Menge	Mengenrabatt	Einzelpreis	Gesamtpreis
1	B814	Bürostuhl Ergo	8		250,00	2.000,00

Zahlungsbedingung:
Wie vereinbart wird der Rechnungsbetrag von Ihrem Konto abgebucht.

Bankverbindung:
Sparkasse KölnBonn
IBAN DE11370501980085313948 BIC: COLSDE33XXX

Aktiva	Bilanz		Passiva
I. Anlagevermögen		I. Eigenkapital	90.000,00
Geschäftsausstattung	120.000,00	II. Schulden	
II. Umlaufvermögen		Darlehensschulden	20.000,00
Bank	20.000,00	Verbindlichkeiten a. LL.	40.000,00
Kasse	10.000,00		
	150.000,00		150.000,00

○ 2. Passivtausch

Dieser Geschäftsfall betrifft **nur** die **Passivseite** der Bilanz. Die Bilanzsumme bleibt ebenfalls unverändert.

Beispiel Eine kurzfristige Verbindlichkeit des Mars Elektrofachmarkte e. K. gegenüber einem Lieferanten wird in eine langfristige Verbindlichkeit (Darlehen) umgewandelt: Dies führt zu einer Veränderung der Posten Verbindlichkeiten a. LL und Darlehen auf der Passivseite der Bilanz.

- Verbindlichkeiten a. LL. wird kleiner
  – 25.000,00 EUR
- Darlehen wird größer
  + 25.000,00 EUR

Kreissparkasse Köln

Kreissparkasse Köln, Aachener Str. 10, 50589 Köln

Mars Elektrofachmarkt e. K.
Aachener Straße 1250
50589 Köln

Tel: 0221 9905-0
Fax: 0221 9905-10
info@kspkoeln.de

Ihr Zeichen, Ihre Nachricht	Unser Zeichen, Unsere Nachricht	Telefon, Name	Datum
		-1033 Kollmann	20.03.20..

Darlehensanfrage

Sehr geehrte Frau Mars,

gerne gewähren wir Ihnen ein Darlehen über 25.000,00 EUR zur Tilgung einer fälligen Verbindlichkeit gegenüber Ihrem Lieferanten Elektro AG, Mainzer Straße 160, 10247 Berlin.

Wir haben die entsprechende Bereitstellung durch Überweisung an den Kunden heute vorgenommen.

Für die Vorfinanzierung über sechs Monate berechnen wir Ihnen 5 % Zinsen p. a.

Mit freundlichen Grüßen

Kreissparkasse Köln

Kollmann

Aktiva	Bilanz		Passiva
I. Anlagevermögen		I. Eigenkapital	90000,00
Geschäftsausstattung	120.000,00	II. Schulden	
II. Umlaufvermögen		Darlehensschulden	45.000,00
Bank	20.000,00	Verbindlichkeiten a. LL.	15.000,00
Kasse	10.000,00		
	150.000,00		150.000,00

○ 3. Aktiv-Passiv-Mehrung (Bilanzverlängerung)

Dieser Geschäftsfall betrifft **Aktiv- und Passivseite** der Bilanz. Ein Posten der Aktivseite und ein Posten der Passivseite vermehren sich um den gleichen Betrag (**Aktiv-Passiv-Mehrung**). Die Bilanzsumme nimmt um den gleichen Betrag zu, deshalb spricht man auch von einer **Bilanzverlängerung**.

Beispiel Eine Eingangsrechnung, aus der hervorgeht, dass fünf Büroschrankwände gekauft wurden und der Mars Elektrofachmarkt e. K. dafür ein Zahlungsziel von 14 Tagen hat. Dies führt zu einer Veränderung des Postens Geschäftsausstattung auf der Aktivseite der Bilanz und des Postens Verbindlichkeiten a. LL. auf der Passivseite der Bilanz.

- Geschäftsausstattung wird größer + 5.000,00 EUR
- Verbindlichkeiten a. LL. wird ebenfalls größer + 5.000,00 EUR

BÜRODESIGN GMBH

Ein ökologisch orientiertes Unternehmen mit Zukunft

Bürodesign GmbH, Stolberger Str. 188, 50933 Köln

Mars Elektrofachmarkt e. K.
Aachener Straße 1250
50859 Köln

Anschrift: Stolberger Str. 188, 50933 Köln
Telefon: 0221 6683550
Telefax: 0221 668357
kontakt@buerodesign-online.de
www.buerodesign-online.de

Kunden-Nr.	Rechnungs-Nr.	Datum
L-5600	369699	22.03.20..
Bei Zahlung bitte angeben		

Rechnung

Pos.	Artikel-Nr.	Artikelbezeichnung	Menge	Mengenrabatt	Einzelpreis	Gesamtpreis
1	640/1	Büroschrankwand Office Black	5		1.000,00	5.000,00

Zahlungsbedingung:
Wie vereinbart wird der Rechnungsbetrag von Ihrem Konto abgebucht.

Bankverbindung:
Sparkasse KölnBonn
IBAN DE11370501980085313948 BIC: COLSDE33XXX

Aktiva	Bilanz		Passiva
I. Anlagevermögen		I. Eigenkapital	90.000,00
Geschäftsausstattung	125.000,00	II. Schulden	
II. Umlaufvermögen		Darlehensschulden	45.000,00
Bank	20.000,00	Verbindlichkeiten a. LL.	20.000,00
Kasse	10.000,00		
	155.000,00		155.000,00

○ 4. Aktiv-Passiv-Minderung (Bilanzverkürzung)

Auch ein solcher Geschäftsfall betrifft **Aktiv- und Passivseite** der Bilanz. Ein Posten der Aktivseite und ein Posten der Passivseite vermindern sich um den gleichen Betrag. Die Bilanzsumme nimmt um den gleichen Betrag ab, deshalb spricht man auch von einer **Bilanzverkürzung.**

Beispiel Der Mars Elektrofachmarkt e. K. hat eine Liefererrechnung per Banküberweisung beglichen. Dies führt zu einer Veränderung des Postens Bank auf der Aktivseite der Bilanz und des Postens Verbindlichkeiten a. LL. auf der Passivseite der Bilanz.

- Bank wird kleiner - 8.000,00 EUR
- Verbindlichkeiten a. LL. wird ebenfalls kleiner - 8.000,00 EUR

SEPA-Girokonto	IBAN:	CD933705029900113600564	**Kontoauszug**	**115**
	BIC:	COKSDE33XXX	**Blatt**	**1**
Kreissparkasse Köln				

Datum	Erläuterung		Betrag
Kontostand in EUR am 27.03.20.., Auszug Nr. 114			20.000,00+
28.03.20.	Überweisung ELEKTO AG BERLIN; KD-NR 8394 RG-NR.: 366 vom 13.03.20..	Wert: 28.03.20..	8.000,00–
Kontostand in EUR am 28.03.20.., 11:34 Uhr			12.000,00+

Ihr Dispositionskredit 200.000,00 EUR

Mars Elektrofachmarkt e. K.
Aachener Straße 1250, 50859 Köln

Aktiva	Bilanz		Passiva
I. Anlagevermögen		I. Eigenkapital	90.000,00
Geschäftsausstattung	125.000,00	II. Schulden	
II. Umlaufvermögen		Darlehensschulden	45.000,00
Bank	12.000,00	Verbindlichkeiten a. LL.	12.000,00
Kasse	10.000,00		
	147.000,00		147.000,00

Veränderungen des Vermögens und der Schulden anhand von Belegen erfassen

- Das Besondere an der **doppelten Buchführung** sind die **doppelte Kontrolle** der Bestände und der alljährliche **Abgleich der Soll- und Ist-Bestände**.
- Das Besondere an der doppelten Buchführung sind die doppelte Kontrolle der Bestände und der alljährliche Abgleich der Soll- und Ist-Bestände.

- Alle Geschäftsfälle werden durch Belege abgebildet und in der Buchhaltung festgehalten. Daraus ergibt sich ein zentraler Grundsatz der Buchführung: **Keine Buchung ohne Beleg!**
- Damit der Kaufmann jederzeit einen Überblick über seinen Vermögens- und Schuldenstand erhält, müssen alle Belege **lückenlos in der Buchhaltung erfasst werden**. Geschäftsfälle in einem Unternehmen verändern die Bestände an Vermögen (Anlage- und Umlaufvermögen) und Kapital (Eigenkapital und Schulden). Diese Bestände stehen in der **Bilanz** auf der Aktiv- und Passivseite.
- Jeder Geschäftsfall hat **Auswirkungen auf mindestens zwei Positionen** der Bilanz.
- Nach der strukturellen Auswirkung sind **vier Arten der Bilanzveränderungen** zu unterscheiden:

Arten der Bilanzveränderungen

Aktivtausch
- Umschichtung auf der Aktivseite der Bilanz
- Liquide Mittel werden in weniger liquide umgewandelt oder umgekehrt.

Passivtausch
- Umschichtung auf der Passivseite der Bilanz
- Kurzfristige Kapitalien werden in langfristige umgewandelt oder umgekehrt.

Aktiv-Passiv-Mehrung
- Der Unternehmung wird neues Kapital zugeführt (Passivmehrung).
- Seine Verwendung wird auf der Aktivseite sichtbar (Aktivmehrung).

Aktiv-Passiv-Minderung
- Es wird von der Unternehmung Kapital zurückgezahlt (Passivminderung).
- Hierfür verwendete Mittel zeigt die Aktivseite (Aktivminderung).

1. **Bestände lt. Inventur**

	EUR		EUR
Geschäftsausstattung	15.300,00	Forderungen a. LL	6.000,00
Kasse	1.000,00	Bankguthaben	4.700,00
Darlehensschulden	4.000,00	Verbindlichkeiten a. LL.	8.000,00

Stellen Sie die Bilanz auf.

Geschäftsfälle

	EUR
1. Zielkauf eines Büroschrankes, ER 103	2.000,00
2. Banküberweisung an einen Lieferer für ER 84	1.200,00
3. Ein Kunde zahlt durch Banküberweisung zum Ausgleich von AR 75	900,00
4. Barkauf eines Druckers, ER 108	600,00

Stellen Sie nach jedem Geschäftsfall die neue Bilanz auf.

2. Beantworten Sie zu den Geschäftsfällen folgende Fragen:

a) Welche Posten der Bilanz werden berührt?

b) Handelt es sich um Posten der Aktiv- oder Passivseite der Bilanz?

c) Wie wirkt sich der Geschäftsfall auf die Posten aus?

d) Um welche der vier Bilanzveränderungen handelt es sich?

Geschäftsfälle	EUR
1. Bareinkauf eines Bürotisches, ER 112	300,00
2. Umwandlung einer Verbindlichkeit in eine Darlehensschuld	600,00
3. Einkauf eines Regals auf Ziel, ER 113	700,00
4. Ein Kunde zahlt bar für AR 185	200,00
5. Ein Kunde zahlt durch Banküberweisung für AR 179, BA 87	450,00
6. Ausgleich der ER 109 durch Banküberweisung, BA 88	760,00
7. Tilgung eines Darlehens durch Banküberweisung, BA 89	500,00
8. Barkauf eines PC, ER 114	580,00
9. Kauf eines Pkw, ER 115, gegen Banküberweisung	4.800,00
10. Barverkauf eines gebrauchten PC	120,00

3. Untersuchen Sie, welche der unten stehenden Aussagen durch die Geschäftsfälle 1–4 hervorgerufen werden:

Geschäftsfälle	EUR
1. Einkauf eines PC gegen Banküberweisung	12.000,00
2. Tilgung einer Darlehensschuld durch Banküberweisung	5.000,00
3. Ein Kunde zahlt eine fällige Rate durch Banküberweisung	200,00
4. Einkauf eines Pkw auf Ziel	17.000,00

Aussagen

a) Dem Unternehmen wird neues Fremdkapital zugeführt.
b) Er ruft einen Aktivtausch hervor.
c) Die Bilanzsumme wird vergrößert.
d) Er ruft eine Aktiv-Passiv-Minderung hervor.
e) Die Bilanzsumme wird verkleinert.
f) Es handelt sich um eine Aktiv-Passiv-Mehrung.
g) Schulden der Unternehmung werden getilgt.
h) Es findet ein Tausch innerhalb des Umlaufvermögens statt.

4. Kennzeichnen Sie folgende Geschäftsfälle mit der Ziffer
1. wenn sie die Bilanzsumme vergrößern,
2. wenn sie die Bilanzsumme vermindern,
3. wenn sie die Bilanzsumme nicht verändern.

Geschäftsfälle	EUR
a) Ausgleich einer Liefererrechnung durch Banküberweisung	6.000,00
b) Einkauf einer Scannerkasse auf Ziel	15.000,00
c) Ein Kunde begleicht eine fällige Rechnung durch Banküberweisung	7.500,00
d) Aufnahme eines Darlehens zum Ausgleich einer fälligen Liefererrechnung	18.000,00
e) Kauf eines Grundstücks; die Finanzierung erfolgt durch ein Darlehen	170.000,00

5. Erläutern Sie an je einem Beispiel: Aktivtausch, Passivtausch, Aktiv-Passiv-Mehrung, Aktiv-Passiv-Minderung.

4.2.2 Geschäftsfälle auf Bestandskonten buchen

Mehmet Aydin hat mittlerweile verstanden, welche Auswirkungen die Veränderungen von Vermögen und Schulden auf die Bilanz haben. Frau Feld scheint sehr zufrieden mit ihm zu sein: *„Das ist die eigentliche Aufgabe des Informationssystems Buchführung. Es zeigt der Unternehmensleitung zu jeder Zeit den Stand und die Veränderungen von Vermögen und Kapital." „Heißt das, dass Sie Tag für Tag Hunderte von Bilanzen erstellen?"*, fragt Mehmet.

„Nein, das wäre sehr zeitraubend, unübersichtlich und wenig aussagekräftig. Vielleicht sehen Sie mir eine Weile zu. Ich buche nämlich jeden Tag einen Berg von Belegen."

„Ja, gerne", sagt Mehmet. Bis zum Mittag sieht er zu, wie Frau Feld Zahlen eingibt und Buchungsprotokolle ausdrucken lässt. *„Aber ehrlich gesagt, ich habe nichts verstanden"*, gesteht er Frau Feld beim Mittagessen. *„Ja, das ist auch wirklich nicht ganz einfach zu verstehen, was unsere Programme eigentlich leisten, wenn wir einen Geschäftsfall eingeben und im Programm verarbeiten. Dazu müssten Sie in einem ersten Schritt erst einmal verstehen, wie Geschäftsfälle grundsätzlich auf Bestandskonten erfasst und gebucht werden."*

ARBEITSAUFTRAG

- Entwickeln Sie einen Vorschlag, wie man die Veränderungen der Bilanzpositionen Kasse, Forderungen und Verbindlichkeiten übersichtlich erfassen kann.

→ AH

Bildung von Bestandskonten

Um eine genaue Übersicht über Art, Ursache und Höhe der Veränderungen der Bilanzposten zu erzielen, wird für **jede Bilanzposition ein Konto** eingerichtet. Konten können als **T-Konto** oder als **Reihenkonto** dargestellt werden. Während Finanzbuchführungsprogramme die Konten in Reihenform darstellen, ist in Schulbüchern die Darstellung in T-Kontenform üblich, weil dies übersichtlicher ist und das Üben erleichtert.

Den Seiten der Bilanz entsprechend werden **Aktiv- und Passivkonten** unterschieden. Ihre Seiten tragen die Bezeichnung **„Soll" (links)** und **„Haben" (rechts)**. Aus der Bilanz am Anfang eines Abrechnungszeitraums, der **Eröffnungsbilanz**, übernehmen die Konten die **Anfangsbestände (AB)**. Deshalb werden die Aktiv- und Passivkonten auch als **Bestandskonten** bezeichnet.

Die Einrichtung der Bestandskonten erfolgt nach festen Regeln:

- Jedes Konto hat einen **Kontennamen**.
- Jedes Konto hat zwei Spalten. Die **linke Spalte** wird mit **Soll** und die **rechte** mit **Haben** bezeichnet.
- Zu Beginn eines Geschäftsjahres werden die Bestandskonten eröffnet. Aus der Bilanz zum Schluss des Vorjahres, die dann zur **Eröffnungsbilanz** wird, werden die Bestände als **Anfangsbestände (AB)** in die Konten übernommen.
- Die Anfangsbestände der **Aktivkonten** stehen im **Soll** und die der **Passivkonten** im **Haben**, also immer auf der Seite, auf der sie auch in der Bilanz stehen.

Aktiva	Bilanz		Passiva
I. Anlagevermögen		I. Eigenkapital	90.000,00
Geschäftsausstattung	118.000,00	II. Schulden	
II. Umlaufvermögen		Darlehensschulden	20.000,00
Bank	22.000,00	Verbindlichkeiten a. LL.	40.000,00
Kasse	10.000,00		
	150.000,00		150000,00

AKTIVKONTEN

S	Geschäftsausstattung	H
AB	118.000,00	

S	Bank	H
AB	22.000,00	

S	Kasse	H
AB	10.000,00	

PASSIVKONTEN

S	Eigenkapital	H
	AB	90.000,00

S	Darlehensschulden	H
	AB	20.000,00

S	Verbindlichkeiten a. LL.	H
	AB	40.000,00

Buchung der Geschäftsfälle auf Bestandskonten

Grundsätzlich gilt, dass jeder Geschäftsfall Veränderungen auf **mindestens zwei Konten** hervorruft. **Mehrungen** der Anfangsbestände werden auf der jeweiligen Seite gebucht, auf der auch der Anfangsbestand eingetragen wurde. **Minderungen** des Anfangsbestandes werden hingegen immer auf der gegenüberliegenden Seite des Kontos gebucht.

Konkret bedeutet dies:

- Bei **Aktivkonten** werden **Mehrungen** zum Anfangsbestand auf der **Soll-Seite**, **Minderungen** auf der **Haben-Seite** gebucht.
- Bei Passivkonten ist es umgekehrt: **Mehrungen** stehen auf der **Haben-Seite** unter dem Anfangsbestand, **Minderungen** auf der **Soll-Seite**.

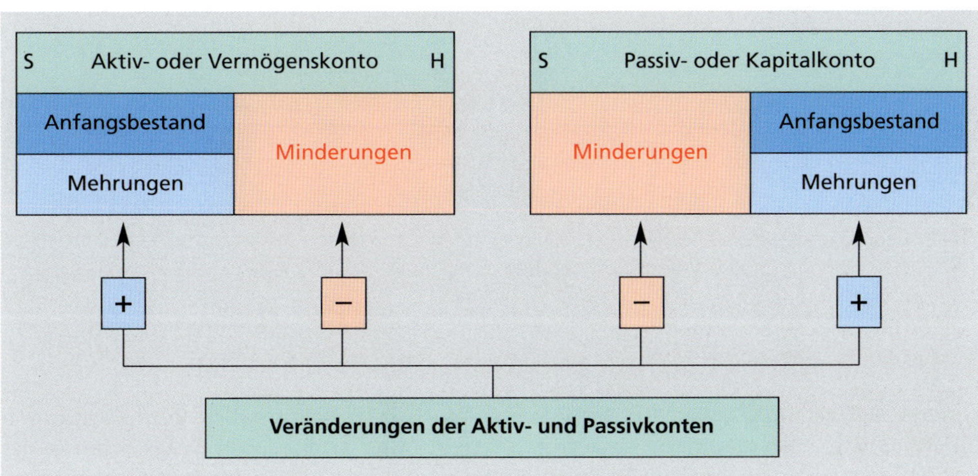

Folgende Fragen stellen sich immer:

1. **Welche Konten** werden berührt?
2. Um welche **Kontenart** handelt es sich (Aktiv- oder Passivkonto)?
3. Wie **wirkt** sich der Geschäftsfall **auf den Bestand der Konten** aus?
4. Auf welcher **Kontenseite** wird gebucht?

Damit die **zeitliche Abfolge** und die **Ursachen** der Buchungen erkennbar und nachvollziehbar sind, werden bei der Buchung in den Konten vor die Beträge die Nummer des Geschäftsfalls und das **jeweilige Gegenkonto** geschrieben.

Beispiel Im Mars Elektrofachmarkt e. K. sind die folgenden vier Geschäftsfälle zu buchen.

1. **Eingangsrechnung/Bankauszug:** Kauf von zwei Laptops für die Einkäufer. Der Rechnungsbetrag von 2.000,00 EUR wurde vom Bankkonto abgebucht.
2. **Vertragskopie:** Eine Verbindlichkeit gegenüber einem Lieferer über 25.000,00 EUR wird in ein Bankdarlehen umgewandelt.
3. **Eingangsrechnung:** Zielkauf zweier PC mit Drucker und Bildschirm für das Personalbüro über 5.000,00 EUR.
4. **Bankauszug:** Ausgleich einer fälligen Verbindlichkeit a. LL. über 8.000,00 EUR durch Banküberweisung.

Aktiva — **Bilanz zu Beginn des Geschäftsjahres** — **Passiva**

Aktiva		Passiva	
I. Anlagevermögen		I. Eigenkapital	90.000,00
Geschäftsausstattung	118.000,00	II. Schulden	
II. Umlaufvermögen		Darlehensschulden	20.000,00
Bank	22.000,00	Verbindlichkeiten a. LL.	40.000,00
Kasse	10.000,00		
	150.000,00		150.000,00

S	Geschäftsausstattung		H
AB	118.000,00		
(1) Bank	2.000,00		
(3) Vb	5.000,00		

S	Eigenkapital		H
		AB	70.000,00

S	Bank		H
AB	22.000,00	(1) Ga	2.000,00
		(4) Vb	8.000,00

S	Darlehensschulden		H
		AB	20.000,00
		(2) Vb	25.000,00

S	Kasse		H
AB	10.000,00		

S	Verbindlichkeiten a. LL.		H
(2) Darl.	25.000,00	AB	40.000,00
(4) Bank	8.000,00	(3) Ga	5.000,00

Bestandskonten über das Schlussbilanzkonto abschließen

In regelmäßigen Abständen (in der Praxis monatlich, quartalsmäßig, jährlich) werden die Bestandskonten zu einem Abschluss gebracht. Man erhält so die **Soll-Bestände** der Konten. Diese werden mit den **Ist-Beständen** verglichen, welche durch die Inventur ermittelt werden. Stimmen die Soll-Bestände mit den Ist-Beständen überein, können die Konten abgeschlossen werden, andernfalls muss zuerst eine Korrekturbuchung vorgenommen werden.

Zu diesem Zweck werden alle Bestandskonten **saldiert**, d. h. der **Schlussbestand** (Saldo) aller Aktiv- und Passivkonten wird ermittelt. Den Saldo erhält man immer durch die Differenz zwischen der wertmäßig größeren und kleineren Seite des Kontos.

Dabei hat sich das folgende Vorgehen bewährt:

1. **Addition** der wertmäßig größeren Seite;
2. **Übertragung** der Summe auf die wertmäßig kleinere Seite;
3. **Subtraktion** der wertmäßig kleineren Seite;
4. **Eintragung der Differenz** (Schlussbestand, Saldo) auf der wertmäßig kleineren Seite.

Beispiel

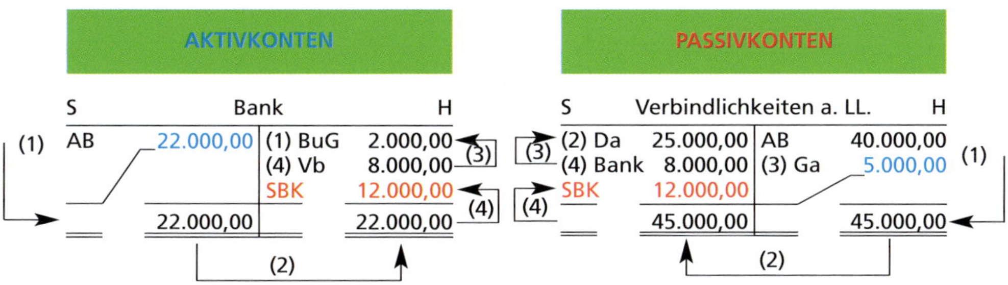

Die Gegenbuchung der Kontensalden wird auf dem Schlussbilanzkonto vorgenommen. Auf diesem werden die Salden der Aktivkonten (Soll-Seite) und Passivkonten (Haben-Seite) gegenübergestellt. **Wurden alle Geschäftsfälle richtig gebucht und abgeschlossen, dann sind die Summen der Soll- und Haben-Seite des Schlussbilanzkontos gleich.**

Beispiel Frau Feld demonstriert Mehmet den Abschluss der Konten über das Schlussbilanzkonto. Dabei wird stark vereinfachend davon ausgegangen, dass zwischen der Eröffnungsbilanz und dem Geschäftsjahresende nur vier Geschäftsfälle gebucht wurden.

Aktiva	Eröffnungsbilanz		Passiva
I. Anlagevermögen		**I. Eigenkapital**	90.000,00
Geschäftsausstattung	118.000,00	**II. Schulden**	
II. Umlaufvermögen		Darlehensschulden	20.000,00
Bank	22.000,00	Verbindlichkeiten a. LL.	40.000,00
Kasse	10.000,00		
	150.000,00		150.000,00

Soll	Geschäftsausstattung		Haben
AB	118.000,00	SBK	125 000,00
(1) Bank	2.000,00		
(3) Vb	5.000,00		
	125.000,00		125 000,00

Soll	Eigenkapital		Haben
SBK	90.000,00	AB	90.000,00

S	BankH		H
AB	22.000,00	(1) Ga	2.000,00
		(4) Vb	8.000,00
		SBK	12.000,00
	22.000,00		22.000,00

S	Darlehensschulden		H
SBK	45.000,00	AB	20.000,00
		(2) Vb	25.000,00
	45.000,00		45.000,00

Soll	Kasse		Haben
AB	10.000,00	SBK	10.000,00

S	Verbindlichkeiten a. LL.		H
(2) Da	25.000,00	AB	40.000,00
(4) Ba	8.000,00	(3) Ga	5.000,00
SBK	12.000,00		
	45. 000,00		45.000,00

Soll	Schlussbilanzkonto		Haben
Geschäftsausstattung	125.000,00	Eigenkapital	90.000,00
Bank	12.000,00	Darlehensschulden	45.000,00
Kasse	10.000,00	Verbindlichkeiten a. LL.	12.000,00
	147.000,00		147.000,00

Geschäftsfälle auf Bestandskonten buchen

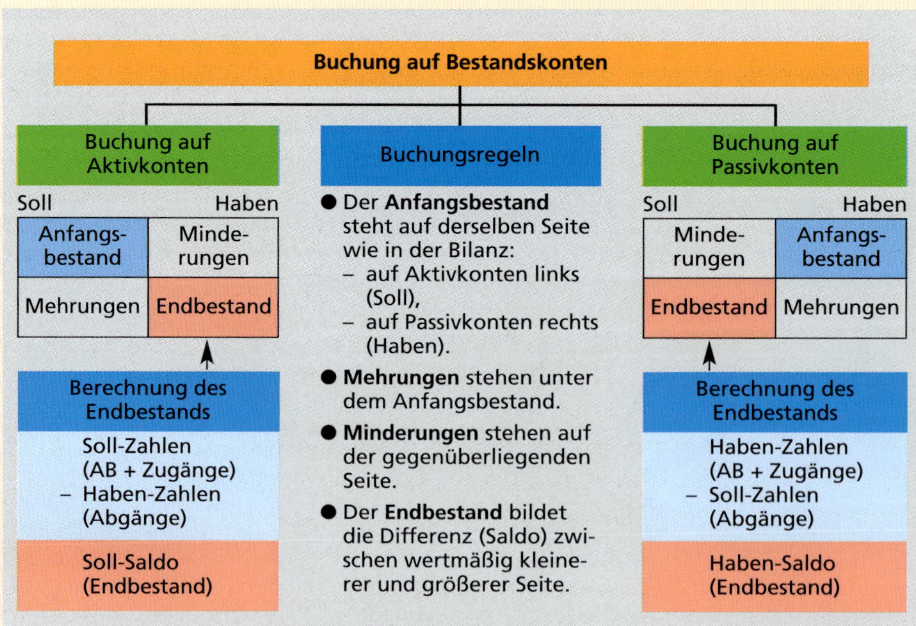

- Die Salden der Bestandskonten werden zum Jahresende auf dem **Schlussbilanzkonto** gesammelt bzw. gegengebucht.

- **Lösungsweg von der Eröffnungsbilanz zum Schlussbilanzkonto (SBK)**
  (1) Stellen Sie die Eröffnungsbilanz auf.
  (2) Buchen Sie die Eröffnungsbuchungen und die Geschäftsfälle auf den Konten im Hauptbuch.
  (3) Schließen Sie die Konten über das Schlussbilanzkonto ab.

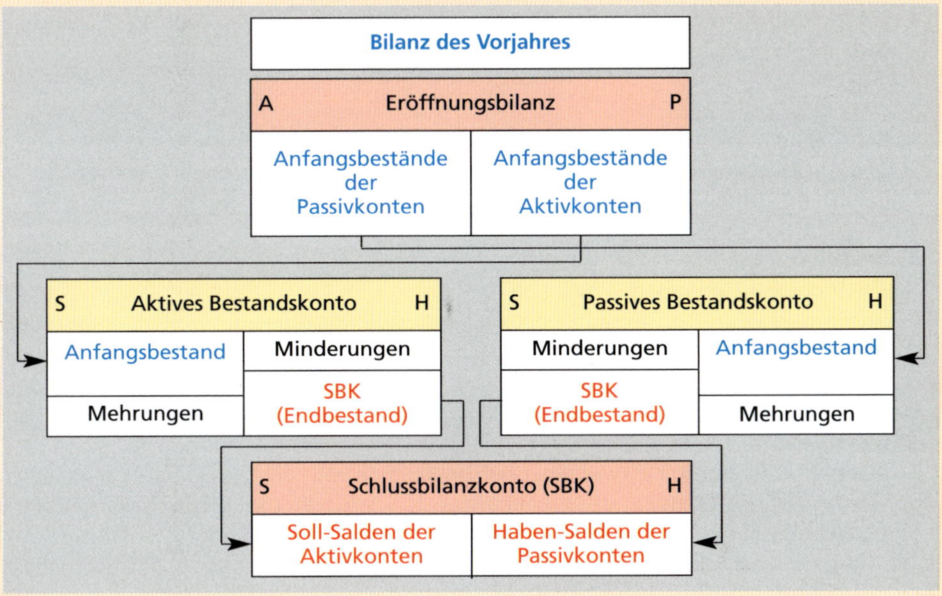

1. Anfangsbestände

	EUR		EUR
Geschäftsausstattung	36.500,00	Eigenkapital	?
Forderungen a. LL.	6.400,00	Darlehensschulden	12.000,00
Bankguthaben	5.200,00	Verbindlichkeiten a. LL.	3.000,00
Kasse	1.840,00		

Geschäftsfälle

	EUR
1. Einkauf eines Drehstuhls auf Ziel	1.300,00
2. Ein Kunde zahlt durch Banküberweisung für AR 101	750,00
3. Barkauf eines Computerbildschirms, ER 186	680,00
4. Ausgleich der Lieferrechnung ER 179 durch Banküberweisung, BA 127	1.320,00
5. Rückzahlung eines Darlehens durch Banküberweisung, BA 128	1.000,00

Aufgaben: Eröffnen Sie die Bestandskonten und buchen Sie die Geschäftsfälle.

2. Anfangsbestände

	EUR		EUR
Haus und Grundstück	60.000,00	Bankguthaben	13.800,00
Fuhrpark	22.000,00	Kasse	2.400,00
Geschäftsausstattung	102.500,00	Eigenkapital	?
Forderungen a. LL.	15.000,00	Darlehensschulden	40.000,00
		Verbindlichkeiten a. LL.	18.000,00

Geschäftsfälle

		EUR
1.	Ausgleich der Liefererrechnung ER 211 durch Banküberweisung, BA 190	2.500,00
2.	Einkauf eines Regals auf Ziel, ER 224	1.600,00
3.	Ein Kunde überweist auf das Bankkonto für AR 310, BA 93	1.200,00
4.	Bareinkauf eines Personalcomputers, ER 225, quittiert	2.300,00
5.	Barabhebung vom Bankkonto, BA 191	2.000,00
6.	Ein Kunde überweist auf das Bankkonto für AR 301, BA 192	1.950,00
7.	Barverkauf eines gebrauchten Regals, AR 302	190,00
8.	Barkauf eines Büroschrankes, ER 226	670,00
9.	Teilrückzahlung des Darlehens durch Banküberweisung, BA 193	4.000,00
10.	Ausgleich der Liefererrechnung ER 207 durch Banküberweisung, BA 94	1.550,00

Aufgaben: Eröffnen Sie die Bestandskonten und buchen Sie die Geschäftsfälle.

3. Stellen Sie die Eröffnungsbilanz auf. Richten Sie die Bestandskonten ein und übernehmen Sie die Anfangsbestände. Buchen Sie die Geschäftsfälle auf den Konten bei Angabe der Nummern des Geschäftsfalles und des Gegenkontos. Schließen Sie die Konten über das Schlussbilanzkonto ab.

Anfangsbestände	EUR		EUR
Grundstücke mit Gebäuden	500.000,00	Kasse	15.000,00
Geschäftsausstattung	80.000,00	Eigenkapital	690.000,00
Fuhrpark	130.000,00	Darlehensschuld	300.000,00
Forderungen a. LL.	175.000,00	Verbindlichkeiten a. LL.	180.000,00
Bank	270.000,00		

Geschäftsfälle

		EUR
1.	**Eingangsrechnung:** Zielkauf eines Personalcomputers	10.000,00
2.	**Bankauszug:** Banküberweisung der Tilgungsrate für die Darlehensschuld	30.000,00
3.	**Bankauszug:** Kunde bezahlte fällige AR durch Banküberweisung	12.000,00
4.	**Ausgangsrechnung:** Zielverkauf eines gebrauchten Pkw	16.000,00
5.	**Bankauszug:** Unser Unternehmen zahlte auf das Bankkonto bar ein	6.000,00
6.	**Vertrag:** Lieferer stundet eine fällige ER auf 6 Jahre	40.000,00
7.	**Vertrag, Bankauszug:** Kauf einer Lagerhalle gegen Überweisung	180.000,00
8.	**Eingangsrechnung:** Zielkauf eines Pkw	46.000,00
9.	**Bankauszug:** Banküberweisung an Lieferer für fällige ER	24.000,00
10.	**Ausgangsrechnung:** Barverkauf eines gebrauchten PC	1.000,00

4.

Anfangsbestände	EUR		EUR
Geschäftsausstattung	17.000,00	Kasse	3.800,00
Forderungen a. LL.	5.000,00	Eigenkapital	?
Bankguthaben	1.200,00	Darlehensschulden	2.600,00
		Verbindlichkeiten a. LL.	5.400,00

Geschäftsfälle

		EUR
1.	Einkauf eines Bürotisches auf Ziel, ER 112	840,00
2.	Kunden überweisen auf unser Bankkonto für AR 100 – 103, BA 185	1.350,00
3.	Barabhebung vom Bankkonto, BA 186	400,00
4.	Barverkauf eines gebrauchten Monitors, AR 113	180,00
5.	Barkauf eines Personalcomputers, ER 113	3.680,00
6.	Rückzahlung einer Darlehensrate durch Banküberweisung, BA 187	600,00
7.	Ausgleich der Liefererrechnung ER 104 durch Banküberweisung, BA 188	1.040,00
8.	Kunden überweisen auf unser Bankkonto für AR 104 -107, BA 189	1.650,00
9.	Ausgleich der Liefererrechnung ER 99 durch Banküberweisung, BA 190	1.200,00

Auswertung der Aufgabe

Vergleichen Sie die Posten in der Eröffnungs- und Schlussbilanz.

a) Welche Posten sind besonders stark verändert worden?

b) Worauf sind diese Änderungen zurückzuführen? Prüfen Sie anhand der Konten.

c) Nennen Sie Gründe für die Abweichung des Kassen-Ist- und -Soll-Bestandes.

d) Überprüfen Sie, wie in Ihrem Ausbildungsbetrieb eine Abweichung des Ist-Bestandes vom Soll-Bestand behandelt wird:
   da) ein Kassenfehlbetrag
   db) ein Kassenmehrbestand

e) Errechnen Sie:
   das Verhältnis Eigenkapital – Fremdkapital,
   das Verhältnis Anlagevermögen – Umlaufvermögen in der Eröffnungs- und Schlussbilanz.
   Welche Änderungen stellen Sie fest?

5. Unten stehende Satzteile sind zu einer richtigen Aussage zu ergänzen, indem Sie wahlweise einsetzen:

(1) Das Inventar
(2) Die Schlussbilanz
(3) Das Schlussbilanzkonto

(a) … nimmt die Salden der Bestandskonten beim Jahresabschluss auf.
(b) … ist eine Gegenüberstellung von Vermögen und Kapital lt. Inventur.
(c) … enthält neben Mengen- auch Wertangaben.
(d) … ist eine Auflistung aller Vermögensteile und Schulden sowie eine Gegenüberstellung von Vermögen und Schulden.
(e) … muss in Kapitalgesellschaften veröffentlicht werden.
(f) … steht im Hauptbuch.

6. Stellen Sie die Eröffnungsbilanz auf. Tragen Sie die Eröffnungsbuchungen und die laufenden Buchungen im Grundbuch ein. Buchen Sie die Geschäftsfälle auf den Konten im Hauptbuch. Führen Sie den Abschluss der Konten im Grund- und Hauptbuch durch.

Anfangsbestände	EUR		EUR
Fuhrpark	430.000,00	Kasse	8.000,00
Geschäftsausstattung	120.000,00	Eigenkapital	452.000,00
Forderungen a. LL.	146.000,00	Darlehensschulden	300.000,00
Bank	205.000,00	Verbindlichkeiten a. LL.	157.000,00

Geschäftsfälle	EUR
1. Ausgangsrechnung: Zielverkauf eines gebrauchten Pkw	5.000,00
2. Vertrag: Umwandlung einer Liefererverbindlichkeit in ein Darlehen	50.000,00
3. Bankauszug: Kauf von zwei Personalcomputern für das Lager gegen Banküberweisung	4.800,00
4. Bankauszug: Banküberweisung an Lieferer für fällige Eingangsrechnung	17.000,00
5. Kassenbeleg: Kunde bezahlt fällige Ausgangsrechnung bar	500,00
6. Kassenbeleg: Bareinzahlung auf das Bankkonto	5.000,00
7. Eingangsrechnung: Zielkauf eines Pkw	35.000,00
8. Bankauszug: Banküberweisung vom Kunden für fällige Ausgangsrechnung	26.500,00
9. Bankauszug: Banküberweisung der Tilgungsrate für das Darlehen	25.000,00
10. Kassenbeleg: Barverkauf eines gebrauchten Regals	800,00

4.2.3 Buchhalterische Schritte und Organisationshilfen zur Erfassung von Belegen

Mehmet Aydin hat einen Termin bei Herrn Topkoven, dem Leiter der Verwaltung. Herr Topkoven möchte wissen, was Mehmet bisher bei Frau Feld in der Finanzbuchhaltung gelernt hat. Zufrieden berichtet Mehmet: *„Das Wichtigste war für mich, dass man zunächst einmal die Geschäftsprozesse, die den einzelnen Belegen zugrunde liegen, verstanden hat. Das habe ich und kann jetzt alle möglichen Belege lesen. Außerdem habe ich schon viele Buchungen auf Bestandskonten vorgenommen. Allerdings habe ich noch nicht mit unserem Finanzbuchhaltungsprogramm gearbeitet – das kommt wohl noch.“ „Das hört sich ja prima an“*, meint Herr Topkoven. *„Bevor Sie am Rechner buchen, machen Sie sich bitte mit dem Kontierungsstempel, der Belegbearbeitung und unseren Büchern vertraut.“*
Mehmet ist verwirrt. *„Stempel? Belegvorbereitung? Bücher? Das hört sich ja total veraltet an.“*

ARBEITSAUFTRÄGE

- Erstellen Sie eine Checkliste zur systematischen Erfassung von Belegen in der Buchhaltung.
  Erkundigen Sie sich nach der Vorgehensweise Ihres Ausbildungsbetriebes.
- Erläutern Sie die Inhalte des Kontierungsstempels.

→ AH

Vorbereitung der Belege für eine Buchung

Kontrollieren

Zunächst ist jeder Beleg auf seine sachliche und rechnerische **Korrektheit** zu kontrollieren.

Beispiel Frau Feld prüft die Eingangsrechnung der Büroschrankwände, indem sie die Rechnung mit der Bestellung und dem Lieferschein vergleicht und die aufgeführten Beträge nachrechnet.

Sortieren ↓ **Nummerieren**

Damit Belege auf keinen Fall doppelt gebucht werden und zudem rasch gefunden werden können, erhalten sie eine **Bezeichnung der Belegart (ER, AR, BA, KB usw.)** und werden sortiert sowie **fortlaufend nummeriert**.

Beispiel Frau Feld schreibt auf die Eingangsrechnung für die Büroschrankwände „ER 349“, da es sich um die 349. Eingangsrechnung in diesem Jahr handelt.

Vorkontieren

Schließlich erhält jeder Beleg einen **Kontierungsstempel (Buchungsstempel)**. Hier werden bereits die betroffenen Konten benannt und die entsprechenden Beträge auf Soll- bzw. Haben-Seite eingetragen.

Beispiel Frau Feld kontiert die Eingangsrechnung zu den Büroschrankwänden vor.

Konto	Soll	Haben
Geschäftsausstattung	5.000,00	
Verbindlichkeiten a. LL.		5.000,00
Gebucht: *Feld 24.03.20..*		

Buchen (siehe unten)

↓

Ablegen

↓

Aufbewahren

Alle Buchungsbelege sind **zehn Jahre** aufzubewahren.

Der Buchungssatz – die SMS[1] der Finanzbuchhaltung

Einfacher Buchungssatz

Eine Anweisung für die Buchung eines Belegs, z. B. einer Eingangsrechnung über Betriebsmittel, könnte wie folgt lauten:

Beispiel „Der Betrag von 5.000,00 EUR für den Einkauf zweier Büroschrankwände ist auf dem Konto Geschäftsausstattung im Soll zu buchen. Außerdem ist der Betrag von 5.000,00 EUR im Haben des Kontos Verbindlichkeiten a. LL. zu buchen."

Diese Anweisung ist lang und unübersichtlich. Deshalb gibt es in der Buchführung eine **Kurzanweisung – den Buchungssatz.** Dieser gibt die Buchungsanweisung in der kürzesten Form wieder und benötigt dazu nur eine Regel:

Die Soll-Buchung wird vor der Haben-Buchung genannt.
Der „Seitenwechsel" wird mit dem Wort „an" eingeleitet.
Soll an Haben

So ergibt sich die kurze, aber dennoch eindeutige Anweisung:

Beispiel „Geschäftsausstattung 5.000,00 EUR an Verbindlichkeiten a. LL. 5.000,00 EUR"

Zusammengesetzter Buchungssatz

Beim einfachen Buchungssatz ruft der zugrunde liegende Geschäftsfall nur auf zwei Konten Wertveränderungen hervor. Beim zusammengesetzten Buchungssatz werden mehr als zwei Konten berührt.

Beispiel Ausgleich einer Liefererrechnung	EUR	EUR
durch Banküberweisung	1.100,00	
und bar	400,00	1.500,00
Buchungssatz:	**Soll**	**Haben**
Verbindlichkeiten a. LL.	1.500,00	
an Bank		1.100,00
an Kasse		400,00

Buchung:

S	Bank (Ba)		H
AB	4.000,00	Vb	1.100,00

S	Kasse (Ka)		H
AB	2.500,00	Vb	400,00

S	Verbindlichkeiten a. LL. (Vb)		H
Ba, Ka	1.500,00	AB	8.000,00

Belegbuchung

Sind die Belege **vorkontiert**, kann gebucht werden. Nach der **Ordnung** der Buchungen sind Grundbuch und Hauptbuch zu unterscheiden.

Vorkontierung der Belege → **Buchung in zeitlicher Reihenfolge im Grundbuch** → **Buchung auf den Sachkonten im Hauptbuch**

[1] *SMS = Short Message Service – Telekommunikationsdienst für kurze Textnachrichten*

○ Grundbuch

Im **Grundbuch**, auch **Journal** genannt, werden alle Buchungssätze in **zeitlicher Reihenfolge** festgehalten. Darin werden zur besseren Kontrolle Buchungsdatum, Belegnummer, Buchungstext sowie die Beträge im Soll und im Haben aufgeführt.

Beispiel Grundbuchgestaltung

MARS Elektrofachmarkt e. K.					
			Grundbuch		**Seite 014**
Lfd.Nr.	Buchungsdatum	Beleg	Buchungssatz	Soll in EUR	Haben in EUR
00342	11.06.20..	BA 60	Verbindlichkeiten a. LL. an Bank	9.280,00	 9.280,00

Da in diesem Buch alle Geschäftsfälle fortlaufend und lückenlos gebucht werden, bildet es die **Grundlage bei Prüfungen durch die Behörden** (z. B. Finanzamt). Gleichzeitig liefert das Grundbuch alle **Unterlagen für die Buchung der Geschäftsfälle auf den Konten**.

○ Hauptbuch

Die chronologische Aufzeichnung (nach der zeitlichen Abfolge der Buchungen) im Grundbuch vermittelt keinen Überblick über die Veränderungen der einzelnen Vermögens- und Kapitalposten. Daher werden alle Geschäftsfälle auf den Konten gebucht. **Die Konten befinden sich im Hauptbuch.**

Beispiel Hauptbuch

MARS Elektrofachmarkt e. K.							
		Hauptbuch				**Seite 014**	
S	Bank		H	S	Verbindlichkeiten a. LL.		H
AB	28.000,00	VB	9.280,00	BA	9.280,00	AB	34.500,00

Die **Eintragung des Gegenkontos** lässt auf den zugrunde liegenden Geschäftsfall und damit auf die Ursache der Änderung schließen.

Beispiel Aus dem Konto „Bank“ geht durch die Angabe des Gegenkontos „Verbindlichkeiten a. LL.“ hervor, dass Warenschulden beglichen worden sind. Das Konto „Verbindlichkeiten a. LL.“ zeigt durch die Gegenbuchung Bank, dass die Verbindlichkeiten über Bank beglichen wurden.

Buchhalterische Schritte und Organisationshilfen zur Erfassung von Belegen

Bearbeiten von Belegen

- Keine Buchung ohne Beleg (**Belegzwang**).
- Die Belege werden in drei Schritten verarbeitet:
  - **Belegvorbereitung** (Sortieren, Nummerieren, Vorkontieren)
  - **Belegbuchung** im Grund- und Hauptbuch
  - **Belegablage** und **-aufbewahrung** (zehn Jahre)

Buchungssatz

- Der **Buchungssatz** ist eine **kurz gefasste Anweisung**, wie ein Geschäftsfall zu buchen ist.
- Er **benennt die Konten**, auf denen zu buchen ist, und zwar zuerst das Konto, auf dem die Soll-Buchung erfolgt, dann das Konto, auf dem die Haben-Buchung erfolgt.
- **Einfache Buchungssätze** rufen nur je ein Konto im Soll und im Haben an.
- **Zusammengesetzte Buchungssätze** rufen mehrere Konten im Soll und/oder im Haben an.
- Jeder **Beleg** wird zwecks Buchung vorkontiert. **Vorkontieren** heißt Angeben des Buchungssatzes auf dem Beleg.

Buchungen im Grundbuch und im Hauptbuch

- Im Grundbuch werden alle Geschäftsfälle in Form von **Buchungssätzen in zeitlicher Reihenfolge** (chronologisch) eingetragen.
- Das Grundbuch bildet die **Grundlage** für die Buchungen im Hauptbuch.
- Im Hauptbuch werden **alle** Geschäftsfälle nach sachlichen Gesichtspunkten, also welches Konto jeweils berührt wird, verteilt.
- Die Konten des Hauptbuchs liefern dem Unternehmer Informationen über Art, Ursache und Höhe der Veränderungen der einzelnen Bilanzposten.
- Die Ursache jeder Buchung wird durch die Angabe des **Gegenkontos und der Belegnummer** zum Ausdruck gebracht.
- Folgendes Schaubild zeigt die Zusammenhänge:

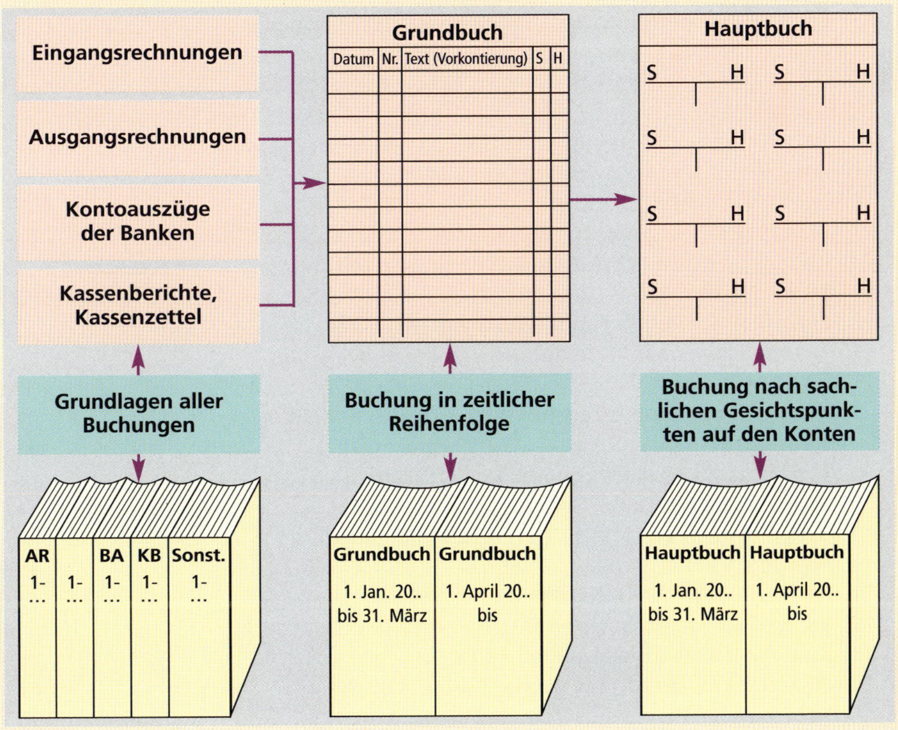

1. Beschreiben Sie die Geschäftsfälle, die folgenden Buchungssätzen zugrunde liegen.

1.	Fuhrpark	an Verbindlichkeiten a. LL.
2.	Kasse	an Bank
3.	Bank	an Forderungen a. LL.
4.	Verbindlichkeiten a. LL.	an Bank
5.	Darlehensschulden	an Bank
6.	Bank	an Kasse
7.	Bank	an Forderungen a. LL.
8.	Geschäftsausstattung	an Kasse
9.	Bank	an Unbebaute Grundstücke
10.	Bank	an Darlehensschulden

2. Bilden Sie die Buchungssätze zu folgenden Geschäftsfällen.

		EUR
1.	Bareinzahlung auf das Bankkonto	1.300,00
2.	Barabhebung vom Bankkonto	600,00
3.	Ein Kunde begleicht eine Rechnung durch Banküberweisung	350,00
4.	Kauf eines PC bar	760,00
5.	Zieleinkauf eines Schreibtisches	830,00
6.	Tilgung einer Darlehensschuld durch Banküberweisung	900,00
7.	Ausgleich einer Liefererrechnung durch Banküberweisung	850,00
8.	Einkauf eines Pkw gegen Banküberweisung	20.000,00
9.	Aufnahme eines Darlehens bei unserer Hausbank, das auf unserem Bankkonto gutgeschrieben wird	1.500,00
10.	Zahlung an einen Lieferer durch Banküberweisung	950,00
11.	Bareinzahlung auf unser Bankkonto	800,00
12.	Verkauf eines gebrauchten Pkw bar	450,00
13.	Kauf eines Baugrundstücks gegen Banküberweisung	5.500,00

3. Tragen Sie folgende Geschäftsfälle ins Grundbuch (vgl. Seite 230) ein und bilden Sie die Buchungssätze:

		EUR	EUR
1.	Bareinkauf einer Schreibtischlampe, ER 84		300,00
2.	Barabhebung vom Bankkonto, BA 120		600,00
3.	Ein Kunde begleicht AR 102 durch Banküberweisung, BA 121		350,00
4.	Kauf eines Schreibtisches gegen Banküberweisung, ER 85, BA 122		2.760,00
5.	Einkauf eines Regals für das Büro auf Ziel, ER 86		830,00
6.	Tilgung einer Darlehensschuld durch Banküberweisung, BA 123		900,00
7.	Ausgleich der Liefererrechnung ER 36 durch Banküberweisung, BA 124		850,00
8.	Einkauf eines Monitors gegen Bankgirocard, ER 87		560,00
9.	Aufnahme eines Darlehens bar		1.500,00
10.	Zahlung an einen Lieferer für ER 78 durch Banküberweisung, BA 125		950,00
11.	Bareinzahlung auf unser Bankkonto, BA 126		800,00
12.	Verkauf eines gebrauchten Pkw bar, AR 139		450,00
13.	Kauf einer Kühltruhe auf Ziel, ER 88		5.500,00
14.	Einkauf eines Drehstuhls für das Büro, ER 89-90		
	bar	200,00	
	auf Ziel	750,00	950,00

15. Ausgleich der Liefererrechnung ER 77		
bar	180,00	
durch Banküberweisung, BA 127	1.020,00	1.200,00
16. Ausgleich der AR 127		
bar	80,00	
durch Banküberweisung, BA 128	700,00	780,00
17. Einkauf eines Personalcomputers, ER 90		
bar	250,00	
gegen Banküberweisung, BA 129	2.430,00	2.680,00
18. Tilgung einer Darlehensschuld		
durch Banküberweisung, BA 130	800,00	
bar	200,00	1.000,00

4. **5.** Richten Sie die aufgeführten Konten ein und übernehmen Sie die Anfangsbestände. Buchen Sie die Geschäftsfälle auf den Konten bei Angabe der Nummer des Geschäftsfalls und des Gegenkontos. Schließen Sie die Konten über das Schlussbilanzkonto ab.

Anfangsbestände	EUR		EUR
Fuhrpark	60.000,00	Bankguthaben	7.350,00
Geschäftsausstattung	24.500,00	Kasse	1.240,00
Warenbestände	75.000,00	Eigenkapital	?
Forderungen a. LL.	10.600,00	Darlehensschulden	35.000,00
		Verbindlichkeiten a. LL.	13.750,00

	4	5
Geschäftsfälle	EUR	EUR
1. Einkauf eines Regals auf Ziel, ER 13	1.300,00	1.600,00
2. Ein Kunde überweist auf unser Bankkonto für AR, 26, BA 23	745,00	813,00
3. Verkauf einer gebrauchten Kasse bar	856,00	950,00
4. Rückzahlung einer Darlehensrate durch Banküberweisung, BA 24	1.000,00	2.000,00
5. Ausgleich der Liefererrechnung ER 10 durch Banküberweisung BA 25	855,00	940,00
6. Einkauf eines Druckers für den PC im Büro, bar, ER 14	450,00	560,00
7. Einkauf einer Scannerkasse auf Ziel, ER 15	680,00	790,00
8. Ein Kunde begleicht AR 19 durch Banküberweisung, BA 26	535,00	675,00
9. Einkauf eines Kassenstuhls gegen Bankgirocard, ER 16/BA 27	745,00	960,00
10. Einkauf eines Personalcomputers auf Ziel, ER 17	930,00	1.110,00
11. Ausgleich von ER 12 durch Banküberweisung, BA 28	580,00	630,00
12. Ein Kunde überweist für AR 20 auf unser Bankkonto, BA 29	650,00	835,00

4.3 Auf Erfolgskonten buchen und den Erfolg ermitteln

Die Stadt Köln hat beim Mars Elektrofachmarkt e. K. 120 Touchscreen-Bildschirme bestellt, um die Schulen der Stadt mit modernen Präsentationsmedien auszustatten. Zur Erfüllung dieses Auftrags hat der Mars Elektrofachmarkt e. K. 120 Touchscreen-Bildschirme bestellt, die bald nach dem Wareneingang gegen Rechnung an die Stadt Köln ausgeliefert werden. Mehmet hat die Belege dieses Geschäftsfalls auf seinem Schreibtisch zur Bearbeitung.

Rechnung

Elektro AG

Mainzer Straße 160 • 10247 Berlin • Tel: 0302341526-0 • Fax: 03023415098

Datum: 15.07.20..

Mars Elektrofachmarkt e. K.
Aachener Straße 1250
50859 Köln

Elektro AG
Internet: www.elektro-berlin.de
E-Mail: info@elektro-berlin.de
Bankverbindung:
Commerzbank Berlin
IBAN:
DE07100400000043205624
BIC: COBADEBBXXX
Steuernummer: 134/1768/3417
USt-IdNr.: DE543842617

Verkäufer	Bestellung vom	Kundennummer	Rechnungsnummer	Lieferbedingung	Zahlungsbedingungen
15	03.07.20..	8394	27932	frei Haus	Sofort – ohne Abzug

Artikelnummer	Menge	Beschreibung	Preis pro Einheit in EUR	Rabatt %	Summe der Positionen in EUR
582-20	120	Touchscreen-Bildschirm – „Aktiv"	768,00	---	81.600,00
				Gesamtsumme	**81.600,00**

Stellen Sie alle Überweisungen auf Elektro AG als Empfänger aus.

Vielen Dank für Ihre Bestellung!

MARS
ELEKTROFACHMARKT E. K.

Mars Elektrofachmarkt e. K., Aachener Str. 1250, 50859 Köln

Stadtverwaltung Köln
Am Hof 5
50667 Köln

Aachener Str. 1250
50859 Köln
Telefon: 0221 1610705
Telefax: 0221 1700088
info@mars-elektrofachmarkt.de
www.mars-elektrofachmarkt.de

Ihre Bestellung vom: 19.06.20..

RECHNUNG		
Bei Zahlung/Rücksendung/Gutschrift unbedingt angeben		
Kundennummer	Rechnungs-Nr.	Datum
24001	13997	20.08.20..

Artikel-Nr.	Artikelbezeichnung	Menge EUR	Einzelpreis EUR	Gesamtpreis
50299	Touchscreen-Bildschirme – „Aktiv"	120	986,00	**118.320,00**
Zahlbar innerhalb 30 Tagen netto				

Bankverbindung:
Kreissparkasse Köln
IBAN: DE38370502990013600564 **BIC:** COKSDE33XXX
Steuernummer: 223/3137/2973 **USt-IdNr.:** DE583442583

ARBEITSAUFTRÄGE
- Erläutern Sie die genauen Informationen, die Sie diesen Belegen zum betreffenden Geschäftsfall entnehmen können.
- Erläutern Sie die Ziele, die der Mars Elektrofachmarkt e. K, mit diesem Geschäftsfall verfolgt.
- Zeigen Sie die Auswirkung beider Belege auf die Bilanzposten.

Die bisher gebuchten Geschäftsfälle veränderten die Bestände der einzelnen Bilanzposten. Die Bilanzposition **Eigenkapital** wurde bisher nicht berührt. Das Eigenkapital wird durch die eigentliche Unternehmenstätigkeit (Kauf und Verkauf von Waren) jedoch laufend verändert. Ziel der unternehmerischen Tätigkeit ist es, das eingesetzte Kapital zu vermehren, also **Gewinn** zu erzielen. Das Unternehmen setzt sich aber auch dem Risiko aus, durch **Verluste** das Eigenkapital zu verlieren.

Der erwirtschaftete Gewinn eines Unternehmens sollte enthalten:

- eine **Eigenkapitalverzinsung** für das im Unternehmen angelegte Eigenkapital
- einen **Unternehmerlohn** für die Arbeitsleistung des Einzelhändlers
- eine **Risikoprämie** für die Übernahme des unternehmerischen Risikos

Aufwendungen erfassen

Um Waren verkaufen zu können, muss das Unternehmen eingekaufte **Waren**, menschliche **Arbeitsleistung** und **Betriebsmittel** einsetzen (= **Verzehr von Produktionsfaktoren**). Alle Ausgaben eines Rechnungsjahres für die eingesetzten Produktionsfaktoren werden als **Aufwand** bezeichnet.

↓ **Ausgaben für Waren** (Wareneinkäufe)

↓ **Mietzahlungen für Betriebsmittel**

↓ **Gehaltszahlungen für die Arbeitsleistungen der Angestellten**

Alle **Aufwendungen mindern das Vermögen** und zugleich das Eigenkapital, weil der Einzelhändler für die Aufwendungen in Vorleistung treten muss.

Beispiel Durch den Einkauf und Weiterverkauf der Touchscreen-Bildschirme an die Stadtverwaltung Köln entstehen dem Mars Elektrofachmarkt e. K. Aufwendungen:
- Aufwendungen für Waren
- Aufwendungen für Räume (z. B. Miete)
- Gehälter für Angestellte
- Energieaufwendungen
- Wertverlust der Betriebs- und Geschäftsausstattung
- Aufwendungen für Kommunikation (Telefon, Büromaterial, Postwertzeichen …)

Beim **Zufluss der Waren in ein Einzelhandelsunternehmen** wird unterstellt, dass sie zum Verkauf angeboten werden und zügig verkauft werden, also das Lager nicht berühren. Sie werden daher **sofort beim Eingang als Aufwand** erfasst.

Beispiel Die 120 gelieferten Touchscreen-Bildschirme werden unmittelbar an die Stadtverwaltung Köln weiterverkauft. Sie bilden beim Wareneinkauf einen Aufwand, der auf dem **Konto „Aufwendungen für Waren"** erfasst wird.

Alle **Aufwendungen mindern das Eigenkapital** eines Unternehmens. Sie könnten somit direkt auf der Soll-Seite des Eigenkapitalkontos erfasst werden. Um jedoch eine **Übersicht** sowie eine effektivere **Steuerung und Kontrolle** über einzelne Aufwandsarten zu ermöglichen, werden für die betreffenden Aufwendungen **Unterkonten des Eigenkapitalkontos** eingerichtet.

Um die Wirtschaftlichkeit eines Unternehmens zu kontrollieren, ist es notwendig, die **Entwicklung** der jeweiligen **Aufwandskonten** stets im Blick zu behalten. So kann **Fehlentwicklungen** rechtzeitig begegnet werden, um den Gewinn zu sichern und um Verluste zu vermeiden.

Beispiel Im Mars Elektrofachmarkt e. K. sind durch steigende Energiepreise die Aufwendungen für Strom und Gas in den vergangenen Jahren stark gestiegen. Die Geschäftsführung beauftragt daraufhin den Umweltbeauftragten, Herrn Braun, Vorschläge zu entwickeln, wie durch ein modernes Energiemanagement die Aufwendungen für Strom und Gas reduziert werden können, ohne dabei den Verkauf und die Warenpräsentation negativ zu beeinträchtigen.

Aufwandskonten sind Unterkonten des passiven Bestandskontos „Eigenkapital". Sie folgen daher auch den Buchungsregeln dieser Konten:
Entstandene **Aufwendungen** werden, da sie eine **Eigenkapitalminderung** bewirken, im **Soll** gebucht.

Aufwandskonten erfassen den **Werteverzehr** während eines Geschäftsjahres. Sie stehen somit am Anfang des Geschäftsjahres stets auf „null" und haben **keinen Anfangsbestand.**

Beispiel Die Eingangsrechnung für die 120 Touchscreen-Bildschirme wird wie folgt erfasst:

Rechnung

Elektro AG

Mainzer Straße 160 • 10247 Berlin • Tel: 030 2341526-0 • Fax: 030 23415098

Datum: 15.07.20..

Mars Elektrofachmarkt e. K.
Aachener Straße 1250
50859 Köln

Elektro AG
Internet: www.elektro-berlin.de
E-Mail: info@elektro-berlin.de
Bankverbindung:
Commerzbank Berlin
IBAN:
DE07100400000043205624
BIC: COBADEBBXXX
Steuernummer: 134/1768/3417
USt-IdNr.: DE543842617

Verkäufer	Bestellung vom	Kundennummer	Rechnungsnummer	Lieferbedingung	Zahlungsbedingungen
15	03.07.20..	8394	27932	frei Haus	Sofort – ohne Abzug

Artikelnummer	Menge	Beschreibung	Preis pro Einheit in EUR	Rabatt %	Summe der Positionen in EUR
582-20	120	Touchscreen-Bildschirm – „Aktiv"	768,00	---	81.600,00
				Gesamtsumme	81.600,00

Stellen Sie alle Überweisungen auf Elektro AG als Empfänger aus.
Vielen Dank für Ihre Bestellung!

Aufwendungen für Waren	**81.600,00 EUR**
an Verbindlichkeiten a. LL.	**81.600,00 EUR**

S	Aufwendungen für Waren	H
Verb. a. LL. 81.600,00		

S	Verbindlichkeiten a. LL.	H
		AB 90.0000,00
		Aufw. f. Waren 81.600,00

Erträge erfassen

Die auf dem Beschaffungsmarkt eingekauften Waren werden auf dem Absatzmarkt verkauft und das Unternehmen erzielt **Umsatzerlöse.**

Durch die Umsatzerlöse des Einzelhandelsbetriebs wird ein Wertezuwachs des Vermögens (liquide Mittel, Forderungen) erzielt, der gleichzeitig eine Mehrung des Eigenkapitals darstellt. Diese Eigenkapitalmehrungen werden als **Erträge** bezeichnet.

In einem Einzelhandelsunternehmen können die folgenden **typischen Erträge** anfallen:

- Umsatzerlöse für Waren
- Umsatzerlöse für Dienstleistungen
- Mieterträge
- Zinserträge

Alle Erträge erhöhen das Eigenkapital eines Unternehmens. Dafür werden **Ertragskonten** für die betreffenden Ertragsarten wie Umsatzerlöse für Waren, Mieterträge, Zinserträge) eingerichtet. Diese Konten sind alle **Unterkonten** des **Eigenkapitalkontos**.

> Für die **Buchung** der **Erträge** als **Eigenkapitalmehrung** auf den verschiedenen Ertragskonten gelten die **Buchungsregeln** des **passiven Bestandskontos:**
> Mehrungen werden im **Haben** gebucht. Ertragskonten haben, ebenso wie die Aufwandskonten, **keinen Anfangsbestand**.

Beispiel Die Ausgangrechnung für die verkauften Touchscreen-Bildschirme wird wie folgt erfasst:

MARS
ELEKTROFACHMARKT E. K.

Mars Elektrofachmarkt e. K., Aachener Str. 1250, 50859 Köln

Stadtverwaltung Köln
Am Hof 5
50667 Köln

Aachener Str. 1250
50859 Köln
Telefon: 0221 1610705
Telefax: 0221 1700088
info@mars-elektrofachmarkt.de
www.mars-elektrofachmarkt.de

RECHNUNG
Bei Zahlung/Rücksendung/Gutschrift unbedingt angeben

Ihre Bestellung vom: 19.06.20..

Kundennummer	Rechnungs-Nr.	Datum
24001	13997	20.08.20..

Artikel-Nr.	Artikelbezeichnung	Menge EUR	Einzelpreis EUR	Gesamtpreis
50299	Touchscreen-Bildschirme – „Aktiv“	120	986,00	118.320,00

Zahlbar innerhalb 30 Tagen netto

Bankverbindung:
Kreissparkasse Köln
IBAN: DE38370502990013600584 **BIC:** COKSDE33XXX
Steuernummer: 223/3137/2973 **USt-IdNr:** DE583442563

> **Forderungen a. LL. 118.320,00 EUR**
> **an Umsatzerlöse für Waren 118.320,00 EUR**

S	Forderungen a. LL.		H
AB	120.000,00		
Umsatzerl. f. Wa.	118.320,00		

S	Umsatzerlöse für eigene Erzeugnisse		H
		Ford. a. LL.	118.320,00

○ Abschluss der Erfolgskonten über das Gewinn- und Verlustkonto

In einem Einzelhandelsunternehmen entstehen unterschiedliche **Aufwandsarten** und **Ertragsarten**, die auf den jeweiligen Konten festgehalten werden. So kann festgestellt werden, wie hoch die einzelnen Aufwendungen und Erträge in dem betrachteten Zeitraum waren.

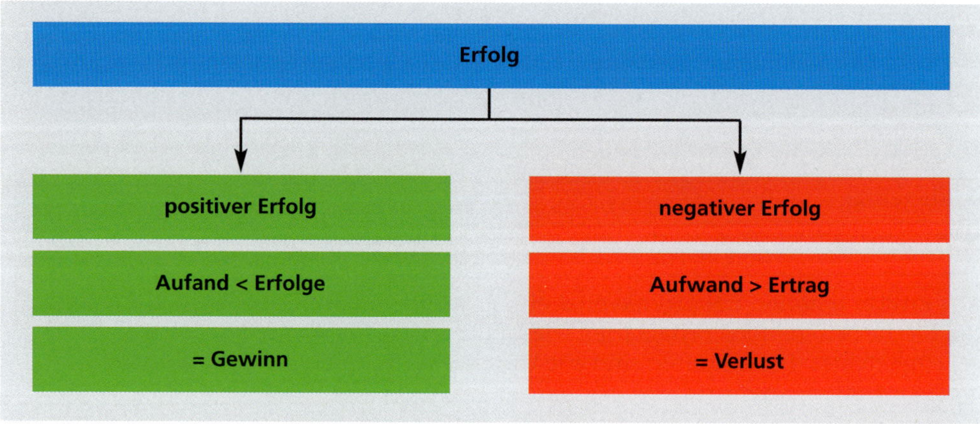

Zur **Erfolgsermittlung** ist die Betrachtung der einzelnen Konten jedoch zu unübersichtlich und daher unbrauchbar. Daher werden am Ende des Geschäftsjahres die Aufwands- und Ertragskonten abgeschlossen und auf dem dem **Gewinn- und Verlustkonto (GuV-Konto)** gesammelt und gegenübergestellt, um den **Erfolg** (Gewinn oder Verlust) festzustellen.
Die Buchungssätze dafür lauten:

GuV
an alle Aufwandskonten

alle Errtragskonten
an GuV

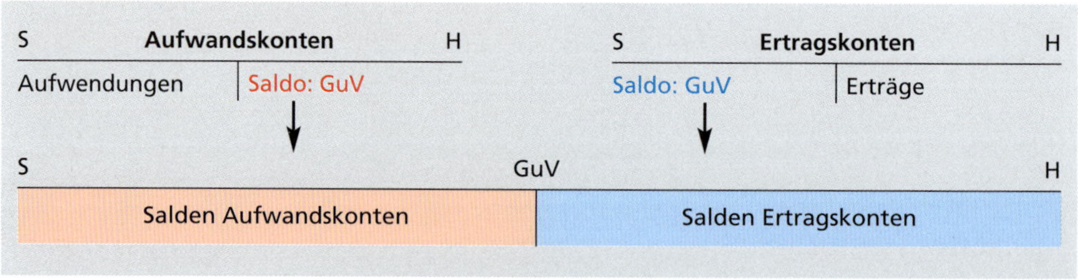

Beispiel Einkauf und Verkauf von 120 Touchscreen-Bildschirmen „Aktiv" im Mars Elektrofachmarkt e. K.

			EUR	EUR
Bewerteter Verzehr (in EUR) von Produktionsfaktoren	Wareneinsatz: 120 · 680 EUR	→ Aufwendungen für Waren	81.600,00	
	Personaleinsatz: Gehälter	→ Gehälter	18.000,00	
	Nutzung von Anlagen (Geschäftsraum)	→ Mieten	2.400,00	
	Gesamteinsatz in der Rechnungsperiode = Aufwand			102.000,00

		EUR	EUR
Bewerteter Zuwachs (in EUR) an Vermögen	Warenverkauf: 120 · 986,00 EUR → Umsatzerlöse	118.320,00	
	Gesamtzuwachs in der Rechnungsperiode = Ertrag		118.320,00
Differenz von Wertezuwachs und Werteverzehr in EUR			
	Aufwand < Ertrag = Gewinn		16.320,00

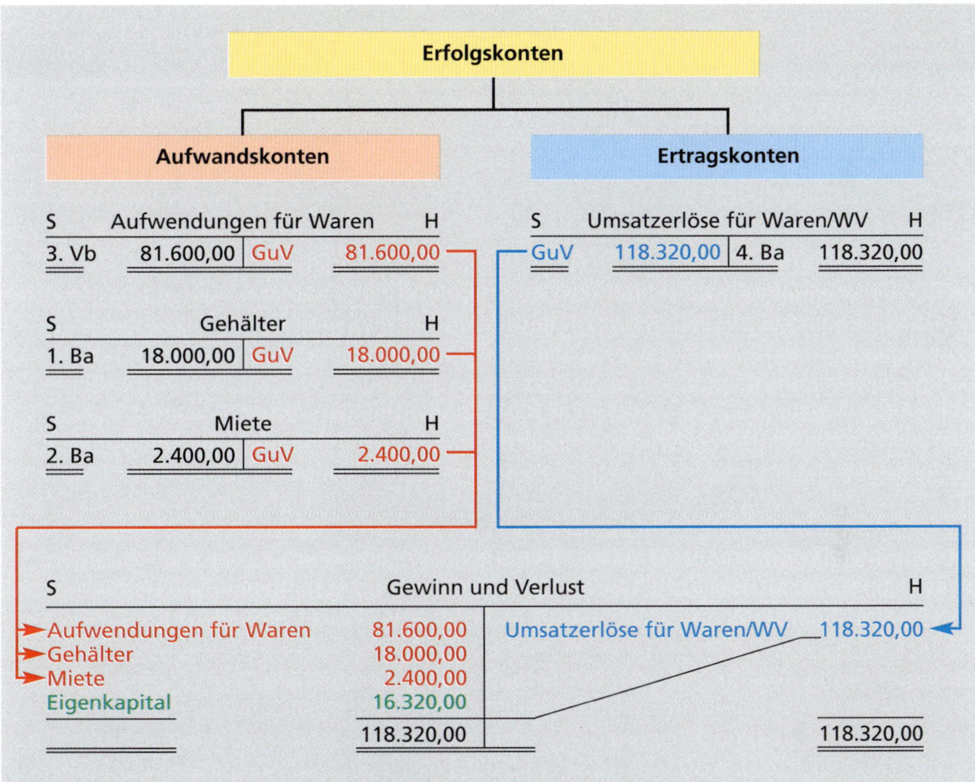

In marktwirtschaftlichen Unternehmen trägt bzw. tragen der oder die Eigentümer den wirtschaftlichen **Erfolg.** Entsprechend wird der auf dem GuV-Konto ermittelte Saldo (Gewinn oder Verlust) auf das **Eigenkapitalkonto** übertragen.

bei Gewinn:	**GuV**	**an Eigenkapital**
bei Verlust:	**Eigenkapital**	**an GuV**

Aufwendungen und Erträge im Einzelhandelsunternehmen – Auswirkungen und Buchungen

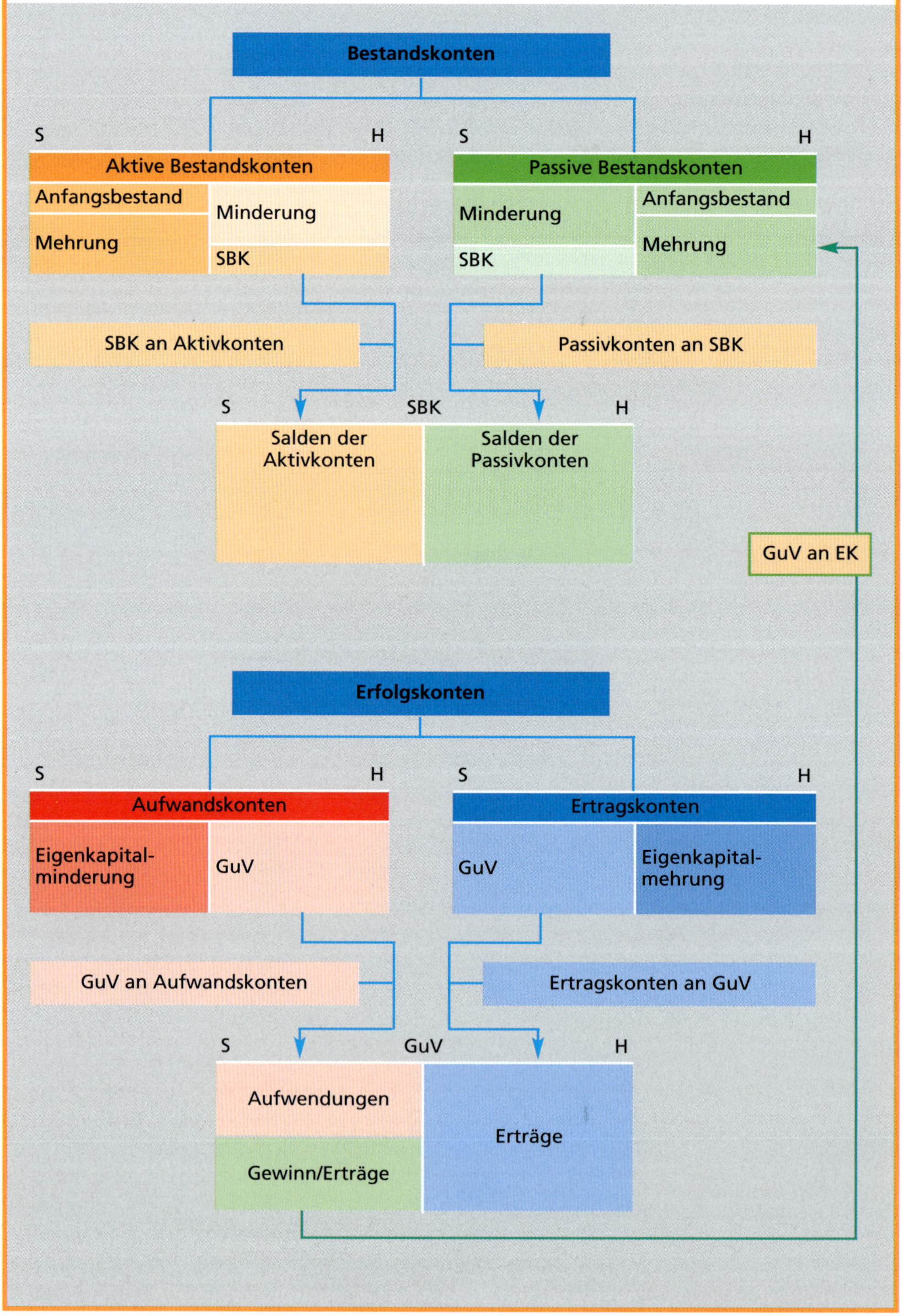

Auf Erfolgskonten buchen und den Erfolg ermitteln

- Der durch den Verbrauch der Produktionsfaktoren verursachte Werteverzehr wird als **Aufwand** bezeichnet, der das **Eigenkapital der Unternehmung** mindert.
- Über den Verkauf der Waren und die damit verbundenen **Erträge** soll der Werteverzehr wieder hereingeholt und zusätzlich ein **Gewinn** erzielt werden. **Erträge mehren das Eigenkapital**.
- Damit die Unternehmensleitung die Ursachen der Eigenkapitalveränderungen erkennt, werden **Aufwendungen** und **Erträge** getrennt auf Unterkonten des Eigenkapitalkontos gebucht (Erfolgskonten).
- Aufwandskonten erfassen die Eigenkapitalminderungen, Ertragskonten die Eigenkapitalmehrungen.

Soll	Eigenkapital Haben
Eigenkapitalminderungen ↓ **Werteverzehr** durch den Einsatz von Produktionsfaktoren vom Beschaffungsmarkt	**Anfangsbestand** Eigenkapitalmehrung ↓ **Wertezuwachs** durch erbrachte Leistungen für den Absatzmarkt
Aufwandsarten	**Ertragsarten**
● Aufwendungen für Waren/Wareneinsatz ● Energie (Strom, Heizung, Benzin) ● Fremdinstandsetzung (Reparatur an Kassen, Gebäuden) ● Gehälter ● Aufwendungen für Büromaterial, Postwertzeichen, Telekommunikation ● Werbekosten ● Versicherungsbeiträge ● Betriebliche Steuern (Kfz-Steuer, Gewerbesteuer) ● Zinsaufwendungen ● Provisionen der Verkaufsmitarbeiter ● Dekorationsmaterial	● Umsatzerlöse für Waren/Warenverkauf ● Umsatzerlöse für Dienstleistungen ● Mieterträge ● Zinserträge

- Zur **Ermittlung des Erfolgs** (**Gewinn** und **Verlust**) werden die Aufwands- und Ertragskonten über das **GuV-Konto** abgeschlossen.
- Der **Saldo** (Gewinn oder Verlust) wird auf das **Eigenkapitalkonto** übertragen.
- Die Bezeichnung **„Gewinn- und Verlustkonto"** erklärt sich, weil ein Haben-Saldo **(Gewinn)** zum Ausgleich **im Soll** und ein Soll-Saldo **(Verlust) im Haben** eingetragen wird.
- Die **Gewinn- und Verlustrechnung** bildet **zusammen mit** der **Bilanz** den **Jahresabschluss**, der vom Kaufmann unter Angabe des Datums zu unterzeichnen ist (§ 245 HGB).

1. Das Vermögen eines Einzelhandelsunternehmens beträgt am Ende des Geschäftsjahres 720.000,00 EUR, die Schulden betragen 370.000,00 EUR. Im Laufe dieses Geschäftsjahres sind 990.000,00 EUR Aufwendungen und 880.000,00 EUR Erträge entstanden.

a) Wie viel Tausend Euro (TEUR) beträgt das Eigenkapital am Ende des Geschäftsjahres?

b) Wie viel Tausend Euro (TEUR) beträgt das Eigenkapital am Anfang des Geschäftsjahres?

2. Konten

EBK, Fuhrpark, Geschäftsausstattung, Bank, Kasse, Eigenkapital, Darlehensschulden, Verbindlichkeiten, Umsatzerlöse für Waren, Aufwendungen für Waren, Aufwendungen für Energie, Löhne, Gehälter, Mieten, Postentgelte/Telekommunikation, Werbung, Gewerbesteuer, GuV, SBK

Anfangsbestände	EUR		EUR
Fuhrpark	45.000,00	Kasse	5.400,00
Geschäftsausstattung	355.000,00	Eigenkapital	430.780,00
Bank	210.000,00	Darlehensschulden	150.000,00
		Verbindlichkeiten a. LL.	34.620,00

Geschäftsfälle	EUR
1. BA: Banküberweisung der Miete für gemietete Gebäude	25.000,00
2. ER: Zieleinkauf von Waren	151.200,00
3. ER, KB: Bareinkauf eines Schreibtischs	940,00
4. BA, Vertrag: Darlehensaufnahme bei der Bank	200.000,00
5. BA: Gehaltszahlung durch Banküberweisung	252.000,00
6. BA: Banküberweisung der Gewerbesteuer	8.400,00
7. KB: Barverkauf von Waren	545.000,00
8. BA: Banküberweisung der Löhne	42.000,00
9. ER: Zieleinkauf von Waren	33.600,00
10. KB, BA: Barabhebung von der Bank	17.600,00
11. KB: Barzahlung der betrieblichen Telefonrechnung	2.060,00
12. BA: Banküberweisung für den Strom- und Gasverbrauch	16.800,00
13. KB: Verkäufe von Waren, bar	394.000,00
14. BA: Banküberweisung für Werbemaßnahmen	140.000,00
15. BA: Einkauf von Waren gegen Banküberweisung	168.940,00
16. KB: Verkäufe von Waren gegen Barzahlung	5.000,00
17. KB/BA: Einzahlung auf Bankkonto	955.000,00

a) Richten Sie die Konten ein.

b) Eröffnen Sie die Bestandskonten über das EBK.

c) Tragen Sie die Geschäftsfälle in das Grundbuch ein.

d) Buchen Sie die Geschäftsfälle auf den Konten des Hauptbuches.
e) Führen Sie den Abschluss durch.

3. Konten

EBK, Geschäftsausstattung, Forderungen, Bank, Kasse, Eigenkapital, Verbindlichkeiten a. LL., Umsatzerlöse für Waren, Aufwendungen für Waren, Aufwendungen für Energie, Gehälter, Mieten, Gewerbesteuer, GuV, SBK

Anfangsbestände	EUR		EUR
Geschäftsausstattung	250.000,00	Kasse	5.000,00
Forderungen a. LL.	50.000,00	Eigenkapital	500.000,00
Bank	320.000,00	Verbindlichkeiten a. LL.	125.000,00

Geschäftsfälle	EUR
1. ER: Zieleinkauf von Waren	75.000,00
2. BA: Banküberweisung für fällige AR von Kunden	15.000,00
3. BA: Banküberweisung der Gehälter an Angestellte	325.000,00
4. KB: Barverkäufe von Waren	325.000,00
5. BA: Banküberweisung der Miete für gemietete Gebäude	50.000,00
6. KB: Verkäufe von Waren, bar	295.000,00
7. BA, KB: Bareinzahlung auf Bankkonto	600.000,00
8. BA: Banküberweisung der Gewerbesteuer	30.000,00
9. AR: Verkäufe von Waren auf Ziel	5.000,00
10. BA: Banküberweisung für den Strom- und Gasverbrauch	20.000,00
11. BA: Banküberweisung an Lieferer für fällige ER	82.000,00

Führen Sie die Buchungen von der Eröffnung der Konten bis zum Abschluss durch.

4. Berechnen Sie die Aufwendungen des Mars Elektrofachmarktes e. K. als Prozentanteil der Gesamtaufwendungen und vergleichen Sie diese mit den Branchenkennzahlen.

	Mars Elektrofachmarkt e. K.	Branchen in %
Aufwendungen für Waren	4.556.000,00 EUR	55
Personalaufwand	1.980.000,00 EUR	30
Mieten, Instandhaltungen, Reinigung, Versicherungen	315.600,00 EUR	6
Aufwendungen für Energie	54.000,00 EUR	1
Werbung	75.000,00 EUR	3
betriebliche Steuern	285.000,00 EUR	5

Diskutieren Sie in Gruppen über die Ursachen der Abweichungen und über mögliche Maßnahmen des Mars Elektrofachmarktes e. K.
Vergleichen Sie Ihre Ergebnisse und entwickeln Sie einen Ursachen- und Maßnahmenkatalog.

5. Konten

EBK, Grundstück mit Gebäude, Geschäftsausstattung, Forderungen, Bank, Kasse, Eigenkapital, Verbindlichkeiten, Umsatzerlöse für Waren, Mieterträge, Aufwendungen für Waren, Gehälter, Büromaterial, Versicherungsbeiträge, GuV, SBK

Anfangsbestände	EUR		EUR
Grundstück mit Gebäude	300.000,00	Kasse	10.000,00
Geschäftsausstattung	140.000,00	Eigenkapital	600.000,00
Forderungen a. LL.	60.000,00	Verbindlichkeiten a. LL.	60.000,00
Bank	150.000,00		

Geschäftsfälle	EUR	EUR
1. BA, KB: Kunden bezahlten fällige Ausgangsrechnung		
a) durch Banküberweisung	40.000,00	
b) bar	1.200,00	41.200,00
2. BA, KB, ER: Einkäufe von Waren gegen		
a) Banküberweisung	48.000,00	
b) Barzahlung	3.200,00	
c) Zielgewährung von 50 Tagen	12.000,00	63.200,00
3. BA: Banküberweisung der Miete für ein vermietetes Lagergebäude		2.500,00
4. BA: Banküberweisung an		
a) Angestellte wegen Gehaltszahlung	40.000,00	
b) Schreibwarenhandlung wegen Büromaterialien	3.500,00	
c) Computerhandel GmbH wegen PC-Kauf für Verkaufsbüro	4.500,00	
d) Versicherungs-AG wegen Gebäudefeuerversicherung	1.300,00	49.300,00
5. AR, KB: Verkäufe von Waren gegen		
a) bar	120.000,00	
b) Zielgewährung von 30 Tagen	12.500,00	132.500,00

Führen Sie die Buchungen von der Eröffnung bis zum Abschluss durch.

5 Das Konto „Gewinn und Verlust" auswerten und entsprechende Maßnahmen einleiten

Frau Mars hat die Belegschaft zu einem kurzen Jahresbericht geladen. Aus ihrer kurzen Ansprache, in der sie sich auf die Gewinn- und Verlust-Rechnungen des abgelaufenen Jahres und des Vorjahres bezog, sind Mehmet Aydin drei Sätze im Gedächtnis geblieben: *„Ich bin nicht ganz zufrieden mit dem Ergebnis. Wir haben zusammen zwar wieder ein ähnliches Ergebnis erzielt wie im Vorjahr. Allerdings ist das Ergebnis schlechter, als es aussieht. Deshalb werden wir einiges ändern müssen."*

S — Gewinn- und Verlustrechnung des Mars Elektrofachmarkt e. K. in EUR — H

	Berichtsjahr	Vorjahr		Berichtsjahr	Vorjahr
Aufw. für Waren	4.556.000,00	4.340.000,00	Umsatzerlöse für Waren	7.688.250,00	7.256.000,00
Personalaufwendungen	1.980.000,00	1.910.000,00			
Mieten	60.000,00	60.000,00			
Aufw. für Energie	54.000,00	55.000,00			
Werbung	75.000,00	110.000,00			
Büromaterial	24.000,00	26.000,00			
Instandh., Reinigung, Versicherungen	255.600,00	164.200,00			
betriebliche Steuern	285.000,00	192.000,00			
Gewinn	398.650,00	398.800,00			
	7.688.250,00	7.256.000,00		7.688.250,00	7.256.000,00

Am nächsten Tag spricht Mehmet Frau Feld an.
Mehmet: *„Das Ergebnis ist doch fast gleichgeblieben!“*
Frau Feld: *„Wenn Sie genau hinschauen, dann werden Sie sehen, dass dies nur auf den ersten Blick stimmt. Bei einzelnen Positionen gab es bedeutsame Verschiebungen, die wir analysieren sollten. Stellen Sie den Vergleich einmal in Tabellen und Grafiken dar und tragen Sie den anderen Auszubildenden und mir Ihre Ergebnisse im Betriebsunterricht vor.“*

ARBEITSAUFTRAG

Setzen Sie sich in Gruppen mit der Erfolgsentwicklung des Mars Elektrofachmarkts e. K. auseinander. Präsentieren Sie anschließend Ihre Erkenntnisse vor der Klasse.

→ AH

Aufbereitung und Analyse der Gewinn- und Verlustrechnung

Die Gewinn- und Verlustrechnung ermöglicht genauere Aussagen über die **Aufwands- und Ertragsstruktur** und liefert somit wichtige Informationen zum Erfolg eines Einzelhandelsunternehmens. Im **Zeitvergleich** mit früheren GuV-Rechnungen können Entwicklungstendenzen bei einzelnen Aufwands- und Ertragsarten und beim Erfolg erkannt werden. Durch Vergleich mit Branchenzahlen oder mit den Zahlen der Mitbewerber (**Betriebsvergleich**) lassen sich Stärken und Schwächen erkennen.

Beispiel In den aufbereiteten GuV-Rechnungen des Mars Elektrofachmarktes e. K. werden die Anteile der einzelnen Aufwendungen und des Gewinns am Umsatz (= 100 %) und die Veränderungen gegenüber dem Vorjahr dargestellt.

Mars Elektrofachmark e. K. – Aufbereitete GuV-Rechnungen des Geschäftsjahres und des Vorjahres

Aufwendungen	Berichtsjahr		Vorjahr		Veränderungen		Erträge	Berichtsjahr		Vorjahr		Veränderungen	
	EUR	%	EUR	%	EUR	%		EUR	%	EUR	%	EUR	%
Aufw. für Waren	4.556.000,00	59,3	4.340.000,00	59,8	+ 216.000,00	+ 5,0							
Personalaufwendungen	1.980.000,00	25,8	1.910.000,00	26,3	+ 70.000,00	+ 3,7							
Mieten	60.000,00	0,8	60.000,00	0,8	0,00	0,0							
Aufw. für Energie	54.000,00	0,7	55.000,00	0,8	– 1.000,00	– 1,8	Umsatzerlöse für Waren	7.688.250,00	100,00	7.256.000,00	100,00	+ 432.250,00	+ 5,96
Werbung	75.000,00	1,0	110.000,00	1,5	– 35.000,00	– 31,8							
Büromaterial	24.000,00	0,3	26.000,00	0,4	– 2.000,00	– 7,7							
Instandh., Reinigung, Versich.	255.600,00	3,3	164.200,00	2,3	+ 91.400,00	+ 55,7							
betriebliche Steuern	285.000,00	3,7	192.000,00	2,6	+ 93.000,00	+ 48,4							
Gewinn	398.650,00	5,2	398.800,00	5,5	– 150,00	0,04							
	7.688.250,00	100,00	7.256.000,00	100,00	+ 432.250,00	+ 6,0		7.688.250,00	100,00	7.256.000,00	100,00	+ 432.250,00	+ 5,96

PRAXISTIPP Nutzen Sie zur Aufbereitung von Tabellen ein Tabellenkalkulationsprogramm, z. B. MS-Excel.

Besonders die Entwickungen der betrieblichen Aufwendungen und Erträge sind bei der Analyse des GuV-Kontos zu beobachten. Denn langfristig kann ein Unternehmen nur dann bestehen, wenn die Erträge größer sind als die Aufwendungen und das Unternehmen Gewinne erzielt.

● Durch die Analyse von Aufwendungen und Erträgen kaufmännische Maßnahmen ableiten

Maßnahmen zur **Kontrolle und Steuerung** des Unternehmenserfolgs zielen im Wesentlichen auf die Entwicklung der Aufwendungen und Erträge in einem Unternehmen ab. Deshalb müssen diese stets beobachtet und analysiert werden, um, wenn nötig, entsprechende unternehmerische Maßnahmen einzuleiten.

○ Analyse der Aufwendungen

Aufwendungen für Waren

Die Aufwendungen für Waren sind in einem Einzelhandelsbetrieb oftmals der größte Posten auf der Seite der Aufwendungen. Neben den reinen Aufwendungen für die jeweiligen Artikel müssen auch die Fracht- und Versandkosten den Anschaffungskosten zugerechnet werden. Zusätzlich beeinflussen **Rabatte und Skontogewährung** die Anschaffungskosten und somit die Höhe der Aufwendungen für Waren.
Die Aufwendungen für Waren beeinflussen somit maßgeblich den Erfolg eines Einzelhandelsunternehmens. Deshalb muss jeder Einkäufer im Einzelhandel bestrebt sein, die bestmöglichen Einkaufskonditionen zu erhalten. Dabei hat der Einzelhändler eine Vielzahl von Einflussmöglichkeiten. Die wichtigsten sind:

- **Angebotsvergleiche** zwischen verschiedenen Lieferanten
- **Verhandlungen** mit bestehenden Lieferanten bezüglich der Einkaufspreise, Rabatte, Drein- und Draufgaben, Höhe des Skontos, Übernahme der Versandkosten usw.
- Zusammenschluss mehrerer Händler in einem **Einkaufsverband**, um über eine hohe Gesamteinkaufsmenge entsprechende Preisnachlässe zu bewirken

PRAXISTIPP Die Optimierung der Aufwendungen für Waren ist ein permanenter Prozess. Ständig gilt es, den Beschaffungsmarkt zu beobachten und mit den Lieferanten darum zu ringen, die Einkaufskonditionen zu verbessern.

Beispiel Mit einem Lieferanten des Mars Elektrofachmarktes e. K. wird die Vereinbarung getroffen, dass fortan bei der Abnahme von je zehn Geräten ein weiteres Gerät kostenlos dazugegeben wird (Draufgabe).

Personalaufwendungen

LF 13 Zu den Personalaufwendungen in einem Einzelhandelsunternehmen gehören:

- **Gehälter** der festangestellten Mitarbeiterinnen und Mitarbeiter in Verkauf, Lager und Verwaltung
- **Löhne** von Aushilfen
- **Provisionen** und **Prämien**
- **Sonderleistungen** wie Weihnachts- und Urlaubsgeld
- **Sozialversicherungsbeiträge** (Arbeitslosen-, Renten-, Kranken- und Pflegeversicherung sowie die Beiträge zur Unfallversicherung)

Insbesondere in Fachgeschäften und in allen Geschäften mit Bedienung haben die Personalkosten einen wesentlichen Anteil an den Gesamtaufwendungen des Unternehmens. Deshalb ist in der Personalplanung darauf zu achten, dass neben der Personalbereitstellung und ggf. der Personalfreisetzung die Personalkosten und somit die Aufwendungen für das Personal im Rahmen bleiben. In vielen Fällen wird dieser Rahmen durch die angestrebten Umsätze vorgegeben.

Beispiel Die Sportabteilung der Centerwarenhaus GmbH rechnet mit einem durchschnittlichen Monatsumsatz von 220.000,00 EUR. Die geplanten Personalkosten sollen 15 % des Umsatzes nicht übersteigen. Folglich sollten die Personalkosten der Abteilung im betreffenden Monat maximal 33.000,00 EUR betragen.

Möglichkeiten eines Einzelhändlers, auf die Personalaufwendungen Einfluss zu nehmen, können sein:

- eine durchdachte Personaleinsatzplanung, in welcher sich der Personaleinsatz am erwarteten Umsatz orientiert
- Einsatz von Aushilfskräften für einfache Tätigkeiten
- Prämien, Provisionen und Anreizsysteme zur Mitarbeitermotivation
- vorübergehender Verzicht auf Sonderleistungen wie Weihnachts- und Urlaubsgeld
- Jahresarbeitszeitkonten – zu Zeiten mit mehr Umsatz wird mehr gearbeitet, die so aufgebauten Überstunden werden in umsatzschwachen Zeiten dann wieder abgebaut
- Fort- und Weiterbildungen

PRAXISTIPP Die Freisetzung von Personal (Entlassung) sollte immer ein „letztes Mittel" in der Personalpolitik sein. Drohende Entlassungen verunsichern die Mitarbeiter, stören oftmals den Betriebsfrieden und schränken die Mitarbeiterinnen und Mitarbeiter in ihrer Leistungsfähigkeit ein.

Mietaufwendungen

Jedes Einzelhandelsunternehmen benötigt Räume für den Verkauf, die Verwaltung und das Lager. Diese Räume müssen in vielen Fällen gemietet werden. Durch **Mietverträge** geht der Kaufmann zumeist eine langfristige Verpflichtung ein, die zu regelmäßigen monatlichen Zahlungen führt, die meistens unabhängig vom erzielten Umsatz sind **(Fixkosten)**. Ist der Mietvertrag erst einmal abgeschlossen, so ist der Spielraum der nachträglichen Steuerung gering. Gestaltungsmöglichkeiten, auf die Mietaufwendungen Einfluss zu nehmen, können sich durch folgende Maßnahmen ergeben:

- durchdachtes **Flächenmanagement**: Verkaufsflächen sind i. d. R. teurer als Verwaltungs- und Lagerflächen
- Aufnahme einer Umsatz- bzw. Gewinnvariante in den Mietvertrag: Bei guter Geschäftslage ist die zu entrichtende Miete höher als in weniger guten Zeiten
- Nachverhandlungen bei bestehenden Mietverträgen

Aufwendungen für Energie

Je nach Brache und Betriebsform haben die Aufwendungen für Energie eine hohe **wirtschaftliche Bedeutung**. Zudem gibt es auch **ökologische Gründe**, die es ratsam werden lassen, auf einen geringen Energieverbrauch hinzuarbeiten.

Beispiel Ein Energieberater der Stadtwerke hat den Schlegel Supermarkt darauf aufmerksam gemacht, dass durch die Anschaffung neuer Kühltruhen der Effizienzklasse A+++ pro Jahr und Kühltruhe 325,00 EUR an Energiekosten eingespart werden können. Durch den geringeren Energieverbrauch würden zudem etwa 1.000 Kilogramm weniger an CO_2 (Kohlendioxid) ausgestoßen werden.

Der Einzelhändler hat i. d. R. folgende Möglichkeiten, seine Aufwendungen für Energie zu senken:

- ein effizientes Energiemanagement – Verbraucher werden ausgeschaltet, wenn sie nicht mehr benutzt werden
- Schulung des Personals, das so zum energiesparenden Arbeiten angehalten wird
- Anschaffung energiesparender Geräte
- regelmäßiger Vergleich der Preise zwischen verschiedenen Energielieferanten

Aufwendungen für Werbung

LF 5 Werbung hat i. d. R. die übergeordneten Ziele, neue Kunden zu gewinnen, vorhandene Kunden an das Geschäft zu binden sowie Umsatz und Gewinn des Unternehmens zu steigern. Ein **Werbeplan** legt dazu die Details der genauen Vorgehensweise fest.
Stets hat der Einzelhändler zu prüfen, ob seine Aufwendungen für die Werbung treffend eingesetzt sind, um die angestrebten Ziele zu erreichen.

PRAXISTIPP Wer zu wenig wirbt, wird vergessen! Gute Werbung kostet zwar Geld, kann aber eine Investition sein, die sich durch höhere Umsätze auszahlt.

○ Analyse der Erträge

Ein Einzelhandelsunternehmen erzielt seine wesentlichen Erträge durch die Umsatzerlöse für Waren. Die Umsätze wiederum sind abhängig vom Verkauf der einzelnen Warengruppen und Artikel. Um diese zielgenau zu steuern, werden Informationen über Absatz und Umsatz zu jedem einzelnen Artikel im Sortiment benötigt. Ein **Warenwirtschaftssystem/Warenwirtschaftsprogramm** liefert diese Informationen und ist daher für einen Einzelhandelsbetrieb heutzutage unentbehrlich. Um auf die Umsätze ihrer Betriebe positiven Einfluss zu nehmen, stehen den Kaufleuten im Einzelhandel eine Vielzahl von Möglichkeiten zur Verfügung. Mit Blick auf die Ausbildung im Einzelhandel wird deutlich, dass diese Möglichkeiten sich **aus allen Lernfeldern ableiten**, die im Rahmen der schulischen Ausbildung bearbeitet werden:

- LF 1 Grundsätzlicher **Aufbau und Struktur des Einzelhandelbetriebs:** Hier werden Entscheidungen bezüglich der Betriebs- und Bedienungsart getroffen
- LF 2, LF 10 **Schulung** der Verkaufsmitarbeiterinnen und Verkaufsmitarbeiter
- LF 3 Angebotener **Service**
- LF 4 Maßnahmen der **Warenplatzierung**
- LF 5 Überprüfung des **Werbekonzepts**
- LF 6 Permanente Überprüfung, ob das angebotene Sortiment den Kundenwünschen entspricht – **Sortimentspolitik**
- LF 3, LF 7, LF 11 Permanente **Kontrolle** der artikelgenauen Umsätze mit Hilfe eines **Warenwirtschaftsprogramms**

- Gestaltung der **Preispolitik** LF 9
- Ein schlüssiges und abgestimmtes **Marketingkonzep**t des Unternehmens LF 12
- **Personaleinsatzplanung** LF 13

Das Konto „Gewinn und Verlust" auswerten und entsprechende Maßnahmen einleiten

- Der durch den Verbrauch der Produktionsfaktoren verursachte Werteverzehr wird als **Aufwand** bezeichnet, der das Eigenkapital der Unternehmung mindert.
- Die absoluten Zahlen der Gewinn- und Verlust-Rechnungen von **Vergleichsjahren (Zeitvergleich)** oder von **Vergleichsbetrieben (Betriebsvergleich)** werden in Verhältniszahlen umgerechnet.
- Veränderungen einzelner Posten werden durch **Vergleich** festgestellt.
- **Maßnahmen zur Kontrolle und Steuerung** der Wirtschaftlichkeit zielen im Wesentlichen auf die Entwicklung der Aufwendungen und Erträge ab. Deshalb müssen diese stets beobachtet und analysiert werden.
- Die **wesentlichen Aufwendungen** in Einzelhandelsbetrieben sind: Aufwendungen für Waren, Personalaufwendungen, Mietaufwendungen, Aufwendungen für Energie und Aufwendungen für Werbung.
- **Umsätze** sind abhängig vom Verkauf der einzelnen Warengruppen und Artikel. Ihre Beeinflussung setzt Informationen über Absatz und Umsatz jedes Artikels voraus.
- Ein Einzelhandelsunternehmen erwirtschaftet seine wesentlichen **Erträge** durch die **Umsatzerlöse für Waren.** Um darauf positiven Einfluss zu nehmen, stehen eine Vielzahl von Möglichkeiten zur Verfügung.
- Sowohl die **Aufwendungen als auch die Erträge** in einem Einzelhandelsunternehmen sind stets zu **beobachten, zu analysieren und zu optimieren.** Ziel sollte es immer sein, dass die Differenz zwischen Erträgen und Aufwendungen möglichst groß ist (Maximierung des Gewinns).

1. Ein Haushaltswarengeschäft hatte aufgrund der GuV-Rechnung in den letzten vier Jahren folgende Aufwendungen und Umsätze:

Aufwendungen[1]/Umsätze	nach Geschäftsjahren in EUR			
	1	2	3	4
Aufwendungen für Waren	800.000,00	820.000,00	904.000,00	1.010.000,00
Aufwendungen für Verpackungsmaterial	8.400,00	8.000,00	8.500,00	9.000,00
Aufwendungen für bezogene Leistungen	65.000,00	60.000,00	80.000,00	75.000,00
Löhne, Gehälter, Soziale Aufwendungen	464.000,00	510.400,00	551.200,00	578.700,00

Aufwendungen[1]/Umsätze	nach Geschäftsjahren in EUR			
	1	2	3	4
Aufwendungen für Dienste und Leistungen	104.000,00	115.200,00	121.400,00	127.100,00
Aufwendungen für Kommunikation	40.000,00	50.000,00	30.000,00	60.000,00
Betriebliche Steuern	38.000,00	40.000,00	44.000,00	52.000,00
Umsatz	1.600.000,00	1.640.000,00	1.808.000,00	2.020.000,00

Ermitteln Sie
a) den Anteil der Personalaufwendungen an den Gesamtaufwendungen jedes Geschäftsjahres,
b) die prozentuale Veränderung der Gesamtaufwendungen und des Umsatzes in den Jahren 2, 3 und 4 gegenüber dem Vorjahr und gegenüber dem Jahr 1,
c) den Gewinn in den Jahren 1 bis 4.

2. Der Einzelhändler Stefan Reimers will seine Aufwandsarten mit den Durchschnittswerten des Einzelhandelsverbandes vergleichen:

	EUR-Werte lt. GuV-Rechnung des Einzelhändlers	Vergleichskennzahlen des Einzelhandelsverbandes in %
Aufwendungen für Waren	5.800.000,00	50
Aufwendungen für Verpackungsmaterial	64.000,00	3
Aufwendungen für bezogene Leistungen	512.000,00	5
Personalaufwendungen	3.266.000,00	23
Aufwendungen für Rechte und Dienste	446.000,00	5
Aufwendungen für Kommunikation	536.000,00	4
Aufwendungen für Beiträge, Versicherungen	80.000,00	2
Betriebliche Steuern	896.000,00	8
	11.600.000,00	100

a) Ermitteln Sie zum Vergleich die Aufwandsanteile des Einzelhändlers Stefan Reimers.
b) Werten Sie Ihre Ergebnisse aus.
   ba) Welche Aufwandsarten des Einzelhändlers sind vergleichsweise zu hoch?
   bb) Geben Sie mögliche Gründe für diese Abweichungen an.
c) Nennen Sie Möglichkeiten, wie die Aufwendungen reduziert werden können:
   ca) Aufwendungen für Waren
   cb) Personalaufwendungen
   cc) Aufwendungen für Kommunikation

3. Ein SB-Warenhaus mit einem Gesamtumsatz von 121.250.000,00 EUR erzielte mit seinem Frischwarensortiment einen Umsatz von 48.500.000,00 EUR.
Daran waren die einzelnen Warengruppen folgendermaßen beteiligt:

Warengruppen	EUR
Brot und Backwaren	4.243.750,00
Molkereiprodukte	11.155.000,00
Feinkost und Käse	4.001.250,00

Wurst	9.336.250,00
Fleisch	10.306.250,00
Tiefkühlkost	2.182.500,00
Obst und Gemüse	7.275.000,00

a) Ermitteln Sie auf zwei Nachkommastellen
   aa) den Umsatzanteil des Frischwarensortiments am Gesamtsortiment,
   ab) den Umsatzanteil aller Warengruppen am Frischwarensortiment.
b) Werten Sie die Lösung zum Anteil aller Warengruppen am Frischwarensortiment aus und
   ba) beschreiben Sie die Bedeutung der einzelnen Warengruppen im Frischwarensortiment,
   bb) leiten Sie daraus mögliche Konsequenzen ab.

6 Statistische Aufbereitung des betrieblichen Zahlenmaterials

Mehmet Aydin soll für eine Besprechung von Frau Mars mit den verantwortlichen Verkäufern eine übersichtliche Darstellung der Umsätze nach Warengruppen anfertigen. Mehmet überlegt, wie er die Umsatzzahlen in einer geeigneten Form grafisch darstellen kann.

ARBEITSAUFTRÄGE

- Beschreiben Sie Möglichkeiten, Umsätze und ihre Entwicklung zu veranschaulichen.
- Machen Sie Vorschläge für die Gestaltung in einer Tabelle und in einer Grafik.

Aufgabe der Betriebsstatistik im Einzelhandel

Einzelne absolute Zahlen, wie z. B. die Absatzzahl eines Artikels, der Umsatz einer Warengruppe oder eines Jahres, die Personalkosten eines Jahres oder der Gewinn eines Jahres, haben allein betrachtet nur geringe Aussagekraft. Erst im **Vergleich mit anderen Zahlen des Betriebes**, z. B. mit dem Absatz des Artikels im Vorjahr, dem Umsatz anderer Warengruppen, dem Umsatz des Vorjahres oder mit dem Gewinn des Vorjahres, werden Entwicklungen, Tendenzen und Beziehungen verdeutlicht.

Aufgabe der Betriebsstatistik ist es, Zahlenmaterial aus allen Betriebsbereichen zu sammeln, vergleichbar zu machen und die vergleichbaren Ergebnisse in grafischen Darstellungen (Diagramme) anschaulich und aussagekräftig darzustellen. Die Betriebsstatistik ist somit eine **Vergleichsstatistik**.

Die Methoden der Betriebsstatistik sind die **Einzelanalyse**, der **Zeitvergleich** und der **Betriebsvergleich**.

Statistik als Vergleichsrechnung		
Einzelanalyse	**Zeitvergleich**	**Betriebsvergleich**
Einzelergebnisse (z. B. Umsatz, Kosten) werden vergleichbar dargestellt, um **Strukturen** und **Ursachen** zu erkennen.	**Einzelergebnisse einzelner Rechnungsabschnitte** (Tage, Monate, Quartale, Jahre) werden **vergleichend dargestellt**, um **Entwicklungen (Trends)** zu erkennen.	**Einzelergebnisse des eigenen Betriebes** werden mit **Ergebnissen anderer Betriebe** oder mit **Durchschnittsergebnissen der Branche** verglichen, um die eigene **Marktstellung** zu erkennen oder **eigene Entscheidungen abzusichern**.
Beispiele – Umsatzanteil einzelner Warengruppen am Gesamtumsatz – Anteil einzelner Kostenarten an den Gesamtkosten	**Beispiele** – Umsatzentwicklung – Kostenentwicklung	**Beispiele** – Kostenartenanteile – Umsatz je m² – Umsatzentwicklung – Umsatz pro Mitarbeiter – Umsatz pro Stunde

Darstellung des statistischen Zahlenmaterials

Eine sinnvolle und anschauliche Darstellung des gesammelten und rechnerisch aufbereiteten Materials erleichtert die Auswertung. Hierzu werden in der Statistik **Tabellen** und **grafische Darstellungen** genutzt, die mithilfe von Tabellenkalkulationsprogrammen einfach zu erstellen sind.

Die Tabelle

Die Tabelle ist eines der gebräuchlichsten Mittel zur übersichtlichen Darstellung von Zahlen nach bestimmten Ordnungskriterien.

- Eine **Überschrift** (z. B. „Umsatzstatistik") kennzeichnet ihren Inhalt.
- Der **Tabellenkopf** gibt die statistischen Merkmale der Zahlen in den senkrechten Spalten an (z. B. Umsatz, Umsatz je Beschäftigter, Kundenzahl u. Ä.).
- Die **Vorspalte** weist statistische Merkmale der waagerechten Zeilen aus (z. B. Januar, Februar usw.).

Beispiel

Umsatzstatistik									
	Umsatz			Umsatz je Angestellter			Kundenzahl		
Monat	Abrechnungsjahr in EUR	Vorjahr in in EUR	in % zum Vergleichsjahr	Abrechnungsjahr in EUR	Vorjahr in EUR	in % zum Vergleichsjahr	Abrechnungsjahr in EUR	Vorjahr	in % zum Vergleichsjahr
Januar	650.000,00	600.000,00	108,3	14.400,00	13.300,00	108,3	1.200	960	125,0
Februar	400.000,00	430.000,00	93,0	8.800,00	9.500,00	92,6	1.000	900	111,1
März	680.000,00	620.000,00	109,7	15.100,00	13.700,00	110,2	1.100	880	125,0
usw.	...	...	...	...	...	...	...	...	...

Grafische Darstellungen

Grafische Darstellungen werden besonders zur Veranschaulichung von Zusammenhängen und Beziehungen gewählt. Zur Darstellung wirtschaftlicher Daten werden vorzugsweise Diagramme gewählt.

Beispiele
- Umsatzanteil einzelner Artikel, Abteilungen, Sortimentsgruppen, Verkäufer am Gesamtumsatz
- Anteile einzelner Kostenarten an den Gesamtkosten

Flächendiagramme

Flächendiagramme können in der **Kreis-**, **Halbkreis-**, **Quadrat-** oder **Rechteckfläche** veranschaulicht werden. Flächendiagramme eignen sich besonders gut zur **Veranschaulichung von Gliederungszahlen**, also von Anteilen an einem Ganzen.

Beispiele

Kreis: Kostenanteile

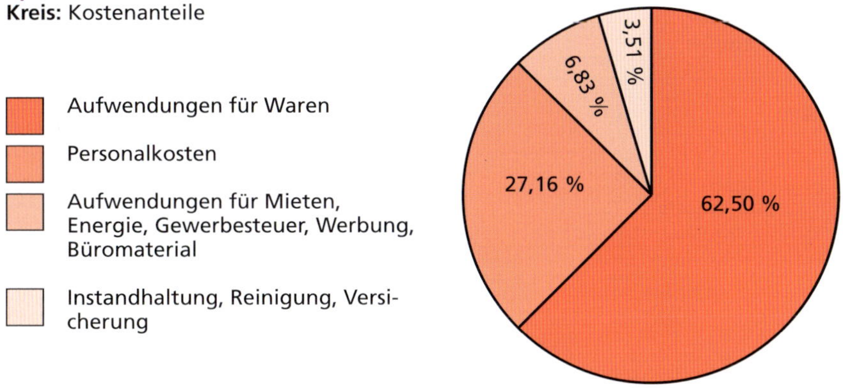

Säulen- oder Stabdiagramme und Balkendiagramme

Statistische Zahlenwerte werden durch die Höhe nebeneinandergestellter (**Stab-** oder **Säulendiagramme**) oder übereinandergelegter (**Balkendiagramme**) Stäbe oder Säulen vergleichbar dargestellt. Säulen- oder Stabdiagramme und Balkendiagramme eignen sich besonders gut zum

- Größenvergleich von Anteilen an einem Ganzen,
- Betriebsvergleich,
- Zeitvergleich und zur Darstellung einer Entwicklung.

Beispiele

- Umsätze einzelner Artikel oder Sortimentsgruppen am Gesamtumsatz
- Lagerbestandsanteile einzelner Artikel oder Sortimentsgruppen am Gesamtbestand
- Personalzusammensetzung (Altersgruppen, Geschlecht, Bildung)
- Umsätze in verschiedenen Monaten oder Jahren
- Lagerbestände der verschiedenen Monate
- Personalbestand in den einzelnen Monaten des Jahres

Kostenanteile im Säulen- oder Stabdiagramm (siehe Beispiel Kreisdiagramm)

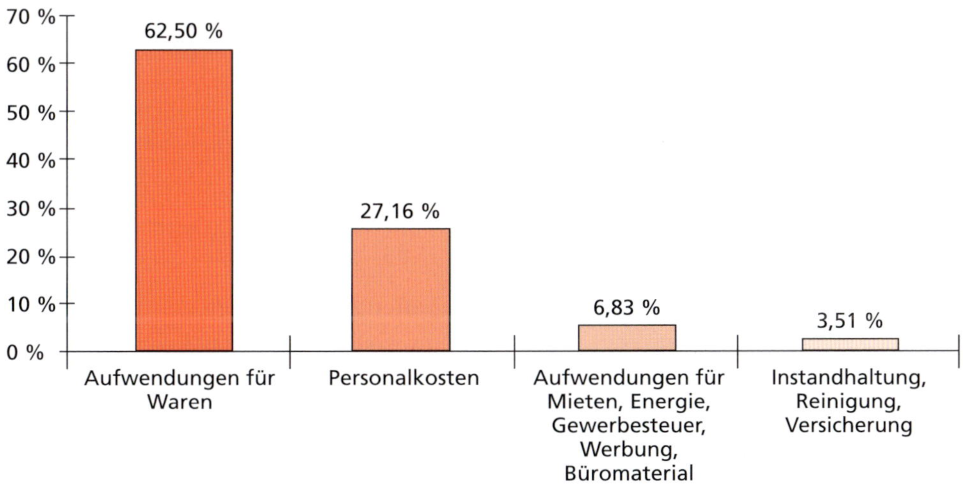

Kostenanteile im Balkendiagramm

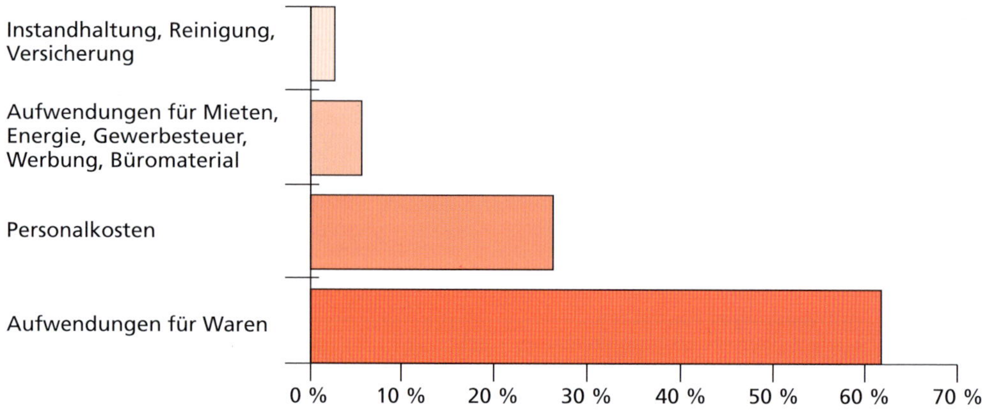

Kurven- oder Liniendiagramme

Kurven- oder Liniendiagramme werden vielfach zur Veranschaulichung von Veränderungen oder Entwicklungen der Beobachtungswerte gewählt.

Beispiele

- Entwicklung des Umsatzes der Unternehmung oder einzelner Artikel oder Sortimentsbereiche von Monat zu Monat oder von Jahr zu Jahr
- Entwicklung der Kosten der Unternehmung odetr einzelner Kostenarten

Kurven- oder Liniendiagramm: Entwicklung des Umsatzes und der Kosten in den Geschäftsjahren 1 bis 7

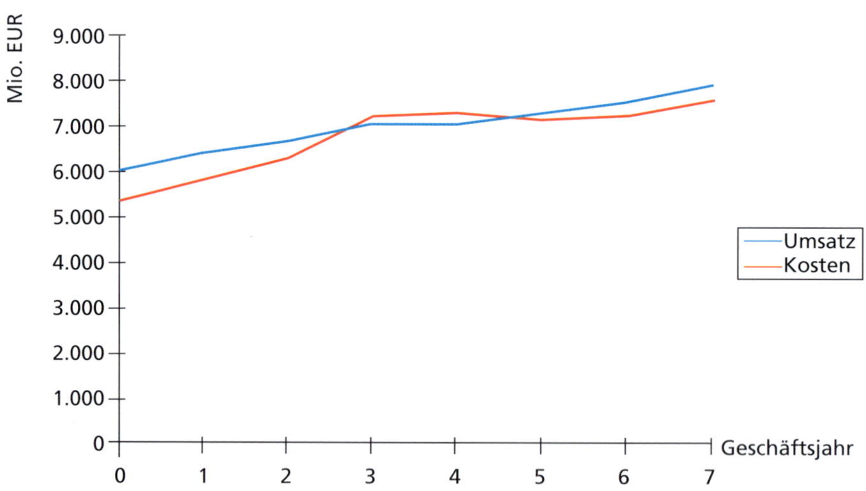

Grafische Darstellungen haben gegenüber **Tabellen** folgende Vorteile:

- Sie veranschaulichen Größenverhältnisse und Beziehungen zwischen den Werten in einer bildlichen Darstellung.
- Gemeinsamkeiten und Unterschiede werden optisch verdeutlicht.
- Die Aufmerksamkeit wird auf das Wesentliche gelenkt.
- Sie informieren schnell über zusammenhängende Tatbestände.

Anwendungsbereiche der Betriebsstatistik

Alle Funktionsbereiche des Betriebes (Einkauf, Lager, Verkauf, Personalwirtschaft, Anlagenwirtschaft, Finanzierung) können Gegenstand der Betriebsstatistik sein. In allen Bereichen ist es das Ziel der Statistik, aussagekräftige Informationen über das bisherige Geschehen (Informations- und Kontrollfunktion) und außerdem Grundlagen für künftige Planungen und Entscheidungen zu liefern.

Besonders aussagekräftig sind Tabellen und Grafiken, die Vergleichszahlen darstellen:

- **Zeitvergleiche**: Sie liefern Informationen über die Entwicklung.
- **Betriebsvergleiche**: Sie liefern Informationen über die Marktstellung, über Stärken und Schwächen gegenüber den Mitbewerbern.
- **Soll-Ist-Vergleiche**: Sie sind ein wichtiges Kontrollinstrument der eigenen Vorgaben im Rahmen der betrieblichen Planung.

Statistische Aufbereitung des betrieblichen Zahlenmaterials

- **sammelt Zahlenmaterial** aus allen Betriebsbereichen
- **ermittelt statistische Zahlen:**
  - Verhältniszahlen als Gliederungs-, Beziehungs- und Messzahlen
  - Durchschnittszahlen (einfacher, gewogener Durchschnitt)
- **stellt** die vergleichbaren **Ergebnisse in Tabellen und grafischen Darstellungen dar:**
  - **Flächendiagramme** (Kreis, Rechteck, Halbkreis) zur Veranschaulichung von Anteilen einer Teilmasse an der Gesamtmasse
  - **Säulen- oder Stabdiagramme** und **Balkendiagramme** zur vergleichenden Darstellung
  - **Kurven- oder Liniendiagramme** zur Darstellung von Entwicklungen, Trends

1. Im nebenstehenden Diagramm sind die Umsatzergebnisse der Mitarbeiter einer Warenhausabteilung dargestellt. Der Mitarbeiter Schulze erzielte einen Umsatz von 14.728,00 EUR.

a) Wie viel EUR beträgt der Gesamtumsatz?

b) Wie viel EUR beträgt der durchschnittliche Umsatz je Mitarbeiter?

c) Um wie viel Prozent liegt der Umsatz des Mitarbeiters Schulze über dem durchschnittlichen Umsatz je Mitarbeiter?

Umsatzstatistik

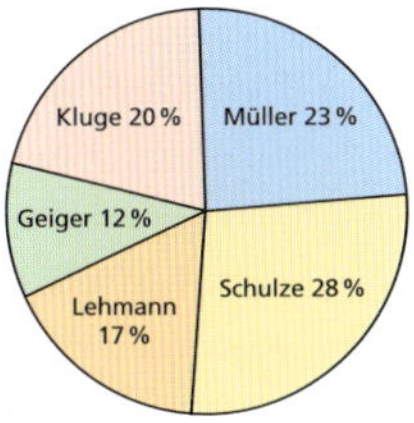

2. Der Jahresumsatz einer Einzelhandelsunternehmung betrug 702.000,00 EUR und liegt damit 8 % höher als im Vorjahr. Wie viel Tausend EUR (TEUR) betrugen der Vorjahresumsatz und die Umsatzsteigerung?

3. Die Umsätze des gesamten Einzelhandels verteilen sich im letzten Jahr wie folgt auf die einzelnen Branchen: Bekleidung 14 %, KFZ-Zubehör 13 %, Papierwaren 3 %, Einrichtungsgegenstände 8 %, Bürobedarf 1 %, Drogerieartikel 7 %, Elektroartikel 4 %, Nahrungsmittel 26 %, Sonstige Waren 24 %. Stellen Sie die Branchenanteile mithilfe eines Tabellenkalkulationsprogrammes dar

a) in einem Kreisdiagramm

b) in einem Balkendiagramm.

4. Folgender Verkaufsbericht der Abteilung „Haushaltswaren" soll ausgewertet werden:

Verkaufsbericht: Abteilung „Haushaltswaren"			**Datum: 24.01.20..**
Verkäufer-Nr.	**Verkäufer/-in**	**Umsatz in EUR**	**Kundenzahl**
1	Mertens, Rita	7.802,00	25
2	Müller, Christa	2.187,50	12
3	Köhler, Maria	3.642,50	15
4	Franz, Petra	6.301,00	30
5	Krämer, Ilona	8.694,50	41
Abteilungsleiter: Schmitz		28.627,50	123

a) Ermitteln Sie in EUR
   aa) den durchschnittlichen Tagesumsatz aller Verkäufer,
   ab) den durchschnittlichen Tagesumsatz je Kunde.

b) Stellen Sie den Umsatzanteil der einzelnen Verkäufer am Tagesumsatz mithilfe eines Tabellenkalkulationsprogrammes dar
   ba) in einem Kreisdiagramm,
   bb) in einem Säulendiagramm unter Berücksichtigung des Durchschnittsumsatzes.

5. Der Geschäftsführer eines Kaufhauses möchte feststellen, welche Abteilung in den letzten vier Monaten den höchsten Umsatz pro m² erzielt hat. Die Abteilungsleiter melden nachstehende Zahlen:

	Verkaufsfläche in m²	**Umsatz in EUR**
Herrenbekleidung	125	420.000,00
Damenbekleidung	175	525.000,00
Kinderbekleidung	60	192.000,00

Ermitteln Sie die Abteilung mit dem höchsten Umsatz pro m².

6. Beantworten Sie unter Verwendung der Angaben in der unten stehenden Umsatzstatistik die folgenden Fragen:

a) Wie viel EUR beträgt der Gesamtumsatz?
b) Wie viel EUR beträgt der durchschnittliche Umsatz je Mitarbeiter?
c) Um wie viel Prozent liegt der Umsatz des Mitarbeiters Schulze über dem durchschnittlichen Umsatz (auf eine Stelle nach dem Komma runden)?
d) Wie viel Prozent des Gesamtumsatzes beträgt der Umsatz des Mitarbeiters Geiger (auf eine Stelle nach dem Komma runden)?

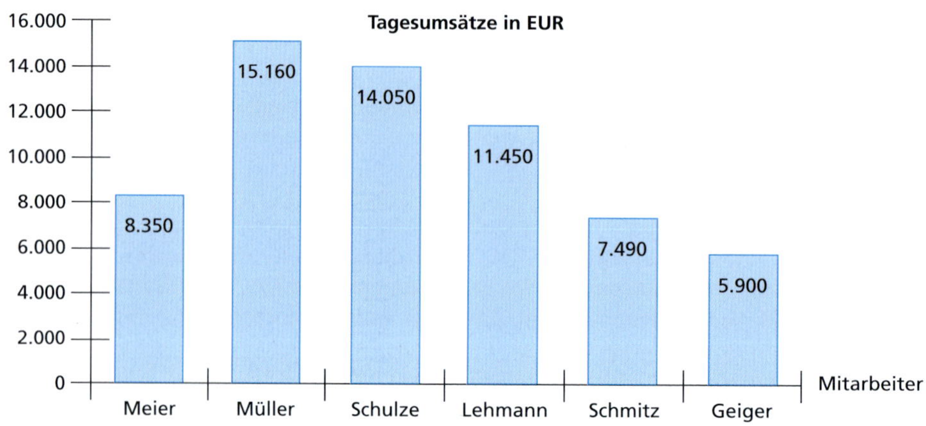

7. In einem Textilkaufhaus mit 30 Angestellten wurden im vergangenen Jahr von den Sortimentsbereichen folgende Umsätze erzielt:

Sortimentsbereiche	Umsatz in EUR	Beschäftigte	Verkaufsflächen in m^2
Herrenbekleidung	10.393.125,00	10	400
Damenoberbekleidung	8.585.625,00	12	400
Wäsche und Sonstiges	3.615.000,00	8	200
insgesamt	22.593.750,00	30	1.000

a) Ermitteln Sie
  aa) den Umsatz- und Beschäftigtenanteil der Abteilungen,
  ab) den durchschnittlichen Umsatz je Beschäftigten im Gesamtunternehmen und in den einzelnen Bereichen (auf volle EUR runden),
  ac)den Umsatz je m2 Verkaufsfläche im Gesamtunternehmen und in den einzelnen Bereichen (auf volle EUR runden).
b) Erläutern Sie, um welche statistischen Zahlen es sich in den Fällen unter Aufgabenstellung a) jeweils handelt.
c) Stellen Sie Umsatz, Beschäftigte und Verkaufsfläche jeweils dar
  ca)in drei Kreisdiagrammen,
  cb) in drei Säulendiagrammen.

Übungsaufgaben

1. Stellen Sie aufgrund folgender Angaben (in EUR) eine ordnungsgemäße Bilanz auf:

Eigenkapital	?	Gebäude	50.000,00
Grundstücke	40.000,00	Verbindlichkeiten a. LL	129.200,00
Warenbestände	419.400,00	Kasse	9.600,00
Hypothekenschulden	80.000,00	Darlehensschulden	120.000,00
Bankguthaben	99.970,00	Forderungen a. LL...............	14.720,00
Fuhrpark	37.200,00	Geschäftsausstattung	65.900,00

2. Nennen Sie die Geschäftsfälle und Buchungssätze zu den Buchungen im Bankkonto.

S	Bank		H
Anfangsbestand	270.000,00	2. Darlehen	5.000,00
1. Fuhrpark	10.000,00	3. Verbindlichkeiten a. LL.	9.200,00
4. Forderungen a. LL.	8.100,00	5. Geschäftsausstattung	2.800,00
6. Kasse	2.500,00	Endbestand (Saldo)	273.600,00
	290.600,00		290.600,00

3. Bewirken unten stehende Geschäftsfälle
1. einen Aktivtausch
2. einen Passivtausch,
3. eine Aktiv-Passiv-Mehrung,
4. eine Aktiv-Passiv-Minderung?

Geschäftsfälle
a) Ausgleich einer Liefererrechnung durch Banküberweisung
b) Aufnahme eines Darlehens bei einer Bank
c) Einkauf einer Scannerkasse auf Ziel
d) Ausgleich einer Liefererrechnung durch Banküberweisung
e) Ein gebrauchter Drucker wird gegen Banküberweisung verkauft
f) Ein Kunde begleicht eine Rechnung bar

7. Ein Einzelhandelsbetrieb hatte **am Ende des Jahres** 450.000,00 EUR Vermögen, 210.000,00 EUR Schulden. Im Laufe des Jahres entstanden 590.000,00 EUR Aufwendungen, 650.000,00 EUR Erträge. Ermitteln Sie
a) das Eigenkapital am Ende des Jahres,
b) den Erfolg des abgelaufenen Jahres,
c) das Eigenkapital am Anfang des Jahres.

5. Welche der folgenden Aussagen treffen zu
1. nur auf aktive Bestandskonten,
2. nur auf passive Bestandskonten,
3. auf alle Bestandskonten,
4. nur auf Aufwandskonten,
5. nur auf Ertragskonten,
6. auf alle Erfolgskonten?

Aussagen
a) Sie haben keinen Anfangsbestand.
b) Der Saldo steht im Haben und wird auf das GuV-Konto übertragen.
c) Auf diesen Konten werden Eigenkapitalmehrungen gebucht.
d) Der Anfangsbestand steht im Haben.
e) Es sind Unterkonten des Eigenkapitalkontos.

6. Stellen Sie die Eröffnungsbilanz auf. Tragen Sie die Eröffnungsbuchungen und die laufenden Buchungen im Grundbuch ein. Buchen Sie die Geschäftsfälle auf den Konten im Hauptbuch. Führen Sie den Abschluss der Konten im Grund- und Hauptbuch durch.

Anfangsbestände	EUR		EUR
Grundstücke mit Gebäuden	730.000,00	Kasse	5.100,00
Fuhrpark	885.000,00	Eigenkapital	1.325.500,00
Geschäftsausstattung	175.000,00	Darlehensschulden	600.000,00
Forderungen a. LL.	122.600,00	Verbindlichkeiten a. LL.	250.000,00
Bank	257.800,00		

Geschäftsfälle

			EUR
1.	Bankauszug, Vertrag: Aufnahme eines Darlehens bei der Bank		75.000,00
2.	Bankauszug, Vertrag: Verkauf eines Grundstücks gegen Banküberweisung		100.000,00
3.	Bankauszug/Kassenbeleg: Abhebung vom Bankkonto		36.000,00
4.	Kassenbeleg: Kunde bezahlte fällige Ausgangsrechnung bar		600,00
5.	Bankauszug: Banküberweisung zur Tilgung eines Darlehens		80.000,00
6.	Bankauszug: Banküberweisung an Lieferer für fällige ER		32.100,00
7.	Ausgangsrechnung: Zielverkauf eines gebrauchten Lkw		10.700,00
8.	Kassenbeleg: Bareinkauf eines Schreibtisches		950,00
9.	Ausgangsrechnung: Verkauf einer gebrauchten Lagertransportanlage auf Ziel (30 Tage)		14.000,00
10.	Eingangsrechnung: Kauf eines Lkw auf Ziel		45.800,00
11.	Bankauszug: Zahlung vom Kunden für fällige AR		19.100,00
12.	Vertrag: Lieferer stundete fällige Eingangsrechnungen auf drei Jahre		30.000,00
13.	Eingangsrechnung, Bankauszug: Kauf von fünf Personalcomputern für die Verwaltung gegen		
	a) Banküberweisung	5.000,00	
	b) Zielgewährung von 90 Tagen	8.000,00	13.000,00

7. Im Laufe eines Geschäftsjahres kaufte ein Einzelhändler von einer Ware die folgenden Mengen:
Ein Anfangsbestand war nicht vorhanden. Der Endbestand lt. Inventur betrug 800 Stück. Ermitteln Sie
a) die während des Geschäftsjahres verkaufte Menge in Stück,

b) den Gesamtwert der eingekauften Menge in EUR,
c) den durchschnittlichen Bezugs-/Einstandspreis je Stück in EUR, bezogen auf die eingekaufte Menge (auf zwei Stellen nach dem Komma runden).

Datum	Menge in Stück	EUR/Stück
10.02.	1.800	4,40
15.03.	2.000	4,20
16.05.	1.400	4,50
17.08.	1.500	4,60
10.10.	1.600	4,70
02.12.	1.200	4,80

8. Ein Einzelhändler verteilt die anfallenden Raumkosten von 5.800,00 EUR der Verkaufsfläche entsprechend:

Abteilung	Verkaufsfläche
A	140 m²
B	350 m²
C	210 m²

a) Ermitteln Sie für jede Abteilung in kleinsten ganzen Zahlen den Anteil an den Raumkosten:
– Anteile Abteilung A – Anteile Abteilung B
– Anteile Abteilung C
b) Wie viel EUR Raumkosten entfallen auf die Abteilung B?

9. Prüfen Sie unten stehende Rechnung und berechnen Sie in EUR
a) den durchschnittlichen Nettopreis je Stück, bezogen auf die gesamte Lieferung (auf zwei Stellen nach dem Komma runden),
b) den gesamten Rechnungsbetrag einschließlich 19 % Umsatzsteuer.

Rechnung Nr. 92/457			Datum: 25.09.20..	
Pos.	Artikel	Menge in Stück	Preis je Einheit/EUR	Betrag/EUR
1	A	120	13,20	1.584,00
2	B	165	12,80	…
3	C	…	14,50	3.045,00
			Nettobetrag + 19 % Umsatzsteuer	
			Rechnungsbetrag	

10. Beantworten Sie anhand der unten stehenden Statistik folgende Fragen:

20. Woche	Umsatz in EUR	Kundenzahl
Montag	20.600,00	333
Dienstag	22.860,00	558
Mittwoch	28.060,00	372
Donnerstag		720
Freitag	38.000,00	637
Samstag	19.520,00	380
Insgesamt	180.000,00	3.000

a) Wie viel Euro beträgt der Umsatz am Donnerstag?
b) Wie viel Euro beträgt der durchschnittliche Tagesumsatz?
c) Wie viele Kunden werden im Durchschnitt je Tag bedient?

Prüfungsaufgaben

1. Untersuchen Sie die Aussagen über die Bilanz und stellen Sie mögliche Fehler heraus:
a) Die Aktivseite der Bilanz gibt Auskunft über die Verwendung des Kapitals.
b) Die Passivseite wird nach zunehmender Fälligkeit des Kapitals geordnet.
c) Zum Anlagevermögen zählen beispielsweise Grundstücke, Gebäude, Fuhrpark, Forderungen a. LL., Geschäftsausstattung.
d) Das Anlagevermögen ist das Haftungskapital der Unternehmung.
e) Das Umlauf- ist stärkeren Veränderungen unterworfen als das Anlagevermögen.
f) Das Eigenkapital in der Bilanz stimmt wertmäßig mit dem Reinvermögen im Inventar zum Schluss des Geschäftsjahres überein.
g) Die Bilanz ist eine Gegenüberstellung von Vermögen und Schulden in Kontenform.
h) Die Bilanz wird jeweils zu Beginn des Geschäftsjahres aufgestellt.

2. Ein Einzelhandelsunternehmen hat eine Bilanzsumme von 30.000.000,00 EUR. Das Vermögen besteht zu 50 % aus Anlagevermögen, zu 15 % aus liquiden Mitteln, zu 10 % aus Forderungen a. LL. Den restlichen Teil bilden die Waren. Das Gesamtvermögen wird zu 40 % mit Eigenkapital, zu 35 % mit langfristigem Fremdkapital und zu 25 % mit kurzfristigem Fremdkapital finanziert.
Ermitteln Sie
a) das Anlagevermögen,
b) das Umlaufvermögen,
c) die liquiden Mittel,
d) das Eigenkapital,
e) die langfristigen Schulden,
f) die kurzfristigen Verbindlichkeiten.

3. Welche der folgenden Aussagen treffen zu auf
1. die Aktivseite, 2. die Passivseite der Bilanz?
a) Sie zeigt, was dem Unternehmer gehört.
b) Sie zeigt, wie das Kapital investiert wurde.
c) Sie zeigt, wie viel Kapital Dritte in das Unternehmen eingebracht haben.
d) Sie zeigt die Finanzierungsquellen der Unternehmung.
e) Sie wird nach zunehmender Fälligkeit geordnet.
f) Sie zeigt, wie viel Kapital die Unternehmung zurückzahlen muss.

4. In einem Einzelhandelsunternehmen ist folgende Schlussbilanz statistisch auszuwerten:
Ermitteln Sie

Schlussbilanz

Aktiva			Passiva
Gebäude	720.000,00	Eigenkapital	960.000,00
Geschäftsausstattung	264.000,00	Hypothekenschulden	360.000,00
Fuhrpark	96.000,00	Darlehensschulden	424.800,00
Warenbestände	884.000,00	Verbindlichkeiten a. LL.	588.000,00
Forderungen a. LL.	100.000,00	Sonstige Verbindlichkeiten	67.200,00
Bankguthaben	332.400,00		
Kassenbestand	3.600,00		
	2.400.000,00		2.400.000,00

a) den prozentualen Anteil
– des Anlagevermögens,
– des Umlaufvermögens
am Gesamtvermögen.

b) den prozentualen Anteil
– des Eigenkapitals,
– der Schulden
am Gesamtkapital.

c) den prozentualen Anteil jedes Bilanzpostens an der Bilanzsumme.
d) Stellen Sie eine gegliederte und aufbereitete Bilanz auf, in der Sie hinter den absoluten Zahlen die Anteile eintragen.

Preispolitische Maßnahmen vorbereiten und durchführen

1 Bedeutung des Verkaufspreises als absatzpolitisches Instrument beurteilen

Oliver Lehnert, Abteilungsleiter Verkauf/Marketing in der Center Warenhaus GmbH, erhält von einem italienischen Hersteller einen aktuellen Katalog für modische Sportbekleidung und neu entwickelte Wintersportartikel. Sowohl das Angebot für Skibekleidung als auch die neu entwickelten Wintersportartikel gefallen Herrn Lehnert. Er entschließt sich, u. a. 100 Skianoraks, 50 Funboards und 100 Trickski zu bestellen.
Herr Lehnert fragt sich nun, welchen Ladenverkaufspreis er festlegen soll. So beträgt der Bezugs-/Einstandspreis für den Skianorak „Sella" lt. Katalog 125,00 EUR. Vergleichbare Skianoraks hat Herr Lehnert bei der Konkurrenz bereits gesehen. Bei zwei Fachgeschäften in der Nähe kostet ein vergleichbarer Artikel 329,00 EUR und 309,00 EUR, die Sportabteilung in einem SB-Warenhaus verlangt 299,00 EUR. Herr Lehnert arbeitet in der Textil-/Sportabteilung normalerweise mit einem Handlungskostenzuschlag von 80 %, einem Gewinnzuschlag von 20 % und 19 % USt. Folglich müssten die Skianoraks mit 321,30 EUR ausgezeichnet werden. Die neu entwickelten Wintersportartikel (Funboards, Trickski) gibt es bisher in keinem anderen Sportgeschäft der näheren Umgebung. Um sich abzusichern, lädt er neben der Substitutin Elena Gutowski auch Sabine Freund zu einer Besprechung ein. Vor der Besprechung bittet Herr Lehnert Sabine darum, alle Einflussgrößen zusammenzustellen, die bei der Preisfestlegung berücksichtigt werden müssen. Sabine fragt Frau Gutowski: *„Warum kostet eigentlich ein Anorak bei uns 321,30 EUR und bei einem Konkurrenten 299,00 EUR? Wie kommen diese unterschiedlichen Preise zustande?"*

ARBEITSAUFTRÄGE

- Machen Sie begründete Vorschläge, welche Gesichtspunkte Herr Lehnert bei der Preisfestsetzung berücksichtigen muss.
- Stellen Sie Ihren Mitschülern die kosten-, nachfrage- und konkurrenzorientierte Preisbildung dar, indem Sie ein Lernplakat erstellen.
- Beschreiben Sie anhand von Beispielen die verschiedenen Preisstrategien, die ein Einzelhandelsunternehmen anwenden kann.

→ AH

Einflussgrößen des Preises

Die Preispolitik ist ein **absatzpolitisches Instrument** des Einzelhändlers im Rahmen der Marketinginstrumente. Sie umfasst alle Maßnahmen des Einzelhändlers, die mit der Ermittlung und Festsetzung des Verkaufspreises zusammenhängen. Dazu zählen auch die Preisveränderung sowie die Differenzierung von Preisen (vgl. Seite 267). Das **langfristige Ziel der Preispolitik** ist, mit den Umsätzen einer Periode die Kosten zu decken und einen Gewinn zu erzielen. Wichtigstes Ziel der Preispolitik ist somit die **Gewinnsteige-** LF 5

rung. Diese soll über eine Erhöhung des Marktanteils und des Umsatzes, ein Zurückdrängen oder ein Ausschalten der Konkurrenz erreicht werden.

Bei der Preisgestaltung muss ein Einzelhändler neben seiner **innerbetrieblichen Kostensituation** eine Reihe **außerbetrieblicher (betriebsexterner) Einflussgrößen** berücksichtigen. Zu den innerbetrieblichen (betriebsinternen) Einflussgrößen der Preispolitik zählen:

- **Kosten:** Jeder Einzelhändler ist bestrebt, über den Verkaufspreis alle entstehenden Kosten erstattet zu bekommen. Der Verkaufspreis muss also alle Kosten decken.
- **Gewinn:** Er stellt den wichtigsten Leistungsanreiz des Unternehmers dar. Das Streben nach Gewinnmaximierung ist ein Bestimmungsfaktor des Verkaufspreises.

Aktive Preispolitik kann ein Einzelhändler nur betreiben, wenn er seine Preise unabhängig von äußeren Faktoren festsetzen kann. Dies ist aber in der Praxis meistens nicht der Fall, da der Verkaufspreis durch verschiedene **äußere Einflüsse** beeinflusst wird:

- **Zahl und Marktmacht der Mitbewerber (Marktstruktur, Angebot)**, da bei starker Konkurrenz Preiserhöhungen nur schwer durchsetzbar sind.
- **das verfügbare Einkommen der Kunden (Kaufkraft)**

  Beispiel Ein Einzelhandelsgeschäft hat überwiegend Kunden, die nur über ein geringes Einkommen verfügen. Es führt in erster Linie Waren der unteren Preisklassen.
- **Reaktionen der Kunden auf Preisänderungen (Nachfrageveränderung)**

  Beispiel Bei Waren des Grundbedarfs wie Brot, Fleisch oder Gemüse reagieren Kunden wesentlich stärker auf Preisänderungen als bei Prestigewaren wie Schmuck, Pelze oder Waren des Hobbybedarfs.
- **Preisempfehlungen der Hersteller:** Diese sind unverbindliche Empfehlungen des Herstellers an den Einzelhandel, Waren zu diesen Preisen zu verkaufen. Unverbindliche Preisempfehlungen sind gesetzlich verboten. Eine verbindliche Preisbindung durch den Hersteller ist gesetzlich nur noch bei Verlags-, Pharmaerzeugnissen und Tabakwaren zulässig **(Preisbindung der zweiten Hand).**

  Beispiele Bücher, Zeitungen, Zeitschriften, Medikamente, Zigarettenschachteln
- **Standort**

  Beispiel Befindet sich an einem Ort nur ein Lebensmittelgeschäft, kann dieses Geschäft höhere Preise verlangen, befinden sich am gleichen Ort mehrere Geschäfte, können i. d. R. nicht so hohe Preise verlangt werden.
- **Konjunktur**

  Beispiel In einer konjunkturell günstigen Wirtschaftslage (z. B. wenig Arbeitslose) können höhere Preise als in einer konjunkturell ungünstigen Wirtschaftslage verlangt werden.

LF 5
- **bestimmte Rechtsvorschriften** wie das Gesetz gegen den unlauteren Wettbewerb und die Preisangabenverordnung.

Preisbildung und Gleichgewichtspreis

Die Preisbildung auf dem Markt ist abhängig von der Nachfrage der Haushalte und dem Angebot der Unternehmen.

Nachfrage der Haushalte

Die Nachfrage der Haushalte zeigt im Hinblick auf Preis und Menge folgende typische Merkmale:

- Je niedriger der Preis für ein Gut ist, desto höher ist die Nachfrage.
- Je höher der Preis für ein Gut ist, desto niedriger ist die Nachfrage.

Die Nachfrager sind also bestrebt, ein Gut so preiswert wie möglich einzukaufen. Dieses Verhalten bezeichnet man als **Nutzenmaximierung.**

Beispiel In Siegburg, einer Stadt mit 40.000 Einwohnern, lassen sich im Hinblick auf die wöchentliche Nachfrage nach Eiern auf dem Wochenmarkt folgende Preis-Mengen-Verhältnisse ermitteln:

Preis je Ei in EUR	0,25	0,20	0,15	0,10	0,05
Nachfrage in Stück	15.000	20.000	25.000	30.000	35.000

○ Angebot der Unternehmen

Das Angebot der Unternehmen zeigt im Hinblick auf Preis und Menge folgende typische Merkmale:

- Je niedriger der Preis für ein Gut ist, desto geringer ist das Angebot.
- Je höher der Preis für ein Gut ist, desto größer ist das Angebot.

Die Anbieter verfolgen das Ziel der **Gewinnmaximierung.** Bei hohen Marktpreisen bieten sie große Mengen an Gütern an, um entsprechend hohe (maximale) Gewinne zu erwirtschaften. Sinken die Preise, weichen sie auf andere Märkte aus oder scheiden ganz aus dem Markt aus.

Beispiel Der Siegburger Wochenmarkt wird von drei Hühnerfarmen beliefert. In Abhängigkeit vom Preis ergeben sich folgende Preis-Mengen-Verhältnisse:

Preis je Ei in EUR	0,25	0,20	0,15	0,10	0,05
Angebot in Stück	35.000	30.000	25.000	20.000	15.000

○ Gleichgewichtspreis

Angebots-und-Nachfrage-Kurve können in einem Koordinatensystem **zusammengefasst** werden.

Beispiel Angebots-und-Nachfrage-Kurve schneiden sich beim Preis von 0,15 EUR. Zu diesem Preis werden 25.000 Eier angeboten und 25.000 Eier nachgefragt. Alle Anbieter, die bereit sind zu diesem Preis zu verkaufen, können ihre gesamte Produktion absetzen. Alle Nachfrager, die bereit sind diesen Preis zu zahlen, können die gewünschte Menge Eier erwerben. Alle Anbieter, die die Eier auch zu einem niedrigeren Preis hätten anbieten können, erhalten eine Produzentenrente, ebenso erzielen alle Nachfrager, die bereit wären, einen höheren Preis zu zahlen, eine Konsumentenrente.

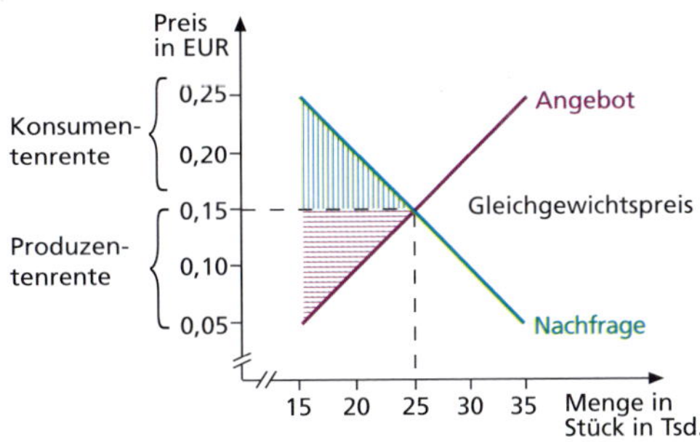

Da der Preis für die angebotene und nachgefrage Menge in dieser Situation genau gleich ist, wird er als **Gleichgewichtspreis** bezeichnet.

● Preisangabenverordnung

LF 4

§

§ 1 PAngV „(1) Wer Letztverbrauchern gewerbs- oder geschäftsmäßig oder regelmäßig in sonstiger Weise Waren oder Leistungen anbietet oder als Anbieter von Waren oder Leistungen gegenüber Letztverbrauchern unter Angabe von Preisen wirbt, hat die Preise anzugeben, die einschließlich der Umsatzsteuer und sonstiger Preisbestandteile zu zahlen sind (Endpreise). Soweit es der allgemeinen Verkehrsauffassung entspricht, sind auch die Verkaufs- oder Leistungseinheit und die Gütebezeichnung anzugeben, auf die sich die Preise beziehen."

Durch die Pflicht zur Preisauszeichnung soll für den Verbraucher die Möglichkeit eines **klaren Preisvergleichs** geschaffen werden. Nur so ist eine der Bedingungen des vollkommenen Marktes erfüllt, der entscheidende Voraussetzung für das Funktionieren der marktwirtschaftlichen Ordnung ist.

Die Preise müssen den Grundsätzen von **Preisklarheit** und **Preiswahrheit** entsprechen. Sie müssen dem Angebot oder der Werbung eindeutig zuzuordnen, leicht erkennbar und deutlich lesbar sein. Bei einer Aufgliederung der Preise ist der **Endpreis deutlich hervorzuheben.**

Angaben auf dem Preisschild		Beispiele
Gesetzliche	– Bruttoverkaufs-, Laden- oder Auszeichnungspreis (Nettoverkaufspreis einschließlich 7 bzw. 19 % Umsatzsteuer). Sofern dies handelsüblich ist, müssen zusätzlich folgende Angaben auf dem Preisschild enthalten sein:	3,99 EUR
	– Bezeichnung der Ware	Meckenheimer Berlepsch
	– Verkaufs- oder Leistungseinheit	0,750 kg
	– Grundpreis bei loser Ware (Preis je kg oder 100 g, je Liter oder 100 Milliliter)	5,32 EUR/kg
	– handelsübliche Gütebezeichnung	Handelsklasse I
Freiwillige	– Eingangsdatum	09.04.…
	– Lieferantennummer	470815
	– Artikelnummer	4900478
	– Größe usw.	48

Besteht an der Ware selbst keine Auszeichnungsmöglichkeit, so sind die Preisschilder deutlich sichtbar an den **Behältern oder Regalen**, in denen sich die Ware befindet, anzubringen.
Die Preisauszeichnungspflicht **entfällt** bei

- Kunstgegenständen, Sammlerstücken oder Antiquitäten, Waren bei Versteigerungen,
- Waren, die bei Werbevorführungen angeboten werden, sofern der Preis bei der Vorführung und unmittelbar vor dem Verkaufsabschluss genannt wird,
- Blumen und Pflanzen, die unmittelbar vom Beet verkauft werden.

Anbieter müssen in Katalogen, im Fernsehen oder Internet die Umsatzsteuer, Versandkosten und andere Preisbestandteile in das Angebot einberechnen bzw. deutlich ausweisen.
Die Einhaltung der Preisangabenverordnung wird vom staatlichen **Amt für Gewerbeschutz** überwacht. Bei Zuwiderhandlungen kann eine Geldbuße verhängt werden.

Preisbildung

Preisgrenzen

Die Preispolitik eines Unternehmens ist von den **Kosten**, der **Konkurrenz**, der **Nachfrage** und den **betrieblichen Zielen** abhängig. Alle Einflussgrößen sind genau zu untersuchen und bei der Preisgestaltung zu berücksichtigen. Für jede Ware und Dienstleistung gibt es dabei **Preisuntergrenzen**, die durch die langfristige Deckung der Kosten vorgegeben werden, und **Preisobergrenzen**, die durch die Kaufkraft der Kunden sowie die Preise der Mitbewerber bestimmt werden.

Bei der Preisfestsetzung von Waren befindet sich ein Einzelhändler meistens in einer der folgenden Situationen:

1. Der Bezugs-/Einstandspreis ist durch den Lieferer vorgegeben.
2. Der Verkaufspreis ist durch Marktverhältnisse vorgegeben.
3. Bezugs-/Einstands- **und** Bruttoverkaufspreis sind vorgegeben.

Jede der drei Situationen erfordert ein anderes Vorgehen. Im Rahmen der Preispolitik muss ein Einzelhändler jedoch immer darauf bedacht sein, dass er seine **Kosten** und den geplanten **Gewinn** erwirtschaftet.

In allen drei Fällen berechnet der Einzelhändler seine **Preisgrenzen.**

Im ersten Fall bestimmt er die **Untergrenze für einen Bruttoverkaufspreis**. Wenn er unter diesem Preis verkauft, werden seine Gewinnerwartungen nicht erfüllt bzw. seine Handlungskosten nicht gedeckt **(Preisuntergrenze)**. LF 11

Im zweiten Fall bestimmt er die **Obergrenze für den Bezugs-/Einstandspreis** einer Ware, da der Bruttoverkaufspreis vorgegeben ist. Wenn der Einzelhändler zu einem höheren Bezugs-/Einstandspreis einkauft, wird er seinen kalkulierten Gewinn nicht erwirtschaften. Es kann sogar sein, dass seine Handlungskosten nicht mehr gedeckt sind **(Preisobergrenze)**. LF 11

Im dritten Fall geht der Einzelhändler von gegebenen Preisunter- und -obergrenzen aus und berechnet, ob seine Kosten und sein Gewinn gedeckt sind.

Mittelfristig ist es für einen Einzelhändler möglich, bei einigen Artikeln seine Preisuntergrenze beim Verkauf oder seine Preisobergrenze beim Wareneinkauf zu überschreiten. Dabei verzichtet er kurzfristig bewusst auf einen Teil seines Gewinnes.

Die **absolute Preisuntergrenze** für einen Einzelhändler ist somit der Selbstkostenpreis zuzüglich der Umsatzsteuer von 7 % oder 19 %, sie berechnet sich folgendermaßen:

   Bezugs-/Einstandspreis
\+ Handlungskosten
= Selbstkostenpreis
\+ Umsatzsteuer
= Bruttoverkaufs-/Auszeichnungs-/Ladenverkaufspreis
= Absolute Preisuntergrenze

○ Kostenorientierte Preisbildung

Bei dem Verkauf von Waren und Dienstleistungen müssen die angefallenen **Kosten** gedeckt werden. Die genaue Untersuchung der Kosten ist Aufgabe der Kostenrechnung. Hier zeigt sich die enge Verzahnung des Marketings mit dem Rechnungswesen. LF 11

Für die Kalkulation unterscheidet man **Einzel- und Gemeinkosten**. Einzelkosten sind der Ware unmittelbar zurechenbar, während Gemeinkosten indirekt über einen prozentualen Zuschlag der Ware zugerechnet werden müssen. LF 11

Beispiele
- **Einzelkosten:** Einstands-, Bezugspreis der Waren, Verkaufsprovision, Ausgangsfrachten
- **Gemeinkosten:** Gehälter, Lagermiete, Gebäudeversicherungen

Einzelkosten sind immer **variable Kosten**, d. h., sie steigen und fallen mit der Absatzmenge der Waren. Gemeinkosten können variable oder fixe Kosten sein. **Fixe Kosten** sind nicht von der Absatzmenge der Waren abhängig. LF 11

Bei der kostenorientierten Preisgestaltung werden neben den Kosten angemessene Gewinnzuschläge und die Umsatzsteuer im Verkaufspreis berücksichtigt. Bei dieser Vorgehensweise ist ein Unternehmen allerdings nicht sicher, ob es zu diesem kalkulierten Verkaufspreis seine

Waren auf dem Markt verkaufen kann, da der Marktpreis nicht nur vom eigenen Angebot, sondern auch vom Angebot der Konkurrenz und von der Nachfrage bestimmt wird.

Beispiel Kostenorientierte Zuschlagskalkulation der Center Warenhaus GmbH für den Artikel Skianorak „Sella“

Kalkulationsschema:			**EUR**
Einstands-/Bezugspreis	100 %		125,00
+ Handlungskosten	80 %		100,00
Selbstkostenpreis	180 %	100 %	225,00
+ Gewinnzuschlag		20 %	45,00
Nettoverkaufspreis	100 %	120 %	270,00
+ Umsatzsteuer	19 %		51,30
Laden-, Auszeichnungs-, Bruttoverkaufspreis	119 %		321,30

○ Nachfrageorientierte Preisbildung

Die Preisbildung darf nicht auf Kosten- und Gewinnberechnungen verzichten, muss sich jedoch vor allem an der Nachfrage orientieren. Hier sind die **Preisvorstellungen möglicher Kunden** zu berücksichtigen. Informationen hierzu muss die Marktforschung liefern. Man geht in vielen Fällen von der Annahme aus, dass die Kunden eher einen niedrigen als einen hohen Preis akzeptieren. Jedoch sind Kunden auch bereit, einen hohen Preis zu zahlen, wenn sie ein akzeptables Verhältnis zwischen dem Preis eines Produktes und ihrer individuellen Einschätzung des Nutzens (insbesondere des Zusatznutzens, z. B. bestimmte Serviceleistungen) erkennen können. Man sagt: „Das **Preis-Leistungs-Verhältnis** muss stimmen.“ Ein hoher Preis ist oft nur durch besondere Betonung des Zusatznutzens eines Produktes durchzusetzen.

LF 5,12
LF 2

Bei dieser Konstellation bleibt nur die Möglichkeit, rückwärts vom gegebenen Marktpreis ausgehend zu kalkulieren; man zieht hierzu vom Nettoverkaufspreis den geplanten Gewinn und die Handlungskosten ab. So gelangt man zu einem Einstands-/Bezugspreis, den man bei seinem Lieferer durchzusetzen versucht.

○ Konkurrenzorientierte Preisbildung

Neben Kosten- und Nachfragegesichtspunkten orientiert man sich auch an den Preisen der Konkurrenz.

Orientierung am Branchenpreis (durchschnittlicher Marktpreis): Diese Preisbildung setzt folgende Marktbedingungen voraus:

1. Die **Produkte** sind weitgehend **homogen** (gleichartig).
2. Es gibt **viele Konkurrenten** (Polypol).

Beispiel Die Preise für vergleichbare Skianoraks der Mitbewerber der Center Warenhaus GmbH liegen zwischen 329,00 und 370,00 EUR. Die Center Warenhaus GmbH beschließt, ihren Preis ebenfalls in diesem Bereich festzulegen.

Orientierung am Preisführer: Ein Preisführer ist ein Anbieter, dem sich die übrigen Konkurrenten aufgrund seiner starken Marktposition weitgehend anschließen, wenn er seine Preise variiert. Oft ist der Preisführer derjenige Anbieter mit dem größten Marktanteil. Preisführer können auch mehrere Anbieter gemeinsam sein.

Beispiel Wenn die großen Mineralölkonzerne den Preis für Benzin erhöhen, schließen sich kleinere Produzenten häufig an und erhöhen ihren Preis ebenfalls.

○ Preisbildung und betriebliche Ziele

Neben den genannten Einflussgrößen wird die Preisbildung auch wesentlich von den Zielen der Unternehmung beeinflusst. Auf **den heutigen Märkten** geht es im Wesentlichen um eine Steigerung der Umsätze bzw. eine Marktanteilssteigerung. Verfolgt ein Unternehmen aber mit einem Produkt auch andere Ziele, so muss das Produkt aus der Sicht des Verbrauchers nicht zwangsläufig preiswerter sein, da z. B. ökologische Produkte i. d. R. etwas teurer sind.

Beispiel Ökologische Ziele spielen eine wichtige Rolle im Zielsystem der Center Warenhaus GmbH. Kann ein nachgefragtes Produkt diesen Zielen nicht gerecht werden, verzichtet die Center Warenhaus GmbH auf eine Sortimentserweiterung, obwohl das wirtschaftliche Ziel Umsatzsteigerung dann in diesem Fall nicht erfüllt werden kann.

● Preisstrategien

Bisher wurden nur Preisunter- und -obergrenzen betrachtet. Eine **Preisstrategie** ist ein Verhalten des Anbieters auf dem Markt, das **kurzfristig** diese Grenzen unberücksichtigt lässt, um **langfristig** einen Umsatzzuwachs oder eine Erhöhung des Marktanteils zu erreichen.

○ Preisdifferenzierung

Hierbei wird für ein- und dasselbe Produkt von verschiedenen Abnehmern bzw. Abnehmergruppen ein unterschiedlicher Preis verlangt.

- Einige Einzelhändler bieten die gleiche Ware z. T. zu verschiedenen Preisen an, wenn die Marktverhältnisse (Kunden, Konkurrenz) es zulassen. Auf unterschiedlichen Märkten werden unterschiedliche Preise festgesetzt **(räumliche Preisdifferenzierung).**

  Beispiel Die Center Warenhaus GmbH bietet Damenjacken der Marke „Pony" im EKZ Rheinpark wegen der starken Konkurrenzsituation zu 98,00 EUR an. In einer Filiale in einem anderen Bundesland wird die gleiche Ware zu 119,00 EUR angeboten.

- Von **zeitlicher Preisdifferenzierung** spricht man, wenn ein Artikel zu unterschiedlichen Zeiten zu verschiedenen Preisen angeboten wird.

  Beispiel Die Center Warenhaus GmbH bietet Wintersportausrüstung ganzjährig an. Jedoch sind im Sommer die Verkaufspreise erheblich niedriger.

- Wenn größere Mengen einer Ware zu einem günstigeren Preis verkauft werden, betreibt der Einzelhändler **mengenmäßige Preisdifferenzierung.**

  Beispiel Die Center Warenhaus GmbH bietet Siedewürstchen „Partyfreude" in der Großpackung (Inhalt 20 Stück) billiger als in der Singlepackung (Inhalt vier Stück) an.

- Bei der **personellen Preisdifferenzierung** wird die gleiche Ware unterschiedlichen Kundengruppen zu unterschiedlichen Preisen angeboten.

  Beispiele
  - Die Center Warenhaus GmbH gewährt Mitgliedern von Sportvereinen einen zehnprozentigen Preisnachlass auf alle Artikel des Sportsortiments.
  - Der Mars Elektrofachmarkt e. K. gewährt allen selbstständigen Handwerkern einen Nachlass von 15% auf alle Artikel.

○ Mischkalkulation

Oft ist es für Einzelhändler sinnvoll, bei einigen Artikeln bewusst Gewinneinbußen hinzunehmen, wenn es der Markt erfordert. Dies ergibt sich z. B. bei Sonderangeboten, Produkteinführungen (Einführungspreis) usw. Es muss aber sichergestellt sein, dass der geplante Gewinn bei anderen Artikeln erzielt wird. Hierzu eignen sich Artikel, die einen höheren Ladenverkaufspreis zulassen als durch einfache Vorwärtskalkulation berechnet. Wenn fehlende Gewinne bzw. Verluste bei einigen Artikeln **(Ausgleichsnehmer)** durch

Gewinne bei anderen Artikeln **(Ausgleichsgeber)** ausgeglichen werden, sprechen wir
LF 11 von einer **Mischkalkulation** bzw. einer **Ausgleichskalkulation.**

- **Ausgleichsnehmer** sind häufig Artikel, bei denen sich die Kunden sehr preisbewusst verhalten. Hierzu zählen Waren des täglichen Bedarfs und Artikel mit Preisempfehlungen, da der Einzelhändler durch die Unterbietung dieser Preise bei den Kunden seine Preiswürdigkeit verdeutlichen kann.

  Beispiele Butter, Nudeln, Milch, Strumpfhosen

- Als **Ausgleichsgeber** eignen sich vor allem solche Artikel, bei denen der Kunde sich weniger preisbewusst verhält, weil er bei diesen Artikeln einen geringeren Marktüberblick hat. Dies trifft insbesondere bei Waren des gehobenen Bedarfs und Waren, die nur gelegentlich gekauft werden, zu.

  Beispiele hochwertige Textilien, Möbel, Hi-Fi- und Elektrogeräte

○ Psychologische Preisfestsetzung

Bei der Preiskalkulation kommt es vielfach auf eine **psychologische Preisfestsetzung** an. Hier werden Preise festgesetzt, die beim Kunden den Eindruck erwecken sollen, dass sie äußerst knapp kalkuliert wurden, und somit besonders preiswürdig sind.

Beispiele 0,38 EUR für eine Tafel Schokolade, 99,00 EUR für eine Bluse, 0,49 EUR für Margarine

○ Offensive Preispolitik

Die Preisfestsetzung ist für den Einzelhändler ein Instrument seiner Marketingarbeit.
LF 12 Seine Preispolitik muss sich also in sein **Marketingkonzept** einfügen. Er kann **offensive Preispolitik** betreiben und versuchen, seine eigenen Preisvorstellungen am Markt durchzusetzen.

Beispiele

- Das Fachgeschäft für Inneneinrichtung „Exklusives Wohnen Waltraud Schiffer" im EKZ Rheinpark versucht nach dem Motto „Es war schon immer etwas teurer, einen besonderen Geschmack zu haben" durch aufwendige Ladenausstattung und hochwertige Ware hohe Preise durchzusetzen **(Hochpreispolitik)**.
- Der Lebensmitteldiscounter Schlegel KG versucht, durch einen aggressiven Preiskampf möglichst niedrige Preise festzusetzen **(Niedrigpreispolitik)**. Das erreicht er z. B. durch einfache Ladengestaltung, beschränktes Sortiment, geringen Personaleinsatz usw. Dauerhaft niedrige Preise (Discountpreise) sollen zu hohen Absatzzahlen verhelfen.

○ Defensive Preispolitik

Bei einer **defensiven Preispolitik** verhält sich der Einzelhändler eher passiv. Er passt seine Preise an die seiner Konkurrenten an (bis zu seiner Preisuntergrenze) oder er hält sich an unverbindliche Preisempfehlungen der Lieferer.

Beispiel Das Fachgeschäft für Autozubehör „Autobedarf Herkenrath OHG" verkauft Winterreifen zu einem Preis, zu dem sie auch bei der benachbarten Konkurrenz verkauft werden. Senkt die Konkurrenz die Preise, so senkt Herr Herkenrath seinen Preis in gleicher Höhe. Bei Autoradios übernimmt er die Preisempfehlung der Lieferer.

Bedeutung des Verkaufspreises als absatzpolitisches Instrument beurteilen

- **Preispolitik (absatzpolitisches Instrument)** = alle Maßnahmen eines Einzelhändlers zur Ermittlung und Festlegung des Bruttoverkaufspreises
- **Ziele der Preispolitik:** Kostendeckung, Gewinnsteigerung

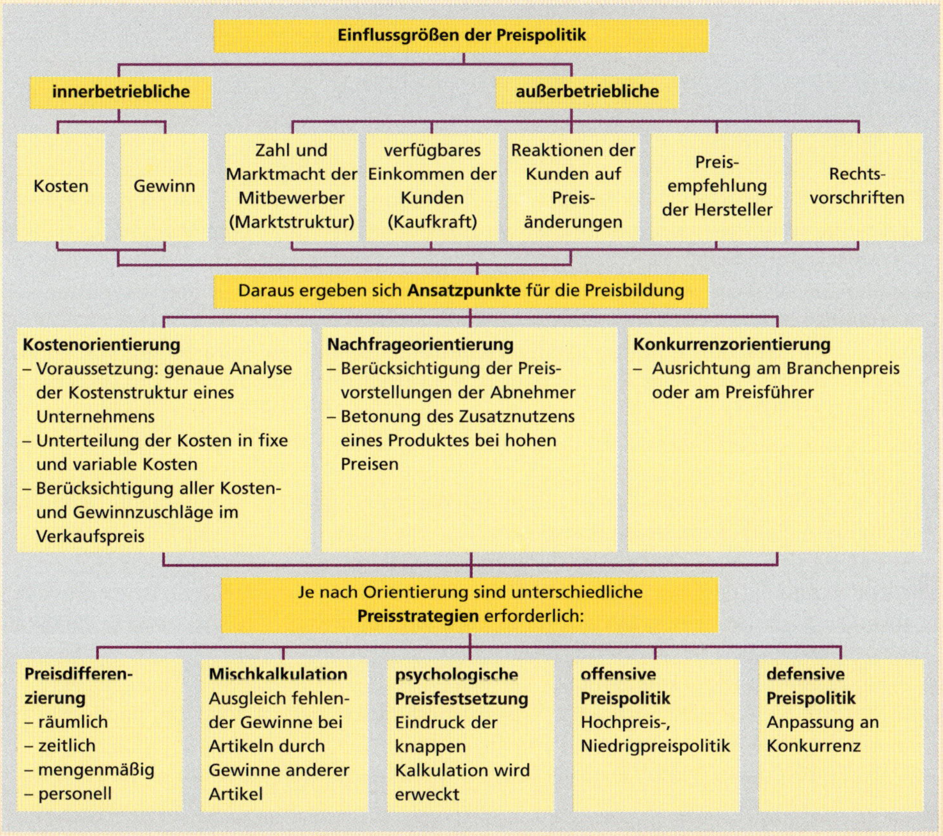

- **Preisangabenverordnung:** Jeder Einzelhändler ist verpflichtet, seine Waren und Dienstleistungen mit dem Auszeichnungs-/Ladenverkaufs-/Bruttoverkaufspreis auszuzeichnen. Das Preisschild muss darüber hinaus Angaben über die Bezeichnung der Ware, die Verkaufs- oder Leistungseinheit, den Grundpreis und die Gütebezeichnung enthalten, sofern dies handelsüblich ist.
- Die **absolute Preisuntergrenze** liegt dort, wo die Kosten gedeckt sind, aber kein Gewinn erzielt wird.
- Die **Preisobergrenze** wird bestimmt durch die Kaufkraft der Kunden und die Preise der Mitbewerber.
- Ob ein Unternehmen **aktive Preispolitik** betreiben kann, hängt von der Zahl der Marktteilnehmer, den Kosten, der Nachfrage, der Konkurrenz und den betrieblichen Zielen ab.
- Neben Kosten, Nachfrage und Konkurrenz spielt das **betriebliche Zielsystem** eine wesentliche Rolle bei der Gestaltung der Preispolitik.

1. Überprüfen Sie, bei welchen der folgenden Waren sich Kunden bei ihrem Einkauf besonders preisbewusst verhalten:
a) Fernsehgerät
b) Brot
c) Schmuck
d) Waschmittel
e) Bettwäsche
f) modische Kleidung
g) Wohnzimmermöbel
h) Designerstuhl
i) Milch

2. Erläutern Sie, von welchen Faktoren die Festlegung der Bruttoverkaufspreise eines Einzelhandelsunternehmens beeinflusst wird. Erstellen Sie hierzu eine Mindmap.

3. Stellen Sie fest, um welche Art der Preisdifferenzierung es sich in den folgenden Fällen handelt:
a) In einem Geschäft erhalten alle Gewerbetreibenden einen Preisnachlass von 15 %.
b) Der Preis für 1 kg eines Artikels beträgt 9,90 EUR. Bei Abnahme von 5 kg sinkt der Preis auf 8,90 EUR je kg.
c) Ein Sportartikelfachgeschäft bietet Wintersportartikel im Sommer preisgünstiger als im Winter an.
d) Die Center Warenhaus GmbH bietet den gleichen Artikel in unterschiedlichen Bundesländern zu verschiedenen Preisen an.

4. Oliver Schlegel, der Filialleiter der Lebensmitteldiscount Schlegel KG, sagt bei einer Besprechung: „Unser Erfolg besteht darin, dass wir bei unserer Preisgestaltung Mischkalkulation betreiben."
a) Erläutern Sie Mischkalkulation.
b) Nennen Sie aus dem Sortiment Ihres Ausbildungsbetriebs Artikel, bei denen Mischkalkulation betrieben wird.
c) Überprüfen Sie, welche Preisstrategie in Ihrem Ausbildungsbetrieb verfolgt wird.

5. Erläutern Sie folgende Aussage anhand von Beispielen aus Ihrem Erfahrungsschatz: „Das Preis-Leistungs-Verhältnis muss stimmen."

2 Verkaufskalkulation anwenden

2.1 Berechnung des Selbstkosten- und Nettoverkaufspreises (Vorwärtskalkulation) und des Roh- und Reingewinns

Oliver Lehnert, der Abteilungsleiter für Verkauf und Marketing der Center Warenhaus GmbH, hat beschlossen, zusätzlich Skianoraks, Funboards, Trickski und einige andere Artikel in das Sortiment der Textil-/Sportabteilung aufzunehmen. Er beauftragt Elena Gutowski, die Substitutin der Abteilung, die Nettoverkaufspreise für diese neuen Artikel zu kalkulieren. Sie hat folgende Zahlen vorliegen:

Warengruppe Textil/Sport				
Artikelbezeichnung	**Art.-Nr.**	**Bezugs-/ Einstandspreis in EUR**	**Handlungskosten-zuschlagssatz**	**Gewinn-zuschlagssatz**
Skianorak	23465718	125,00	80 %	20 %
Funboard	24315627	250,00	60 %	20 %
Trickski	23876589	200,00	80 %	20 %

Da Frau Gutowski arbeitsmäßig überlastet ist, bittet sie die Auszubildende Sabine Freund darum, für sie die Berechnungen vorzunehmen.

ARBEITSAUFTRÄGE

- Stellen Sie das Kalkulationsschema zur Ermittlung des Nettoverkaufspreises auf.
- Berechnen Sie die Nettoverkaufspreise für die drei Artikel.
- Erläutern Sie die Inhalte des Handlungskosten- und des Gewinnzuschlagssatzes.

Alle Einzelhandelsbetriebe sind bestrebt, die von ihnen eingekauften Waren abzusetzen. Dabei versuchen sie, ihre Handlungskosten zu decken und darüber hinaus einen Gewinn zu erzielen. In manchen Fällen, in denen dem Kunden ein längeres Zahlungsziel eingeräumt oder ein Nachlass wegen größerer Mengenabnahme gewährt wird, muss der Einzelhändler Kundenskonto und Kundenrabatt einkalkulieren.

Beispiele Möbeleinzelhandel, Baumarkt

Da alle Umsätze umsatzsteuerpflichtig sind, muss er, um den Auszeichnungspreis (Laden-, Bruttoverkaufspreis) zu ermitteln, auch die Umsatzsteuer in den Preis einrechnen. Wegen der Konkurrenzsituation jedes Einzelhandelsunternehmens muss bei der Verkaufskalkulation darauf geachtet werden, dass der übliche Marktpreis nicht überschritten wird.

Beispiele Preise für Milch, Butter, Zucker, Kaffee

Ausgangspunkt für die **Berechnung des Auszeichnungspreises** (Laden-, Bruttoverkaufspreises) ist der Bezugspreis (Einstandspreis). Auf den Bezugspreis werden die **Handlungskosten** aufgeschlagen. Auf den sich daraus ergebenden **Selbstkostenpreis** rechnet der Einzelhändler den **Gewinn** und erhält den **Nettoverkaufspreis.** Auf den Nettoverkaufspreis muss der Einzelhändler noch 7 oder 19 % Umsatzsteuer kalkulieren. Somit erhält er den Auszeichnungs-, Bruttoverkaufs-, Ladenverkaufspreis.

Hieraus ergibt sich folgendes **Kalkulationsschema (Zuschlagskalkulation)** für die Berechnung des Auszeichnungs-, Bruttoverkaufs-, Ladenverkaufspreises.

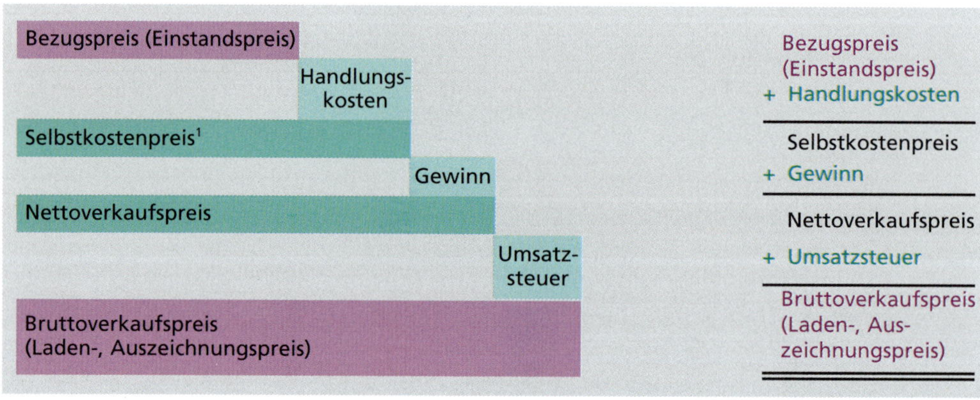

Handlungskostenzuschlag und Selbstkostenpreis

Durch die Lagerung, die Verwaltung und den Verkauf der Waren entstehen in jeder Einzelhandelsunternehmung **Geschäftskosten** oder **allgemeine Handlungskosten** (vgl. Seite 142 f., 235). Hierzu zählen u. a. Miete, Gewerbesteuer, Personalkosten, allgemeine
LF 11 Verwaltungskosten, Kosten für Werbung, Abschreibungen (= Wertminderungen der Güter des Anlagevermögens wie Fuhrpark, Ladenausstattung usw.).

Diese Kosten werden i. d. R. durch alle Waren gemeinsam verursacht **(Gemeinkosten).** Eine verursachungsgemäße Zurechnung auf jeden einzelnen Artikel ist somit nicht exakt möglich. Daher werden die Geschäfts- oder Handlungskosten in einem Prozentsatz ausgedrückt, dem **Geschäfts- oder Handlungskostenzuschlagssatz**. Dieser Zuschlag wird dann bei der Kalkulation des Selbstkostenpreises einzelner Artikel zugrunde gelegt. Je nach Größe und Sortiment des Geschäfts sind diese Kosten in ihrer Höhe unterschiedlich.

---

[1] *Anstelle des Begriffes „Selbstkostenpreis" wird in der Praxis der abgekürzte Begriff „Selbstkosten" verwandt.*

○ Berechnung des Handlungskostensatzes/-zuschlagssatzes

Mithilfe der Unterlagen aus der Buchführung kann der prozentuale Anteil der Handlungskosten am Wareneinsatz (Umsatz zu Einstands- oder Bezugspreisen) festgestellt werden.

Beispiel Der Mars Elektrofachmarkt entnimmt seiner Buchführung folgende Zahlenwerte:

S	Gewinn und Verlust (GuV)	H
Aufwendungen für Waren (Wareneinsatz)	6.600.000,00	
Personalkosten	800.000,00	Summe der Handlungskosten = 2.200.000,00 EUR
Mieten	300.000,00	
Aufwendungen für Energie	400.000,00	
Steuern	200.000,00	
Werbung	300.000,00	
Büromaterial	200.000,00	

Wie viel Prozent beträgt der Handlungskostensatz/-zuschlagssatz?

Lösung

① Summe der Handlungskosten:

Personalkosten	800.000,00 EUR
+ Mieten	300.000,00 EUR
+ Aufwendungen für Energie	400.000,00 EUR
+ Steuern	200.000,00 EUR
+ Werbung	300.000,00 EUR
+ Büromaterial	200.000,00 EUR
	2.200.000,00 EUR

② 6.600.000,00 EUR (Wareneinsatz) = 100%
2.200.000,00 EUR (Handlungskosten) = x

③ $x = \frac{2.200.000,00 \cdot 100}{6.600.000,00}$ $x = 33\frac{1}{3}\,\%$

Der Handlungskostensatz beträgt $33\frac{1}{3}\,\%$.

Hieraus ergibt sich für die Berechnung des Handlungskostensatzes/-zuschlagssatzes folgende Formel:

$$\text{Handlungskostensatz/-zuschlagssatz} = \frac{\text{Handlungskosten in EUR} \cdot 100}{\text{Wareneinsatz}}$$

Lösungsweg

① Ermitteln Sie die Summe der Handlungskosten durch Addition aller Kosten.

② Ermitteln Sie den Wareneinsatz. Wenn der Wareneinsatz nicht angegeben ist, ist er aus dem Konto „Aufwendungen für Waren" zu entnehmen (vgl. Seite 235 ff.).

③ Berechnen Sie den Handlungskostensatz/-zuschlagssatz mithilfe des Dreisatzes oder obiger Formel.

○ Berechnung des Selbstkostenpreises

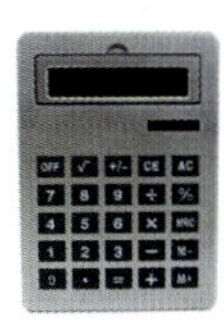

Der Selbstkostenpreis wird ermittelt, indem man zum Bezugs-/Einstandspreis die Geschäfts- oder Handlungskosten addiert, wobei die Geschäfts- oder Handlungskosten vom Bezugs-/Einstandspreis berechnet werden.

Beispiel Der Bezugspreis (Einstandspreis) eines All-in-one-Computers beträgt 720,00 EUR. Wie hoch ist der Selbstkostenpreis bei einem Handlungskostenzuschlagssatz von $33\frac{1}{3}$ %?

Lösung

Bezugspreis (Einstandspreis)	720,00 EUR	100 %
+ Handlungskostenzuschlag	240,00 EUR	$33\frac{1}{3}$ %
Selbstkostenpreis	960,00 EUR	$133\frac{1}{3}$ %

Der Selbstkostenpreis wird mithilfe des Dreisatzes errechnet:

100 % = 720,00 EUR
$133\frac{1}{3}$ % = x

$$x = \frac{720 \cdot 133\frac{1}{3}}{100} \qquad x = \underline{\underline{960{,}00 \text{ EUR}}}$$

Der Selbstkostenpreis beträgt 960,00 EUR.

Hieraus lässt sich folgende Formel für die Berechnung des Selbstkostenpreises ableiten:

$$\text{Selbstkostenpreis in EUR} = \frac{\text{Bezugs-/Einstandspreis} \cdot \text{Selbstkostenpreis in \%}}{100}$$

Lösungsweg

Berechnen Sie mithilfe des Dreisatzes oder mithilfe der Formel die Handlungskosten und den Selbstkostenpreis. Der Bezugspreis (Einstandspreis) beträgt 100 %.

LF 11 In regelmäßigen Abständen muss ein Einzelhändler im Rahmen der **Nachkalkulation** überprüfen, ob die Handlungskostenzuschlagssätze ausreichen, um die tatsächlich angefallenen Kosten (Ist-Kosten) zu decken und ob der kalkulierte Gewinn tatsächlich erreicht wird. Dies geschieht i. d. R. am Ende der Rechnungsperiode.

Gewinnzuschlag und Nettoverkaufspreis

Jeder Einzelhändler will einen Gewinn erzielen, also muss er ihn einkalkulieren. Dies geschieht durch Zuschlag auf den Selbstkostenpreis mithilfe eines Prozentsatzes (Gewinnzuschlagssatz).

Der Gewinnzuschlag enthält:

LF 11
1. eine **Eigenkapitalverzinsung** für das im Einzelhandelsgeschäft angelegte Eigenkapital; sie ist normalerweise so hoch wie die Zinsen für bei der Bank langfristig angelegtes Kapital;
2. einen **Unternehmerlohn** für die Arbeitsleistung des Einzelhändlers in seinem Unternehmen;
3. eine **Risikoprämie** als Vergütung für die Übernahme des unternehmerischen Risikos durch den Einzelhändler; sie ist abhängig von der Größe des Risikos in der jeweiligen Branche.

Der Gewinn wird in der Kalkulation prozentual von den Selbstkosten errechnet (Gewinnzuschlag) und dem Selbstkostenpreis zugeschlagen.

Somit ergibt sich folgendes Kalkulationsschema:

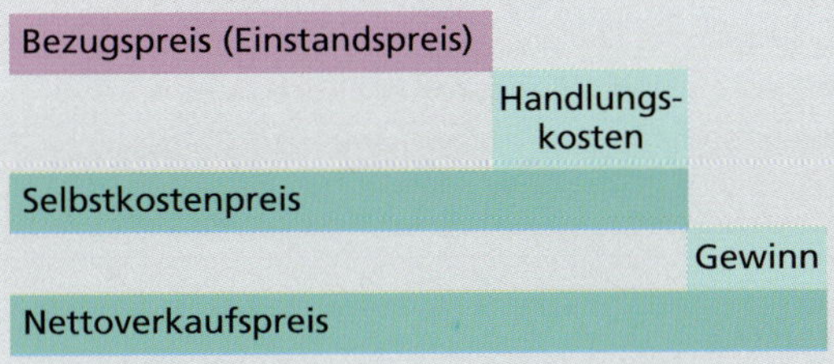

	Bezugspreis (Einstandspreis)
+	Handlungskosten
	Selbstkostenpreis
+	Gewinn
	Nettoverkaufspreis

○ Berechnung des Gewinnzuschlages

Den durchschnittlichen Gewinnzuschlagssatz, den ein Einzelhändler während einer bestimmten Rechnungsperiode einkalkuliert hat, kann man aus den Unterlagen der Buchführung ermitteln. Dieser Zuschlagssatz kann auch in der Zukunft einkalkuliert werden, wenn dies die Marktsituation zulässt. Langfristig muss der Unternehmer jedoch versuchen, eine angemessene Eigenkapitalverzinsung, einen Unternehmerlohn, der mit dem Gehalt eines leitenden Angestellten vergleichbar ist, und eine vertretbare Prämie für seine Risikobereitschaft über den Gewinn zu erzielen.

Beispiel Der Mars Elektrofachmarkt e. K. entnimmt seiner Buchführung folgende Zahlenwerte:

Eigenkapital Jahresanfangsbestand 6.000.000,00 EUR, Wareneinsatz (Bezugs-/Einstandspreis der im Geschäftsjahr verkauften Waren) 6.600.000,00 EUR

Der Mars Elektrofachmarkt e. K. setzt seinen Unternehmerlohn mit 312.000,00 EUR an, ferner berechnet er eine Eigenkapitalverzinsung von 8 % und eine Risikoprämie in Höhe von 1 % der Selbstkosten (Bezugspreise + Handlungskosten). Die Handlungskosten betragen 2.200.000,00 EUR.
Wie viel Prozent beträgt der Gewinnzuschlagssatz?

Lösung

①	Unternehmerlohn pro Jahr	312.000,00 EUR
+	Kapitalverzinsung (8 % von 6.000.000,00 EUR)	480.000,00 EUR
+	Risikoprämie (1 % von 8.800.000 EUR, d.h. von Wareneinsatz + Handlungskosten)	88.000,00 EUR
	Gewinnzuschlag insgesamt	880.000,00 EUR

Somit beträgt der kalkulatorische Gewinnzuschlag 880.000,00 EUR

Mithilfe des Dreisatzes wird der prozentuale Gewinnzuschlagssatz errechnet.

② 8.800.000,00 EUR = 100 %
880.000,00 EUR = x

$$x = \frac{880.000 \cdot 100}{8.800.000} \qquad x = \underline{\underline{10\,\%}}$$

Der Gewinnzuschlagssatz beträgt 10 %.

Hieraus lässt sich folgende Formel für die Berechnung des prozentualen Gewinnzuschlagssatzes ableiten:

$$\text{Gewinnzuschlagssatz in } \% = \frac{\text{Gewinnzuschlag in EUR} \cdot 100}{\text{Selbstkosten (Bezugs-/Einstandspreis + Handlungskosten)}}$$

Lösungsweg

① Berechnen Sie den Gewinnzuschlag in Euro, indem Sie den Unternehmerlohn, die Kapitalverzinsung und die Risikoprämie addieren.

Anmerkung: Die prozentuale Kapitalverzinsung wird vom Eigenkapital, die Risikoprämie von den Selbstkosten (Bezugspreis + Handlungskosten) berechnet.

② Berechnen Sie mithilfe des Dreisatzes oder obiger Formel den Gewinnzuschlagssatz in %. Der Selbstkostenpreis beträgt 100 %.

○ Berechnung des Nettoverkaufspreises

Durch Addition des Gewinns zum Selbstkostenpreis ergibt sich der Nettoverkaufspreis.

Beispiel Wie viel Euro beträgt der Nettoverkaufspreis für einen Artikel, dessen Bezugs-/Einstandspreis 350,00 EUR beträgt, wenn die Center Warenhaus GmbH mit einem Handlungskostenzuschlagssatz von 20 % und einem Gewinnzuschlagssatz von 15 % rechnet?

Lösung

①	Bezugspreis (Einstandspreis)		100 %	350,00 EUR
	+ Handlungskostenzuschlag		20 %	70,00 EUR
②	Selbstkostenpreis	100 %	120 %	420,00 EUR
	+ Gewinn	15 %		63,00 EUR
③	Nettoverkaufspreis	115 %		483,00 EUR

Der Nettoverkaufspreis beträgt 483,00 EUR.

Lösungsweg

① Stellen Sie das Kalkulationsschema auf.

② Ermitteln Sie den Selbstkostenpreis.

③ Ermitteln Sie mithilfe des Dreisatzes den Nettoverkaufspreis. Der Selbstkostenpreis beträgt 100 %.

● Rohgewinn (= Rohertrag) und Reingewinn (= Gewinn)

LF 8,11

Ein Einzelhändler muss in der Lage sein, für jeden einzelnen Artikel festzustellen, wie viel er auf jeden Bezugs-/Einstandspreis insgesamt aufschlagen kann und welchen Gewinn ihm ein Artikel erbringt. Daher muss er den Rohertrag oder -gewinn und den Gewinn oder Reingewinn für seine Waren errechnen können.

Den Unterschied zwischen dem Nettoverkaufspreis und dem Bezugspreis (Einstandspreis) nennt man Rohgewinn. Den Reingewinn ermittelt man, indem man vom Rohgewinn die Handlungskosten abzieht. Hieraus ergibt sich für die Berechnung des Roh- und Reingewinnes folgendes Kalkulationsschema:

Bezugspreis (Einstandspreis)
\+ Handlungskosten
Selbstkostenpreis
\+ Gewinn
Nettoverkaufspreis

Nettoverkaufspreis in EUR
– Selbstkostenpreis in EUR
= **Reingewinn** oder **Gewinn** in EUR

Nettoverkaufspreis in EUR
– Bezugs-/Einstandspreis in EUR
= **Rohgewinn** oder **Rohertrag** in EUR

Beispiel Die Center Warenhaus GmbH bezieht einen Artikel zu einem Bezugspreis (Einstandspreis) von 30,00 EUR. Die GmbH kalkuliert mit 20 % Handlungskosten und 10 % Gewinn.
Wie hoch sind der Rohgewinn und der Reingewinn für diesen Artikel?

Lösung

①	Bezugspreis (Einstandspreis)		100 %	30,00 EUR
	+ Handlungskosten		20 %	6,00 EUR
	Selbstkostenpreis	100 %	120 %	36,00 EUR
	+ Gewinn	10 %		3,60 EUR
②	Nettoverkaufspreis	110 %	100 %	39,60 EUR

③ **Berechnung des Rohgewinns**
Nettoverkaufspreis – Bezugspreis (Einstandspreis)
39,60 EUR – 30,00 EUR = 9,60 EUR

Der Rohgewinn beträgt 9,60 EUR.

④ **Berechnung des Reingewinns**
Nettoverkaufspreis – Selbstkostenpreis oder Rohgewinn – Handlungskosten
39,60 EUR – 36,00 EUR = 3,60 EUR 9,60 EUR – 6,00 EUR = 3,60 EUR

Der Reingewinn beträgt 3,60 EUR.

Lösungsweg

① Stellen Sie das Kalkulationsschema auf.
② Berechnen Sie die einzelnen Zuschläge stufenweise mithilfe von Dreisätzen.
③ Berechnen Sie den Rohgewinn:

Nettoverkaufspreis – Bezugspreis (Einstandspreis)

④ Berechnen Sie den Reingewinn:

Nettoverkaufspreis – Selbstkostenpreis

oder

Rohgewinn – Handlungskosten

Berechnung des Selbstkosten- und Nettoverkaufspreises (Vorwärtskalkulation) und des Roh- und Reingewinns

- $\text{Handlungskostenzuschlagssatz} = \dfrac{\text{Handlungskosten in EUR} \cdot 100}{\text{Wareneinsatz}}$
- $\text{Gewinnzuschlagssatz} = \dfrac{\text{Gewinnzuschlag in EUR} \cdot 100}{\text{Selbstkosten}}$
- **Kalkulationsschema:**

  Bezugs-/Einstandspreis
  \+ Handlungskosten
  = Selbstkostenpreis
  \+ Gewinnzuschlag
  = Nettoverkaufspreis

Rohgewinn und Reingewinn

Rohgewinn (= Rohertrag)	Reingewinn (= Gewinn)
Berechnung: Nettoverkaufspreis – Bezugs-/Einstandspreis	**Berechnung:** Nettoverkaufspreis – Selbstkostenpreis oder Rohgewinn – Handlungskosten

1. Berechnen Sie unter Berücksichtigung folgender Angaben den Handlungskostensatz:

	Bezugspreis (Einstandspreis) der verkauften Waren in EUR = Wareneinsatz	Handlungskosten in EUR
a)	200.800,00	50.000,00
b)	460.000,00	115.000,00
c)	733.000,00	165.000,00
d)	930.000,00	215.500,00

2. Die Handlungskosten betrugen im abgelaufenen Geschäftsjahr 160.240,00 EUR. Der Bezugspreis der insgesamt verkauften Ware (Wareneinsatz) betrug 801.200,00 EUR.

a) Mit welchem Handlungskostenzuschlagssatz muss der Einzelhändler kalkulieren?

b) Wie hoch ist der Selbstkostenpreis, wenn der Bezugspreis (Einstandspreis) eines Artikels 598,00 EUR beträgt?

3. Berechnen Sie den Selbstkostenpreis nachfolgender Artikel:

	Bezugs-/Einstandspreis in EUR	Handlungskostenzuschlagssatz in %
a)	26,80	15
b)	178,00	$12\frac{1}{2}$
c)	498,00	$8\frac{1}{3}$
d)	688,00	25

4. Berechnen Sie den Selbstkostenpreis nachfolgender Artikel:

	Listeneinkaufspreis in EUR	Liefererrabatt in %	Liefererskonto in %	Fracht in EUR	Handlungskostenzuschlagssatz in %
a)	8,60	10	2	0,30	12,5
b)	68,00	20	2,5	5,60	15
c)	388,00	25	3	25,00	20
d)	645,00	12,5	2	45,00	10

5. Berechnen Sie für folgende Artikel den Nettoverkaufspreis:

	Bezugs-/Einstandspreis in EUR	Handlungskostenzuschlagssatz in %	Gewinnzuschlagssatz in %
a)	2,60	25	12,5
b)	86,00	15	$8\frac{1}{3}$
c)	136,00	10	10
d)	422,00	$16\frac{2}{3}$	15

6. Das Eigenkapital einer Einzelhandelsunternehmung beträgt 1 Mio. EUR. Der Wareneinsatz (Bezugs-/Einstandspreis der verkauften Waren) beträgt 2.700.000,00 EUR, die Handlungskosten betragen 450.000,00 EUR.
Wie viel Prozent beträgt der kalkulatorische Gewinnzuschlagssatz, wenn der Zinssatz für langfristiges Kapital 9 % beträgt? Das unternehmerische Risiko ist mit 2,5 % von den Selbstkosten zu berücksichtigen, der Unternehmerlohn ist mit 4.000,00 EUR monatlich anzusetzen.

7. Der Selbstkostenpreis einer Ware beträgt 305,00 EUR.
Welcher Nettoverkaufspreis ergibt sich unter Berücksichtigung von $8^1/_3$ % Gewinn?

8. Berechnen Sie den Selbstkostenpreis eines Artikels, wenn der Nettoverkaufspreis 180,00 EUR beträgt und mit einem Gewinnzuschlagssatz von 20 % gerechnet wurde.

9. Ein Artikel wird mit einem Nettoverkaufspreis von 17,25 EUR verkauft. Der Selbstkostenpreis betrug 15,00 EUR.
Wie viel Prozent betrug der Gewinnzuschlagssatz?

10. Ein Einzelhändler verkauft einen ursprünglich mit 25 % Gewinnaufschlag kalkulierten Artikel nach einer Preiserhöhung von 10 % zu einem Nettoverkaufspreis von 24,75 EUR.
Errechnen Sie
a) den bisherigen Nettoverkaufspreis der Ware,
b) den bisherigen Selbstkostenpreis des Artikels,
c) den prozentualen Gewinnzuschlagssatz unter Berücksichtigung der Preiserhöhung.

11. Der Nettoverkaufspreis einer Ware beträgt 1.320,00 EUR. Der Einzelhändler kalkuliert mit 25 % Handlungskosten und 10 % Gewinn.
a) Wie viel Euro betrug der Selbstkostenpreis?
b) Wie viel Euro betrug der Bezugs-/Einstandspreis?

12. Der Selbstkostenpreis einer Ware beträgt 62,50 EUR. Der Einzelhändler kalkuliert mit 25 % Handlungskosten, 4 % Gewinn.
a) Wie viel Euro beträgt der Nettoverkaufspreis?
b) Wie viel Euro betrug der Bezugs-/Einstandspreis?

13. Berechnen Sie den Nettoverkaufspreis sowie den Rohgewinn für nachfolgende Waren:

	Listeneinkaufspreis in EUR	Liefererrabatt in %	Bezugskosten in EUR	Handlungskostenzuschlagssatz in %	Gewinnzuschlagssatz in %
a)	310,00	10	12,00	20	15
b)	680,00	20	25,00	15	25
c)	6,80	5	0,30	25	30
d)	1,20	2,5	0,10	$16^2/_3$	20

14. Ein Schuheinzelhandelsgeschäft erhält von einem Schuhhersteller 200 Paar Herrenschuhe in verschiedenen Größen zu 70,60 EUR je Paar ab Werk, Liefererskonto 2 %. Die Bezugskosten betragen insgesamt 45,00 EUR.
a) Berechnen Sie den Nettoverkaufspreis für 1 Paar Schuhe, wenn der Einzelhändler mit 20 % Handlungskosten und $16^2/_3$ % Gewinn kalkuliert.
b) Wie hoch sind der Rohgewinn und der Reingewinn für ein Paar Schuhe und für die gesamte Warenlieferung?

15. Einem Einzelhändler liegen drei Angebote für eine neue Ware vor:

	Listeneinkaufspreis in EUR	Liefererrabatt in %	Bezugskosten in EUR	Handlungskostenzuschlagssatz in %	Gewinnzuschlagssatz in %
A	420,00	10	12,00	20	25
B	450,00	15	7,50	20	25
C	400,00	5	10,00	20	25

a) Berechnen Sie den Rohgewinn und den Reingewinn für jedes Angebot.
b) Ermitteln Sie den Nettoverkaufspreis für jedes Angebot.

16. Ein Einzelhändler bezieht von einem Großhändler fünf Stück eines Artikels zum Nettoverkaufspreis von 70,00 EUR/Stück mit 10 % Liefererrabatt und 2 % Liefererskonto. Die Bezugskosten für die gesamte Warenlieferung betragen 21,00 EUR.
a) Zu welchem Nettoverkaufspreis kann 1 Stück des Artikels angeboten werden, wenn der Einzelhändler mit 30 % Handlungskosten und 22 % Gewinnzuschlag kalkuliert?
b) Wie hoch sind der Rohgewinn und der Reingewinn je Stück?

2.2 Berechnung des Bruttoverkaufs-/Auszeichnungs-/Ladenpreises (Vorwärtskalkulation)

Endlich hat Sabine die Nettoverkaufspreise (netto) für alle Artikel ermittelt. Sie zeigt diese Frau Gutowski. *„Das haben Sie wiederum sehr schön gemacht, aber jetzt müssen wir noch die Umsatzsteuer berücksichtigen. Sollten bei diesen Berechnungen keine glatte Bruttoverkaufs- bzw. Auszeichnungspreise entstehen, machen Sie bitte Vorschläge, mit welchen Bruttoverkaufs- bzw. Auszeichnungspreisen Sie diese Artikel auszeichnen wollen."*

Sabine erstellt jetzt folgende Übersicht (Auszug):

Warengruppe Textil/Sport				
Artikelbezeichnung	Art.-Nr.	Nettoverkaufspreis in EUR	Umsatzsteuer	Bruttoverkaufspreis in EUR
Skianorak	23465718	270,00	19 %	
Funboard	24315627	480,00	19 %	
Trickski	23876589	432,00	19 %	

ARBEITSAUFTRÄGE

- Stellen Sie das Kalkulationsschema zur Ermittlung des Auszeichnungs-/Bruttoverkaufspreises auf.
- Berechnen Sie die Auszeichnungs-/Bruttoverkaufspreise der drei Artikel.
- Begründen Sie, ob Sie die errechneten Auszeichnungs-, Bruttoverkaufs-/Ladenpreise auch tatsächlich für die Auszeichnung der Artikel nehmen würden.

Der Auszeichnungs-, Bruttoverkaufspreis oder Ladenpreis schließt stets die Umsatzsteuer ein. Für die meisten Waren und Leistungen beträgt sie 19 %, Ausnahmen sind Lebensmittel, Zeitungen u. a., für die sie 7 % beträgt.

Die Umsatzsteuer wird von dem Preis ermittelt, den der Kunde in Rechnung gestellt bekommt. Somit erhält man den Auszeichnungspreis bzw. Ladenpreis oder Bruttoverkaufspreis.

Daraus ergibt sich für die Verkaufskalkulation folgendes Schema:

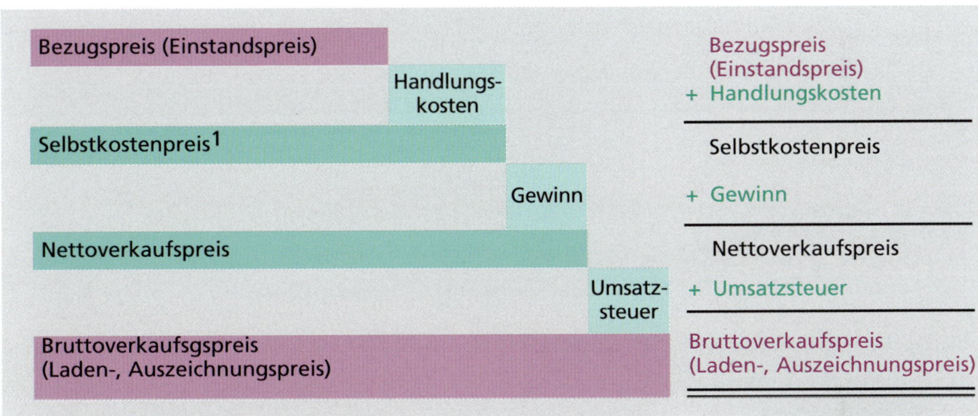

Beispiel Die Center Warenhaus GmbH kauft 200 Blöcke Schreibpapier zu einem Bezugs-/Einstandspreis von 360,00 EUR ein. Die GmbH kalkuliert mit $16\frac{2}{3}$ % Handlungskosten und 10 % Gewinn. Die Umsatzsteuer beträgt 19 %. Wie viel Euro beträgt der Bruttoverkaufspreis für einen Schreibblock?

Lösung

①		Bezugspreis (Einstandspreis)		100 %	360,00 EUR
	+	Handlungskosten		$16\frac{2}{3}$ %	60,00 EUR
		Selbstkostenpreis	100 %	$116\frac{2}{3}$ %	420,00 EUR
	+	Gewinn	10 %		42,00 EUR
②		Nettoverkaufspreis	110 %	100 %	462,00 EUR
	+	Umsatzsteuer		19 %	87,78 EUR
③		Bruttoverkaufspreis		119 %	549,78 EUR

Bruttoverkaufspreis je Stück : 549,78 : 200 = 2,75 EUR/Stück

Der Bruttoverkaufspreis je Block beträgt 2,75 EUR.

Ein auf dem Wege der Vorwärtskalkulation mit Einzelzuschlägen kalkulierter Laden-/Auszeichnungs-/Bruttoverkaufspreis ist nicht automatisch der **„richtige Preis"**. Ein Preis ist dann der „richtige", wenn er

- die Kosten deckt und einen Gewinn erwirtschaftet,
- von den Nachfragern als angemessen akzeptiert wird, vor allen Dingen muss die psychologische Preisbildung (vgl. Seite 268) berücksichtigt werden,
- nicht über den Preisen der Konkurrenz liegt.

Lösungsweg

① Stellen Sie das Kalkulationsschema auf.
② Ermitteln Sie den Selbstkosten- und den Nettoverkaufspreis mithilfe des Dreisatzes.
③ Ermitteln Sie den Bruttoverkaufspreis mithilfe des Dreisatzes:

100 % = 462,00 EUR
19 % = x (Umsatzsteuer)

$$x = \frac{462{,}00 \cdot 19}{100}$$

x = 87,78 EUR (Umsatzsteuer)

100 % = 462,00 EUR
119 % = x (Bruttoverkaufspreis)

$$x = \frac{462{,}00 \cdot 119}{100}$$

x = 549,78 EUR (Bruttoverkaufspreis)

Der Nettoverkaufspreis beträgt immer 100 %.

Berechnung des Bruttoverkaufs-/Auszeichnungs-/Ladenpreises (Vorwärtskalkulation)

- **Schema zur Ermittlung des Auszeichnungs-/Ladenpreises:**

	Bezugspreis/Einstandspreis	100 %
+	Handlungskosten	(vom Hundert)
	Selbstkostenpreis	100 %
+	Gewinn	(vom Hundert)
	Nettoverkaufspreis	100 %
+	Umsatzsteuer 7 % oder 19 %	(vom Hundert)
	Auszeichnungs-/Ladenpreis	107 % oder 119 %

Anmerkung: Überprüfen Sie bei allen Aufgaben, ob Sie die berechneten Bruttoverkaufspreise auch als tatsächliche Auszeichnungspreise nehmen werden.

1. Berechnen Sie den Bruttoverkaufspreis (Ladenpreis):

	Listeneinkaufspreis in EUR	Liefererrabatt in %	Liefererskonto in %	Bezugskosten in EUR	Handlungskostenzuschlag in %	Gewinnzuschlagssatz in %	Umsatzsteuer in %
a)	2,40	5	2	0,22	15	8⅓	19
b)	8,60	10	2,5	0,50	20	10	19
c)	18,00	12,5	3	1,50	25	15	19
d)	64,00	8	2	2,00	30	20	7
e)	220,00	10	3	8,00	20	16⅔	19

2. Ein Lebensmitteleinzelhändler bezieht 60 kg einer Ware zum Listeneinkaufspreis von 1,50 EUR je kg.
a) Welchen Betrag zahlt der Einzelhändler an den Lieferer unter Abzug von 2 % Skonto und unter Einrechnung von 7 % Umsatzsteuer?
b) Berechnen Sie den Auszeichnungspreis (Ladenpreis) für 1 kg bei insgesamt 12,00 EUR Bezugskosten, 15 % Handlungskosten, $12^1/_2$ % Gewinn und 7 % Umsatzsteuer.

3. Ein Einzelhändler kauft Ware ein: Bruttogewicht der Ware 200 kg, 10 % Tara, Listeneinkaufspreis 0,80 EUR/kg (netto). Der Lieferer gewährt 2 % Skonto. An Frachtkosten zahlt der Einzelhändler 9,00 EUR.
Wie hoch ist der Auszeichnungspreis (Ladenpreis) für 1 kg der Ware, wenn der Einzelhändler mit $16^2/_3$ % Handlungskosten, 15 % Gewinn und 19 % Umsatzsteuer kalkuliert?

4. Ein Verbrauchermarkt kauft von einer Ware 20 Kästen zu je 24 Flaschen, Lieferung frei Haus. Der Listeneinkaufspreis einer Flasche beträgt 2,00 EUR. Der Lieferer gewährt einen Naturalrabatt von zwei Kästen als Dreingabe.
Zu welchem Auszeichnungspreis kann der Verbrauchermarkt eine Flasche anbieten, wenn mit 20 % Handlungskosten, 15 % Gewinn und 19 % Umsatzsteuer gerechnet wird?

5. Der Nettoverkaufspreis einer Ware beträgt 162,00 EUR.
a) Wie viel Euro betragen die Selbstkosten unter Berücksichtigung von 8 % Gewinn?
b) Wie viel Euro beträgt der Auszeichnungspreis unter Berücksichtigung von 19 % Umsatzsteuer?

6. Der Bezugspreis (Einstandspreis) einer Ware beträgt 275,00 EUR. Der Einzelhändler kalkuliert mit 18 % Handlungskosten, 5 % Gewinn und 19 % Umsatzsteuer.
Berechnen Sie
a) die Selbstkosten (den Selbstkostenpreis),
b) den Nettoverkaufspreis
c) den Auszeichnungspreis.

7. Der Zuschlag für die Umsatzsteuer beträgt zurzeit i. d. R. 19 % vom Nettoumsatz.
Wie viel Prozent sind das, bezogen auf den Bruttoumsatz?

8. Durch Rationalisierungsmaßnahmen gelingt es einem Einzelhändler, den Handlungskostenzuschlagssatz von bisher 50 % auf 40 % zu reduzieren. Der Einzelhändler kalkuliert nach wie vor mit 4 % Gewinn und 19 % Umsatzsteuer.
Ermitteln Sie für einen Artikel, der bisher für 232,05 EUR verkauft wurde,
a) den Bezugspreis (Einstandspreis),
b) den neuen Bruttoverkaufspreis.

9. Der Nettoverkaufspreis einer Ware beträgt 75,00 EUR, der Umsatzsteuersatz 19 %.
a) Wie viel Euro beträgt die Umsatzsteuer?
b) Wie viel Euro beträgt der Auszeichnungspreis?

10. Der Bezugspreis (Einstandspreis) eines Artikels beträgt 74,00 EUR. Ein Einzelhändler kalkuliert mit 25 % Handlungskosten, 12,5 % Gewinn und 19 % Umsatzsteuer. Ermitteln Sie
a) die Selbstkosten,
b) den Gewinn in Euro,
c) den Nettoverkaufspreis,
d) den Auszeichnungspreis.

3 Verkaufskalkulation mithilfe von Kalkulationszuschlag und Kalkulationsfaktor vereinfachen

Nachdem Sabine Freund etwa 60 Verkaufspreise für verschiedene Artikel kalkuliert hat, beginnt sie laut zu schimpfen. *„Das ist ja eine Arbeit für Sträflinge. Immer wieder muss ich die gleichen Berechnungen vornehmen. Ich habe bereits zum vierten Mal bei einem Artikel 80 % Handlungskosten, 20 % Gewinnzuschlag und 19 % Umsatzsteuer ausrechnen müssen, um den Verkaufspreis zu ermitteln. Vor lauter Zahlen sehe ich schon nichts mehr."* Herr Lehnert, der zufällig vorbeikommt und die Äußerungen von Sabine mitbekommen hat, lächelt und sagt: *„Überlegen Sie doch einmal, wie Sie sich die Arbeit vereinfachen können."*

ARBEITSAUFTRÄGE

- Überlegen Sie, welche Vereinfachungen Sabine bei der Kalkulation der Verkaufspreise vornehmen kann.
- Ermitteln Sie den Kalkulationszuschlagssatz.
- Ermitteln Sie den Kalkulationsfaktor.

Das Kalkulieren von Verkaufspreisen ist normalerweise sehr zeitraubend. Deshalb wird in der Praxis nicht jeder einzelne Artikel in der bisher dargestellten Weise kalkuliert. Da über gewisse Zeiträume die allgemeinen Geschäftskosten (Handlungskosten), der Gewinnzuschlag, der Kundenskonto, der Kundenrabatt und die Umsatzsteuer konstant bleiben, kann die Kalkulation vereinfacht werden, indem man die einzelnen prozentualen Zuschläge zu einem Gesamtprozentsatz, dem **Kalkulationszuschlagssatz**, zusammenfasst.

Kalkulationszuschlagssatz

Ausgangspunkt für die Errechnung des Kalkulationszuschlagssatzes ist der Bezugspreis (Einstandspreis), der immer 100 % entspricht.

> Der Kalkulationszuschlagssatz ist die Differenz zwischen Bezugs-/Einstandspreis und Auszeichnungspreis, ausgedrückt in Prozent des Bezugs-/Einstandspreises.

Viele gebräuchliche Kalkulationszuschläge sind in Tabellen erfasst, aus denen die Auszeichnungspreise einfach abgelesen werden können.

Um den Kalkulationszuschlagssatz berechnen zu können, müssen entweder die einzelnen Prozentsätze für die Handlungskosten, den Gewinn, den Skonto, den Rabatt und die Umsatzsteuer bekannt sein oder Bezugspreis (Einstandspreis) und Auszeichnungspreis einer Ware müssen gegeben sein.

○ Die Prozentsätze für die einzelnen Zuschläge sind bekannt

Beispiel Ein Einzelhändler kalkuliert mit 15 % Handlungskosten, 8 % Gewinn und 19 % Umsatzsteuer.

Wie viel Euro beträgt der Kalkulationszuschlag und wie viel Prozent der Kalkulationszuschlagssatz?

In diesem Fall ist der Bezugspreis (Einstandspreis) nicht bekannt. Er wird daher mit 100 angesetzt.

Lösung

①		Bezugs-/Einstandspreis	100,00 EUR	② 100 %	
	+	Handlungskosten	15,00 EUR	15 %	
		Selbstkostenpreis	115,00 EUR	115 %	100 %
	+	Gewinn	9,20 EUR		8 %
		Nettoverkaufspreis	124,20 EUR	100%	108 %
	+	Umsatzsteuer	23,60 EUR	19 %	
③		Auszeichnungspreis	147,80 EUR	119 %	
		Auszeichnungspreis			147,80 EUR
	–	Bezugspreis (Einstandspreis)			100,00 EUR
④		Kalkulationszuschlag in EUR			47,80 EUR
⑤		Kalkulationszuschlagssatz			47,80 %

In diesem Fall entspricht der Kalkulationszuschlag in Euro dem Kalkulationszuschlagssatz in Prozent.

Lösungsweg

① Stellen Sie das Kalkulationsschema auf.

② Setzen Sie den Bezugs-/Einstandspreis gleich 100,00 EUR oder 100 %.

③ Ermitteln Sie den Bruttoverkaufspreis.

④ Ermitteln Sie die Differenz zwischen dem Bezugspreis (Einstandspreis) und dem Bruttoverkaufspreis und Sie erhalten dann den Kalkulationszuschlag.

⑤ Kalkulationszuschlag in EUR = Kalkulationszuschlag in %.

○ Bezugspreis (Einstandspreis) und Auszeichnungspreis sind bekannt

Beispiel Der Bezugspreis (Einstandspreis) eines Artikels beträgt 130,00 EUR. Der Artikel wird zu einem Auszeichnungspreis von 249,00 EUR verkauft. Wie hoch ist der Kalkulationszuschlagssatz?

In diesem Fall sind der Bezugspreis (Einstandspreis) und der Auszeichnungspreis bekannt. Der Kalkulationszuschlag in Euro kann somit durch Subtraktion des Bezugspreises (Einstandspreises) vom Auszeichnungspreis ermittelt werden:

Lösung

①	Bruttoverkaufspreis	249,00 EUR
–	Bezugspreis (Einstandspreis)	130,00 EUR
	Kalkulationszuschlag in EUR	119,00 EUR

② Bezugs-/Einstandspreis 130,00 EUR = 100 %
③ Kalkulationszuschlag 119,00 EUR = x

④ $$x = \frac{119 \cdot 100}{130} \qquad x = \underline{\underline{91{,}54\,\%}}$$

Der Kalkulationszuschlagssatz beträgt 91,54 %.

Hieraus lässt sich für die Berechnung des Kalkulationszuschlagssatzes folgende Formel ableiten:

$$\text{Kalkulationszuschlagssatz} = \frac{(\text{Bruttoverkaufspreis} - \text{Bezugs-/Einstandspreis}) \cdot 100}{\text{Bezugspreis}}$$

Lösungsweg

① Ermitteln Sie die Differenz zwischen Bruttoverkaufspreis und Bezugspreis (Einstandspreis).
② Setzen Sie den Bezugspreis (Einstandspreis) gleich 100 %.
③ Bilden Sie den Fragesatz, indem Sie den Kalkulationszuschlag in EUR als gesuchte Größe (x) einsetzen.
④ Berechnen Sie den Kalkulationzuschlagssatz mithilfe des Dreisatzes oder benutzen Sie obige Formel.

● Kalkulationsfaktor

In der Praxis des Einzelhandels wird zur Vereinfachung der Ermittlung des Bruttoverkaufspreises nicht nur der Kalkulationszuschlag verwendet, sondern auch der Kalkulationsfaktor. Während der Kalkulationszuschlag zum Bezugspreis addiert wurde, um den Bruttoverkaufspreis zu erhalten, wird der Kalkulationsfaktor mit dem Bezugs-/Einstandspreis multipliziert.

Da der Kalkulationsfaktor den Bruttoverkaufspreis für 1,00 EUR Bezugspreis (Einstandspreis) darstellt, kann seine Berechnung erfolgen

1. mithilfe des Dreisatzes, wenn der Bezugspreis (Einstandspreis) und der Bruttoverkaufspreis gegeben sind,
2. mithilfe des Kalkulationsschemas von 1,00 EUR ausgehend, wenn die Einzelzuschläge gegeben sind und der Bezugs-/Einstandspreis nicht bekannt ist.

Der Kalkulationsfaktor drückt den Laden-, Auszeichnungs-, Bruttoverkaufspreis für 1,00 EUR Bezugs-/Einstandspreis aus.

○ Bezugs-/Einstandspreis und Bruttoverkaufspreis sind gegeben

Beispiel Die Center Warenhaus GmbH verkauft einen Artikel für 249,00 EUR, der Bezugs/-Einstandspreis beträgt 130,00 EUR. Berechnen Sie den Kalkulationsfaktor.

Lösung

Wenn man die Berechnung des Kalkulationszuschlages nicht auf 100,00 EUR, sondern auf 1,00 EUR bezieht, dann entspricht 1,00 EUR Bezugspreis (Einstandspreis) $\frac{249}{130}$ = 1,9154 EUR Bruttoverkaufspreis, denn

130,00 EUR (Bezugspreis)	=	249,00 EUR (Bruttoverkaufspreis)
1,00 EUR	=	x

$$x = \frac{249 \cdot 1}{130} \qquad x = \underline{\underline{1{,}9154}}$$

Der Kalkulationsfaktor beträgt 1,9154.

Hieraus lässt sich folgende Formel für die Berechnung des Kalkulationsfaktors ableiten:

$$\text{Kalkulationsfaktor} = \frac{\text{Bruttoverkaufspreis}}{\text{Bezugspreis (Einstandspreis)}}$$

Der Kalkulationsfaktor sollte immer auf vier Stellen hinter dem Komma errechnet werden, da sonst beim Bruttoverkaufs-, Laden-, Auszeichnungspreis Abweichungen auftreten können.

○ Der Bezugs-/Einstandspreis ist nicht gegeben

Beispiel Der Mars Elektrofachmarkt e. K. kalkuliert in einer Warengruppe mit 30 % Handlungskosten, 25 % Gewinn und 19 % Umsatzsteuer. Ermitteln Sie den Kalkulationsfaktor.

Lösung

	Bezugspreis (Einstandspreis)	1,00	EUR	100 %		
+	Handlungskosten	0,30	EUR	30 %		
	Selbstkostenpreis	1,30	EUR	130 %	100 %	
+	Gewinn	0,325	EUR		25 %	
	Nettoverkaufspreis	1,625	EUR		125 %	100 %
+	Umsatzsteuer	0,3088	EUR			19 %
	Bruttoverkaufs-, Auszeichnungspreis	1,9338	EUR			119 %

Der Kalkulationsfaktor beträgt 1,9338.

Durch die Benutzung des Kalkulationsfaktors wird die Rechenarbeit erleichtert, da der Bezugspreis (Einstandspreis) nur mit dem Kalkulationsfaktor multipliziert werden muss, um den Bruttoverkaufs-, Auszeichnungspreis zu erhalten.

○ Bruutoverkaufs-/Auszeichnungspreis und Kalkulationsfaktor sind gegeben

Wenn der Bruttoverkaufspreis und der Kalkulationsfaktor gegeben sind, kann man den Bezugspreis (Einstandspreis) folgendermaßen errechnen:

$$\text{Bezugspreis (Einstandspreis)} = \frac{\text{Bruttoverkaufspreis}}{\text{Kalkulationsfaktor}}$$

○ Der Kalkulationszuschlagssatz ist gegeben

Wenn der Kalkulationszuschlagssatz bekannt ist, kann man den Kalkulationsfaktor folgendermaßen errechnen:

$$\text{Kalkulationsfaktor} = \frac{\text{Kalkulationszuschlagssatz} + 100}{100}$$

Beispiel Der Kalkulationszuschlagssatz eines Artikels beträgt 80 %. Berechnen Sie den Kalkulationsfaktor.

Lösung

$$\text{Kalkulationsfaktor} = \frac{80 + 100}{100} = \underline{\underline{1{,}8}}$$

Der Kalkulationsfaktor beträgt 1,8.

Weitere Beispiele

Kalkulationszuschlagssatz	Kalkulationsfaktor	Kalkulationszuschlagssatz	Kalkulationsfaktor
20 %	1,2	200 %	3
55,5 %	1,555	260 %	3,6
100 %	2	300 %	4
143,5 %	2,435	320 %	4,2

○ Berechnung des Bruttoverkaufspreises mithilfe des Kalkulationsfaktors

Wenn der Bezugspreis (Einstandspreis) und der Kalkulationsfaktor bekannt sind, kann man den Bruttoverkaufspreis errechnen, indem man den Bezugs-/Einstandspreis mit dem Kalkulationsfaktor multipliziert.

Bruttoverkaufspreis = Kalkulationsfaktor · Bezugs-/Einstandspreis

Beispiel Der Bezugspreis (Einstandspreis) einer Ware beträgt 130,00 EUR. Der Kalkulationsfaktor ist angegeben mit 1,9154. Berechnen Sie den Bruttoverkaufspreis.

Lösung

Bruttoverkaufspreis = 130 · 1,9154 = 249,00 EUR

Der Bruttoverkaufspreis beträgt <u>249,00 EUR</u>.

Dieser Weg kann selbstverständlich auch bei Proben verwendet werden.

Verkaufskalkulation mithilfe von Kalkulationszuschlag und Kalkulationsfaktor vereinfachen

Vereinfachte Verkaufskalkulation

Kalkulationszuschlag		Kalkulationsfaktor
Differenz zwischen Auszeichnungs-/Bruttoverkaufspreis und Bezugspreis (BP), ausgedrückt in Prozent des Bezugspreises (= 100%)		Auszeichnungs-/Bruttoverkaufspreis für 1,00 EUR Bezugs-/Einstandspreis
$KZ = \frac{(BVP - BP) \cdot 100}{BP}$	**Berechnung**	$KF = \frac{BVP}{BP}$ oder $\frac{\text{Kalkulationszuschlagssatz} + 100}{100}$
Bezugs-/Einstandspreis + Kalkulationszuschlag = Bruttoverkaufspreis	**Anwendung zur Berechnung des AP**	Bezugspreis · Kalkulationsfaktor = Bruttoverkaufspreis

1. In den drei Abteilungen eines Einzelhandelsbetriebs wird mit folgenden Zuschlägen kalkuliert:

Abteilung	Handlungskostenzuschlagssatz in %	Gewinnzuschlagssatz in %	Umsatzsteuer in %
A	60	15	19
B	30	20	19
C	40	25	19

a) Berechnen Sie den Kalkulationszuschlagssatz.
b) Berechnen Sie den Kalkulationsfaktor.

2. Berechnen Sie Kalkulationszuschlagssatz und Kalkulationsfaktor für ein Einzelhandelsunternehmen, das mit 20 % Handlungskosten und $16^2/_3$ % Gewinn kalkuliert. Die Umsatzsteuer beträgt 19 %.
Berechnen Sie den Auszeichnungspreis einer Ware, die für 226,80 EUR eingekauft wurde
a) mithilfe des Kalkulationszuschlagssatzes,
b) mithilfe des Kalkulationsfaktors.

3. Berechnen Sie den Kalkulationszuschlagssatz und den Kalkulationsfaktor folgender Artikel:

Artikel	Bezugs-/Einstandspreis in EUR	Auszeichnungspreis in EUR
I	278,00	619,00
II	24,80	68,19
III	846,60	1.299,00
IV	0,96	3,89

4. Berechnen Sie den Auszeichnungs-/Ladenpreis und den Kalkulationsfaktor folgender Artikel:

Artikel	Bezugs-/Einstandspreis in EUR	Kalkulationszuschlagssatz in %
I	154,50	80,9
II	6,30	165,08
III	38,60	310
IV	2,20	$33^1/_3$

5. Ein Einzelhändler kalkuliert einen Sortimentsbereich mit einem Kalkulationszuschlagssatz von 125 %. Aus Konkurrenzgründen muss er jedoch einen Artikel, den er zu 530,00 EUR bezogen hatte, mit 1.100,00 EUR auszeichnen.
a) Welcher Kalkulationsfaktor entspricht dem Kalkulationszuschlagssatz von 125 %?
b) Um wie viel Euro wird der zu 1.100,00 EUR angebotene Artikel unter dem mit 125 % kalkulierten Preis verkauft?

6. Der Bezugs-/Einstandspreis einer Ware beträgt zurzeit 273,00 EUR. Darin sind Bezugskosten enthalten, die 5 % des Bareinkaufspreises betragen. Durch Beteiligung an einem Sammeltransport können die Bezugskosten künftig auf 3 % des Bareinkaufspreises gesenkt werden. Der Händler kalkuliert mit dem Kalkulationsfaktor 1,8.
Berechnen Sie
a) den Bareinkaufspreis,
b) den neuen Bezugs-/Einstandspreis,
c) den bisherigen Bruttoverkaufspreis.

7. Der bisherige Verkaufspreis für einen Artikel betrug 480,00 EUR; der Preisberechnung lag der Kalkulationsfaktor 1,6 zugrunde. Der Bezugs-/Einstandspreis für den Artikel steigt ab sofort um 5 %. Aus Konkurrenzgründen muss der Einzelhändler mit dem Verkaufspreis unter 500,00 EUR bleiben und zeichnet den Artikel mit 497,70 EUR aus.
Berechnen Sie
a) den früheren Bezugs-/Einstandspreis für den Artikel,
b) den gestiegenen Bezugs-/Einstandspreis für den Artikel,
c) den Kalkulationsfaktor, der nach der Preiserhöhung anzuwenden ist,
d) um wie viel Prozent der bisherige Verkaufspreis gestiegen ist.

8. Ein Einzelhändler kalkuliert mit 20 % Handlungskosten, 6 % Gewinn und 7 % Umsatzsteuer. Wie viel Prozent beträgt der Kalkulationszuschlagssatz?

9. Aus Konkurrenzgründen muss ein Einzelhändler einen Artikel für 999,00 EUR anbieten. Es wird ein Kalkulationszuschlagssatz von $33^1/_3$% berücksichtigt. Zu welchem Bezugspreis (Einstandspreis) darf der Einzelhändler die Ware höchstens beziehen?

10. Ein Einzelhändler bezieht eine Ware für 310,00 EUR. Er kalkuliert 25 % Handlungkosten, 20 % Gewinn und 19 % Umsatzsteuer.
a) Wie viel Euro beträgt der Auszeichnungspreis der Ware?
b) Wie viel Prozent beträgt der Kalkulationszuschlagssatz?
c) Ermitteln Sie den Kalkulationsfaktor.

11. Ein Einzelhändler kalkuliert mit 25 % Handlungskosten, 15 % Gewinn und 19 % Umsatzsteuer.
a) Wie viel Prozent beträgt der Kalkulationszuschlagssatz?
b) Welcher Kalkulationsfaktor entspricht diesem Kalkulationszuschlagssatz?

12. Eine Ware, deren Bezugs-/Einstandspreis 160,00 EUR je 100 kg beträgt, wird mit 1,12 EUR je 500 g ausgezeichnet.
a) Wie viel Prozent beträgt der Kalkulationszuschlagssatz?
b) Ermitteln Sie den Kalkulationsfaktor.

13. Ein Einzelhändler bietet eine Ware für 135,00 EUR an. Der Kalkulationsfaktor beträgt 1,5. Wie viel Euro beträgt der Bezugspreis (Einstandspreis) der Ware?

14. Der Auszeichnungspreis (Laden-, Bruttoverkaufspreis) eines Artikels beträgt einschl. 19 % Umsatzsteuer 185,60 EUR. Der Einzelhändler kauft diesen Artikel für 96,00 EUR frei Haus ein.
Ermitteln Sie
a) den Kalkulationszuschlag (auf zwei Stellen nach dem Komma runden),
b) den Kalkulationsfaktor (auf vier Stellen nach dem Komma runden).

15. Aufgrund nachfolgender Angaben sind
a) der Laden-/Auszeichnungspreis,
b) der Kalkulationszuschlag,
c) der Kalkulationsfaktor zu berechnen:

Bezugspreis (Einstandspreis) in EUR	Handlungskosten in %	Gewinnzuschlag in %	Umsatzsteuer in %
98,00	25	30	19

4 Rückwärts- und Differenzkalkulation durchführen

Nach zwei Stunden erscheint Frau Gutowski und betrachtet die bisher von der Auszubildenden Sabine kalkulierten Verkaufspreise. *„Beim Skianorak ‚Sella' müssen wir uns etwas einfallen lassen. Unser Konkurrent, die Schneider & Co KG, bietet einen ähnlichen Anorak zu einem Verkaufspreis von 309,00 EUR an. Überprüfen Sie bitte einmal, ob wir unseren Ladenpreis für diesen Artikel bei 308,00 EUR festlegen können!"* (vgl. Handlungssituation Seite 280)

ARBEITSAUFTRÄGE

- Überprüfen Sie, wie weit der Laden-/Bruttoverkaufspreis für den Anorak gesenkt werden kann, ohne dass ein Verlust gemacht wird.
- Ermitteln Sie den verbleibenden Gewinn für den Anorak, wenn der Laden-/Bruttoverkaufspreis auf 308,00 EUR festgelegt wird.
- Ermitteln Sie den Kalkulationszuschlag bei einem Laden-/Bruttoverkaufspreis von 308,00 EUR.

Rückwärtskalkulation

Oft kann im Wettbewerb mit Konkurrenzunternehmen ein bestimmter **Marktpreis** nicht überschritten werden. Der Einzelhändler muss in diesem Fall den aufwendbaren Bezugspreis (Einstandspreis) ermitteln, um einen angestrebten Gewinn, die Handlungskosten und sonstige Zuschläge gedeckt zu bekommen (= Rückwärtskalkulation).

In der **kalkulatorischen Rückrechnung** stellt sich für den Einzelhändler die Aufgabe, von einem gegebenen Bruttoverkaufspreis aus den aufwendbaren Bezugspreis (der Preis, zu dem er höchstens einkaufen darf) zu kalkulieren.

Beispiel Aus Konkurrenzgründen darf in der Center Warenhaus GmbH der Bruttoverkaufspreis für einen Artikel von 952,00 EUR nicht überschritten werden. Die Center Warenhaus GmbH kalkuliert mit 30 % Handlungskosten, 20 % Gewinn und 19 % Umsatzsteuer.

Zu welchem Bezugspreis (Einstandspreis) darf die Center Warenhaus GmbH den Artikel höchstens einkaufen?

Lösung

① ③		Bezugspreis (Einstandspreis)	512,82 EUR	100 %			
	+	Handlungskosten	153,85 EUR	30 %	a. H.		
		Selbstkostenpreis	666,67 EUR	130 %	100 %		
	+	Gewinn	133,33 EUR		20 %	a. H.	
		Nettoverkaufspreis	800,00 EUR		120 %	100%	
②	+	Umsatzsteuer	152,00 EUR			19 %	a. H.
		Bruttoverkaufspreis	952,00 EUR			119 %	

Der Bezugs-/Einstandspreis darf höchstens 512,82 EUR betragen.

Lösungsweg

① Stellen Sie das Kalkulationsschema auf und geben Sie durch einen Pfeil die Richtung der Reihenfolge der Rechnung an.

② Rechnen Sie vom Bruttoverkaufspreis auf den Nettoverkaufspreis zurück, wobei zu beachten ist, dass Sie auf Hundert rechnen, weil sich die Umsatzsteuer auf den Nettoverkaufspreis bezieht **(Auf-Hundert-Rechnung)**.

③ Rechnen Sie vom Nettoverkaufspreis unter Berücksichtigung von Gewinn und Handlungskosten auf den Bezugspreis (Einstandspreis) zurück.

Achten Sie darauf, dass hier in beiden Fällen eine **Auf-Hundert-Rechnung** vorliegt, weil die Handlungskosten auf den Bezugspreis (Einstandspreis) und der Gewinn auf den Selbstkostenpreis aufgerechnet wurden.

Differenzkalkulation

Wenn sowohl der Bruttoverkaufspreis als auch der Bezugspreis (Einstandspreis) vorgegeben sind, dann prüft der Einzelhändler, ob ihm noch ein angemessener Gewinn bleibt. Dies geschieht, indem mithilfe der Differenzkalkulation, einer Kombination aus Vorwärts- und Rückwärtskalkulation, der verbleibende Gewinn errechnet wird.

Beispiel Ein Einzelhändler erhält für einen Artikel folgendes Angebot:

Listeneinkaufspreis 200,00 EUR, 25 % Liefererrabatt, Bezugskosten 10,00 EUR, empfohlener Bruttoverkaufspreis 259,00 EUR. Der Einzelhändler kalkuliert mit 25 % Handlungskosten und 19 % Umsatzsteuer. Welchen Gewinn kann der Einzelhändler in Euro und in Prozent erzielen?

Lösung

①		Listeneinkaufspreis	200,00 EUR	100 %	
	–	Liefererrabatt	50,00 EUR	25 %	
Vorwärtskalkulation		Zieleinkaufspreis	150,00 EUR	75 %	
	+	Bezugskosten	10,00 EUR		
		Bezugspreis (Einstandspreis)	160,00 EUR	100 %	
	+	Handlungskosten	40,00 EUR	25 %	
		Selbstkostenpreis	② 200,00 EUR	125 %	100 %
	+	Gewinn ④ ↕	17,65 EUR		8,83 %
Rückwärtskalkulation ①		Nettoverkaufspreis	③ 217,65 EUR	100%	108,83 %
	+	Umsatzsteuer	41,35 EUR	19 %	
		Bruttoverkaufspreis	259,00 EUR	119 %	

⑤ 200,00 EUR (Selbstkostenpreis) = 100 %
17,65 EUR (Gewinn) = x

$$x = \frac{100 \cdot 17{,}65}{200}$$

$$x = \underline{\underline{8{,}83\%}}$$

Der Gewinn beträgt 8,83 %.

Lösungsweg

① Stellen Sie das Kalkulationsschema auf und setzen Sie die Pfeile so ein, dass die Reihenfolge der Rechnung angegeben wird.

② Ermitteln Sie, ausgehend vom Bruttoverkaufspreis, den Selbstkostenpreis → Vorwärtskalkulation.

③ Ermitteln Sie, ausgehend vom Bruttoverkaufspreis, den Nettoverkaufspreis → Rückwärtskalkulation.

④ Ermitteln Sie den Gewinn in EUR als Differenz zwischen dem Nettoverkaufspreis und dem Selbstkostenpreis.

⑤ Ermitteln Sie den Gewinn in Prozent, wobei der Selbstkostenpreis 100 % entspricht.

	A	B	C	D	E
1	**Preiskalkulation (Differenzkalkulation)**				
2	Wenn Listeneinkaufs- bzw. Bezugspreis und der Nettoverkaufspreis durch Marktbedingungen				
3	vorgegeben sind, so muss untersucht werden, ob der verbleibende Gewinn ausreicht.				
4	**Kalkulationsschema**	%	EUR		Eingaben C5,B6,C8,B10,B14,B16,C17
5	Listeneinkaufspreis		200,00	Eingabe!	**Formeln**
6	– Liefererrabatt	25,00	50,00	◄	=C5*B6/100
7	= Zieleinkaufspreis		150,00	◄	=C5C6
8	+ Bezugskosten		10,00	Eingabe!	
9	= Bezugspreis (Einstandspreis)		160,00	◄	=C7+C8
10	+ Handlungskosten	25,00	40,00	◄	=C9*B10/100
11	= Selbstkostenpreis		200,00	◄	=C9+C10
12	+ Gewinn	**8,83**	**17,65**	◄	C12:=C13–C11 und B12:=C12*100/C11
13	= Nettoverkaufspreis		217,65	◄	=C15–C14
14	+ Umsatzsteuer	19,00	41,35	◄	=C15*B14/100
15	Bruttoverkaufspreis		259,00	Eingabe	

Rückwärts- und Differenzkalkulation durchführen

Rückwärtskalkulation	Differenzkalkulation
– durch Markt vorgegebener Auszeichnungs-/Bruttoverkaufspreis – Ermittlung des aufwendbaren BP (EP)	– durch Markt vorgegebener BP (EP) und Auszeichnungs-Bruttoverkaufspreis – Ermittlung des verbleibenden Gewinns
Schema zur Ermittlung des BP (EP) (vgl. Seite 291)	Schema zur Ermittlung des verbleibenden Gewinns (vgl. Seite 292)

1. Ein Einzelhändler möchte einen Artikel neu in sein Sortiment aufnehmen. Aus Konkurrenzgründen soll dieser Artikel zu einem Bruttoverkaufspreis von 2.023,00 EUR verkauft werden. Der Einzelhändler kalkuliert mit folgenden Sätzen: 30 % Handlungskosten, 20 % Gewinn und 19 % Umsatzsteuer.
Zu welchem Bezugspreis (Einstandspreis) muss der Einzelhändler diesen Artikel einkaufen?

2. Um einen Artikel auf den Markt bringen zu können, empfiehlt ein Hersteller dem Einzelhändler einen Auszeichnungspreis von 71,40 EUR.

a) Welchen Bezugspreis (Einstandspreis) kann der Einzelhändler höchstens anlegen, wenn er mit 25 % Handlungskostenzuschlagssatz, $16^2/_3$ % Gewinnzuschlagssatz und 19 % Umsatzsteuer kalkuliert?

b) Berechnen Sie den Kalkulationszuschlagssatz und den Kalkulationsfaktor.

3. Ein Einzelhändler kalkuliert mit folgenden Zuschlägen: 40 % Handlungskosten, 20 % Gewinn, 19 % Umsatzsteuer. Eine Ware, die neu in das Sortiment aufgenommen werden soll, darf aus Konkurrenzgründen höchstens zu einem Auszeichnungspreis von 357,00 EUR verkauft werden.

a) Ermitteln Sie den aufwendbaren Bezugs-/Einstandspreis.

b) Ermitteln Sie den Kalkulationszuschlagssatz und den Kalkulationsfaktor.

4. Errechnen Sie die höchstens aufwendbaren Bezugs-/Einstandspreise:

	Auszeichnungspreis in EUR	Handlungskostenzuschlagssatz in %	Gewinnzuschlagssatz in %	Umsatzsteuer in %
a)	1.309,00	25	15	19
b)	892,50	20	12,5	19
c)	118,99	30	25	7
d)	79,70	15	10	19
e)	2,99	20	25	7

5. Ein Einzelhändler rechnet mit folgenden Zuschlägen: 12,5 % Gewinn, 25 % Handlungskosten und 19 % Umsatzsteuer.

a) Zu welchem Bezugs-/Einstandspreis kann das Einzelhandelsgeschäft einen Artikel höchstens einkaufen, wenn der Auszeichnungspreis aus Konkurrenzgründen auf höchstens 398,00 EUR festgesetzt werden muss?

b) Ermitteln Sie außerdem den Kalkulationszuschlagssatz und den Kalkulationsfaktor für diesen Artikel.

6. Ermitteln Sie den Gewinn in Euro und in Prozent, den man bei nachfolgenden Kalkulationswerten erzielen kann:

	Bezugspreis (Einstandspreis) in EUR	Handlungskostenzuschlagssatz in %	Umsatzsteuer in %	Auszeichnungspreis in EUR
a)	40,00	25	19	89,00
b)	298,00	20	19	539,00
c)	6,40	15	7	10,98
d)	430,00	$16^2/_3$	19	909,00

7. Ein Elektrogerät wird in einem Einzelhandelsgeschäft zum Auszeichnungspreis von 68,60 EUR angeboten. Der Einzelhändler kalkuliert mit 8 % Handlungskosten. Die Umsatzsteuer beträgt 19 %. Der Listeneinkaufspreis beträgt 44,00 EUR. Der Lieferer gewährt 20 % Liefererrabatt. Berechnen Sie den Gewinn in Euro und in Prozent.

8. Ein Hersteller empfiehlt für einen Artikel einen Auszeichnungspreis von 666,40 EUR. Ein Einzelhändler kann diesen Artikel zu einem Bezugs-/Einstandspreis von 360,00 EUR beziehen. Er kalkuliert mit $33\frac{1}{3}$ % Handlungskosten und 19 % Umsatzsteuer.
a) Berechnen Sie den Gewinn in Euro und in Prozent.
b) Ermitteln Sie den Kalkulationszuschlag und den Kalkulationsfaktor.

9. Ein Einzelhändler erhält ein Angebot für einen Artikel zum Listeneinkaufspreis von 180,00 EUR pro Stück. Der Lieferer gewährt 5 % Rabatt und 3 % Skonto. Die Bezugskosten für 100 Stück dieses Artikels betragen 40,00 EUR. Der Einzelhändler kalkuliert mit 10 % Handlungskosten und 19 % Umsatzsteuer. Welchen Gewinn in EUR und in Prozent kann der Einzelhändler erzielen, wenn er aus Konkurrenzgründen diesen Artikel für 297,50 EUR zum Verkauf anbietet?

10. Ein Einzelhändler bezieht einen Artikel zum Listeneinkaufspreis von 360,00 EUR. Der Großhändler gewährt ihm $16\frac{2}{3}$ % Wiederverkäuferrabatt und 2 % Skonto. Die Bezugskosten betragen 26,00 EUR netto; die Handlungskosten sind mit 20 % zu berücksichtigen. Der Auszeichnungspreis soll einschl. 19 % Umsatzsteuer 630,70 EUR betragen.
Berechnen Sie den Gewinnzuschlag des Einzelhändlers in EUR und in Prozent.

11. Ein Einzelhändler berücksichtigt bei der Kalkulation 20 % Handlungskosten und 19 % Umsatzsteuer. Der Bezugspreis (Einstandspreis) einer Ware beträgt 354,00 EUR, der Auszeichnungspreis 535,50 EUR.
a) Wie viel Euro beträgt der Rohgewinn (nach dem Komma runden)?
b) Wie viel Euro beträgt der Reingewinn?

12. Der Selbstkostenpreis einer Ware beträgt 300,00 EUR, der Auszeichnungspreis 374,85 EUR. Der Einzelhändler kalkuliert mit 20 % Handlungskosten und 19 % Umsatzsteuer.
a) Wie viel Euro beträgt der Bezugspreis (Einstandspreis)?
b) Wie viel Euro beträgt der Nettoverkaufspreis?
c) Wie viel Prozent beträgt der Gewinn?

13. Der Auszeichnungspreis einer Ware beträgt einschl. 19 % Umsatzsteuer 150,00 EUR. Es wurde ein Kalkulationsfaktor von 1,6 zugrunde gelegt, die Handlungskosten betragen 25 %. Berechnen Sie
a) den Bezugspreis (Einstandspreis),
b) den Selbstkostenpreis,
c) den Nettoverkaufspreis
d) den Gewinn in Euro.

14. Aus Konkurrenzgründen muss ein Einzelhändler einen Artikel, der bisher für 133,00 EUR verkauft wurde, zum Preis von 123,50 EUR einschl. 19 % Umsatzsteuer anbieten. Der Bezugspreis (Einstandspreis) beträgt 80,00 EUR, die Handlungskosten werden mit 25 % kalkuliert. Berechnen Sie
a) den Selbstkostenpreis für diesen Artikel,
b) den bisherigen Nettoverkaufspreis,
c) den ursprünglichen Gewinn,
d) den Gewinn nach der Preissenkung,
e) den prozentualen Gewinn nach der Preissenkung.

15. Der Bezugspreis (Einstandspreis) einer Ware beträgt 80,00 EUR, der Auszeichnungspreis 142,80 EUR. Der Einzelhändler kalkuliert mit 25 % Handlungskosten und 19 % Umsatzsteuer.
a) Wie viel Euro beträgt der Gewinn?
b) Wie viel Prozent beträgt der Gewinn?

5 Kalkulatorische Rückrechnung mit dem Kalkulationsabschlag und der Handelsspanne vereinfachen

Sabine Freund hat mithilfe der Differenzkalkulation ermittelt, dass ein Bruttoverkaufspreis von 328,00 EUR möglich wäre. Sie zeigt Frau Gutowski ihre Berechnung. *„Überlegen Sie einmal, Frau Freund, wie Sie auch diese Berechnung hätten vereinfachen können, genauso wie Sie es bereits bei der Vorwärtskalkulation mit dem Kalkulationszuschlag und dem Kalkulationsfaktor gemacht haben."*

ARBEITSAUFTRÄGE

- Überprüfen Sie, wie Sabine die Berechnung hätte vereinfachen können.
- Ermitteln Sie die Handelsspanne und den Kalkulationsabschlag für den Skianorak (AP = 321,30 EUR), das Funboard (AP = 571,20 EUR) und den Trickski (514,08 EUR).
- Ermitteln Sie die Handelsspanne bei einem Bruttoverkaufspreis von 308,00 EUR für den Artikel Anorak „Sella".

Mithilfe des Kalkulationsabschlages und der Handelsspanne errechnet man den Bezugspreis (Einstandspreis) einer Ware. Der Kalkulationsabschlag und die Handelsspanne spielen insbesondere dann eine Rolle, wenn die Ware zu Richtpreisen (vom Hersteller unverbindlich vorgeschlagen = Preisempfehlung) oder aus Konkurrenzgründen zu einem fest vorgegebenen Bruttoverkaufspreis bzw. Nettoverkaufspreis verkauft werden soll.

Kalkulationsabschlag

Der Kalkulationsabschlag ist ein Prozentsatz bezogen auf den Bruttoverkaufspreis, der die EUR-Differenz zwischen Bezugspreis (Einstandspreis) und Bruttoverkaufspreis umfasst.

Bruttoverkaufs- und Bezugs-/Einstandspreis sind nicht bekannt

Wenn weder der Bezugspreis (Einstandspreis) noch der Bruttoverkaufspreis vorgegeben sind, beträgt der Bruttoverkaufspreis 100,00 EUR oder 100 %. Der Kalkulationsabschlag berechnet sich dann wie folgt:

Kalkulationsabschlag = Bruttoverkaufspreis in % – Bezugspreis (Einstandspreis) in %

Beispiel Der Mars Elektrofachmarkt e. K. kalkuliert mit 30 % Handlungskosten, 20 % Gewinn und 19 % Umsatzsteuer. Wie viel Prozent beträgt der Kalkulationsabschlag?

Lösung

① ③	Bezugspreis (Einstandspreis)	53,86 EUR	100 %	
	+ Handlungskosten	16,16 EUR	30 %	
	Selbstkostenpreis	70,02 EUR	130 %	100 %
	+ Gewinn	14,01 EUR		20 %
	Nettoverkaufspreis	84,03 EUR	100%	120 %
	+ Umsatzsteuer	15,97 EUR	19 %	
	Bruttoverkaufspreis	100,00 EUR	119 %	
②	Bruttoverkaufspreis			100 %
④	– Bezugspreis (Einstandspreis)			– 53,86 %
	Kalkulationsabschlag			46,14 %

Der Kalkulationsabschlag beträgt 46,14 %.

Lösungsweg

① Stellen Sie das Kalkulationsschema auf und geben Sie die Richtung der Rechenschritte durch einen Pfeil an.

② Setzen Sie den Bruttoverkaufspreis gleich 100 %.

③ Berechnen Sie den Bezugspreis (Einstandspreis) stufenweise.

④ Ermitteln Sie die Differenz zwischen dem Bruttoverkaufspreis und dem Bezugspreis (Einstandspreis) und Sie erhalten den Kalkulationsabschlag.

Kalkulationsabschlag = Bruttoverkaufspreis in % – Bezugspreis (Einstandspreis) in %

○ Bruttoverkaufs- und Bezugspreis (Einstandspreis) sind bekannt

Wenn sowohl der Bruttoverkaufspreis als auch der Bezugspreis (Einstandspreis) bekannt sind, dann lässt sich der Kalkulationsabschlag mithilfe des Dreisatzes berechnen, da der Bruttoverkaufspreis 100 % entspricht und die Differenz zwischen Bruttoverkaufspreis und Bezugs-/Einstandspreis in EUR die gesuchte Größe darstellt.

Beispiel Aus Konkurrenzgründen soll bei der Center Warenhaus GmbH der Auszeichnungspreis (Laden-, Bruttoverkaufspreis) für eine Ware 45,60 EUR betragen. Der Bezugs-/Einstandspreis der Ware beträgt 24,36 EUR.
Wie viel Prozent beträgt der Kalkulationsabschlag?

Lösung

Auszeichnungspreis (Laden-, Bruttoverkaufspreis)	45,60 EUR
– Bezugspreis (Einstandspreis)	24,36 EUR
Kalkulationsabschlag in EUR	21,24 EUR

45,60 EUR = 100 %
21,24 EUR = x

$$x = \frac{21{,}24 \cdot 100}{45{,}60} \qquad x = \underline{\underline{46{,}58\,\%}}$$

Der Kalkulationsabschlag beträgt 46,58 %.

Hieraus lässt sich folgende Formel für die Berechnung des Kalkulationsabschlages ableiten:

$$\text{Kalkulationsabschlag} = \frac{(\text{Bruttoverkaufspreis} - \text{Bezugs-/Einstandspreis}) \cdot 100}{\text{Bruttoverkaufspreis}}$$

Lösungsweg

Berechnen Sie den Kalkulationsabschlag in Prozent, indem Sie obige Formel benutzen.

○ Nur Kalkulationszuschlag und -faktor sind bekannt

Wenn nur der Kalkulationszuschlag als Größe angegeben ist, kann man den Kalkulationsabschlag errechnen, indem man den Kalkulationszuschlag durch den Kalkulationsfaktor dividiert:

$$\text{Kalkulationsabschlag} = \frac{\text{Kalkulationszuschlagssatz}}{\text{Kalkulationsfaktor}}$$

Beispiel Der Kalkulationszuschlag für einen Artikel beträgt 30 %.
Wie viel Prozent beträgt der Kalkulationsabschlag?

Lösung

$$\text{Kalkulationsabschlag} = \frac{\text{Kalkulationszuschlagssatz}}{\text{Kalkulationsfaktor}} = \frac{30}{1{,}3} = \underline{\underline{23{,}08\ \%}}$$

Der Kalkulationsabschlag ist immer kleiner als der Kalkulationszuschlag.

○ Nur der Kalkulationsabschlag ist bekannt

Der Kalkulationszuschlag kann ermittelt werden, wenn nur der Kalkulationsabschlag bekannt ist. Dann berechnet sich der Kalkulationszuschlag, indem man mithilfe des Dreisatzes die unterschiedlichen Größen vergleichbar macht.

Beispiel Der Kalkulationsabschlag für einen Artikel beträgt 20 %.
Berechnen Sie den Kalkulationszuschlag.

Lösung

Während beim Kalkulationszuschlag der Bezugs-/Einstandspreis 100 % beträgt, ist beim Kalkulationsabschlag der Bruttoverkaufspreis 100 %. Wenn der Kalkulationsabschlag also 20 % beträgt, dann ist der Bezugs-/Einstandspreis beim Kalkulationsabschlag 80 %, also sind 80 % Bezugs-/Einstandspreis beim Kalkulationsabschlag gleich 100 % Bezugs-/Einstandspreis beim Kalkulationszuschlag.

	Kalkulationsabschlag	Kalkulationszuschlagssatz
Bezugs-/Einstandspreis in % Kalkulationsabschlag in %	80 % 20 %	100 % x

$x = \frac{20 \cdot 100}{80} = \underline{\underline{25\,\%}}$ Der Kalkulationszuschlag beträgt 25 %.

Hieraus lässt sich folgende Formel für die Berechnung des Kalkulationszuschlages ableiten:

$$\text{Kalkulationszuschlag} = \frac{\text{Kalkulationsabschlag in } \% \cdot 100}{\text{Bezugs-/Einstandspreis in } \% \text{ beim Kalkulationsabschlag}}$$

Handelsspanne

Während beim Kalkulationsabschlag als Bezugsgröße der Bruttoverkaufspreis zugrunde gelegt wird, geht man bei der Handelsspanne vom Nettoverkaufspreis aus.

> Die Handelsspanne ist somit ein Prozentsatz, bezogen auf den Nettoverkaufspreis, der die Euro-Differenz zwischen Bezugspreis (Einstandspreis) und Nettoverkaufspreis umfasst.

Nettoverkaufspreis und Bezugspreis (Einstandspreis) sind nicht bekannt

Wenn weder der Bezugspreis (Einstandspreis) noch der Nettoverkaufspreis bekannt sind, beträgt der Nettoverkaufspreis 100,00 EUR oder 100 %. Die Handelsspanne berechnet sich dann, indem man vom Nettoverkaufspreis in % den Bezugs-/Einstandspreis in % subtrahiert.

$$\text{Handelsspanne} = \text{Nettoverkaufspreis in } \% - \text{Bezugs-/Einstandspreis in } \%$$

Beispiel Der Lebensmitteldiscounter Schlegel KG kalkuliert einen Artikel mit 30 % Handlungskosten und 20 % Gewinn. Wie viel Prozent beträgt die Handelsspanne?

① ③	Bezugspreis (Einstandspreis)	64,10 EUR	100 %	
	+ Handlungskosten	19,23 EUR	30 %	
	Selbstkostenpreis	83,33 EUR	130 %	100 %
	+ Gewinn	16,67 EUR		20 %
②	Nettoverkaufspreis	100,00 EUR		120 %

	Nettoverkaufspreis	100 %
	– Bezugspreis (Einstandspreis)	64,1 %
④	Handelsspanne	35,9 %

Die Handelsspanne beträgt 35,9 %.

Lösungsweg

① Stellen Sie das Kalkulationsschema auf und geben Sie die Richtung der Rechenschritte durch einen Pfeil an.

② Setzen Sie den Nettoverkaufspreis gleich 100 %.

③ Berechnen Sie den Bezugspreis (Einstandspreis) stufenweise.

④ Ermitteln Sie die Differenz zwischen dem Nettoverkaufspreis und dem Bezugspreis (Einstandspreis) und Sie erhalten die Handelsspanne.

Handelsspanne = Nettoverkaufspreis in % – Bezugs-/Einstandspreis in %

○ Nettoverkaufspreis und Bezugspreis (Einstandspreis) sind bekannt

Wenn sowohl der Nettoverkaufspreis als auch der Bezugs-/Einstandspreis bekannt sind, dann lässt sich die Handelsspanne mithilfe des Dreisatzes berechnen, da der Nettoverkaufspreis 100 % entspricht und die Differenz zwischen Nettoverkaufspreis und Bezugs-/Einstandspreis in EUR die gesuchte Größe darstellt.

Beispiel Aus Konkurrenzgründen bietet der Mars Elektrofachmarkt e. K. einem gewerblichen Großabnehmer einen Artikel zu einem Nettoverkaufspreis von 40,00 EUR an. Der Bezugs-/Einstandspreis für diesen Artikel beträgt 24,36 EUR.

Lösung

Nettoverkaufspreis	40,00 EUR
– Bezugspreis (Einstandspreis)	24,36 EUR
Rohgewinn	15,64 EUR

40,00 EUR = 100 %
15,64 EUR = x

$$x = \frac{15{,}64 \cdot 100}{40} \qquad x = \underline{\underline{39{,}1\,\%}}$$

Die Handelsspanne beträgt 39,1 %.

Daraus lässt sich folgende Formel für die Berechnung der Handelsspanne ableiten:

$$\text{Handelsspanne} = \frac{(\text{Nettoverkaufspreis} - \text{Bezugspreis}) \cdot 100}{\text{Nettoverkaufspreis}} \quad \text{oder} \quad \frac{\text{Rohertrag} \cdot 100}{\text{Nettoverkaufspreis}}$$

Lösungsweg

Berechnen Sie die Handelsspanne in Prozent, indem Sie obige Formel benutzen.

Die Handelsspanne ist immer kleiner als der Kalkulationsabschlag, da sie keine Umsatzsteuer enthält.

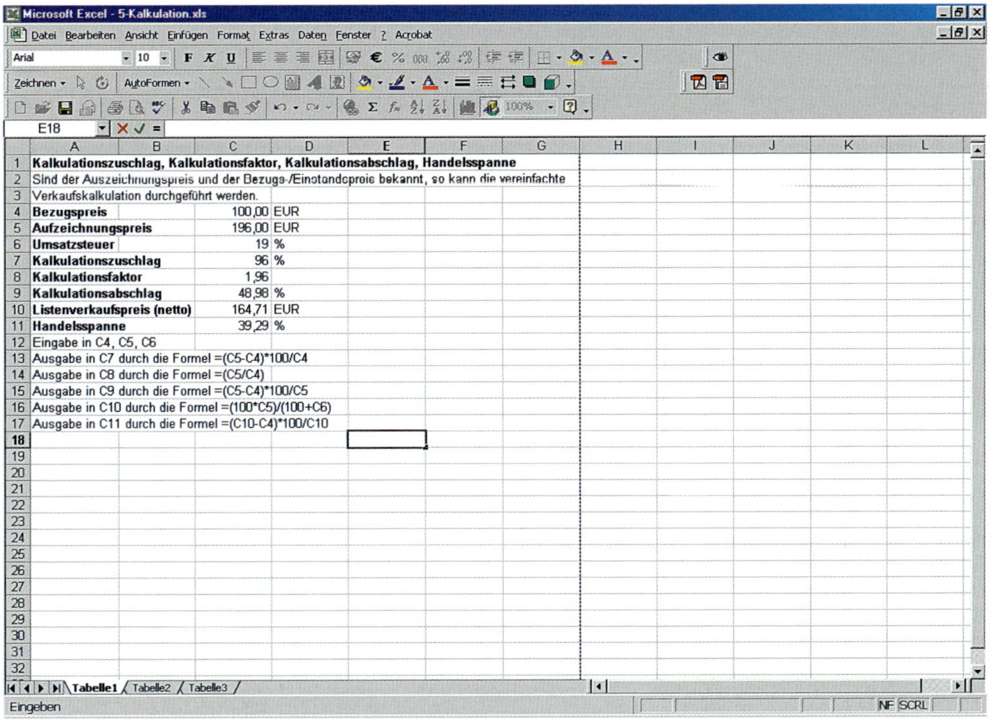

	A	B	C	D
1	**Kalkulationszuschlag, Kalkulationsfaktor, Kalkulationsabschlag, Handelsspanne**			
2	Sind der Auszeichnungspreis und der Bezugs-/Einstandspreis bekannt, so kann die vereinfachte			
3	Verkaufskalkulation durchgeführt werden.			
4	**Bezugspreis**		100,00	EUR
5	**Aufzeichnungspreis**		196,00	EUR
6	**Umsatzsteuer**		19	%
7	**Kalkulationszuschlag**		96	%
8	**Kalkulationsfaktor**		1,96	
9	**Kalkulationsabschlag**		48,98	%
10	**Listenverkaufspreis (netto)**		164,71	EUR
11	**Handelsspanne**		39,29	%
12	Eingabe in C4, C5, C6			
13	Ausgabe in C7 durch die Formel =(C5-C4)*100/C4			
14	Ausgabe in C8 durch die Formel =(C5/C4)			
15	Ausgabe in C9 durch die Formel =(C5-C4)*100/C5			
16	Ausgabe in C10 durch die Formel =(100*C5)/(100+C6)			
17	Ausgabe in C11 durch die Formel =(C10-C4)*100/C10			

Kalkulatorische Rückrechnung mit dem Kalkulationsabschlag und der Handelsspanne vereinfachen

Vereinfachung der Rückwärtskalkulation mit der Handelsspanne

Berechnung:

$$\text{Handelsspanne} = \frac{(\text{NVP} - \text{BP}) \cdot 100}{\text{NVP}}$$

Anwendung zur Berechnung des BP:

$$\text{BP} = \text{NVP} - \left(\frac{\text{NVP} \cdot \text{Hsp.}}{100}\right)$$

Vereinfachung der Rückwärtskalkulation mit dem Kalkulationsabschlag

$$\text{KA} = \frac{(\text{BVP} - \text{BP})}{\text{BVP}} \cdot 100$$

oder

$$\text{KA} = \frac{\text{KZ}}{\text{KF}}$$

1. Ermitteln Sie, welchem Kalkulationszuschlag und Kalkulationsfaktor folgende Kalkulationsabschläge entsprechen: 20 %; $33^1/_3$ %; 40 %, 50 %, 66,48 %.

2. Ermitteln Sie, welchem Kalkulationsabschlag entsprechen: folgende Kalkulationsfaktoren entsprechen: 1,2; 1,75; 1,936; 2,0; 2,45; 3,1; 4,2.

3. Aufgrund nachfolgender Angaben sind der Kalkulationszuschlag, der Kalkulationsfaktor, der Kalkulationsabschlag und die Handelsspanne zu berechnen:

	Bezugspreis (Einstandspreis) in EUR	Handlungskostensatz in %	Gewinnzuschlagssatz in %	Umsatzsteuer in %
a)	194,22	20	25	19
b)	2,80	15	10	19
c)	882,00	25	20	19
d)	1,58	22	$16\frac{2}{3}$	7
e)	26,80	25	20	7

4. Ermitteln Sie den Kalkulationszuschlag, den Kalkulationsfaktor und den Kalkulationsabschlag.

	Bezugspreis (Einstandspreis) in EUR	Auszeichnungspreis in EUR
a)	2,60	4,29
b)	12,40	25,90
c)	72,00	180,90
d)	125,70	199,00
e)	396,00	798,00

5. Ein Einzelhändler kalkuliert mit einem Kalkulationsfaktor von 1,8. Der Umsatzsteuersatz beträgt 19 %. Ermitteln Sie
a) den Kalkulationszuschlag, b) den Kalkulationsabschlag, c) die Handelsspanne.

6. Der Auszeichnungspreis eines Artikels beträgt einschließlich 19 % Umsatzsteuer 590,00 EUR. Der Einzelhändler kauft diesen Artikel für 338,00 EUR frei Haus ein.
Ermitteln Sie
a) den Kalkulationszuschlag,
b) den Kalkulationsabschlag,
c) die Handelsspanne,
d) den Kalkulationsfaktor.

7. Vervollständigen Sie nebenstehendes Kalkulationsschema für einen Artikel, dessen Auszeichnungspreis und Listeneinkaufspreis vorgegeben sind.
Berechnen Sie
a) den Nettoverkaufspreis,
b) den Bareinkaufspreis,
c) den Bezugspreis (Einstandspreis),
d) die Selbstkosten,
e) den Reingewinn in Euro,
f) den Kalkulationsfaktor,
g) die Handelsspanne,
h) den Kalkulationsabschlag.

Listeneinkaufspreis	480,00 EUR
5 % Rabatt	? EUR
Zieleinkaufspreis	? EUR
3 % Skonto	? EUR
Bareinkaufspreis	? EUR
Bezugskosten	57,68 EUR
Bezugspreis (Einstandspreis)	? EUR
20 % Handlungskosten	? EUR
Selbstkostenpreis	? EUR
Gewinn	? EUR
Nettoverkaufspreis	? EUR
19 % Umsatzsteuer	? EUR
Auszeichnungspreis	833,00 EUR

8. Ein Einzelhändler wendet die Mischkalkulation an.
Beantworten Sie unten stehende Fragen unter Verwendung der Angaben in folgender Übersicht; die Umsatzsteuer beträgt 19 %.

Sorte	Stück	Einzelpreis		Kalkulationsfaktor	Gesamtpreis	
		Bezugspreis (Einstandspreis)	Bruttoverkaufspreis		Bezugspreis (Einstandspreis)	Bruttoverkaufspreis
A	200	25,00	49,50			
B	100	35,00		2,1		
C	35	40,00		2,7		
Summe	335					

a) Wie viel Prozent beträgt der Kalkulationszuschlag für die Sorte A?
b) Wie viel Euro beträgt der Bezugspreis (Einstandspreis) für die gesamte Lieferung?
c) Wie viel Euro beträgt der Auszeichnungspreis für die gesamte Lieferung?
d) Wie viel Prozent beträgt der Kalkulationszuschlag für die gesamte Lieferung?
e) Wie viel Prozent beträgt die Handelsspanne für die gesamte Lieferung?

9. Ein Einzelhändler kalkuliert mit 20 % Handlungskosten, 15 % Gewinn und 19 % Umsatzsteuer.
Berechnen Sie
a) den Kalkulationszuschlag,
b) die Handelsspanne,
c) den Kalkulationsfaktor,
d) den Kalkulationsabschlag.

10. Infolge einer Mieterhöhung ist eine Einzelhandelsunternehmung gezwungen, ihren Handlungskostenzuschlagssatz von bisher 50 % auf 60 % zu erhöhen. Nach wie vor kalkuliert die Unternehmung mit 5 % Gewinn und 19 % Umsatzsteuer. Berechnen Sie
a) den bisherigen Kalkulationszuschlag,
b) den neuen Kalkulationszuschlag,
c) den neuen Kalkulationsabschlag,
d) den neuen Kalkulationsfaktor.

11. Einer Preisberechnung liegt der Kalkulationsfaktor 2 zugrunde. Der Umsatzsteuersatz beträgt 19 %. Berechnen Sie
a) den Kalkulationsabschlag,
b) die Handelsspanne,
c) den Kalkulationszuschlag.

12. Der Bareinkaufspreis einer Ware beträgt 390,00 EUR, die Bezugskosten betragen 10,00 EUR. Der Auszeichnungspreis beträgt 866,40 EUR einschl. 19 % Umsatzsteuer.
Ermitteln Sie
a) den Kalkulationszuschlag,
b) den Kalkulationsabschlag,
c) den Kalkulationsfaktor,
d) die Handelsspanne.

13. Ein Einzelhändler kalkuliert unter Berücksichtigung von 19 % Umsatzsteuer mit einem Kalkulationszuschlagssatz von 50 %. Ermitteln Sie
a) den Kalkulationsfaktor,
b) den Kalkulationsabschlag,
c) die Handelsspanne.

14. Ein Einzelhändler berücksichtigt einen Kalkulationszuschlag von 100 %. Der Umsatzsteuersatz beträgt 19 %. Ermitteln Sie
a) den Kalkulationsabschlag,
b) die Handelsspanne.

Übungsaufgaben

1. Im Getränkemarkt Gerhards KG werden die Preise exakt kalkuliert und z.T. mehrmals pro Woche neu festgesetzt. Dabei werden alle Möglichkeiten der Mischkalkulation ausgenutzt. Herr Gerhards: „Manchmal gehe ich sogar unter meine eigene Preisuntergrenze."

a) Beschreiben Sie, welche Preispolitik Herr Gerhards verfolgt.

b) Erläutern Sie, weshalb es sinnvoll sein kann, einige Artikel zu einem Preis anzubieten, der unterhalb der Preisuntergrenze liegt.

2. Für die Neueröffnung nach einem Umbau hat ein Einzelhändler einige besonders günstige Artikel im Angebot. So bietet er u. a. einen Artikel zu einem Bruttoverkaufspreis von 2,90 EUR an. Der Artikel wird normalerweise mit einem Kalkulationsfaktor von 2,1 kalkuliert, zur Eröffnungsfeier wird er aber nur mit einem Kalkulationsfaktor von 1,5 kalkuliert.

a) Ermitteln Sie den Bezugs-/Einstandspreis für den Artikel.

b) Berechnen Sie den normalen Bruttoverkaufspreis für diesen Artikel.

c) Ermitteln Sie den Kalkulationszuschlag, den Kalkulationsabschlag und die Handelsspanne (7 % USt), der dem Kalkulationsfaktor von 2,1 und 1,5 entspricht.

3. Bei einem Listeneinkaufspreis von 1.250,00 EUR werden 10 % Mengenrabatt gewährt. Außerdem zieht der Einzelhändler 2 % Skonto ab. Wie viel Euro beträgt der Bareinkaufspreis?

4. Der Zieleinkaufspreis einer Ware beträgt 480,00 EUR, der Bareinkaufspreis 468,00 EUR. Wie viel Prozent Skonto wurden abgezogen?

5. Aufgrund einer Mängelrüge erhält ein Einzelhändler auf eine Rechnung über 750,00 EUR einen Preisnachlass von 20 %. Für sofortige Zahlung zieht er außerdem noch 2 % Skonto ab.

a) Wie viel Euro Preisnachlass erhält der Einzelhändler dadurch insgesamt?

b) Wie viel Euro werden überwiesen?

6. Der Listeneinkaufspreis einer Ware beträgt 185,00 EUR. Der Einzelhändler erhält 5 % Rabatt und $2\frac{1}{2}$ % Skonto bei Zahlung innerhalb von acht Tagen. Die Bezugskosten betragen 16,00 EUR. Ermitteln Sie

a) den Zieleinkaufspreis,

b) den Bareinkaufspreis bei Zahlung innerhalb der vorgegebenen Frist,

c) den Bezugspreis (Einstandspreis).

7. Ein Einzelhändler kalkuliert mit folgenden Zuschlägen: Handlungskosten 25 %, Gewinn 12,5 %, Umsatzsteuer 19 %.

a) Wie viel Prozent beträgt der Kalkulationszuschlag?

b) Wie viel Prozent beträgt der Kalkulationsabschlag?

8. Aus Konkurrenzgründen muss ein Einzelhändler einen Artikel, der bisher zu 446,25 EUR verkauft wurde, zum Preis von 428,40 EUR einschl. 19 % Umsatzsteuer verkaufen. Die Handlungskosten werden mit 25 % kalkuliert. Der Bezugs-/Einstandspreis beträgt 240,00 EUR.

a) Wie viel Euro betragen die Handlungskosten?

b) Wie viel Prozent Gewinn werden bei einem Auszeichnungspreis von 446,25 EUR erzielt?

c) Wie viel Prozent Gewinn werden bei einem Auszeichnungspreis von 428,40 EUR erzielt?

9. Der Auszeichnungspreis (Laden-, Bruttoverkaufspreis) eines Artikels beträgt einschl. 19 % Umsatzsteuer 95,20 EUR. Der Einzelhändler kauft diesen Artikel für 48,00 EUR frei Haus ein.
Ermitteln Sie
a) den Kalkulationszuschlag (auf zwei Stellen nach dem Komma runden),
b) den Kalkulationsabschlag (auf zwei Stellen nach dem Komma runden),
c) die Handelsspanne (auf zwei Stellen nach dem Komma runden),
d) den Kalkulationsfaktor (auf vier Stellen nach dem Komma runden).

Gebundene Aufgaben zur Prüfungsvorbereitung

1. Geben Sie an, welche der unten stehenden Waren der Preisauszeichnungspflicht unterliegen.
1. in Schaufenstern oder Schaukästen ausgestellte Waren
2. in Ladenhandwerks- und Dienstleistungsbetrieben angebotene Waren
3. in Musterbüchern angebotene Waren
4. in Katalogen angebotene Waren
5. die unmittelbar vom Treibhaus oder Freiland verkauften Blumen und Pflanzen

2. In der Center Warenhaus GmbH sind Sonderaktionen geplant. Dort sollen Blu-Ray-Player angeboten werden. Aus dem Warenwirtschaftsprogramm entnehmen Sie für die Beschaffung folgende Daten:
Lieferer: Elektro Bader KG
Artikel: Blu-Ray-Player „Future"
Listeneinkaufspreis: 200,00 EUR
Rabatt: 10 %, Skonto: 2 %
Ermitteln Sie den Bareinkaufspreis in Euro.

3. Prüfen Sie nachfolgende Fragen zur Kalkulation, ob sie richtig sind.
1. Erhält man durch die Multiplikation des Bareinkaufspreises mit dem Kalkulationsfaktor den Auszeichnungspreis?
2. Erhält man durch Addition von Handlungskosten und Bezugspreis (Einstandspreis) die Selbstkosten?
3. Erhält man durch Addition von Selbstkosten und Umsatzsteuer den Auszeichnungspreis?
4. Erhält man durch Division des Auszeichnungspreises durch den Kalkulationsfaktor den Bezugspreis (Einstandspreis)?
5. Erhält man durch die Multiplikation des Bezugspreises (Einstandspreises) mit dem Kalkulationsabschlag den Auszeichnungspreis?

4. Welche der unten stehenden Aussagen über die Behandlung von Rabatt und Skonto in der Bezugskalkulation ist zutreffend?
1. Vom Listeneinkaufspreis wird zuerst Rabatt, vom verbleibenden Restbetrag Skonto abgezogen.
2. Die angegebenen Prozentsätze für Rabatt und Skonto werden addiert; der sich ergebende Betrag wird vom Listeneinkaufspreis abgezogen.
3. Der Listeneinkaufspreis wird um den Rabattbetrag vermehrt; der sich ergebende Preis wird danach um den Skontobetrag vermindert.
4. Rabatt und Skonto können in beliebiger Reihenfolge abgezogen werden.
5. Lieferer gewähren grundsätzlich keinen Rabatt und keinen Skonto.

5. Ergänzen Sie nachstehende Satzteile zu vollständigen Aussagen:

Satzteile:
1. Der Kalkulationsfaktor von 1,2 entspricht ...
2. Der Kalkulationsabschlag von 20 % entspricht ...
3. Der Kalkulationszuschlag von 50 % entspricht ...
4. Der Kalkulationszuschlag von 100 % entspricht ...

Ergänzungen:
a) ... einem Kalkulationsfaktor von 1,5.
b) ... einem Kalkulationsabschlag von 25 %.
c) ... einem Kalkulationsabschlag von 50 %.
d) ... einem Kalkulationszuschlag von 20 %.
e) ... einem Kalkulationszuschlag von 25 %.

6. Prüfen Sie die unten stehenden Handlungsweisen eines Einzelhändlers. Geben Sie an, ob
1. erlaubtes Verhalten,
2. ein Verstoß gegen die Verordnung über Preisangaben vorliegt.

a) Der Einzelhändler hält sich nicht an die vom Hersteller aufgedruckte Preisempfehlung.
b) Der Einzelhändler verzichtet auf die Preisauszeichnung jedes einzelnen Artikels und stellt lediglich ein großes Preisschild vor einigen Waren auf.
c) Der Einzelhändler gibt jedem Käufer eines Fotoapparates kostenlos zwei Filme.
d) Der Einzelhändler verzichtet bei Antiquitäten auf eine Preisauszeichnung.
e) Der Einzelhändler gewährt einem Kunden einen Barzahlungsnachlass von 5 %.

7. Ordnen Sie folgende Kalkulationsbegriffe unten stehenden Erläuterungen zu:
1. Kalkulationsfaktor
2. Handelsspanne
3. Kalkulationszuschlag
4. Kalkulationsabschlag

Erläuterungen:
a) Unterschied zwischen dem Bruttoverkaufspreis und dem Bezugspreis (Einstandspreis), ausgedrückt als Prozentsatz vom Bruttoverkaufspreis.
b) Unterschied zwischen dem Nettoverkaufspreis und dem Bezugspreis (Einstandspreis), ausgedrückt als Prozentsatz vom Nettoverkaufspreis.
c) Auszeichnungspreis dividiert durch den Bezugspreis (Einstandspreis).
d) Unterschied zwischen dem Bezugspreis (Einstandspreis) und dem Bruttoverkaufspreis, ausgedrückt als Prozentsatz vom Bezugspreis (Einstandspreis).

8. Sie werden beauftragt, für einen Artikel der neuen Eigenmarke eine Nachkalkulation vorzunehmen. Warum ist diese Maßnahme notwendig?
1. Weil das Warenhaus durch die Nachkalkulation seine Liquidität sichert.
2. Weil durch die Nachkalkulation der Wareneinsatz für das Warenhaus festgestellt werden kann.
3. Weil bei der Nachkalkulation die tatsächlich angefallenen Kosten des Warenhauses berücksichtigt werden.
4. Weil durch die Nachkalkulation Rechenfehler erkannt werden.
5. Weil bei der Nachkalkulation die Höhe der Umsatzsteuer durch das Warenhaus korrigiert werden kann.

Ungebundene Aufgaben zur Prüfungsvorbereitung

1. Für die Nachkalkulation der neuen Eigenmarke liegen Ihnen folgende Angaben vor:

Wareneinsatz	8.000,00 EUR
Handlungskosten	4.400,00 EUR
Nettoverkaufspreis	13.020,00 EUR
Bruttoverkaufspreis	15.493,80 EUR
Umsatzsteuersatz	19 %

Wie viel Prozent beträgt der tatsächlich realisierte Gewinn?

2. Der Bareinkaufspreis einer Ware beträgt 217,50 EUR, die Bezugskosten betragen 7,50 EUR, der Auszeichnungspreis beträgt 450,00 EUR, die Umsatzsteuer 19 %.
Ermitteln Sie
a) den Kalkulationszuschlag,
b) den Kalkulationsabschlag,
c) den Kalkulationsfaktor,
d) die Handelsspanne.

3. Prüfen Sie nachfolgende Aussagen über die Kalkulation und begründen Sie falsche Aussagen:
1. Der Zieleinkaufspreis ist der um den Skontobetrag vermehrte Bareinkaufspreis.
2. Der Bareinkaufspreis ist der um den Rabattbetrag und den Skontobetrag verminderte Listeneinkaufspreis.
3. Durch Multiplikation des Bareinkaufspreises mit dem Kalkulationsfaktor erhält man den Auszeichnungspreis.
4. Der Bruttoverkaufspreis ist der Auszeichnungspreis, er enthält bereits die Umsatzsteuer.
5. Der Selbstkostenpreis ist der um den Gewinn verminderte Nettoverkaufspreis.

4. Wie viel Prozent beträgt der Kalkulationsabschlag bei einem Kalkulationsfaktor von 1,25?
1. 20 %
2. 25 %
3. 125 %
4. 200 %
5. 225 %

5. Errechnen Sie die in nachfolgendem Kalkulationsschema fehlenden Werte:
Kalkulationsschema:

	Listeneinkaufspreis	EUR
–	10 % Rabatt	20,00 EUR
	Zieleinkaufspreis	EUR
–	2,5 % Skonto	EUR
	Bareinkaufspreis	EUR
+	Bezugskosten	12,00 EUR
	Bezugspreis (Einstandspreis)	EUR

a) Wie viel Euro beträgt der Listeneinkaufspreis?
b) Wie viel Euro beträgt der Zieleinkaufspreis?
c) Wie viel Euro beträgt der Bareinkaufspreis?
d) Wie viel Euro beträgt der Bezugspreis (Einstandspreis)?

6. Einem Einzelhändler wird ein Auslaufmodell von zwei Großhändlern zum gleichen Listeneinkaufspreis angeboten.
Großhändler A gewährt 20 % Rabatt und vom Restbetrag 10 % Sondernachlass.
Großhändler B gewährt 25 % Rabatt und vom Restbetrag 7 % Sondernachlass.
Wie viel Prozent Nachlass, bezogen auf den Listeneinkaufspreis, erhält der Einzelhändler, wenn er
a) beim Großhändler A kauft, b) beim Großhändler B kauft?

7. Ein Einzelhändler verkauft eine Ware einschl. 19 % Umsatzsteuer zum Auszeichnungspreis von 892,50 EUR. Der Gewinn beträgt 37,50 EUR, der Bezugs-/Einstandspreis 593,75 EUR.
a) Wie viel Euro betragen die Handlungskosten?
b) Wie viel Prozent betragen die Handlungskosten?

8. Der Bezugspreis (Einstandspreis) einer Ware beträgt 500,00 EUR. Der Einzelhändler kalkuliert mit 12 % Handlungskosten, 25 % Gewinn und 19 % Umsatzsteuer.
Berechnen Sie
a) die Selbstkosten,
b) den Nettoverkaufspreis,
c) den Auszeichnungspreis.

Besondere Verkaufssituationen bewältigen

1 Auf besondere Kundenansprüche eingehen

1.1 Kundentypen/Konsumtypen

Sabine schildert in der Schule ein Erlebnis, das sie am Vortag mit einem Kunden hatte:

Sabine: *„Gestern war ein Kunde bei uns in der Abteilung, um Golfschläger zu kaufen. Mehr von der Sorte und ich würde mir einen anderen Beruf suchen! Ich hatte mich schon gefreut, weil ich zum Thema Golfen gerade ein Seminar besucht habe und mich deshalb auf diesem Gebiet richtig fit fühlte. Aber egal, was ich dem Mann erzählt habe, er korrigierte mich ständig. So nach dem Motto: ‚Mädchen du hast doch sowieso keine Ahnung; hast du vielleicht schon mal einen Golfplatz gesehen?'"*

Mehmet: *„Den Kundentyp kenne ich, der weiß immer alles besser als du. Mit solchen Leuten legst du dich besser gar nicht erst an."*

ARBEITSAUFTRÄGE

- Machen Sie Vorschläge, wie Sabine mit diesem Kunden umgehen sollte, um zu einem Kaufabschluss zu gelangen.
- Sammeln Sie in Kleingruppen möglichst viele Beispiele für typisches Kundenverhalten, das Ihnen in Ihrem Berufsalltag begegnet. Halten Sie die Beispiele in Stichworten fest.
- Benennen Sie die Kundentypen aus Ihren Beispielen, z. B. nach einer typischen Verhaltensweise.

Begriffsklärung: Kunden- oder Konsumtypen?

Die beiden Begriffe „**Kundentyp**" und „**Konsumtyp**" scheinen austauschbar. Gemeinsam ist ihnen die „**Typisierung**", d. h., beide beschäftigen sich damit, **gleiche Grundmuster** zu Gruppen zusammenzufassen. In dem ersten Fall werden jedoch **Kunden** mit **gleichen Verhaltensmustern** zu Gruppen zusammengefasst.

Im zweiten Fall stehen **Konsumgewohnheiten** im Mittelpunkt des Interesses:

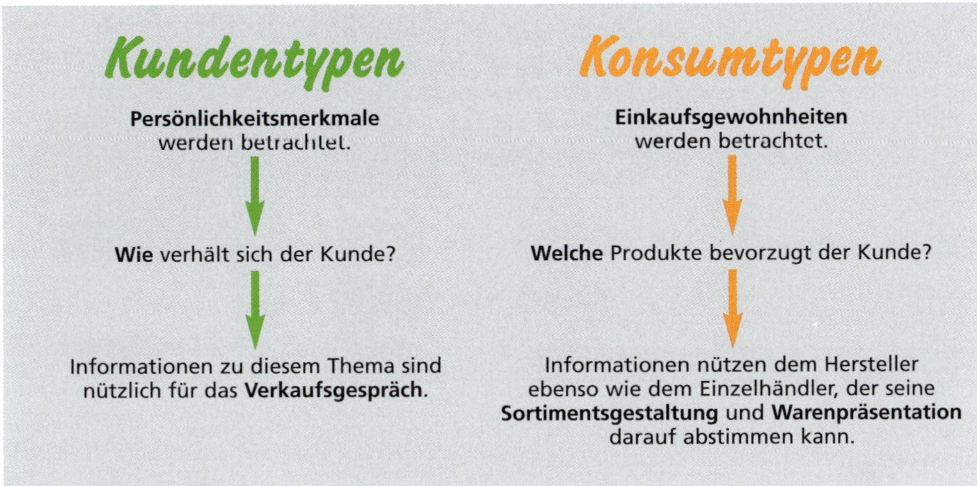

● Kundentypen

An jedem Arbeitstag bedienen Sie eine große Anzahl von Kunden. Darunter sind alte und junge Menschen, Männer und Frauen, Deutsche und Ausländer. Jeder von ihnen hat eine eigene **Persönlichkeit**, auf die Sie sich als Verkäufer einstellen müssen. Meistens sind Kunden **umgänglich** und **unkompliziert**. Problematisch wird es, wenn Kunden **schwierig** sind, weil sie z. B. **unerfüllbare Sonderwünsche** anbringen, **mürrisch** sind oder stets **alles besser wissen**. Diese Kunden zu bedienen, stellt eine ganz besondere Herausforderung für Sie dar. Deshalb ist es hilfreich, sich ihre Besonderheiten vor Augen zu führen und Verhaltensstrategien für den Umgang mit ihnen zu entwickeln.

PRAXISTIPP Vorsicht! Hüten Sie sich davor, Ihre Kunden vorschnell in „Schubladen" einzuordnen. Jeder von ihnen ist einzigartig und darf deshalb nicht nur auf einen „Typ" reduziert werden.

○ Der Preisfeilscher

Der Kunde achtet besonders auf den Preis einer Ware und versucht häufig sogar diesen zu drücken. Er ist immer darauf aus, ein Schnäppchen zu machen.

Angemessenes Verkäuferverhalten:
Von den Vorgaben der Geschäftsleitung hängt es ab, ob Sie dem Kunden einen Rabatt gewähren können. Grundsätzlich gilt jedoch, dass die Ware den regulären Preis wert ist. Erklären Sie dem Kunden freundlich, aber bestimmt, dass die Preise aufgrund der Qualität des Artikels und der Serviceleistungen Ihres Geschäftes gerechtfertigt sind.

○ Der Besserwisser

Der Kunde hält sich für kompetent, weil er etwas gehört oder gelesen hat. Er fühlt sich sehr wichtig und beharrt auf seiner Meinung, auch wenn sie offensichtlich falsch ist. Meist tritt er dabei sehr energisch auf.

Angemessenes Verkäuferverhalten:
Dieser Kundentyp wünscht sich Anerkennung, also soll er sie bekommen! Da es sowieso kaum möglich ist, ihn von der Richtigkeit Ihrer Ansicht zu überzeugen, stimmen Sie ihm so weit wie möglich zu oder lenken Sie seine Aufmerksamkeit auf ein anderes Thema. Äußern Sie sich anerkennend über seine „Fachkompetenz" und seine klaren Vorstellungen.

○ Der Arrogante

Der Kunde ist von seiner Person, seinem Erscheinungsbild sowie seinen Fähigkeiten sehr überzeugt. Er erwartet eine besonders zuvorkommende Behandlung, die seiner „Stellung" entspricht.

Angemessenes Verkäuferverhalten:
Bieten Sie diesem Kunden an, was er seiner Meinung nach verdient: die besten, edelsten, feinsten, teuersten Produkte. Zeigen Sie diesem Kunden Ihre hochwertigsten Produkte und stellen Sie die Exklusivität dieser Waren heraus. Gewinnen Sie durch gute Beratung und besonders zuvorkommendes Verhalten einen zufriedenen Stammkunden. Bieten Sie z. B. dem Kunden ein Getränk und, falls angebracht, einen Sitzplatz an.

○ Der Redselige

Manche Kunden sind besonders mitteilungsbedürftig. Sie breiten ihr Leben vor dem Verkäufer aus oder schildern ihm private Probleme, sodass das eigentliche Verkaufsgespräch zur Nebensache wird.

Angemessenes Verkäuferverhalten:
Diesen Kunden sollten Sie zunächst einmal erzählen lassen. Keinesfalls dürfen Sie jedoch den Redeschwall noch verstärken, indem Sie neugierige Fragen stellen! Kommt der Kunde nicht selbst auf seinen Kaufwunsch zu sprechen, können Sie freundlich dazu überleiten: „Ja, ja, so ist das, und was darf ich Ihnen heute zeigen?"

○ Der Misstrauische

Das Mienenspiel dieses Kunden drückt Skepsis, Unruhe und Vorsicht aus. Seine Körperhaltung wirkt oft verkrampft, die Ware wird kritisch geprüft, gedrückt, umgedreht und hin- und hergeschoben. Er stellt häufig Fragen wie: „Sind Sie da auch ganz sicher?" oder „Kann ich mich darauf verlassen?"

Angemessenes Verkäuferverhalten:
Misstrauen ist häufig eine Folge von schlechten Erfahrungen. Der Kunde ist also vermutlich schon häufiger schlecht beraten oder von der Qualität einer Ware enttäuscht wor-

den. Einen misstrauischen Kunden können Sie deshalb nur mit glaubwürdigen, nachprüfbaren Argumenten überzeugen. Zeigen Sie ihm Gütesiegel, Pflegehinweise und Produktbeschreibungen. Weisen Sie ihn auf Testurteile oder -berichte hin.

○ Der Unentschlossene

Es gibt Kunden, die sich nur schwer entscheiden können. Sei es aus mangelnder Erfahrung oder fehlendem Selbstbewusstsein. Sie wirken meist ratlos und mit der Entscheidung für einen Artikel überfordert. Oft beenden sie das Verkaufsgespräch mit den Worten: „Ich möchte es mir noch mal in Ruhe überlegen."

Angemessenes Verkäuferverhalten:
Diesen Kunden können Sie in vielerlei Hinsicht bei seiner Kaufentscheidung unterstützen. Demonstrieren Sie die Ware anschaulich unter Einbeziehung vieler Sinne. Unterstützen Sie den Entscheidungsprozess zudem durch eine erlebnisbezogene Argumentation. Weisen Sie außerdem auf die Möglichkeit zum Umtausch (vgl. Seite 374 ff.) der Ware hin und bieten Sie Stammkunden an, Ware zur Auswahl mit nach Hause zu nehmen. Überreden oder bedrängen dürfen Sie einen unentschlossenen Kunden jedoch nicht!

PRAXISTIPP Streiten Sie niemals mit problematischen Kunden, sondern bemühen Sie sich, gerade diesen Kunden freundlich und unvoreingenommen zu begegnen. Bleiben Sie gelassen und nehmen Sie die „Macken" dieser Kunden nicht persönlich.

● Konsumtypen

Konsumforscher beschäftigen sich zunehmend mit den unterschiedlichen Lebensstilen in unserer Gesellschaft. Sie sammeln, meist mithilfe von Befragungen, Informationen über Lebenseinstellungen, Konsumverhalten sowie den sozialen Status von Personen. Mit der Auswertung dieser Informationen gelangen sie zu „Konsumtypen".

Die **Einkaufsgewohnheiten** der Kunden sind jedoch in jeder Branche anders. So kann z. B. ein begeisterter Radrennfahrer auf seine Alltagsbekleidung wenig Wert legen, während er für sein Hobby nur hochwertige Markenbekleidung kauft. Deshalb werden Konsumtypen oft auf eine bestimmte Branche oder Warengruppe bezogen.

Beispiele für branchenspezifische Konsumtypen

Textilkauf durch Männer	Lebensmitteleinkauf durch Hausfrauen
– Familienvatertyp – Sportlicher Typ – Feinfühliger Typ – Kultivierter Typ – Karrieretyp – Extravaganter Typ	– die niveauvolle Haushaltsexpertin – die konventionelle Hausfrau – die rationale Nicht-Hausfrau – die perfekte Traditionalistin – die moderne Convenience-Orientierte – die junge Unbekümmerte

Männer oder Hausfrauen in nur sechs verschiedenen „Typenklassen“ einzuordnen, macht sicherlich nur begrenzt Sinn. Der Einzelhandel kann an diesen Konsumtypen jedoch gesellschaftliche Entwicklungen und Trends ablesen. Er kann dies nutzen, um sein Sortiment sowie seine Warenpräsentation darauf abzustimmen.

Beispiel Es gibt z. B. einen Trend zur gesundheitsbewussten Ernährung. Der Lebensmitteleinzelhandel stellt sich darauf ein, indem er z. B. verstärkt Nahrungsmittel aus ökologischem Anbau in sein Sortiment aufnimmt.

Kundentypen/Konsumtypen

- **Kundentypen** werden nach **Persönlichkeitsmerkmalen** geordnet, während **Konsumtypen** nach ihren **Einkaufsgewohnheiten** unterschieden werden.
- Um sich auf schwierige Kunden einzustellen, sollten Sie sich ihre Besonderheiten vor Augen führen und entsprechende **Verhaltensstrategien** für den Umgang mit ihnen entwickeln.
- Eine besondere Herausforderung an Ihre Fähigkeiten als Verkäufer stellen die folgenden **Kundentypen** dar:

Der Preisfeilscher | Der Besserwisser | Der Arrogante | Der Redselige | Der Misstrauische | Der Unentschlossene

- **Konsumtypen** werden häufig nur für eine bestimmte Branche definiert. Sie dienen dem Einzelhandel als Basis für **Sortimentsentscheidungen**.

1. Erläutern Sie anhand von Beispielen die unterschiedliche Bedeutung der Begriffe „Kundentypen“ und „Konsumtypen“.

2. Beurteilen Sie die folgende Verkäuferaussage: „Arrogante Typen erkenne ich schon von Weitem, aber denen zeige ich, wo’s lang geht!“

3. Versuchen Sie – auf der Basis Ihrer Erfahrungen – Konsumtypen für den Lebensmittelbereich zu definieren.

4. Entwickeln Sie eine Mindmap, in dessen Mitte Sie den Begriff „Kundentypen“ setzen. Auf die Hauptäste schreiben Sie dann einen Begriff zur Beschreibung des jeweiligen Typs. Auf den weiteren Verzweigungen ergänzen Sie Verhaltensstrategien, mit denen Sie diesen Kunden begegnen können. Erweitern Sie dabei die sechs beschriebenen um weitere, Ihnen bekannte „Typen“.

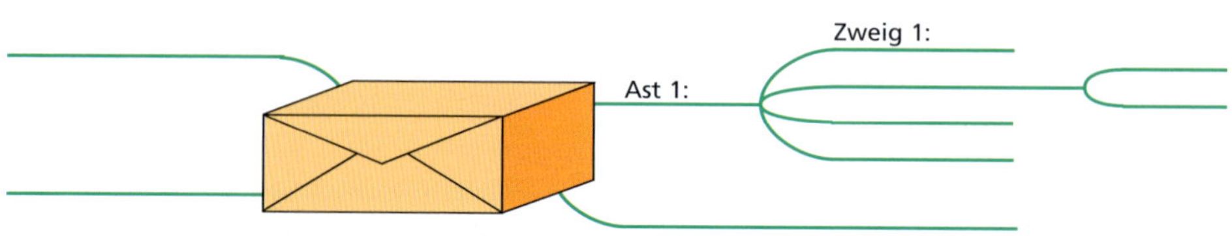

5. Rollenspiel: Führen Sie in Ihrer Klasse Verkaufsgespräche mit schwierigen Kunden (Artikel nach eigener Wahl) durch. Stellen Sie die folgenden Rollen in verschiedenen Rollenspielen dar und zeichnen Sie diese mit der Kamera auf.

Rolle Verkäufer Der Verkäufer ist unvoreingenommen und freundlich, versucht in allen Fällen der Situation gerecht zu werden.	**Rolle Kunde 1** Der Kunde ist redselig. **Rolle Kunde 2** Der Kunde ist misstrauisch. **Rolle Kunde 3** Der Kunde ist unentschlossen. usw.

Beobachtungsauftrag

a) Erstellen Sie arbeitsteilig für Gespräche mit den verschiedenen Kundentypen einen Beobachtungsbogen.
b) Beobachten Sie die Rollenspiele und geben Sie den Spielern Rückmeldung.

1.2 Kinder und Jugendliche als Kunden

Sabine bekommt in der Sportabteilung Besuch von ihrem 13-jährigen Bruder Peter.

Peter: *„Das ist wirklich das Allerletzte. In deinem blöden Warenhaus kaufe ich nie mehr etwas!"*

Sabine: *„Jetzt reg dich erst mal ab, und dann erzählst du, was passiert ist."*

Peter: *„Ich wollte mir von meinem Geburtstagsgeld einen Rucksack kaufen. Du weißt schon, diese neue, coole Marke. Also habe ich ein bisschen rumgekramt und ausprobiert. Und dann kam die Verkäuferin, beobachtete mich die ganze Zeit, als ob ich was klauen wollte. Als sie mich dann fragte, ob ich was Bestimmtes suche, habe ich natürlich gesagt, dass ich mich nur mal umschaue. Daraufhin wurde sie richtig frech und meinte, ich solle nicht so an den Rucksäcken rumfummeln und am Ende noch was schmutzig oder kaputt machen. Was glaubt die denn, mit wem sie es zu tun hat?"*

ARBEITSAUFTRÄGE

- Beschreiben Sie, wie sich Peter in der Situation gefühlt hat.
- Erläutern Sie die rechtliche Grundlage für das Zustandekommen eines Kaufvertrages mit einem 13-Jährigen.
- Beurteilen Sie das Verkäuferverhalten und unterbreiten Sie Verbesserungsvorschläge.

Kinder und Jugendliche sind in mehrfacher Hinsicht eine interessante Kundengruppe. Sie **beeinflussen** die **Kaufentscheidungen** ihrer Eltern und sie sind die **Kunden von morgen**. Vor allem aber verfügen sie über eine **hohe Kaufkraft**, wie die nachstehende Grafik belegt.

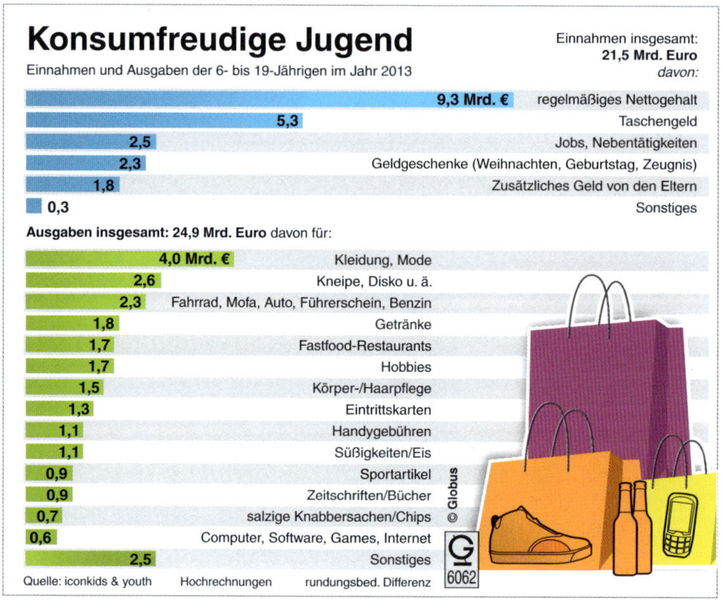

Rechtliche Voraussetzungen

Kinder und Jugendliche, die aufgrund ihres Alters noch nicht die volle Verantwortung für ihr Handeln übernehmen können, werden durch Gesetze und Verordnungen in besonderem Maße geschützt.

LF 3

Geschäftsfähigkeit

Geschäftsunfähigkeit	Beschränkte Geschäftsfähigkeit	Geschäftsfähigkeit
0- bis 6-Jährige Mit Kindern unter 7 Jahren kann **kein Kaufvertrag** geschlossen werden, es sei denn, sie werden von ihren Eltern als **Boten** geschickt.	**7- bis 17-Jährige** Kaufverträge sind **schwebend unwirksam**, solange die Genehmigung der Eltern nicht vorliegt. Das bedeutet, Sie als Verkäufer müssen die Ware zurücknehmen – selbst wenn sie beschädigt ist – falls die Eltern dies verlangen. **Ausnahme: Kauf einer Leistung mit eigenen Mitteln**	**18-Jährige** Volljährige Personen dürfen Kaufverträge abschließen.

Gesetzliche Abgabeverbote

Das **Jugendschutzgesetz** (JuSchG) verbietet den Verkauf von bestimmten Waren an Jugendliche und Kinder. Alkoholische Getränke, Tabakwaren sowie Feuerwerkskörper, die in den Augen junger Menschen besonders aufregend und attraktiv erscheinen, unterliegen gesetzlichen Beschränkungen, die Sie als Verkäufer kennen und beachten müssen:

Alkoholische Getränke § 9 JuSchG

Der Einzelhandel darf an **Jugendliche ab 16** Jahren **Wein**, **Bier** und **Sekt** verkaufen. Alle hochprozentigeren alkoholischen Getränke werden unter dem Sammelbegriff **Spirituosen** geführt. Sie dürfen nur an Personen abgegeben werden, die mindestens **18 Jahre** alt sind. Der Alkoholgehalt dieser Getränke liegt mindestens bei 15 Vol-% (Volumenprozent).

Tabakwaren § 10 JuSchG

Tabakwaren dürfen **nicht** an **Jugendliche unter 18 Jahren** verkauft werden. Darüber hinaus ist ihnen auch das Rauchen in Gaststätten, Verkaufsstellen oder sonst in der Öffentlichkeit untersagt.

Bildträger § 12 JuSchG

Unter diesem Oberbegriff werden **Videos, DVDs, Computerspiele** usw. gesammelt. Auf den Verpackungen dieser Produkte ist ein Hinweis über eine etwaige Altersbeschränkung abgedruckt. Diese Abgabebeschränkung muss beim Verkauf berücksichtigt werden.

Feuerwerkskörper

Feuerwerkskörper werden in zwei Gefahrengruppen eingeteilt:

Klasse I = **Feuerwerksspielwaren**, können ohne Altersbeschränkung ganzjährig verkauft werden.

Klasse II = **Feuerwerkskörper**, dürfen nur in der Zeit zwischen Weihnachten und Silvester an Personen ab **18 Jahren** abgegeben werden.

Beispiel Kerstin sitzt an der Kasse, als zwei Kunden ihre Einkäufe auf das Band legen. Zwei Flaschen Bier, ein Beutel Chips, ein Päckchen Zigaretten und zum Schluss vier Flaschen Alcopops. Das Alter der beiden lässt sich nur schwer schätzen. Da es für den Kauf der vorgelegten Waren jedoch bedeutsam ist, bittet Kerstin die Kunden um einen Ausweis mit Lichtbild. Einer der beiden ist lt. Ausweis 17 Jahre alt, der andere kann sich nicht ausweisen. So erklärt Kerstin ihren jungen Kunden freundlich, aber bestimmt, dass sie ihnen die Alcopops und die Zigaretten nicht verkaufen könne und kassiert den Kaufpreis für die übrigen Artikel.

PRAXISTIPP Wenn Jugendliche ihr Alter nicht nachweisen können, lassen Sie sich nicht auf eine Diskussion ein.

Damit ein Einzelhändler nicht in Schwierigkeiten gerät, wenn er einem jugendlichen Kunden einen Artikel zu einem höheren Wert verkauft, sollte der Einzelhändler folgende **Verhaltensweisen** berücksichtigen:

- **Reservierung der Ware**, bis der Jugendliche in Begleitung eines Erziehungsberechtigten wieder kommt,
- **Übergabe der Ware gegen Entgelt** mit ausdrücklichem Hinweis auf Rückgaberecht, falls der Erziehungsberechtigte den Kauf nicht genehmigt,
- Das Kind bzw. den Erziehungsberechtigten oder den Jugendlichen bitten, mit einer **Vollmacht der Erziehungsberechtigten** wiederzukommen.

Anforderungen an das Geschäft

Bei der Kundengruppe der Kinder und Jugendlichen sind die Grenzen zwischen den Entwicklungsstufen fließend. Wichtig ist, dass der Einzelhändler bei der Warenpräsentation und Sortimentsgestaltung entscheidet, ob und wie er Kinder oder Jugendliche ansprechen möchte. Die Anforderungen liegen zum Teil weit auseinander, zumal sich Jugendliche bewusst vom Kindsein abgrenzen.

LF 4

○ Warenpräsentation

Für **Jugendliche** sollen die Präsentation, die Musik und die farbliche Gestaltung dem Trend der Zeit entsprechen. Medien und Modebranche machen hierbei oft die Vorgaben.

Für **Kinder** gilt mehr als für jede andere Zielgruppe der Dreischritt **gucken – anfassen – ausprobieren**.

Leuchtende, fröhliche Farben spielen eine ebenso große Rolle wie die kindgerechte Regalanordnung und -höhe.

Das Schaufenster regt durch den Aufbau von möglichst bewegten **Spiellandschaften** die Neugier der kleinen Kunden an.

LF 2

○ Serviceleistungen

Für besondere Anlässe (Geburtstag, Kommunion usw.) werden **Geschenktische** (nach dem Vorbild der Hochzeitstische) dekoriert.

Ein **Reparaturdienst** kümmert sich um defekte Spielsachen oder elektronische Geräte, oder das Geschäft leitet diese Waren zügig zur Reparatur an den Hersteller weiter.

Sportgeräte wie Inliner oder Skateboards werden (evtl. kostenlos) gewartet.

LF 1

○ Sortimentsgestaltung

Teenager interessieren sich für Artikel aus den Sortimentsbereichen Mode, Essen (hier vor allem Süßigkeiten und Salzgebäck), Trinken, Musik, Körperpflege und Freizeitgestaltung und in besonderem Maße für Unterhaltungselektronik.

Im Vordergrund steht nicht der praktische Nutzen der Ware, sondern dass es sich um „angesagte" **Markenprodukte** handelt.

Kinder investieren ihr Taschengeld überwiegend in **Süßigkeiten** und **Spielwaren**.

Im Mittelpunkt des Interesses stehen Artikel, die aus der **TV**- und Zeitschriftenwerbung bekannt sind.

Die jüngsten Kunden kaufen besonders gerne alles, was sich **sammeln** und **tauschen** lässt, z. B. Bildchen oder Figuren.

Anforderungen an den Verkäufer

Auch im Hinblick auf das Verkaufsgespräch stellen Kinder und Jugendliche besondere Anforderungen. Die jungen Kunden möchten vor allem genauso **ernst genommen** und **behandelt** werden wie **Erwachsene**. Sie haben ein sehr gutes Gespür dafür, wenn man ihnen mit Geringschätzung begegnet und quittieren dies, indem sie das betreffende Geschäft in Zukunft meiden.

PRAXISTIPP Begrüßen Sie Kinder und Jugendliche ebenso freundlich wie Erwachsene, gewinnen Sie ihr Vertrauen, und nehmen Sie ihr Kaufanliegen ernst. Sie reagieren empfindlich, wenn sie zurückgesetzt werden, gehen dann nicht mehr gerne in dieses Geschäft und erzählen es Eltern und Freunden weiter.

Um ein erfolgreiches Verkaufsgespräch führen zu können, müssen Sie sich in die **Erfahrungswelt** des jungen Kunden hineinversetzen. Zahlreiche Untersuchungen zu diesem Thema haben ergeben, dass für diese Altersgruppe die „**Peergroup**" als entscheidender **Maßstab** gilt. Das heißt, alles was die jungen Kunden kaufen, muss dem Urteil des **Freundeskreises** standhalten. Alle anderen Kriterien, wie Nutzen der Ware oder gar die Meinung der Eltern, treten dabei in den Hintergrund. Kinder und Jugendliche wollen „trendy" sein, gut aussehen, sich Aufmerksamkeit und Anerkennung bei ihren Freunden verschaffen. Die **Argumentation** im Verkaufsgespräch muss dieser Tatsache Rechnung tragen.

Beispiel Mehmet beobachtet einen ca. elfjährigen Jungen, der schon eine ganze Weile vor dem Regal mit den PC-Spielen steht, immer wieder einzelne Verpackungen in die Hand nimmt und aufmerksam studiert. Als Mehmet ihn anspricht, erfährt er, dass der Junge bereits eine ganze Reihe gängiger Computerspiele besitzt. Er sucht ein neues Spiel, hat aber keine genauere Vorstellung davon, außer dass es eben „cool" sein soll. Mehmet wählt daraufhin eines aus und beginnt das Verkaufsgespräch mit dem folgenden Satz: *„Dieses Spiel ist ganz neu auf dem Markt, das hat bestimmt noch keiner von deinen Freunden ..."*

Auch aus den folgenden Besonderheiten der jungen Kunden ergeben sich Empfehlungen:

Junge Kunden ...	Sie sollten deshalb ...
sind oft schüchtern und verfügen über weniger Einkaufserfahrungen als Erwachsene.	den jungen Kunden die Unsicherheit nehmen, indem Sie auf sie eingehen.
können sich nicht immer präzise ausdrücken.	genau zuhören, eventuell nachfragen.
haben, je jünger sie sind, wenig Gefühl für den Wert des Geldes oder sind unvorsichtig im Umgang mit Geld.	diesen Umstand nicht ausnutzen sowie bei Kindern darauf achten, dass das Wechselgeld gut verstaut wird.
wollen die Ware anfassen und möglichst auch ausprobieren.	den Kindern und Jugendlichen Gelegenheit zum Ausprobieren der Ware geben.
brauchen oft eine ganze Weile, bevor sie sich für einen Artikel entscheiden. „Zeit" ist für sie noch kein Maßstab.	Geduld und Verständnis aufbringen, ihnen Zeit für die Entscheidung lassen.

Kinder und Jugendliche als Kunden

- Beim Verkauf von Waren an Kinder und Jugendliche sind die **beschränkte Geschäftsfähigkeit** sowie **gesetzliche Abgabeverbote** für Alkohol, Tabakwaren, Bildträger und Feuerwerkskörper zu berücksichtigen.
- Kinder und Jugendliche stellen besondere, zum Teil unterschiedliche Anforderungen an

Warenpräsentation | Serviceleistungen | Sortimentsgestaltung

- Junge Kunden wollen genauso **ernst genommen** und **behandelt** werden wie **Erwachsene**.
- Ein entscheidendes **Kriterium** für den Kauf eines Artikels ist die Frage, wie er im **Freundeskreis** ankommen wird.
- Kinder und Jugendliche sind häufig unsicher, fordern vom Verkäufer **Verständnis**, **Geduld** und **Hilfe** bei der Auswahl.

1. Stellen Sie die gesetzlichen Bestimmungen dar, die beim Verkauf von Waren an Kinder und Jugendliche berücksichtigt werden müssen.

2. Entscheiden Sie in den folgenden Fällen, ob der Verkauf rechtlich zulässig ist. Begründen Sie Ihre Entscheidung.
a) Verkauf eines Lutschers an einen Sechsjährigen.
b) Verkauf von Feuerwerksspielwaren (Knallfrösche u. Ä.) an einen Neunjährigen.
c) Verkauf einer Playstation an eine Zwölfjährige.
d) Verkauf einer Flasche Baileys an eine 17-Jährige.
e) Verkauf von Zigaretten an einen 17-Jährigen.

3. Rollenspiel
Führen Sie in Ihrer Klasse Verkaufsgespräche mit Kindern und Jugendlichen (Artikel nach eigener Wahl). Stellen Sie die folgenden Rollen in zwei verschiedenen Rollenspielen dar und zeichnen Sie diese mit der Kamera auf.

Rolle Verkäufer	Rolle Kundin 1	Rolle Kunde 2
Der Verkäufer ist unvoreingenommen und freundlich, versucht in beiden Fällen der Situation gerecht zu werden.	Die junge Kundin ist zehn Jahre alt und möchte für ihre Freundin ein „Freundschaftsarmband" kaufen. Sie braucht lange, um sich für eines zu entscheiden.	Ein junger Mann möchte Chips, Zigaretten und Bier kaufen. Er hat keinen Ausweis bei sich.

Beobachtungsauftrag
a) Legen Sie einen Beobachtungsbogen an, der die besonderen Anforderungen an Verkaufsgespräche mit Kindern und Jugendlichen erfasst.
b) Beobachten Sie die Rollenspiele und geben Sie den Spielern Rückmeldung.

4. Erläutern Sie, warum Kinder und Jugendliche für den Einzelhandel eine wichtige Zielgruppe sind.

1.3 Senioren als Kunden

Eine 71-jährige Kundin beschwert sich bei Kerstin über die schlechte Behandlung im Lebensmittel-Discount Schlegel KG.
„... Ich hatte leider meine Brille vergessen, und konnte deshalb das Haltbarkeitsdatum nicht lesen. Also habe ich eine junge Frau angesprochen, die gerade Ware einräumte. Bei der Butter hat sie mir dann das Datum genannt. Aber ich brauchte ja auch noch Milch und Quark und Sahne, da ist das Haltbarkeitsdatum ja besonders wichtig! Als ich sie dann noch nach meinem Lieblingsjoghurt gefragt habe, den ich nicht gleich finden konnte, da wurde sie ganz unverschämt und meinte, sie hätte auch noch was anderes zu tun. Aber eine Verkäuferin ist doch dazu da, um mir beim Einkaufen behilflich zu sein! Na jedenfalls, wenn mir das noch mal passiert, beschwere ich mich bei der Geschäftsleitung!"

ARBEITSAUFTRÄGE

- Schildern Sie die oben beschriebene Situation aus der Sicht der jungen Verkäuferin.
- Sammeln Sie Vorurteile, die jüngere Verkäufer gegenüber alten Kunden hegen und umgekehrt (befragen Sie dazu evtl. Ihre Großeltern).
- Entwickeln Sie Lösungsvorschläge, was Sie als junge Verkäufer unternehmen können, um die vorhandenen Vorurteile auf beiden Seiten abzubauen.

→ AH

Bezeichnungen für diese Kundengruppe gibt es viele. „Generation 50 plus", „Winning Generation", „best ager" sind einige wohlklingende Bezeichnungen. Allen gemeinsam ist das Motiv ihrer Entstehung, denn niemand möchte gerne als „Rentner" oder als „Alter" bezeichnet werden. Wesentlich ist in diesem Zusammenhang auch, dass ältere Kunden Waren ablehnen, die als ausschließlich „seniorengeeignet" angepriesen werden.

Alt werden möchte jeder, aber alt sein, das möchte keiner!

PRAXISTIPP Ältere Menschen wollen nicht als solche angesprochen werden. Ebenso wenig möchten sie, dass man sie auf ihre Schwächen aufmerksam macht. Also begegnen Sie ihnen höflich; helfen Sie ihnen, wenn nötig, unauffällig und diskret.

Die Bedeutung dieser **kaufkräftigen Zielgruppe** wird allzu oft unterschätzt. Bereits heute ist jeder dritte Bundesbürger älter als 50 Jahre. Die Tendenz ist weiter steigend: Im **Jahre 2050** wird mehr als die **Hälfte aller Bundesbürger** zu dieser Altersgruppe gehören. Die Kaufkraft dieser Bevölkerungsgruppe ist enorm. So belegen Studien, dass die 55- bis 69-Jährigen über eine **Kaufkraft** von **7,5 Milliarden EUR im Monat** verfügen. Damit haben sie größere finanzielle Spielräume als jede andere Altersgruppe – und sie sind bereit, dieses Geld auch auszugeben.

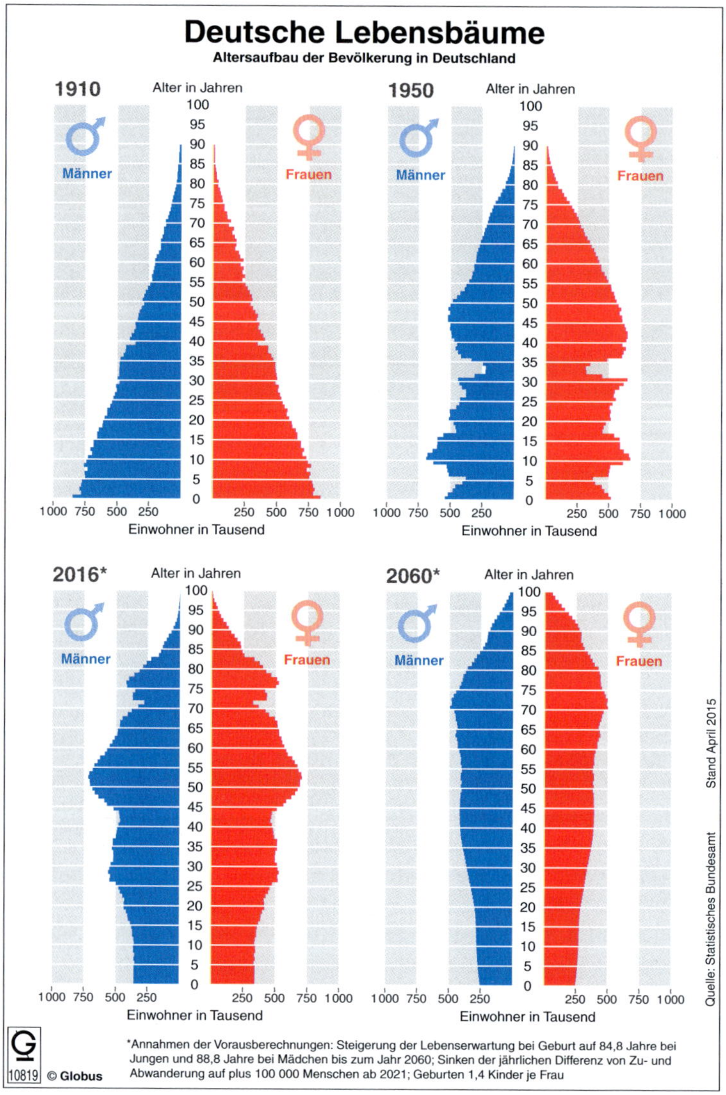

Die Grafiken belegen eindrucksvoll: Aus der Alters**pyramide** wird ein Alters**pilz.**

Im Jahr 2060 werden in Deutschland voraussichtlich fast genauso viele Menschen über 80 Jahren wie Kinder und Teenager unter 20 leben. Während heute nur etwa jeder Zwanzigste in Deutschland 80 Jahre oder älter ist, wird im Jahr 2060 etwa jeder Siebte hochbetagt sein. Folglich wird dieser Bevölkerungsgruppe als Kundengruppe eine wachsende Bedeutung in den nächsten Jahrzehnten zukommen.

Die **Senioren von heute** haben nicht mehr viel gemein mit dem Klischee aus vergangenen Jahrzehnten. Sie sind **nicht gebrechlich**, **bescheiden**, nahezu **bedürfnislos** und in ihrem Einkaufsverhalten konservativ und markentreu. Diesem traditionellen Bild entsprechen heute nur noch die über 80-Jährigen. Die neuen „Alten" sind vielmehr **modebewusst**, **unternehmungslustig**, gönnen sich einen gewissen **Luxus** und achten auf ihre **Gesundheit**. Sie sind **selbstbewusst** und **kritisch**, reagieren also auf Unzulänglichkeit bei der Ware oder im Verhalten des Verkäufers mit dem Gang zur Konkurrenz.

Anforderungen an das Geschäft

Es gibt eine Vielzahl von Möglichkeiten, eine seniorenfreundliche **Einkaufsatmosphäre** zu schaffen. Häufig sind die erforderlichen Maßnahmen nicht ausschließlich auf ältere

Kunden zugeschnitten; auch andere Zielgruppen profitieren von ihnen. So schätzen Singles jeder Altersklasse kleine Verpackungseinheiten und Schwangere freuen sich über einen Sitzplatz zum Ausruhen.

○ Ladengestaltung LF 4

- **Rutschfeste Böden** sorgen für Sicherheit.
- **Helle**, aber **blendfreie Beleuchtung**, die eine freundliche Atmosphäre erzeugt und vor allem auch dunkle Farben sichtbar macht.
- Stufen sind durch **Rampen** ersetzt, **Fahrstühle** bringen den Kunden in die oberen Etagen.
- Es gibt **Ruhezonen**, die mit komfortablen **Sitzmöglichkeiten** ausgestattet sind.
- **Farbliche Akzente** und **breite Gänge** dienen der Übersichtlichkeit und Orientierung.
- Schaufenster sorgen für **Transparenz**, damit sich die Kunden ein Bild machen können, was sie im Geschäft erwartet.
- Ein **Kunden-WC** ist gut ausgeschildert und leicht erreichbar.

○ Warenpräsentation LF 4

- Alle Waren sind in einer **leicht erreichbaren Höhe** (von 0,5 m bis 1,50 m) untergebracht.
- **Preise** und **Produktinformationen** sind in großen, **gut lesbaren** Ziffern und Buchstaben an den Regalen angebracht.
- Die Waren werden nicht ständig umgeräumt.
- Möglichkeiten zur **Verkostung** und **Unterhaltungsprogramme** bieten Abwechslung.

○ Serviceleistungen LF 2

- Hochwertige Konsumgüter werden **geliefert**, **aufgebaut**, **angeschlossen** und in ihrer Funktion **erläutert**.
- **Telefonische Bestellungsannahme**, **Lieferservice** und **Hilfe** beim **Einpacken** der Waren sind selbstverständlich.
- **Breite, einreihige Parkplätze** ermöglichen bequemes Ein- und Ausparken sowie Beladen des Fahrzeugs.
- Besonders leicht rollende, kleinere **Einkaufswagen** mit Bremsvorrichtung verschaffen Sicherheit.
- In Ruhezonen oder Gängen stehen **Wasserspender** bereit.

○ Sortimentsgestaltung LF 2

- Qualität der Artikel geht vor Quantität. **Höherpreisige Markenartikel** und **frische Produkte** haben Priorität.
- Die angebotenen Artikel lassen sich **einfach bedienen** und **pflegen**, die Produktinformationen sind leicht verständlich.
- Es werden **kleine Packungsgrößen** angeboten.

- Die Produktinformationen auf den Verpackungen sind gut lesbar.
- Das Sortiment bietet eine Vielzahl an Waren, die der **Gesundheit** und dem **Wohlbefinden** zugute kommen – besonders in den Bereichen Ernährung und Hautpflege.
- Spezielle **Nahrungsmittel für Diabetiker** werden angeboten.

Anforderungen an den Verkäufer

Ältere Kunden stellen auch besondere Anforderungen an das Verhalten des Verkäufers. Insbesondere möchten sie **nicht** offensichtlich **wie alte Menschen behandelt** und auch nicht als solche angesprochen werden.

PRAXISTIPP Formulierungen, die auf das Alter des Kunden anspielen, wie „seniorengerechte Ausstattung" oder „in Ihrem hohen Alter", sollten Sie in Verkaufsgesprächen möglichst vermeiden.

LF 2 Für die **Verkaufsargumentation** ist diese Tatsache von besonderer Bedeutung. Sie sollten im Verkaufsgespräch nicht auf mögliche Defizite des Kunden eingehen. Stattdessen sollten Sie die gewünschte Lebenssituation ansprechen. **Lebensfreude, Vitalität, Gesundheit** und **Sicherheit** sind für die Generation 50 plus zentrale Werte. Zu diesen Themen sollten Sie in Ihrer **Verkaufsargumentation** einen **Erlebnisbezug** herstellen.

Beispiel Sabine bedient in der Sportabteilung des Center Warenhauses einen 65-jährigen Kunden, der sich eine Golfausrüstung zulegen möchte. Sie empfiehlt dem Kunden ein besonders leichtes, handliches „Eisen".

Falsch	Richtig
„Dieses Eisen ist besonders leicht, sodass Sie es auch noch nutzen können, wenn Ihre Muskelkraft nachlässt."	„Mit diesem besonders leichten, handlichen Eisen werden Sie den Ball mit Leichtigkeit ins Loch befördern."

Durch die richtige Formulierung verbindet Sabine den Golfschläger mit einem Erlebnis, das Lebensfreude und Vitalität verspricht.

Auch aus den folgenden Besonderheiten der älteren Kunden ergeben sich Empfehlungen:

Ältere Kunden ...

- sind qualitätsbewusst,
- achten auf ein gutes Preis-Leistungs-Verhältnis,
- sind überaus kritische Konsumenten,
- haben das Bedürfnis, sich mitzuteilen,
- haben eine eingeschränkte Sinneswahrnehmung.

Sie wollen deshalb ...

- **Markenartikel** erwerben,
- wenn sie mit einer Marke nicht zufrieden sind, auch etwas **Neues ausprobieren**,
- **überzeugt** und nicht überredet **werden**,
- mit viel **Geduld** und **Zeit** persönlich bedient werden,
- von einem Verkäufer bedient werden, der **deutlich**, in **angemessener Lautstärke** und **Geschwindigkeit** spricht.

Senioren bevorzugen häufig die Beratung durch einen **Verkäufer** in der **Altersklasse 50 plus**, weil sie von ihm eher Geduld, Verständnis und Kompetenz erwarten als von einem jungen Menschen. Berücksichtigen Sie diese Tatsache, wenn Sie als Auszubildender oder junger Verkäufer einen älteren Kunden bedienen. Gewinnen Sie diese kritischen Kunden durch Freundlichkeit und eine ausführliche, fachkundige Beratung.

Beispiel Mit dem „age explorer" der Firma Meyer-Hentschel www.age-explorer.de lässt sich die seniorengerechte Einrichtung des Mars-Elektrofachmarktes leicht überprüfen.
Wer den Overall und den dazugehörigen Helm anlegt, **sieht** und **hört schlechter**. Er ist zudem in seiner **Bewegungsfähigkeit** stark eingeschränkt und die Muskeln werden dank eingebauter **Bleigewichte** viel stärker beansprucht als sonst. Der „age explorer" vermittelt damit einem jungen Menschen für kurze Zeit das Gefühl 70 Jahre alt zu sein.

Senioren als Kunden

- **50-plus**-Kunden sind eine **wachsende**, **kaufkräftige Zielgruppe** für den Einzelhandel.
- Älteren Kunden sind **unternehmungslustig**, **mode**- und **qualitätsbewusst**.
- Diese Kundengruppe stellt **besondere Anforderungen** an

Ladengestaltung | Warenpräsentation | Serviceleistungen | Sortimentsgestaltung

- In der **Verkaufsargumentation** sollte ein Bezug zu den Themen **Lebensfreude**, **Vitalität**, **Gesundheit** oder **Sicherheit** hergestellt werden.
- Senioren sind kritische Kunden, die mit **Geduld**, **Verständnis** und **Kompetenz** beraten werden möchten.

1. a) Nennen Sie Gründe für eine seniorengerechte Gestaltung von Einzelhandelsgeschäften.
b) Erstellen Sie eine Checkliste für die seniorengerechte Gestaltung eines Einzelhandelsbetriebs. Bewerten Sie anhand dieser Checkliste Ihren Ausbildungsbetrieb oder ein anderes Geschäft Ihrer Wahl. Stellen Sie die Ergebnisse in der Klasse vor.

2. Sie bedienen einen ca. 65-jährigen Kunden bzw. eine Kundin. Formulieren Sie schriftlich Verkaufsargumente für die folgenden Artikel:
a) Wanderschuhe
b) Rotwein
c) Toaster
d) Sommerkleid
e) Handcreme

3. Rollenspiel

Simulieren Sie in Ihrer Klasse Verkaufsgespräche mit Senioren (Artikel nach eigener Wahl). Stellen Sie die folgenden Rollen in zwei verschiedenen Rollenspielen dar und zeichnen Sie diese mit der Kamera auf.

Rolle Verkäufer	Rolle Kundin 1	Rolle Kunde 2
Der Verkäufer ist jung, gut ausgebildet und ehrgeizig. Er möchte zeigen, dass er jeden Kunden zu dessen Zufriedenheit bedienen kann.	Die Kundin ist ca. 70 Jahre alt, sehr selbstbewusst und signalisiert dem Verkäufer, dass sie die Bedienung durch einen „erfahrenen" Kollegen vorgezogen hätte.	Der ca. 60-jährige Kunde ist gut gelaunt, sportlich, stellt interessierte Fragen und hat sichtlich Freude an dem Gespräch mit dem jungen Verkäufer.

Beobachtungsauftrag

a) Legen Sie einen Beobachtungsbogen an, der die besonderen Anforderungen an Verkaufsgespräche mit Senioren erfasst.

b) Beobachten Sie die Rollenspiele und geben Sie den Spielern Rückmeldung.

1.4 Ausländer als Kunden

Sabine berichtet zu Hause beim Abendessen von einen anstrengenden Erlebnis im Betrieb: *„Heute Nachmittag kamen zwei Asiaten, vielleicht Japaner, zu uns in die Sportabteilung und Frau Gutowski, die sich normalerweise um solche Kunden kümmert, war nicht da. Also musste ich ran. Englisch, dachte ich, hast du ja lange genug in der Schule gelernt, also trau dich! Aber dass es so furchtbar schwierig würde, hätte ich mir nicht träumen lassen.*

Erstens sprachen die Herren ein sehr merkwürdiges Englisch, das ich kaum verstehen konnte. Zweitens fehlten mir dauernd die richtigen Worte. Wie man einen Laufschuh beschreibt, haben wir im Englischunterricht nämlich nicht gelernt. Also habe ich den Kunden einfach verschiedene Modelle probieren lassen und immer freundlich dazu gelächelt. Viel mehr ging nicht.

Na jedenfalls hat mich das so geärgert, dass ich jetzt meine Englischkenntnisse aufmöbeln werde – und zwar mit speziellen Vokabeln, die für ein Verkaufsgespräch nützlich sind!"

ARBEITSAUFTRÄGE

- Berichten Sie von Ihren Erfahrungen mit ausländischen Kunden.
- Erstellen Sie im Unterrichtsgespräch eine Liste mit Problemen, die typisch sind für Verkaufsgespräche mit Ausländern. Suchen Sie anschließend in Gruppen von drei bis vier Schülern nach Lösungsmöglichkeiten. Stellen Sie diese in der Klasse zur Diskussion.
- Erproben Sie Ihre Lösungsvorschläge in Rollenspielen.

Keine andere Kundengruppe ist so unterschiedlich wie die der „Ausländer“. Hier finden sich Menschen aus den unterschiedlichsten Nationen mit völlig verschiedenen kulturellen und religiösen Gepflogenheiten, Ausländer, die in Deutschland leben, Touristen, die unser Land nur besuchen, sowie vermehrt Flüchtlinge aus Krisengebieten, die auf eine sichere Zukunft in Deutschland hoffen.

● Ausländische Mitbürger

8,2 Millionen Ausländer haben zurzeit in Deutschland ihren Wohnsitz und stellen damit aktuell über 20 % der Gesamtbevölkerung. Diese Menschen verfügen über eine beträchtliche Kaufkraft, aber sehr unterschiedliche Konsumgewohnheiten. Unter dem neuen Begriff **Ethno-Marketing** hat sich die Marktforschung dieser Kundengruppen angenommen, um spezielle Werbekampagnen zu entwickeln. Ausländische Kunden erwerben Artikel des täglichen Bedarfs überwiegend in deutschen Supermärkten, Verbrauchermärkten sowie Discountern. Erst an zweiter Stelle rangieren nationalitätenspezifische Einzelhandelsgeschäfte, wie z. B. türkische Gemüseläden.

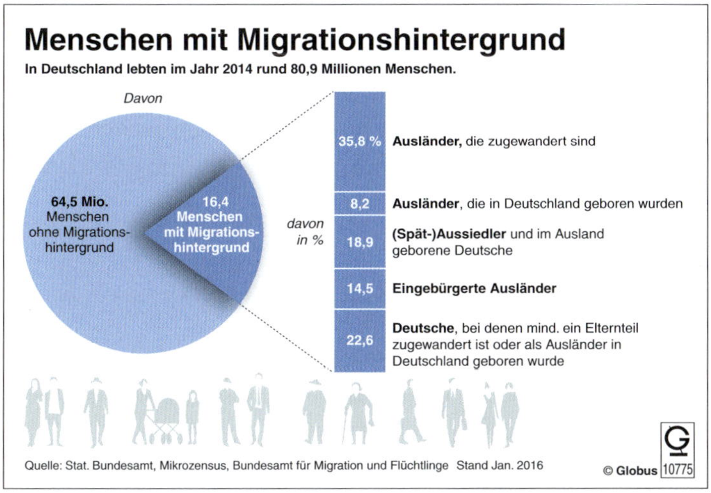

Dennoch bleiben sie in ihren **Essgewohnheiten** heimatverbunden. Die entsprechenden Artikel haben große Lebensmittelgeschäfte in ihr **Sortiment** aufgenommen. Viele Nahrungsmittel, wie Fladenbrot, Schafskäse und Oliven haben so längst auch ihren Weg in die deutsche Küche gefunden. Damit **Sprachprobleme** kein Hindernis darstellen, sind Hinweisschilder, oder wie im nebenstehenden Beispiel, Deckenhänger mit **Symbolen** nützlich.

Mindestens ebensoviel Geld wie ihre deutschen Mitbürger geben sie für langlebige Gebrauchsgüter wie Elektrogeräte, Möbel, Unterhaltungselektronik oder Autos aus. Vor allem Ausländer der zweiten oder dritten Generation entwickeln hier zunehmend Marken- und Qualitätsbewusstsein.

Ausländische Touristen

Deutschland zählt in jedem Jahr mit steigender Tendenz viele Millionen Gäste aus dem Ausland. Vor allem unsere europäischen Nachbarn aus der Schweiz, Belgien, Italien, Dänemark, Großbritannien, Frankreich, den Niederlanden sowie aus Österreich besuchen Deutschland. Ähnlich hoch im Kurs steht Deutschland als Reiseland bei den Japanern und Amerikanern. Wenn diese Touristen ein deutsches Einzelhandelsgeschäft betreten, möchten sie vor allem **„typisch deutsche Produkte"** erwerben, als Souvenir oder Mitbringsel für Daheimgebliebene. Regionale Spezialitäten wie Moselwein, Lübecker Marzipan, Schwarzwälder Schinken oder bayrische Trachtenmode erfreuen sich dabei großer Beliebtheit. Ausländer im Urlaub kaufen aber – wie überall auf der Welt – auch viele andere Waren, weil sie Zeit und Muße zum Bummeln haben oder in entspannter Ferienlaune leichter Geld ausgeben. In den Grenzregionen ist darüber hinaus der **Einkaufstourismus** weit verbreitet. So legen viele Bewohner des grenznahen Auslandes regelmäßig die wenigen Kilometer über die Grenze zurück, um in Deutschland ihren Bedarf an Lebensmitteln zu decken. Sie schätzen sowohl das vielfältige Warenangebot als auch die Discountpreise.

Anforderungen an den Verkäufer

Ausländer werden mit der gleichen **Freundlichkeit** und **Aufmerksamkeit** bedient wie jeder andere Kunde. Andersartige Kleidung oder ungewohnte Verhaltensweisen dürfen kein negatives Verhalten auf Seiten des Verkäufers hervorrufen. Andere Länder – andere Sitten!

Das größte Problem bei Verkaufsgesprächen mit ausländischen Kunden besteht häufig in der **Verständigung**. Einige von ihnen sprechen nur wenig oder gar kein Deutsch. Sie sind deshalb unsicher und zuweilen auch misstrauisch, vor allem, wenn sie bereits schlechte Erfahrungen gemacht haben.

Grundregeln für den Umgang mit Kunden bei Sprachproblemen

1. Sprechen Sie in kurzen, klaren Sätzen in normaler Lautstärke!
2. Nutzen Sie zur Unterstützung Ihre Mimik und Gestik!
3. Sprechen Sie kein „Ausländerdeutsch", das heißt, duzen Sie den Kunden nicht und bilden Sie keine falschen Satzkonstruktionen!
4. Machen Sie sich niemals über die Unkenntnis eines Ausländers lustig! Auch wenn er Ihre Worte nicht versteht, kann er Ihre nonverbalen Signale deuten!
5. Lassen Sie die Ware so viel wie möglich für sich selber sprechen. Beziehen Sie dabei die Sinne des Kunden ein!
6. Nutzen Sie Symbole, Beschriftungen von Etiketten, bebilderte Gebrauchs- und Pflegehinweise an der Ware zur Unterstützung Ihrer Worte!
7. Zeigen Sie beim Kassieren auf die Anzeigevorrichtung oder schreiben Sie die Summe in Zahlen für den Kunden auf!
8. Falls nötig, bitten Sie einen Kollegen um Hilfe, der eventuell Kenntnisse in der betreffenden Fremdsprache besitzt!
9. Nehmen Sie, sofern von Ihren Vorgesetzten gestattet, Ihr Smartphone als Übersetzer zur Hilfe.

Beispiel Kerstin bedient an der Käsetheke eine Afrikanerin. Die Frau spricht nur Französisch, Kerstin beherrscht außer Deutsch ein wenig Englisch. Die Verständigung gestaltet sich schwierig, aber Kerstin lächelt die Kundin aufmunternd an. Die Frau zeigt auf einen alten Gouda, führt dann die Hand zum Mund und probiert ein imaginäres Stück. Kerstin lacht; sie hat verstanden. Sie schneidet ein Stückchen Käse ab, das die Kundin probiert. Er scheint ihr zu schmecken, denn sie strahlt und nickt gleichzeitig mit dem Kopf. Dann hält sie Kerstin ihre Hand mit fünf ausgestreckten Fingern entgegen. So packt Kerstin fünf Scheiben alten Gouda ein ...

Fremdsprachenkenntnisse

Noch vor 100 Jahren reichte es für viele Menschen aus, wenn sie ihre Muttersprache beherrschten. Die Welt hat sich seither verändert. Die Entfernungen sind kürzer geworden, die Wirtschafts- und Handelsbeziehungen überziehen wie ein Netz den ganzen Erdball und die Europäer sind zu einer Gemeinschaft zusammengewachsen. Die Verständigung mit Menschen aus anderen Nationen gehört heute zum Alltag. Das erfordert von jedem Einzelnen das Erlernen einer oder sogar mehrerer Fremdsprachen.

Die **Weltsprache Englisch** nimmt dabei in der Rangfolge den ersten Platz ein. Sie wird von sehr vielen Menschen rund um den Globus gesprochen oder zumindest verstanden. In den Grenzregionen kann es aber ebenso sinnvoll sein, sich Grundbegriffe aus der Sprache des Nachbarlandes anzueignen. Im Westen Deutschlands sind dies z. B. Niederländisch sowie Französisch und im Osten Polnisch oder Tschechisch. Selbst wenn mit diesen Kunden eine Verständigung auf Englisch möglich wäre, so nehmen sie es dennoch als besondere Aufmerksamkeit und Wertschätzung wahr, wenn man sie in ihrer Sprache bedient. Schon ein **Abschiedsgruß**, in der jeweiligen **Muttersprache** formuliert, wird als nette, gastfreundliche Geste Ihrerseits gewertet.

Beispiel Kerstin räumt gerade Ware ein, als sie von einer Kundin angesprochen wird:

Kundin: „Excuse me, do you speak English?"

Kerstin: „Yes, a little bit. What can I do for you?"

Kundin: „I can't find the bread."

Kerstin: „That's no problem, Madam. Please go around the corner and then straight on. It's on the left, next to honey and jam."

Kundin: „Thanks a lot."

Kerstin: „You're welcome."

Den genauen Artikelstandort auf Englisch anzugeben, ist sicherlich anspruchsvoll. Wenn Ihnen das nicht gleich gelingt, hilft die folgende Formulierung: **„Please follow me. I'll show you where you can find ..."** Das heißt, Sie zeigen dem Kunden wo der Artikel steht.

PRAXISTIPP Erweitern Sie Ihre Fremdsprachenkenntnisse in Englisch und, wenn möglich, in einer weiteren Sprache. So verbessern Sie Ihre berufliche Qualifikation.

Ausländer als Kunden

- **Ausländer** sind eine sehr heterogene (vielschichtige) Kundengruppe, die sich grob in zwei Gruppen, **Mitbürger** und **Touristen**, aufteilen lässt.
- Ausländer werden **unvoreingenommen** und genauso **zuvorkommend** bedient wie jeder andere Kunde.
- Die größten Probleme bei der Bedienung von Ausländern bereitet oft die Sprache.
- **Fremdsprachenkenntnisse** sind deshalb für jeden Verkäufer von Bedeutung.
- Die **Weltsprache Englisch** wird von sehr vielen Menschen verstanden und zumindest in Grundzügen auch gesprochen. Sie sollte deshalb auch von jedem Verkäufer beherrscht und angewandt werden.

1. Unterscheiden Sie ausländische Mitbürger und ausländische Touristen im Hinblick auf ihr Einkaufsverhalten.

2. Stellen Sie dar, wie Sie sich gegenüber einem ausländischen Kunden verhalten sollen.

3. Legen Sie eine Liste mit Waren an, die in Ihrem Ausbildungsbetrieb häufig nachgefragt werden. Übersetzen Sie diese Begriffe in die englische Sprache – oder in eine andere Fremdsprache, mit der Sie in Ihrem Berufsalltag häufig konfrontiert werden. Ergänzen und erweitern Sie diese Liste im Laufe Ihrer Berufsausbildung. Üben Sie diese Vokabeln mithilfe der **Lernkartei-Methode.** LF 1

4. Ergänzen Sie die Liste der „Abschiedsgrußformeln" in weiteren, Ihnen bekannten Sprachen. Üben Sie die Aussprache gemeinsam mit Ihrem Sitznachbarn. Lernen Sie die Abschiedsgrußformeln auswendig.

5. Rollenspiel

a) Schreiben Sie in Partnerarbeit ein kurzes Verkaufsgespräch in englischer Sprache (wahlweise auch in einer anderen Fremdsprache, wenn Sie z. B. in einer Grenzregion leben).
b) Führen Sie das Rollenspiel in der Klasse vor. Sprechen Sie den Text dabei möglichst frei.

6. Rollenspiel

Simulieren Sie in Ihrer Klasse Verkaufsgespräche mit Ausländern (Artikel und Nationalität des Kunden nach eigener Wahl). Stellen Sie die folgenden Rollen in einem Rollenspiel dar und zeichnen Sie dieses mit der Kamera auf.

Rolle Verkäufer	Rolle Kundin
Der Verkäufer spricht Deutsch und Englisch. Er möchte zeigen, dass er die Kundin trotz der Sprachprobleme zu ihrer Zufriedenheit bedienen kann.	Die Kundin spricht nur gebrochen Deutsch. Sie kommt in Begleitung ihrer beiden Kinder, die zwischen den Regalen herumtollen. Während des Verkaufsgesprächs werden sie immer mal wieder von ihrer Mutter lautstark in ihrer Landessprache zurechtgewiesen.

Beobachtungsauftrag

a) Legen Sie einen Beobachtungsbogen an, der die besonderen Anforderungen an Verkaufsgespräche mit Ausländern erfasst.
b) Beobachten Sie die Rollenspiele und geben Sie den Spielern Rückmeldung.

2 Spätkunden bedienen und kurz vor Ladenschluss verkaufen

Mehmet ist sauer. Heute war ein anstrengender Tag. Es ist wenige Minuten vor Geschäftsschluss, als eine Kundin die Abteilung betritt und direkt auf Mehmet zugeht: *„Hallo, ich suche einen tragbaren MP3-Player! Können Sie mir weiterhelfen?"* *„Oh nein!"*, denkt Mehmet, *„jetzt wird es wieder nichts mit meinem pünktlichen Feierabend und den Bus verpasse ich auch noch!"*

ARBEITSAUFTRÄGE

- Zählen Sie mögliche Gründe auf, warum die Kundin erst kurz vor Geschäftsschluss ihren Einkauf tätigen möchte.
- Sammeln Sie Vorschläge, wie Mehmet darauf reagieren sollte und begründen Sie diese.

Rechtsgrundlagen

Regelungen zum Ladenschlussgesetz

	Bayern	Baden-Württemberg	Berlin	Brandenburg	Bremen	Hamburg
6 x 24-Stunden-Öffnung an Werktagen		x	x	x	x	x
andere Regelung	Montag bis Samstag 6.00 bis 20.00 Uhr					
Sonntagsöffnung 4 Sonntage/Jahr					x	x
x Sonntage/Jahr (Anzahl)		3	10	6		
Öffnung an Adventssonntagen zulässig		nein	maximal 2	x	nein	nein
Sonntagsöffnungszeiten, wenn Sonntag verkaufsoffen	Blumenverkauf 2 Stunden, mit Ausnahme bestimmter Feiertage (regulär), Totensonntag 6 Stunden, Muttertag 4 Stunden	Blumenverkauf 3 Stunden mit Ausnahme bestimmter Feiertage (regulär), verkaufsoffene Sonntage 5 Stunden bis 18.00 Uhr	13.00 bis 20.00 Uhr	13.00 bis 20.00 Uhr	5 Stunden zwischen 11.00 und 18.00 Uhr	5 Stunden Ende 18.00 Uhr
Bäder- und Tourismusregelung Anzahl/Zeiten	40 Sonntage maximal 8 Stunden	40 Sonntage maximal 8 Stunden	13.00 bis 20.00 Uhr	40 Sonntage maximal 8 Stunden	40 Sonntage maximal 8 Stunden	40 Sonntage maximal 8 Stunden
Besonderheiten	Öffnungszeiten Mo. bis Sa.6.00 bis 20.00 Uhr mit Ausnahmen für Blumenverkauf an Sonn- und Feiertagen und in Tourismusgebieten	Mo.-Sa. gilt von 22:00 bis 5:00 Uhr ein Verbot für den Verkauf von Alkohol.	4 feste, 2 frei wählbare Sonntage plus Adventssonntage von 13 bis 20.00 Uhr Verkauf	Öffnung an allen Adventssonntagen möglich, wenn sie nicht mit einem Feiertag zusammenfallen	Verkaufsstellen, deren Angebot überwiegend aus Blumen, Pflanzen, Zeitungen, Zeitschriften, Backwaren besteht, dürfen an Sonntagen für 3 Stunden öffnen.	

	Hessen	Mecklenburg-Vorpommern	Nordrhein-Westfalen	Nieder-sachsen
6 x 24-Stunden-Öffnung an Werktagen	x	x	x	x
andere Regelung				
Sonntagsöffnung 4 Sonntage/Jahr	x	x	x	x
x Sonntage/Jahr (Anzahl)				
Öffnung an Adventssonntagen zulässig	nein	nicht am 1. Advent, Ausnahmen für andere Adventssonntage	max. ein Adventssonntag pro Verkaufsstelle	nein
Sonntagsöffnungszeiten, wenn Sonntag verkaufsoffen	unter Berücksichtigung der Hauptgottesdienstzeiten 6 Stunden Ende spätestens 20.00 Uhr	nicht zu den Hauptzeiten der Gottesdienste	bis zu 5 Stunden	5 Stunden
Bäder- und Tourismusregelung Anzahl/Zeiten	maximal 8 Stunden	In 96 Orten (Kur- und Erholungsorte, touristische Schwerpunktgebiete) dürfen zwischen dem letzten Sonntag im März und Ende Oktober mit Ausnahme der Feiertage von 13 bis 18 Uhr die Läden öffnen.	40 Sonntage maximal 8 Stunden	8 Stunden 15.12. bis 31.10.
Besonderheiten			Verkaufsstellen, deren Angebot überwiegend aus Blumen, Pflanzen, Zeitungen, Zeitschriften, Backwaren besteht, dürfen an Sonntagen für 5 Stunden öffnen.	

	Rheinland-Pfalz	Saarland	Sachsen	Sachsen-Anhalt	Schleswig-Holsten	Thüringen
6 x 24-Stunden-Öffnung an Werktagen				Mo. bis Fr. 00:00 bis 24:00 Uhr, Sa. 00:00 bis 20:00 Uhr	x	
andere Regelung	Mo. bis Sa. 6.00 bis 22.00 Uhr	Mo. bis Sa. 6.00 bis 20.00 Uhr				Mo. bis Fr. 0.00 bis 24.00 Uhr, Sa. 0.00 bis 20.00 Uhr
Sonntagsöffnung 4 Sonntage/Jahr	x	x	x	x	x	x
x Sonntage/Jahr (Anzahl)						
Öffnung an Adventssonntagen zulässig	nein	x	x	x	nein	x
Sonntagsöffnungszeiten, wenn Sonntag verkaufsoffen	5 Stunden zwischen 18.00 Uhr	5 Stunden zwischen 11.00 und 18.00 Uhr	12.00 bis 18.00 Uhr	5 Stunden zwischen 11.00 und 20.00 Uhr	5 Stunden zwischen 18.00 Uhr	11.00 bis 20.00 Uhr
Bäder- und Tourismusregelung Anzahl/Zeiten	40 Sonntage maximal 8 Stunden	Keine Beschränkungen	8 Stunden	6 Stunden 11.00 bis 19.00 Uhr	6 Stunden vom 17.12. bis 8.1. und 15.3. bis 31.10.	x
Besonderheiten	An Werktagen kann es bis zu 8 Einkaufsnächte pro Jahr geben. Verkaufsstellen für die Abgabe von Zeitungen, Milcherzeugnissen, Bäcker- und Konditorwaren, landwirtschaftlichen Produkten, Blumen, Pflanzen dürfen an Sonn- und Feiertagen in der Zeit von 7 bis 20 Uhr für die Dauer von bis zu 5 Stunden geöffnet sein.	An höchstens einem Tag im Jahr kann aus besonderem Anlass bis zu 24 Uhr geöffnet werden.	An 5 Werktagen im Jahr dürfen die Läden rund um die Uhr öffnen.			Öffnung am 1. Adventssonntag möglich

Die **Zuständigkeit für die Gesetzgebung**, die den Ladenschluss regelt, liegt bei den Bundesländern. Dies führt zu sehr unterschiedlichen Regelungen. In den meisten Bundesländern dürfen Geschäfte grundsätzlich von Montag bis Samstag an 24 Stunden geöffnet sein. Es gibt aber zahlreiche Ausnahmen und Sonderregelungen (siehe Tab.). Weitere Sonderregelungen gelten für Läden an Bahnhöfen, Flughäfen und Ausflugsorten mit starkem Fremdenverkehr sowie für Bäckereien, Tankstellen und Blumengeschäfte.

● Spätkunden

Die allerwenigsten Spätkunden haben bei ihrem gemütlichen Einkaufsbummel ihr Zeitgefühl verloren – und es sind auch keine Leute, die absichtlich kurz vor Ladenschluss erscheinen.

Beispiele

- Berufstätige, die keine Gelegenheit hatten, vorher einzukaufen.
- Kunden, die aufgehalten wurden.
- Kunden, die vergessen haben, eine dringende Besorgung zu tätigen.

Spätkunden sind meistens problemlos, denn:

- Sie entschließen sich schnell.
- Sie schauen weniger auf den Preis.
- Sie gehen gerne auf die Vorschläge des Verkäufers ein und sind dankbar für Tipps und Hinweise.
- Sie schätzen freundliche und aufmerksame Bedienung besonders, da sie wissen, dass sie sehr spät dran sind.

○ Spätkunden bedienen

Kunden, die bei Ladenschluss noch im Geschäft sind, dürfen und sollten zu Ende bedient werden. Das kann natürlich nicht bedeuten, dass Sie als Verkäufer jeden Abend erst zu später Stunde das Geschäft verlassen sollen. Aber es gehört zum Berufsalltag eines Einzelhändlers, gelegentlich Spätkunden zu beraten, auch wenn eigentlich schon Ladenschluss ist.

Merkzettel für einen erfolgreichen Umgang mit Spätkunden

Tipp 1: Signalisieren Sie dem Kunden **Verständnis** für seine Situation.

Tipp 2: Seien Sie **freundlich** und geben Sie dem Kunden zu verstehen, dass Sie ihn noch gerne beraten. Vermeiden Sie jeden Eindruck von Eile oder Hektik.

Tipp 3: Wichtig ist es, dem Kunden zu vermitteln, dass Sie an einem **Kaufabschluss interessiert** sind und den Kunden nicht nur auf „die Schnelle abfertigen" wollen.

Tipp 4: **Hören Sie gut zu!** In vielen Fällen wissen Spätkunden ziemlich genau, was sie benötigen. Eine längere Beratung ist somit gar nicht notwendig und sehr oft können Sie die gewünschte Ware umgehend aushändigen.

Tipp 5: Stellen Sie möglichst **zügig** den **Kontakt zur Ware** her! Viele Spätkunden sind selber in Eile und wollen sich gar nicht mehr auf ein intensives Beratungsgespräch einlassen. Sie suchen eine schnelle Lösung für ihre Anliegen.

Tipp 6: Weisen Sie den Kunden auf sinnvolle **Zusatz- und Ergänzungsverkäufe** hin. Spätkunden nehmen Anregungen häufig dankbar auf und entschließen sich oft schnell zum Kauf.

Natürlich kann es vorkommen, dass Sie keine Zeit mehr haben, über den Ladenschluss hinaus Kunden zu bedienen, weil Sie z. B. einen wichtigen Termin haben.

- Entschuldigen Sie sich beim Kunden und bitten Sie um Verständnis.
- Bitten Sie einen Kollegen, den Kunden zu beraten.
- Weisen Sie den Kollegen unbedingt in die Verkaufssituation ein, indem Sie ihm wichtige Informationen aus dem Verkaufsgespräch mitteilen.

Umgang mit Kunden ohne Zeitgefühl

Es gibt Kunden, die **häufig zu spät** kommen oder die **kein ausgeprägtes Zeitgefühl** haben. In solchen Fällen können Sie den Kunden freundlich anbieten, sie innerhalb der Öffnungszeiten ausführlich zu beraten. Bedenken Sie, dass jeder zufriedene Kunde in der Zukunft für Ihr Unternehmen eine wirtschaftliche Bedeutung hat.

Beispiele

Situation		Verkäuferverhalten
1. Kurz vor Ladenschluss kommt ein Kunde in die Tennisabteilung und wünscht von Sabine Freund eine ausführliche Beratung über die neuen Tennisschlägermodelle.	→	„Heute ist es leider schon sehr spät und wir schließen in wenigen Minuten. Bitte haben Sie Verständnis dafür, dass ich Ihnen heute nur die wichtigsten Neuerungen zeigen kann. Sollten noch Fragen offen bleiben, können wir diese gerne während der normalen Öffnungszeiten klären."
2. Frau Schmitz, eine Rentnerin, tätigt sehr häufig unmittelbar vor Geschäftsschluss noch Einkäufe im Lebensmitteldiscount Schlegel KG.	→	„Guten Abend, Frau Schmitz, es tut mir Leid, aber heute Abend kann ich Sie nicht mehr bedienen. Wir schließen jetzt. Morgen haben wir wieder von 08:00 bis 19:00 Uhr geöffnet."

Spätkunden bedienen und kurz vor Ladenschluss verkaufen

- Kunden, die zum Ende der Ladenöffnungszeiten **noch im Geschäft** sind, dürfen und sollen **zu Ende bedient** werden.
- Verkäufer sollten **Verständnis** für Spätkunden zeigen und ihnen trotz der fortgeschrittenen Zeit den Einkauf ermöglichen.
- Die meisten Spätkunden sind **kaufentschlossen**, da ihnen sehr wohl bewusst ist, dass sie kurz vor Ladenschluss kaufen.
- Viele Spätkunden achten weniger auf den Preis und gehen gerne auf konkrete Vorschläge der Verkäufer ein.
- In begründeten Fällen können Kunden freundlich darauf hingewiesen werden, dass das Geschäft schließt.

1. Stellen Sie dar, wie Sie in Ihrem Ausbildungsbetrieb mit Spätkunden umgehen.

2. Spätkunden sind in den meisten Fällen sehr problemlose Kunden, die gerne den Rat des Verkäufers annehmen und durchaus bereit sind, hochpreisige Artikel zu kaufen.
a) Erklären Sie diese Aussage.
b) Stellen Sie dar, welche Verkaufschancen sich daraus ergeben.

3. Zählen Sie auf, welche Verhaltensweisen Sie im Umgang mit Spätkunden für geeignet halten.

4. Ein Kollege von Mehmet sagt zu einem Kunden: „Wir schließen in zehn Minuten. In dieser kurzen Zeit kann ich Ihnen keinen Fernseher mehr zeigen."
Beurteilen Sie die Aussage und formulieren Sie einen Verbesserungsvorschlag in wörtlicher Rede.

5. Sie bedienen einen Kunden kurz vor Ladenschluss, der sich noch nicht entschieden hat. Sie müssen pünktlich das Geschäft verlassen, um Ihre Bahn zu bekommen.
a) Beschreiben Sie eine sinnvolle Handlungsalternative, die es Ihnen ermöglicht, Ihre Bahn zu bekommen und den Kunden dennoch zufriedenzustellen.
b) Formulieren Sie in wörtlicher Rede, was Sie dem Kunden sagen werden.

6. **Rollenspiel**
Spielen Sie die vorgegebenen Rollen in Ihrer Klasse und werten Sie diese im Unterrichtsgespräch aus.

Rolle Verkäufer	Rolle Kundin
Es ist kurz vor Geschäftsschluss. Sie freuen sich auf Ihren wohlverdienten Feierabend. Nach der Arbeit haben Sie sich mit Freunden „auf ein Bier" verabredet.	Sie kamen erst spät aus Ihrem Betrieb. Der Akku Ihres Handys hat heute unerwartet den Geist aufgegeben. Sie müssen Ihr Problem lösen und suchen einen Verkäufer, der Ihnen kurz vor Ladenschluss weiterhilft.

7. **Rollenspiel**
Spielen Sie die vorgegebenen Rollen in Ihrer Klasse und werten Sie diese im Unterrichtsgespräch aus.

Rolle Verkäufer	Rolle Kunde
Sie haben einen langen Arbeitstag hinter sich und freuen sich auf Ihren Feierabend. Den ganzen Tag über herrschte Hochbetrieb. Kurz vor Ladenschluss kommt ein Kunde auf Sie zu.	Sie machen kurz vor Ladenschluss einen Bummel durch die Stadt. Als Sie an einem Geschäft mit Handys vorbeikommen, gehen Sie hinein und sprechen einen Verkäufer an. „Hallo, ich wollte mich mal über Handys informieren, ich glaube der Akku meines bisherigen Gerätes lädt nicht mehr vollständig auf."

8. Erläutern Sie aus Ihrer Erfahrung, inwieweit der Merkzettel für einen erfolgreichen Umgang mit Spätkunden für Ihren Ausbildungsbetrieb zutrifft.

3 Den Kunden beim Geschenk- und Besorgungskauf unterstützen

Ein Mann betritt die Sportabteilung des Center Warenhauses. Er schaut sich um, kratzt sich dabei am Kopf und wirkt sichtlich erleichtert, als er Sabine auf sich zukommen sieht. Sie begrüßt ihn mit einem freundlichen *„Guten Tag!“*
Kunde: *„Schönen guten Tag. Ich suche ein Geschenk für mein Patenkind.“*

ARBEITSAUFTRÄGE

LF 2
- Finden Sie geeignete Fragen zur Bedarfsermittlung in dieser Situation.
- Der Kunde ist beim Geschenkkauf unsicher. Überlegen Sie, was bei der Kaufargumentation und der Warenvorlage zu tun ist, damit diese Unsicherheit abgebaut werden kann.

Die Besonderheiten des Geschenkkaufs

Kunden, die genau wissen, was sie schenken wollen, sind kein Problem. Auch diejenigen, die sehr gerne einkaufen und selbst viele Ideen haben, sind unproblematisch. Sie kommen mit Kauflust und haben Spaß bei der Suche nach einem Geschenk. Problematischer sind hingegen **unschlüssige Kunden**, die keine konkrete Geschenkvorstellung haben und unsicher sind. Besonders diese Kunden **brauchen** die **Unterstützung** des Verkäufers. Die Frage des Kunden, was man schenken kann, ist ein **„Hilferuf“**.

PRAXISTIPP Bieten Sie Ihre Unterstützung an. Damit werden Sie fast immer Erfolg haben. Sie machen Umsatz und haben dankbare Kunden.

Für Verkäufer ist dies eine anspruchsvolle Verkaufssituation. Auf der einen Seite steht der Rat suchende **Kunde**, der Kaufmotive und Ansprüche in Bezug auf das Geschenk hat. Auf der anderen Seite steht der **Geschenkempfänger**, der gleichfalls eigene Ansprüche

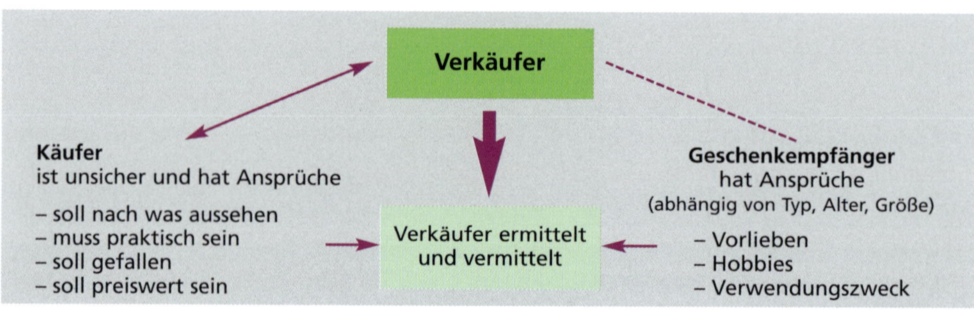

an das Geschenk hat. Die Aufgabe des Verkäufers ist, die **Ansprüche von beiden** zu ermitteln, vielleicht dabei auch zu vermitteln, um dem Kunden dann einen Geschenkvorschlag unterbreiten zu können.

● Das Verkaufsgespräch beim Geschenkkauf

Möchte ein Kunde ein Geschenk erwerben, so hat dies Auswirkungen auf die einzelnen Phasen des Verkaufgespräches. Signalisieren Sie Ihrem Kunden gleich zu Beginn, dass er bei Ihnen richtig ist. Diese **Vertrauensauslöser** reduzieren die Unsicherheit des Kunden. LF 2

Beispiel

K: „Hallo, ich suche ein Geschenk."
V: „Da sind Sie bei uns richtig, wir werden bestimmt etwas Passendes finden!"

○ Bedarfsermittlung

Für den Verkäufer ist es zunächst sehr wichtig, sich ein Bild über die **Kaufmotive** des Kunden zu machen. Häufig lassen bereits die ersten Äußerungen des Kunden Rückschlüsse auf diese zu. LF 2

Beispiele

„Ich suche ein Geschenk, mit dem ich meine Frau überraschen kann." ⇒ **Überraschen**
„Ich brauche ein Geschenk für eine Geburtstagsfeier." ⇒ **Pflichtgeschenk**

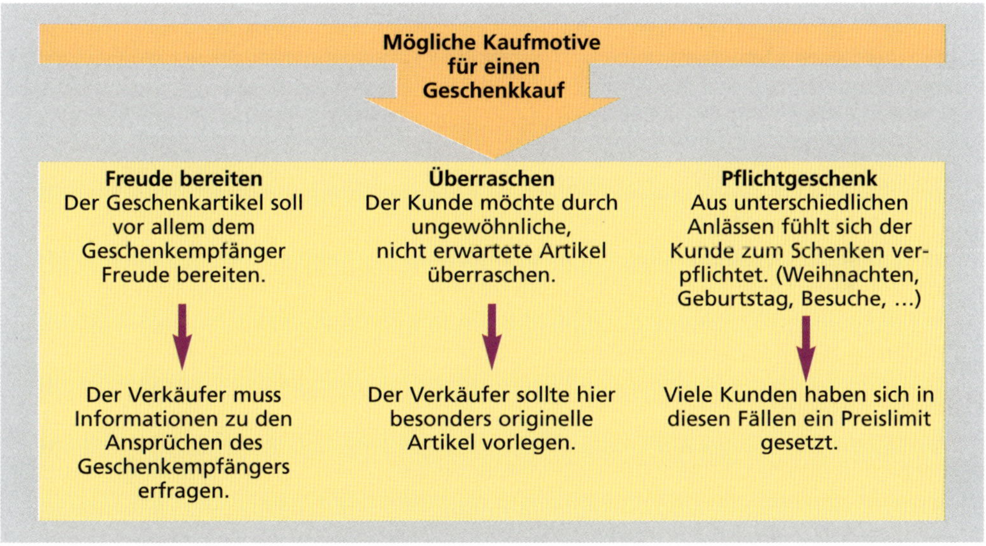

Die **direkte Bedarfsermittlung** ist besonders geeignet, um die **Ansprüche des Geschenkempfängers** zu erfragen. Fragen, wie

- „Zu welchem Anlass suchen Sie das Geschenk?"
- „Für wen soll das Geschenk sein?"
- „Wie alt ist diese Person?"
- „Welche Vorlieben/Hobbies hat der Geschenkempfänger?"
- ...

können Ihnen helfen, einen Eindruck von den Ansprüchen des Geschenkempfänger zu erhalten. Ebenso wichtig ist es, sich auch ein Bild über die **Ansprüche des Kunden** zu verschaffen. Hier ist die **indirekte Bedarfsermittlung** in den meisten Fällen geeigneter. Legen Sie dem Kunden Artikel vor, die Ihrer Meinung nach für den Geschenkempfänger infrage kommen. Beobachten Sie nun den Kunden genau und achten Sie auf dessen Reaktionen. So erfahren Sie zügig, ob das von Ihnen vorgeschlagene Geschenk die Zustimmung Ihres Kunden findet.

PRAXISTIPP Auch für den Geschenkkauf gilt: Vermeiden Sie die Killerfrage nach dem Preis. Dies hilft Ihnen nicht weiter und engt Sie in Ihrer Auswahl ein.

Wenn Kunden sich ein **Preislimit** gesetzt haben, so werden sie es Ihnen mitteilen, ohne dass Sie danach fragen müssen!

○ Angebotsphase

Machen Sie Ihrem Kunden **zügig einen Geschenkvorschlag.** Mit Engagement, ein wenig Fantasie und guten Sortimentskenntnissen lässt sich fast immer ein passendes Geschenk finden.

Argumentieren Sie, wann immer es geht, mit dem Nutzen für den Geschenkempfänger.
LF 2 Achten Sie auch hier auf die drei Schritte der Verkaufsargumentation.

Beispiel

1. Schritt Warenmerkmal	2. Schritt Kundennutzen	3. Schritt Erlebnisbezug
„Diese Kamera hat ein Spezialgehäuse ...	... und somit einen speziellen Sand- und Feuchtigkeitsschutz."	„Ihr Neffe kann sie problemlos am Strand benutzen!"

Kunden, die ein Geschenk aussuchen, sind sich häufig unsicher, ob sie auch den Geschmack des Beschenkten treffen. Deshalb ist es wichtig, dass Sie Ihrem Kunden die Unsicherheit nehmen. Bestärken Sie seine Entscheidung, das richtige Geschenk ausgewählt zu haben.

Umtauschangebot

Bieten Sie Ihren Kunden großzügig einen Umtausch an. Die Kunden sind sich nicht immer sicher, ob das Geschenk dem Beschenkten zusagt oder er es sogar schon besitzt.

PRAXISTIPP Im Falle eines Umtauschangebots sollten Sie die Umtauschfrist großzügig ansetzen.

So ist es für die meisten Kunden nicht zumutbar, z. B. Weihnachtsgeschenke unmittelbar in den Tagen nach Weihnachten umtauschen zu müssen. Eine Umtauschfrist bis Mitte Januar ist in diesem Fall kundenfreundlicher und entlastet zudem das Geschäft.

Geschenkgutschein

Manchmal können sich Kunden nicht zum Kauf eines Geschenkes entscheiden. Dann empfehlen Sie am besten einen Geschenkgutschein, der über einen beliebigen Betrag ausgestellt werden kann. Der Beschenkte kann die Ware dann in Ihrem Geschäft nach seinem Bedarf und Geschmack aussuchen. Geschenkgutscheine müssen eine Gültigkeit von mindestens zwei Jahren haben.

Ein Geschenkgutschein ist immer dann besonders geeignet, wenn:

- sich die Ansprüche, wie z. B. die Vorstellungen über Farbe, Größe oder Material, des Beschenkten schwer ermitteln lassen,
- die Ware anprobiert werden muss,
- der Kunde vermeiden möchte, dass der Beschenkte das gleiche Geschenk mehrmals erhält,
- der Kunde in Eile ist und nicht lange auswählen möchte,
- dem Kunden das Geschenk gefällt, aber ihm der Preis zu hoch ist.

○ Abschlussphase

Nach der Kaufentscheidung sollten Sie Ihrem Kunden anbieten, die Ware als Geschenk zu **verpacken**. Dieser Service rundet Ihr Verkaufsgespräch ab. Zeigen Sie dem Kunden dazu die verschiedenen Möglichkeiten der **Geschenkverpackung** und wählen Sie diese gemeinsam aus.

PRAXISTIPP

☞ Achten Sie darauf, das Preisetikett vor dem Verpacken zu entfernen, bzw. die Preise auf der Ware unkenntlich zu machen.

☞ Denken Sie auch im Falle eines Geschenkkaufs an mögliche Ergänzungskäufe! Viele Kunden benötigen z. B. Glückwunschkarten.

● Der Besorgungskauf

Beim Besorgungskauf erwirbt ein Kunde einen Artikel im Auftrag einer anderen Person. Unproblematisch ist dies, wenn der Artikel vom Auftraggeber durch eine genaue Modell- oder Sortenbezeichnung beschrieben ist. Dann müssen Sie als Verkäufer den gewünschten Artikel nur noch aushändigen.

Beispiel Kerstin bittet Mehmet darum, für sie die neueste CD von Eminem zu kaufen.

Schwieriger wird es, wenn die Kaufaufträge ungenau sind. Dann ist die Situation der des Geschenkkaufs sehr ähnlich.

Beispiel Sabine wird von ihrem Freund beauftragt, ihm von ihrem Stadtbummel ein schönes Hemd mitzubringen. Sie findet ein Hemd, das ihr zusagt, ist sich aber unsicher, ob es ihrem Freund passt und gefällt.

Die **wichtigste Aufgabe** des Verkäufers ist es, dem Kunden **Sicherheit** zu **geben**:

- Erfragen Sie dazu die Bedürfnisse des Auftraggebers.
- Argumentieren Sie aus Sicht des Auftraggebers.
- Bieten Sie Ihrem Kunden an, die Ware großzügig umzutauschen, wenn sie nicht zusagt.
- Bitten Sie Ihren Kunden, den Kassenbon aufzubewahren, damit ein eventueller Umtausch unproblematisch ist.

Den Kunden beim Geschenk- und Besorgungskauf unterstützen

- Kunden, die nicht wissen, was sie schenken wollen, benötigen die **Hilfe** des Verkäufers.
- Der Verkäufer muss in der **Bedarfsermittlung** die Ansprüche des **Geschenkempfängers und** die des **Käufers** ermitteln.
- Mögliche **Kundenmotive** beim Geschenkkauf sind: Freude bereiten, Überraschen und aus Pflichtgefühl etwas schenken zu müssen.
- Unterbreiten Sie in der **Angebotsphase** zügig einen Geschenkvorschlag und argumentieren Sie aus Sicht des Geschenkempfängers.
- Für unsichere Kunden kann ein großzügiges **Umtauschangebot** oder der Hinweis auf einen **Geschenkgutschein** eine Entscheidungshilfe sein.
- **Verpacken** Sie die Geschenke Ihrer Kunden liebevoll und denken Sie daran, den Preis unkenntlich zu machen.
- Beim **Besorgungskauf** kauft ein Kunde einen Artikel für eine andere Person.

1. Listen Sie mögliche Artikel aus Ihrem Ausbildungsbetrieb auf, die sich als Geschenk eignen. Denken Sie dabei nicht nur an Ihre eigenen Wünsche, sondern sehen Sie die Ware mit den Augen unterschiedlicher Kunden.

2. Schildern Sie, wie es Ihnen in Ihrer Verkaufspraxis gelungen ist, einen unschlüssigen Kunden bei einem Geschenkkauf zu überzeugen.

3. Nehmen Sie Stellung zu der folgenden Aussage eines Verkäufers: „Wenn sich die Kunden bei uns umschauen, dann findet jeder ein passendes Geschenk!"

4. Ein Kunde, der sich in Ihrer Abteilung aufhält, sucht ein Geschenk.
a) Nennen Sie mindestens drei wichtige Informationen, die Sie benötigen, damit Sie einen geeigneten Geschenkvorschlag unterbreiten können.
b) Erläutern Sie, wie Sie das Verkaufsgespräch in der Angebotsphase führen.
c) Mit welchen Serviceangeboten können Sie den Kunden in seiner Kaufentscheidung bestärken?
d) Erläutern Sie, wie Sie sich verhalten, wenn der Kunde nichts Passendes findet.

5. **Rollenspiel:** Eine junge Frau betritt ein Haushaltswarengeschäft und schaut sich hilfesuchend um. Nach der Begrüßung stellt sich heraus, dass sie ein Geschenk für die Hochzeit einer Freundin sucht.

Rolle Verkäufer	Rolle Kunde
Erfragen Sie weitere Informationen und führen Sie den Kaufabschluss herbei.	Sie wissen nicht, was für Ihre Freundin infrage kommt. Zwischen den vorgelegten Artikeln können Sie sich schwer entscheiden.

a) Entwickeln Sie in Ihrer Klasse einen kurzen Beobachtungsbogen mit fünf Schwerpunkten, die sich auf den Geschenkkauf beziehen.
b) Führen Sie das Rollenspiel durch.
c) Geben Sie den Rollenspielern ein Feedback. Nutzen Sie dazu Ihren Beobachtungsbogen.

4 Preis- und Rabattgespräche führen

Heute ist Berufsschultag. Sabine, Mehmet und Kerstin unterhalten sich in der Pause:

Mehmet: *„In letzter Zeit habe ich dauernd Probleme mit Kunden, die den ausgezeichneten Preis nicht zahlen wollen. – Dieser Artikel ist mir zu teuer oder wie viel Rabatt kann ich auf diesen Artikel haben? – muss ich mir ständig anhören. Rabatt – ich kann das Wort schon gar nicht mehr hören!"*

Sabine: *„Kenn' ich; erst gestern habe ich einen Kunden bedient, der einen Tennisschläger kaufen wollte. Das Gespräch hat ewig lang gedauert, aber es war o.k., bis wir auf den Preis zu sprechen kamen. Es war ein echt guter Schläger, also hatte er auch seinen Preis. Dabei hatte ich den Preis im Verkaufsgespräch schon ziemlich geschickt verpackt, und konnte selbst den Erlebnisbezug ansprechen. Aber der Kunde meinte gleich, dass er den bei der Konkurrenz viel billiger bekäme, und mindestens 20 % müssten schon drin sein, sonst würde er in Zukunft woanders einkaufen. Total unverschämt, ich musste mich echt beherrschen!"*

Kerstin: *„Oh Mann, bin ich froh, dass ich in der Lebensmittelbranche arbeite. Bei uns stehen alle Preise deutlich lesbar am Regal, und die Kunden zahlen das dann auch."*

ARBEITSAUFTRÄGE

- Schildern Sie eigene berufliche Erfahrungen mit Preis- und Rabattgesprächen.
- Informieren Sie sich über die verschiedenen Methoden, auf Preiseinwände zu reagieren und unterbreiten Sie einen Vorschlag, wie Mehmet in Zukunft mit Einwänden gegen den Preis umgehen soll.
- Bilden Sie Arbeitsgruppen (3–4 Schüler) und entwickeln Sie Strategien, die Sie in Rabattverhandlungen anwenden können. Stellen Sie Ihre Ergebnisse in der Klasse zur Diskussion.

Preiseinwände als Chance im Beratungsgespräch nutzen

Einwände gegen den Preis sind ein **Signal**, dass der Kunde Interesse an der Ware hat. Sie bieten Ihnen eine Gelegenheit, noch offene Fragen seitens des Kunden zu beantworten und einen **erfolgreichen Kaufabschluss** zu erzielen. Um Preiseinwänden **kunden- und unternehmensgerecht** zu begegnen, können Sie auf die Informationen zu **Preisnennung** und **Einwandbehandlung** zurückgreifen. LF 2

Es ist ganz natürlich, dass Kunden so günstig wie möglich einkaufen möchten. Wenn jemand Ihnen sagt, dass Ihr Angebot zu teuer ist, dann ist er sehr offen zu Ihnen. Dies ist ein Vorteil, denn damit gibt er Ihnen die Gelegenheit, Ihren Preis zu erläutern. Vorher sollten Sie jedoch **nachfragen**, warum ihm dieser Artikel zu teuer erscheint.

Beispiele:
- „Womit vergleichen Sie die Leistungen des Staubsaugers?"
- „Was ist neben dem Preis denn noch wichtig für Sie?"

Der Kunde wird Ihnen dann mitteilen, dass es vielleicht ein günstigeres Konkurrenzangebot gibt, oder Wareneigenschaften nennen, die er für sich als geeignet ansieht. Auf jeden Fall können Sie auf seine Äußerung **reagieren** und ihn entsprechend beraten. Zeigen Sie ihm, dass der Preis nicht zu hoch ist. Nennen Sie Argumente, die dem Kunden die **Vorteile** und den **Nutzen** der Ware verdeutlichen. Damit bauen Sie beim Kunden ein **individuelles Wertbewusstsein** für den Artikel auf. Die Ware wird für ihn **preiswert** und er kann Ihren **Preis** eher **akzeptieren**.

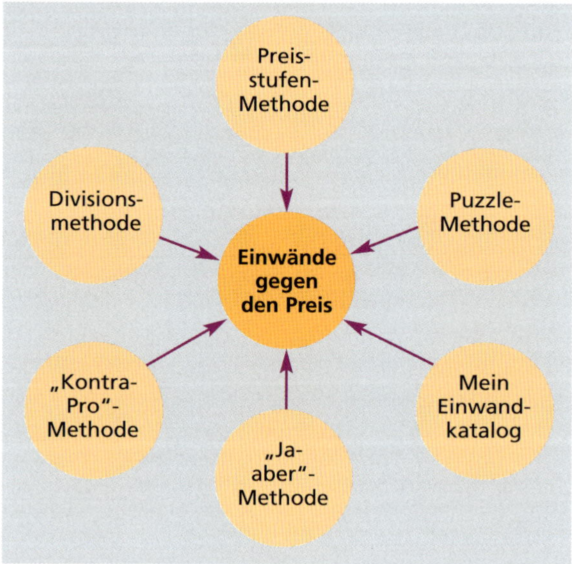

LF 2 Bei Einwänden gegen den Preis lassen sich die **Divisionsmethode (Verkleinerungsmethode)**, die **Puzzle-Methode (Teilungsmethode)** und die **Preisstufen-Methode (Differenz-Methode)** hervorragend verwenden. Sie haben ebenfalls bereits gelernt, wie man Einwänden gegen die Ware, das Unternehmen und den Verkäufer bzw. die Verkaufssituation professionell begegnet. Auch einige dieser **Methoden** lassen sich bei Preiseinwänden erfolgreich einsetzen.

Sie haben bei der Erstellung Ihres **persönlichen Einwandkataloges** zahlreiche Kundeneinwände berücksichtigt. Auch bei Einwänden gegen den Preis ist dies ein sehr brauchbares Mittel. Ihr Erfahrungsschatz versetzt Sie in die Lage, möglichen Preiseinwänden zuvorzukommen und das Verkaufsgespräch aktiv zu gestalten.

Beispiel Ein Kunde liest während eines Verkaufsgesprächs das Preisetikett und runzelt die Stirn.
Verkäufer: „Sicher, dieser trockene Rotwein ist mit 12,00 EUR je Flasche recht hochpreisig. Es handelt sich um einen herausragenden Jahrgang, den Sie lange lagern können und der in dieser Zeit noch besser wird. Natürlich schmeckt er schon jetzt ausgezeichnet. Möchten Sie einmal probieren?"

Die „Ja-aber"-Methode

Sie äußern **Verständnis** für den Einwand, machen eine kleine Pause und sprechen einen wichtigen Aspekt an, der dem Kunden einen großen **Vorteil** bietet.

Beispiele

Verständnis (ja)	Pause	Vorteil (aber)
„**Sicher**, dieser Werkzeugkasten kostet 85,00 EUR, ...		... **allerdings** hat er auch eine zehnjährige Garantie des Markenherstellers. Die Werkzeuge sind aus hochwertigem Spezialstahl in Profiqualität. Das ist eine Anschaffung für's Leben."
„**Sie haben recht**, 210,00 EUR für ein Paar Laufschuhe ist viel Geld, ...		... **jedoch** handelt es sich hier um das Modell, das für Ihre Zwecke am besten geeignet ist.

Die „Kontra-Pro"-Methode

Sie wird auch als **„Gegenüberstellungsmethode"** bezeichnet und ist eine Abwandlung der „Ja-aber"-Methode. Sie eignet sich gut bei Artikeln mit zahlreichen verschiedenen Merkmalen, die die Kaufentscheidung beeinflussen.

Sie äußern Verständnis für den Preiseinwand. Nachdem Sie vom Kunden erfahren haben, warum ihm der Artikel zu teuer erscheint, listen Sie den oder ggf. die Nachteile nochmals auf **(Kontra)**. Anschließend stellen Sie besonders die Vorteile und positiven Artikeleigenschaften heraus, die den Preis rechtfertigen **(Pro)**. Wahrscheinlich gibt es mehr positive als negative Gründe für den Kauf des Artikels, sodass der Kunde abwägen kann, welche Argumente für ihn am wichtigsten sind.

PRAXISTIPP Wenden Sie diese Methode nur an, wenn **mindestens** ein Gleichgewicht zwischen negativen und positiven Gründen besteht.

Sehr wirkungsvoll ist die Methode in manchen Fällen, wenn Sie dabei ein Blatt Papier benutzen, um die „Kontra-und-Pro"-Argumente zu **visualisieren**.

Beispiel Mehmet führt ein Preisgespräch mit einem Kunden, der sich für einen TV-Flachbildschirm (1.799,00 EUR) interessiert. Der Kunde hat bereits die Gründe erläutert, warum ihm der Preis zu hoch ist. Mehmet hat diese auf einem Blatt festgehalten.

Mehmet: „Diese Gründe sprechen also aus Ihrer Sicht gegen den hohen Preis des Gerätes. Ich verstehe Sie vollkommen. Wollen wir auf der anderen Seite nun einmal schauen, was für eine Kaufentscheidung sprechen würde?" Er schreibt die Argumente auf und dem Kunden wird die Überzahl an positiven Kaufgründen sehr deutlich **visualisiert**.

PRAXISTIPP Durch die Visualisierung der Kontra-und-Pro-Argumente können Sie eine Kaufentscheidung herbeiführen.

Rabattgespräche führen

Zunehmende Preistransparenz durch das Internet und Rabattschlachten großer Handelskonzerne führen dazu, dass viele Kunden heute versuchen, weniger für einen Artikel zu bezahlen, als der Einzelhändler fordert. Sie fragen ganz offen nach einem **Preisnachlass**.

Der Kundenwunsch, nach Möglichkeit weniger zu bezahlen, ist zunächst einmal **legitim**.

Viele Verkäufer reagieren insbesondere nach einer ausführlichen Beratung verärgert und gereizt auf ein solches Kundenanliegen.

PRAXISTIPP Versetzen Sie sich in die Lage des Kunden. An seiner Stelle würden auch Sie gerne günstig einkaufen. Gehen Sie selbstverständlich und selbstbewusst mit dem Rabattwunsch um.

Verständnis weckt Verständnis

Signalisieren Sie dem Kunden **Verständnis** für seinen Wunsch, Geld zu sparen. Dann bringen die Kunden auch ihrerseits mehr Verständnis dafür auf, dass Sie ihnen nicht oder nicht so weit entgegenkommen können.

Beispiele
- „Ich verstehe Ihren Wunsch, dass Sie bei diesem Artikel einen Preisnachlass wünschen ..."
- „Sie haben recht, das ist eine Menge Geld ..."

PRAXISTIPP Jemand, dem man Verständnis entgegenbringt, ist eher geneigt, der anderen Seite zuzuhören.

Dies ist eine Erkenntnis der **Konfliktforschung**, die sich auch auf den **„Interessenkonflikt“** bei einer „Preisverhandlung“ anwenden lässt. Es ist ein wesentlicher Aspekt, um ein Preisgespräch entspannt und stressfrei zu führen.

Betriebliche Rabattregeln

Verkäufer haben in der Entscheidung, Rabatt zu gewähren, oft betriebliche Regelungen zu beachten.

Manche Unternehmen orientieren sich an den Rabattregelungen der **Konkurrenz**, um Kunden nicht zu verlieren oder neu zu gewinnen. Dies tun sie sogar dann, wenn sie im Einzelfall einmal einen Artikel **unter Einstandspreis** verkaufen müssen.

Eine weitere Möglichkeit, Rabattwünschen des Kunden zu begegnen, sind sogenannte **Preisgarantien**. Der Kunde erhält den Artikel mit der Garantie, eine etwaige **Preisdifferenz zu einem Mitbewerber** innerhalb einer bestimmten Frist **erstattet** zu bekommen. Er muss die Preisdifferenz dem Einzelhändler (z. B. durch einen Prospekt des Mitbewerbers) nachweisen. Dies ist ein Aufwand, der von Kunden oft gescheut wird, sodass kein nachträglicher Rabatt gewährt werden muss.

In einigen Betrieben wird die Rabattgewährung auch auf **Stammkunden** beschränkt oder an ein bestimmtes **Entgegenkommen** des Kunden geknüpft, wie die **Selbstabholung** der Ware, die **Zahlungsart**, die Abnahme bestimmter **Mengen** oder **Zusatzverkäufe**.

Beispiele

- „Bei einer Abnahme von drei Stück kann ich Ihnen einen Nachlass geben."
- „Wenn Sie bar zahlen statt mit Karte, kann ich mit dem Preis noch etwas runtergehen."

Einige Einzelhändler sind aber von ihrer Preispolitik so überzeugt, dass sie keine Nachlässe gewähren:

„Wir bieten einen fairen Preis – den soll der Kunde auch bezahlen!"

Welche Strategie gewählt wird, liegt in der Entscheidung des jeweiligen Unternehmens. Die getroffene Regelung sollte jedoch **einheitlich** umgesetzt werden. Ansonsten werden die Kunden sehr schnell bemerken, dass Ausnahmen gemacht werden. Dies hat zur Folge, dass die benachteiligten Käufer das Geschäft in Zukunft meiden werden.

○ Mit Rabattwünschen umgehen

Wenn Sie grundsätzlich **keinen Rabatt** gewähren, erklären Sie dem Kunden ruhig, warum Sie seinem Wunsch nicht entsprechen werden. Erläutern Sie ihm, dass Ihre Preise bereits sehr **knapp** und **kundenorientiert** kalkuliert sind. Auch wenn Sie die Möglichkeit haben, **Rabatt zu gewähren**, muss der Auszeichnungspreis der Ware für Sie als Verkäufer erst einmal **selbstverständlich** sein. Denn Sie können einen Kunden von diesem Preis nur überzeugen, wenn Sie selbst Vertrauen in ihn haben.

Viele Verkäufer fürchten jedoch, sie müssten einen **hohen Nachlass** gewähren, wenn Kunden nach einem Rabatt fragen und lehnen diesen deshalb direkt ab.

Vorsicht mit Rabatt

Gewähren Sie Nachlässe – wenn überhaupt – nur auf **Nachfrage des Kunden**, denn ein Rabatt ist immer eine **Umsatzeinbuße**. Ein zu leicht errungener Rabatt enttäuscht zudem den Kunden und es wird ihn mit Sicherheit ärgern, dass er nicht von Anfang an mehr gefordert hat. Dies wird er dann bei der nächsten Preisverhandlung nachholen.

Rabatt abwägen

Argumentiert ein Kunde mit dem größeren Nachlass eines **Mitbewerbers**, so bitten Sie ihn um **Details**: Fragen Sie nach dem Namen des Konkurrenten und stellen Sie sicher, dass es sich auch um den gleichen Artikel handelt. Erkundigen Sie sich unter Umständen in dem anderen Geschäft und entscheiden Sie nach Abwägung der maßgeblichen Umstände **(Stamm- oder Laufkunde, Kalkulation) für oder gegen einen Nachlass**. Wenn Sie keinen Rabatt gewähren, stellen Sie die **Vorzüge** des eigenen Unternehmens heraus, wie Fachberatung, umfassende Serviceleistungen, große Auswahl usw. Auch ein Ausweichen auf **Alternativartikel**, deren Auswahl sich am Kundennutzen orientiert, bietet sich an. LF 2

Rabatt gewähren

Es kommt immer wieder vor, dass Kunden gut informiert sind und sich mit der Ware und ihren eigenen Anforderungen so gut auskennen, dass eine lange Beratung überflüssig wird. Diese Kunden wissen, was sie wollen und dazu gehört ein guter Preis. Da man in einem solchen Fall **Zeit** und **Aufwand spart**, ist es eher **akzeptabel**, einen Preisnachlass zu gewähren.

Wenig/Kein Rabatt

Haben Sie den Kunden hingegen lange und ausführlich beraten, ist es gerechtfertigt, ihm freundlich und höflich mitzuteilen, dass aufgrund der **knappen Preiskalkulation** ein Preisnachlass entweder nur in geringem Umfang oder aber gar nicht möglich ist.

Die **richtige Entscheidung für oder gegen einen Rabatt** zu treffen, ist nicht einfach.

Letztendlich hängt sie stets von der **individuellen Situation im Verkaufsgespräch, den betrieblichen Rahmenbedingungen** und **Ihrer persönlichen Kompetenz** als Verkäufer ab.

PRAXISTIPP Verschenken Sie kein Geld durch zu schnelles Nachgeben. Verlieren Sie aber auch keinen Kunden durch Unnachgiebigkeit.

Rabatte „verkaufen"

Wenn Sie Rabatte einräumen, so sollten Sie dem Kunden immer die „größere Zahl" nennen:

Beispiele

Trekkingjacke im Wert von 300,00 EUR	Kiste Wein (6 Flaschen) im Wert von 40,00 EUR
„60,00 EUR Rabatt" wirkt beeindruckender als „20 % Rabatt"	**„30 % Rabatt"** wirkt beeindruckender als „12,00 EUR Rabatt"

Eine weitere Möglichkeit ist, stets den Euro-Betrag und nicht die Prozentzahl zu nennen.

Beispiel Ein Kunde fragt nach einem bestimmten Fitnessgerät im Wert von 400,00 EUR. Sie bieten ihm im Verkaufsgespräch 5 % Nachlass, also 20,00 EUR. Daraufhin teilt der Kunde mit, dass er bei einem Konkurrenten 7 % Rabatt erhält. Die Angaben sind unmittelbar vergleichbar und es wird für Sie jetzt sehr schwer werden, den Kunden vom Kauf zu überzeugen, ohne Ihren Rabatt anzupassen. Wenn Sie stattdessen mit Euro und Cent arbeiten, kann man natürlich immer noch vergleichen, es ist jedoch deutlich schwieriger. Dabei können Sie dem Kunden entweder die Ersparnis nennen oder den reduzierten Endpreis.

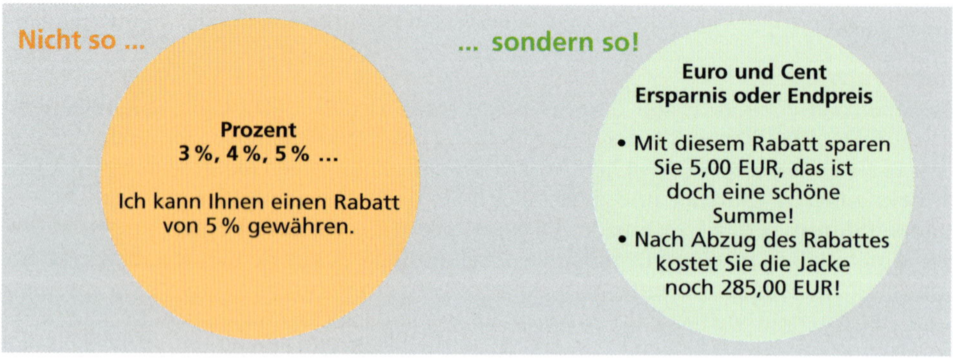

PRAXISTIPP Achten Sie auf die **tatsächlichen Beträge**, die Sie als Rabatt gewähren! Sie verlieren sonst leicht den **Überblick** und haben am Ende möglicherweise mehr Nachlass gegeben, als Sie **verantworten** können.

Serviceleistungen, Ergänzungs- und Zusatzartikel als Rabatt anbieten

LF 2

Wenn Sie keinen Rabatt gewähren, können Sie dem Kunden mit zusätzlichen Serviceleistungen entgegenkommen. Deshalb sollten Sie nicht nur ganz allgemein von Ihrem „guten Service" sprechen, sondern **detailliert angeben**, welche **Serviceangebote** Sie dem Kunden machen können. Diese sind in den verschiedenen Branchen natürlich unterschiedlich.

Beispiele
- Anlieferung von Ware
- Anschluss von Neugeräten
- Rücknahme der Altgeräte
- Garantieerweiterungen
- Änderungen bei Textilien
- Vor-Ort-Reparatur

Wenn Sie Ihre Angebote **konkret** formulieren, dann erfasst der Kunde den Nutzen, und der Preis Ihrer Artikel wird für ihn ersichtlich und glaubwürdig. Außerdem haben Sie die Möglichkeit, sich durch die detaillierte Beschreibung Ihrer Serviceleistungen **positiv von Ihren Konkurrenten abzugrenzen**.

Es bewährt sich auch, ein **ergänzendes Produkt als Naturalrabatt** anstelle eines Preisnachlasses anzubieten.

Beispiele
- Beim Kauf von Schlittschuhen und eines Eishockeyschlägers erhält der Kunde einen Puck gratis dazu.
- Mehmet verkauft einen Kaffeevollautomaten und legt noch ein Kilo hochwertigen Espressokaffee gratis dazu.

PRAXISTIPP Machen Sie auch bei **Serviceleistungen und Naturalrabatt** deutlich, welchen Wert dieses Zusatzgeschenk in **Euro** hat.

Bedenken Sie dabei, dass der Kunde einen Rabatt in Höhe des **Auszeichnungspreises** der Zugabe erhält, an die er sich lange erinnern wird. Den Einzelhändler „kostet" dieser Rabatt jedoch nur den **Bezugs-/Einstandspreis** der Zugabe.

Preis- und Rabattgespräche führen

- Die **Methoden der Einwandbehandlung** helfen, Preiseinwänden zu begegnen.
- Kundenwünsche nach Rabatt sind **legitim**. Bleiben Sie **freundlich**, signalisieren Sie **Verständnis** und hören Sie den Vorstellungen Ihrer Kunden **aktiv** zu.
- Stehen Sie zu den Preisen Ihrer Waren. Die Preise sind **kalkuliert** und **begründet**.
- Gewähren Sie Rabatte im Rahmen der **betrieblichen Regelungen** und **abhängig von der jeweiligen Verkaufssituation**. Wenn Sie Rabatte verweigern, **erläutern Sie, warum**.
- Bieten Sie **Serviceleistungen** als Zugabe oder **Naturalrabatt** an.

1. Entscheiden Sie sich für fünf Artikel. Stellen Sie sich vor, dass ein Kunde in einem Verkaufsgespräch erklärt, dass jeder dieser Artikel zu teuer ist. Antworten Sie ihm in wörtlicher Rede.

2. a) Beschreiben Sie die verschiedenen Methoden, auf Einwände gegen den Preis zu reagieren.
b) Formulieren Sie zu jeder Methode anhand eines konkreten Artikels ein Beispiel in wörtlicher Rede.

3. Finden Sie für die nachfolgenden Kundenforderungen nach einem Rabatt verständnisvolle Erwiderungen, mit denen Sie den Wunsch des Kunden ablehnen.
a) „Mir ist dieser Anzug so zu teuer. Wie weit können Sie mir da entgegenkommen?"
b) „Wie viel Rabatt bekomme ich, wenn ich zwölf Gedecke von dem Porzellan nehme?"
c) „Wenn ich diese Handtasche kaufe, geben Sie mir dann das passende Schlüsseletui kostenlos dazu?"
d) „Sie wissen ja, dass ich meine Schuhe nur bei Ihnen kaufe, da ist doch sicher auch mal ein Preisnachlass für mich drin?"

4. Rollenspiel
Wählen Sie einen Artikel aus Ihrem Ausbildungssortiment oder Ihrem Warenverkaufsraum aus. Entwickeln Sie in Partnerarbeit ein Verkaufsgespräch, in dem der Preiseinwand im Mittelpunkt steht.
a) Wenden Sie eine Methode der Preiseinwandbehandlung an.
b) Tragen Sie das Verkaufsgespräch als Rollenspiel in der Klasse vor.

5. Rollenspiel
Im Verlauf eines Verkaufsgesprächs fragt ein Kunde nach einem Rabatt auf den Artikel seiner Wahl.

Verkäufer
Sie sind freundlich, höflich und nutzen einen der Wege, „richtig Rabatt zu gewähren".

Kunde
Verändern Sie das Verhalten des Kunden
a) Er ist einsichtig, verständnisvoll, kooperativ.
b) Er ist unnachgiebig, nicht einsichtig.

LF 3 5 Einen Finanzierungskauf durchführen

Mehmet befindet sich im Mars Elektrofachmarkt e. K. in einem Verkaufsgespräch mit einem Kunden, der sich für ein hochwertiges TV-Gerät in Verbindung mit einer Surroundanlage interessiert.

Kunde: *„Mhm, na ja, 3.600,00 EUR sind sehr viel Geld."*

Mehmet: *„Ja, das ist richtig. Aber wenn Ihnen der Kaufpreis in einer Summe zu hoch ist, dann kann ich Ihnen auch eine Finanzierung anbieten, die Ihnen bequeme Monatsraten ermöglicht."*

Kunde: (wiegt den Kopf hin und her) *„Das interessiert mich schon. Aber insgesamt wird es dann sicher ja noch teurer, oder? Ich arbeite* *bei BENKU und dem Unternehmen geht es im Moment wohl nicht so gut. Ich weiß wirklich nicht, ob ich das machen soll."*

Mehmet: (lächelt) *„Ich verstehe Sie schon. Natürlich wird die Kaufsumme insgesamt ein wenig höher, aber dafür können Sie Ihr TV-Gerät sofort genießen. Sie können die Raten ja auch so gestalten, dass Sie die monatliche Belastung kaum spüren. Ich kann Ihnen gerne einmal alles erläutern und Sie können dann in Ruhe entscheiden …"*

Der Kunde denkt kurz nach und willigt ein. Nach Mehmets Beratung entschließt er sich zu einer Finanzierung und vereinbart einen Liefertermin für die Ware. Einige Tage später sieht Mehmet während seiner Pause im Aufenthaltsraum eine Zeitung auf einem Tisch, die ein Kollege liegen gelassen hat. Ihm fällt sofort eine fettgedruckte Schlagzeile auf: *„BENKU vor dem Aus! 800 Arbeitsplätze bedroht!"* Nachdenklich setzt er sich und beginnt zu lesen …

ARBEITSAUFTRÄGE

- Beurteilen Sie Mehmets Verhalten im Verkaufsgespräch und überlegen Sie, warum ihn der Zeitungsartikel so beschäftigt.
- Erarbeiten Sie in Gruppen Lösungsvorschläge für die oben beschriebene Verkaufssituation, die sowohl die Interessen des Mars Elektrofachmarktes e. K. als auch die des Kunden berücksichtigen und erproben Sie Ihre Vorschläge in einem Rollenspiel.
- Beschreiben Sie die Finanzierungsmöglichkeiten, die Ihr Ausbildungsbetrieb anbietet. Alternativ: Informieren Sie sich über Finanzierungsmöglichkeiten eines Betriebs Ihrer Wahl.

Viele Kunden verfügen nicht über genügend Geld, um sich all ihre Anschaffungswünsche direkt zu erfüllen. Der Kauf neuer Möbel, Elektrogeräte, z. B. Kühlschrank, Waschmaschine oder TV überfordert ihre finanzielle Leistungsfähigkeit. Auch sind Kunden heute weniger bereit, über Monate oder Jahre eine größere Summe anzusparen, um sich bestimmte Artikel leisten zu können. Deshalb nehmen viele Käufer bereitwillig die Gelegenheit wahr, ihre Kaufwünsche mithilfe von Krediten zu erfüllen, die ihnen durch Banken oder Einzelhändler angeboten werden. Neben dem **Vorteil**, die Ware bereits zu besitzen und zu nutzen, bevor man sie bezahlt hat, sind solche Finanzierungen für den Kunden jedoch in psychologischer und finanzieller Hinsicht auch mit **Risiken** verbunden:

Psychologisch	Finanziell	
Die Kaufentscheidung wird dadurch verlockender, dass beim Kauf die aktuelle Vermögenssituation des Kunden nur eine geringe Rolle spielt, weil er nicht bar zahlt.	Bezogen auf den einzelnen Kauf hat der Kunde für die Ware, die er über längere Zeit finanziert, insgesamt mehr aufzuwenden als bei der Barzahlung (Kaufpreis plus Zinsen plus zusätzliche Kosten).	 Wenn mehrere Finanzkäufe getätigt werden, droht eine **Schuldenfalle**.

Problematisch ist der Abschluss solcher Verträge zudem auch deshalb, weil der Kunde für die Zukunft finanzielle Verpflichtungen eingeht und seine wirtschaftliche Leistungsfähigkeit dabei häufig falsch einschätzt. Oft wird er später auch mit Situationen konfrontiert, die er nicht vorhersehen konnte.

Beispiel Der Kunde Herr Bach finanziert das TV-Gerät mit Surroundanlage im Wert von 3.600,00 EUR zu monatlichen Raten in Höhe von jeweils 200,00 EUR. Seinen Arbeitsplatz erreicht er mit dem Fahrrad. Der Pkw wird von seiner Frau für die Fahrt zu ihrer Arbeitsstelle genutzt. Nach einem Jahr wird Herr Bach im Rahmen von betrieblichen Umstrukturierungen in eine weiter entfernte Außenstelle seines Unternehmens versetzt, was die Anschaffung eines zweiten Autos notwendig macht. Deshalb und aufgrund der erhöhten Fahrtkosten ist er nicht mehr in der Lage, die monatliche Belastung zu tragen.

PRAXISTIPP Wenn Sie Kunden bei Finanzierungen beraten, bedenken Sie, dass der Käufer sich für lange Zeit verpflichtet und häufig seine zukünftige finanzielle Situation nicht überblicken kann. Daher sollten Sie besonders die Interessen des Käufers berücksichtigen. Dies ist im Hinblick auf Kundenorientierung und Kundenbindung für Ihr Unternehmen sicherlich wertvoller als kurzfristige Umsatzzuwächse.

Rechtliche Rahmenbedingungen

LF 14 Die zunehmende Kreditbereitschaft vieler Konsumenten und die langfristige Bindung durch Ratenverträge hat eine starke Zunahme der **Verbraucherinsolvenzen** zur Folge. Daher bestehen für die Durchführung von Finanzierungen gesetzliche Vorschriften hinsichtlich der Angaben im Finanzierungsvertrag, die vom Einzelhändler beim Vertragsabschluss zu beachten sind:

- **§ 492 BGB:** Schriftform
- Ferner muss der Vertrag folgende Angaben enthalten:
  1. Barzahlungspreis (Verkaufspreis)
  2. Teilzahlungspreis (Gesamtbetrag von Anzahlung und allen vom Verbraucher zu entrichtenden Teilzahlungen einschließlich Zinsen und sonstiger Kosten)
  3. Betrag, Zahl und Fälligkeit der einzelnen Teilzahlungen
  4. **Effektiver Jahreszins** LF 3,14
  5. Kosten einer Versicherung, die im Zusammenhang mit dem Teilzahlungsgeschäft abgeschlossen wird (Restschuldversicherung)
  6. Vereinbarung eines **Eigentumsvorbehalts** oder einer anderen zu bestellenden Sicherheit LF 3

Zusätzlich ist der Einzelhändler verpflichtet, den Kunden darauf hinzuweisen, dass er innerhalb von zwei Wochen (zwölf Werktage) nach Kauf den Vertrag widerrufen kann (**Widerrufsrecht** vgl. Seite 352 f.).

Erläuterungen der Rechtsvorschriften

Wenn die Schriftform nicht eingehalten wird oder einer der o. a. Punkte 1 bis 5 des Vertrages nicht angegeben wird, ist das Teilzahlungsgeschäft **nichtig**. Folgendes ist zu beachten:

- Die **Restschuldversicherung** (Punkt 5) übernimmt die noch zu zahlenden Beträge, falls der Kreditnehmer z. B. stirbt, erkrankt oder seinen Arbeitsplatz verliert und seine Verpflichtungen nicht mehr leisten kann. Je nach versichertem Risiko und abhängig von der Laufzeit fallen unterschiedlich hohe Versicherungsbeiträge an, die den Finanzierungskredit verteuern. Wünscht der Kunde jedoch keinen Abschluss einer Restschuldversicherung, weil ihm z. B. die Kosten hierfür zu hoch sind, bleibt der Vertrag rechtswirksam, weil keine anzugebenden Kosten entstehen.

Beispiel Herr Bach sieht keine Notwendigkeit für den Abschluss einer Restschuldversicherung. Sein Arbeitsplatz scheint ihm sicher und eine vor Kurzem durchgeführte Gesundheitsüberprüfung bei seinem Hausarzt hat ergeben, dass er kerngesund ist. Der abgeschlossene Vertrag ist gültig.

- Ebenfalls **ohne Auswirkungen** auf die Gültigkeit des Vertrages bleibt es, wenn der Einzelhändler auf die Vereinbarung eines **Eigentumsvorbehaltes** (Punkt 6) verzichtet. Dies ist jedoch aus **betriebswirtschaftlichen Gründen wenig empfehlenswert**.

Beispiel Der Mars Elektrofachmarkt läuft bei dem Finanzierungskauf mit Herrn Bach Gefahr, dass der Kunde seine vereinbarten Teilzahlungen nicht mehr leisten kann. Aus diesem Grund wurde bei Vertragsschluss mit dem Käufer ein **Eigentumsvorbehalt** vereinbart. Herr Bach wird nur Besitzer der Ware, der Mars Elektrofachmarkt e. K. bleibt bis zur vollständigen Bezahlung Eigentümer. Kann Herr Bach seinen Zahlungsverpflichtungen nicht mehr nachkommen, hat der Händler das Recht, die Ware zurückzufordern.

Die Angabe des **effektiven Jahreszinses** (Punkt 4) ermöglicht es den Kunden, verschiedene Finanzierungsangebote, z. B. des Händlers oder einer Bank, zu vergleichen. Dazu werden sämtliche Kosten, die dem Kunden während der Laufzeit des Kredits entstehen, wie z. B. Zinsen ermittelt und als Jahreszinssatz des erforderlichen Kreditbetrages ausgedrückt. Ein Bearbeitungsentgelt darf von Banken nicht mehr erhoben werden.

Beispiel

Berechnung der Kosten, des Teilzahlungspreises und der Monatsrate

Herr Bach finanziert das TV-Gerät und die Surround-Anlage über eine Laufzeit von drei Jahren. Der Nominalzins (Jahreszinssatz für den Kreditbetrag, der zur Ermittlung der Zinsen dient) beträgt 6,5 %. Der Barzahlungspreis (Verkaufspreis) beläuft sich auf 3.600,00 EUR. Herr Bach schließt eine Restschuldversicherung ab, deren Kosten sich auf 1 % des Kreditbetrages belaufen.

6,5 % Zins von 3.600,00 EUR für drei Jahre	702,00 EUR
+1 % Restschuldversicherung des Kreditbetrages	36,00 EUR
Kosten des Kredits	738,00 EUR

Diese Kosten entstehen Herrn Bach für die Laufzeit von **drei** Jahren. Damit ergibt sich ein

Teilzahlungspreis von	4.338,00 EUR
und eine **Monatsrate** (4.338,00 EUR : 36) von	120,50 EUR

Berechnung des effektiven Jahreszinses

Um den effektiven Jahreszins zu bestimmen, berechnet man, wie viel Prozent des Kreditbetrages die Gesamtkosten ausmachen. Die Methode zur Ermittlung des effektiven Jahreszinses ist in der Preisangabenverordnung (PAngV) vorgeschrieben. Dabei handelt es sich um eine sehr komplizierte Formel, deren Anwendung hier nicht beschrieben wird. Stattdessen verwenden wir eine vereinfachte Rechenmethode.

3.600,00 EUR – 100 %
738,00 EUR – x %

$$x = \frac{738{,}00\ \text{EUR} \cdot 100}{3.600{,}00\ \text{EUR}} = 20{,}5\ \%$$

Der effektive Zins beträgt also für drei Jahre (Kreditlaufzeit) 20,5 %.

Damit ergibt sich ein **effektiver Jahreszins** in Höhe von **6,83 %**.

Vergleich von Finanzierungsangeboten

Zusätzlich hat sich Herr Bach bei seiner Hausbank nach dem Effektivzins für einen Kredit erkundigt. Sein Kreditinstitut teilt ihm mit, dass dort der effektive Jahreszins bei gleicher Laufzeit 8 % beträgt. Herr Bach entschließt sich für die Finanzierung beim Mars Elektrofachmarkt e. K., da der effektive Jahreszins um 1,17 % günstiger ist.

● Der Finanzierungskauf – Formen und Abläufe

LF 3

○ Ratenkauf

Bei Raten- oder Abzahlungskäufen schließt der Kunde **mit seinem Einzelhändler** einen Vertrag über regelmäßige Teilzahlungen der Kaufsumme. Das Unternehmen erhält die gesamte Kaufsumme nicht sofort, sondern in üblicherweise monatlichen Raten während der vereinbarten Laufzeit. Dies bedeutet einen Nachteil für den Einzelhändler, da er je nach Laufzeit lange warten muss, bis der Käufer den gesamten Kaufpreis bezahlt hat. Diese Form der Finanzierung wird heutzutage von Einzelhändlern nur noch selten durchgeführt.

Kaufpreis	**429,00 EUR**
1) Kaufpreis mit Zahlpause	
Zahlpause 2,0 % Aufschlag	
429,00 EUR x 2,0 : 100	8,58 EUR
Kaufpreis mit Zahlpause	**437,58 EUR**
2) Ratenkaufpreis bei 24 Monatsraten	
Raten-Aufschlag 0,56 % pro Monat	
429,00 EUR x 24 x 0,56 : 100	57,66 EUR
Ratenkaufpreis	**486,66 EUR**
monatliche Rate	**20,28 EUR**
3) Ratenkaufpreis mit Zahlpause bei 24 Monatsraten	
Zahlpause-Aufschlag	8,58 EUR
Ratenkauf-Aufschlag	57,66 EUR
Ratenkaufpreis mit Zahlpause	**495,24 EUR**
monatliche Rate	**20,64 EUR**

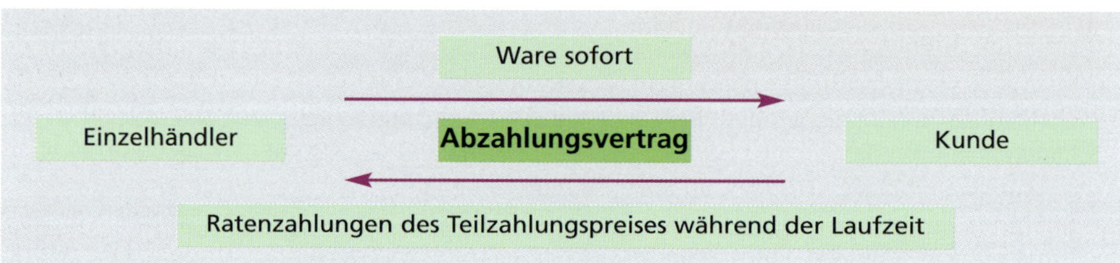

○ Verbundene Verträge

LF 3 LF 12

Die meisten Einzelhändler bieten in Zusammenarbeit mit Kreditinstituten unterschiedliche Möglichkeiten, die Zahlung des Kaufpreises zu strecken. Hierzu muss der Kunde entweder eine **Kundenkarte mit Kreditfunktion** besitzen oder einen **Kreditvertrag** eingehen, der ihm die Begleichung des Preises in Raten ermöglicht. Dabei erhält der Einzelhändler den **Barzahlungspreis** – im Unterschied zum oben beschriebenen Ratenkauf – sofort von der Kredit gebenden Bank, während der Kunde den **Teilzahlungspreis** in Raten an das Kreditinstitut zurückführt. Dies **sichert den Umsatz** des Händlers.

Der Kunde schließt bei dieser Finanzierungsform **zwei** Verträge ab:

- Kaufvertrag über die Ware mit dem Einzelhändler
- Kreditvertrag mit der finanzierenden Bank

Diese Kombination bezeichnet man als **„verbundene Verträge“**, da sie gegenseitig voneinander abhängig sind. Einerseits könnte der Kunde ohne den Kreditvertrag die Ware nicht erwerben, andererseits käme der Kreditvertrag nicht zustande, wenn der Kaufvertrag nicht geschlossen würde. Die Verbindung der beiden Vertragsarten bedeutet für den Kunden auch einen Vorteil im Hinblick auf sein Widerrufsrecht: Innerhalb der Rücktrittsfrist genügt es, **einen** der Verträge zu widerrufen. Damit erlischt automatisch auch die Bindung an den anderen Vertrag.

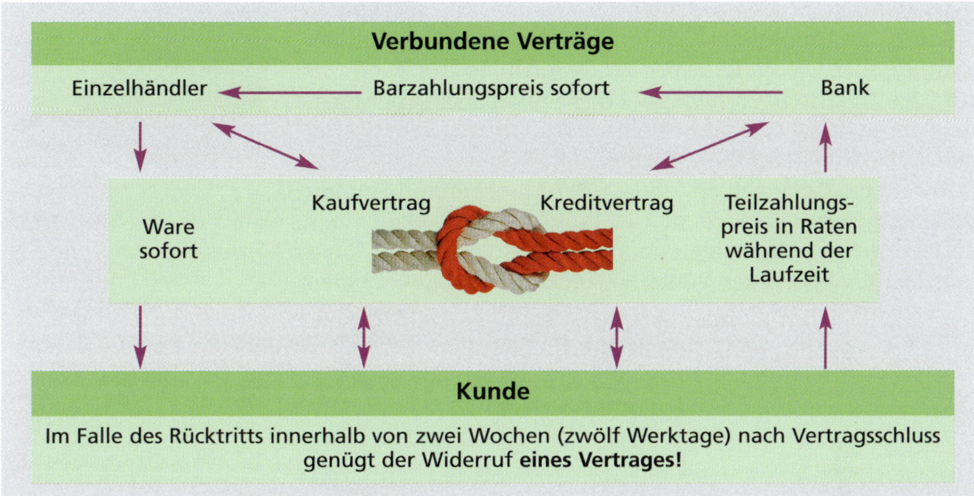

Diese **Finanzierungsform** wird häufig z. B. als **„Komfortkauf"**, **„Finanzkauf" oder „Bequemkauf"** bezeichnet. Die Höhe des Finanzierungsbetrages, eine mögliche Anzahlung, die Anzahl der Raten und die Laufzeit des Kredites kann der Kunde i. d. R. nach eigenen Vorstellungen wählen. Dazu muss er das Kreditinstitut noch nicht einmal persönlich aufsuchen, da **Sie als Verkäufer** ihm in diesem Fall auch als **Finanzberater** zur Seite stehen. Viele Einzelhandelsbetriebe stellen ihrem Verkaufspersonal entsprechende Tabellen zur Verfügung, sodass Sie bereits während des Verkaufsgesprächs dem Kunden zeigen können, wie hoch die ungefähre spätere monatliche Belastung nach dem Abschluss einer Finanzierung sein wird. Die Ratenbeträge sind zu diesem Zweck meistens aufgerundet.

Beispiel Aufgrund des Teilzahlungspreises von 4.302,00 EUR und der Laufzeit von drei Jahren/36 Monaten ergäbe sich für Herrn Bach eine monatliche Zahlungsverpflichtung von 119,50 EUR. Mehmet nimmt im Verkaufsgespräch seine Ratentabelle zur Hilfe und kann dem Kunden sofort mitteilen, dass die Monatsrate bei etwa 120,00 EUR liegt.

○ Kriterien (Bedingungen) für die Finanzierungszusage

Vor dem Abschluss des Kauf- und Kreditvertrages müssen Sie prüfen, ob der Kunde in den Augen der Bank auch **kreditwürdig** ist. Die Kreditinstitute wollen sich gegen das Risiko von Forderungsausfällen absichern. Dazu haben sie Kriterien festgelegt, welche die Kunden erfüllen müssen, damit sie einen Kreditvertrag erhalten.

Diese Bedingungen sind von Bank zu Bank unterschiedlich und reichen z. B. von der **Überprüfung der Identität und Staatsangehörigkeit** über den **Nachweis eines Arbeitsplatzes** bis zur **Vorlage einer Gehaltsbescheinigung**. Auch die **Zugehörigkeit zu bestimmten Personengruppen** (z. B. Auszubildende unter bestimmten Bedingungen oder Menschen, die älter als 70 Jahre sind, erhalten je nach Bank keinen Kredit) kann darüber entscheiden, ob ein Finanzierungskauf möglich ist, oder nicht. Bevor Sie mit einem Kunden den Vertrag endgültig schließen, erwarten viele Kreditinstitute noch eine **Anfrage** per Telefon oder via Onlineverbindung. Die Entscheidung, ob der Kunde eine Finanzierung erhält, trifft **nicht der Einzelhändler**, sondern **die Bank**. Wird der Vertrag dort **akzeptiert**, kann er ausgedruckt werden, damit der Kunde ihn unterschreiben kann.

Finanzierungsrisiken mit Kunden besprechen

Finanzierungsverträge bedeuten für Kunden eine langfristige Bindung an monatliche Zahlungen. Selbst bei sorgfältiger Prüfung aller Umstände sind Käufer nicht in der Lage, zukünftige Gefahren vorherzusehen. Niemand kann abschätzen, ob er nicht erkrankt, seinen Arbeitsplatz verliert oder plötzlich stirbt. Die monatlichen Raten müssen auf jeden Fall weiterbezahlt werden, auch wenn die Familie in finanzielle Schwierigkeiten gerät. Um diese Risiken aufzufangen, bieten die Kreditinstitute **Restschuldversicherungen** an, die zwar einerseits mit Kosten verbunden sind, andererseits den Kreditnehmer jedoch in solchen Notfällen absichern.

PRAXISTIPP Sprechen Sie Ihre Kunden diesbezüglich an und raten Sie zum Abschluss einer solchen Versicherung. Achten Sie jedoch darauf, keine Formulierungen zu verwenden, die Ihre Kunden verletzen könnten.

Beispiel

Nicht so …	… sondern so
„Ach, ja, Sie arbeiten bei BENKU? Da hätte ich an Ihrer Stelle auch meine Zweifel, ob ich das TV-Gerät mit der Surroundanlage finanzieren würde …!“	„Sie können sich und Ihre Familie für einen kleinen monatlichen Betrag absichern. Schließlich ist vor Arbeitslosigkeit oder Arbeitsunfähigkeit heutzutage niemand mehr geschützt.“

Um den Kunden die Möglichkeit zu geben, eventuell übereilt gefasste Entschlüsse für eine Finanzierung zu überdenken und rückgängig zu machen, hat der Gesetzgeber für den Käufer die Möglichkeit geschaffen, Finanzierungskäufe zu widerrufen. Der Einzelhändler ist verpflichtet, den Kunden auf dieses **Widerrufsrecht** hinzuweisen. Damit er dies auch in Streitfällen belegen kann, enthalten Finanzierungsverträge eine **Rücktrittsklausel**, die Sie sich vom Kunden zusätzlich unterschreiben lassen müssen. Der Widerruf durch den Käufer kann nur innerhalb von zwei Wochen (zwölf Werktage) nach Vertragsschluss geschehen und hat schriftlich zu erfolgen. Die Angabe von Gründen ist nicht erforderlich.

Beispiel Im Finanzierungsgespräch weist Mehmet Herrn Bach ausdrücklich auf sein Rücktrittsrecht hin und lässt sich die Kenntnisnahme dieser Klausel durch eine separate Unterschrift im Vertrag vom Kunden bestätigen. Wäre Herr Bach bereits innerhalb von zwölf Werktagen nach Kaufabschluss von seiner betrieblichen Versetzung informiert worden, hätte er den Vertrag rechtzeitig schriftlich widerrufen können. Entscheidend ist der Zeitpunkt, wann der Widerruf abgeschickt wurde, **nicht der Eingang** beim Einzelhändler.

Üblicherweise benutzen die Kunden nach einer Finanzierung die erworbene Ware sofort. Wenn sie dann innerhalb der gesetzlichen Frist ihren Vertrag widerrufen, müssen Einzelhändler häufig **Gebrauchsspuren** oder sogar Beschädigungen an den Artikeln feststellen. In diesen Fällen ist der Einzelhändler berechtigt, vom Kunden einen **Wertminderungsbetrag** zu fordern. Dieser richtet sich in der Höhe nach Art und Umfang der eingetretenen Wertminderung.

Beispiele

- Herr Bach hat den Vertrag fristgerecht widerrufen. Bei der Rückgabe der Ware stellt Mehmet fest, dass sich an der Seite des Subwoofers der Surroundanlage ein gut sichtbarer Kratzer befindet. Da man die Bassbox bei der Nutzung jedoch versteckt platzieren kann, ist der Mangel nicht schwerwiegend. Mehmet verlangt von Herrn Bach eine Zahlung von 25,00 EUR, da der Mars Elektrofachmarkt e. K. seinerseits die Ware nur mit einem Preisabschlag weiterverkaufen kann.

- Herr Brader hat für seine große Rasenfläche bei der Wülfing Gartengeräte GmbH einen Aufsitzmäher zum Preis von 1.800,00 EUR finanziert. Nach zehn Tagen widerruft er den Vertrag und bringt den Mäher zurück. Das Gerät ist insgesamt sehr verschmutzt: An den Rädern befindet sich getrockneter Lehm, der Auffangsack und die Unterseite sind voller Grasreste und das Messer ist so sehr beschädigt, dass es tiefe Kerben und Riefen aufweist. Außerdem ist der Lack an einigen Stellen abgesplittert. Der Wülfing GmbH würden hohe Kosten für die Reinigung, das Schärfen oder sogar den Ersatz des Messers und die Beseitigung der Lackschäden entstehen, die eindeutig auf äußere Einwirkung zurückzuführen sind. Alternativ könnte das Gerät nur mit einem hohen Preisabschlag einem neuen Kunden angeboten werden. Daher verlangt der Händler von Herrn Brader einen Betrag in Höhe von 900,00 EUR als Ausgleich für die Wertminderung. Herr Brader muss nun entscheiden, ob er unter diesen Bedingungen an seinem Widerruf festhält.

Die meisten Einzelhändler gehen verantwortungsbewusst mit diesem Recht um und legen Beträge fest, die von den Kunden akzeptiert werden. Es kommt jedoch vor, dass diese Beträge zu hoch angesetzt sind und Kunden das Gefühl haben, nicht korrekt behandelt zu werden. Daher steht es dem Kunden frei, gegen Minderungen, die ihm überhöht erscheinen, gerichtlich anzugehen, sodass der Umfang der Wertminderung in einem Prozess entschieden werden muss.

PRAXISTIPP Scheuen Sie sich nicht, einen Kunden im Verkaufsgespräch auf diese Problematik hinzuweisen. Dies erspart Ihnen bei einem eventuellen Rücktritt die unangenehme Situation, dass der Kunde entrüstet und aufgebracht reagiert, weil er von dieser Regelung keine Kenntnis hatte.

Schritte zur Durchführung eines Finanzierungskaufs

Einen Finanzierungskauf durchführen

↓

Sie bieten eine Finanzierung an und stimmen Laufzeit, Ratenhöhe und eine eventuelle Restschuldversicherung mit dem Kunden ab. Sie weisen den Kunden auf sein Rücktrittsrecht hin.

↓

Sie überprüfen die Kreditwürdigkeit des Kunden anhand der Bankkriterien und fragen beim Kreditinstitut an.

↓

Nach der Zusage drucken Sie den Vertrag aus. Der Kunde unterschreibt den Vertrag und die Information über das Rücktrittsrecht.

Einen Finanzierungskauf durchführen

- **Finanzierungen** sind ein **psychologisches** und **finanzielles Risiko** für den Kunden.
- **Finanzierungskäufe** sichern den Umsatz des Händlers und ermöglichen Kunden das Zahlen großer Beträge.

- Rechtliche Vorschriften für Finanzierungsverträge sind: **Schriftform**, Angaben über: **Barzahlungspreis, Teilzahlungspreis, Betrag, Zahl und Fälligkeit** der einzelnen **Teilzahlungen, effektiver Jahreszins, Restschuldversicherung, Eigentumsvorbehalt.**
- Der **effektive Jahreszins** beinhaltet alle Kosten der Finanzierung und macht verschiedene Kreditangebote für den Kunden vergleichbar.
- Die Kombination aus Kaufvertrag mit dem Einzelhändler und Kreditvertrag mit der Bank bezeichnet man als **verbundenen Vertrag.** Für den Rücktritt vom Kauf innerhalb der gesetzlichen Frist von zwei Wochen (zwölf Werktage) genügt der **Widerruf eines Vertrages.**
- Überprüfen Sie vor der Gewährung eines **Teilzahlungskredits,** ob der Kunde **bestimmte Bedingungen** erfüllt, die durch die **Banken** festgelegt werden. Die Finanzierungsentscheidung trifft die Bank, nicht der Einzelhändler.
- Sprechen Sie mit den Kunden über die **Risiken eines Finanzierungskaufs.**
- Machen Sie die Kunden auf das **Rücktrittsrecht** aufmerksam und lassen Sie sich diese Information durch **Unterschrift** bestätigen.

1. Beschreiben Sie mögliche Risiken für Kunden und Einzelhandelsunternehmen bei Finanzierungsverträgen.

2. Erläutern Sie den Begriff „verbundener Vertrag".

3. Entscheiden und begründen Sie, ob in den folgenden Situationen ein Finanzierungsvertrag rechtlich gültig ist oder nicht:
a) Ein Einzelhändler verzichtet auf den Eigentumsvorbehalt.
b) Der Käufer hat keine Information über den Fälligkeitstermin der Raten.
c) Der Käufer verzichtet auf den Abschluss einer Restschuldversicherung gegen den ausdrücklichen Rat des Einzelhändlers.
d) Der Einzelhändler schließt den Vertrag mit dem Käufer mündlich, weil beide miteinander befreundet sind.

4. Giacomo Frencelino kann in einem Baumarkt einen Carport zu folgenden Bedingungen finanzieren: Barzahlungspreis 2.400,00 EUR, Laufzeit vier Jahre, Nominalzins 8 %. Zusätzlich schließt er eine Restschuldversicherung ab, die Kosten hierfür betragen 1% des Kreditbetrages. Berechnen Sie
a) den Teilzahlungspreis,
b) die monatliche Rate,
c) den effektiven Jahreszins.
d) In einem Finanzierungsangebot seiner Bank beträgt der effektive Jahreszins bei gleicher Laufzeit 9 %. Begründen Sie, für welches Angebot sich der Kunde entscheiden sollte.

5. Herr Puhsmann schließt am 04.10. einen Finanzierungsvertrag über eine Gartenhütte bei seinem Einzelhändler. Am 16.10. widerruft er den Vertrag schriftlich. Der Einzelhändler erhält den Brief am 21.10. und lehnt den Widerruf wegen Überschreitung der Rücktrittsfrist ab. Beurteilen Sie die Rechtslage.

6. **Rollenspiel**
Ein Kunde hat nicht genügend Geld, um den Kaufpreis eines Artikels in einer Summe zu zahlen. Führen Sie das Verkaufsgespräch anhand der folgenden Situationen durch.
a) Der Kunde erfüllt die Kriterien, Sie gewähren die Finanzierung.
b) Der Kunde (z. B. Auszubildender) erfüllt die Kriterien nicht, Sie müssen die Finanzierung ablehnen.

6 Den Kunden in Begleitung beraten

Mehmet kommt gerade von einem Hersteller-Seminar über Neuerungen im Bereich der Blu-Ray-Player. Mit viel neuem Wissen und Selbstbewusstsein ausgestattet freut er sich, als eine Kundin mit ihrem etwa 13-jährigen Sohn in die Abteilung kommt und sich für einen bedienerfreundlichen Blu-Ray-Player interessiert. Rasch merkt Mehmet, dass der Sohn seine Mutter mit seinem Fachwissen unterstützen und beeindrucken will. Er gebraucht viele Fachbegriffe und macht lange, komplizierte Aussagen zu technischen Details, die jedoch zum Teil falsch sind. Mehmet ist zunehmend von dem „Wichtigtuer“ genervt. Er fängt an, die Äußerungen des Sohnes zu korrigieren.

Mehmet zur Kundin:	*„Für Ihre Zwecke würde sich dieser Blu-Ray-Player von Grundog eignen ...“*
Sohn zu Mehmet:	*„Ach – geh mir doch weg mit diesem Grundog. Der hat doch im Test nur ein ‚ausreichend‘ bekommen!“*
Mehmet zum Sohn:	*„Nein – das ist falsch! Wer den Test vollständig liest, sieht leicht, dass der Grundog nur bei einem Merkmal ein ‚ausreichend‘ erhielt. Im Gesamturteil war er ‚gut‘ und bei der Bedienerfreundlichkeit sogar ‚sehr gut‘!“*
Kundin:	*„Mein armer Junge – mit dem Lesen hapert's einfach ...“*
Sohn zur Mutter:	*„Weißt du was – kauf deinen Kram doch alleine, ich bin weg!“*
Kundin:	*„Nein, warte doch ...“* (läuft dem Sohn hinterher)

ARBEITSAUFTRÄGE

- Analysieren Sie das Gespräch. Gehen Sie dabei auch auf die Stärken und Schwächen in Mehmets Verkäuferverhalten ein.
- Planen Sie ein verbessertes Gespräch. Nutzen Sie für die Planung Ihr Wissen zur Reaktion auf Kundeneinwände und informieren Sie sich über den Umgang mit Begleitern.
- Erproben Sie Ihre Planung in einem Rollenspiel.

Die Rolle des Begleiters

Wenn Kunden mit einer Begleitung ihren Einkauf durchführen, kann das ganz unterschiedliche **Gründe** haben: Ein **gemeinsamer Einkaufsbummel** durch die Stadt ohne konkrete Kaufabsicht, die **gezielte Mitnahme** eines **Fachmanns** für eine geplante Anschaffung oder auch die Begleitung durch ein

Kind usw. Für Sie als Verkäufer ist es wichtig, die Rolle des jeweiligen Begleiters und seinen **Einfluss auf die Kaufentscheidung** zu erfassen, damit Sie angemessen reagieren können.

Die Rolle des Begleiters			
Shopping-Partner	**Berater**	**Geldgeber**	**Unbeteiligter**
Beispiel Sabine und Kerstin haben endlich einmal beide am Samstagvormittag frei. Sie nutzen die Zeit zu einem Stadtbummel. Kerstin möchte sich vielleicht eine neue Jeans kaufen und ist froh, dass Sabine dabei ist und ihre Meinung sagen kann. Entscheiden wird sie jedoch selbst.	**Beispiel** Mehmets Onkel ist ein begeisterter Formel-1-Fan. Er hat lange für einen großen und exklusiven Flachbildschirm gespart. Für seine endgültige Entscheidung bittet er Mehmet, ihn in verschiedene Geschäfte als Experte zu begleiten und zu beraten. Mehmet fühlt sich geehrt und nimmt die Aufgabe sehr ernst.	**Beispiel** Die 13-jährige Maren braucht neue Schuhe. Sie hat hinsichtlich des Aussehens ziemlich klare Vorstellungen. Marens Mutter achtet besonders auf die Trageeigenschaften der Schuhe ihrer Kinder und begleitet daher die Tochter – schließlich muss sie die Schuhe ja auch bezahlen.	**Beispiel** Das Ehepaar Langner kauft zusammen ein. Frau Langner findet rasch zwei Hosen und drei Paar Schuhe. Herr Langner braucht sehr viel länger, um für sich neue Fußballschuhe zu finden. Frau Langner interessiert sich nicht für Fußball, langweilt sich in den Sportgeschäften und ist zunehmend genervt.
mittel	**stark**	**stark**	**gering**
Einfluss auf die Kaufentscheidung (Tendenz)			

Grundsätze im Umgang mit Begleitern

Ein Verkaufsgespräch mit Kunden und Begleiter zu führen, ist gleichermaßen eine **Herausforderung** und eine **Chance** für den Verkäufer. Wenn es Ihnen gelingt, die Rolle des Begleiters rasch zu erfassen und ihn entsprechend in das Gespräch einzubinden, kann das Verkaufsgespräch erheblich bereichert werden und zu einem schnelleren Abschluss führen.

PRAXISTIPP Der Begleiter kennt den Kunden und dessen Ansprüche besser als Sie – behandeln Sie ihn deshalb niemals als Gegner, sondern als Partner.

Wenn ein Kunde in Begleitung das Geschäft betritt, ist selten unmittelbar klar, welche Rolle der Begleiter einnimmt. Erst im Laufe des Verkaufsgespräches werden die Rolle und der Einfluss auf die Kaufentscheidung für Sie erkennbar. **Grundsätzlich** sollten Sie bei jeder Verkaufsituation mit Begleiter einige **Verhaltensregeln** beachten:

- In der **Kontaktphase** ist oft noch nicht klar, wer Kunde und wer Begleiter ist. Begrüßen Sie beide Personen – egal welchen Alters – gleichermaßen freundlich.
- **Während des Verkaufsgespräches** unterhalten Sie sich hauptsächlich mit dem Kunden. Solange der **Begleiter** dem Gespräch aktiv oder passiv folgt, sollten Sie versuchen ihn **einzubinden**. Dies gelingt z. B. durch Fragen an den Begleiter und körpersprachlich z. B. durch **Blickkontakt** und ein **Lächeln**. Achten Sie dabei auch auf die Reaktion des Begleiters. Jeder Begleiter freut sich über eine **respektvolle Behandlung** und

über **Lob**. So können Sie z. B. den Beitrag des Begleiters zum Gelingen des Verkaufsgespräches würdigen oder – wenn er passiv geblieben ist – seine Geduld anerkennen.

- Bei **Streitigkeiten** sollten Sie sich grundsätzlich **nicht einmischen**, indem Sie z. B. Partei für die eine oder andere Meinung ergreifen. Häufig ist es jedoch möglich, durch eine **geschickte Warenvorlage** oder die **Aufklärung** scheinbarer **Widersprüche** zur **Schlichtung** des Streites beizutragen.

Beispiel Beim Schuhkauf kritisiert Marens Mutter den Kaufwunsch ihrer Tochter: „Klar – Hauptsache Absatz und schön schick! Und nach drei Wochen kann man sie dann wegwerfen!“ Maren wird schon sauer; da kann die Schuhverkäuferin klären: „Sie haben recht – der Schuh scheint eher modisch als robust. Er ist jedoch aus hochwertigem Leder, ausgezeichnet verarbeitet und mit einer besonders langlebigen Sohle ausgestattet.“

- Wenn Kunde und Begleitung miteinander flüstern oder intensive Blicke austauschen, ist das ein Hinweis darauf, dass sie einen **persönlichen Gesprächsbedarf** haben. Lassen Sie sie dann für eine Weile ungestört und halten Sie sich in der Nähe auf, um das Gespräch später fortzusetzen.

- Nach **Abschluss** des **Verkaufsgespräches** verabschieden Sie den Kunden und seine Begleitung.

PRAXISTIPP Jeder Begleiter ist ein potenzieller Kunde. Schenken Sie ihm daher Aufmerksamkeit und Freundlichkeit.

Besondere Herausforderungen im Umgang mit Begleitern

Kunde und Begleiter stehen in einer **Beziehung** zueinander, die auch in der **Rolle** zum Ausdruck kommt, die der Begleiter im Verkaufsgespräch einnimmt. Je nach Rolle empfehlen sich unterschiedliche **Verhaltensstrategien**, damit der **Begleiter** zum **Gewinn** und nicht zur **Behinderung** für das Verkaufsgespräch wird.

Der unbeteiligte Begleiter

Der unbeteiligte Begleiter ist oftmals der **Lebenspartner** oder ein **Freund** des Kunden. Bei einem gemeinsamen Einkaufstag, bei dem jeder der Partner für sich etwas kaufen will, interessiert sich der eine manchmal gar nicht für die Einkaufsentscheidungen des anderen. Dies gilt z. B. häufig, wenn es sich um „typisch männliche“ (z. B. aus dem technischen Bereich) oder „typisch weibliche“ (z. B. Kleidung) Artikel handelt. Hier ist der Begleiter **„notgedrungen“** dabei und will bzw. kann nicht mitreden.

In einem solchen Fall sollten Sie dem Begleiter eine **Sitzgelegenheit** und/oder eine **Beschäftigung** anbieten.

Wenn **Kinder** z. B. den Einkauf Ihrer Eltern begleiten, haben sie zumeist kein Interesse am Verkaufsgespräch und widmen sich häufig der Erkundung des Geschäftes, der Erprobung unterschiedlicher Artikel oder quengeln aus Langeweile. Dies bedeutet Stress für alle Beteiligten und eine erhebliche Störung des Verkaufsgespräches. Viele Geschäfte reagieren darauf mit **Video- oder auch Spielecken**, in denen sich die Kinder z. B. mit Malen beschäftigen und die Eltern ungestört einkaufen können.

PRAXISTIPP Kinderecken sollten gut einsehbar sein oder beaufsichtigt werden – erst dann ist ein wirklich entspanntes Einkaufen für die Eltern möglich.

Bleibt der Begleiter bei dem Verkaufsgespräch, können Sie versuchen, ihn durch kurze **Zwischenfragen** einzubinden. Reagiert er darauf desinteressiert oder gar unwillig, sollten Sie ihn nicht weiter zu Äußerungen drängen.

○ Der Fachmann als Begleiter

Gerade bei Artikeln, die eine Vielzahl von **technischen Merkmalen** aufweisen, **Neuerungen** darstellen oder deren Anschaffung aufgrund des **hohen Wertes** gut überlegt sein will, nehmen Kunden Experten mit. Sie wollen sich vor Fehlkäufen schützen. Sachverständige Begleiter fallen durch eine **sehr aktive Teilnahme** am Verkaufsgespräch auf. Sie „prüfen" oftmals das Fachwissen des Verkäufers durch **anspruchsvolle Fragen**, glänzen mit Ausführungen, die mit **Fachbegriffen** gespickt sind und wollen häufig auch das **letzte Wort** haben. Durch den **angemessenen Umgang** mit dem Experten kann dieser das Verkaufsgespräch erheblich bereichern und verbessern. Haben Sie den Begleiter überzeugt, ist der Kaufabschluss so gut wie sicher.

Als Verkäufer sollten Sie den Experten **sehr ernst nehmen** und ihn **„spürbar"** in das Verkaufsgespräch **einbeziehen**. Lassen Sie ihn sein **Fachwissen** anbringen, erfragen Sie seine **Erfahrungen** und **würdigen** bzw. **bestärken** Sie seine Ausführungen. Achten Sie dabei auf **präzise, fachliche Aussagen**, damit Sie vom Experten respektiert werden. Sollten Sie auf eine Frage nicht antworten können, bleiben Sie gelassen. Vermeiden Sie Ausreden und fordern Sie den **Rat** des Experten ein, der sich hierdurch geschmeichelt fühlt.

PRAXISTIPP Vergessen Sie nicht den Kunden im „Expertengespräch" zwischen Ihnen und dem fachkundigen Begleiter:
- Binden Sie den Kunden durch **Nachfragen** oder **Blickkontakt** immer wieder in das Gespräch ein.
- **„Übersetzen"** Sie – falls nötig – die vom Experten genutzten Fachbegriffe in eine kundenorientierte Sprache.
- Lenken Sie das Gespräch auf die **Warenmerkmale,** die für den **Kunden** (und nicht für den Begleiter) im Vordergrund stehen.

○ Der „Möchtegern-Fachmann" als Begleiter

Wenn Sie feststellen, dass ein Begleiter die Rolle des Fachmannes übernommen hat und durch **unpassende Fragen** sowie unvollständige oder **falsche Aussagen** auffällt, haben Sie es mit einem „Möchtegern-Fachmann" zu tun. In einem solchen Fall ist es einfach und vielleicht verlockend, diesen Begleiter als Aufschneider zu entlarven und damit bloßzustellen. Dennoch empfiehlt sich mit Blick auf einen möglichen Kaufabschluss und eine langfristige Kundenbindung ein anderes Vorgehen.

PRAXISTIPP Respektieren Sie den „falschen" Fachmann genauso wie den „richtigen". Auch der Kunde möchte nicht das Gefühl haben, einen falschen Berater mitgenommen zu haben.

Ein Verkaufsgespräch ist kein warenkundliches Seminar. Das heißt, Sie müssen nicht jede unvollständige oder falsche Äußerung des Begleiters korrigieren. Wenn es sich um

Nebensächlichkeiten handelt, sollten Sie schweigen, um das Gespräch nicht unnötig zu erschweren und zu verlängern. Wenn der Begleiter jedoch **Einwände** vorbringt, die ungerechtfertigt sind oder für den Kunden unpassende Empfehlungen abgibt, wird der Kunde negativ beeinflusst. In diesem Fall ist **Fingerspitzengefühl** gefragt. Es gilt den Einwand oder die Empfehlung zu entkräften, ohne den Begleiter bloßzustellen. Häufig hilft hier die **„Ja-aber"-Methode.** LF 2

Beispiel

Begleiter zum Kunden:	„Was brauchst du so einen teuren Fernseher. Dieser hier ist zwar ein No-Name-Gerät, aber er kann doch im Grunde das Gleiche."
Verkäufer zum Begleiter:	„Ich sehe, Sie sind ausgezeichnet informiert. In der Tat haben die sogenannten No-Name-Artikel in den letzten Jahren deutlich an Funktionalität und Qualität gewonnen."
Verkäufer zum Kunden:	„Mir schien nur, dass Ihnen das Design dieses Markengerätes für Ihr Wohnzimmer besonders zusagt und dass Sie eine übersichtliche Menüführung schätzen. In diesem Punkt ist das Gerät unübertroffen."

○ Der unsichtbare Begleiter

Auch ein Begleiter, der nicht körperlich in Erscheinung tritt, kann die Kaufentscheidung des Kunden massiv beeinflussen. Es handelt sich hierbei um Bezugspersonen des Kunden aus Familie und Freundeskreis. Der Kunde wägt im Hinterkopf ab, was der Partner, Freunde, Eltern oder Kollegen zu dem Artikel sagen werden. Sichtbar wird dies z. B. an einer zögerlichen und nachdenklichen Haltung und entsprechenden Aussagen des Kunden.

Beispiel Frau Flöttmann möchte für eine Hochzeit einen Blazer kaufen. Durch das Verkaufsgespräch mit Sabine in der Textilabteilung und die geschickte Warenvorlage interessiert sich Frau Flöttmann zunehmend für ein schickes, aber auch hochpreisiges Kostüm.

Frau Flöttmann: „Dieses Kostüm ist wirklich ein Traum – aber ich zweifle, ob mein Mann Philipp damit einverstanden sein wird. Der möchte nämlich, dass wir für ein neues Auto sparen ..."

Versuchen Sie, in diesen Fällen herauszufinden, was der **„Unsichtbare"** wohl einwenden könnte und argumentieren Sie entsprechend. Diese **Argumente** kann der Kunde bei späteren **Rechtfertigungen** nutzen. Mit einem vorsichtigen Hinweis darauf, dass der Artikel ja in erster Linie dem Kunden gefallen muss, stärken Sie zusätzlich sein **Selbstbewusstsein**. Bleibt er unsicher, können Sie mit der Mitgabe einer **Artikelauswahl** oder dem Verweis auf eine **Umtauschmöglichkeit** eine Kaufentscheidung unterstützen. LF 2

PRAXISTIPP Lassen Sie den Kunden nicht mit leeren Händen gehen! In den meisten Fällen kommen Kunden, die nicht kaufen und eine Rückkehr in das Geschäft mit dem Mitentscheider ankündigen, nicht wieder.

Beispiel Sabine antwortet der unsicheren Frau Flöttmann: „Ich verstehe Ihre Bedenken sehr gut. Im Vergleich zu dem Blazer haben Sie bei dem Kostüm noch zusätzlich einen schicken Rock. Außerdem können Sie das Kostüm auch nach der Hochzeit noch vielseitig verwenden – z. B. wenn Sie mit Ihrem Mann ausgehen. Wenn ihn das noch nicht überzeugt, können Sie das Kostüm auch bei mir umtauschen – gar kein Problem."

Den Kunden in Begleitung beraten

- Kunden werden aus unterschiedlichen **Gründen** von ihren Partnern, Kindern oder Freunden begleitet. Die Begleiter nehmen unterschiedliche **Rollen** ein und beeinflussen die **Kaufentscheidung** des Kunden.
- Jede Begleitung sollte durch den Verkäufer **wahrgenommen**, **freundlich** behandelt und in das Verkaufsgespräch **eingebunden** werden.
- Bei **Streitigkeiten** oder **Diskussionen** zwischen Kunde und Begleiter sollte der Verkäufer sich **zurückhalten** und bestenfalls **schlichten**.
- **Unbeteiligte Begleiter** schätzen eine **Erholungsmöglichkeit** und/oder eine **Beschäftigung** während des Verkaufsgespräches.
- Begleiter, die **Fachleute** sind, sollten als solche im Gespräch genutzt werden und als gleichberechtigte **Partner** des Verkäufers behandelt werden.
- **„Möchtegern-Fachleute"** gilt es zu **respektieren**. Falsche oder unpassende **Äußerungen** sollten **behutsam korrigiert** werden.
- Auch **unsichtbare Begleiter** beeinflussen die Kaufentscheidung. Daher muss der Kunde z. B. mit **Argumenten** und/oder einer **Umtauschmöglichkeit** unterstützt werden.

1. Listen Sie in Partnerarbeit Situationen auf, in denen Kunden mit Begleitung das Gespräch mit Ihnen gesucht haben. Beschreiben Sie Ihr Verhalten gegenüber den Begleitern und machen Sie Verbesserungsvorschläge.

Situationsbeschreibung: Kunde in Begleitung	Mein Verhalten in der Situation	Verbesserungs-möglichkeiten

2. Listen Sie Möglichkeiten auf, wie Sie mit unbeteiligten Begleitern in Ihrem Ausbildungsbetrieb umgehen können (Betrieb/Branche Ihrer Wahl).

3. a) Erklären Sie, warum fachkundige Begleiter Ihnen das Verkaufsgespräch erheblich erleichtern können.
b) Beschreiben Sie angemessene Verhaltensweisen, wenn ein fachkundiger Begleiter langatmige Vorträge zu der Ware hält.
c) Sammeln Sie mögliche Reaktionen für den Fall, dass Ihnen ein Begleiter fachlich überlegen ist.

4. Begründen Sie folgende Aussage: *„Aktive Begleiter müssen als Berater respektiert werden – selbst wenn sie keine Ahnung haben!"*

5. **Rollenspiel**
Entwickeln Sie selbstständig Rollenspiele mit unterschiedlichen Begleitern und führen Sie diese durch. Geben Sie sich im Anschluss ein Feedback.

7 Bei Hochbetrieb verkaufen

Es ist Freitagnachmittag. Sabine weiß kaum noch, wo ihr der Kopf steht. Seit Stunden bleibt ihr keine Sekunde zum Verschnaufen und ihre wohlverdiente Mittagspause hatte sie auch noch nicht. Bereits am Morgen war die Abteilung voll mit Kunden, es wurde neue Ware geliefert, die eingeräumt werden musste, und zu allem Überfluss hat sich heute auch noch ein Kollege krankgemeldet. Viele Kunden konnten heute nicht bedient werden und verließen deshalb zum Teil verärgert die Abteilung, ohne etwas gekauft zu haben. So auch jetzt wieder, kurz nachdem Sabine mit einer Laufschuhberatung begonnen hat, sieht sie wieder drei Kunden, die offensichtlich beraten werden wollen.

ARBEITSAUFTRÄGE

- Zählen Sie auf, welche Maßnahmen ergriffen werden könnten, um eine solche Situation zu vermeiden.
- Diskutieren Sie in Kleingruppen, wie Sabine sich in der beschriebenen Situation verhalten sollte. Halten Sie Ihre Ergebnisse stichwortartig fest und stellen Sie diese in einer Plenumsrunde in der Klasse vor.

Es gibt Zeiten mit wenig **Kundenandrang** und Zeiten, zu denen die Kunden geballt in das Geschäft strömen. Betriebswirtschaftliche Gründe zwingen viele Unternehmen dazu, nur so viel Personal einzusetzen, wie aufgrund von Erfahrungswerten benötigt wird. Da das Kundenaufkommen aber nicht immer sicher vorhersehbar ist, kann es auch schon mal sein, dass Kunden warten müssen. Wenn wesentlich mehr Kunden im Geschäft sind als Verkäufer, kann man aus Verkäufersicht von **Hochbetrieb** sprechen.

Ursachen für Hochbetrieb

In vielen Fällen ist es für den Handel aufgrund von Erfahrungen vorhersehbar, wann mit besonderem Kundenandrang zu rechnen ist. **Kundenfrequenz- und Umsatzanalysen** sind dafür wichtige Entscheidungsinstrumente.

Beispiel In der Sportabteilung der Center Warenhaus GmbH wurde eine Kundenfrequenzanalyse für einen Freitag erstellt. Diese zeigt die Anzahl der Kunden zu den verschiedenen Tageszeiten. Auf Basis dieser Daten kann dann der Personaleinsatz für den Verkaufstag Freitag besser geplant werden. Trotz gründlicher Planung kommt es dennoch immer wieder zu Situationen, in denen nicht alle Kunden bedient werden können.

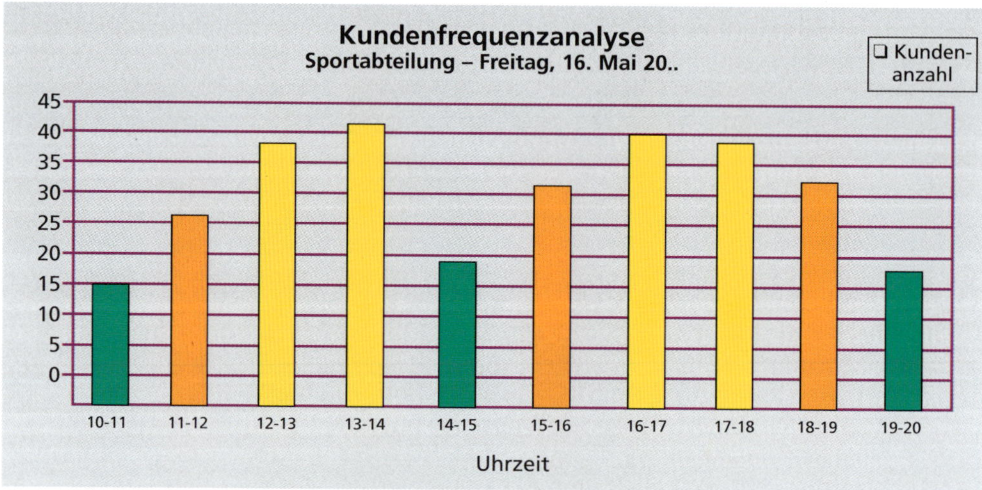

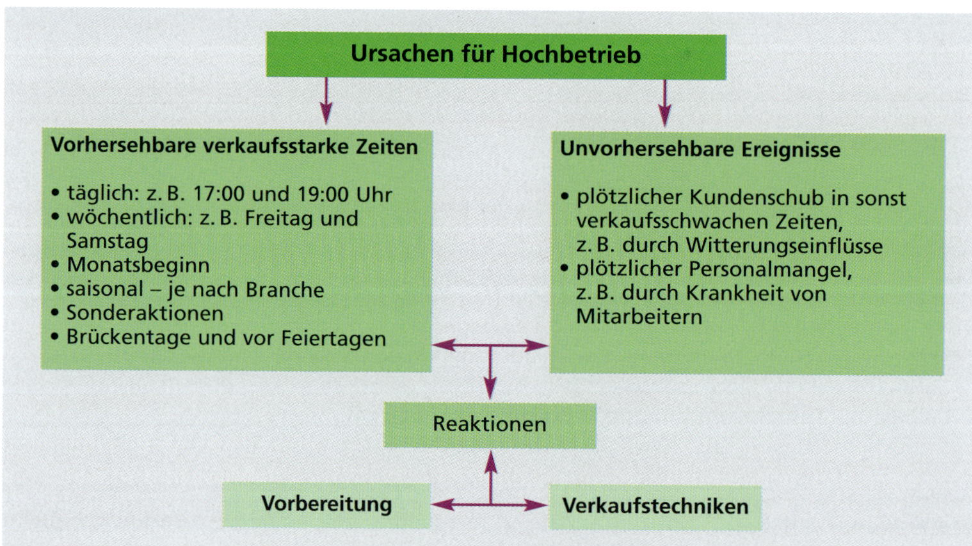

Kundenverhalten bei Hochbetrieb

Die meisten Kunden haben bei Hochbetrieb eine **andere Erwartungshaltung** als zu ruhigeren Zeiten mit einer „idealen" Personalbesetzung. Sie zeigen deshalb zunächst einmal Verständnis dafür, wenn sie warten müssen und die eigentliche Beratung anschließend etwas zügiger durchgeführt wird als gewohnt. Doch auch die geduldigsten und verständnisvollsten **Kunden reagieren verärgert, wenn**:

- sie sich unbeachtet fühlen und von den Verkäufern nicht begrüßt oder gar ignoriert werden.
- Verkäufer in solchen Situationen nicht konzentriert und zügig arbeiten oder sogar unnötig lange Telefonate bzw. Privatgespräche führen.

- sie das Gefühl haben, ungerecht behandelt zu werden, weil zuerst ein Kunde bedient wird, der sich entweder vorgedrängelt hat oder noch nicht an der Reihe ist.

Vorbereitung auf Hochbetrieb

Vorhersehbarer Hochbetrieb ist planbar und bietet dem Geschäft die Möglichkeit, sich darauf einzustellen und entsprechend vorzubereiten:

- Mehr Möglichkeiten zur Vorwahl und Selbstbedienung schaffen.
- Das Geschäft aufräumen und alles an den gewohnten Platz bringen.
- Für genügend Verpackungsmaterial und Wechselgeld sorgen.
- Aufräum- und Auffüllarbeiten sind vorab zu erledigen.
- Mehr Personal und eventuell auch Aushilfen einplanen.
- Aushilfen übernehmen Standardarbeiten wie Verpacken und Auffüllen.
- Es werden mehr Kassen geöffnet.
- Aktuelle Angebote und Schaufensterauslagen sind allen bekannt.

Verkaufen bei Hochbetrieb

Die Kundenbegrüßung

Auch bei Hochbetrieb sollten Sie versuchen, **jeden Kunden** zu **begrüßen**. Häufig genügen schon ein **kurzer Blick** und ein **freundliches Lächeln**. Fühlt sich ein Kunde wahrgenommen, weiß er: „Es lohnt sich zu warten." Werden Kunden ignoriert, so verlassen sie häufig die Abteilung oder das Geschäft.

Lean Selling

Für die weiteren Phasen des Verkaufsgespräches muss es besonders in Bedienungsgeschäften darum gehen, bei Hochbetrieb die **Dauer** eines **Verkaufsgespräches** zu **verkürzen**, ohne die **Beratungsqualität** aus Sicht des Kunden zu vermindern. Dies ist eine Gratwanderung und setzt geschulte, konzentrierte und motivierte Verkäufer voraus. Wenn ein Verkäufer versucht, Zeitreserven durch ein sehr gezieltes Vorgehen im Verkaufsgespräch zu gewinnen, dann spricht man vom **Lean Selling** (schlankes Verkaufen). Beim Lean Selling wird z. B. bei der Bedarfsermittlung und der Argumentationsphase auf LF 2
den Erlebnisbezug **verzichtet**. Zudem versucht man, durch einen verstärkten Einsatz von geschlossenen Fragen das Verkaufsgespräch stärker zu lenken.

PRAXISTIPP Denken Sie erst recht bei Hochbetrieb an Ergänzungsangebote und Zusatzverkäufe.

Viele Verkäufer vergessen Ergänzungsangebote und Zusatzverkäufe bei Hochbetrieb und die Kunden scheuen sich, den Verkäufer, der ohnehin schon stark eingebunden ist, noch zusätzlich zu belasten.

● Mehrere Kunden gleichzeitig bedienen

Eine weitere Variante, um mit Hochbetrieb professionell umzugehen, ist, zwei oder mehr Kunden gleichzeitig zu bedienen. Dies ist anspruchsvoll, kann aber und Erfolgserlebnisse bescheren und Kunden zufriedenstellen.

○ Mehrfachbedienung

Wenn Kunden mit der Ware beschäftigt sind, haben sie meistens nichts dagegen, wenn Sie sich in der **Zwischenzeit** auch um andere Kunden kümmern. Die meisten Kunden sehen ein, dass sich der Verkäufer in einer solchen Situation nicht nur einer Person widmen kann. Typische Momente, in denen Kunden etwas Zeit brauchen und alleine gelassen werden können:

- Sie wollen etwas ausprobieren oder prüfen.
- Sie möchten in Ruhe noch einmal verschiedene Artikel vergleichen.
- Sie probieren ein Kleidungsstück an.
- usw.

PRAXISTIPP Nutzen Sie Freiräume und kümmern Sie sich um wartende Kunden.

Bei der Mehrfachbedienung sollten Sie die folgenden Grundsätze beachten:

Grundsatz 1:
Bitten Sie Ihre Kunden um Verständnis!

Grundsatz 2:
Machen Sie das eigene Vorgehen für alle Beteiligten transparent!

Wenn Sie bereits einen Kunden bedienen und ein weiterer kommt hinzu, gibt es zwei **Alternativen**

Alternative 1:
Wenn Sie Ihrer Einschätzung nach mehr Zeit für den zweiten Kunden benötigen, so sollten Sie ihm das freundlich mitteilen und um Verständnis bitten. Verweisen Sie darauf, dass Sie mit Sicherheit eine Lösung für sein Anliegen finden. Bitten Sie ihn, sich in der Zwischenzeit schon mal umzuschauen. Erst wenn sich im Gespräch mit dem ersten Kunden ein Freiraum ergibt, kümmern Sie sich um den zweiten usw. So können Sie gleichzeitig – bei der konsequenten Nutzung von Freiräumen – beide Kunden bedienen.

Alternative 2:
Sie entscheiden, näher auf den zweiten Kunden einzugehen, weil er z. B. nur eine kurze Frage hat. Sie sollten es nicht versäumen, sich kurz aus Ihrem ersten Verkaufsgespräch zu verabschieden.

Beispiel „Entschuldigen Sie, darf ich der Kundin kurz weiterhelfen? Das geht ganz schnell." Diese höfliche Frage werden die meisten Kunden mit einem „Ja" beantworten.

Beide Kunden sind zufrieden.

○ Parallelberatung

Bei der Parallelberatung beraten Sie mehrere Kunden gleichzeitig. Sie unterscheidet sich von der Mehrfachbedienung durch die folgenden Aspekte:

- Die Kunden müssen sich für den gleichen oder ähnlichen Artikel interessieren.
- Sie sind in etwa der gleichen Zielgruppe zuzuordnen.
- Die Kunden müssen diesem Vorgehen zustimmen.

Beispiel Als Mehmet zu den Digitalkameras kommt, warten dort bereits mehrere Kunden auf eine Beratung. Wie sich herausstellt, suchen zwei von ihnen eine Kamera für den „Hausgebrauch" und haben bisher noch keinerlei Erfahrungen mit diesen Geräten. Mehmet schlägt ihnen vor, sie beide gleichzeitig zu bedienen.

PRAXISTIPP Seien Sie bei Mehrfach- und Parallelberatungen ehrlich zu sich selbst und muten Sie sich immer nur so viel zu, wie Sie verkraften können.

Bei Hochbetrieb verkaufen

- Erfahrungen, Umsatz- und Kundenfrequenzanalysen ermöglichen es dem Geschäft, sich durch eine **entsprechende Organisation** auf Hochbetrieb vorzubereiten.
- Unvorhersehbarer Hochbetrieb verlangt vom Verkaufspersonal **Flexibilität und entsprechendes Verkaufsverhalten**.
- Kunden reagieren auch bei Hochbetrieb verärgert, wenn sie ignoriert werden. **Begrüßen** Sie deshalb Ihre Kunden. Sie sind dann eher bereit, zu warten.
- Anliegen des **Lean-Sellings** ist es, die Dauer eines Verkaufsgespräches zu verkürzen, ohne die Beratungsqualität aus Sicht der Kunden zu vermindern.
- **Mehrfach- und Parallelberatung** helfen, bei Hochbetrieb mehr Kunden zu bedienen.

1. a) Listen Sie Ursachen auf, die in Ihrem Ausbildungsbetrieb zu Hochbetrieb führen.
b) Beschreiben Sie, wie Ihr Ausbildungsbetrieb darauf reagiert.

2. Beschreiben Sie, was
a) ein Geschäft,
b) ein Verkäufer tun kann, um angemessen auf Hochbetrieb zu reagieren.

3. Im Verkaufsalltag gibt es immer wieder die Notwendigkeit, mehrere Kunden gleichzeitig zu bedienen. Beschreiben Sie
a) Mehrfachbedienung.
b) Parallelberatung.

4. Erläutern Sie die Kundenfrequenzanalyse von Seite 362 und leiten Sie daraus die erforderlichen Maßnahmen ab, die die Center Warenhaus GmbH für andere Freitage treffen sollte.

8 Mit Störungen des Verkaufsgesprächs souverän umgehen

Sabine berät in der Sportabteilung einen Kunden, der gerne eine Trekkingjacke kaufen möchte, sich aber noch nicht zwischen zwei Modellen entscheiden kann. Plötzlich klingelt ihr Handy. Sie nimmt den Anruf entgegen und freut sich sehr, denn es ist ihr Freund Dirk. Als das Gespräch etwas privater wird, wendet sie sich vom Kunden ab, damit dieser nicht alles mithören kann.
Nachdem sie Dirk noch erzählt hat, wie ihr bisheriger Arbeitstag verlaufen ist, verabredet sie sich mit ihm, beendet das Gespräch und wendet sich dem Kunden wieder zu. Der Kunde ist verschwunden und die beiden Trekkingjacken, die er zuvor noch abwägend in den Händen gehalten hatte, liegen auf dem Boden ...

ARBEITSAUFTRÄGE
- Beurteilen Sie Sabines Verhalten und die Auswirkungen auf das Unternehmen.
- Erstellen Sie einen Katalog von möglichen Störungen des Verkaufsgesprächs.
- Erläutern Sie, welche Regelungen in Ihrem Ausbildungsbetrieb hinsichtlich des Gebrauchs von Telefonen und Handys bestehen.

Unterbrechung des Verkaufsgespräches

Handytelefonate

Heutzutage ist man permanent erreichbar und diese Entwicklung hat auch nicht vor Einzelhandelsunternehmen Halt gemacht.

Die Nutzung von Handys ist im Freizeitbereich zu akzeptieren. Im Geschäft jedoch, **während der Kundenberatung** oder dem Gespräch mit Vertretern von Lieferanten gilt als **eiserne Grundregel** für **private Handys:**

Nur ein ausgeschaltetes oder lautloses Handy ist ein gutes Handy!

Nutzen Sie die technischen Möglichkeiten Ihres Handys und schalten Sie Ihre **Mailbox** ein. Sie haben i. d. R. auch während Ihrer Arbeitszeit genügend Freiräume, um sie abzurufen und zeitnah zu antworten. Manche Unternehmen wünschen, dass ihre Mitarbeiter im Geschäft stets erreichbar sind und **erlauben die Nutzung privater Handys** neben den vorhandenen tragbaren oder fest installierten Diensttelefonen.

○ Telefonanrufe

Wenn das Telefon klingelt und Sie sich gerade in einem Verkaufsgespräch befinden, ist es **äußerst unhöflich**, das Gespräch zu unterbrechen und sofort auf den Anruf zu reagieren. Die Beratung des Kunden hat **Vorrang** und Sie sollten ihn auf jeden Fall um **Entschuldigung** bitten, **bevor** Sie den Anruf entgegen nehmen. Nach der Beratung sehen Sie wahrscheinlich im Display, wer Sie zu sprechen wünschte, sodass Sie sich bei dem Anrufer melden können.

Wenn Sie während eines Verkaufsgesprächs einen Anruf annehmen, sollten Sie Ihren Gesprächspartner darauf hinweisen, dass Sie sich gerade in einer Beratung befinden und sich **kurzfassen** müssen. Bitten Sie ihn um **Verständnis**, dass Sie momentan **keine Zeit** für ihn haben und sichern Sie ihm Ihren **Rückruf** zu, **nachdem** die Beratung im Geschäft beendet ist. Alternativ können Sie natürlich auch einen **festen Zeitpunkt** verabreden, an dem Sie sich wieder bei ihm melden.

Beispiel **Kurze Unterbrechung der Beratung:** Mehmet bedient gerade einen Kunden, als Lena ihm zuruft „Mehmet, Telefon für dich!" Mehmet wendet sich an den Kunden. „Bitte entschuldigen Sie mich einen Moment, ich bin in einer Minute zurück." „Selbstverständlich" entgegnet der Kunde. Mehmet eilt zum Telefon, es ist eine Kundin, für die Mehmet eine Extrabestellung durchgeführt hat. „Hallo Frau Funke, es tut mir leid, aber ich bin gerade in einer Beratung. Ich rufe Sie in einer Viertelstunde zurück, ist das o.k.? Danke, bis gleich."

Wenn Sie von einem Mitarbeiter zu einem Telefon gerufen werden und der Kunde kein Einverständnis signalisiert, dann bitten Sie den Kollegen, dem Anrufer auszurichten, dass Sie ihn **umgehend** oder **zu einer bestimmten Uhrzeit** zurückrufen werden. Natürlich kann der Kollege auch einen **Zeitpunkt vereinbaren.**

PRAXISTIPP Wenn Sie einem Anrufer einen Rückruf zusagen oder zusagen lassen, dann halten Sie dieses Versprechen auf jeden Fall ein! Sie stärken damit Ihren Ruf als zuverlässiger Verkäufer!

Bei einem **längeren, unaufschiebbaren** Telefonat bitten Sie den Kunden, sich in der Zeit bis zu Ihrer Rückkehr schon einmal mit der Ware zu beschäftigen.

Vorbeugende Maßnahmen gegen Störungen des Verkaufsgesprächs

- Handys ausschalten.
- Anrufe umleiten.
- Von der Zentrale nur wichtige Gespräche durchstellen lassen.
- Verkaufsgespräche von Kollegen nur in dringenden Fällen unterbrechen.
- Familie, Freunde, Bekannte bitten, nur während der Pausenzeiten bzw. in dringenden Fällen anzurufen.

● Verkaufsablösung

Es gibt **Ausnahmesituationen**, in denen es nicht möglich ist, dass der Verkäufer ein begonnenes Beratungsgespräch zu Ende führt:

Gründe für eine Verkaufsablösung	Beispiele
– Es gibt zwingende betriebliche oder private Gründe.	– Nico Bonnet wird ausgerufen, da ein schwerwiegendes Problem mit dem Warenwirtschaftsprogramm behoben werden muss.
– Der Verkäufer fühlt sich dem Kunden nicht gewachsen.	– Mehmets Fachwissen reicht nicht aus, um die detaillierten Fragen eines Kunden nach den technischen Einzelheiten eines neuen Handys zu beantworten.
– Es bestehen starke Spannungen zwischen Verkäufer und Kunde.	– Eine korpulente Kundin fühlt sich im Verkaufsgespräch durch Sabine beleidigt und möchte das Gespräch nicht fortsetzen.

Bei einer **Verkaufsablösung** bitten Sie einen **erfahrenen Kollegen** um Übernahme des Gespräches. Informieren Sie ihn **sorgfältig** über den **Stand der Beratung**, damit er das Verkaufsgespräch **nahtlos fortsetzen** kann.

PRAXISTIPP Nehmen Sie es nicht persönlich, wenn ein Kunde den Wunsch nach einer Verkaufsablösung äußert. Reagieren Sie weder ärgerlich noch beleidigt, sondern bleiben Sie freundlich und professionell.

Mit Störungen des Verkaufsgesprächs souverän umgehen

- **Private Handys** bleiben **ausgeschaltet**, andere betriebliche Regelungen sind möglich.
- Verkaufsgespräche im Geschäft haben **Vorrang** vor Telefongesprächen.
- Entschuldigen Sie sich, **bevor** Sie einen Anruf annehmen.
- Bieten Sie dem Anrufer einen **Rückruf** an.
- Bei Telefonaten gilt immer: **Fasse Dich kurz!**
- **Vorbeugende Maßnahmen** verhindern Störungen.
- Verkaufsablösungen sind **Ausnahmesituationen**. Übergeben Sie den Kunden professionell an Ihren Kollegen.

1. Beschreiben Sie grundsätzliche Maßnahmen, wie Störungen durch Telefon und Handy verringert werden können.

2. Erläutern Sie drei Gründe, die für eine Verkaufsablösung während der Beratung sprechen.

3. **Rollenspiel:** Bereiten Sie zwei Rollenspiele vor, in denen das Verkaufsgespräch durch einen Telefonanruf unterbrochen wird bzw. eine Verkaufablösung erfolgt. Führen Sie die Rollenspiele vor der Klasse durch und werten Sie sie aus.

1. Rollenspiel/Telefonstörung	2. Rollenspiel/Verkaufsablösung
Verkäufer: Reagieren Sie kundenorientiert.	**Verkäufer:** Sie fühlen sich dem Kunden nicht gewachsen.
Kunde: Sie akzeptieren die Annahme, sind jedoch nicht bereit, lange zu warten.	**Kunde:** Sie akzeptieren den neuen Verkäufer und sind auf eine kompetente Beratung gespannt.

9 Am Telefon beraten und verkaufen

Seit einigen Monaten betreibt die Sportabteilung der Center Warenhaus GmbH einen Onlineshop speziell für Laufsportartikel und inseriert gezielt mit speziellen Angeboten in Fachzeitschriften für Laufsportler. Aus diesem Grund häufen sich telefonische Anfragen von Kunden, die Laufschuhe bestellen oder zu einem Pulsmesser beraten werden wollen. Sabine ist genervt, weil sie die Kunden lieber persönlich in der Sportabteilung berät. Wieder einmal muss Sabine ein Verkaufsgespräch unterbrechen, um am anderen Ende des Verkaufsraumes ein Gespräch anzunehmen.

Sabine: (außer Atem) *„Ja!“*
Kunde: (irritiert) *„Guten Tag, Baumann am Apparat. Spreche ich mit der Sportabteilung im Center Warenhaus?“*
Sabine: *„Natürlich!“*
Kunde: *„Ich dachte schon, es geht keiner ans Telefon. Ich möchte Laufschuhe aus Ihrer Anzeige bestellen.“*
Sabine: (kurze Pause) *„Ja?“*... (genervt, als der Kunde nicht sofort sagt, welche Schuhe er bestellen will) *„Welchen Schuh denn?“*
Kunde: *„Den Hark-Racer!“*
Sabine: (nachdrücklich und ungeduldig) *„Welche Schuhgröße?“*
Kunde: *„43“*
Sabine: *„O.k., dann brauche ich noch Ihre Adresse. Einen Moment, ich muss mir noch einen Stift holen.“*

ARBEITSAUFTRÄGE
- Listen Sie Fehler auf, die Sabine in dem Telefongespräch gemacht hat.
- Erläutern Sie Rahmenbedingungen, die kundenorientiertes Telefonieren unterstützen.

Die Beratung und der Verkauf von Ware über das Telefon spielt für Unternehmen eine große Rolle, die:

- Ware im Internet anbieten,
- einen Produktkatalog vertreiben,
- Werbeflyer mit Angeboten verteilen,
- in Zeitungen und Zeitschriften mit ihrem Produktangebot inserieren.

Viele Kunden informieren sich im **Internet** über aktuelle Angebote des Einzelhändlers, bestellen dann aber lieber die Ware **per Telefon** oder lassen sich im Geschäft beraten. Dieses sogenannte Multi-Channel-Verhalten der Kunden zeigt, dass trotz der steigenden Bedeutung des Onlinehandels der persönliche Kontakt zum Verkäufer weiterhin eine große Bedeutung hat.

Beispiel Der Radsportler Helge Thurau bestellt regelmäßig telefonisch Ersatzteile für sein Rennrad bei einem Radsportgeschäft, das seine Ware zusätzlich auf einer eigenen Internetseite anbietet.

LF 2

Das Verkaufsgespräch am Telefon stellt für das Verkaufspersonal oftmals eine große Herausforderung dar. Dies begründet sich durch das Fehlen der **Körpersprache**, die bei einem Telefongespräch **keinen Einfluss** auf das Verhalten der Gesprächspartner hat.

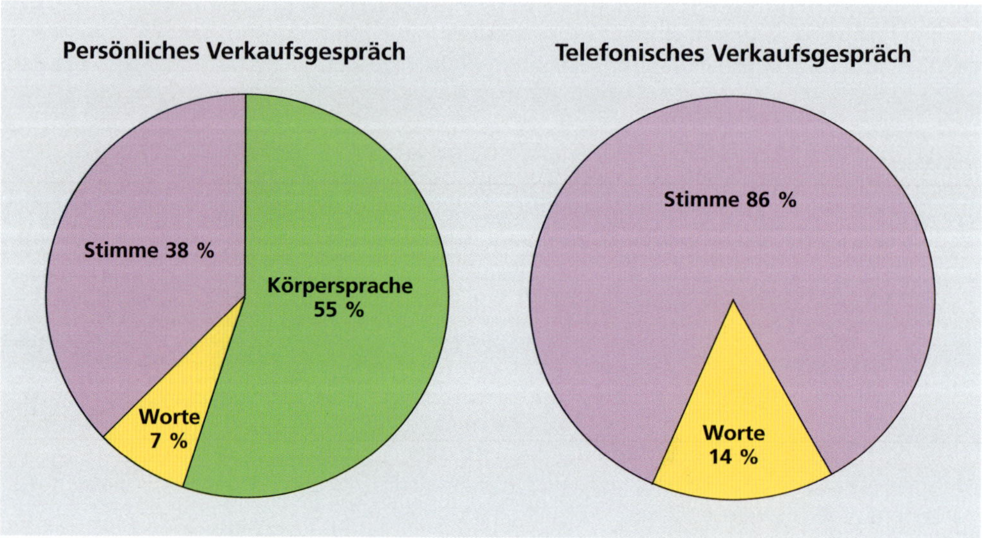

Die Grafik zeigt deutlich, dass bei einem **telefonischen Gespräch** die **Stimme** des Verkäufers zum entscheidenden **Erfolgsfaktor** wird.

● Die Wirkung der Stimme

Der Ausspruch „Die Stimme verrät mehr als tausend Worte" gilt besonders für das Telefonieren. Über die Stimme vermitteln Sie dem Kunden einen Eindruck Ihrer **Verkäuferpersönlichkeit** und Ihrer **aktuellen Gefühlslage**. Um eine positiv wirkende Telefonstimme zu entwickeln, sollten **Tonfall** (Betonung und Stimmlage), **Lautstärke** und **Sprechtempo** zielgerichtet eingesetzt werden.

○ Der Tonfall

Einige Menschen werden mit einer interessanten Stimme geboren, andere wiederum müssen sich sehr bemühen, um ihre Stimme warm und freundlich klingen zu lassen. Die Beachtung der folgenden Punkte soll helfen, den richtigen Tonfall zu finden:

- Nutzen Sie **Betonungen**, um Ihre Nachricht zu unterstützen.
- **Atmen** Sie beim Telefonieren **ruhig** und **entspannt**. Kurze und laute Atmung vermittelt Hektik und Stress.
- **Lächeln** Sie am Telefon. So klingt Ihre Stimme freundlicher und angenehmer.
- Sitzen Sie in einer **aufrechten Körperhaltung** am Telefon; so klingt Ihre Stimme klarer und deutlicher.
- **Denken** Sie vor dem Telefonieren an etwas **Positives**, denn Stimmung und Tonfall beeinflussen sich gegenseitig.

PRAXISTIPP Kleben Sie sich zur Erinnerung an ein Lächeln einen Smiley auf den Telefonapparat.

Beispiel Im Elektrofachmarkt Mars e. K. berät Mehmet einen Kunden am Telefon über neue Rasierapparate. Er denkt sich „Diesen Kunden finde ich sehr unsympathisch!“ Durch diese Gedanken sinkt seine Motivation, den Kunden gut zu beraten. Der Kunde beschwert sich daraufhin über Mehmets lustlose Stimme.

PRAXISTIPP Erkennen Sie auf dem Display des Telefons die Telefonnummer eines schwierigen Kunden, dann versuchen Sie mit positiven Gedanken ins Gespräch zu starten!

Die Lautstärke

Von der **angemessenen Lautstärke** Ihrer Stimme hängt im hohen Maße das aufmerksame und interessierte Zuhören Ihres Gesprächspartners ab:

- Sprechen Sie nicht zu leise, denn das empfinden viele Kunden als Unsicherheit.
- Sprechen Sie nicht zu laut, weil das hektisch und aufdringlich wirkt.
- Variieren Sie Ihre Lautstärke leicht, um Monotonie zu vermeiden und wichtige Aussagen zu unterstreichen.
- Halten Sie den Telefonhörer ca. 1,5 cm vom Mund entfernt, damit Ihre Stimme deutlich und klar verstanden wird.

Das Sprechtempo

Zu **schnelles Reden** wirkt **hektisch** oder **unsicher**. Dem Zuhörer wird zu wenig Zeit gegeben, um die gegebenen Informationen zu verarbeiten:

- Sprechen Sie in einem mittleren Sprechtempo, dadurch werden **Kompetenz** und **Selbstsicherheit** ausgedrückt.
- Setzen Sie sinnvolle **Sprechpausen** ein, damit der Kunde Zeit hat, Ihre Informationen zu verarbeiten.
- Langsames Sprechen wirkt langweilig und ermüdet den Zuhörer. Des Weiteren macht es den Eindruck, als wenn der Sprechende auch langsam denkt.

PRAXISTIPP Wenn Sie sehr schnell sprechen, können Sie mit kurzen Sätzen Ihr Tempo drosseln.

Das Zuhören

„Am Telefon können die Ohren sehen!“

Eine **gezielte Fragetechnik** ist im Telefongespräch ein wichtiges Werkzeug. Der Verkäufer muss die Informationen komplett erfragen, die er braucht, um kundenorientiert beraten zu können. Die eingesetzten Fragen sollen das Gespräch **trichterförmig lenken**. Nur so kann im **begrenzten Zeitrahmen** eines Telefonates ein zielgerichtetes und strukturiertes Verkaufsgespräch geführt werden.

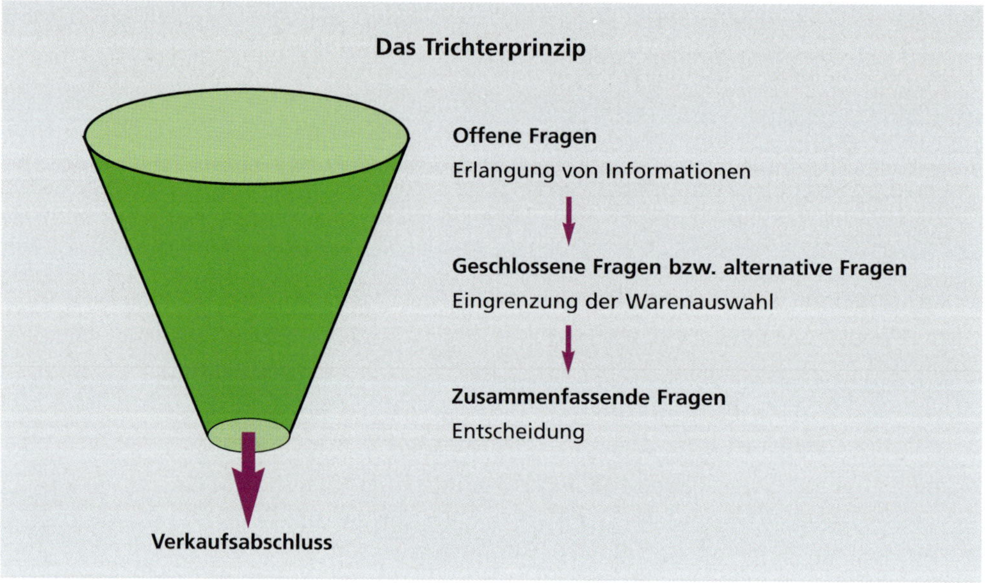

Eine **Zuhörtechnik** stellt für den Verkäufer beim Telefonieren das „aktive Zuhören" dar. LF 2 Typische **Zuhörsignale** sind: „Aha", „Das verstehe ich gut!" oder „Ja". Wichtig ist aber, dass diese Signale richtig **dosiert** werden.

PRAXISTIPP Notieren Sie sich wichtige Informationen, auf die Sie im weiteren Gesprächsverlauf zurückgreifen.

Vorbereitung und Einstieg in das Telefongespräch

Telefongespräche beginnen nicht erst mit dem Abnehmen des Hörers. Bereits vor der **Gesprächsannahme** helfen **organisatorische Maßnahmen**, ein Telefonat **effektiv** und **zeitsparend** zu führen.

- Sorgen Sie dafür, dass die **Umgebung** ausreichend **Ruhe** für ein störungsfreies Gespräch bietet.
- Nutzen Sie am „Telefonplatz" ggf. ein Headset, um mit hoher Bewegungsfreiheit während eines Telefonats Kundendaten in den Rechner eingeben und sich Notizen machen zu können.

PRAXISTIPP Binden Sie einen Stift an einem Band in der Nähe Ihres Telefons fest, damit er nicht auf „Wanderschaft" geht.

- Legen Sie Ihren Kunden **angenehme** Musik in die **Warteschleife**, wenn Sie z. B. Rücksprache mit Ihren Kollegen halten müssen.
- Geben Sie Ihren Kunden die Möglichkeit, auch außerhalb der Öffnungszeiten Nachrichten auf einem **Anrufbeantworter** zu hinterlassen. Achten Sie dabei auf einen verständlichen und positiv formulierten Ansagetext.
- Sie sollten Anrufe **spätestens nach dem dritten Klingeln** annehmen. Danach werden Kunden ungeduldig und vermuten personelle Unterbesetzung oder schlechte Organisation im Unternehmen.
- Konzentrieren Sie sich auf jedes Ihrer Telefonate. Vermeiden Sie es z. B. während des Telefonierens an der Kasse zu tippen oder mit Ihren Kollegen zu sprechen. Ein solches Verhalten zeigt ihrem Gesprächspartner, dass Sie sein Anliegen als zweitrangig einstufen. Sollte das Telefon während eines Kundengespräches im Geschäft klingeln, bitten Sie den Kunden für eine Unterbrechung um Entschuldigung und konzentrieren Sie sich auf das Telefonat.

3 Bausteine – Meldeformel

1. Baustein – Begrüßung

Beispielsweise „Guten Tag", aber auch regional angepasst, z. B. „Moin" in Ostfriesland oder „Grüß Gott" in Bayern

2. Baustein – Firma

z. B. „Mars Elektrofachmarkt e. K."

3. Baustein – Vor- und Zuname

z. B. „Mehmet Aydin"

Achten Sie bei der Begrüßung auf Sprechpausen nach jedem Baustein, damit der Gesprächspartner Zeit hat, die Informationen aufzunehmen.

Für ein erfolgreiches telefonisches Verkaufsgespräch ist ein gelungener **Gesprächseinstieg** von besonderer Bedeutung, denn der **erste Eindruck** ist entscheidend. Darum sind die professionelle **Gesprächsannahme** und die **Begrüßung** des Kunden für den Aufbau einer **positiven Beziehung** am Telefon sehr wichtig.

PRAXISTIPP Sprechen Sie Ihren Gesprächspartner mit seinem Namen an. So erreichen Sie seine Aufmerksamkeit und bauen einen persönlicheren Kontakt auf.

Am Telefon beraten und verkaufen

- Die Wirkung der **Stimme**, insbesondere der **Tonfall**, die **Lautstärke** und das **Sprechtempo**, sind im Telefongespräch entscheidende **Erfolgsfaktoren.**
- Bei der kundenorientierten Beratung am Telefon wird die **Fragetechnik** gezielt eingesetzt, um den Bedarf zu ermitteln und das Gespräch zu lenken.
- Die **Ausstattung** und die **Umgebung** des Telefonplatzes haben großen Einfluss auf die Qualität eines Telefonates.
- Eine professionelle **Gesprächsannahme** am Telefon beinhaltet die drei Bausteine: **Begrüßung, Firma** und **Vor- und Zuname**.

1. Nennen Sie Gründe, warum viele Verkäufer das persönliche Verkaufsgespräch dem Telefonat vorziehen.

2. Erklären Sie, warum die Stimme der wichtigste Erfolgsfaktor im Telefongespräch ist.

3. Skizzieren Sie den „optimalen" Telefonarbeitsplatz. Berücksichtigen Sie dabei die räumliche Gestaltung und die technische Ausstattung.

4. Erstellen Sie ein geeignetes Formular für Gesprächsnotizen am Telefon. Vergleichen Sie Ihre Ergebnisse in der Klasse.

5. **Rollenspiel**
Setzen Sie sich mit einem Partner aus der Klasse Rücken an Rücken. Simulieren Sie eine telefonische Gesprächsannahme, wobei Ihr Partner die Rolle des Kunden übernimmt und Sie anruft. Melden Sie sich am Telefon mit
a) einem lächelnden Gesichtsausdruck,
b) einem verärgerten Gesichtsausdruck.

Ihr Gesprächspartner gibt Ihnen ein Feedback, ob er Unterschiede in der Stimmwirkung bemerkt hat! Danach tauschen Sie die Rollen.

10 Reklamationen und Umtauschwünsche sach- und kundengerecht bearbeiten

Mehmet arbeitet zurzeit mit einer weiteren Mitarbeiterin an der Informationstheke vom Mars Elektrofachmarkt e. K. Es herrscht ein großer Andrang an der Theke. Frau Müller, eine Stammkundin, kommt mit einer Computertastatur zu ihm. Schon bei ihren ersten Worten macht sie durch ihre Lautstärke deutlich, dass sie verärgert ist.
Frau Müller: *„Guten Tag, Herr Aydin. Ehrlich gesagt, bin ich etwas sauer. Die neue Tastatur ist schon kaputt. Der Zahlenblock funktioniert nicht mehr, die Tasten bleiben hängen. Sie haben doch sonst nur erstklassige Ware in Ihrem Markt."*
Mehmet weiß, dass derartige Probleme eigentlich nur dann auftreten, wenn z. B. klebrige Flüssigkeiten in die Tastatur geraten. Außerdem ist ihm aus Gesprächen bekannt, dass die Kinder von Frau Müller den Computer am meisten nutzen.

ARBEITSAUFTRÄGE

- Entwickeln Sie eine sinnvolle Vorgehensweise, wie Mehmet mit der Kundin umgehen sollte.
- Erproben Sie Ihr geplantes Vorgehen in einem Rollenspiel.
- Fassen Sie in einer tabellarischen Übersicht die Unterschiede zwischen Sachmängelhaftung, Garantie und Umtausch zusammen.

→ AH

Die Reklamation als Chance zur Kundenbindung

Der Einzelhandel ist stets bemüht, Waren anzubieten, die den qualitativen Ansprüchen der Kunden genügen. Es gilt der Grundsatz:

Qualität ist, wenn der Kunde zurückkommt – nicht die Ware!

Insofern stellt die Reklamation des Kunden auf den ersten Blick eine unerwünschte und **konflikthaltige Situation** dar, die durch zahlreiche Probleme gekennzeichnet ist. Reklamationen sind zudem mit einer Fülle von Hoffnungen und Zielen der Kunden und des Einzelhandels verbunden, die nicht immer leicht miteinander vereinbar sind.

PRAXISTIPP Wenn es in einem Reklamationsgespräch zu einem Konflikt kommt, sollten Sie das nicht persönlich nehmen – häufig sind Sie nur ein „Blitzableiter" für den Ärger des Kunden.

Reklamationen erfordern ein **professionelles Beschwerdemanagement**, das zahlreiche Unternehmen des Einzelhandels eingerichtet haben. Diese Regelungen können je nach Branche, Wettbewerbssituation und der Geschäftsphilosophie der Unternehmensleitung recht unterschiedlich gestaltet sein. LF 12

Ein **fehlendes** oder **nicht kundenfreundliches Beschwerdemanagement** hat für den Einzelhandel erhebliche **Nachteile**:

	Sicht des Kunden	Sicht des Einzelhandels und seiner Mitarbeiter
Probleme	– Der Kunde ist verärgert, weil seine Erwartungen an die Ware nicht erfüllt werden. Er muss erneut zum Einzelhändler, was ihn Zeit und Geld kostet. – Ein anstehendes Reklamationsgespräch führt beim Kunden häufig zu einem mulmigen Gefühl, denn eine Beschwerde vorzubringen, ist immer auch mit Unsicherheit verbunden. Die Reaktion des jeweiligen Verkäufers ist ungewiss und es könnte auch zu einem Streitgespräch kommen.	– Reklamationen und deren Abwicklung können den normalen Geschäftsbetrieb und die Verkaufsatmosphäre erheblich stören. – Kunden werden in ihrem Ärger manchmal persönlich, sodass vom Personal sehr viel Gelassenheit und Professionalität gefordert ist. – Die Reklamationsabwicklung (Gespräch mit Kunden, Abwicklung mit dem Lieferer/Hersteller) kostet Zeit und verursacht Kosten.
Hoffnungen/Ziele	– Der Kunde möchte mit seinem Problem ernst genommen werden und nicht um sein Recht kämpfen müssen. – Er wünscht eine problemlose, rasche Abwicklung seiner Reklamation und eine Lösung, die ihn zufriedenstellt.	– Der Einzelhändler möchte die Reklamation kundenorientiert, rasch und diskret bearbeiten. – Er will sich jedoch vor ungerechtfertigten und überzogenen Kundenwünschen schützen. – Im Einzelfall gilt es daher, zwischen den Kundenwünschen und den entstehenden Kosten sorgfältig abzuwägen.

- Kunden, die eine **negative Erfahrung** bei der Reklamationsbehandlung gemacht haben, übertragen ihre Unzufriedenheit auf das gesamte Geschäft und werden es in Zukunft zugunsten der **Konkurrenz** meiden.
- Kunden, die sich geärgert haben, erzählen dies gerne weiter. Untersuchungen zeigen, dass von negativen Erlebnissen im Einzelhandel zehnmal häufiger berichtet wird als von positiven. Diese **negative Mundpropaganda** kann zusätzlich Kunden kosten.

Ein **modernes Beschwerdemanagement** zeichnet sich durch ein besonders kulantes[1] Verhalten bei Beschwerden des Kunden aus und sieht in Reklamationen zahlreiche **Chancen**:

Reklamationen …

- … bieten dem Einzelhändler die Chance, vom Endverbraucher auf **Fehler** an der Ware (oder in der Beratung) aufmerksam gemacht zu werden und diese an den Hersteller weiterzuleiten. Oft werden neue Artikel sehr rasch auf dem Markt eingeführt, ohne dass sie im Alltagsgebrauch umfassend getestet wurden. Die Konsumenten übernehmen dann sozusagen kostenlos die **Prüfung** im alltäglichen Gebrauch.
- … sind eine Möglichkeit, den zuweilen verärgerten Kunden zufriedenzustellen oder sich als besonders großzügig und kundenorientiert zu zeigen. Dies führt zu **Kundenbindung** und über eine **positive Mundpropaganda** zur **Kundengewinnung**.

Ziele	Aufgaben im Beschwerdemanagementprozess			
	Direktes Beschwerdemanagement			
Kundenbindung	Beschwerdestimulierung	Beschwerdeannahme	Beschwerdebearbeitung	Beschwerdereaktion
	Indirektes Beschwerdemanagement			
Qualitätsverbesserung	Beschwerdeauswertung	Ursachenklärung	Qualitätsverbesserung	

○ Die Schritte der kundenorientierten Reklamationsbehandlung

Beschwerden von Kunden aufzunehmen und zu bearbeiten, ist eine **anspruchsvolle Aufgabe**, die sehr viel **Fingerspitzengefühl** erfordert. Wenn Sie dem verärgerten Kunden häufig widersprechen, kann das rasch zu einem Streitgespräch führen, das für alle Beteiligten unangenehm und für den Einzelhändler geschäftsschädigend ist.

PRAXISTIPP Bleiben Sie stets ruhig und gelassen und nehmen Sie den Kunden ernst – unabhängig davon, ob eine Reklamation berechtigt ist oder nicht!

Für die Behandlung einer Reklamation empfehlen sich die folgenden **Verhaltensschritte**:

Schritte	Erläuterung	Beispiele
❶ Sorgen Sie dafür, dass das Gespräch nicht an einer von Kunden stark frequentierten Stelle im **Verkaufsraum** stattfindet. Bitten Sie den Kunden in das **Büro**, einen **Nebenraum** oder in eine **ruhige Ecke**. Bieten Sie ihm nach Möglichkeit einen **Sitzplatz** an und setzen Sie sich gegenüber.	Reklamierende Kunden sind aufgrund ihrer **Unsicherheit** oft gereizt und neigen manchmal zu unsachlichen, emotionalen und auch lauten Äußerungen. Dies stört die **Geschäftsatmosphäre**. Außerdem kann man sich an einem ruhigeren Ort besser auf den Kunden und sein Problem konzentrieren. Im Sitzen laufen Gespräche ruhiger ab.	Kunde *laut:* „Diesen Mist hier können Sie wieder haben." Mehmet: „Sie hatten Ärger mit dem Smartphone. Darf ich Sie bitten, mitzukommen, damit wir die Sache in Ruhe klären können? Wir werden sicher eine Lösung finden."

[1] *kulant: franz. = entgegenkommend, großzügig*

Schritte	Erläuterung	Beispiele
❷ Lassen Sie den Kunden sein **Problem** in Ruhe **schildern.** Hören Sie ihm dabei **aufmerksam** und **aktiv** zu. Zeigen Sie **Verständnis** für seinen Ärger und äußern Sie Ihr **Bedauern.**	Der Kunde muss zunächst einmal **„Dampf ablassen"** können. Zudem erhalten Sie wichtige **Informationen,** die zur Beurteilung der Reklamation wesentlich sind.	Kunde: „Ihr Kollege hat mir versichert, das dieses Smartphone auch ohne Internetverbindung navigiert; das stimmt aber nicht." Mehmet: „Sie haben bestimmt eine ganze Menge ausprobiert und es hat nicht geklappt. Das ist wirklich bedauerlich – ich verstehe Ihren Ärger."
❸ Suchen Sie mit dem Kunden eine **Lösung,** die ihn zufriedenstellt. Sie können dabei den Wunsch des Kunden direkt erfragen oder eine Lösung anbieten, die für den Kunden attraktiv erscheint und für Sie kostengünstig ist.	Den **Kunden zufriedenzustellen** und damit an das Geschäft zu binden, ist das **oberste Ziel** im Reklamationsgespräch. Einen verlorenen Kunden durch einen neuen zu „ersetzen", verursacht i. d. R. sehr viel mehr Kosten als ein kulantes Verhalten.	Mehmet: „Ich möchte das Problem natürlich in Ihrem Sinne lösen; – welche Lösung würde Ihnen denn entgegenkommen?" oder – möchten Sie, dass wir es noch einmal gemeinsam versuchen, das Gerät einzurichten oder wollen Sie ein anderes testen? Die Kaufpreise würden wir dann verrechnen."
❹ Prüfen Sie die **rechtliche Situation**: – Ist ein **Kaufnachweis** vorhanden? – Hat die Ware einen **Mangel,** der nicht vom Kunden verursacht wurde? – Erfolgt die Reklamation innerhalb der gesetzlichen **Sachmängelhaftungsfrist** oder der vertraglich vereinbarten **Garantiezeit**?	Sind alle Voraussetzungen für eine **berechtigte Reklamation** erfüllt, verhelfen Sie dem Kunden lediglich zu seinem Recht. Sind eine oder mehrere **Voraussetzungen nicht erfüllt,** müssen Sie im Interesse des Geschäftes **abwägen,** ob Sie sich gegenüber dem Kunden kulant verhalten oder seine Beschwerde ablehnen. Dies kann beispielsweise nötig sein, wenn Ihnen zu hohe **Kosten** entstehen würden, oder es sich um einen Kunden handelt, der aus seinen Reklamationen einen „Sport" macht und Ihre Kulanz ausnutzen will.	– Mehmet: „Haben Sie den Kassenbon für das Smartphone dabei?" – Mehmet testet das Smartphone und stellt fest, dass der Kunde recht hat und falsch beraten wurde. – Anhand des Kassenbons kann auch das Einhalten der Sachmängelhaftungsfrist bzw. Garantiezeit geprüft werden.
❺ **Erfüllen** Sie den Kundenwunsch **oder lehnen Sie** den Kundenwunsch **freundlich ab. Erklären** Sie dem Kunden Ihre Ablehnung und bitten Sie um **Verständnis**. Verabschieden Sie den Kunden freundlich, auch wenn der Kunde ungehalten ist.		Mehmet: „Ich hoffe, Sie sind jetzt mit diesem Gerät zufrieden. Und weil Sie solche Unannehmlichkeiten hatten, lasse ich Ihnen das neue Gerät zu dem ursprünglichen Preis."

○ Die berechtigte Reklamation

Berechtigte Reklamationen (vgl. Seite 112) können ganz unterschiedliche Gründe haben. Die Hauptgründe sind:

- Die Ware ist **fehlerhaft.**

  Beispiel Eine Kundin reklamiert eine Strickjacke, die zwei Webfehler hat.

- Die Ware ist **unvollständig.**

  Beispiel Beim Auspacken einer Sauna zur Selbstmontage entdeckt ein Kunde, dass zwei Bauteile fehlen.

- Der Ware fehlt eine **zugesicherte Eigenschaft.**

  Beispiel Ein Verkäufer versichert dem Kunden, dass ein Handy über eine integrierte Freisprecheinrichtung verfügt. Dies stellt sich jedoch als Irrtum heraus. Der Verkäufer hatte das Handy mit einem anderen Modell verwechselt.

- Die Ware wurde aufgrund einer **fehlerhaften Montage-Anleitung** beschädigt.

  Beispiel Beim Aufbau eines Regals nutzt ein Kunde die in der Anleitung angegebenen Schrauben zum Befestigen eines Regalbodens. Diese sind jedoch zu lang, sodass der Regalboden durchstoßen wird.

Der Einzelhändler muss sicherstellen (gewährleisten), dass der Kunde eine mangelfreie Ware erhält. Diese **Sachmängelhaftung** gilt grundsätzlich für **24 Monate**. Wenn die Ware bereits bei der **Übergabe** einen Mangel hatte und der Kunde diesen Mangel innerhalb der **Sachmängelhaftungsfrist** anzeigt, hat er die folgenden Rechte (vgl. § 437 ff. BGB):

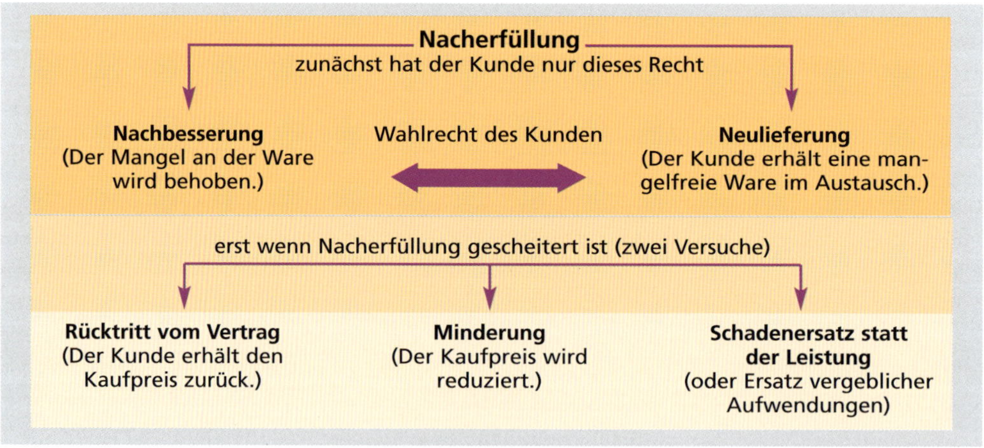

Der Einzelhändler kann dem Kunden die **Nachbesserung** und/oder die **Neulieferung verweigern**, wenn ihm dadurch **unverhältnismäßig hohe Kosten** entstehen. Selbstverständlich kann der Kunde die Rechte Rücktritt vom Vertrag oder Minderung geltend machen.

Berechtigte Reklamationen sind für die **Kundenbehandlung** in aller Regel **unproblematisch**, da der Einzelhändler die mangelhafte Ware an den Lieferer oder Hersteller weitergeben und seinerseits Ansprüche geltend machen kann. Nach Ablauf von **sechs Monaten** muss – rein rechtlich – der Kunde nachweisen können, dass der Mangel an der Ware schon bei ihrer Übergabe bestand (**Beweislastumkehr**), was oftmals schwer sein kann. Im Zweifelsfall helfen hier unabhängige Prüf- und Schiedsstellen, deren Adressen man über die Verbraucherzentralen erfährt.

Ein Problem kann entstehen, wenn der Kunde **direkt** ein **nachrangiges Recht** einfordert, ohne dem Einzelhändler die Chance zur Nacherfüllung zu lassen.

Beispiel Ein Kunde hat einen Trockner für 649,00 EUR gekauft. Nach einer Woche reklamiert er einen Defekt des Gerätes und verlangt sein Geld zurück. Dieser Wunsch wird vom Mars Elektrofachmarkt e. K. freundlich abgewiesen, da für solche Fälle ein Kundendienst existiert, der den vielleicht nur geringfügigen Mangel rasch beheben kann.

PRAXISTIPP Bestehen Sie nicht auf der Einhaltung des „Rechtsweges" – der Kunde wird es Ihnen danken.

In den meisten Fällen ist es für den Einzelhändler vorteilhaft, den Wünschen der Kunden entgegenzukommen, selbst wenn diese ein nachrangiges Recht fordern. Der Rücktritt vom Vertrag bedeutet zwar immer einen **verlorenen Umsatz**, aber dafür hat man **zukünftige Umsätze** mit dem zufriedenen Kunden **gesichert**.

Die unberechtigte Reklamation

Beispiele
- Der Kunde kann keinen Kaufnachweis (Kassenbon, Rechnung, Zeugen) vorweisen.
- Die Sachmängelhaftungsfrist ist überschritten.
- Ein Kunde hat einen Pullover falsch gewaschen.
- Eine Mikrowellen-/Grillkombination wurde vom Kunden falsch bedient, sodass sie unbrauchbar wurde.

Mängel, die aufgrund eines **fehlerhaften Gebrauchs** oder einer falschen Behandlung durch den Kunden entstanden sind, deuten auf **Versäumnisse im Verkaufsgespräch** hin. Bei zahlreichen Artikeln können im Gebrauch und in der Behandlung Fehler gemacht werden, die nicht auf den ersten Blick ersichtlich sind. Der Verkäufer sollte dann auf die möglichen Fehlerquellen hinweisen, um die Ware und den Kunden zu schützen.

Hat der Kunde den Schaden selbst verursacht, so sollten Sie ihn **behutsam** darauf aufmerksam machen, bzw. seinen **Fehler** selbst entdecken lassen. Dies ist erforderlich, damit der Kunde einen solchen Fehler in **Zukunft** vermeidet. Außerdem soll er erkennen, dass er eigentlich **keinen Anspruch** gegen den Einzelhändler hat.

PRAXISTIPP Stellen Sie den Kunden niemals bloß – selbst wenn er einen „dummen" Fehler gemacht hat.

Beispiel

Verkäufer: „Wie haben Sie denn die Schale gereinigt?"

Kunde: „In der Spülmaschine."

Verkäufer: „Sehen Sie hier hinten das Zeichen? Das bedeutet, dass die Schale nicht für die Spülmaschine geeignet ist. Ich gebe gerne zu, dass man heutzutage selten daran denkt, so etwas nachzuschauen, aber dadurch ist das Dekor so verblasst."

Wenn sich der Einzelhändler bei einer unberechtigten Reklamation großzügig zeigt und die reklamierte Ware z. B. durch eine mangelfreie ersetzt, entstehen dem Einzelhändler unter Umständen **Kosten**. Die mangelhafte Ware kann eventuell nicht an den Lieferer oder Hersteller zurückgegeben werden und der Einzelhändler bleibt „darauf sitzen". Häufig zeigen sich jedoch gerade Markenhersteller sehr kulant und nehmen Ware ohne eine genaue Prüfung der Mangelursache zurück.

In jedem Fall sollten Sie dem Kunden **deutlich machen**, dass Sie sich ihm gegenüber **kulant zeigen** und dass es sich nicht um eine Selbstverständlichkeit handelt.

PRAXISTIPP Auch für kulante Reklamationsbehandlung gilt der Marketinggrundsatz: „Tue Gutes und rede darüber."

Beispiel
Verkäufer (lächelnd): „Also, Herr Wirtz. Sie sind ja ein sehr treuer Kunde und da werde ich Ihnen eine neue Schale geben. Das würden wir nicht bei jedem Kunden tun. Aber bitte beachten Sie die Pflegehinweise."

Die Garantie als Erweiterung der Sachmängelhaftung

Häufig werden die gesetzlichen Rechte des Kunden bei Schlechtleistung (mangelhafte Lieferung) fälschlicherweise mit der Garantie verwechselt oder gleichgesetzt.

Sachmängelhaftung	Garantie
Die Sachmängelhaftung ist eine **gesetzlich festgeschriebene Verpflichtung** des **Einzelhändlers** gegenüber dem Kunden. 	Die Garantie ist eine **vertragliche Zusicherung** der Funktionstüchtigkeit des Artikels für die Garantiezeit. Sollte ein Mangel auftreten, wird der Artikel für den Kunden kostenfrei repariert oder er erhält einen Ersatz. Die Garantie wird vom **Einzelhändler** oder direkt vom **Hersteller** gegeben.  ↓ Eine gegenüber der Sachmängelhaftung erweiterte Garantie bietet dem Kunden zusätzliche **Sicherheit** und damit ein **Kaufargument**.

Wichtig ist dabei, dass die **Garantie** die gesetzlichen **Rechte** des Kunden erweitert und **nicht ersetzt**. Das heißt, der Kunde kann sich innerhalb der gesetzlichen Sachmängelhaftungsfrist mit seiner Reklamation immer an den Einzelhändler direkt wenden, auch wenn der Hersteller des Artikels eine Garantie gegeben hat.

Verkäuferaussagen wie *„Da haben wir nichts mit zu tun, das ist Sache des Herstellers"* sind daher in den ersten zwei Jahren nach dem Kauf des Artikels schlicht falsch. Der Kunde kann wählen, ob er sich auf die Garantie oder die Sachmängelhaftung beruft.

Verbrauchsgüterkauf

LF 3,7 Ein Verbrauchsgüterkauf liegt vor, wenn ein **Verbraucher von einem Unternehmer** eine bewegliche Sache kauft (§ 474 I BGB). Durch § 374 ff. BGB erfolgt eine rechtliche Besserstellung des Verbrauchers, diese Rechtsvorschriften ergänzen die grundsätzlich für alle

Kaufverträge geltenden Bestimmungen des BGB. Diese Sonderregelungen betreffen vor allem den Gefahrenübergang, die Beweislastumkehr, die Garantieerklärungen und unzulässige Einschränkungen von Rechten zulasten des Verbrauchers. Diese Regelungen gelten nicht für gebrauchte Sachen, die in einer öffentlichen Versteigerung verkauft werden, an der der Verbraucher persönlich teilnehmen kann.

○ Gefahrenübergang

Handelt es sich um einen Verbrauchsgüterkauf, tritt der Gefahrenübergang erst ein, wenn ein Verbraucher die Kaufsache erhalten hat (§ 446 BGB). Kauft eine Privatperson bei einem Unternehmer eine Ware, die innerhalb der ersten 6 Monate einen Mangel aufweist, so wird vermutet, dass dieser Mangel bereits bei der Übergabe vorhanden war. Den Gegenbeweis muss der Verkäufer erbringen

Beispiel Ein Kunde hat im Abels Bau- und Hobbymarkt ein Dachfenster erworben. Vier Monate nach dem Kauf und dem Einbau des Dachfensters zeigt sich, dass bei Regen Wasser eintritt. Es erweist sich, dass die Dichtungen im Rahmen porös sind. In diesem Fall muss der Händler beweisen, dass der Schaden durch unsachgemäße Nutzung entstanden ist, was schwierig sein dürfte, da die Vermutung naheliegt, dass von Anfang an eine fehlerhafte Verarbeitung der Dichtungen vorlag.

Diese Beweislast gilt auch beim Verbrauchsgüterkauf gebrauchter Sachen. Die Vermutung eines bei der Übergabe bereits vorhandenen Sachmangels gilt nicht, wenn die Sache z. B. Schäden aufweist, die offensichtlich durch unsachgemäße Verwendung oder Gewalteinwirkung verursacht worden sind.

○ Garantieerklärungen

Bei einer Beschaffenheits- und/oder Haltbarkeitsgarantie übernimmt der Verkäufer oder der Hersteller die Garantie für die zugesicherte Beschaffenheit der Sache **(Beschaffenheitsgarantie)** oder dafür, dass die Sache für eine bestimmte Dauer eine bestimmte Beschaffenheit behält **(Haltbarkeitsgarantie).** Die Garantie sieht meistens nur vor, dass der Kunde die Beseitigung des Mangels verlangen, jedoch nicht vom Vertrag zurücktreten kann. Ist der Verkäufer nicht in der Lage, den Mangel zu beseitigen, hat der Käufer per Gesetz ein Rücktrittsrecht.

Beispiele

- Der Mars Elektrofachmarkt e.K. gewährt seinen Kunden beim Kauf eines Elektrorasierers eine **Haltbarkeitsgarantie** von fünf Jahren.
- Die Abels Bau- und Hobbymarkt GmbH bezeichnet einen Teil ihrer Fliesen als garantiert frostsicher. Der Hersteller der Fliesen garantiert die Frostsicherheit aufgrund einer Garantieurkunde (**Beschaffenheitsgarantie**).

Hinsichtlich der **Garantieerklärung** sind folgende **verbraucherschützende Vorschriften** zu beachten (§ 477 BGB):

- einfache und verständliche Abfassung der Garantieerklärung
- Hinweis auf die gesetzlichen Rechte der Verbraucher und deren uneingeschränkte Geltung LF 3

- Mindestinhalte der Garantieerklärungen sind Dauer und räumlicher Geltungsbereich des Garantieschutzes, Name und Anschrift des Garantiegebers
- Recht des Verbrauchers auf Aushändigung der Garantieerklärung
- die Wirksamkeit der Garantieerklärung auch bei Nichteinhaltung der obigen Vorschriften

Wird eine Garantie angeboten, hat der Käufer innerhalb der zweijährigen gesetzlichen Sachmängelhaftungspflicht das Wahlrecht, ob er bei Auftreten eines Mangels seine Rechte aus der Garantie oder aus der gesetzlichen Sachmängelhaftung in Anspruch nimmt.

Abweichende Vereinbarungen

LF 3 Ein Haftungsausschluss der Vorschriften zum Verbrauchsgüterkauf in den Allgemeinen Geschäftsbedingungen ist nicht möglich. Somit sind abweichende Vereinbarungen, die vor der Mitteilung eines Mangels getroffen werden und das Recht des Verbrauchers auf Nacherfüllung, das Rücktrittsrecht, die Beweislastumkehr sowie das Recht auf Minderung einschränken, ohne rechtliche Bedeutung.

Der Umtausch – ein Service für den Kunden

Umtauschgründe			
Nichtgefallen	**Nichtpassen**	**Kaufreue**	**Ware schon vorhanden**
Beispiel Eine Kundin stellt zuhause fest, dass ihr die Farbe des Mantels bei anderem Licht doch nicht gefällt.	**Beispiel** Ein Kunde kauft für seine Enkelin eine Hose. Leider ist sie zwei Nummern zu klein.	**Beispiel** Ein junger Mann kauft sich spontan ein teures Fitnessgerät, das er sich eigentlich nicht leisten kann.	**Beispiel** Die für einen Geburtstag gekaufte (eingeschweißte) Doppel-CD hat der Beschenkte bereits.

Umgangssprachlich werden der **Umtausch** und die **Ersatzlieferung** aufgrund einer Reklamation oft gleichgesetzt. Dabei handelt es sich beim Umtausch stets um eine **freiwillige Leistung** des Einzelhändlers, auf die der Kunde **keinen Rechtsanspruch** hat. Insofern ist die Möglichkeit eines Umtauschs ein Service (Kulanz), der z. B. bei unentschlossenen Kunden oder beim Geschenkkauf (vgl. Seite 334 ff.) die Kaufentscheidung erleichtert.

Nahezu alle Einzelhändler räumen ihren Kunden ein **Umtauschrecht** ein. Dies geschieht häufig ausdrücklich, z. B. auf dem Kassenbon oder in ihren **Allgemeinen Geschäftsbedingungen (AGB)**. Mit besonders großzügigen Umtauschregelungen heben sich manche Einzelhändler von der Konkurrenz ab.

LF 3

Beispiele

- Ein Sportfachgeschäft räumt seinen Kunden ein Umtauschrecht für Laufschuhe ein, nachdem sie die Schuhe drei Wochen lang getestet haben.
- Ein Kaufhaus wirbt mit „Geld-zurück-Garantie – ohne Wenn und Aber"

E1 Mode GmbH
Mittelstr. 7 Steuernummer:245/4325/9588
50674 Köln USt-IdNr.: DE423515712
Tel.: 0221 277596

Datum: 06. Februar 20.. Zeit: 15:51:14
Nr: 0000784120718

Sie wurden bedient von:
Gerlinde Oberle

1 Nicky Hood (19%) 19,95
0000030028697 Strick -XL/scho

Summe 19,95 EUR

- Bar 20,00 Eur

Rückgeld 0,05 EUR

In diesem Betrag sind an gesetzlicher MwSt. 3,19 EUR enthalten.
****
Umtausch nur mit Kassenbon innerhalb von 14 Tagen, reduzierte Ware ist vom Umtausch ausgeschlossen.
****

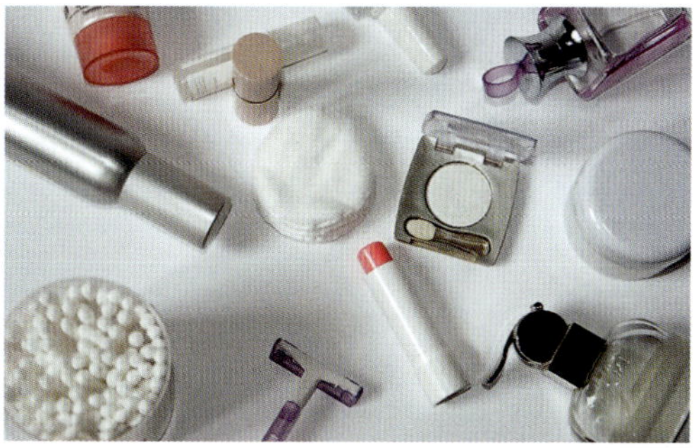

Wenn die Artikel, die der Kunde umtauschen möchte, noch **fehlerfrei** bzw. unbenutzt sind und wieder **verkauft** werden können, ist der **Umtauschwunsch unproblematisch**. Da aber manche Waren nicht mehr in den Verkauf gelangen sollten, sind sie **vom Umtausch ausgeschlossen:**

- **Hygiene-Artikel**, wie Badebekleidung, Unterwäsche, Zahnbürsten, Kosmetika usw.
- **offene Lebensmittel**
- **Schnittwaren**, wie Stoffe oder Blumen
- **Waren, deren Gebrauch man nicht erkennt** (außer, sie sind original verpackt bzw. versiegelt), wie z. B. Batterien, CDs, DVDs, Blu-Rays.

Auch **reduzierte Waren** werden häufig vom Umtausch ausgeschlossen.

Der Kunde behält jedoch sein Recht, mangelhafte Ware zu reklamieren und mangelfreie Ware zu fordern.

Dieses gesetzliche Recht wird durch die Beschränkung des Umtauschrechtes nicht berührt.

Grundsätzlich stehen Ihnen verschiedene **Arten des Umtausches** zur Verfügung:

- **Austausch des Artikels**
  Eine Kundin tauscht z. B. eine Uhr mit weißem Zifferblatt gegen eine gleiche mit blauem Zifferblatt.
- **Verrechnung der Kaufpreise**
  Der Kunde wählt einen anderen Artikel, die Kaufpreise werden verrechnet.
- **Gutschrift**
  Der Kunde erhält einen Gutschein über den Kaufpreis.
- **Auszahlung**
  Der Kunde erhält den Kaufpreis zurück.

Da großzügige Umtauschregelungen mittlerweile zur **Normalität** geworden sind, werden sie vom Verkaufspersonal oftmals geradezu beiläufig erledigt. Vom Kunden werden sie daher gar nicht mehr als **besonderer Service** wahrgenommen. So werden Chancen zur Kundenbindung vergeben. Hinzu kommen häufig Fehler bei der Abwicklung des Umtauschs:

Typische Fehler	Alternatives Verhalten
Der Kunde wird nicht gefragt, warum er den Artikel umtauschen möchte. Häufig ist aber ein Umtausch ein Hinweis auf ein misslungenes Verkaufsgespräch, in dem der Bedarf des Kunden nicht hinreichend genau erfasst wurde.	Fragen Sie den Kunden nach dem Grund für den Umtausch. Sie können hier wichtige Hinweise zur Ware erhalten und dem Kunden vielleicht direkt eine passende Alternative anbieten, die seinen Bedürfnissen besser entspricht.

Typische Fehler	Alternatives Verhalten
Ohne dass der Kunde von sich aus eine Auszahlung verlangt, wird ihm sofort der Kaufpreis erstattet. Folge: Der Umsatz ist verloren und es wird die Möglichkeit eines neuen Umsatzes durch den Verkauf eines Alternativartikels verpasst.	Der Kunde hat nur dann einen Anspruch auf eine Auszahlung, wenn ihm beim Kauf eine entsprechende Zusage gemacht wurde. Ansonsten sollten Sie versuchen, ihm einen passenderen Artikel zu verkaufen oder ihm eine Gutschrift zu geben.

LF 2

Reklamationen und Umtauschwünsche sach- und kundengerecht bearbeiten

- Reklamationen sind Beanstandungen, Beschwerden, Klagen. Da der Kunde häufig verärgert ist, sind sie eine **Herausforderung** an das **kommunikative Geschick** des Verkaufspersonals.

- Ein professionelles **Beschwerdemanagement** sieht in der Reklamation eine Chance zur **Qualitätssteigerung** und damit zur **Kundenbindung** und **Kundengewinnung**.

- Für ein **kundenorientiertes Reklamationsgespräch** bieten sich die folgenden **Schritte** an:
  1. Für eine angenehme Gesprächsatmosphäre sorgen.
  2. Den Kunden sein Problem schildern lassen und dabei aufmerksam und aktiv zuhören, Verständnis zeigen und Bedauern zum Ausdruck bringen.
  3. Eine kundenorientierte Lösung direkt erfragen oder anbieten.
  4. Die rechtliche Situation klären.
  5. Den Kundenwunsch erfüllen oder die Ablehnung erklären und um Verständnis bitten.

- Selbst bei einer **unberechtigten Reklamation** lohnt sich häufig ein **kulantes Verhalten** des Einzelhändlers.

- Der **Verbrauchsgüterkauf** ist eine Form des einseitigen Handelskaufs: Der Verkäufer ist Kaufmann, der Käufer ist ein privater Verbraucher. Für private Verbraucher gelten z. B. hinsichtlich **Gefahrenübergang**, **Garantieerklärungen** und abweichenden Vereinbarungen in den **AGBs** besondere **Schutzvorschriften** des BGB.

- Eine **Garantie** ist eine **vertraglich** vereinbarte **Erweiterung** der Sachmängelhaftung, die der Hersteller oder der Einzelhändler gibt.

- Ein **Umtauschwunsch** des Kunden kann viele Gründe haben. Der Einzelhändler wird dem Wunsch des Kunden nachkommen, sofern die **Ware einwandfrei** und **nicht** vom Umtausch **ausgeschlossen** ist.

- **Reduzierte Ware** wird häufig vom Umtausch ausgeschlossen. Dennoch **kann** sie **reklamiert werden**, sofern ein Mangel vorliegt.

1. Beschreiben Sie eine Erfahrung, als Sie einen Artikel als Kunde reklamiert haben.
a) Welchen Artikel haben Sie reklamiert und worin bestand der Mangel?
b) Wie haben Sie sich vor, während und nach dem Gespräch gefühlt?
c) Wie hat sich der Verkäufer Ihnen gegenüber verhalten?
d) Welche Empfehlungen würden Sie dem Verkäufer geben?

2. Erläutern Sie die Ziele eines modernen Beschwerdemanagements.

3. **Geschäftsbrief**
Am 19.01.20.. wird dem Mars Elektrofachmarkt e. K. durch DHL ein Paket geliefert. Mehmet Aydin nimmt es an und quittiert den Empfang. Neugierig öffnet er den Karton: Darin befinden sich eine elektronische Spielkonsole vom Typ PlayBox3 samt Originalverpackung und folgender Brief (Auszug):

Reklamation

Sehr geehrte Damen und Herren,

am 15. Dezember letzten Jahres habe ich in Ihrem Hause eine PlayBox3 als Weihnachtsgeschenk für meinen 15-jährigen Sohn Sven gekauft.

Sven war von seinem Geschenk ganz begeistert – schließlich stand es auf der Wunschliste ganz oben. Leider kann ich diese Begeisterung zwischenzeitlich nicht mehr teilen – ganz das Gegenteil ist der Fall. Ich bin sogar davon überzeugt, dass der Gebrauch dieses Gerätes die gesunde Entwicklung meines Kindes erheblich beeinträchtigt, wenn nicht sogar zu gravierenden psychischen Schäden führt.

Aus den dargelegten Gründen sende ich Ihnen die Spielkonsole zwecks Reklamation zurück und möchte Sie bitten, mir den Rechnungsbetrag in Höhe von 249,00 EUR (Rechnung liegt bei) auf mein Konto bei der Stadtsparkasse München, BIC SSKMDEMMXXX,
IBAN DE82 7015 0000 2301 1550 10, zu überweisen.

Ich danke Ihnen im Voraus für Ihre Bemühungen.

Mit freundlichen Grüßen

Hermann Hagen

Hermann Hagen

Daraufhin schaut sich Mehmet die Spielkonsole etwas genauer an – deutliche Gebrauchsspuren sind nicht zu übersehen. Ein Blick in das Warenwirtschaftsprogramm zeigt Mehmet, dass die Konsole mit einer Handelsspanne von 35 % kalkuliert ist.

Schreiben Sie einen Antwortbrief an Herrn Hagen (Adresse nach Wahl).

4. Begründen Sie, unter welchen Voraussetzungen es sinnvoll sein kann, eine unberechtigte Reklamation zu akzeptieren.

5. Listen Sie mögliche Gründe auf
a) für eine Reklamation,
b) für einen Umtausch.

6. Begründen Sie, warum „Geld zurück" aus Sicht des Einzelhandels die unwirtschaftlichste Form des Umtausches darstellt.

7. **Rollenspiel**
Entwickeln Sie in Kleingruppen jeweils drei Rollenspiele (Artikel nach Wahl).
a) Die berechtigte Reklamation eines sehr verärgerten Kunden wird bearbeitet.
b) Die unberechtigte Reklamation einer Stammkundin wird akzeptiert.
c) Die unberechtigte Reklamation eines Kunden, der sehr häufig Ware reklamiert, wird abgelehnt.

8. Erläutern Sie die Bedeutung des Vermerks auf dem Kassenbon von Seite 382 „Umtausch nur mit Kassenbon innerhalb von 14 Tagen, reduzierte Ware ist vom Umtausch ausgeschlossen".

9. Stellen Sie die Besonderheiten des Verbrauchsgüterkaufs in einem Kurzreferat vor.

10. Bringen Sie aus Ihren Ausbildungsbetrieben Garantieerklärungen mit und vergleichen Sie diese miteinander.

11. Im Verkaufsraum reklamiert eine Kundin einen Artikel lautstark und zornig mit den Worten: „Schauen Sie sich diese Ware mal an! Vor drei Wochen gekauft und schon defekt und unbrauchbar! Das kann doch wirklich nicht sein! Und außerdem habe ich bei Ihnen viel zu teuer gekauft! Bei Ihrem Mitbewerber ist der Artikel wesentlich günstiger – das habe ich erst gestern wieder gesehen! Was sagen Sie nun dazu?!"
a) Nennen Sie sechs angemessene Verhaltensweisen eines Verkäufers in dieser Situation.
b) Formulieren Sie eine angemessene Reaktion/Antwort des Verkäufers in wörtlicher Rede.

11 Diebstahlbedingte Inventurdifferenzen vermeiden

11.1 Ladendiebstahl

Mehmet Aydin beobachtet im Mars-Elektrofachmarkt einen Kunden, der einen DVD-Player in einer Plastiktüte verschwinden lässt. Noch bevor der Mann die Kasse passiert, spricht Mehmet ihn an. Der Kunde streitet die Tat ab und behauptet, er habe nur testen wollen, wie sich der DVD-Player in der Tüte trage. Anschließend habe er vergessen, den DVD-Player zurückzulegen. Diese Aussage überzeugt Mehmet keineswegs. Vielmehr nimmt er an, dass der Kunde noch mehr gestohlen hat. Gegen den Willen des Kunden beginnt er mit der Durchsuchung seiner Sachen. Nachdem er keine weiteren Waren gefunden hat, der Kunde seinen Namen genannt und sich ausgewiesen hat, sperrt er ihn in einen Nebenraum, bis die Polizei eintrifft.

ARBEITSAUFTRÄGE

- Beurteilen Sie Mehmets Vorgehen auf Grundlage der Rechtsvorschriften.
- Tauschen Sie im Klassengespräch Ihre Erfahrungen mit Ladendiebstahl aus.
- Entwickeln Sie einen „Verhaltensplan" für Ihren Umgang mit Ladendieben.

→ AH

Im deutschen Einzelhandel „verschwinden" jährlich Waren im Wert von über **3,9 Milliarden EUR**. Ungefähr 50 % des Schadens wird hierbei von Ladendieben verursacht. Statistisch gesehen stiehlt demnach jeder deutsche Haushalt Waren im Wert von ca. 50,00 EUR. Von der Polizei wurden im Jahr 2014 insgesamt ca. **365.000 angezeigte Ladendiebstähle** erfasst, wobei die **Dunkelziffer** wesentlich höher liegt.

Eine weitere wichtige Ursache für Inventurdifferenzen sind **untreue Mitarbeiter**, die für ca. **ein Viertel des Schadens** verantwortlich sind. Der Rest verteilt sich zu gleichen Anteilen auf unehrliche Mitarbeiter von **Lieferanten bzw. Servicekräfte** sowie auf **organisatorische Mängel** wie Buchungsfehler und **natürlichen Schwund** wie das Verderben der Ware.

Die Inventurdifferenzen der verschiedenen Branchen des Einzelhandels belaufen sich auf durchschnittlich **1,2 % des Umsatzes**. Am stärksten betroffen sind Warenhäuser, Textilgeschäfte, Baumärkte und Gartencenter. Auch der Staat leidet unter den hohen Inventurdifferenzen. Ihm entsteht jedes Jahr ein **Umsatzsteuerausfall** von weit über 200 Millionen EUR. Diesem erheblichen Schaden stehen im Einzelhandel knapp eine Milliarde Euro **Investitionen** zur **Diebstahlprävention** und für **Sicherungsmaßnahmen** gegenüber.

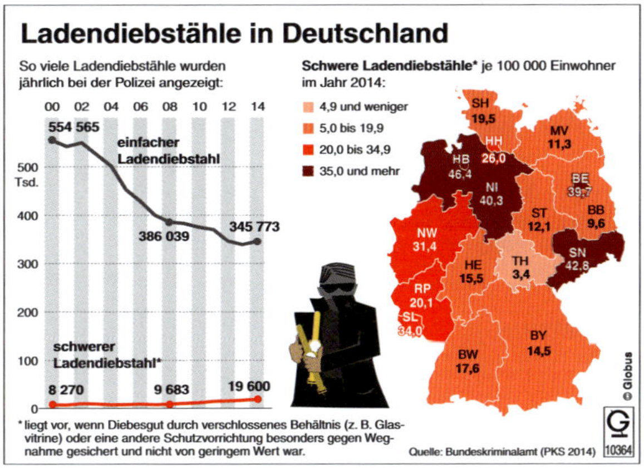

● Rechtsgrundlagen

Hinter der umgangssprachlichen Bezeichnung „Ladendiebstahl" verbergen sich im rechtlichen Sinne verschiedene Kategorien von Straftaten. Die formale strafrechtliche Auslegung des Diebstahls unterscheidet sich in diesem Zusammenhang von Delikten wie Betrug bzw. Urkundenfälschung. Allerdings gestaltet sich bei verschiedenen Tatbeständen die juristische Abgrenzung von Diebstahl und Betrug selbst für Experten oft schwierig.

○ Diebstahl

§ 242 Strafgesetzbuch

(1) Wer eine fremde bewegliche Sache einem anderen in der Absicht wegnimmt, die Sache sich oder einem Dritten rechtswidrig anzueignen, wird mit Freiheitsstrafe bis zu fünf Jahren oder mit Geldstrafe bestraft.

(2) Der Versuch ist strafbar.

§

Grundsätzlich sagt die deutsche Rechtsprechung, dass als Voraussetzung für die Strafbarkeit von Ladendiebstahl zwei Bedingungen erfüllt sein müssen. Erstens muss der Diebstahl **vorsätzlich** begangen werden, d. h., der Ladendieb muss **wissen**, dass es sich um eine rechtswidrige Aneignung einer „fremden Sache“ handelt, und die Tat **wollen**. Zweitens muss die **Zueignungsabsicht** vorliegen. Diese ist dann gegeben, wenn die dauerhafte Enteignung des Eigentümers einer Sache in Kauf genommen wird. Beide Bedingungen sind schwer zu beweisen. Darum sollte der Tathergang aus Beweisgründen genau beobachtet werden und mit dem Zugriff gewartet werden, bis der Ladendiebstahl vollendet ist.

Der **Diebstahl gilt als vollendet**, wenn „Kunden“...

- Waren im Verkaufsraum verstecken,
- Waren in Taschen, Kleidungsstücken, Behältnissen usw. ein- bzw. verstecken,
- zum Verkauf angebotene Lebensmittel verzehren, ohne die Verpackung offen in den Einkaufswagen zu legen (**Mundraub**).

Das heißt, man muss nicht unbedingt warten, bis ein Verdächtiger die Kasse passiert. Sobald die **Ware nicht mehr sichtbar** und **nicht mehr greifbar** ist, geht man davon aus, dass der Kunde diese nicht bezahlen will.

Beispiel Uwe B., der notorische Geldsorgen hat, nimmt im Mars Elektrofachmarkt ein Handy aus dem Regal und versteckt es in der Innentasche seiner Jacke. Die Mitarbeiterin Nicole Orth beobachtet dieses Geschehen und stellt Uwe B., bevor dieser die Kasse passiert.

○ Betrug

§

§ 263 Strafgesetzbuch

(1) Wer in der Absicht, sich oder einem Dritten einen rechtswidrigen Vermögensvorteil zu verschaffen, das Vermögen eines anderen dadurch beschädigt, dass er durch Vorspiegelung falscher ... Tatsachen einen Irrtum erregt ..., wird mit Freiheitsstrafe bis zu fünf Jahren oder mit Geldstrafe bestraft.

(2) Der Versuch ist strafbar.

Der Betrug unterscheidet sich vom Diebstahl in der Weise, dass er eine **Täuschungshandlung** des Kunden gegenüber dem Kassierer an der Kasse voraussetzt.

Beispiel In der Sportabteilung des Center Warenhauses kauft der Kunde Henning M. ein paar Socken, bezahlt diese an der Kasse und verlässt das Geschäft. Am nächsten Tag kommt er ohne die erworbenen Socken ins Geschäft, nimmt sich ein identisches Paar Socken aus dem Regal und tauscht diese an der Kasse der Sportabteilung gegen Bargeld um. Dem Personal an der Kasse legt Henning M. dabei den Kassenzettel vor, der vom Kauf am vorherigen Tag noch vorhanden ist.

Der Betrug gilt nach der auf Grundlage einer Täuschung erwirkten Kaufpreiserstattung als vollendet. Bereits der versuchte Betrug ist strafbar.

○ Betrug mit Urkundenfälschung

§ 267 Strafgesetzbuch

(1) Wer zur Täuschung im Rechtsverkehr eine unechte Urkunde herstellt, eine echte Urkunde verfälscht oder eine unechte oder verfälschte Urkunde gebraucht, wird mit Freiheitsstrafe bis zu fünf Jahren oder mit Geldstrafe bestraft.

(2) Der Versuch ist strafbar.

Wenn Kunden Etiketten an Waren **vertauschen, verfälschen** oder **verändern,** begehen sie eine **Urkundenfälschung.** Sie geht fast immer mit dem Tatbestand des versuchten oder des vollendeten Betruges einher.

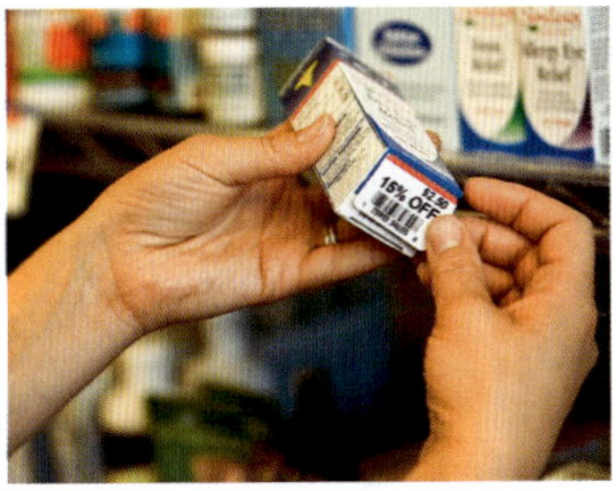

Beispiel Die Schülerin Petra G. überklebt im Mars Elektrofachmarkt das Preisetikett über 49,00 EUR mit einem Etikett über 29,00 EUR. An der Kasse zahlt sie den gefälschten Preis.

● Diebstahlanalyse – wer klaut was zu welcher Zeit?

Ladendiebe stammen aus **allen sozialen Schichten.** Es stehlen u. a. Schüler, Hausfrauen, Rentner, Ärzte, Arbeitslose, Studenten und Selbstständige. Ungefähr ein Drittel der Ladendiebe **sind Kinder** und **Jugendliche.** In den seltensten Fällen stehlen die Diebe, weil sie sich in einer Notsituation wie Hunger oder Armut befinden.

Die **Hauptgründe** für Diebstähle sind:

- Das starke Bedürfnis nach dem Besitz der Ware,
- das fehlende Unrechtsbewusstsein,
- die günstige Gelegenheit,
- die verlockende, aber unbeaufsichtigte Warenpräsentation,
- Kleptomanie (krankhafter Trieb zu stehlen).

Grundsätzlich lassen sich die Ladendiebe in zwei Gruppen unterteilen: **Gelegenheitsdiebe** und **professionelle Diebe.** Der **Profidieb** zeichnet sich dadurch aus, dass er seine Diebstähle gezielt plant. Er nutzt ein **ausgiebiges Repertoire** an **Methoden** und „arbeitet" **schnell, risikoarm** und oft im **Team.** Der **größere Anteil** an Ladendiebstählen wird von **Gelegenheitsdieben** durchgeführt. Typisch für deren Vorgehensweise ist das Verstecken der Ware, beispielsweise in Taschen oder unter der Kleidung.

PRAXISTIPP Gelegenheitsdiebe verraten sich oftmals durch unbewusste körpersprachliche Signale (z. B. unruhiges Umsehen), die durch Nervosität und erhöhte Konzentration ausgelöst werden.

„Berufsdiebe" sind sich über die Wirkung von unbewussten, aber auffälligen Körpersignalen im Klaren und vermeiden diese. Um diese Kriminellen zu erkennen, sollte der Verkäufer über **Kenntnisse typischer Diebstahltechniken** verfügen und ein **aufmerksamer Beobachter** sein.

Ladendiebe stehlen zu **jeder Tageszeit**. Sie bevorzugen Zeiten des **Hochbetriebs** und großen Kundenandrangs an Sonderveranstaltungstagen. Ebenso bieten die Tage vor Feiertagen wie Weihnachten und Ostern den Dieben günstige „Arbeitsbedingungen". Alle Branchen des Einzelhandels sind von Diebstählen betroffen. Gestohlen wird praktisch alles, ob es nun gering- oder hochwertig, klein oder groß ist. Traditionell liegen Kondome, Rasierklingen und Batterien auf den vordersten Plätzen der **Diebstahlrangliste**. Kondome liegen mit einer durchschnittlichen Diebstahlquote von über 40 % unangefochten an der Spitze.

Diebstahlrenner

• Kosmetik	13,78 %	Drogerie	6,35 %
• Lebensmittel	12,47 %	DVD	2,79 %
• Elektro	11,01 %	Schmuck	2,01 %
• Spirituosen	9,02 %	Spielwaren	2,39 %
• Tabak	7,74 %	Schreibwaren	1,55 %
• Textil	7,03 %	Zeitschriften	1,48 %
• Werkzeug	6,81 %	Sport/Freizeit	1,29 %

Ladendiebstahl mal besonders dreist: Heranwachsende Hausfrau „langt kräftig zu"

SCHWEINFURT – 246,10 Euro beträgt der Wert des Diebesgutes genau, den eine Gochsheimer Hausfrau bei einem Ladendiebstahl am Montagnachmittag erzielt hat. Sie wurde jedoch vom Personal entdeckt und zur Anzeige gebracht.

Gegen 17.30 Uhr war die Heranwachsende mit ihrem Kinderwagen in einem Drogeriemarkt in der Spitalstraße unterwegs. Sie durchfuhr verschiedene Abteilungen und räumte dabei die unterschiedlichsten Waren in eine angehängte Kinderwagentasche, die von einem Regenschutz teilweise verdeckt wurde, ein.

Nachdem sie jedoch ohne etwas zu bezahlen an der Kasse vorbeifuhr, wurde sie in der Fußgängerzone angehalten und mit zurückgenommen. Zunächst gab sie an, das Diebesgut bezahlt zu haben, dann hatte sie den Kassenzettel weggeworfen und zum Schluss führte sie schließlich aus, das Bezahlen einfach vergessen zu haben.

Ihr Leugnen half aber alles nichts, sie erhält jetzt eine Anzeige wegen Ladendiebstahls, zudem wurde ihr von der Geschäftsleitung ein Hausverbot ausgesprochen. Das gesamte Diebesgut wurde ihr natürlich zuvor wieder abgenommen.

Michael Horning in: In und um Schweinfurt.de, 17.2.2015, 2fly4 Entertainment, Inh. Thomas Firsching, Ernst-Reuter-Str. 54, 97424 Schweinfurt; http://in-und-um-schweinfurt.de/2015/02/17/ladendiebstahl-mal-besonders-dreist-heranwachsende-hausfrau-langt-kraeftig-zu/; Abruf: 06.09.2015

Typische Methoden von Ladendieben[1]

Um Ladendiebstähle zu vermeiden, ist es sinnvoll, die Methoden der Ladendiebe zu kennen. Im Folgenden werden gängige und ausgefallene Methoden von Ladendieben beispielhaft dargestellt:

Die 08/15-Versteckmethode

Bei der 08/15-Versteckmethode lassen die Diebe die Ware beispielsweise in Kleidungsstücken, in Taschen oder in Regenschirmen verschwinden. Diese Methode des Ladendiebstahls wird am häufigsten genutzt.

[1] *vgl. Lemke, Hans-Günther: Diebstahlverhütung im Einzel- und Fachhandel, Düsseldorf, VDM Verlag Dr. Müller, 2003, S. 22–26*

PRAXISTIPP Achten Sie verstärkt auf Kunden, die Ihr Geschäft in der wärmeren Jahreszeit mit einer dicken Jacke oder einem weiten Mantel betreten!

○ Die Ablenkungsmethode

Die Ablenkungsmethode bevorzugen Ladendiebe, die zu zweit oder mit mehreren Personen zusammenarbeiten. Das Diebesteam geht dabei so vor, dass ein „Kunde" die **Aufmerksamkeit** des Verkaufspersonals auf sich zieht, während der Komplize den Diebstahl begeht. Eine Variante der Vorgehensweise besteht darin, Ware zu verlangen, die vom Lager geholt werden muss. Damit wird erreicht, dass der **Verkaufsraum** für einige Momente **unbeobachtet** ist.

○ Die „Alt gegen Neu"-Methode

Von der „Alt gegen Neu"-Methode sind besonders Schuh-, Sport- und Textilgeschäfte betroffen. Die Diebe probieren Kleidungsstücke oder Schuhe an und verlassen das Geschäft damit. Die alten „Treter" bzw. der ausgediente Pullover werden im Laden zurückgelassen.

○ Die „Trojanische Pferd"-Methode

Warenverpackungen, Waren mit Hohlkörpern wie Abfalleimer oder Kochtöpfe, Textilien mit Taschen werden mit weiterer Ware **aufgefüllt**. So versucht der Ladendieb lediglich, die dem Kassenpersonal vorgelegte Ware zu bezahlen, und die zusätzliche Ware „unehrlich" zu erwerben. Deshalb ist an der Kasse in diesen Fällen immer eine **Hohlkörperkontrolle** erforderlich.

PRAXISTIPP Kontrollieren Sie Ware, die „aufgefüllt" werden kann, besonders sorgfältig (Hohlkörperkontrolle).

○ Die Schmuggel-Methode

Bei dieser Methode werden Waren in **Einkaufswagen** und unübersichtlichen **Warenkörben** am Kassenpersonal **vorbeigeschmuggelt**. Eine typische Vorgehensweise im Lebensmittelgeschäft ist, dass unter den Getränkekasten auf der Abstellfläche des Einkaufswagens z. B. Zeitschriften gelegt werden. Weil der Kasten aufgrund des Gewichtes nicht auf das Band gestellt wird, entgeht dem Kassenpersonal die zusätzliche Ware.

○ Die Zweiteinkauf-Methode

Im Geschäft **liegengelassene Kassenbons** werden bei der Zweiteinkauf-Methode von den Ladendieben benutzt. Dabei sucht sich der Dieb gezielt die Waren heraus, die auf dem Kassenzettel stehen, und legt diese in seinen Einkaufswagen. Als Alibi kauft er einen zusätzlichen, kleineren Artikel, den er angeblich vorher vergessen hat. Nur dieser Artikel wird an der Kasse bezahlt, die restlichen Artikel belegt der unehrliche Kunde mit seinem „gebrauchten" Kassenbon.

○ Die Zwiebel-Methode

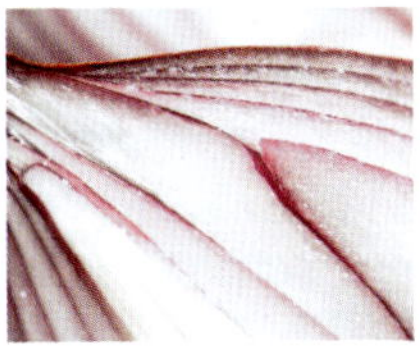

Die Zwiebel-Methode wird sehr oft in der Textilbranche angewandt. Die Ladendiebe ziehen dabei in der Umkleidekabine mehrere **Kleidungsstücke übereinander** an und verlassen so das Geschäft. Die **Sicherungsetiketten** werden vorher in der Umkleidekabine hinter dem Spiegel oder an anderen Orten zurückgelassen. Für den Ladendieb besteht aber die Gefahr, dass die Ware durch das Entfernen der Sicherungsetiketten beschädigt oder zerstört wird.

○ Die „Teuer gegen billig"-Methode

Bei diesem Trick werden **billigere Artikel** aus den Verpackungen herausgenommen und gegen **teure Artikel ausgetauscht**.

○ Die Umtausch-Methode

Das Vorgehen bei der Umtausch-Methode ist von besonderer **Dreistigkeit** gekennzeichnet. Der Dieb gibt im Geschäft vor, einen Artikel gegen **Bargelderstattung** zurückgeben zu wollen. Allerdings könne er den Kassenbon nicht vorlegen, weil er diesen verloren habe. Tatsächlich wurde der Artikel zuvor unbemerkt aus dem Regal genommen.

○ Die Ergänzungskauf-Methode

Bei der Ergänzungskauf-Methode stattet der Ladendieb Waren wie Drucker, Lampen oder Digitalkameras mit Ergänzungsartikeln wie Batterien, Glühbirne und Kabel aus, die im Kaufpreis nicht enthalten sind. Diese Artikel verschwinden in der Verpackung und werden nicht bezahlt.

● Verkäuferverhalten bei Kundendiebstahl

Beim Umgang mit Ladendieben ist es besonders wichtig, dass Sie **rechtliche Grundlagen** und **„Handlungsregeln"** beachten:

§

§ 127 StPO (1) Vorläufige Festnahme
Wird jemand auf frischer Tat betroffen oder verfolgt, so ist, wenn er der Flucht verdächtig ist oder seine Identität nicht sofort festgestellt werden kann, jedermann befugt, ihn auch ohne richterliche Anordnung vorläufig festzunehmen.

Das **private Festnahmerecht** gilt nur, wenn ein Ladendiebstahl konkret vermutet wird. Dabei muss sich der Verdacht auf eine **belastende Beobachtung** stützen. Sie dürfen den Verdächtigen bei **Fluchtgefahr** festhalten. Diese liegt dann vor, wenn der Ladendieb sich weigert, Ihnen ins Büro zu folgen oder die gestohlene Ware herauszugeben.

Beispiel Sabine beobachtet, wie eine verdächtige Kundin die Umkleidekabine mit drei Sweatshirts betritt und sie mit einem Shirt wieder verlässt. Als die Kundin merkt, dass Sabine sie beobachtet, will sie flüchten. Sabine hält die Kundin am Handgelenk fest.

§

§ 102 StPO Durchsuchung bei Verdächtigen
Bei dem, welcher als Täter oder Teilnehmer einer Straftat ... verdächtig ist, kann eine Durchsuchung seiner Person und der ihm gehörenden Sachen zum Zweck seiner Ergreifung und der Auffindung von Beweismitteln durchgeführt werden.

Wird eine freiwillige Durchsuchung verweigert, so gilt der § 105 StPO.

§105 StGB Ausführung
Durchsuchungen dürfen ... bei Gefahr im Verzug (gilt beim Ladendiebstahl immer) durch die Polizei angeordnet und durchgeführt werden.

Körperliche Durchsuchungen verdächtiger Person dürfen grundsätzlich nur bei **Einwilligung** der verdächtigten Person durchgeführt werden. Sonst darf **nur** die **Polizei** eine körperliche Durchsuchung vornehmen. Allerdings dürfen Sie bei **begründetem Verdacht**, z. B. einer Videoaufzeichnung des Diebstahls, Taschen oder Kleidungsstücke durchsuchen, um Beweisstücke zu sichern.

Im Umgang mit Ladendieben sind folgende **Verhaltensgrundsätze** und **Gesprächsregeln** eine Hilfe, die schwierige Situation **beweissichernd** und **ungefährdet** zu überstehen:

Verhalten im Verkaufsraum
– Stellen Sie sich mit angemessenem Abstand (ca. 1 m) vor den Dieb und halten Sie Blickkontakt! – Sprechen Sie den Verdächtigen ruhig an. Vermeiden Sie dabei, vor anderen Kunden Aufsehen zu erregen! – Bitten Sie den Täter, Ihnen ins Büro zu folgen! – Lassen Sie den Dieb vorausgehen, damit er sich nicht des Diebesgutes entledigt! – Benachrichtigen Sie einen Vorgesetzten oder einen Kollegen!
Verhalten im Büro
– Führen Sie das Gespräch mit dem Verdächtigen stets mit einem Kollegen als Zeugen! Bei einer weiblichen Verdächtigen sollte eine Mitarbeiterin anwesend sein! – Die verdächtige Person sollte nicht alleingelassen werden! – Ziehen Sie die Polizei hinzu, wenn sich der Ladendieb nicht ausweisen kann, dieser ein aggressives Verhalten zeigt oder es sich um einen Wiederholungstäter handelt! – Fordern Sie den Täter auf, das Diebesgut herauszugeben! Sollte der Dieb einer Durchsuchung seiner Sachen zustimmen, ziehen Sie Zeugen hinzu! – Nachdem der Verdächtige die gestohlene Ware herausgegeben und sich ausgewiesen hat, müssen Sie ihn gehen lassen! – Kinder oder Jugendliche (bis 14 Jahre) können grundsätzlich strafrechtlich nicht belangt werden, trotzdem sollten Sie die Eltern und die Polizei benachrichtigen! – Bei einer irrtümlichen Verdächtigung ist es wichtig, sich beim Kunden ausdrücklich zu entschuldigen!

● „Selbstbedienung" durch Mitarbeiter

Diebstahl und **Unterschlagung** durch Mitarbeiter sind sensible Themen, über die im Einzelhandel ungern gesprochen wird. Unehrliche Mitarbeiter bereichern sich in hohem Maße an **Waren** und **Bargeld** in den Betrieben ihrer Arbeitgeber. Der durch Mitarbeiter verursachte Anteil an **Inventurdifferenzen** macht 25,6 % aus. Neben dem **Diebstahl** von **Ware** entsteht ein **Großteil** der **internen Verluste** im **Kassenbereich**.

Hauptdelikte an der Kasse:

- Bewusst falsches Eintippen von Beträgen.

  Beispiel 19,95 EUR statt 199,95 EUR.

- Arbeiten mit offener Kassenschublade.
- Mitarbeiter tätigen „Partnerschaftsverkäufe" an Komplizen wie Freunde oder Verwandte und geben unberechtigte Rabatte oder berechnen Ware nicht.
- Leergutbuchungen „in die eigene Tasche" oder falsche Sofortstornos.

Beispiel Im letzten Jahr hat eine Kassiererin im Mars Elektrofachmarkt e. K. innerhalb eines Jahres mit einer Bekannten Waren im Wert von 15.000,00 EUR durch die Kasse geschleust. Die Komplizin kam als Kundin und lud Waren auf das Kassenband, die von der Kassiererin teilweise abgerechnet wurden. Der Schwindel flog auf. Die Kassiererin wurde entlassen und zu einer Freiheitsstrafe von einem Jahr auf Bewährung mit einer zusätzlichen Geldstrafe verurteilt.

Die Gründe für Diebstähle durch Mitarbeiter liegen oft am **fehlenden Unrechtsbewusstsein** und der Annahme, dieser Schwund „sei ja einkalkuliert". Weitere typische Ursachen für Mitarbeiterdelikte sind **finanzielle** sowie **soziale** Probleme wie Verschuldung, kriminelle Veranlagung und Alkoholmissbrauch. Für ehrliche Kollegen ist das Entdecken eines Diebstahls durch Mitarbeiter eine sehr unangenehme Situation, da man ungern Kollegen anzeigt. Auf der anderen Seite möchte man nicht selber verdächtigt werden und ist zudem verpflichtet, eine Straftat anzuzeigen. Allerdings ist es nicht leicht, einen Mitarbeiter des Diebstahls zu überführen. Ein erfolgreiches Mittel ist die Videoüberwachung von Mitarbeitern, die seit April 2003 gesetzlich erlaubt ist. Vorher muss allerdings der Betriebsrat zustimmen.

Weitere **Maßnahmen** zur Vermeidung von Diebstählen durch Mitarbeiter sind:

- Verrechnung der Personaleinkäufe über die Gehaltsabrechnung,
- regelmäßige Kassenkontrollen,
- Schulungen zur Vermeidung von Inventurdifferenzen,
- Trennung von Personal- und Warenwegen,
- Taschenkontrollen beim Verlassen des Geschäftes und
- eine geringe Personalfluktuation.

Des Weiteren sollten im Geschäft immer klare und eindeutige **Verhaltensregeln** aufgestellt sein, die z. B. Personaleinkäufe oder auch das Verlassen des Geschäftes nach Geschäfts- oder Dienstschluss betreffen.

Ladendiebstahl

- **Inventurdifferenzen** werden im deutschen Einzelhandel im Wesentlichen durch **Kundendiebstähle** und **Mitarbeiterdelikte** verursacht. Hier sind **alle Branchen** betroffen.
- Unter dem Begriff **Ladendiebstahl** werden die Straftaten **Diebstahl**, **Betrug** und **Urkundenfälschung** vereinfacht zusammengefasst.
- „Unehrliche Kunden" kommen aus allen sozialen Schichten, es wird alles und zu jeder Zeit gestohlen.
- Ladendiebe nutzen ein **breites Repertoire** an **Diebstahltechniken**. Oft werden Waren in Kleidungsstücken und Taschen versteckt.
- Ladendiebe können in **professionelle Täter** und **Gelegenheitsdiebe** unterschieden werden.
- Beim Stellen von Ladendieben müssen **rechtliche Vorgaben** beachtet werden. In dieser schwierigen Situation helfen **Verhaltens-** und **Gesprächsregeln**, um Beweise zu sichern und sich keiner Gefahr auszusetzen.
- Das Problem der Mitarbeiterdelikte verursacht im Einzelhandel erhebliche Schäden. Das kriminelle Handeln der **Mitarbeiter** ist durch **Warendiebstähle** und **Kassenmanipulationen** geprägt.

1. Beurteilen Sie in den folgenden Fällen, um welche Form der Straftat durch Kunden es sich handelt.

a) Als Verkäufer in der Elektroabteilung beobachten Sie, wie ein Kunde die Preisetiketten zweier Bügeleisen austauscht.

b) In der Drogerieabteilung Ihres Hauses beobachten Sie einen gutgekleideten Herrn, wie er ein teures Parfüm in seiner Jacke verschwinden lässt.

c) Von der Mutter unbemerkt steckt ein kleines Kind einen Gameboy in die Einkaufstasche.

d) Ein Kunde probiert in einem Jeansgeschäft ein Hemd in der Umkleidekabine an. Er zieht seinen Pullover darüber und verlässt unbemerkt, ohne zu bezahlen, das Geschäft.

2. Nennen und erläutern Sie vier Methoden, die von Ladendieben genutzt werden.

3. Nehmen Sie Stellung zu der Aussage eines Verkäufers: „Ich sehe es jedem Kunden an, ob er stiehlt oder nicht!"

4. Listen Sie Waren Ihres Ausbildungsbetriebs auf, die besonders diebstahlgefährdet sind.

5. Erläutern Sie Ihr Vorgehen, wenn Sie einen Kunden beim Diebstahl beobachten.

6. Analysieren Sie folgende Statistik zur Anzahl der Ladendiebstähle im Einzelhandel.

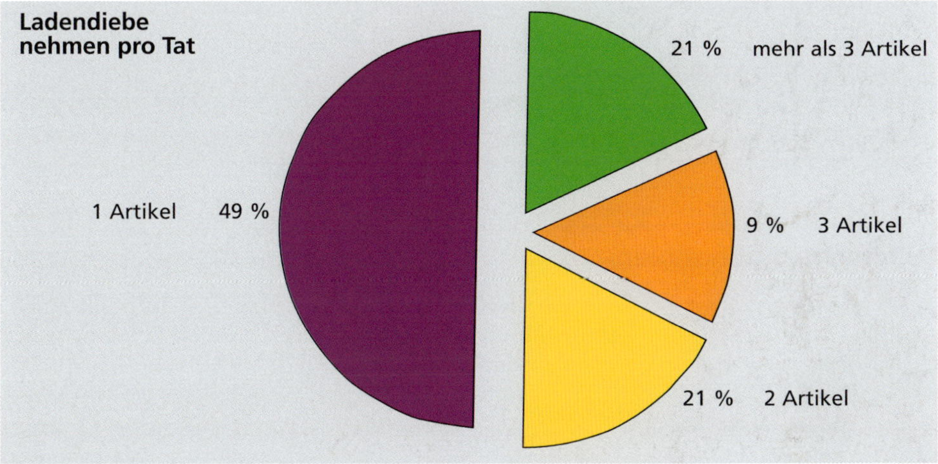

7. Rollenspiel

Eine Kundin lässt des Öfteren im Lebensmittel-Discount Schlegel KG kleine Artikel unbezahlt „mitgehen". Sie ist der Meinung, dass diese Art der Warenbeschaffung bereits in den Preisen mit „drin" sei.

Kundin	Kerstin Dahm
Sie lassen in einem „unbeobachteten" Moment zwei Packungen Kaffee in Ihrer Einkaufstasche verschwinden. Danach führen Sie Ihre normalen Einkäufe fort.	Sie beobachten eine Kundin, wie diese zwei Packungen Kaffee in ihrer Tasche verschwinden lässt.

Entwickeln Sie in Gruppenarbeit ein Rollenspiel, in dem Sie die Diebin in der dargestellten Situation durch zielgerichtetes Handeln stellen. Führen Sie das Rollenspiel durch und werten Sie es aus.

Beobachtungsmerkmale

1. Wie wurde der Dieb vom Verkäufer angesprochen?
2. Wurden die Rechtsvorschriften eingehalten?

11.2 Ladendiebstahl vermeiden

Sabine und Kerstin unterhalten sich in der Mittagspause über die Ereignisse der letzten Arbeitsstage. Sabine berichtet dabei von einem interessanten Erlebnis:

Sabine: *„Gestern habe ich eine sehr nette, ältere Dame bedient. Wir haben uns angeregt unterhalten und ich habe ihr die neuesten Pulsmesser und Walkingtextilien gezeigt. Einige Sachen hat sie auch ausprobiert, dann wollte sie sich aber mit der Entscheidung noch einen Tag Zeit lassen."*

Kerstin: *„Und was ist daran so interessant?"*

Sabine: *„Warte ab! Als die Dame das Geschäft verlassen wollte und unsere neue Sicherungsanlage passierte, ging der Diebstahlalarm los. Unser Detektiv nahm Sie mit in sein Büro und fand bei ihr Ware im Wert von 600,00 EUR. Sie hatte die großen Sicherungsetiketten von den Textilien entfernt. Die neuen, unauffälligen Klebeetiketten am Pulsuhrenetikett hat sie zum Glück nicht bemerkt!"*

Kerstin: *„Ja, heutzutage kann man wirklich niemandem mehr trauen!"*

ARBEITSAUFTRÄGE

- Berichten Sie, welche Sicherungsmaßnahmen gegen Ladendiebstahl in Ihrem Ausbildungsbetrieb eingesetzt werden.
- Erläutern Sie, wie Sie durch Ihr eigenes Verhalten Ladendiebstählen vorbeugen können.

Personalmaßnahmen

Die Praxis im Einzelhandel zeigt, dass aufmerksames und gut geschultes Personal die effektivste Vorbeugung gegen Ladendiebstähle darstellt.

Seminare

Das Verkaufspersonal sollte regelmäßig an **Trainingsmaßnahmen** zum Thema Ladendiebstahl teilnehmen. Es ist von grundlegender Bedeutung, Verkäufer für das Thema Ladendiebstahl zu **sensibilisieren.** Wichtige **ordnungsgemäße** und **rechtskonforme Verhaltensmuster**, um einen Ladendieb zu stellen, sollten trainiert werden. So können Ängste und Hemmungen im Umgang mit Ladendieben abgebaut werden. **Rollenspiele** im Verkaufsraum vor Ort stellen eine gute **Methode** dar, Verhaltensweisen **realitätsnah** einzuüben. Ein weiterer Schwerpunkt sollte eine **Auseinandersetzung** mit **Tricks** von Ladendieben sein.

Vorbeugendes Handeln im Verkaufsalltag

Die folgenden Verhaltensweisen helfen, **Ladendiebstähle zu vermeiden**:

- **Informieren** Sie **sofort** Ihre Kollegen und das Kassenpersonal, sobald sich Kunden verdächtig verhalten.

- Demonstrieren Sie Ihre **Wachsamkeit** durch **Blickkontakt** mit dem Kunden. Potenzielle Ladendiebe lassen von ihrem Vorhaben ab, wenn sie merken, dass sie beobachtet werden. Ein Kunde, der sich unbeobachtet fühlt, sieht sich vielleicht zum Diebstahl animiert.
- Zeigen Sie ständige **Servicebereitschaft**. Verdeutlichen Sie dies durch Aussagen wie: „Ich bin in Ihrer Nähe, falls Sie Hilfe brauchen!"
- Geben Sie dem Kunden nur eine **überschaubare Auswahl** an Waren zum Probieren oder Anschauen. Kontrollieren Sie stets die zurückgegebene Ware.
- **Sprechen Sie** Kunden, die sich verdächtig verhalten, **sofort an.** Formulieren Sie Ihre Kundenansprache dabei möglichst als **Hilfestellung**, z. B. „Schließen Sie doch lieber Ihre Sporttasche, damit Ihnen nichts herausfällt!" Mit einer solchen Aussage erreichen Sie, dass Ihnen ehrliche Kunden für die Hilfestellung dankbar sind, unehrliche Kunden sich hingegen ertappt fühlen.

PRAXISTIPP Bei verdächtigen Kunden kann ein vorher vereinbartes Codewort für Durchsagen hilfreich sein, wie „Herr Brader, 95D bitte!"

○ Vorbeugendes Verhalten an der Kasse

Die **Kasse** stellt für Ladendiebe oft das eigentliche **Hindernis** dar. Hier entscheidet sich, ob beispielsweise die **Etikettenmanipulation**, der **Warenschmuggel** oder die **doppelte Bonnutzung** „erfolgreich" oder „nicht erfolgreich" sein werden. Die Aufmerksamkeit des Kassenpersonals hat also einen maßgeblichen Anteil an der Überführung unehrlicher Kunden.

Verhaltensregeln für das Kassenpersonal

- Überprüfen Sie nach dem Scannen des Warenetikettes stets, ob die Ware mit der Anzeige auf dem Display übereinstimmt und ob Ihnen die angegebenen Preise angemessen erscheinen!
- Prüfen Sie die Ware und Warenverpackungen auf zusätzlichen und falschen Inhalt! Besonders wichtig ist die **Hohlkörperkontrolle** bei Ware!
- Sollten Sie Unregelmäßigkeiten, wie eine falsche Ware in der Verpackung oder eine fehlerhafte Preisauszeichnung feststellen, machen Sie Ihren Kunden freundlich darauf aufmerksam. Den Kunden ohne Beweise zu beschuldigen bringt nichts, weil auch er Opfer einer Etikettenfälschung durch eine andere Person sein könnte!
- Entfernen Sie liegengelassene Kassenbons!
- Schließen Sie die Kasse immer ab!

○ Personaleinsatzplanung

Um Ladendiebstählen effektiv entgegenzuwirken, ist eine entsprechende Anzahl an **Mitarbeitern** im Geschäft von besonderer Bedeutung. Bei einem hohen Kundenaufkommen, z. B. vor Feiertagen, kann so gewährleistet werden, dass unehrliche Kunden die entsprechende Aufmerksamkeit erfahren. Ein weiteres wirksames Mittel kann der Einsatz von **Sicherheitspersonal** wie **Ladendetektiven** oder **Door-Men** sein.

Verkaufsraumgestaltung und Warenpräsentation

Eine **übersichtliche Gestaltung** des Verkaufsraumes erleichtert es Ihnen, von verschiedenen Standorten aus eine möglichst große Fläche im Laden überblicken zu können. Darüber hinaus **hemmt** das potenzielle Diebe.

- Gestalten Sie eine **Warenpräsentation** und nutzen Sie **Warenträger**, die **Übersichtlichkeit** und **Ordnung** ermöglichen. Vermeiden Sie z. B. zu hohe Regale.
- Sortieren Sie Ware ordentlich und in **gleicher Stückzahl** in die Regale, sodass Unregelmäßigkeiten sofort auffallen.
- **Beseitigen** Sie im Geschäft schwer **einsehbare** und **dunkle Ecken**.
- Positionieren Sie die **Kasse** so, dass von diesem Standort eine möglichst große Fläche überblickt werden kann.
- Platzieren Sie besonders **diebstahlgefährdete Ware** so, dass sie für Sie **gut einsehbar** ist bzw. **verschließen** Sie **hochwertige Waren** wie Uhren, Schmuck oder Handys in Vitrinen oder speziellen Displays.
- Nutzen Sie **Spiegel** für unübersichtliche Bereiche.
- **Plakatieren** Sie die grundsätzliche Strafverfolgung mit deutlich sichtbaren **Hinweisschildern**, z. B. „Wir zeigen jeden Dieb an!“
- Stellen Sie in dunklen Jahreszeiten nur Verkaufsständer vor dem Geschäft auf, die Sie auch von innen sehen können.

Warensicherung

Technische Möglichkeiten der Warensicherung stellen eine zusätzliche Vorbeugung gegen Ladendiebstahl dar.

Elektronische Artikelsicherung (EAS)

Die **elektronische Artikelsicherung** leistet im Einzelhandel einen wesentlichen Beitrag zur **Senkung** der **Verluste** durch Ladendiebstahl. Die Systeme arbeiten i. d. R. nach dem folgenden Prinzip: Die Ware wird in den Geschäften mit **speziellen Etiketten** gesichert, die beim Verkauf von berechtigtem Personal entfernt oder deaktiviert werden können. Diese Etiketten enthalten beispielsweise eine Metallfolie, die elektromagnetisch oder elektroakustisch aktiviert ist. Die bei größeren Waren, wie Textilien, eingesetzten sogenannten **Hartetiketten** können wiederverwendet werden. Sie werden jedoch zunehmend von unauffälligeren kleinen **flexiblen Folienstreifen** abgelöst. Die **elektronischen Schleusen** im Geschäft sind an der Kasse oder in Ausgängen meist deutlich als **Ständer** mit einer Höhe von bis zu 160 cm und einer **Durchgangsbreite** von 140 cm bis 200 cm zu erkennen. Beim **Auslösen** des Alarms durch ein aktives Etikett in der Schleuse kommt es zu einem **akustischen** und/oder **visuellen Signal**. Zusätzlich wird vielfach eine **Kamera** in Betrieb gesetzt.

Immer stärker verbreitet sich die Diebstahlsicherung über RFID (Radio Frequency Identification) in Einzelhandelsunternehmen. Es werden dabei Etiketten mit einem Bit Speichervermögen eingesetzt, die die Information „nicht bezahlt" speichern können. Sollte ein Kunde versuchen, das Geschäft mit einem nicht deaktivierten RFID-Etikett zu verlassen, wird das Signal am Ausgang oder hinter dem Kassenbereich von einer Empfangseinheit erfasst und löst einen Alarm aus.

EAS- und RFID-Systeme haben eine **zweifache Wirkung:** Zum einen wirken sie auf potenzielle Diebe **abschreckend**, denn in den Läden findet man neben den deutlich sichtbaren EAS-Schleusen oder RFID-Empfangseinheiten oftmals zusätzliche Schilder, die auf den Einsatz von Warensicherungssystemen hinweisen. Zum anderen wird selbst bei sehr ausgefallenen Diebstahltricks der **Alarm** ausgelöst.

Bei der **Quellensicherung** wird die Ware oder die Verpackung bereits **beim Hersteller** mit einer Sicherung versehen. Leider **erschweren** die **unterschiedlichen EAS-Techniken** den branchenübergreifenden Einsatz der Quellensicherung. Lediglich einzelne große Einzelhandelsketten nutzen die Sicherung direkt durch den Hersteller.

○ Kameraüberwachung

In vielen Einzelhandelsunternehmen werden **Video, überwachungsanlagen** installiert. Diese Maßnahme hat dann eine große **Abschreckungswirkung** auf Ladendiebe, wenn die Kameras für jeden sichtbar im Verkaufsraum installiert sind. Vielfach werden zur reinen Abschreckung lediglich **Kameraattrappen**, sogenannte „Dummies", eingesetzt. Auf den Einsatz der Videoüberwachung sollte im Eingangsbereich mit deutlich erkennbaren **Schildern** hingewiesen werden.

Beispiele für den Kamerastandort	Zielsetzung
Lieferanteneingang/Lager	Manipulationen bei der Warenanlieferung werden erschwert.
Ausgangstüren, z. B. in Discountern mit getrennten Ein- und Ausgängen	Der Kunde wird mithilfe eines mit der Kamera gekoppelten Sprachmoduls zum richtigen Ausgang bzw. zur Kasse geführt. Ggf. kann Bildmaterial aufgezeichnet werden.
„Diebstahlrenner" und Hochpreisware	Minderung der Diebstahlgefahr durch Abschreckung.
Kassenbereich	Kassenmanipulationen werden verhindert bzw. erkannt und Unterböden der Einkaufswagen können kontrolliert werden.
Kundeneingang	Der Kunde wird durch Bildschirm im Eingangsbereich auf die Überwachung aufmerksam.
Schwer einsehbare Bereiche	Diese Bereiche werden in einsehbare Bereiche verwandelt und die dort positionierten Kameras wirken auf potenzielle Diebe abschreckend.

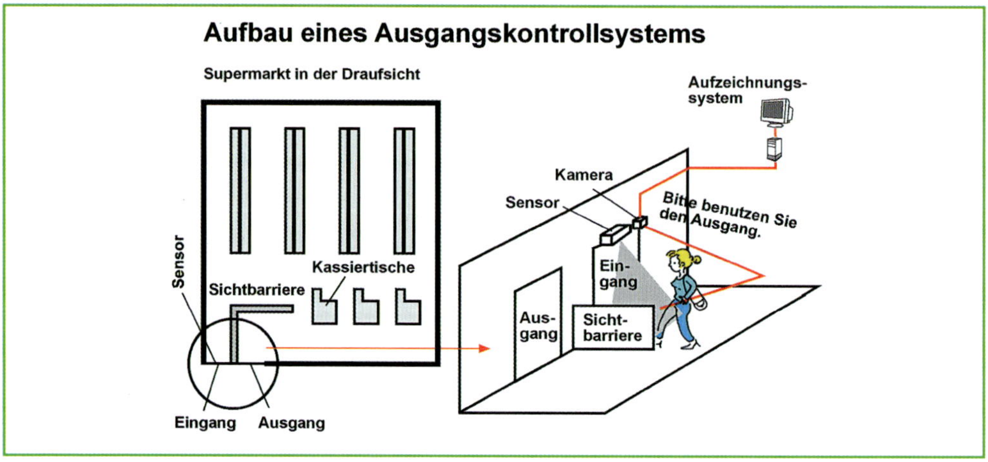

○ Weitere Sicherungsmöglichkeiten

Die Leinensicherung

Die Leinensicherung wird bei **hochpreisigen** groß- und kleinformatigen **Artikeln** eingesetzt. Anders als bei Ware, die in Glasvitrinen verschlossen wird, kann der Kunde bei dieser Form der Warensicherung ohne Hilfe des Verkäufers die Ware in die Hand nehmen. Neben der einfachen **mechanischen** Leinensicherung findet man in vielen Branchen immer mehr die **elektronische Leinensicherung**. Hochwertige, kleine Artikel in der Auslage werden über einen **angeklebten Adapter** mit einem Kabel an eine Alarmmeldezentrale verbunden. Wird die Befestigung oder das Kabel manipuliert, ertönt ein **Alarmsignal** im Bereich der Ware und in der Alarmzentrale. Bevorzugte Artikel für diese Art der Sicherung sind Kameras, Laptops, Fernbedienungen, Telefone, Elektrowerkzeuge. Bei hochwertigen Textilien (Leder, Pelze) werden die Sicherungsleinen nicht angeklebt, sondern **angeklemmt** oder **durch den Ärmel gezogen**. Zusätzlich können die Kleiderbügel gesichert werden.

Die Sensormatte

Die Sensormatte als **Unterlage** für die Warenpräsentation reagiert mit einem Alarm, wenn ein Artikel von seinem Platz genommen wird. Die Wahrnehmungsempfindlichkeit beginnt bei drei Gramm und kann an die Artikel angepasst werden. Die Matten sind in unterschiedlichen Größen erhältlich.

Abschließbare Vitrinen/Schränke

Zur Reduzierung der Diebstahlquote können höherwertige Waren (Handys, Spiele für Gameboys, Uhren, Digitalkameras, Schmuck u. Ä.) in abschließbaren Schränken oder Vitrinen präsentiert werden.

Ladendiebstahl vermeiden

Diebstahlvermeidung

Personelle Maßnahmen

- Schulungen
- aufmerksames Handeln im Verkauf und bei Kassiervorgängen
- ausreichende Mitarbeiterzahl
- Einsatz von Sicherheitspersonal

Verkaufsraumgestaltung/ Warenpräsentation

- Übersichtlichkeit
- Vermeidung schwer einsehbarer Winkel
- Beobachtungsspiegel
- diebstahlgefährdete Artikel gut einsehbar platzieren
- Hinweisschilder zur Strafverfolgung

Warensicherung

- elektronische Artikelsicherungs-Systeme
- Videoüberwachung
- Leinensicherung
- Sensormatten
- abschließbare Vitrinen/ Schränke

1. Nennen Sie Möglichkeiten der Diebstahlvermeidung im Kassenbereich.

2. a) Beschreiben Sie geeignete Standorte für eine digitale Videokamera in Ihrem Ausbildungsbetrieb.
b) Erläutern Sie mögliche Auswirkungen der Videoüberwachung auf die Mitarbeiter in einem Geschäft.

3. Erklären Sie die Arbeitsweise von elektronischen Artikelsicherungssystemen.

4. Erläutern Sie, warum Artikel wie Mobiltelefone oftmals mit einer elektronischen Leinensicherung versehen und nicht in Vitrinen eingeschlossen werden.

5. Beschreiben Sie Möglichkeiten für Schulungsmaßnahmen im Personalbereich, um Ladendiebstahl effektiv vorzubeugen.

6. Nennen Sie drei Beispiele für vorbeugende Verhaltensweisen im Verkaufsalltag, um Ladendiebstähle zu vermeiden.

7. Skizzieren Sie den Grundriss Ihres Ausbildungsbetriebs oder eines Geschäftes Ihrer Wahl.
a) Markieren Sie Bereiche im Geschäft, in denen leicht gestohlen werden kann.
b) Entwickeln Sie Möglichkeiten für eine übersichtlichere Ladengestaltung und den effektiven Einsatz von Möglichkeiten der Warensicherung.
c) Präsentieren Sie Ihre Ergebnisse.

8. Die Geschäftsleitung der Center Warenhaus GmbH beschließt die Einführung eines neuen Warensicherungssystems für die Textil- und Sportabteilung. Der Abteilungsleiter Oliver Lehnert bekommt den Auftrag, sich über effektive Möglichkeiten der Warensicherung zu informieren.
a) Sammeln Sie mithilfe des Internets Informationen über verschiedene Warensicherungssysteme.
b) Entscheiden Sie sich für ein Warensicherungssystem und präsentieren Sie dieses Ihrer Klasse.

Übungsaufgaben

1. Im Einzelhandel werden „Kunden- und Konsumtypen" unterschieden.
a) Erläutern Sie die beiden Begriffe und finden Sie je zwei Beispiele.
b) **Rollenspiele**
Führen Sie Verkaufsgespräche mit verschiedenen Kundentypen durch und zeichnen Sie diese auf. Der Verkäufer passt sein Verhalten dem jeweiligen Kundentypen an (vorher nicht bekannt!). Nutzen Sie Ihren Beobachtungsbogen für „schwierige Kunden", um den Rollenspielern Feedback zu geben.

2. Beschreiben Sie typische Verhaltensweisen von jungen Kunden und stellen Sie diesen ein optimiertes Verkäuferverhalten gegenüber.

So verhalten sich oft junge Kunden ...	So sollte ein guter Verkäufer reagieren ...
....	....

3. Der Einzelhandel stellt sich zunehmend auf ältere Kunden ein.
a) Erklären Sie, warum Senioren für den Einzelhandel immer wichtiger werden.
b) Beschreiben Sie mindestens vier Maßnahmen, wie Einzelhandelsbetriebe auf die Bedürfnisse älterer Kunden reagieren können.
c) Erläutern Sie mindestens drei Aspekte, die bei der Bedienung dieser Kundengruppe besonders zu berücksichtigen sind.

4. **Rollenspiel**
Sie führen ein Verkaufsgespräch mit einem ausländischen Paar, das nur wenig Deutsch versteht. Es handelt sich um einen erklärungsbedürftigen Artikel nach Ihrer Wahl, dessen Gebrauch Sie in angemessener Weise verdeutlichen sollen. Zeichnen Sie das Gespräch auf und benutzen Sie Ihren Beobachtungsbogen zu „ausländischen Kunden", um den Spielern Feedback zu geben.

5. Es geschieht häufig, dass Kunden kurz vor Ladenschluss noch das Geschäft betreten.
a) Nennen Sie zwei Gründe, weshalb Kunden so spät kommen.
b) Beschreiben Sie, wie Sie sich Spätkunden gegenüber verhalten.

6. **Rollenspiel**
Ein Kunde betritt kurz vor Ladenschluss Ihr Geschäft. Sie beginnen die Beratung, müssen jedoch pünktlich zum Ladenschluss das Geschäft verlassen, weil Sie einen Termin haben. Zeichnen Sie das Verkaufsgespräch auf und geben Sie den Spielern ein Feedback.

7. Eine Frau mittleren Alters betritt ein Lederwarengeschäft und schaut sich suchend um.

Verkäufer: „Guten Tag, kann ich Ihnen helfen?"
Kundin: „Hm, ja, ich suche nach einem Weihnachtsgeschenk für meine Nichte."
Verkäufer: „Haben Sie an etwas Bestimmtes gedacht?"
Kundin: „Nein, ich weiß nicht, vielleicht ..."
Verkäufer: „Da ist es natürlich schwierig, etwas Passendes zu finden. Wie wäre es mit einer Handtasche?"
Kundin: „Hm ..."
Verkäufer: „... oder einer Geldbörse?"
Kundin: „Ich weiß nicht recht."

Verkäufer: „Vielleicht ein Koffer? Auch sehr nett. Sehen Sie mal, ein sehr schönes Modell aus echtem Leder mit abschließbarem Verschluss. Oder Handschuhe aus feinem Saffianleder mit ..."

Kundin: „Ach, wissen Sie, das ist alles so schwierig. Ich werde erst mal mit meinem Mann sprechen und komme dann wieder."

Verkäufer: „Gern. Auf Wiedersehen."

Kundin: „Auf Wiedersehen."

a) Beurteilen Sie die Kontaktaufnahme durch den Verkäufer.
b) Begründen Sie, warum die Bedarfsermittlung ungeschickt ist.
c) Formulieren Sie zwei Fragen in wörtlicher Rede, die für die Bedarfsermittlung geeignet sind.
d) Ersetzen Sie die Verkauferäußerung in Zeile 5 durch eine Aussage, die der Kundin signalisiert, dass man eine Lösung ihres Problems finden wird.
e) Nennen Sie zwei Serviceleistungen, die beim Geschenkkauf sinnvoll sind.

8. (Artikel und Branche nach Ihrer Wahl) Der Stammkunde Herr Helmeyer sucht für seine anspruchsvolle Frau ein Geschenk zum Hochzeitstag. Sie finden mit ihm gemeinsam einen passenden, sehr hochpreisigen Artikel. Herr Helmeyer fragt nach dem Preis und Sie wollen einen Preisschock verhindern.
a) Beschreiben Sie zwei Möglichkeiten, wie Sie dies erreichen können.
b) Formulieren Sie in wörtlicher Rede jeweils einen Satz nach den beiden von Ihnen beschriebenen Methoden.

9. In der Möbelabteilung interessiert sich ein Kunde für ein Sofa.
K.: „Was kostet das denn?"
V.: „Das kostet 975,00 EUR. Die Kissen sind aber in dem Preis noch nicht inbegriffen."
K.: „Das ist aber viel, ich brauche ja auch ein paar passende Sessel, wir ziehen bald um und da wollen wir das Wohnzimmer neu einrichten."
V.: „Ja, so ein Umzug ist immer ganz schön stressig."
K.: „Ist das Sofa denn von der Qualität her vernünftig?"
V.: „Ja, das denke ich auf jeden Fall."
K.: „Na ja, ich schau dann noch mal mit meiner Frau vorbei ..."

a) Beurteilen Sie die Preisnennung durch den Verkäufer.
b) Erstellen Sie in wörtlicher Rede eine Preisnennung Ihrer Wahl.
c) Erläutern Sie zwei Methoden, wie Sie auf den Preiseinwand angemessen reagieren können.
d) Formulieren Sie zwei entsprechende Antworten für den Kunden in wörtlicher Rede.

10. Halten Sie einen Vortrag darüber, welche Dinge Sie bei der Abwicklung eines Finanzierungskaufs berücksichtigen müssen. Erstellen Sie zusätzlich ein kurzes Ablaufschema.

11. Manche Verkäufer sehen es als schwierig an, Kunden in Begleitung zu bedienen.
a) Erläutern Sie die verschiedenen Typen von „Begleitern".
b) Beschreiben Sie in Abhängigkeit des jeweiligen „Begleitertyps" zwei Grundsätze, wie Sie sich in solchen Verkaufsgesprächen verhalten sollten.

12. **Rollenspiele**
Planen und erproben Sie in Rollenspielen Parallelberatungen. Zeichnen Sie die Verkaufsgespräche auf, werten Sie diese anschließend mithilfe eines geeigneten Beobachtungsbogens aus und geben Sie den Spielern ein Feedback.

13. Während Sie einen Kunden bedienen, betreten weitere Kunden Ihre Abteilung. Sie sind zur Zeit allein.

a) Zeigen Sie Möglichkeiten auf, die verhindern, dass die Kunden ungeduldig werden und eventuell das Geschäft verlassen.
b) Formulieren Sie in wörtlicher Rede eine entsprechende Kundenansprache.

14. Beschreiben und begründen Sie, wie Sie sich in den Situationen a) – d) verhalten würden:

a) Ein Ehepaar kauft gemeinsam einen Artikel, der für beide bestimmt ist, z. B. einen Fernseher (Artikel nach Wahl). Dem Ehemann gefällt ein Modell, der Frau ein anderes Modell besser.
b) Sie bedienen seit Längerem einen Kunden. Da werden Sie von einer Kollegin ans Telefon gerufen.
c) Ein Kunde beschwert sich aufgeregt und lautstark über einen am gleichen Tag gekauften Artikel, der zu Hause nicht funktionierte.
d) Ein weiterer Kunde reklamiert einen Schaden an einem Artikel und äußert die Unzufriedenheit mit der Qualität der Ware. Die Reklamation ist berechtigt, der Artikel jedoch nicht mehr lieferbar.
e) **Rollenspiele**
Stellen Sie die Situationen a) – d) in Rollenspielen dar und geben Sie den Spielern ein Feedback.

15. Ihr Unternehmen richtet für Kunden die Möglichkeit ein, Waren telefonisch bestellen und anliefern zu lassen.

a) Erläutern Sie zwei Gründe, warum diese Maßnahme ergriffen wird.
b) Beschreiben Sie mögliche Zielgruppen für dieses Serviceangebot.
c) Schildern Sie, wie Sie Kunden am Telefon begrüßen.

16. In der DVD-Abteilung steckt ein Kunde eine DVD in eine offene Umhängetasche. Ein Verkäufer spricht ihn an: „So, jetzt habe ich Sie erwischt! Sie haben da gerade eine DVD gestohlen. Kommen Sie bitte ins Büro!"

a) Beurteilen Sie das Verkäuferverhalten.
b) Beschreiben Sie mögliche Alternativen.
c) Im Büro verweigert der Kunde die Durchsuchung der Tasche, eine persönliche Durchsuchung wird ebenfalls abgelehnt. Wie reagieren Sie?

17. „Kids leben auf großem Fuß, haben Geld wie Heu" lautet der Titel eines Artikels in einer Fachzeitschrift. Wie bei einer „Kids-Verbraucher-Analyse" deutschlandweit festgestellt wurde, verfügen ca. 11,5 Millionen Kinder und Jugendliche im Alter zwischen 7 und 16 Jahren über eine Kaufkraft von ca. 20 Mrd. EUR. In den letzten zwei Jahren ist damit die Kaufkraft dieser Zielgruppe um 25 % gestiegen. Schildern Sie anhand von Beispielen, wie die Center Warenhaus GmbH in den Bereichen Sortimentsgestaltung, Werbung und Verkaufsraumgestaltung auf diese Entwicklung reagieren sollte.

18. Harry Derschweiger finanziert eine Car-Hifi-Anlage der Spitzenklasse beim Mars Elektrofachmarkt e. K. zu folgenden Konditionen: Barzahlungspreis 3.800,00 EUR, Nominalzins 7,5 %, Restschuldversicherung 2 % der Kreditsumme, Laufzeit zwei Jahre. Er ist in der Lage, eine Anzahlung in Höhe von 800,00 EUR beim Kauf zu leisten. Berechnen Sie

a) den Teilzahlungspreis,
b) die monatliche Rate,
c) den effektiven Jahreszins.

Ungebundene Aufgaben zur Prüfungsvorbereitung

1. Ein Einzelhändler hat festgestellt, dass der Anteil der älteren Kunden stark zugenommen hat. Daher will er sein Geschäft (Branche nach Ihrer Wahl) dieser Kundenschicht anpassen.

a) Erläutern Sie drei Maßnahmen, die das Geschäft auch für ältere Kunden attraktiv machen.

b) Beschreiben Sie drei Möglichkeiten, wie die Mitarbeiter auf die Betreuung älterer Kunden vorbereitet werden können.

c) Entwerfen Sie ein Infoblatt, mit dem der Einzelhändler die älteren Kunden über die Veränderungen in seinem Geschäft informiert.

2. **Situation:**
Sie befinden sich in Ihrer Abteilung in der Center Warenhaus GmbH und bedienen einen Kunden, der einen Kaffeevollautomaten zurückgeben möchte. Er begründet seinen Wunsch wie folgt: „Wissen Sie, das Ding ist mir einfach zu kompliziert. Ich habe mir die Bedienungsanleitung zwar durchgelesen, aber ich komme damit nicht klar. Bitte, geben Sie mir den Kaufpreis zurück."

1. Begründen Sie, ob es sich um einen Umtauschwunsch oder eine Reklamation handelt.
2. Erläutern Sie, ob die Forderung des Kunden nach Erstattung des Kaufpreises hier berechtigt ist.
3. Beschreiben Sie **zwei** Möglichkeiten, wie Sie auf die Forderung des Kunden reagieren können.
4. Eine andere Kundin reklamiert einen defekten Dolby-Surround-Receiver. Beschreiben Sie in **fünf** Schritten, wie Sie die Reklamation kundenorientiert handhaben können. Die Reihenfolge ist unerheblich.
5. Nennen Sie vier Gründe, warum die Center Warenhaus GmbH Serviceleistungen anbietet.

3. Ein Kunde behauptet, dass er einen in Ihrem Geschäft für 124,00 EUR angebotenen Artikel bei einem Mitbewerber zum Preis von 105,00 EUR gesehen hat. Erläutern Sie zwei Verhaltensweisen, wie Sie auf diesen Einwand reagieren können.

4. **Situation:**
Sie befinden sich an der Kasse In der Sportabteilung der Center Warenhaus GmbH. Ein Kunde möchte einen Tennisschläger bezahlen, der jedoch falsch ausgezeichnet ist. Der korrekte Verkaufspreis liegt 25,00 EUR über dem ausgezeichneten Preis. Der Kunde besteht darauf, den Artikel zu dem niedrigeren Auszeichnungspreis zu erwerben.

1. Beurteilen Sie die rechtliche Situation.
2. Beschreiben Sie, wie Sie in diesem Fall kundenorientiert reagieren können.
3. Schildern Sie umgehende Maßnahmen, die Sie in Angriff nehmen, nachdem der Kunde von Ihnen bedient worden ist.

5. Sie führen ein Verkaufsgespräch mit einem Kunden, der sich für einen beratungsintensiven Artikel (Branche nach Ihrer Wahl) interessiert. Der Kunde verfügt nur über geringe Fachkenntnisse und kauft nicht. Einige Tage später kehrt der Kunde in Begleitung zurück. Erläutern Sie, wie Sie sich als Verkäufer verhalten, wenn

a) der Begleiter Fachmann ist,

b) Sie feststellen, dass sich der Begleiter zwar für fachkundig hält, tatsächlich aber nur über geringe Fachkenntnisse bezüglich des Artikels verfügt,

c) der Begleiter dem Verkaufsgespräch mit dem Kunden nur teilnahmslos folgt.

6. Für das Verkaufsgespräch mit ausländischen Bürgern sind besondere Verhaltensweisen wichtig.

a) Beschreiben Sie vier Verhaltensregeln, die der Verkäufer bei der Bedienung ausländischer Bürger beachten sollte.

b) Erläutern Sie, wie sich der Verkäufer seinem ausländischen Kunden verständlich machen kann, wenn dieser nicht Deutsch und der Verkäufer nicht die Sprache des Kunden spricht.

7. Ein Kunde möchte für seine Freundin zum Geburtstag ein Geschenk kaufen. Der Verkäufer begrüßt diesen Kunden freundlich und fragt: „Womit kann ich Ihnen helfen?" Der Kunde antwortet: „Ich möchte ein Geschenk."

a) Beschreiben Sie eine Möglichkeit, wie der Verkäufer das Verkaufsgespräch zunächst fortsetzen kann.

b) Nennen Sie drei wichtige Informationen, die der Verkäufer im weiteren Verlauf des Gesprächs erfragen muss, um geeignete Geschenkvorschläge machen zu können.

8. Die Stammkundin Frau Schmitz betritt das Geschäft.

Verkäufer: „Guten Tag."
Frau Schmitz: „Guten Tag."
Verkäufer: „Bitte schön?"
Frau Schmitz: „Ich suche ein Geschenk für meinen Sohn."
Verkäufer: „Wie teuer soll es denn ungefähr sein?"
Frau Schmitz: „Ach, da habe ich noch keine so genauen Vorstellungen."
Verkäufer: „Tja, das ist natürlich auch für mich etwas schwierig. Können Sie mir denn nicht irgendwelche anderen Anhaltspunkte geben?"

a) Nennen Sie vier Fehler, die der Verkäufer im obigen Verkaufsgespräch macht.

b) Beschreiben Sie zu jedem der von Ihnen gefundenen Fehler eine bessere Vorgehensweise und begründen Sie diese.

9. Der Stammkunde Brader äußert folgenden Kaufwunsch: „Ich suche ein Geschenk."

a) Formulieren Sie eine Frage zur genaueren Bedarfsermittlung in wörtlicher Rede.
Im weiteren Verlauf des Verkaufsgesprächs fragt Herr Brader nach dem Preis.

b) Formulieren Sie eine verkaufsaktive Antwort in wörtlicher Rede am Beispiel eines Artikels Ihrer Wahl.

c) Herr Brader kann sich nicht für einen Artikel entscheiden, da ihm zwei unterschiedliche gut gefallen. Erläutern Sie drei Entscheidungshilfen, die Sie ihm anbieten können.

10. Kunden, die etwas reklamieren, können verärgert, manchmal gereizt und aggressiv sein. Es entsteht für den Verkäufer eine schwierige Situation, wie im folgenden Fall:
Lautstark und zornig reklamiert eine Kundin im Verkaufsraum einen Artikel mit den Worten: „Schauen Sie, was für minderwertige Ware Sie verkaufen!" Sie wirft den Gegenstand auf die Theke und redet auf die Verkäuferin ein: „Das Teil habe ich vor drei Wochen gekauft und schon ist es defekt und unbrauchbar – so etwas Minderwertiges, das soll Qualität sein?!"

a) Wie verhalten Sie sich als Verkäufer/Verkäuferin in solch einer schwierigen Situation?

b) Wie sollte sich ein Verkäufer gegenüber Kunden verhalten, die unberechtigt reklamieren? Wählen Sie ein Beispiel aus Ihrem Fachbereich.

11. Ein Kunde hat einen Koffer zu einem reduzierten Preis gekauft. Aufgrund eines Materialfehlers reißt nach wenigen Tagen der Griff ab. Der Kunde bringt den Koffer sofort zurück und verlangt einwandfreien Ersatz. Auf dem Kassenbon steht der Hinweis: „Reduzierte Ware ist vom Umtausch ausgeschlossen." Erläutern Sie die Rechtslage unter Beachtung der gesetzlichen Bestimmungen.

12. Die unten stehenden Fälle schildern Situationen, in denen Kunden gekaufte Waren umtauschen möchten. Erläutern Sie, wie der Verkäufer auf den Umtauschwunsch des Kunden situationsgerecht unter Beachtung kaufmännischer und kundenorientierter Gesichtspunkte reagieren sollte.

a) Frau Gehlen konnte nicht widerstehen und hat hochmodische, teure Ohrringe gekauft. Zu Hause angekommen, hat sie die Rechnung über eine unerwartet hohe Nachzahlung der Stadtwerke vorgefunden. Daraufhin will sie die Ohrringe zurückgeben.
b) Frau Großekampmann hat einen ausgefallenen Hut gekauft, weil er ihr nach eigener Einschätzung sehr gut steht. Ihr Chef und die Kollegen, ihr Mann und ihre Kinder sind völlig anderer Meinung. Daraufhin bringt sie den Hut zurück.
c) Herr Zickowsky, 75 Jahre alt, hat einen Radiowecker mit großer beleuchteter Anzeige gekauft. Zu Hause schafft er es nur mit Mühe, die Weckzeit einzustellen. Die Speicherung von Radiosendern gelingt ihm nicht. Da ihm außerdem die Bedienungsanleitung unverständlich bleibt, bringt er den Radiowecker zurück.
d) Frau Hesse-Langer hat eine Bluse gekauft, die nach ihrer Auffassung genau zu ihrem neuen Kostüm passt. Zu Hause stellt sie fest, dass dies nicht stimmt. Am nächsten Tag kommt sie mit dem Kostüm und der Bluse in das Geschäft.

13. Ein Einzelhändler beobachtet, wie ein Kunde einen Artikel unter seinem Mantel versteckt und eilig das Geschäft verlassen möchte.

a) Erläutern Sie, wie der Einzelhändler in dieser Situation reagieren kann, um den Diebstahl zu verhindern.
b) Nennen Sie fünf vorbeugende Maßnahmen zur Verhinderung von Ladendiebstahl.

14. Eine Kundin kommt in den Mars Elektrofachmarkt e. K. und will ein gestern gekauftes Elektrogerät zurückgeben. Als Begründung gibt sie an: „Ach wissen Sie, ich habe mir die Gebrauchsanweisung einmal durchgelesen. Mir ist die Bedienung dieses Gerätes doch viel zu kompliziert. Bitte geben Sie mir den Kaufpreis zurück!"

a) Begründen Sie, ob es sich hier um eine Reklamation oder um einen Umtauschwunsch handelt.
b) Erläutern Sie, ob die Forderung der Kundin auf Rückgabe des Kaufpreises in diesem Fall berechtigt ist.

15. Der Handel im Internet ist auf dem Vormarsch. Immer mehr Einzelhandelsunternehmungen bieten ihr Sortiment im Internet an.

a) Erläutern Sie drei Vorteile, die die o. a. Form des Handels dem Kunden bietet.
b) Bei Onlinebestellungen werden dem Kunden oft folgende Zahlungsmöglichkeiten angeboten:
   ba) Zahlung durch Angabe der Daten der Kreditkarte
   bb) Zahlung per Nachnahme
   bc) Zahlung in Teilbeträgen

   Nennen Sie je einen Vorteil und einen Nachteil dieser drei Zahlungsarten für den Kunden.
c) Erläutern Sie zwei Vorgehensweisen, wie Fachgeschäfte auf den Handel im Internet reagieren können.

Gebundene Aufgaben zur Prüfungsvorbereitung

1. In der Tabelle stimmen die Zuordnungen nicht. Ordnen Sie den verschiedenen Kundentypen die richtigen Verhaltensweisen des Verkäufers zu.

Der Kunde ist ...	Der Verkäufer ...
1. rechthaberisch	a) beschränkt sich auf verkaufsbezogene Inhalte.
2. sachverständig	b) lässt Kunden sich selbst von Qualität und Funktion der Ware überzeugen.
3. sparsam	c) erfragt Bedenken und räumt sie aus.
4. arrogant	d) bietet exklusive Spitzenqualität an, akzeptiert Kundenverhalten professionell.
5. misstrauisch	e) bietet preiswerte Ware an, Finanzierung.
6. unentschlossen	f) zeigt das Sortiment, macht auf Neues aufmerksam.
7. redselig	g) belehrt nicht, stimmt oft zu.

2. Begründen Sie, ob sich der Verkäufer in den folgenden Verkaufssituationen richtig oder falsch verhält. Wenn er sich falsch verhält, erläutern Sie eine bessere Möglichkeit.

a) Ein kleines Kind in Begleitung seiner Mutter quengelt lautstark nach einem Lutscher. Um das Gespräch ruhig fortführen zu können, erfüllt der Verkäufer den Wunsch.

b) Ein Verkäufer rät einer älteren, alleinstehenden Stammkundin davon ab, eine größere Menge sehr reifer Pfirsiche zu kaufen.

c) Ein Verkäufer zeigt einem ausländischen Kunden mit geringen Deutschkenntnissen sein Warenwissen mit zahlreichen Fachausdrücken und Erläuterungen.

d) Ein Kind drängelt sich immer wieder in ein Verkaufsgespräch der Eltern und hebt demonstrativ seine Puppe hoch. Der Verkäufer unterbricht kurz und wendet sich dem Kind zu. „Wie heißt denn deine schöne Puppe? Mit welchen Sachen spielst du denn sonst noch gerne?"

e) Ein älterer Kunde hat an der Kasse Schwierigkeiten, das Geld aus seiner Börse zu holen, außerdem hat er den Preis nicht richtig verstanden. Es ist Hochbetrieb und der Verkäufer fordert ihn unwirsch auf, sich zu beeilen, da ja noch viele Kunden in der Schlange stünden.

3. Ordnen Sie den verschiedenen Konsumentengruppen die Aussagen zu, die in überwiegendem Maße zutreffen. Mehrfachzuordnungen sind möglich.

Konsumenten	Sie erwarten beim Einkauf besonders ...
Umweltbewusste Kunden	– Schnäppchen – biologisch erzeugte Lebensmittel
Bequeme und zeitknappe Kunden	– Beratung und Qualitätsware – Modenschau
Ältere Kunden	– gesundheitsbezogene Artikel – positives Ansprechen der Gefühle
Erlebniskäufer	– attraktive Warenpräsentation – Geduld und Zeit bei der Beratung – übersichtliche Verkaufsraumgestaltung – Fertiggerichte – ökologisches Wissen des Verkäufers – Zustellservice – zügige Abwicklung

4. Die folgende Tabelle kennzeichnet verschiedene Arten von Begleitpersonen mit ihrem Verhalten und mögliche Verhaltensweisen des Verkäufers. Die Zuordnungen sind durcheinander, ordnen Sie korrekt zu.

Begleitpersonen sind ...	Die Begleitpersonen ...	Verkäufer verhält sich dem Begleiter gegenüber ...
einflussreich	beteiligen sich nicht am Verkaufsgespräch.	Unterstützung durch Begleiter annehmen
unkundig	prüfen die Ware, wissen Bescheid über Funktion, benutzen und kennen Fachbegriffe.	Annehmlichkeiten anbieten, z. B. Kaffee, Sitzgelegenheit
fachkundig	unterstützen den Kunden, beraten und lenken ihn.	Kenntnisse anerkennen, in Gespräch einbeziehen
passiv	geben Anregungen, nehmen am Gespräch teil.	Kunde und Begleiter zufriedenstellen, Kompromisse suchen
aktiv	verwenden Fachbegriffe nicht richtig, kennen sich nicht aus.	Nicht bloßstellen, falsche Argumente behutsam entkräften

5. Welche Verhaltensweise ist beim Verkauf von hochpreisiger, beratungsintensiver Ware empfehlenswert?

1. Sie zeigen zum Vergleich preiswertere Ware und weisen auf die größeren Vorteile der hochpreisigen Ware hin.
2. Sie zählen möglichst viele Eigenschaften des Artikels auf.
3. Sie lassen die hochpreisige Ware für sich sprechen, ohne Argumente.
4. Sie vergleichen den Artikel mit günstigerer Ware und werten diese ab.

6. Nennen Sie die Methoden, mit denen ein Preisschock verhindert wird.

1. Der Preis wird auf die gesamte Nutzungsdauer verteilt.
2. Die Gesamtleistung wird in Teilleistungen aufgelöst.
3. Die Ware, für die sich der Kunde interessiert, wird mit einem teueren Artikel verglichen.
4. Der geringe Aufpreis zur teureren Ware wird verkauft.
5. Der Preis für eine Teilmenge, nicht der Gesamtpreis wird zur Argumentation herangezogen.

7. Im Rahmen eines verkaufsoffenen Stadtfestes herrscht Hochbetrieb. Welche Maßnahmen des Einzelhändlers erscheinen Ihnen geeignet?

1. Regale auffüllen.
2. Zusätzliche Kassen öffnen.
3. Mehr Personal einsetzen.
4. Anweisung an das Personal, Beratungsdauer nach Möglichkeit einzuschränken und mehrfach zu bedienen.

8. Welche der folgenden Waren können nicht umgetauscht werden?

1. Bikini
2. Hammer
3. Spielzeugauto
4. Haarbürste
5. Offener Schnittkäse
6. Unverpackte Zahnbürste

9. Entscheiden Sie, wann es sich um eine Reklamation oder um einen Umtausch aus Kulanz handelt.

1. Ein Kunde bringt eine am Vortag gekaufte feuerfeste Form zurück und erhält eine neue.
2. Einer Kundin ist das Kleid zu eng. Der Händler nimmt es zurück und sucht die passende Größe aus.
3. Eine wasserdichte Uhr ist beim Duschen voll Wasser gelaufen und wird ersetzt.
4. Ein Kunde bemängelt den defekten Langhaarschneider eines Elektrorasierers. Er erhält ein neues Gerät einer anderen Marke, weil der gleiche Artikel nicht mehr da ist.
5. Ein Händler stellt einem Kunden einen Gutschein aus. Er hatte ein Geschenk doppelt erhalten.

10. Ein Kunde reklamiert einen Sat-Receiver, der nicht funktioniert. Bringen Sie die Vorgehensweise des Verkäufers in die richtige Reihenfolge.

1. Fehler suchen
2. Verständnis zeigen
3. Nach Kaufbeleg fragen
4. Hilfe anbieten

11. Entscheiden Sie, welche der folgenden Äußerungen eines Verkäufers während eines Reklamationsgespräches am ehesten geeignet sind, den Kunden zu beruhigen und die Atmosphäre zu entspannen.

1. Sie hatten offensichtlich keine Zeit, das Handbuch richtig zu lesen.
2. Bei der Hitze müssen Sie immer damit rechnen, dass die Milch sauer wird.
3. Geben Sie her, ich tausche Ihnen das Gerät um.
4. Bitte entschuldigen Sie die verdorbene Ware. Wir werden sofort auch die anderen Artikel überprüfen.
5. Na, das hab' ich heute schon öfter gehört. Da ist unsere neue Aushilfe dran Schuld.
6. Selbstverständlich finden wir eine Lösung, die Sie zufriedenstellt.
7. Da kann ich doch nichts für.
8. Es tut mir leid, dass Sie deswegen nochmals kommen mussten.
9. Regen Sie sich bitte nicht auf und werden Sie nicht sauer.

12. Ein Kunde hat in einer Sonderaktion ein original verpacktes Hemd zum Sonderpreis erworben. Zu Hause bemerkt er, dass einige Knopflöcher zugenäht sind und möchte deshalb das Hemd umtauschen. Überprüfen Sie die Rechtslage.

1. Aktionsware mit geringen Fehlern ist vom Umtausch ausgeschlossen.
2. Ansprüche aufgrund der Sachmängelhaftung muss der Einzelhändler auch bei Artikeln aus Sonderangeboten innerhalb der gesetzlichen Fristen anerkennen.
3. Bei Reklamationen von Aktionsware hat der Kunde nur einen Anspruch auf Nachbesserung.
4. Aktionsware muss der Einzelhändler in jedem Fall auf Kundenwunsch zurücknehmen.
5. Die Rücknahme ist ausgeschlossen, da bei Aktionen gilt: „Gekauft wie besehen".

13. Ein Kunde kauft bei Ihnen für einen Trekkingurlaub ein Zelt mit der gesamten Ausrüstung auf Raten. Welche Bedingung müssen Sie beim Abschluss von Teilzahlungsverträgen unbedingt einhalten?

1. Es müssen mindestens vier Raten für die Zahlung vorgesehen sein.
2. Sie dürfen Teilzahlungsverträge nur mit Geschäftsleuten abschließen.
3. Sie dürfen Teilzahlungsverträge nur abschließen, wenn der Kunde ein Girokonto besitzt.
4. Der Rechnungsbetrag muss mindestens über 500,00 EUR lauten.
5. Sie müssen den Kunden über seine Widerrufsmöglichkeiten informieren.

14. Zum Service der Center Warenhaus GmbH gehört auch der Umtausch aus Kulanz. Entscheiden Sie, in welchem der folgenden Fälle es sich um eine Kulanzentscheidung handelt!

1. Einer Kundin wird eine fehlerhafte Hose, die sie im Warenhaus gekauft hat, nach vier Wochen umgetauscht.
2. Ein Kunde bringt nach drei Monaten seinen defekten DVD-Player zurück. Sie bieten kostenlose Reparatur an.
3. Eine Kundin bringt den vor fünf Monaten gekauften Staubsauger zurück, der defekt ist. Sie geben der Kundin ein Ersatzgerät.
4. Sie tauschen einem Kunden eine vor drei Wochen gekaufte Jeansjacke in eine Jeans um.
5. Eine Kundin erhält nach zweimaliger Reparatur ihres Bügeleisens endlich ein neues Gerät.

15. Auf den Kassenbelegen der Center Warenhaus GmbH steht der Aufdruck „Umtausch nur innerhalb von 14 Tagen". Stellen Sie fest, welche Auswirkung dies auf die gesetzlichen Ansprüche aus der Sachmängelhaftung bei Mängeln hat!

1. Die Ansprüche aus der Sachmängelhaftung – auch bei versteckten Mängeln – müssen innerhalb von 14 Tagen geltend gemacht werden.
2. Die Ansprüche aus der Sachmängelhaftung werden nicht berührt.
3. Die Sachmängelhaftung wird nur für offene Mängel übernommen.
4. Der Kunde kann innerhalb von 14 Tagen Minderung verlangen, aber nicht vom Vertrag zurücktreten.
5. Der Käufer hat nach 14 Tagen keinen Anspruch mehr auf Sachmängelhaftung.

16. Ein Kunde reklamiert einen defekten MP3-Player, den er vor 20 Monaten bei Ihnen gekauft hat. Welches Recht kann er aufgrund der Sachmängelhaftung geltend machen?

1. Nachdem die Frist der Sachmängelhaftung abgelaufen ist, kann er nur auf Kulanz hoffen.
2. Er hat das Recht auf Erstattung des Kaufpreises.
3. Er hat das Recht auf Nacherfüllung in Form von Reparatur oder Ersatz.
4. Er hat das Recht auf Schadenersatz für entgangenen Gewinn, weil er wichtige Geschäftsdaten auf dem Player gespeichert hatte, die er nun nicht mehr nutzen kann.
5. Er hat das Recht auf Erstattung des Kaufpreises für einen Ersatzplayer, den er sich wegen des Ausfalls unterwegs kaufen musste.

17. Eine Kundin kaufte einen Pullover. Beim Waschen beachtete sie den Pflegehinweis nicht und verlangt nun Schadenersatz, weil der Pullover in der ersten Wäsche abfärbte. Prüfen und begründen Sie, ob sie dazu berechtigt ist

1. Ja, denn die Ware weist einen Mangel in der Beschaffenheit auf.
2. Nein, die Kundin hat keinen Anspruch auf Schadenersatz.
3. Nein, denn die Kundin hat nur ein Recht auf Nachbesserung.
4. Nein, die Kundin hat lediglich ein Recht auf Minderung.
5. Nein, denn die gesetzliche Rügefrist ist überschritten worden.

18. Ab welchem Zeitpunkt muss der Käufer beim Verbrauchsgüterkauf den Nachweis erbringen, dass ein Mangel von Anfang an bestanden hat?

1. Nach einer Woche ab Kaufdatum
2. Nach zwei Wochen ab Kaufdatum
3. Nach sechs Monaten ab Kaufdatum
4. Nach einem Jahr ab Kaufdatum
5. Nach zwei Jahren ab Kaufdatum

Zwischenprüfung für Verkäufer/Verkäuferin (Auszug)

(90 Minuten Prüfungszeit, 45 Aufgaben, 100 Punkte)

Sie sind Auszubildender in der Center Warenhaus GmbH in Köln, Aachener Str. 1250, 50859 Köln. Ihr Unternehmen führt die typischen Abteilungen eines Warenhauses, u. a. eine Lebensmittel-, Textil-, Elektroabteilung. Im Warenhaus existiert ein Betriebsrat.

1. Die Umstellung einer Abteilung der Center Warenhaus GmbH von Bedienung auf Selbstbedienung erfordert den Einsatz von Kapital zur Beschaffung neuer Ladeneinrichtungen. Was ist das Ziel dieser Maßnahme?

1. Die Anzahl der Ladendiebstähle soll zurückgehen.
2. Der Kassiervorgang wird erleichtert.
3. Das Warenhaus spart Personalkosten.
4. Die Kunden sollen besser beraten werden.
5. Dadurch sind bessere Ausbildungsmöglichkeiten gegeben.

☐

2. Die Center Warenhaus GmbH steht auch in Konkurrenz zu Versandhäusern. Welchen Vorteil bietet das Warenhaus dem Kunden im Vergleich zu einem Versandhaus?

1. Der Kunde kann zu jeder Zeit einkaufen.
2. Der Kunde kann bargeldlos einkaufen.
3. Der Kunde kann die Ware unmittelbar sehen und erhält eine individuelle Beratung.
4. Der Kunde kann die Ware bei Nichtgefallen reklamieren.
5. Der Kunde muss die Ware erst nach Erhalt bezahlen.

☐

3. Sie haben acht Pakete angenommen. Bevor die Ware innerbetrieblich weitergeleitet wird, müssen Sie den Wareneingang prüfen. Wie verhalten Sie sich richtig?

1. Sie packen die Kartons aus und bringen die Ware in den Verkauf.
2. Sie haben nach Wareneingang eine Woche Zeit, um die Kartons auszupacken und die Artikel einzeln zu prüfen.
3. Sie lassen sich die Rechnung zu dieser Warenlieferung geben und überprüfen diese auf rechnerische Richtigkeit.
4. Sie überprüfen beim Auspacken der Kartons stichprobenartig die Art, Güte und Beschaffenheit der enthaltenen Artikel.
5. Sie packen die Ware im Beisein des Überbringers aus und überprüfen die Vollständigkeit der Artikel.

☐

4. Eine Auszubildende erhält vom Abteilungsleiter der Sportabteilung mehrmals die Anweisung, an Sonntagen zu Sportvereinen zu gehen, um für das Sortiment der Sportabteilung zu werben. Sie hat Bedenken, ob diese Anweisung rechtlich zulässig ist. An welche für sie zuständige Stelle kann sich die Auszubildende wenden?

1. Gewerbeaufsichtsbehörde
2. Berufsgenossenschaft
3. Einzelhandelsverband
4. Gewerkschaft
5. Industrie- und Handelskammer

☐

5. Welche Stellung nimmt der Einzelhandel innerhalb der Gesamtwirtschaft ein? Der Einzelhandel ist Bestandteil des Bereiches

1. Produktion
2. Veredelung
3. Herstellung
4. Verteilung
5. Verbrauch

☐

6. Aus welchem Grund sieht das HGB vor, dass Sie die eingegangenen Waren unverzüglich überprüfen müssen?
1. damit Ladenhüter vermieden werden
2. damit festgestellt werden kann, ob die Lieferfrist eingehalten wurde
3. damit rechtzeitig nachdisponiert werden kann
4. damit offene Mängel unverzüglich gerügt werden können
5. damit versteckte Mängel festgestellt werden können

☐

7. Was ist kennzeichnend für Discountgeschäfte?
1. Discountgeschäfte verzichten überwiegend auf Kundendienst.
2. Discountgeschäfte verzichten auf Werbung.
3. Der Kunde wird ausführlich beraten und bedient.
4. Discountgeschäfte zeichnen sich durch eine angenehme Kaufatmosphäre aus.
5. Die Ware wird dem Kunden auf Wunsch zugestellt.

☐

8. Beim Vorwahlsystem sollen die Kunden sich selbst über die Waren informieren können. Durch welche Maßnahmen lässt sich die Informationsmöglichkeit der Kunden verbessern?
1. durch einen Informationsstand am Geschäftseingang
2. durch Schaffung von Sonderverkaufsflächen
3. durch Produktinformationen an den Warenregalen
4. durch laufende Lautsprecherdurchsagen im Geschäft
5. durch besondere Platzierung von Niedrigpreis-Angeboten

☐ ☐

9. Für die Planung und Durchführung eines Auszubildenden-Projektes setzen Sie verstärkt auf Teamarbeit. Worin erkennen Sie einen speziellen Vorteil einer teamorientierten Projektbearbeitung?
1. Optimale Herausstellung auch von Minderheitsmeinungen
2. Erweiterter Informationsaustausch
3. Kurze Entscheidungsprozesse
4. Klare Festlegung der Verantwortlichen
5. Verzicht auf einen Zeitrahmen

☐

10. In der Center Warenhaus GmbH gibt es einige Abteilungen mit Vorwahlsystem. Mit welchen Maßnahmen können Sie in diesen Abteilungen die Orientierung und Selbstinformation für die Kunden am besten erreichen?
1. Präsentation des gesamten Sortiments im Schaufenster
2. Informationsstand am Eingang des Warenhauses
3. Richtungspfeile auf dem Fußboden
4. Einige Vorwahlartikel regelmäßig an unterschiedlichen Standorten der Abteilung präsentieren
5. Übersichtlicher Warenaufbau mit Produktbeschreibung

☐ ☐

11. Ein Angestellter ist sechs Wochen krank. Wer sorgt in dieser Zeit für seinen Lebensunterhalt und den seiner Familie?
1. Er erhält für diese Zeit Krankengeld von der Krankenkasse.
2. Er bezieht für diese Zeit Arbeitslosengeld vom Arbeitsamt.
3. Er erhält in diesem Zeitraum sein Gehalt von der Pflegeversicherung.
4. Er erhält vom Arbeitgeber das Gehalt sechs Wochen weitergezahlt.
5. Er erhält vom Arbeitgeber das Gehalt drei Monate weitergezahlt.

☐

12. Ein Spediteur liefert Waren in drei Kisten an. Eine Kiste weist eine Beschädigung auf. Wie verhalten Sie sich bei der Warenannahme richtig?
1. Die Beschädigung einer Kiste ist immer auf mangelhafte Verpackung zurückzuführen. Deshalb verlangen Sie sofort Schadenersatz vom Lieferer.
2. Sie verlangen vom Überbringer, dass er wartet, bis die Kiste vollständig ausgepackt ist.
3. Sie verweigern auf jeden Fall die Annahme der Kiste.
4. Sie lassen sich vom Überbringer die Beschädigung der Kiste schriftlich bestätigen, anderenfalls verweigern Sie die Annahme.
5. Sie nehmen die Kiste ohne Beanstandung an, weil im Fall eines Schadens die Transportversicherung ohne Weiteres Ersatz leistet.

☐

13. Das Warenwirtschaftsprogramm zeigt Ihnen verschiedene Bestände an. Bei welchem Bestand müssen Sie Ware nachbestellen, um Verkaufsstockungen zu vermeiden? Bei Erreichen des
1. Monatsendbestandes
2. Jahresendbestandes
3. eisernen Bestandes
4. Durchschnittsbestandes
5. Meldebestandes

☐

14. Welcher allgemeine Grundsatz ist bei der Warenlagerung zu beachten?
1. Der Mindestbestand darf nicht unterschritten werden.
2. Die Lagerräume müssen alle vom TÜV abgenommen sein.
3. Der Soll-Bestand darf nicht verändert werden.
4. Die Ware muss übersichtlich gelagert werden.
5. Die neue Ware sollte vor der alten Ware gelagert werden.

☐

15. Wer hat gemäß der gesetzlichen Regelung die Transportkosten zu tragen?
1. der Käufer
2. die Transportversicherung
3. der Verkäufer
4. der Spediteur
5. Verkäufer und Käufer je zur Hälfte

☐

16. Die Center Warenhaus GmbH stellt einem Kunden die gekaufte Ware mit einem firmeneigenen Fahrzeug zu. Wer trägt in diesem Fall das Transportrisiko?
1. die Haftpflichtversicherung des Fahrers
2. der Kunde
3. der Fahrer
4. die Center Warenhaus GmbH
5. die Betriebsunterbrechungsversicherung der Center Warenhaus GmbH

☐

17. Welche Aufzählung enthält nur volkswirtschaftliche Produktionsfaktoren?
1. Boden, Kapital, Bildung
2. Arbeit, Bildung, Kapital
3. Boden, Arbeit, Kapital
4. Kapital, Bildung, Organisation
5. Arbeit, Kapital, Organisation

☐

18. Welche Folge kann die Arbeitsteilung haben? Die Arbeitsteilung
1. verhindert den Einsatz von Spezialisten
2. verhindert den technischen Fortschritt
3. erschwert die Spezialisierung der Betriebe
4. senkt langfristig die Arbeitsproduktivität
5. begünstigt die Entstehung neuer Berufe

☐

19. Bei den in der Center Warenhaus GmbH anfallenden Arbeiten unterscheidet man zwischen leitender und ausführender Arbeit. Was ist ein Beispiel für leitende Arbeit?

1. Die Organisation und Überwachung einer Sonderveranstaltung bei der Center Warenhaus GmbH,
2. die Ausführung einer ständig wiederkehrenden Arbeit nach Vorgabe,
3. die Überwachung der Mindesthaltbarkeitsdaten auf Artikeln in der Kühlzone im Supermarkt,
4. die Arbeit an einem bestimmten Arbeitsgerät nach Anweisung,
5. die Tätigkeit von Mitarbeitern, die nach Anordnung von Vorgesetzten ausgeführt wird.

20. Welche Leistung erbringt die gesetzliche Unfallversicherung?
1. Bereitstellung von Arbeits- und Sicherheitskleidung
2. Durchführung von Arbeitsbeschaffungsmaßnahmen
3. Heilbehandlung zur Wiederherstellung der Erwerbstätigkeit nach einem Betriebsunfall
4. Zahlung von Familienhilfe
5. Zahlung von Schmerzensgeld an Kunden

21. Die Center Warenhaus GmbH vertreibt auch Markenartikel. Durch welches Merkmal sind Markenartikel gekennzeichnet?
1. Bei Markenartikeln ist die Qualität gleichbleibend und die Verpackung einheitlich.
2. Mit Markenartikeln ist eine erweiterte Sachmängelhaftungspflicht verbunden.
3. Markenartikel werden nur in Fachgeschäften angeboten.
4. Für Markenartikel wird nur regional geworben.
5. Für alle Markenartikel gilt eine Preisbindung.

22. In welchem Beispiel wird ein Existenzbedürfnis angesprochen?
1. eine Geldspende an eine caritative Einrichtung
2. der Besuch einer Wohltätigkeitsveranstaltung
3. das Mittagessen in der Kantine
4. das Anmieten eines Leihwagens
5. das Mieten eines Gartengrundstückes

23. Ein Kunde hat bei der Center Warenhaus GmbH eine Küchenmaschine, Gewicht 4 kg, Wert 80,00 EUR, bestellt. Er will erst bei Erhalt der Ware bezahlen. Welche Versendungsform werden Sie wählen?
1. Paket mit Nachnahme
2. Paket mit Eigenhändig
3. Paket mit Transportversicherung
4. Paket mit Rückschein
5. Paket mit Übergabe-Einschreiben

24. Im Berufsausbildungsvertrag sind bestimmte Inhalte geregelt. Welche Vereinbarung im Berufsausbildungsvertrag ist nichtig?
1. Die Vergütung steigt nur bei angemessener Leistung des Auszubildenden.
2. Die Probezeit beträgt drei Monate.
3. Die Berufsausbildung endet mit Bestehen der Abschlussprüfung.
4. Die Probezeit beträgt einen Monat.
5. Bei Berufswechsel kann unter Einhaltung der Kündigungsfrist von vier Wochen gekündigt werden.

25. Eine 17-jährige Auszubildende soll an der Inventur der Center Warenhaus GmbH teilnehmen. Bis wie viel Uhr darf sie nach dem Jugendarbeitsschutzgesetz höchstens im Unternehmen beschäftigt werden? Höchstens bis
1. 18:00 Uhr
2. 19:00 Uhr
3. 20:00 Uhr
4. 22:00 Uhr
5. 24:00 Uhr

26. Strumpfhosen erfordern nicht immer eine Beratung und sind oftmals ein Mitnahmeartikel. Deshalb müssen sie wirkungsvoll platziert werden. An welcher Stelle im Geschäft sollten die Strumpfhosen angeboten werden?
1. Auf dem Gehweg vor dem Geschäft
2. Ganz hinten in der Abteilung, da die Kunden die Ware suchen
3. In frei stehenden Glavitrinen
4. In Regalen in der Reckzone
5. Im Bereich der Kasse

27. In der Lederwarenabteilung der Center Warenhaus AG werden täglich durchschnittlich acht Ledertaschen verkauft. Die Lieferzeit beträgt vier Tage. Als Mindestbestand wird der Absatz von zwei Tagen berücksichtigt. Wie viel Stück beträgt der Meldebestand?
1. 64 Stück
2. 48 Stück
3. 40 Stück
4. 32 Stück
5. 16 Stück

28. Der Lohn- und Gehaltstarifvertrag für den Einzelhandel wurde neu abgeschlossen. Über welchen der folgenden Punkte können Sie sich im Lohn- und Gehaltstarifvertrag informieren?
1. Über das Urlaubsgeld
2. Über die Zahlung des Gehalts im Krankheitsfall
3. Über das 13. Monatsgehalt
4. Über die Umsatzprämie
5. Über die Höhe des Entgeltes in einer bestimmten Gehaltsgruppe

29. Sie arbeiten in einem Verkaufsbereich der Center Warenhaus GmbH, in dem die offene Auslage der Waren bevorzugt wird. Welche Vorteile hat diese Form der Warenpräsentation?
1. Der Kundendurchlauf durch die Abteilungen kann besser erfasst werden.
2. Die Waren können von den Mitarbeitern besser gepflegt werden.
3. Die Kunden können sich besser mit der Ware befassen.
4. Es können mehr Waren in der Abteilung angeboten werden.
5. Die Waren können besser mit der Kamera gegen Diebstahl überwacht werden.

30. In der Buchhaltung der Center Warenhaus GmbH bearbeiten Sie Ausgangsrechnungen an Kunden. Auf einer Rechnung lesen Sie den Vermerk: „Zahlbar sofort netto Kasse“. Welche Bedeutung hat dieser Vermerk?
1. Die Rechnung soll sofort ohne Abzug bezahlt werden.
2. Die Rechnung darf nur bar bezahlt werden.
3. Die Rechnung wird netto ohne Umsatzsteuer bezahlt.
4. Die Rechnung kann mit Skontoabzug bezahlt werden.
5. Die Rechnung muss bei Lieferung der Ware bezahlt werden.

31. Nach bestandener Abschlussprüfung wollen die Auszubildenden der Center Warenhaus GmbH einen Ausflug machen. Für 38 Auszubildende wird ein Reisebus gemietet. Die Fahrkosten sollen pro Person 12,60 EUR betragen.
Wie viel Euro betragen die Fahrtkosten je Teilnehmer, wenn am Ausflugstag zwei Auszubildende wegen Krankheit nicht mitfahren?

EUR

32. Für eine Sonderaktion sollen Sie den aktuellen Ladenverkaufspreis eines Farbfernsehers von 800,00 EUR um 15 % senken. Ermitteln Sie den neuen Preis dieses Fernsehers.

EUR

33. Die Geschäftsleitung der Center Warenhaus GmbH möchte ermitteln lassen, welcher Sortimentsbereich den höchsten Quartalsumsatz pro m^2 erzielt hat. Ermitteln Sie den höchsten Umsatz in EUR pro m^2 aus den drei Sortimentsbereichen.

Sortimentsbereich	Verkaufsfläche in m^2	Umsatz in EUR
Herrenbekleidung	125	420.000,00
Damenbekleidung	175	525.000,00
Kinderbekleidung	60	192.000,00

EUR

34. Sie verkaufen an einem Tag Waren im Wert von 768,00 EUR, dafür stellen Sie 32 Kassenzettel aus. Ihr Kollege schreibt am gleichen Tag 18 Kassenzettel aus, der Wert der von ihm verkauften Waren beträgt 864,00 EUR.

Wie viel Euro beträgt der Gesamtdurchschnitt pro Kassenzettel?

EUR

35. Sie zeichnen die neue Ware aus. Worauf sollten Sie bei der Preisauszeichnung mit dem Handpreisauszeichnungsgerät im Verkaufsraum besonders achten, um Preismanipulationen (Betrug) vorzubeugen?

1. Darauf, dass die Preisetiketten möglichst neben die Produktbezeichnung geklebt werden.
2. Darauf, dass immer das Wareneingangsdatum richtig eingestellt wird.
3. Darauf, dass nur weiße Etiketten mit schwarzem Druck verwendet werden.
4. Darauf, dass bei Preisänderungen die neuen Etiketten genau neben die alten geklebt werden.
5. Darauf, dass das Auszeichnungsgerät nicht für den Kunden zugänglich abgelegt wird.

36. Sie haben Kassendienst und übernehmen am Morgen die Kasse mit 100,00 EUR Wechselgeld. Gemäß Datenerfassung an der Computerkasse sind folgende Einnahmen registriert: 109,10 EUR, 25,37 EUR, 15,04 EUR, 134,10 EUR, 8,30 EUR. Während Ihres Kassendienstes haben Sie ein Reinigungsmittel für die Ladenregale zum Preis von 5,85 EUR aus dem Kassenbestand gekauft. Als Sie die Kasse an eine Mitarbeiterin übergeben, haben Sie einen Bargeldbestand von 376,06 EUR in der Kasse.

Wie viel Euro beträgt der Fehlbestand?

EUR

37. Eine Kundin wünscht ein Bild als Geschenk für ihre Eltern. Wählen Sie die geeignetste Formulierung, um das Gespräch fortzuführen.

1. „An welche Preisklasse hatten Sie gedacht?"
2. „Zu welcher Wohnungseinrichtung soll das Bild passen?"
3. „Haben Sie sich schon ein Bild ausgesucht?"
4. „Soll es ein Ölbild sein?"
5. „Das wird wohl schwierig werden!"

38. Viele Produkte fallen durch eine sehr aufwendige und ansprechende Umverpackung auf. Welcher Grund spricht für eine solche Aufwertung dieser Produkte?

1. Durch eine aufwendige Umverpackung soll sich die Qualität der Produkte erhöhen.
2. Bei Artikeln des täglichen Bedarfs spielt das Aussehen der Verpackung keine Rolle.
3. Eine aufwendige Umverpackung führt automatisch zu mehr Zusatzverkäufen.
4. Eine aufwendige Verpackung zeigt, dass es sich ausschließlich um Markenartikel handelt.
5. Eine ansprechende Verpackung soll den Kaufwunsch des Kunden wecken.

Bildquellenverzeichnis

Umschlag: MEV Verlag, Augsburg
Innenteil:
Becker, Stéffie, Unkel-Scheuren/Bildungsverlag Eins GmbH, Köln: S. 309, 310.1-310.4, 311, 371.2, 371.3
Behrla/Nöhrbaß GbR, Foto Stephan, Köln: S. 17.2, 20.1-20.3, 23, 29, 38, 47, 58, 62, 95, 105, 111, 118, 128, 144, 149, 184, 190, 199, 211, 220, 245.1, 261, 271, 280, 284, 291.1, 296.1, 308, 313, 329.1, 334, 339, 340, 342, 346, 355.1, 361, 366.1, 369.1, 388, 400.1, 400.2
Beiersdorf AG, Hamburg: S. 64.5
Brauner, Angelika, Hohenpeißenberg/BV1: S. 10
certus Warensicherungs-Systeme GmbH, Jever: S. 398.2
CTO Software GmbH, Aachen: S. 49, 50, 79
dpa-infografik GmbH, Hamburg: S. 36, 314, 320.1, 325.1, 387
Europäische Union: S. 35.1
Fotolia.com: S. 14.1 (Monkey Business), 14.2 (Spectral Design), 25 (James Steide), 40 (Eisenhans), 42 (M.W.), 44 (Peter Galbraith), 66 (koya79), 78 (Kirsty Pargeter), 83 (photo-dave), 85 (Digitalpress), 87 (photo-dave), 119 (Martina Berg), 120.1 (apfelweile), 120.2 (Stanislav Tatarnikov), 126.1 (shock), 131.1 (Dark Vectorangel), 131.2 (createur), 131.3 (createur), 131.4 (sashpictures), 131.5 (createur), 131.6 (CatonPhoto), 138.1 (endostock), 141.1 (Olivier Le Moal), 155.2 (Dariusz T. Oczkowicz, ars digital media services), 156.1 (Jane Kelly), 156.2 (Falko Matte), 156.3 (Valerii Zan), 159 (Franz Pfluegl), 160.1 (Sally), 161.5 (VRD), 168 (dani kreienbühl), 183.1 (sashpictures), 183.2 (createur), 183.3 (r.classen), 183.4 (LaCatrina), 183.5 (WoGi), 187 (sushi100), 195 (K.-U. Hler), 209 (hans12), 234.1 (valdis torms), 235 (Rtimages), 236 (valdis torms), 247 (PhotographyByMK), 251 (jojje11), 273.1 (Digitalpress), 273.2 (Digitalpress), 275 (Digitalpress), 281 (Feng Yu), 291.2 (Digitalpress), 292 (Digitalpress), 316.2 (imageteam), 316.3 (lexaarts), 316.4 (Scanrail), 320.2 (Lisa F. Young), 321 (Orange Room), 324 (amridesign), 345 (ia_64), 347 (Jerusha), 352 (momanuma), 353 (Paul Prenau), 357.1 (Irina Fischer), 366.2 (LaCatrina), 369.2 (Udo Kroener) 371.1, 372 (Dream-Emotion), 374 (ArTo), 383 (Anca Moanta), 396 (Agb), 399 (BigChe)
Galeria Kaufhof GmbH, Köln: S. 17.3, 17.4
Globetrotter Ausrüstung GmbH, Hamburg: S. 316.1
Google Inc., Mountain View, USA: S. 51
Gütegemeinschaft Kerzen e.V., Stuttgart: S. 64.8
Heidrich, Oliver, Köln: S. 9
Henkel AG & Co. KGaA, Düsseldorf: S. 64.1, 64.3
Inter IKEA Systems B.V.: S. 357.2
Intermec Technologies GmbH, Düsseldorf: S. 389
Koelnmesse GmbH, Köln: S. 171
METRO AG, Düsseldorf: S. 17.1, 64.2, 325.2
MEV Verlag, Augsburg: S. 11, 41, 43, 60, 115, 121, 124, 126.2, 133, 136, 138.2, 140, 145, 155.1, 160.2, 160.3, 161.1-161.4, 203, 234.2, 319, 327, 351, 355.2, 359.1, 359.2, 362, 379.1, 379.2, 380.1, 391.2
Meyer-Hentschel Institut, Saarbrücken: S. 323
Nova Development Corporation, Calabasas, USA: S. 31.1, 31.2, 54, 57, 75, 76, 77, 112, 130, 135.1, 135.2, 135.3, 141.2, 266, 268, 285, 286, 296.2, 312, 343.1-343.3, 344.1, 344.2, 381.1, 381.2, 391.1
Project Photos GmbH & Co. KG, Augsburg: S. 69, 132.10, 245.2, 380.3
RAL gGmbH, Sankt Augustin: S. 34.1
Sharp Electronics Europe GmbH, Hamburg: S. 14.3
Stiftung Warentest, Berlin: S. 34.2
TransFair e.V. – Verein zur Förderung des Fairen Handels in der Einen Welt, Köln: S. 35.2
TÜV SÜD AG, München: S. 64.7
Woolmark International Pty Ltd., Düsseldorf: S. 64.9

Mit freundlicher Unterstützung der Karstadt-Filiale Köln-Porz, der expert Bielinsky-Filiale Troisdorf, des REWE-Marktes Kolmitz GmbH Neunkirchen und der Porzer Sportladen Lifestyle GmbH Köln.

Sachwortverzeichnis